인류의 위대한 지적유산

손자참동
孫子參同

이지 편저 | 김혜경 옮김

HANGIL
GREAT BOOKS
197

한길사

Sunzi Cantong

by Li Zhi

Translated by Kim, Hye-kyung

Published by Hangilsa Publishing Co. Ltd., Korea, 2025

이지의 초상화

『손자병법』을 쓴 죽간(竹簡)
죽간은 대나무 조각으로 만든 종이 이전의 기록 매체다.
나무로 만든 것은 목간이라고 한다.

운제(雲梯)
성을 공격할 때 쓰는 높은 사다리. 공성병기의 일종으로,
제3장과 제11장에 등장한다.

어(敔)
중국의 전통 악기로, 국내에서도 종묘제례악 등에 쓰인다(사진 출처: 국립국악원).

손자참동
孫子參同

『손자참동』은 전쟁보다는 생명을 돌보는 병법서다 | 김혜경 • 11
『손자참동』 서문 | 이지 • 73

제 1 장 「시계(始計)」편 • 83
제 2 장 「작전(作戰)」편 • 185
제 3 장 「모공(謀攻)」편 • 223
제 4 장 「군형(軍形)」편 • 253
제 5 장 「병세(兵勢)」편 • 267
제 6 장 「허실(虛實)」편 • 377
제 7 장 「군쟁(軍爭)」편 • 391
제 8 장 「구변(九變)」편 • 407
제 9 장 「행군(行軍)」편 • 421
제10장 「지형(地形)」편 • 441
제11장 「구지(九地)」편 • 451
제12장 「화공(火攻)」편 • 493
제13장 「용간(用間)」편 • 501

『손자참동』은 『손자병법』을 읽는 유효한 통로다 | 역자 후기 • 535

일러두기

1. 이 책은 장건업(張建業)이 주편(主編)한 『이지전집주(李贄全集注)』 제14책 우홍은(牛鴻恩) 주 『손자참동주(孫子參同注)』를 저본으로 했다(북경: 사회과학출판사, 2010).

2. 번역에 있어서는 성동령(盛冬鈴)·변우건(駢宇騫)·이해민(李解民) 등이 역주(譯註)한 『무경칠서(武經七書)』를 주로 참고했다(북경: 중화서국, 2007).

3. 조조(曹操) 주석의 원문 배열은 『조조집(曹操集)』을 참조했다(북경: 중화서국, 2012).

4. 원문의 구두점은 중국의 것을 따르지 않고 번역문과 통일성을 기하기 위해 한국식으로 교체했다.

5. 저본의 원문은 본래 간체자로 표기되어 있었으나 한국 독자들의 편의를 위해 번체자로 변경했다.

6. 원문 표기는 이지의 고전 읽기 방식을 그대로 수용했다. 예컨대 참고의 인용에서 점이나 동그라미 수로 독자로서의 느낌 혹은 중요성 정도를 알리기 위해 표시한 권점(예: 본문 99쪽), 원문 중간에 평론으로 삽입한 방비(예: 본문 94쪽) 등은 이지의 독서를 충실히 따라가기 위해서 원래대로 표시했다. 명·청 시대에는 독자가 명사의 글 읽기를 이해하고 독서에 도움을 받기 위해 이런 평주본(評注本) 출판이 유행했고, 이지는 이 방면에서 가장 유명했다. 『손자참동』은 물론 진본이지만 이지의 명성에 빌붙기 위해 그의 이름을 가탁한 책도 100여 종이 넘게 출판되었을 정도였다.

7. 『무경칠서』에서 『손자병법』을 제외한 나머지 육서(六書)의 원문을 이지가 자의적으로 편집하거나 삭제한 부분 역시 『손자참동』의 표기 방식에 따랐다.

『손자참동』은 전쟁보다는 생명을 돌보는 병법서다

김혜경 한밭대학교·중문학

들어가는 말

흔히 이탁오(李卓吾)라 일컬어지는 명대 사상가 이지(李贄, 1527~1602)는 극단적 양명좌파 사상가로 알려졌지만 공부에서는 어느 특정한 영역에 구애받지 않고 다양한 관심을 추구했다. 명나라 말기라는 시공간은 그에게 특별한 역할을 요구했다. 전제 정치와 도학의 권위적 행세 아래 납작 엎드려 위선의 가면을 쓴 이중성을 당연한 품성으로 받아들였던 동시대의 다른 유자(儒者)들과 달리, 그는 홀로 가는 인격의 전범을 수립했다.

이지는 자신의 시대뿐만 아니라 동양에서는 지금도 희귀한 개인주의자의 삶을 영위하면서 거침없는 필치로 엄청난 분량의 저작을 남겼다. 일원론과 절대주의를 부정하고 다양성을 존중하는 역사관에서 나온 『장서(藏書)』・『속장서(續藏書)』・『사강평요(史綱評要)』, 일생의 사적과 인연, 학문적 주장을 담은 편지와 잡문, 시가들을 모은 『분서(焚書)』와 『속분서(續焚書)』, 과거시험용 팔고문(八股文) 문장인 제예(制藝)로 공·맹(孔孟) 학설의 정수를 설명한 『설서(說書)』, 주역을 해설한 만년작 『구정역인(九正易因)』, 도가와 불가 사상을 해설한 『해로(解老)』와 『정토결(淨土訣)』, 『세설신어(世說新語)』와 『초씨어림(焦氏類林)』을 재편집해 평론한 『초담집(初譚集)』, 양명학을 전승한다는 취지에서 집록한 『양명선생도학초(陽明先生道學鈔)』와 『양명선생연보(陽明先生年譜)』가 있고, 그외에도 『이탁오비평수호전(李卓吾批評水滸傳)』 등 많은 소설 비점(批點)을 남겼다.

이지의 저작은 전통 학술 영역을 광범위하게 포괄했는데 심지어 군사 분야까지도 파고들었다. 『손자참동(孫子參同)』(이하 『참동』으로 약칭)은 그 제목에서 드러나듯 『손자병법(孫子兵法)』의 해설서인데, 이지가 특유의 편집으로 엮은 독특한 병법서다. 『손자병법』의 저자 손무(孫武)는 위대한 전략가였다. 그는 자신의 시대와 그 이전의 전쟁 경험을 총괄해 공전절후의 군사이론으로 발전시켰고, 이후 수많은 인물이 이 책을 해설하거나 주석을 가했다. 그중 후한 말 조조(曹操)의 주석은 시기적으로도 가장 일렀고 진·한(秦漢) 이래 전쟁의 특징과 자신의 실전 경험에 근거한 보충 설명이 탁월하다는 특색이 있어 후세의 중시를 받았다.

이지 역시 조조의 주석을 읽었다. 하지만 이것만으로는 불충분하다고 여겨 손자의 원문 아래 조조의 주석을 부기하고 자신의 평론을 더한 뒤 『무경칠서』[1] 중에서 『손자』를 제외한 다른 병가서에서 골라낸 관련 내용을 '참고(參考)'라는 명목으로 첨부함으로써 『손자병법』을 보다 입체적으로 읽을 수 있도록 재편집했다. 이렇게 나온 『손자참동』에 대해 그 「서문」을 쓴 매국정[2]은 "병가의 집대성이자 『손자』

---

[1] 『무경칠서(武經七書)』: 송대 신종(神宗)황제 원풍(元豊, 1078~1085) 연간에 반포된 무학(武學) 경전으로 '무경칠서' 혹은 '칠서'라고도 부른다. 『손자(孫子)』·『오자(吳子)』·『육도(六韜)』·『사마법(司馬法)』·『황석공삼략(黃石公三略)』·『울료자(尉繚子)』·『당태종이위공문대(唐太宗李衛公問對)』의 7종 병서(兵書)를 가리킨다.

[2] 매국정(梅國禎, 1542~1605): 자가 극생(克生) 혹은 객생(客生), 호는 형상(衡相)이고, 호북성 마성(麻城) 출신이다. 활달하고 지략이 있었으며, 만력 11년(1583) 진사가 되어 도찰원우첨도어사(都察院右僉都御史)와 대동순무(大同巡撫), 병부우시랑 등을 역임한 지역의 명문 세족이다. 그의 딸 매담연(梅澹

해석에서 신의 경지에 든"책이라고 평가했다.

　명실상부 유학자였던 이지는 왜 말년에『손자병법』을 궁구했을까. 그가 이 책을 저술하게 된 동기는 어떠하고 펼치고자 한 뜻은 또 무엇이었을까. 번역본에 응당 부수되어야 할 해제를 통해『손자참동』의 구성 체계, 저술 과정, 저작 동기, 목적과 아울러 이지의 병가사상을 개략적으로 서술함으로써 이 책이 세상에 나온 경위와 그 내용을 살펴본다.

『손자참동』의 구성 체계

　전통적인 병서는 다양한 형태로 지어졌다. 원문만 달랑 수록한 책도 있지만 일반적으로 주석으로 풀이한 주해본(注解本)과 여러 사람의 주석을 모은 휘주본(彙注本)이 있었다. 빈 여백에 평어와 주석을 표기한 비주본(批注本), 황실에 납품하기 위한 용도이거나 궁중에서 제작한 어제본(御制本), 황제가 직접 교감을 본 흠정본(欽定本) 등의 형태도 존재했다.

　이지의『참동』은 주해본에 속하며, 유인(劉寅)의『무경칠서직해(武經七書直解)』, 조본학(趙本學)의『손자교해인류(孫子校解引類)』와 더불어 명대의『손자병법』3대 주석본 중 하나로 손꼽혔다. 그런데 이 책의 체제는 자못 유별나서『손자병법』원문에 대한 고증이나 자구 해석이 전혀 보이지 않는다. 이를테면 유인의 책처럼 글자와 의미 해설을 겸하면서 간간이 역사적 사실을 참조한 바 없고, 조본학처럼 자구의 주해 외에『역(易)』으로 병가의 기정허실(奇正虛實)을 풀어낸 서술식도 아니었다. 다시 말해『참동』은 유인의 통속적이고 상세한 직해(直解), 조본학의 추론연역을 활용한 서술 같은 방식은 채택하지

然)이 이지의 지도 아래 출가해 비구니가 되고 가르침을 받은 인연도 있는, 서로 매우 돈독한 사이였다.

않았다.

 이지는『손자병법』원문과 조조의 원주(原注), 자신이 직접 쓴 평론,『무경칠서』중에서『손자』를 제외한 다른 병서들을 절록한 '참고'의 네 부분으로 나누고 이 모두를 합쳐 한 권의 책으로 만들었다. 이런 독특한 서술 방식은 병가의 대표작에 나오는 주요 내용을 모두 망라하는 효과를 낸다. 특히 조조의 주석과 이지의 평론은 교묘한 결합으로 이 책에 평주(評注)의 특징을 부여한다. 만약『참동』이 여기서 끝났다면 이 책은 아마도 조조본『손자』를 이지가 좀더 확충시킨 판본 정도로나 간주되었을 것이다.

 『손자참동』이란 책 표제에 보이는 특이점은 '참동'이란 두 글자에 있다. '참동(參同)'은 참고하기 위해 한곳에 다 모았다는 뜻으로, 이지가『손자』외 다른 6종 병서에서 주제와 관련된 것들을 발췌해 옮겨놓은 부분을 가리킨다. 즉 '참동체'는 여러 책에 실린 내용을 취사선택하여 분류·편집하고 비점(批點)과 평론을 결합시킨 독특한 편집 방식이다. 이지는 이 부분을 통해 각 장 주제에 대한 자신의 견해를 간접적으로 드러낸다.

 예컨대『참동』의 첫째 장에서 이지는『손자병법』「시계」편의 '다섯 가지 사안(五事)'을 나눠서 설명하는데, '오사'의 첫 번째가 '도(道)'인 까닭에 먼저「시계」편 원문의 '도'를 평하고 뒷부분 '참고'에서는 6서에 실린 '현인을 얻는 방법(得賢之道)', '백성을 사랑하는 방법(愛民之道)', '신중히 수련하는 방법(愼修之道)'에 관한 내용을 차례로 소개한다. 득현지도는『육도』에서 2,『삼략』에서 3,『울료자』에서 1,『오자』에서 3대목을 인용했고, 애민지도는『육도』2,『삼략』1,『오자』1,『사마법』1대목을 인용했으며, 신수지도는『육도』8,『황석공삼략』2,『사마법』에서 1대목을 절록하는 식이었다.

 이지의 저작은 원래 저술의 취지에 따라 기존 문헌자료를 취사선택하고 평론하는 방식으로 씌어진 것이 많았다. 그는 역사야말로 근본적인 진실을 규명하는 가장 궁극적인 토대라는 유가의 신념을 갖고 있었고, 그래서 기록된 문서와 적절한 서적을 통한 학습을 매우 중시했다. 마음에 드는 책을 만나면 항상 일정한 기준을 세워 그 내용을 분류·편집하는 동시에 비점과 평론을 달아 다시 책으로 엮었다. 이렇게 하면 고전의 내용과 그로부터 발전된 사유를 동시에 보여주는 효과를 낼 수 있었다. 이지가 만년에 특히 심혈을 기울였던 『장서』 68권이 주로 역대의 정사(正史)에서 소재를 찾고 원문을 발췌한 뒤 평론을 덧붙였던 것처럼, 『참동』도 자료의 취사선택과 필삭을 거친 뒤 평론하는 방식으로 씌어졌다. 『참동』의 이런 서술방식에 대해 매국정은 다음과 같이 평가한 바 있다.

> 병법서로는 유독 『손자』를 선택하고 『손자』의 주석으로는 애오라지 위 무제 것을 집어들더니 나머지 여섯 책의 관련 대목을 『손자』 각 편의 말미에 첨부해 미진한 바를 해설했다. 자료가 빠짐없이 모이니 그 의미가 환하게 밝아졌다.[3]

이지는 애당초 손자가 "지극히 성스럽고 극도로 신명하니 동서고금을 통틀어 더는 나올 수 없는 분"이라고 인식했다. 그래서 수많은 병서 중 오직 『손자』 13편을 주축으로 삼고 『오자』 등 다른 6서는 손자의 논지를 설명하는 예제로서 부기하는 형식을 취하는데, 이렇게 하면 『손자』가 전체 구성에서 중심이 되고 동시에 여러 병가서를 종합적으로 열람할 수 있어 마치 뭇별이 북극성을 둘러싼 것처럼 중심과 가지가 선명히 드러나는 구조가 만들어진다. 이런 독특한 구

---

3) 매국정, 『손자참동』 「서문」.

성은 이지가 『무경칠서』의 다른 여섯 책이 『손자』의 주석에 불과하다 여겨 생겨난 것이었다. 그는 또 위 무제 조조의 『손자주해(孫子注解)』가 『손자병법』 주석 중 단연 뛰어나다고 생각했다. 그러나 한편으로 조조의 주석은 많은 부분에서 설명이 미진하다 여겼기 때문에 이를 보충한다는 취지로 자신의 평론을 조조의 주석 바로 다음에 덧붙였다.

이렇듯 시간의 선후를 따지지 않고 뛰어난 해설을 결합시키는 주석 방식, 즉 참동체(參同體)와 평주(評注)를 겸용한 서술은 독자에게 『손자』 각 편의 주제를 확실히 이해시키는 동시에 병가에 대한 이지의 사유와 관점이 보다 구체적으로 파악되도록 도와준다. 즉 『손자참동』의 구성은 폭넓은 해설과 예제를 통해 독자의 흥미와 사고가 동시에 계발되는 효과를 낼 수 있도록 기획된 것이었다. 매 주제의 이해를 돕는 자료가 한자리에 모이니 독자는 『참동』 한 권을 통해 『무경칠서』 전부를 섭렵하는 동시에 『손자병법』에 대한 완전한 이해라는 이중의 성과를 거두게 되는 것이다.

『참동』의 출생 시기와 장소

『손자참동』은 보통 산서성 '대동(大同)' 지역에서 나왔다고 알려져 있다. 일례로 『이지문집(李贄文集)』과 『이지전집주(李贄全集注)』를 책임 편집한 북경 수도사범대학의 장건업(張建業) 교수는 이지가 만력 24년(1596)부터 그다음 해까지 산서를 여행하는 동안 『도고록』과 『손자참동』 두 권의 중요한 서적을 집필했다면서 『손자참동』은 이지가 『손자』에 가한 평주라고 설명해 '대동 생산설'의 단초를 열었다. 그는 「이지 연표」를 편집하며 "만력 25년 여름, 대동에 가서 매국정에게 의탁했다. 가을에는 북경의 서산 三락사에 머물렀다. 『도고록』과 『손자참동십삼편』을 저술했다"고 썼는데, 그 근거는 바로 이지 본인의 진술이었다.

평상에서는 『도고록』 42장의 책이 나왔고, 운중에선 『손자참동』 13편의 책이 남았다.[4]

여기서 운중은 대동의 옛 지명을 말한다. 하지만 이지의 행적을 확인해보면 이는 정확한 논단이라 여길 수가 없다. 『참동』은 이지가 호북성 마성(麻城)의 지불원(芝佛院)에 거주하던 만력 24년(1596)에 벌써 대강의 내용이 이미 완성되어 있었다. 당시에 그는 지기인 방인암(方訒庵)에게 다음과 같은 편지를 보낸 적이 있다.

『여행길에 모두와 함께(征途與共)』라는 책 한 권은 지난겨울 헤어진 뒤에 나온 작품인데, 내용이 그럴싸해 볼 만한 듯합니다. 그래서 오랫동안 보내드리고 싶었지만 방법을 찾을 길이 없었지요. 금년 봄 용호에서 『손무자 열세 편을 읽고』를 지었습니다. 여섯 종류의 책을 참고하여 매 편의 뒤에 추가로 저술하고 연속해서 논단을 덧붙였으니, 어쨌든 손을 대서 고치면 아니 될 책이라 하겠습니다.[5]

이어서 이지는 편지를 쓴 목적이 『정도여공(征途與共)』과 『독손무자십삼편(讀孫武子十三篇)』의 인쇄를 방인암에게 부탁하기 위해서라고 부연한다. 책이 이미 완성 단계에 접어든 상태였음을 알 수 있다. 『손자참동』이 마성에서 지어졌다는 것은 매국정의 진술에서도 확인

---

4) 『속분서』 권2 「老人行叙」. "故至坪上, 則有『道古錄』四十二章書; 至雲中, 則有『孫子參同十三篇』書."
5) 『속분서』 권1 「與方訒庵」. "『征途與共』一冊, 是去冬別後物, 似妥當可觀, 故久欲奉不能得奉. 今春湖上纂『讀孫武子十三篇』, 以六書參考, 附著於每篇之後, 繼之論著, 果係不刊之書矣."

된다. 만력 24년, 이지는 보정순무(保定巡撫) 유동성(劉東星)의 요청을 받고 호북성 마성을 떠나 산서성 상당(上黨)으로 갔고 그곳에서 겨울을 났다.

그는 이듬해 여름 다시 대동순무(大同巡撫) 매국정의 초청을 받고 대동으로 옮겨갔다. 이곳에서 이지는 매국정과 더불어 선(禪)과 도(道)를 담론하고 함께 경승지를 유람했는데, 이때 『독손무자십삼편』을 마지막으로 교정하고 서명을 『손자참동』으로 개칭한 뒤 매국정에게 보여주었다. 매국정은 이때 처음으로 책을 접하고 「서문」을 지어 "나는 운중에 있을 때 처음으로 그 책을 얻어 읽었다"는 증언을 남겼다. 그 어조가 마치 이지가 운중에 오기 전 이미 책의 존재를 알고 있었고 미처 읽지 못한 아쉬움을 대동에서 이지를 상면한 다음 해소했다는 투다. 사실 『참동』의 내용이나 규모를 볼 때 여행 중 고작 서너 달의 짧은 기간에 완성시키기에는 제아무리 이지라 해도 물리적으로 시간이 모자랐다 보는 편이 합리적일 것이다.

정리하자면 『독손무자십삼편』은 만력 24년(1596) 봄 마성의 지불원에서 주요 대강이 이미 완성된 책이었다. 그리고 이듬해 여름 대동의 매국정 관아에서 머물던 서너 달 동안 이지는 이를 『손자참동』으로 개칭하고 교정을 끝낸 뒤 책으로 엮어 세상에 내놓았다.

『손자참동』의 저술 배경

이지가 '이단'으로서 자기 시대와 후세에 던진 충격은 결코 미미하지 않았다. 주류로 행세하는 유학자들의 표리부동과 위선을 신랄하게 비판한 대가로 만년에 수난을 당하고 감옥에서 생애를 마치게 되지만 그의 도발적인 언행은 시대적 조류를 전환시키는 엄청난 영향력을 발휘했다. 덕분에 그 이름은 당대뿐만 아니라 부조리한 시대의 이면이 들춰질 때마다 소환되어 논쟁의 대상이 되었고, 시간이 흐를수록 명성은 높아만 갔다. 그런데 이지에 관한 모든 것이 연구되는 오늘날 그의 병가(兵家) 사상은 의외로 알려진 바가 적고 관심 갖는 이도 드물다. 하지만 군사(軍事)는 정치와 민생에 직접 맞닿는 중요 사안이고 『참동』 혹은 『장서』 같은 역사서에 실린 인물 평론과 전례(戰例) 분석 등은 이지의 현실인식을 이해할 수 있는 최적의 자료이므로 그의 병가사상은 반드시 탐구되어야 한다.

병학(兵學)에 대한 관심은 왕양명 이래 줄곧 강조된 왕학의 전통이지만, 이지는 병가서를 두루 상고하고 취합해 『참동』을 엮을 정도로 이 분야에 특히 열정을 쏟았다. 그는 왜 병가에 관심을 가졌고 그 중요성을 강조했던 것일까? 『참동』의 저술 이유는 아래와 같은 몇 가지로 정리할 수 있다.

(1) 유자의 비현실적 인식에 대한 비판

이지는 뜬구름 같은 이념이 아닌 주어진 현실로부터 문제를 파악하고 이에 대한 사유를 저술하는 것이 평생의 사명이던 인물이었다. 『참동』 역시 예외가 아니어서 이 책에 실린 그의 평론은 당대의 문제를 강력하게 비판하는 것이었다. 당시 사대부의 의식 속에 보편적으로 존재했던 '문을 중시하고 무는 경시(重文輕武)'하는 경향은 이지에게 유학의 공허함과 비현실성을 강하게 체감시켰다. 그렇기에 『참동』의 내용은 눈앞의 현실 비판에 초점이 맞춰졌다. 그에게 『참동』은 저작의 필연성과 당위성을 모두 갖춘 저작이었다.

문인을 중시하고 무인을 천시하는 풍조는 원래 공·맹으로 대표되는 원시유가부터 일관된 기조였다. 공자는 처음부터 무력으로 천하를 안정시킨다는 발상을 반대했다.

먼 곳의 사람들이 복종하지 않으면 문덕을 닦아 그들이 오게 만든다.[6]

공자는 문치교화(文治教化)야말로 천하의 인심을 귀순시키는 수단이라 여겼고, 뒤이은 맹자도 왕도정치의 핵심은 인정(仁政)의 추숭이라고 강조했다. 그런데 원시유가는 강력한 문치주의 경향을 보이긴 해도 편향성은 두드러지지 않았다. 예컨대 공자는 '문무'에 관해 거론할 때 늘 현실정치의 수요를 충분히 고려할 필요가 있다고 강조하곤 했다.

국가의 비군사적 활동에는 반드시 군사 쪽 인재가 필요하고, 군대를 관장하는 자는 반드시 발언권과 지위가 있어야 한다.[7] 의식이 풍족하고 군사력이 강대하면 백성들이 신뢰할 것이다.[8]

성인이 보기에 국가나 정권의 이상적인 운영은 문사(文事)와 무비(武備)의 협동에서 나오는 것이었다. 그러나 이런 유가는 한대 이래 점차 균형이 깨지면서 도덕적 실천과 더불어 제왕의 덕치(德治)와 인정(仁政)만을 강조하는 내용으로 변질되기 시작하더니 당대 중엽 이후로는 한층 편파적인 중문경무(重文輕武) 풍조가 형성되었다. 사대부의 군대 기피 현상이 심화되면서 병서를 읽거나 전쟁을 연구하는 것은 멸시를 받는 행위가 되었고, 때로는 대화의 상대방마저 불안하게 만들 정도였다.

---

6) 『논어』「계씨(季氏)」편. "遠人不服, 則修文德以來之."
7) 『공자가어(孔子家語)』「상로(相魯)」편. "有文事者必有武備, 有武事者必有文備."
8) 『논어』「안연」편. "足食足兵, 民信之矣."

사대부 선비들이 군대를 감히 입에 담지 못하고 혹자는 그런 일을 부끄럽게 여기기도 한다. 설사 말하는 자가 있더라도 세상이 그를 거칠고 이상한 사람이라 여기니, 사람들이 군사 문제는 아예 언급을 안 한다.9)

전국시대나 한대 초기만 하더라도 병가류 서적은 인기 있는 독서물이었다. 하지만 당·송 이후로 문무에 대한 차별이 노골화되면서 유학과 대립적 위치에 있던 병가는 비판과 공격을 받는 처지로 전락하게 된다. 병서에 대한 시각 역시 마찬가지여서 명대의 호응린(胡應麟)은 이정(李靖)이 지은 『당태종이위공문대(唐太宗李衛公問對)』를 놓고 이렇게 말할 정도였다.

(이 책은) 내용이 천박하다. … 틀림없이 당말송초에 어느 촌학구가 정관 연간 군신들에 관한 일화와 두우의 『통전』 원문을 짜깁기해 여염에 유포시켰을 것이다. 무인은 글을 모르니 그 내용이 속되고 쉬운 것을 좋아해 많이들 읽었다.10)

무학(武學)의 경전인 『무경칠서』가 이런 대접을 받을 정도니 다른 병서는 말할 필요조차 없을 것이다. 병가와 무인에 대한 이런 폄훼와 멸시는 당·송 이래 문인들의 일반적 시각이었다. 하지만 이지는 사회 전반에 만연된 무인에 대한 차별의식이 정상이 아니라고 생각했다. 그래서 유자들의 숭문억무(崇文抑武) 경향을 일종의 과대망상이

---

9) 두목(杜牧), 「손자주 서문(注孫子序)」, "因使縉紳之士不敢言兵, 或恥言之. 倘有言者, 世以爲粗暴異人, 人不比數."
10) 호응린, 『사부정와(四部正訛)』. "詞旨淺陋 … 當是唐末宋初俚儒村學掇拾貞觀君臣遺事·杜佑『通典』原文, 傳以閭閻耳口. 武人不知書, 悅其俚近, 故多讀之."

라 간주하고 "유자는 그저 문장만 익힌다"면서 그런 편향성이 안목을 편협하게 만든다고 분석했다. 원래 유자의 자격지심에서 비롯된 차별지심이 그들의 허위의식을 부추겼고, 그 바람에 누구나 성인을 자처하며 성인 대신 입언한다고 허풍떨기에 이르렀다는 것이다.

> 유자라는 사람들은 문학을 표방하기 때문에 이름하여 유자라 하니, 무력을 사용하는 자들은 문아하지 않은 것을 '무'라고 이름하게 되었고, 이로부터 문무가 갈라지게 되었다.[11]

이지는 유자들의 이분법적 사고와 과대망상이 결국 문무의 분열을 초래했다고 보았다. 그들은 문인스럽지 않은 것을 '무(武)'라고 정의하고 차별을 노골화하면서 자신들을 경세지재(經世之才)로 치켜세우지만 현실에서는 그저 무능할 뿐이니, 평소 예악과 시서를 읊조리다가 일단 작은 사건이라도 발발하면 속수무책이 되어 책임을 떠넘기기나 한다. 그들의 자신감은 주자학의 일원론이 상정하는 절대주의, 즉 진리는 고정불변이라는 믿음과 그것을 받드는 자신들이 우월한 존재라는 착각에서 나오는데, 이지는 시비란 고정된 것이 아니기 때문에 항상 일정할 수는 없다는 입장이었다.

> 인간의 옳고 그름은 본래 정해진 기준이 없고, 타인에 대한 시비 역시 정해진 결론이 없다. 정해진 기준이 없으니 이는 옳고 저것은 글러도 나란히 생육되면서 서로를 해치지 않는다. 고정된 결론이 없으니 이는 옳고 저것은 틀렸더라도 역시 나란히 통행되며 서로 어긋나지 않는다.[12]

---

11) 『장서』「세기열전총목전론(世紀列傳總目前論)」. "自儒者以文學名爲儒, 故用武者遂以不文名爲武, 而文武從此分矣."

이지의 시비론에 따르면 문학만 받들고 군대의 일은 천시하는 유자의 고정관념은 설 자리가 없다. 서열식의 불평등을 파생시키는 주자학의 일원론은 개인의 존엄으로까지 연결되는 상대적 평등론에 의해 근본부터 부정당하기 때문이다. 그는 유자들이 문만 숭상하고 무를 천대하는 바람에 무가 짓밟히고 짓이겨져 경멸의 극치에 달하게 된 현실을 계속 파헤쳤다. 그리고 문과 무의 역할이 본래부터 나눌 수 없음을 일깨우기 위해 문무의 기능을 사람의 팔다리 역할에 비유하면서 인간의 정신적 측면과 관련한 활동은 '문'에 속하고 신체적 활동은 '무'에 상응한다고 역설했다. 양자의 작용이 나뉘지 않는 것은 상황에 따라 역할이 적절히 달라지기 때문이니, 성왕의 정치에서 문과 무는 서로 맞물려 있고 각기 다르지 않다는 것이다. 그렇게 문무가 분리될 수 없는 것이라면 그 공부 역시 같은 비중으로 취급되어야 하니『무경칠서』를『육경』과 합쳐서 하나로 만든 뒤 가르치는 것이 마땅하다는 주장이었다. 하지만 현실에서는 그것이 불가능한데, 그 이유는 바로 유자들의 이중성과 나약함, 무능이 세상을 혼란하게 만들고 그 폐단과 부작용이 심각하기 때문이었다.

유신이 비록 학문을 한다는 명분은 내걸고 있지만 실상은 학문을 알지 못한다. 흉내만 내다가 이따금 정도에서 탈선하는 까닭에 남의 자취를 좇더라도 자기의 고유 영역은 만들어내지 못하고 결국은 명신들의 조롱거리가 된다. 하지만 그 실상은 천하와 국가를 제대로 다스리지 못하니, 그들이 조롱거리가 되더라도 탓할 일은 아닐 것이다. … 가정과 국가를 위탁받은 자들은 각주구검의 잘못이 없도록 조심해야 한다. 유자라는 이름을 내세우고 다스리려 하지만 도리어 혼란만 일

---

12)『장서』「세기열전총목전론」. "人之是非, 初无定质; 人之是非人也, 亦无定论. 无定质, 则此是彼非, 并育而不相害; 无定论, 则是此非彼, 亦并行而不相悖矣."

으키고 세상의 진짜 재사와 진정한 학자, 큰 현인과 위대한 성인들로 하여금 죄다 죽을 때까지 빈집이나 지키며 누옥에서 생을 마치게 하니, 유자들이 천하와 국가를 다스리면 안 되는 것이 확실하다.[13]

유자의 해악은 그들이 '무'의 기능과 역할을 이해하지 못하고 진짜와 가짜를 구분할 능력이 없는데도 권력을 움켜쥐고 천하와 국가를 다스리는 데서 기인한다. 공자는 실행이 문에 치우치긴 했지만 문무의 중요성을 똑같이 강조했는데, 후세 유자들은 성인의 가르침을 살피지 않고 편파적이고 이기적으로 굴며 세상을 분열시켰을 뿐 아니라 진짜 인재들을 사장시켜 개선의 여지마저 말살해버린 것이다. 그렇게 조성된 해악이 엄청난데도 속물 유자들은 변명만 늘어놓으니, 이는 또 그들이 경전에 의지하여 모든 문제를 말로만 해결하려 들기 때문이었다.

누구나 울지 않는 아이를 안아줄 수는 있다. 하지만 조금이라도 놀라운 소식이 들려오면 그 해악이 땅벌이나 전갈만도 못한데 까무러칠 듯 놀라며 속수무책이 되니, 제아무리 옳은 말이라도 어디서부터 말해야 할지 모르고 진짜 장군이 있어도 누가 그 사람인지 알아보지 못한다. 이 구절은 『논어』에 부합하지 않고, 저 구절은 『효경』에 들어맞지 않으며, 이 학설은 들어본 적 없고, 저 사람은 행실이 불량하며, 그 사람은 의론할 구석이 있다고 트집이나 잡는다. 오호라! 제아무리 손무자라도 지금 세상에 다시 태어난다면 『맹자』 일곱 편을 달달 외는

---

13) 『장서』 「세기열전총목후론」. "儒臣雖名爲學而實不知學, 往往學步失故, 踐迹而不能造其域, 卒爲名臣嗤所嗤笑 然其實不可以治天下國家, 亦無怪其嗤笑也. … 受人家國之托者, 愼無刻舟求劍, 托名爲儒, 求治而反以亂, 而使世之真才實學, 大賢上聖, 皆終身空室蓬戶已也, 則儒者之不可以治天下國家, 信矣."

일개 수험생만도 못한 신세였을 것이다.[14]

온 세상이 '군대의 일(軍事)'에 무지하다 보니 손자처럼 유능한 장수도 하찮은 문관의 멸시를 받게 되고, 이 때문에 국가와 백성의 안전은 늘 위험에 처하게 된다는 것이 이지의 인식이었다. 당시의 과거제 위주 인재 선발은 손자 같은 인물을 일개 수험생으로 전락시키고, 이기적 본심을 성인의 경전으로 포장하는 지식인의 위선은 또 사회를 분열시켜 위험에 빠뜨리니, 이지는 유자의 그런 독선과 차별의식을 지적하고 끊임없이 비판했다. 유자의 잘못된 관념과 세태에 대한 비판은 기존의 시비와 시속에 좌우되지 않던 이지의 저술에서 보이는 늘 한결같은 자세였다.

(2) 우환의식과 영웅 숭배

『손자참동』은 엄준한 형세에 대한 현실 인식과 아울러 전장에서 성취할 수 있는 공명에 대한 이지의 아쉬움이 그대로 드러나는 저술이기도 했다. 명대는 내우외환이 그치지 않던 시대였다. 북으로 몽고의 여러 부족이 수시로 쳐들어왔고, 가정(嘉靖, 1522~1566) 연간부터는 동남방 연해에서 왜구가 말썽을 부렸다. 안에서는 민란이 끊이지 않아 위태한 형세가 계속되는데도 중앙정부는 통일된 의견에 도달하지 못하고 있었다.

이지도 동시대를 살며 전란에서 완전히 비껴날 수는 없었다. 그는 34세 되던 가정 39년(1560)에 왜구의 난을 직접 겪은 바 있다.

---

14) 『손자참동』 제1장 이지 평론. "個個皆能抱不哭孩兒, 一聞少警, 其毒尚不如蜂蠆, 而驚顧駭愕, 束手無措, 即有正言亦不知是何說, 即有眞將軍亦不知是何物, 此句不合『論語』, 此句不合『孝經』, 此說未之前聞, 此人行事不好, 此人有處可議."

부친인 백재공의 사망소식이 들려오자 거상을 하기 위해 동쪽으로 돌아가게 되었다. 당시는 왜구들이 슬그머니 발호해 해안 지방에서는 병란이 잦던 터였다. 나는 밤에는 길을 가고 낮에는 숨는 식으로 어렵사리 여행해 여섯 달이 넘어서야 겨우 고향에 도착했다. 집에 닿자마자 또 상주 노릇할 겨를도 없이 검은 상복을 입고 아우와 조카들을 거느린 채 밤낮으로 성곽에 오르고 딱딱이를 치며 야경을 돌고 성을 수비하는 일에 매달려야만 했다. 성 아래에서는 화살과 돌이 난무했고, 만 냥을 주더라도 쌀 한 섬 구입할 곳을 찾을 수가 없었다.[15]

자신의 체험을 바탕으로 한 이 짧은 일화는 장년의 이지가 검은 상복을 입고 왜구에 맞서 성을 지켜야 하는 긴장된 상황을 묘사한다. 그는 지방관으로 근무하던 시절 변방의 소수민족들을 관리하며 늘 크고 작은 충돌에 맞서야 했다. 그는 53세 되던 만력 7년(1579)과 71세인 만력 21년(1593)에 자신이 직간접으로 경험한 내우외환을 다음과 같이 회상했다.

처음 벼슬길에 나섰을 때 나는 남방의 왜구와 북쪽 오랑캐의 난리를 직접 목도했다. 마지막에는 운남에 들어가 또 현지 관리들과 요족·장족의 변란을 물리도록 들어야 했다.[16] 가정과 융경 연간 이래 나는 남경에서의 변란을 목격했고, 이어 다시 복건성 해안에서 벌어진 변고에 대해 들었다. 곧이어 전당에서 일어난 병사와 백성들의 반란이

---

15) 『분서』 권3 「탁오논략(卓吾論略)」. "聞白齋公沒, 守制東歸. 時倭夷竊肆, 海上所在兵燹. 居士間關夜行晝伏, 餘六月方抵家. 抵家又不暇試孝子事, 墨衰率其弟若姪, 晝夜登陴擊柝爲城守備. 城下矢石交, 米斗斛十千無糴處."
16) 『분서』 권5 「잠자리의 노래(蜻蛉謠)」. "余初仕時, 親見南倭·北虜之亂矣; 最後入滇, 又熟聞土官·傜·僮之變矣."

며 운양에서의 변란을 또 듣게 되었다.[17]

만력 20년(1592)에도 영하(寧夏)의 군대가 타타르(韃靼)와 결탁한 반란이 일어났는데, 마침 무창(武昌)에 머물다가 소식을 들은 이지는 "천하 전쟁이 발발했구나!" 하며 깊은 탄식을 내뱉었다.

한평생 내우외환의 형세 속에 살면서 유가의 수신·제가·치국·평천하(修齊治平) 이념을 늘 가슴에 새기던 이지가 영웅 숭배 심리를 갖게 된 것은 어쩌면 당연한 일이었다. 그는 전장에서 공을 세운 장사들을 부러워했고 또 거기서 목숨을 다한 영웅호걸들을 경모했다. 그래서 "만세의 치국·평천하를 논한 책(萬世治平之書)"이라는 자부심을 보였던 『장서』와 『속장서』에서 고금의 명신과 장수들을 열정적으로 논평했는데, 특히 이민족의 침략을 막고 국가를 수호한 역사적 인물들에 대해서는 극찬을 아끼지 않았다. 금에 저항한 악비와 원에 맞섰던 문천상 같은 영웅의 사적은 『장서』의 인물평에서 특히나 중요하게 다뤄졌다. 반면 주희(朱熹)에 대해서는 금나라에 대항한 진량(陳亮)을 폄훼했다는 이유로 내시나 다름없는 종자라고 깎아내렸다. 신호(宸濠)의 반란을 평정한 왕수인(王守仁)에 대해서만큼은 지극히 존경했는데, 그가 도를 논하면서도 나라를 안정시킬 수 있는 '진짜 유자(眞儒)'의 풍모를 지녔다고 여겼기 때문이었다.

만력 22년(1594), 68세의 이지는 제자 왕본아(汪本鈳)에게 말했다.

장부가 세상에 태어나 가장 윗길은 출가해 진짜 부처가 되는 것이고 그다음은 공명을 이룬 선비가 되는 것이다. 만약 당세에 공이 없고 만세에 걸쳐 이름이 없다면 세상이 존재한들 무슨 도움이 되랴? 차라

---

17) 『속분서』 권2 「서정주의 에필로그(西征奏議後語)」. "自嘉,隆以來, 余目擊留都之變矣, 繼又聞有閩海之變, 繼又聞有錢塘兵民之變, 以及鄖陽之變矣."

리 죽어버리니만 못할 것이다.[18]

만년의 불교 공부와 출세(出世) 관념이 어느 정도 반영된 말이지만 영웅을 숭배하며 공명을 선망한다는 점에서 현실에 대한 그의 관심은 타인과 다르지 않았다. 이런 생각은 그의 다른 작품들에서도 여과없이 드러난다. 예컨대 만력 25년(1597) 가을 대동을 떠나 북경으로 향하던 이지는 도중에 동쪽으로 출정하는 병사들을 만나 다음과 같은 시 한 수를 읊게 되었다.

> 봉화 오르는 성 서쪽은 장수들의 진지로구나,
> 안개 차가운 새벽녘 집집마다 밥짓는 연기 피어오르네.
> 변방의 용맹한 자제들 화려한 안장을 자랑하지만,
> 험난한 요새의 장군들은 일찌감치 성문을 닫는다.
> 주변의 바닷가는 언제라야 풍랑 잠잠해질까?
> 대장의 지위에 올라 하릴없이 성은에 절만 하였지.
> 운중에 염파나 이목처럼 정말 뛰어난 장수가 있다는데,
> 어찌해야 이동시켜 천자를 배알시킬까?[19]

당시 명은 일본이 자행한 정유재란을 맞아 조선으로 원정대를 파견했다. 때마침 출정하던 병사들과 마주친 이지는 군대와 국가대사에 대한 여러 상념 속에서 전국시대의 명장 염파(廉頗)와 이목(李牧)

---

18) 용조조(容肇祖), 『이지연보』, 73쪽. "丈夫生於天地間, 太上出世為真佛, 其次不失為功名之士. 若令當世無功, 萬世無名, 養此狗命, 在世何益? 不如死矣."
19) 『분서』 권6 「새벽길에 동쪽으로 출정하는 병사들을 만나 잠시 매중승을 떠올리다(曉行逢征東將士却寄梅中丞)」. "烽火城西百將屯, 寒烟曉爨萬家村. 雄邊子弟誇雕鞚, 絶塞將軍早閉門. 傍海何年知浪靜, 登壇空自拜君恩. 雲中今有眞頗牧, 安得移來覲至尊?"

같은 영웅의 존재를 떠올렸고 자연스럽게 친구인 매국정에게 생각이 미치게 된다. 일찌감치 문을 걸어잠그면서 적에게 미온적으로 대처하는 장수들로 말미암아 변경은 항상 소란스럽고, 사령관이라는 자는 보신을 위한 아부에나 급급하다는 구절은 명의 군대가 당면했던 현실 그대로의 묘사였다. 범용한 인물만 들끓는 조정과 군대의 현실 앞에서 앞으로 닥칠 어려움을 근심하는 우환의식은 언제나 영웅을 선망하고 동경하는 심리로 이어졌는데, 이지로서는 매국정 같은 구국의 인재가 홀대받는 현실이야말로 가장 우려스러운 상황이었던 것이다.

정리하자면 이지는 대동이라는 변방 수비의 요충지에서 일생의 우환의식과 영웅 숭배 심리가 한층 고양된 상태를 맞게 되고, 이는 자연스럽게『손자참동』의 완결을 촉진하는 결과로 이어졌다. 대동이라는 지역의 군사적 현실이 그에게 미처 실현하지 못한 포부를 상기시켰고 덕분에『참동』은 평소 지녔던 우환의식과 영웅 숭배가 고스란히 반영된 상태로 마무리된 것이다.

(3) 지기에 대한 연민

『손자참동』은 친우 매국정의 불우한 벼슬길에 대한 깊은 연민의 산물이기도 했다. 만력 25년 5월 이지는 대동순무 매국정의 초청을 받고 대동에 도착한 뒤 그의 관아에서『손자참동』13편의 마지막 정리 작업을 했다. 이에 대해 명말 문인이 지은『제경경물략』은 이지가 "매중승을 위해 손자참동을 지어 완성시켰다"[20]고 기록했고, 매국정이『손자참동』저술 동기의 하나라고 알려지게 되었다. 두 사람이 교류한 자취를 살펴보면 이는 어느 정도 타당성이 있어 보인다.

이지와 매국정이 처음 만난 것은 1588년 초라고 전해진다. 당시

---

20) 유동(劉侗)·우혁정(于奕正),『제경경물략(帝京景物略)』「이탁오묘(李卓吾墓)」. "爲梅中丞著『孫子參同』, 成."

이지는 마성의 유마암(維摩庵)에 거주하고 있었고 매국정은 부친상을 치르기 위해 귀향한 참이었다. 4년 뒤인 만력 20년(1592), 영하에서 변란이 일어나자 매국정은 개인적 득실을 따지지 않고 신종 황제에게 이여송(李如松)을 대장감으로 추천했다. 황제는 이여송을 제독섬서토역군무총병으로 임명하면서 매국정에게는 감독을 맡겼는데, 이여송은 매국정의 협조 아래 그해 9월 반란을 평정하고 서북의 형세를 안정시킬 수 있었다. 당시 매국정이 반란의 평정을 자청했다는 소식을 들은 이지는 만면에 기쁨을 감추지 못하며 흥분된 어조로 "걱정들 마시라. 매국정이 갔으니 그 사람이 반드시 도적들을 잘 처리할 수 있을 것이다"라고 장담하기도 했다.

명대의 부패하고 무능한 관료집단에서 매국정은 지략과 용맹을 겸비한 준걸이었다. 성공적으로 반란을 평정했기 때문에 그에게는 응당 조정의 포상과 중용이 뒤따라야 했지만 돌아온 것은 냉대와 무관심뿐이었다. 이지는 자기 일처럼 분노했고 그 곡절과 심경을 다음과 같이 기록했다.

오래지 않아 서하에서의 소식이 당도했는데, 사세가 과연 크게 안정되어 궁궐 아래 광장에서 포로를 바치고 수도에 낭보를 알렸으며 논공행상 또한 전면적으로 시행되었다고 했다. 칭송이 난무했고 융숭한 봉작이 주어졌으며 퇴직자에게도 두루 음직(蔭職)이 내려 똑같이 수레에 태워지고 나란히 천거되는 일들이 벌어졌다. 그런데 객생이 조정에 돌아온 지 반년이 지나도록 은음이 미쳤다는 말이 들리지 않고 여전히 일개 시어인 것은 대체 무슨 일이었을까? 나는 실로 의아했지만 그 까닭을 알 수가 없었는데, 훗날 다른 데서 그가 지은 「서정주의(西征奏議)」를 얻어 읽고는 자신도 모르게 탁자를 치며 탄식을 내뱉고야 말았다.

"나는 당초 객생의 서녘 정벌쯤이야 나도 해낼 수 있는 일이라 망령되이 생각했지. 공을 이룬 뒤 그것을 들먹이지 않는 것 또한 나도 가능한 일이고 말야. 그가 뭇 사람이 꺼리는 바를 건드려 의심과 비방을 받고 밤낮으로 고립된 채 위급한 가운데 있으면서도 성 아래에 몸을 두고 장졸들과 더불어 대오를 나란히 했던 것은 알지를 못했구나. 그렇게 해서 결국은 큰 공을 이뤄내고 마는 사람이었어!"[21]

영하사변에서 혁혁한 전공을 세웠음에도 불구하고 매국정의 처경이 어려워지자 이지는 인재들이 홀대당하는 현실에 발분해 「견식의 중요성(二十分識)」과 「위의 글로 말미암아 지난 일을 기록해보다(因記往事)」 두 편의 글을 지었다. 식견과 재주와 담력을 겸비한 인재들이 버려지고 등용되는 이가 너무나 적은 현실에 대한 울분이었다. 이지는 매국정의 처경에 대해 의아함과 수치심을 느끼며 개탄했다.

사정은 그러하나 천하의 일이란 정녕 조정이야 모르더라도 온 세상 사람들은 알 수 있는 법이다. 또 세상이 일시적으로는 모를 수도 있지만 후세에 이르면 아는 자가 생겨나기 마련이고. 다만 서쪽 지방이 무사해 국가가 편안하면 사내대장부의 뜻과 바람은 이뤄진 것이니, 남들이 알아주고 말고가 자신의 일과 무슨 상관이란 말인가![22]

---

21) 『속분서』 권2 「서정주의 후어(西征奏議後語)」. "未幾而西夏之報至矣, 事果大定, 獻俘於廣闕下, 報捷於京師, 論功稱賞, 亦可謂周遍咸矣. 褒崇之典, 封爵之勝, 垂綸廣蔭, 同載並擧, 而客生回朝半歲, 曾不聞有恩蔭之及, 猶然一侍御何也? 余實訝之而未得其故, 後於他所獲讀所爲「西征奏議」者, 乃不覺拊几歎曰: "余初妄意謂客生西事我能爲之, 縱功成而不自居, 我亦能之. 不知其犯衆忌, 處疑謗, 日夕孤危, 置身於城下以與將伍等伍, 而卒能成奇功者也!"
22) 위와 같음. "雖然, 天下之事固有在朝不知, 而天下之人能知之, 亦有一時之天下不能知, 至後世乃有知者, 但得西方無事, 國家晏然, 則男兒志願畢矣, 知與不知何預吾事!"

비록 대장부의 처신은 남들의 인정 여부와 상관없다 말하고 있지만 행간에는 부패한 조정에 대한 분만(憤懣)이 넘친다. 이런 어조는 매국정의 초청으로 대동으로 가는 도중 진양(晉陽)을 지나며 지은 시에서도 감지된다.

> 분하 강물 터지자 조나라는 벌써 갈라졌는데
> 맹담은 몰래 나가 삼군을 이간질시켰네.
> 어찌하여 지백이 패망한 다음에
> 고사는 전공도 없이 으뜸으로 논해졌는고?[23]

전국시대 초기 진(晉)나라에는 지(智)·조(趙)·한(韓)·위(魏)씨의 네 세도가가 있었는데 그중에서도 지씨가 가장 세력이 컸다. 지백(智伯)이 다른 가문에 토지를 요구하자 한씨와 위씨는 마지못해 응했지만 조양자(趙襄子)는 거절했다. 지백이 한·위 두 가문과 연합해 진양을 홍수로 덮치려 하니, 위급한 상황에서 조양자는 맹담(孟談)을 시켜 한씨와 위씨를 설득했다. 결국 세 가문이 연합하여 지씨를 멸망시키고 진나라를 삼분하는 결과가 나왔다. 고사(高赦)는 맹담과 마찬가지로 조양자의 가신인데 홍수가 진양을 덮치려는 위급한 순간에도 예법에 따라 주공을 모셨다. 조양자는 그를 칭찬하며 공신 중 으뜸으로 발탁했는데, 이지는 조양자의 논공행상을 부당하다 여겨 매국정이 받은 대우에 대한 불만의 표시로 이 고사를 인용한 것이다.

『손자참동』에 군주의 역할과 장수의 책무에 대한 언급이 적잖은 것은 매국정이 당한 곤경과 무관치 않다. 전쟁의 승패는 유능한 장수의 존재 여부에 달렸지만 인재를 필요할 때만 찾고 쓸모없으면 토사

---

[23] 『분서』 전6 「진양회고(晉陽懷古)」. "水決汾河已分, 孟談潛出間三軍. 如何智伯破亡後, 高赦無功擢首論?"

구팽하는 세태는 이지에게 많은 감회를 불러일으켰다. 특히 전쟁에 무능한 군주에 맞선 현명한 장수의 처신은 그의 주요 관심사였기 때문에 마치 역사적 인물을 평가하듯 매국정의 높은 정신적 경지를 상찬하곤 했다.

『손자참동』이 마지막으로 정리된 산서성 대동 지역은 운주(雲州) 혹은 운중군(雲中郡)으로 일컬어지며 매국정이 일찍이 "군사에서 학문의 제·로와도 같은 땅"[24]이라고 정의한 군사 요충지였다. 제·로가 공맹의 학술을 낳은 예악지향이라면 운중은 반대로 북방의 경계선으로서 병가와 인연이 깊은 곳이었다. 매국정의 지적은 독특한 지리적 환경이 상응하는 문화와 생활감정을 만들어낸다는 뜻인데, 역사와 현실에서 줄곧 변방의 군사기지 역할을 담당해온 대동 지역은 이지에게 남다른 감회를 안겨주었다. 북방의 군사적 환경과 오랜 벗 매국정과의 상봉, 그를 통한 현실 인식 등은 이지로 하여금 병가에 대한 관심과 사유를 증폭시켜『손자참동』이란 오랜 숙제를 끝내도록 했던 것이다.

(4) 유장(儒將) 의식

『손자참동』은 이론으로 전쟁을 논한다. 그리고 이는 이지에게 상당한 정도의 유장(儒將) 의식이 내재되었음을 뜻한다. 유학적 배경을 지닌 상인을 유상(儒商)이라 일컫듯, 유장은 유생의 학식과 풍모를 갖춘 장수다. 영웅을 동경했던 이지에게 장수의 기질과 병가의 지혜를 겸비한 유장의 특징이 드러나는 것은 매우 자연스러웠다.

현존하는 중국의 병가류 서적은 400~500종 정도지만 그 저자의 신분과 직업은 다양하다. 권세를 만천하에 떨치며『손자』에 가장 빨

---

24)「손자참동 서문(孫子參同敍)」, "雲中於兵猶齊魯之於文學."

리 주석을 달았던 조조가 있는가 하면, 일본에서 널리 유행했던 『손자교해인류(孫子校解引類)』의 저자 조본학(趙本學)처럼 초야에 은거한 인물도 있었다. 당나라의 이정(李靖)과 명대에 왜구를 물리친 척계광(戚繼光) 등 혁혁한 전공을 세운 명장이 있는가 하면, 전쟁터에 가보지도 않은 문인으로 당의 이전(李筌)과 두목(杜牧), 송대의 매요신(梅堯臣), 명대의 여곤(呂坤) 등이 거론되기도 한다. 즉 병서의 저자라 해서 모두 전쟁터에서 일생을 마친 직업 군인은 아니었고 오히려 일반 사대부 중에 많은 숫자가 포진해 있었다.

병가를 논하는 유가의 전통은 춘추전국 이래 줄곧 지속되었는데, 예컨대 『묵자』의 「성수(城守)」 제편과 『순자』의 「의병(議兵)」편 등은 한대 이래 병서로 간주되었지만 그 저자들은 결코 무인이 아니었다. 수제치평(修齊治平)이라는 유가의 배경 아래 문인들은 문과 무를 서로 보충하는 관계로 인식했고, 이는 그들이 사회적 책임감을 다지고 공명을 추구하는 심리와 무관하지 않았다.

유가는 고래로 정치와 군사 두 분야를 아우르며 '문치무공(文治武功)'하라고 가르쳤다. 문과 무는 둘로 나뉠 수 없음을 처음부터 분명히 인식했고, 만약 나뉜다면 그것은 단지 상대적인 견지에서라는 것이다. 양자의 관계는 마치 음양의 양 극단처럼 서로 의지하면서 발생하고 서로에게 침투하는 가운데 존재하니, 군사(軍事)는 비단 무력 행사일 뿐 아니라 문사(文事)의 다스림이기도 했던 까닭이다.

다시 말해 출정하는 장군은 신변에 반드시 군사(軍師)나 모사(謀士) 같은 문관의 도움과 보좌를 받을 필요가 있었다. 이런 참모와 책사 부류는 보통 학문을 닦았고 머리가 좋은 편이라 구체적 지휘에 얽매이지 않은 채 대체로 전체적 구도와 전략적 사고에 맞춰 전쟁을 해석하거나 기획했다. 그들은 전쟁이 끝난 뒤 또 구체적 전술을 겨냥한 경험과 교훈을 결집해 문자로 정리했고, 마치 자신이 제갈량처럼 선견지명이라도 있는 양 포장하기도 했다. 물론 군대에 투신한 별종 문인들 중에는 출세를 위해 적극적인 결단과 선택을 한 자가 있고, 관로에서 입신하지 못해 마지못해 들어온 자도 있었다.

군대에 투신한 동기야 어떻든 간에 그들의 선택과 성공은 유자들이 군사(軍事)에 대해 관심을 갖게 하는 또 한 요인이었다. 하지만 이런 경향은 송대 이후로 많이 달라졌다. 강력한 문치주의가 시행되면서 누구나 "경사사장의 학문에 온 힘을 쏟으니 병가는 거의 언급되지도 않는"[25] 상황이 도래한 것이다.

그렇지만 잦은 외침으로 말미암아 항전을 외치는 영웅주의 정서도 없진 않았기 때문에 문인들이 군사 문제의 복잡성과 계통성은 차치한 채 "군용 장막 안에서 병력을 배치하고, 천리 밖 전장의 승리를 결정하는"[26] 존재로서 자신의 정체성을 규정하는 경향이 아주 사그라든 것은 아니었다.

이지는 문무를 분리할 수 없는 것이라 여겼기 때문에 문인이 군대의 일을 논하는 학술 전통을 당연하게 받아들였다. 유학의 근본은 장구(章句)나 심성에만 있지 않다고 간파했던 그의 군사론은 '수신제가치국평천하(修齊治平)'의 바탕에서 국가와 민생을 안정시킨다는 현실적 발상에 주안을 둔 것이었다. 또한 유가에서 말하는 측은지심에 기반하면서도 그보다 더 도덕적 실천을 중시하는 것이기도 했다.

겉으로는 전쟁을 말하지만 기실은 죄다 전쟁을 피하고 싶은 속내뿐이다. … 이런 마음이라야 중원이 텅 비고, 백성들 재산의 7할이 날

---

25) 모원의(茅元儀), 『이십일사전략고(卄一史戰略考)』 「서문(序)」. "盡力于經史詞章之學, 而陋言兵."
26) 고조가 장량을 칭찬하여 했다는 말인데, 사마천의 『사기』 「고조본기(高祖本紀)」에 실린 말이다. "夫運籌帷幄之中, 決勝千里之外, 吾不如子房."

아가고, 국가 재산의 6할을 탕진하는 경우를 용납하지 못하게 된다. … 출병하는 장수는 "백성의 운명을 관장하는 신명이자 국가 안위의 주재자"이니 정녕코 전쟁에 신중하지 않으면 안 된다고 당부했다.27)

이지는 민생을 가치판단의 최우선에 두었기 때문에 항상 전쟁에 신중해야 한다고 강조했다. 피치 못한 사정으로 전쟁에 임할 때는 수단 방법을 가리지 않고 조속히 끝내야 한다고 주장했는데, 바로 백성에게 돌아가는 막심한 피해를 염려한 까닭이었다. 아울러 모두의 생사여탈을 한 손에 거머쥔 장수의 역할이 특히 중요한 것은 그들이 "백성의 목숨을 개똥이나 진흙처럼 보면서 국가의 안위를 아이들 장난질로나 여길"28) 수 있기 때문이라 했다.

이처럼 군사활동을 유가지도가 자연스럽게 관철되는 과정이나 수단으로 보았기 때문에 이지의 유장관(儒將觀)은 일반 문인들과는 본질적인 차이가 있었다. 보통 문인들이 상상하는 유장은 우아한 기질에 편중하여 제갈량 같은 풍모와 겉모습에 주안을 둔다. 반면에 이지가 이해한 유장은 외관보다는 심성을 중시하고 특히 유자의 인심(仁心)에 기우는 것이었다. 『손자참동』에는 유가 윤리와 결합시킨 장수의 형상이 곳곳에 포진되어 있다.

전쟁의 도를 아는 장수는 백성들의 목숨을 관장하는 신이자 국가 안위의 주재자라 했는데, 이는 무슨 뜻일까? 무릇 백성에게 가장 소중한 것은 목숨인데, 그것을 관장하는 자가 장수라는 것이다. 국가는 안

---

27) 『손자참동』 제2장 「작전」편 이지 평론. "雖曰作戰, 其實皆是不欲戰之意耳. … 如此則中原內虛, 私家之費十去其七·公家之費十去其六不可也, … 叮嚀以告之曰: 此"民之司命, 國家安危之主也", 誠不可以不慎也."
28) 『손자참동』 제13장 「용간」편 이지 평론. "視民命如糞壤, 以安危爲兒戲矣."

전이 중요하고 그 안위를 주관하는 일 역시 장수에게 달렸으니, 장수가 어찌 전쟁을 쉽게 말할 수 있으랴? 이른바 백성의 목숨이란 비단 전군의 목숨에 그치지 않는다. 십만 군사를 출동시키면 칠십만 가구의 백성이 농사에 매달리지 못하게 되니, 칠십만 가구 목숨이 모두 장군의 손에 달린 것이다.[29]

이지가 이상적으로 그린 장군은 무엇보다 백성들의 안위를 걱정하고 그들의 생명을 지켜주기 위해 심사숙고하는 모습이다. 앞장서 용감하게 싸움을 이끌어나가는 것이 아니라 가급적 전쟁의 참화를 불러일으키지 않아 백성과 군대의 피해를 최소화시키는 유장을 이상으로 여겼다. 휘하 병사뿐만 아니라 그들 가족과 친지의 목숨까지도 그 손에 달렸으니 출동에 신중하라는 언급에서 장수에게 인의의 마음을 주문하는 이지의 생각을 읽을 수 있다.

유가는 정의로운 전쟁(義兵)을 말한다. 그들에게 이는 폭력을 막기 위한 부득이한 방편이고 그 궁극의 지향점은 덕치인정(德治仁政)이 실현되는 왕도정치였다. 그런데 이지는 또 손자가 전쟁 고수이자 전략의 대가가 된 것은 고리타분한 유생을 본받지 않았기 때문이라 하면서 도덕지상주의적 사고에 속박되지 말 것을 강조한다. 그가 보기에 진정한 병가지도(兵家之道)는 유자의 인의와 속임수인 궤도가 겸용되어 목적과 수단이 서로 어긋나지 않고 맞물려 돌아가는 데 있었다. 그래서 그는 권모술수(權謀)에 반대하지 않으면서도 한편으로 『손자병법』의 종지가 인의에 귀착한다고 말한다. 전쟁의 최종 목표

---

[29] 『손자참동』「작전」편 이지 평론. "知兵之將, 民之司命, 國家安危之主, 何謂也? 夫民以命為重, 而司命者在將; 國家以安危為重, 而主安危者亦在將, 將其可以易言乎? 所謂民命者, 非止三軍之命也. 十萬之軍興, 則七十萬家之民, 不得事農畝, 而七十萬家之命, 皆其所司矣."

는 폭력을 멈춰 인의를 실현함에 있다는 그 신념을 생각하면, 『손자참동』은 결국 전쟁을 논하기보다는 생명을 돌보는 인의의 마음에 방점이 찍힌 유가의 병법서인 것이다.

이지의 병가 사상

전통시대에 병가는 별로 환영받는 사상이 아니었다. 대다수의 선비는 병법을 세상 망치는 사기꾼 수작이라 폄하했고, 인정하더라도 나라를 지키는 데 필요한 약간의 쓸모 정도일 뿐이었다. 그러나 시간이 흐르면 세상도 바뀌고 사람들의 가치관 역시 달라진다. 이지가 '가짜 도학(假道學)'이라 부르며 혐오했던 정주이학(程朱理學)은 지금에 이르러 시대적 역행의 상징처럼 간주되고, 병가는 궁핍한 삶의 역동성을 일깨우는 동시에 전쟁과 관련된 현실적 중대성 때문에 오히려 각광받는 영역이 되었다. 이지가 다양성을 존중한 개인주의자이자 공리공담이 아닌 현실적 가치의 중요성을 설파한 사상가로 입신한 데는 그가 연구했던 병가의 영향이 없지 않았다. 즉 이지의 병가사상은 그가 왜 현대적이고 지금 읽어야 할 사상가인지를 상기시킨다. 그는 『손자참동』에서 전쟁이란 무엇인가에 대한 근본적 질문과 아울러 전쟁의 방법과 그 주체 등에 관해 깊이 천착했다. 아래에 특징적 사안 몇 가지를 정리해본다.

(1) 병식불이(兵食不二)

전쟁은 왜 일어나는가? 문명의 소산일 수도 있고, 인간의 타고난 본성 때문이라 말할 수도 있을 것이다. 거의 모든 분야에서 인류의 발전은 기본적으로 무력 충돌에 따른 영향을 받았고, 전쟁의 승패는 유일한 바는 아닐지라도 역사의 변천 과정에서 늘 결정적 요인으로 작용해왔다. 합의를 도출할 다른 방법이 없을 때 그 중개자 역할을 한 것은 언제나 전쟁이었기 때문이다. 그래서 모든 국가의 토대는 군대일 수밖에 없고, 그다음이 법에 의한 통치다. 다시 말해 통치를 위한 영토의 획득과 유지는 무력에 의지해야만 한다.

중국의 국가 형성과정 역시 전쟁의 역사와 맞물린다. 정치적으로 작은 단위가 큰 단위로 합쳐지면서 크기를 키워간 역사에서 전쟁이 가장 중요한 국가 형성의 추진력을 제공한 시기는 춘추전국시대였다. 아직 선사시대였던 하 왕조 초기 약 1만에 달하던 공동체의 숫자는 서주가 시작될 즈음 1,200개가 되었고, 전국시대에 이르러서는 일곱 나라로 병합되었다. 기원전 770년 동주의 시작부터 221년 진의 통일까지 전란은 끊이지 않았다. 춘추시대 249년 동안은 이른바 '나라(國)'들 사이에 1,211차례 이상의 전쟁이 일어났고 1,110개 이상의 정치 단위가 소멸되었다. 뒤이은 254년 간의 전국시대에는 468차례의 전쟁이 일어났는데, 이 기간 중 평화로운 해는 고작 89년뿐이었다. 전쟁 횟수가 줄어든 까닭은 정복과 병합으로 전체 국가의 수가 현저히 줄어든 때문인데, 전국시대는 마지막까지 살아남은 7개 국가가 16개국을 멸망시켰다. 다른 사회와 비교하더라도 초창기의 중국은 유난히 폭력적이었다.

중국의 역사를 시초부터 조망한 역사서인 『장서』와 『속장서』, 『사강평요(史綱評要)』 등을 저술한 역사가로서 이지는 전쟁에 관심이 많았고 그 본질에 대해 깊이 상고했다. 자기 안전의 확보가 전쟁의 기원임을 간파한 그는 일단 인간이 놓인 원초적 상황을 설명했다.

　　동굴 속에 살고 들판에서 기거하며, 초목의 열매를 주워 먹이로 삼았다.[30]

---

30) 『분서』 권3 「병식론(兵食論)」. "穴居而野處, 拾草木之實以爲食."

천지와 더불어 '삼재(三才)'라고 일컫는 인류의 시작은 초라했다. 열악한 생존 조건에 처한 인간이 나름의 날카로운 방어 도구를 갖춘 동물들에 맞서 자신을 지킬 수 있던 것은 바로 주어진 상황에 맞춰 대응할 수 있는 지적 능력을 지녔기 때문이었다.

원래 생명이 주어지면 그 생명을 먹여 살릴 바가 반드시 있어야 하니, 그것이 식량이다. 또 육체가 주어지면 반드시 그 몸을 지킬 도구가 필요하니, 무기가 바로 그러하다. 식량은 다급히 해결해야 할 문제인 까닭에 정전제 같은 제도가 등장했고, 몸을 지키는 문제 역시 시급한 탓에 활과 화살, 갑옷과 투구가 만들어지게 되었다. 이러한 갑옷과 투구, 활과 화살은 바로 짐승의 발톱과 이빨, 털과 깃털을 대신하는 것으로, 이런 도구를 사용해 호랑이나 표범, 코뿔소와 코끼리 등을 멀리 쫓아버릴 수 있었다.[31]

동물에 비해 생존능력은 떨어지지만 영리한 지능으로 사냥도구를 개발한 인간은 만물에 군림하는 전사가 되었다. 힘(무력)의 유무는 인간의 신분을 갈라놓았고, 이로부터 생겨난 불평등은 전쟁을 불가피하게 만들었다. 그래서 이지는 군사력의 기능이 생존뿐만 아니라 경제 환경을 지키는 것이라고 일깨웠다.

군사력이 지켜주지 않으면 식량도 절대 확보될 수 없다.[32]

---

31) 위와 같음. "有此生, 則必有以養此生者, 食也. 有此身, 則必有以衛此身者, 兵也. 食之急, 故井田作;衛之急, 故弓矢甲冑興. 是甲冑弓矢, 所以代爪牙毛羽之用, 以疾驅虎豹犀象而遠之也."
32) 위와 같음. "苟爲無兵, 食固不可得而有也."

그는 전쟁은 성인이 뜻하신 바가 아니라고 하면서도 자신을 지키기 위한 '자위(自衛)' 성격의 전쟁은 불가피하다 보았다. 군대는 민생을 지키기 위한 수단이고 국가 이익과 직접적으로 연결되기 때문이다. 전쟁의 목적에 관한 이런 의론은 그 정당성을 밝히는 데 초점이 맞춰지면서 군사력과 경제력은 따로 나뉘지 않는다는 '병식불이(兵食不二)' 이론으로 안착하게 된다. 전쟁은 군사력과 경제력의 수준에 의해 진행된다는 점에서 그 대비는 평소의 군사훈련뿐만 아니라 경제적 실력을 쌓는 데 있다 한 것이다. 예컨대 이지는 경제력 문제를 해결하기 위해 고대는 정전법으로 병사와 백성을 같이 부양했는데 시대에 따라 조건이 달라진다고 말했다.

삼대의 법에는 군사와 농업이 일체였는데 진대에 이르러 둘로 분화되었다. 당대 중엽이 되자 비로소 부병으로 바뀌며 멀리 원정 나가는 병졸이 되었다. 이때부터 농부가 곡식과 옷감을 내어 병사를 양성하고 병사는 목숨을 바쳐 농민을 보위하게 되었다. 천하가 그것에 익숙해지니 성인이 다시 나와도 바꿀 수 없게 되었다.[33]

군사와 경제의 관계에 대해 고대는 농사와 군역이 합일되는 체제였지만 후대에 이르러 보다 효율적인 전쟁을 위해 역할이 분화되었다는 논단이다. 이익과 손해에 관한 확실한 계산에 기반해 그는 전쟁이 결코 유희가 아니며 국가와 민족의 생사존망이 걸린 중차대한 사안임을 강조했다. 그래서 '병식불이'의 습관이 형성되면 민생경제가 자연스럽게 발전하고 군과 민의 이익이 일체화되며 백성의 사상을

---

[33] 『사강평감(史綱評鑒)』 권31 「송 철종 황제(宋哲宗皇帝)」조. "三代之法, 兵農爲一, 至秦始分爲二. 及唐中葉, 始變府兵爲長征卒. 自是, 農出穀帛以養兵, 兵出性命以衛農, 天下便之, 雖聖人復起, 不能易也."

통일할 수 있는데, 이런 것이야말로 광의의 전쟁 준비라고 했다. 하지만 천하가 제아무리 커도 호전하면 반드시 망하기 때문에 『손자참동』의 「참고」 부분에서 『육도』의 문장을 다량 인용하면서 민중의 일상적 노동과 전쟁 준비가 동시에 진행되어야 한다고 말하기도 했다.

무릇 백성에게 가장 소중한 것은 목숨이다. ⋯ 십만 군사를 출동시키면 칠십만 가구의 백성이 농사에 매달리지 못하게 되니, 칠십만 가구 목숨이 모두 전쟁하는 자의 손에 달리게 된다.[34]

잦은 전쟁은 민생을 피폐하게 만든다. 이지는 시대적 흐름에 합당한 전쟁을 긍정하면서도 그 목적은 전란의 발발이 아닌 종식에 있음을 강조했는데, 이런 이유로 그는 전국시대의 혼란을 종식시킨 진시황을 천고의 유일한 황제로 간주했다.

온 천하가 그치지 않는 전쟁에 다같이 괴로워하다가 후와 왕을 두게 되었다. 종묘에 의지해 천하가 처음으로 안정되었고 다시금 제후국이 세워지니, 이는 전란을 일으켜 그 종식을 추구한 격이다. 어찌 어려운 일이 아니랴![35]

『사기』의 「진시황본기」를 읽을 때 이지는 연속 '옳다(是)'는 비주(批注)를 달면서 진시황이 벌인 전쟁의 의미를 그 종식에서 찾았다. 그리고 육국의 멸망은 천하의 안정을 희구한 민중들의 염원에 의한

---

[34] 『손자참동』 「작전(作戰)」편 이지 비어(批語). "夫民以命為重 ⋯ 十萬之軍興, 則七十萬家之民, 不得事農畝, 而七十萬家之命, 皆其所司矣. 又不但此七十萬民之家已也."
[35] 이지, 『장서(藏書)』 2권 「세기·진시황제(世紀秦始皇帝)」. "天下共苦戰鬥不休, 以有侯王. 賴宗廟, 天下初定, 又復立國, 是樹兵也, 而求其停息, 豈不難哉!"

것으로, 진시황의 정벌 전쟁은 국가와 백성을 위한 일념에서 출발한 군사전략이었다고 해설했다. 자신을 지키는 데서 무력과 전쟁이 발생하고, 약육강식의 국제 환경에서 군사력은 경제력과 분리될 수 없으며, 최선의 전쟁 억지책은 강자의 출현에 있다는 그의 전쟁관은 『분서』와 『참동』의 여러 평론, 『장서』 같은 역사서의 평주(評註)에 두루 발현되어 있다.

(2) 인의일원(仁義一原)

안전과 식량을 지키기 위한 동기 외에 전쟁의 발발에는 그 행위의 합리성을 설득할 명분이 필요하다. 게다가 전쟁이 내리는 판결은 정의보다 힘에 기초하기 때문에 승자의 입장을 분식시켜줄 설득력 있는 구호가 요구되며, 어디에 노력을 기울여야 가장 큰 성과가 나올지도 설명해야 한다. 그래서 어지러운 역사는 자연스럽게 전략적 사고로 사람들을 내몰게 되는데, 제자백가가 활약한 난세에 단연 두각을 나타낼 조건을 갖춘 사상은 법가와 병가였다. 둘 중 비교적 단기간에 큰 효과를 거둘 수 있는 쪽은 병가였고, 단기적인 해법을 지양하고 체제를 구축해 장기적인 이득을 추구하자는 것은 법가의 지향이었다.

전국칠웅 가운데 진나라는 상앙(商鞅) 이래 법가에 의지하며 군사력 증강에 몰두한 덕분에 천하통일의 대업을 이뤘는데 다만 그뿐이었다. 너무 빠른 진나라의 몰락에 한나라는 법가의 대척점에 선 유가를 전면에 내세웠고, 이후 1949년 공산당의 승리에 이르기까지 중국 역사는 법가와 유가 사이의 긴장 속에서 길항하는 관계가 지속되었다. 역사학자 소공권(蕭公權)에 따르면 유가철학의 '성왕론(聖王論)'은 도덕적 가치로 윤색한 절대주의인 데 반해, 법가는 노골적 절대주의며 도덕과 인간의 정부는 무관하다는 철학에 기대는 것이었다.

힘든 직무과제를 떠안은 상황에서도 큰 그림을 볼 줄 알아야 한다는 전략가의 조건은 유가에게도 마찬가지로 요구되었다. 혼란이 종식된 시대의 유가는 '정의로운 군사활동(義兵)'이라는 개념으로 전쟁에 대한 태도를 정리했다. 명분과 목적이 합당한 전쟁은 반대하지 않고, 폭력과 살상을 금지하기 위한 수단으로 간주하며, 최종적으로는 덕치와 인정(仁政)이 실현되는 왕도정치를 지향한다는 것이었다. 그리하여 전쟁에서의 권모술수를 인정한 공자의 유연한 자세와는 달리, 맹자나 순자의 경우에서처럼 권모술수와 인의예신은 물과 불처럼 서로를 용납하지 않는다는 관념적이고 융통성 없는 뻣뻣한 관점으로 바뀌게 되었다.

고대의 병가는 그 내용을 병권모(兵權謀)·병형세(兵形勢)·병음양(兵陰陽)·병기교(兵技巧)의 네 종류로 분류했다. 그중 '전쟁은 속임수로 진행한다(兵以詐立)'와 '가장 좋은 전쟁은 계략만으로 끝낸다(上兵伐謀)'로 포괄되는 권모술수는 손자의 대표적 명제로, 무기와 기술 같은 물질적 토대를 중시하는 서양의 군사 이론과 병립의 형세를 구축한다고 일컬어진다. 그런데 송대 이후로 도학의 시대가 도래하자 도덕지상주의는 더 한층 기승을 부려 전쟁을 논할 때도 권모술수 쓰는 것을 대놓고 반대하게 되었다. 병가서를 해설하는 『무경총요(武經總要)』에서조차 "조상님은 인의를 숭상했고 병서의 책략은 그다음(祖尚仁誼, 次以鈐略)"이라면서 병가의 의미를 폄훼할 정도였다. 『무경칠서』의 「서문」을 지은 장오(張鏊) 역시 전형적인 도학적 관점의 소유자였다.

하늘이 중니를 내지 않으셨다면 사문의 전통은 추락하여 단절되었을 것이다. 하늘이 상보를 내지 않으셨다면 변란을 잠재우는 무용이 어떻게 펼쳐졌으랴? … 선비에게서 귀한 것이란 오로지 궁구하는 자세일 뿐이다. 만약 비스듬히 드러누운 채 변방을 지키고 종놈들을 병졸로 만들 수만 있다면 전쟁터에서도 무력을 쓰지 않고 술자리 토론만으로 적을 제압하는 일이 어렵지 않을 것이다. 삼엄하게 깃발이 늘어서고 위풍당당 군사들의 도열이 어떻게 손자와 오자와 태공만의 전유물일 것이랴?36)

병서 중에 최고만을 모은 『무경칠서』의 「서문」에 버젓이 이런 선언이 실릴 정도였으니 송대 이래 천양지차로 벌어진 문과 무의 위상을 알 수 있다. 하지만 이지는 문과 무를 구별하는 이분법적 발상에 반대했기 때문에 장오의 이런 주장에 의문을 제기했다.

몽계 장오 선생의 이 「서문」은 군사(軍事)의 중요성을 제대로 아는 말씀이긴 하지만 문사(文士)를 둘로 나누는 잘못에서 벗어나질 못한다. 치세에는 문을 숭상하고 난세에는 무를 휘두른다면서 시절을 치세와 난세의 둘로 나눈다. 그러면서 태공은 아직 이런 문화의 맥을 잇지 못했고, 공자는 군대의 일을 도모하지 못한 듯하다고 간주한다. 무릇 군대의 일이라면 제아무리 공자라도 배운 적이 없는데, 견식 짧고 어리석은 풋내기를 책망할 수 있을까? 게다가 곽령공이나 제갈무후만 못한 속물 유자가 정녕 많으니, 설마하니 나 홀로 그러하겠나? 나는 경전에 통달했고 도학을 공부했으며 사륙문을 지을 수 있으니 명사라고 일컬을 만하고 명유에 부끄럽지 않다. 저 오기나 회음후 같은 이들은 재주가 있지만 덕행이 없었는데 하물며 내가 또 얕보는 이들이 아

---

36) 『손자참동』「서문(序)」. "天不生仲尼, 則斯文之統以墜; 天不生尙父, 則戡亂之武曷張? … 所貴乎士者, 一究心之耳. 若能以臥側爲邊防, 以走使爲卒伍, 則折衝樽俎·決勝幾席不難矣. 正正之旗, 堂堂之陣, 豈專在孫·吳與太公也耶?"

니다. 그런즉슨 몽계의 이 말은 그다지 믿을 만하다고는 할 수 없다.[37]

이지는 장오가 문과 무를 가르고 유생과 무사의 언행을 이원화시 킨다고 보았다. 그는 이학(理學)이 '일(一)', '리(理)', '태극(太極)' 같 은 추상적 개념으로 구체적 실재라는 외피를 덮어씌운 철학체계라 고 생각했다. 애당초 존재하지 않는 것을 갖고 세계를 해석하려다 보 니 오류를 면치 못하고 갈수록 더 큰 오류를 범하는 악순환에서 벗 어나지 못한다고 하면서, 만물은 양자의 결합에서 생겨나는 것이므 로 일원론은 논리적으로 잘못 설정된 의제라고 보았다. 이원론에 입 각한 상대주의자로서 그는 생명이 남녀의 실제적 결합에서 기원한 다고 믿었기 때문에 다른 모든 관계는 그 파생일 뿐이고 우주와 만 물과 인간이 모두 양자의 결합에서 비롯된다고 역설한 것이다. 아울 러 태극과 '리'를 근거로 한 일원론은 추상적인 형이상학일 뿐이라 여겼기 때문에 사물의 다양성을 논하면서 어느 일방의 우월함이나 절대성은 인정하지 않았다.

무릇 천하는 끝없이 넓고 백성의 숫자는 지극히 많다. 사물이 고르 지 않고 차이가 나는 것 또한 당연한 정황이다.[38]

이지는 만물의 상보성을 견지했지만, 당시는 이학의 일원론이 지

---

37) 위와 같음. "此言固知武事之爲重矣, 然猶不免與文士爲兩也, 猶以治世尚文, 而亂世 用武, 分治亂時爲二也; 猶以太公似未可以繼斯文之統, 而孔子似未可以謀軍旅之事 也. 夫軍旅之事, 雖孔子且未嘗學, 而可責之鯢生小子乎? 且世儒之不如郭令公·諸葛 武侯者固眾也, 而獨我也乎? 我能通經學道, 四六成文, 即可稱名士, 不愧名儒矣. 彼吳 起·淮陰諸人, 有才無行, 又況皆非我之所屑者. 則蒙溪此言, 未免使人以不信也."
38) 이지,『명등도고록』상권 제15장. "夫天下至大也, 萬民至眾也, 物之不齊, 又物 之情也."

배하는 세상이었다. 그런 세계에서는 장오 본인이 「서문」에서 비판하듯 현실에 무지한 속물 유자들만 양산되니 막상 전쟁이라도 벌어지면 그들이 벌이는 추태가 차마 눈 뜨고 볼 수 없을 지경이라고 질타했다.

어느 날 변방에 오랑캐가 창궐하고 잔챙이 피라미라도 날뛸라치면 팔다리를 부들부들 떨면서 넓적다리를 껴안고 수염을 만지작만지작 좌고우면하면서 정신줄을 놓는다. 공연히 허둥지둥 깜짝깜짝 놀라다가 또 사안을 놓고 남 탓하는 소리나 중얼거린다. '유자는 다만 문장을 익히고 장수는 오직 무예를 연마하니, 원래가 두 갈래 다른 길이지!' 유자들 중에도 군사학 공부한 자가 있지만 그가 쏜 화살은 갑옷을 꿰뚫지 못하고 말을 달려도 흙먼지 일어날 만큼의 속도도 내지 못한다.39)

위선과 허세만 난무할 뿐 최소한의 방위 능력도 갖추지 못한 현실에 대한 처방으로 이지가 꺼내든 것은 병가의 권모술수와 유가의 '인의'를 나란히 내세운 결합이었다. 권모와 인의의 가치는 어느 것이 더 우월하거나 모자란 것이 아니라 살아가는 데 똑같이 필요한 것이라는 '인의일원(仁義一原)'의 논리를 『참동』에서 그는 반복적으로 천명했다.

'인과 의의 근원은 동일하다', '음과 양이 교차하는 상황에서는 진리가 승리한다'는 장오 선생의 말인즉슨 매우 적확한 의론이다. 대저

---

39) 『참동』 「서문」. "一旦邊夷猖獗, 小醜跳梁, 則栗肱戰股, 撫髀拈髻, 顧後瞻前, 張皇錯諤, 又從而自諉曰: 儒專習文, 將專用武, 原是兩途. 縱儒有知兵者, 然亦射不穿札, 騎不絶塵."

천지간에 어진데 의롭지 않은 경우는 있을 수 없으니, 어떻게 양은 있는데 음이 없는 그런 경우가 존재하랴? 양만 있으면 사물이 생겨날 수 없고, 음만 있으면 성장하지 못한다. 문은 오로지 양을 가리키고 무는 다만 음을 지칭한다 일컫는데, 그렇게 되면 무를 달성할 수 없을 뿐 아니라 문 역시도 성취하지 못하게 된다.[40]

이지는 손자의 '도'에 유가의 인본적 면모를 결합시켰다. 그리고 당시 유자들이 병가의 가치를 무시하고 무인을 멸시하는 풍조를 비판했다. 아울러 문과 무의 상징인 인의와 권모를 결합시키면서 둘 중 어느 것도 내버릴 수 없는 가치를 지녔음을 강조하기 위해 그것들을 사람의 손발에 비유했다.

무릇 인간의 신체에는 손과 발이 달렸는데, 원래가 죄다 내 몸을 받들고 지키기 위한 것들이다. 본디 눈이 보고 싶은 것과 귀가 듣고 싶은 것, 혀가 맛보고 싶은 것, 몸을 편안하게 만드는 것은 손발이 아니면 그 무엇도 내게 닿을 방도가 없다. 본디 한 몸뚱이에 매달린 수족이 아니라면 마시고 싶을 때 무엇으로 잔을 집겠나? … 이런 것들이 문의 쓰임인데, 정녕 이 몸에 달린 손과 발이 한다. 어느 날 갑자기 외부로부터 모욕이 가해졌다 치자. 어떤 놈이 나한테 발을 걸어 넘어뜨리는데 대적할 수 없겠다는 계산이 서면 다리는 저절로 줄행랑을 놓지만, 상대할 만하다면 내 발은 절로 움직여 그놈 다리를 걸게 된다. … 이는 무의 쓰임인데, 이 역시 팔다리의 작용이지 다른 무엇이 해주지 않는다. 그러므로 평소 별일 없이 지낼 때라면 손은 그릇을 들고

---

40) 위와 같음. "其曰: '仁義一原'·'陰陽貞勝', 則確論矣. 夫天下未有有仁而無義, 亦豈有有陽而無陰? 獨陽不生, 獨陰不成, 謂文專指陽而武專指陰, 則不但不成武, 而亦不成文矣."

다리는 걷지만, 일단 화급한 일이 생기면 팔은 맞서고 다리는 걷어차게 된다. … 펼치면 손바닥이 되어 공경심을 표하거나 물건을 받쳐 들 수 있지만, 엄지를 감싸쥐면 주먹이 되어 분노와 대적하고 모욕을 막아낼 수도 있다. 제아무리 내게 달린 수족이라지만 무엇이 문의 용도이고 무엇이 무의 쓰임인지 스스로는 알지 못하는 것이다.[41)]

평소 별일 없이 지낼 때라면 손과 발은 일상생활의 도구일 뿐이지만 일단 누군가의 공격을 받는 긴급사태가 벌어지면 손은 맞서고 발은 걷어차는 무기로써 함께 몸을 지키게 되니, 양자의 역할을 어떻게 강제로 나눌 수 있겠느냐고 했다. 요컨대 병가는 적을 맞아 권모술수에 집중하고 유가는 문치(文治)를 논하며 인의도덕의 실천에 치중하는 역할인데, 양자는 국가 존립의 대의를 지키고 개인의 생명을 유지하는 데 절대적으로 필요하니 둘은 용도가 다를 뿐 목표는 동일하다는 비유인 것이다.

당시는 병가의 권모술수가 입에 올려선 안 되는 사악한 술수로 간주되던 시절이었다. 때문에 이지가 비판하는 대상이 무엇인지는 명확하다. 상대방을 악마화하는 편 가르기에 열중하고 이중적 잣대로 도덕을 내세우는 파렴치한 지식인들의 위선을 까발리기 위해 이지는 진리의 상대성을 밝히는 데 주력했다. 그리고 고전의 수많은 문헌을 해설하며 자신의 주장을 입증하려 했는데, 병가의 순서가 되자 '문무합일(文武合一)'과 '인의일원'에 자연스럽게 방점을 찍게 되

---

41) 『참동』「서문」. "夫人身有手有足, 蓋皆所以奉衛此身者也, 故凡目之所欲視, 耳之所欲聽, 舌之所欲嘗, 身之所欲安, 非手足則無從而致也. 故一身而非手足, 則欲飮誰與持? … 是文用也, 固此手與足也. 一旦有外侮, 或欲我跌也, 度不能敵, 則足自能走; 度能敵, 則足自能與之交. … 是武用也, 此亦手與足也, 非它物也. 故平居無事, 則手持而足行, 有所緩急, 則手抵而足踢. … 伸之則爲掌, 可以恭敬而奉將; 捏之則成拳, 可以敵懕而禦侮. 雖手足, 亦不自知其孰爲文用, 而孰爲武用者."

었다.

(3) 인궤겸용(仁詭兼用)

『손자병법』은 공인된 전쟁 학습서지만 전쟁뿐만 아니라 일상의 처세에도 적용될 수 있는 많은 개념이 담긴 전략서다.

전쟁은 나의 의지를 실현하기 위해 적에게 굴복을 강요하는 폭력 행위로 정의된다. 그래서 많은 이가 사상자를 내지 않으면서 인위적으로 적의 무장을 해제하거나 굴복시키는 것을 참된 전쟁술로 여기는데, 이는 얼핏 보기에 그럴싸하지만 올바른 의론일 수가 없다. 전쟁과 같은 위험한 상황에서 선량함을 지키기 위해 잘못을 저지른다면 그것은 가장 나쁜 잘못이 되니, 물리적 폭력을 사용하는 쪽은 항상 비폭력주의자보다 반드시 우세해지기 때문이다. 결국 일방이 자신의 뜻에 따르도록 상대편에 강요하면서 양쪽의 폭력은 극한으로 상승하는데, 여기에는 폭력에 내재하는 힘의 균형 외에 다른 한계가 없다. 이렇듯 잔인한 전쟁에서 온건한 행동이란 불가능하기 때문에 뛰어난 전략가는 전쟁의 객관적 성격을 개연성의 계산이라 간주하면서 전술에 보다 집중하게 된다.

이지가 '인의일원'론으로 기존의 병가에 유가의 명분을 결합시킨 이유는 '양쪽 군대가 아무 피해 없이 끝나는 전쟁(全爭)'을 전략적 목표로 삼아야 한다고 여긴 때문이었다. 전쟁의 본질은 폭력에 있음을 너무나 잘 알았기 때문에 오히려 '인'의 실현을 더 강조한 것이다. 그는 '계획 공격(謀攻)'과 '계획 정벌(伐謀)'의 중요성에 대해 『참동』「모공(謀攻)」편에서 조조의 주를 인용한 뒤 이렇게 말했다.

대저 다른 나라를 칠 작정이라면 먼저 그 나라를 생채기 없이 통째로 집어삼킴과 아울러 아군 전체는 물론 여단·소대·분대에 이르기까지 누구도 다치지 않을 전략을 세워야 한다. 원래 적국을 통째로 굴복시킬 작전 계획을 짠다는 것은 적에 대한 최상의 공격 전략을 세우는 일이기도 하다. 그렇게 해서 군단·여단·소대·분대가 전혀 다치지 않아야 비로소 '온 천하에 완벽한 승리를 거뒀다'고 말할 수 있다. 손자가 백 번 싸워 백 번 이기는 전쟁을 잘했다 하지 않고 전투 없이 적을 굴복시키는 전쟁을 최선이라 한 것을 관찰하면, 이른바 '전쟁을 좋아하는 자는 극형에 처한다'는 원칙이야말로 손자가 특히 그냥 넘기지 못한 바였다. 이는 고리타분한 유생을 본받지 않았기 때문이었다.[42]

이 글에서 이지는 병가의 가장 높은 경지는 싸우지 않고 적을 굴복시키는 것이고 적국을 온전히 보전하는 데 있다고 말한다. 전쟁의 결과에 상관없이 쌍방이 온전하려면 반드시 계획이 정해진 뒤 전쟁해야 하는데, 그러려면 궤도 즉 속임수의 동원이 불가피하다는 것이다. 이지가 손무의 전술에서 특히 찬탄한 부분은 적의 상황 변화에 근거해 재빠르게 전술을 운용하라 강조하면서 "작전 계획이 세워지면 적정의 변화에 따라 전투를 결정한다"[43]고 한 부분이었다. 각기 다른 전쟁 상황에서는 천편일률적이 아닌 서로 다른 대응을 해야 한다는 것이다.

전쟁에는 원래 고정불변의 형세가 없고, 물의 흐름에는 정해진 형태가 없다. 적의 변화에 따라 승리를 제조하는 자는 전쟁의 신이라 일

---

42) 『참동』 「모공」편 이지 평론. "夫謀欲攻人之國, 便先謀全人之國, 以至全軍·全旅·全卒·全伍, 無一點不要全, 蓋唯以全人之國為攻人之謀, 又以伐人之謀為謀攻之上策, 故軍·旅·卒·伍無一而不得全也, 始謂"以全爭於天下"矣. 觀其不以百戰百勝為善, 而以不戰屈人兵為善之善, 則所謂"善戰者服上刑", 尤孫子之所不赦矣. 是非效儒生之迂腐也."
43) 『손자병법』 제11장 「구지(九地)」편. "踐墨隨敵, 以決戰爭."

걷는다.[44]

손무는 적과 아군(敵我)·병력 숫자(衆寡)·세의 강약(強弱)·공격과 수비(攻守)·진격과 후퇴(進退)·승패(勝敗)·허실(虛實)·용맹과 비겁(勇怯)·주둔과 출동(安動)·질서와 혼란(治亂)·휴식과 피곤(佚勞) 등 수많은 대립적 상황을 거론하면서 즉각적인 판단으로 모순을 간파하고 상황을 타개함으로써 자신에게 불리한 부분은 회피하고 유리한 요인을 쟁취하라고 강조했다. 예컨대 「병세」편에서 그는 전쟁의 주도권을 빼앗아 강한 형세를 만들려면 반드시 민첩하고 변화다단한 '기정(奇正)' 전술을 써야 한다면서 조직과 지휘, 병력의 배치, 전술의 운용과 행동 등을 자유자재로 응용할 수 있어야 한다고 주장했다. 또한 전쟁에서 유리하고 불리한 형세는 일정한 조건 아래 바뀔 수 있기 때문에 실제 상황을 재빠르게 파악해 나에게는 유리하고 적에게는 불리한 형세를 만들라 했는데, 이에 대해 이지는 보다 구체적으로 논평했다.

전쟁에는 고정된 세가 없다. 그래서 기병과 정병의 운용 역시 정형화할 수가 없다. 세란 유리한 형세를 만들기 위해 재량껏 임기응변하는 것이니, 기병과 정병으로 형성되는 세 역시 적진의 상황에 따라 변화하게 된다. 정병이 없으면 기병이 성립하지 않고 기병이 없으면 정병이 완성되지 않으니, 기병과 정병은 상호 보완 관계로 운용된다 할 수 있다. 기병이면서 정병 아닌 경우가 없고 정병이면서 기병 아닌 경우도 없으니, 기병과 정병을 통합시키면 또 다른 전법이 된다고 말할 수 있는 것이다. 기병과 정병의 변화로 나온 그 형세가 또 어찌 고정

---

44) 『손자병법』 제6장 「허실(虛實)」편. "兵無常勢, 水無常形; 能因敵變化而取勝者, 謂之神."

될 수 있으랴? 그래서 무릇 적을 유인할 수 있는 작전은 모두 기병이다. 이는 수시로 변하는 상황에 대한 기민한 대응이고, 목적을 위한 변칙적 술수다. 대체로 적을 상대하는 방도는 모두 정병이고 모두가 기본이니, 이른바 근본적인 대응책이다. 이런 까닭에 이익으로 적을 움직이게 하고 적에게 허상을 보이며 아군의 혼란상을 저들에게 알려줘 적으로 하여금 우리가 겁내는 모습만 보게 하고 우리의 취약함만 듣게 하니, 이런 술수가 기병이다. 하지만 이미 모든 적으로 하여금 우리에 대해 보고 듣게 했으니, 이는 기병이지만 또 정병이기도 하다.[45]

전술에서는 보통 기병과 정병을 구분하여 설명한다. 지휘에서 일반적 규율을 준수하면 '정병(正)', 융통성 있는 재빠른 대응은 '기병(奇)'이라 한다. 병력 배치에 있어 적의 진격을 막고 부대를 방어하는 상황이 정병이고 적의 부대를 정찰하거나 경계하는 경우가 기병이다. 작전법에서는 정면에서 싸우는 것이 정병이고 측면과 후방에서 포위하고 우회하는 것을 기병이라 하며, 먼저 공격하면 정병 나중에 공격하면 기병이 되고, 보이게 공격하면 정병 몰래 습격하면 기병이라고 하는 것이 일반적인 해석이다. 하지만 이지는 기병과 정병은 대립적인 통일이고 각기 다른 상황에 근거해 서로 변화하는 전술일 뿐이라고 말하며 기존의 해석과는 다른 견해를 내놓았다. 그는 작전에서 거짓 상황을 만들어 적을 속이라고 한「병세」편 대목에 대해 다

---

45) 『손자병법』 제5장「병세(兵勢)」편 이지 평론. "兵無一定之勢, 故奇正之兵, 亦無一定之用. 勢者, 因利而製權, 故奇正之勢, 亦因敵而變化也. 無正不成奇, 無奇不成正, 謂奇正之相爲用可也. 無有奇而不正者, 亦無有正而不奇者, 謂奇正之合爲一又可也. 奇正之變化, 其勢又烏能定乎? 故凡可以誘敵者, 皆奇也, 是權勢也, 是詭道也. 凡所以待敵者皆正也, 皆本也, 所謂以本待之也. 是故, 以利動之, 以形示之, 以亂與之, 使敵人但見吾之爲怯, 而聞吾之爲弱也, 此奇也. 然已使敵人皆見而聞之矣, 則雖奇亦正."

음과 같이 해설했다.

적을 상대해야 하는 사람은 이익으로 유인하지 않는 자가 없다. 다방면으로 적을 지체시키고 괴롭힌다면 걸려들지 않는 경우가 없는 것이다. 그렇지만 또 일정한 의견을 고수해야 하는 것은 아니다. 가령 이익으로 유인해도 적이 움직이지 않고 허상을 보여줘도 적이 속아주지 않고 미끼를 던져도 적이 물지 않는다면 제아무리 손무자라 한들 어쩔 도리가 있을까! 그러므로 적이 태산처럼 요지부동이라면 아군의 형세가 제아무리 가파른 물살처럼 흉흉한들 무슨 수가 있으랴! 적이 영리한 토끼처럼 깊은 땅굴에 숨어버린다면 아군의 기세가 제아무리 새매처럼 재빨라도 어쩌겠는가! 적이 우리보다 먼저 깊은 지하에 숨어버려 이길 수 없는 형세를 만든다면 우리의 기세가 천 길 높은 산꼭대기에서 굴러떨어지는 둥근 바위 같다 한들 어쩔 수 있겠나 말이다! 원래 형세를 자신의 의지대로 조성하는 자는 움직일 수 있으면 즉각 출동하고 움직일 수 없으면 꿈쩍도 안 한다. 움직일 수 있다면 그때는 마치 둥근 바위가 굴러떨어지듯, 새매가 먹잇감을 낚아채듯, 빠른 물살에 바위가 떠내려가듯 터럭만큼의 태만도 용납하지 않는다. 감히 움직일 수 없는 상태인 경우라면 산처럼 편안하고 나무토막처럼 고요하며 정사각형처럼 멈춘 요지부동이 된다. 그리하여 형세를 언제나 내 편에서 좌지우지한다.[46]

---

46) 위와 같음. "凡敵之人, 未有誘之以利而不來者, 未有多方以誤之而不可致者. 然亦未可以一定執也. 設使利之而敵不動, 形之而敵不從, 與之而敵不取, 則雖孫武子亦且奈之何哉! 故敵人如太山, 吾雖勢如激水之疾, 可如何? 敵人如狡兔之深藏于穴, 吾雖勢如鷙鳥之節, 可如何? 敵人能先爲不可勝以藏于九地之下也, 吾之勢縱如轉圓石于千仞之山也, 可如何? 故任勢者, 可動卽動, 不可動卽不敢動. 可動, 卽如轉圓石, 如鷙鳥節, 如漂石激水, 遲慢一毫不得矣; 不敢動, 卽如山之安, 如木之靜, 如方之止. 夫如是, 故其勢常在我也."

여러 형세를 이용해 기병과 정병을 자유자재로 운용하는 상황을 매우 문학적인 필치로 묘사했다. 실전에서는 "모두가 지나치는 길 같으면 때로 지나치지 않는 변통이 있어야 하고, 타격할 만한 군대라도 때로는 치지 않는 융통성을 발휘하며, 공격할 수 있는 성과 반드시 다퉈야 할 땅도 때로 원칙을 바꿔 공격을 거절하고 다툼을 하찮게 여겨야 하는"47) 경우가 있는데, 그런 때도 수기응변하여 잡다한 가운데 본질을 추려낼 수 있어야 한다고 일깨운 것이다. 마치 카멜레온처럼 구체적인 경우마다 조금씩 양상이 바뀌는 전쟁의 특성을 파악하는 순발력이 전투의 승리에서 큰 몫을 차지하는 요인이라는 뜻이었다.

이지는 간첩에 대한 견해도 특출했다. 전투를 앞두고 적의 기선을 먼저 제압해야 유리해진다는 것은 상식이다. 적에 관한 정보를 미리 알기 위한 첩보전은 전쟁 승리의 요체라고 손자는 단언했다.

> 전군을 통틀어 간첩보다 더 친밀한 이가 없고, 간첩에 대한 포상보다 후한 경우가 없으며, 간첩질보다 더 비밀스러운 일은 없다. 현명한 군주와 어진 장수가 특출하게 지혜로운 이를 간첩으로 쓰면 반드시 위대한 업적을 달성하게 된다. 이는 전쟁의 요체이니, 군대는 간첩이 던진 정보에 의지해 출동하기 때문이다.48)

이지도 간첩의 역할을 강조해 "만약 나에 대해서는 알지만 상대방을 모른다면 또 어떻게 적을 이겨 그들의 운명을 쥐락펴락하겠나?

---

47) 『참동』 「구변」편 이지 평론. "所共由之途, 而有時變之不由, 所可擊之軍, 而有時變之不擊, 所可攻之城與所必爭之地, 而有時咸變, 而不肯攻·不屑爭."
48) 『손자병법』 「용간」편. "三軍之事, 莫親于間, 賞莫厚于間, 事莫密于間."; "明君賢將, 能以上智爲間者, 必成大功. 此兵之要, 三軍之所恃而動也."

그래서 간첩 활용이 요망되는 것"⁴⁹⁾이라고 말한다. 간첩의 첩보 활동은 일반적으로 법의 범위에서 벗어나지만 국익이나 중대한 이익이 걸려 있을 때는 그 사용을 주저하지 말아야 하니, 그들의 활동 덕분에 상대방의 계략을 깰 수 있다는 것이다. 그리하여 "성인처럼 지혜롭지 않으면 간첩을 부릴 수 없고, 어질고 의롭지 않으면 간첩을 활용할 수 없으며, 세심하고 심오하지 않으면 간첩으로부터 진실을 캐낼 수가 없다"⁵⁰⁾고 한 손자의 말에 대해 그는 이렇게 부연했다.

「용간」편에서 말하는 간첩 사업은 대단히 진지하면서도 신중하다. 이 정도 수준의 말씀이 아니라면 백성의 목숨을 개똥이나 진흙처럼 보면서 국가의 안위를 아이들 장난질로나 여기게 된다. 어떻게 사전에 적을 탐지하는 간첩질을 하지 않을 수 있으랴?⁵¹⁾

이지는 간첩을 써야만 전쟁에서의 신속한 승리 혹은 싸우지 않고 이기는 것이 가능하다고 말한다. 장수가 단 하루의 승리를 위해 인명을 돌아보지 않는 것은 '불인(不仁)'의 극치라고 한 손자에 동의하면서 백성의 목숨을 돌보지 않는 자는 장수의 자격이 없다고 단언한다. 그래서 이정(李靖)이 용간의 요체는 "충성을 다하며 작은 의리는 돌아보지 않는 것"⁵²⁾이라고 말했을 때 "기지가 넘치는 재미있는 사람(妙人, 妙人)"이라는 비주를 달면서 때로는 권모술수가 백성의 목숨을 아끼는 인본정신과 통한다고 주장하기도 했다.

---

49) 『참동』「용간」편 이지 평론. "苟知己而不知彼, 又何以勝敵而制其命乎? 故用間要矣."
50) 『손자병법』「용간」편. "非聖智不能用間, 非仁義不能使間, 非微妙不能得間之實."
51) 위와 같음. "「用間篇」說出用間事十分鄭重, 言不如此, 則是視民命如糞壤, 以安危爲兒戲矣, 安得不先知敵人而爲之間乎?"
52) 『당이위공문대(唐李衛公問對)』중권. "盡大忠, 不顧小義也."

손무는 「용간」편에서 역사상 가장 성공한 간첩은 은나라의 현신 이윤과 주나라의 여상이라고 설파한 바 있다. 직접 적국에 잠입해 간첩 활동을 한 결과 상의 탕왕과 주나라 무왕이 대업을 성취할 수 있도록 보좌했다는 것인데, 이지도 같은 관점이었다.

은나라의 흥성에는 하나라에 복무한 이윤이 있고, 주나라의 흥성 뒤에는 은나라 정보에 밝았던 여상이 있었다. 원래 이윤과 여상은 위대한 성인으로 은과 주에 의해 기용되었다. 은과 주의 천하가 되면서 한 나라는 600년 다른 한 나라는 800년이나 지속되었는데, 그것이 누구 덕분이었을까?[53]

후세의 유자 중에는 이윤과 여상 같은 성현이 간첩 노릇을 했을 리 없다고 의심한 경우도 있지만, 이지는 그들이 간첩과 인의의 참뜻을 깨치지 못해 그런 헛소리를 한다고 여겼다. '인의를 아는 진정한 병가라야 궤도를 겸용(仁詭兼用)' 할 수 있으니, 성인의 행사를 논평하며 이윤과 여상의 간첩 행위를 거론하는 것은 매우 적절하면서도 당연한 해설이란 시각이었다. 그는 용간이 권모술수의 영역에 속하지만 그 사용 여부를 놓고 의견이 갈린다면 절체절명의 위기를 이겨낼 수 없고 현명한 군주와 장수라면 응당 유용하게 써야 할 도구임을 알아야 한다고 생각했다. 다시 말해 '사랑(仁)'은 속임수(詭)의 근본이고 '궤(詭)'는 인(仁)의 쓰임이라는 것이 이지의 결론이었다. 원칙(道)과 방법(術)의 측면에서 유가와 병가의 도는 다를지라도 대의 앞에서는 그 근본 취지를 돌아보고 아울러야 한다는 뜻인 것이다.

---

53) 『참동』「용간」편 이지 평론. "殷之興也, 伊摯在夏; 週之興也, 呂牙在殷. 夫伊·呂以大聖而爲殷·周用, 殷·週天下, 一六百載, 一八百載, 誰之力歟?"

(4) 담병여선(談兵如禪)

손자의 기정(奇正) 개념이 유가사상과 결합해 인궤겸용이 되었다면, 허실(虛實)은 이지에 의해 불교와 결합된 담병여선(談兵如禪)으로 표현되었다. 손자는 전쟁의 인간적 요인을 이해한 사람이었다.

전쟁의 고수는 적을 유인해 내게로 오게 하지 적에게 휘둘려 이동하지 않는다.[54]

전쟁은 대부분의 진행 과정이 양측 지휘관들 간의 싸움이기 때문에 상대방에 대한 심리분석이 불가결한데, 이에 대한 『손자병법』의 서술은 시대를 초월한 보편적 전략에 기반한 것이었다. 이론은 현실의 군사적 행위로나 위력을 발휘할 수 있고, 군사활동은 또 다른 사회적 실천과는 달라 예측할 수 없는 수많은 요인의 제약을 받는다. 그런데 전쟁은 상당히 큰 규모의 기동성과 은폐력을 갖춰야 하는 사안이라서 고금 명장의 병법을 실제 운용하는 과정을 보면 이론의 범주를 넘어서는 강렬한 특이성이 왕왕 드러나고, 이는 사람들에게 예측하기 어려운 일을 대할 때의 신비감을 안겨주게 된다. 원래 승리한 전쟁의 세부 내용과 과정을 살펴보면 형언하기 어려운 오묘함이 내재된 경우가 많고 마음으로부터 운용의 묘미를 느낄 수 있는데, 말로 전수할 수 없는 이런 승리의 비결은 이지에 의해 '참선 담론(談禪)'으로 표현되었다.

전쟁에 관한 담론과 참선에 관한 담론은 같은 일이다. 깨닫지 못하면 끝끝내 그 이치를 알아내 활용할 수 없다.[55]

---

[54] 『손자병법』「허실」편. "善戰者, 致人而不致于人."
[55] 『참동』「병세」편 이지 평론. "談兵與談禪, 一也, 不悟則終不可得而用也."

참선으로 유명했던 작가 장천익(張天翼, 1906~1985)은 선사의 묘용, 병가의 기이한 계략, 시인의 영감 세 가지를 열거하며 그 정밀하고 미세한 경계에 들어서는 오묘한 도는 동일한 성격이라고 말했다. 직관으로 일순간 전체를 파악하고 원하는 바를 획득하는 경지는 선종의 고승대덕이 제자의 깨달음을 위한 방편으로 제시하는 화두나 공안은 용병에서의 직관적 결단과 시인이 문득 그려내는 이미지 혹은 표현과 유사하다는 것이다.

이지가 '선으로 전쟁을 비유(以禪喩兵)'한 것은 용병(用兵)의 요체가 마음의 깨달음에 있음을 설파하기 위해서였다. 용병의 가장 높은 경계를 밝히는 동시에 '글로 의미를 전하는(以文傳意)' 병법은 필연적으로 한계가 있다고 여긴 때문이었다.

> 허실의 이치와 기정의 전술은 병가의 세 그 자체라 하겠는데, 이는 실제 전수가 불가능하다. 비단 전쟁을 앞두고 전수할 수 없을 뿐만 아니라 설사 전수하고 싶어도 그렇게 되지를 않는다.[56]

전쟁 상황에서 병법은 절대적인 의지처가 되지만, 이지는 병법이 실전경험의 총결 내지는 추상적으로 귀납된 군사 행위의 일반적 규율이라고 생각했다. 그래서 군사훈련을 시킬 때는 일반 원칙인 "정병은 가르치고 기병은 가르치지 않는다"[57]고 말했는데, 이에 따라 정병은 기율이 엄격하고 훈련을 철저하게 받은 군대를 가리키게 된다. 그런 군대라야 형세에 따른 임기응변이 가능하다고 본 것은 전쟁터라는 특수 상황에서 일어날 수 있는 갖은 변화란 결국 일반적 규율

---

56) 『참동』 제4장 「군형(軍形)」편 이지 평론. "虛實之端, 奇正之術, 此兵家之勢, 不可先傳者也. 且非但不可先傳, 即雖欲傳之而不可得矣."
57) 『참동』 「병세」편 이지 평론. "教正不教奇."

에 종속되는 특수한 전쟁 사례일 뿐이라 여겼기 때문이다. 그에게는 일반과 특수한 경우의 추상적 개괄이 바로 정병과 기병이었다.

    비록 정병일지라도 기병은 절로 그 안에 존재하게 된다. 오직 전쟁이 어떤 것인지 이해하는 자만 그 이치를 스스로 깨우친다.[58]

    이지는 당 태종의 "병법은 의미를 전수할 수 있지만 말로는 전할 수 없다"[59]는 말을 인용해 자신의 깨달음을 다시 강조했는데, 바로 용병의 오묘함은 병법의 바깥에 존재하지만 또 병법 안에도 실재한다는 뜻에서였다. 문자를 떠나고도 여전히 문자를 떠나지 못하는 "불립문자, 이심전심(不立文字, 以心傳心)"의 경계와도 상통하는데, 수많은 화두와 공안이 사람을 깨닫게 하는 특별한 행적과도 일치하는 부분이다.

    이지가 참선으로 전쟁을 비유하고 심지어 양자를 동일시하기까지 한 것은 병법의 일반적 문자 해설이 초래하는 한계를 벗어나기 위함이었다. 전투 현장에 어떤 수단이 동원되고 무슨 변화가 일어나든 그에 대한 결정은 장군 개인의 판단에 의거한다. 어쩌면 그 과정에서 전투를 지휘하는 장군의 개인적인 성격·통찰·직관이 정교한 계산이나 계획보다 더 많이 작용할 수도 있다. 게다가 교전이 시작되면 온갖 변수들이 작용하기 때문에 이론만으로 할 수 있는 것이 거의 없게 되는데, 바로 이 지점에서 전쟁은 예술과 가까워진다. 전략은 체계적이고, 경험을 기초로 하고, 논리적으로 개발되며, 미리 계획할 수 있는 모든 것을 아우르고, 철저히 계산에 복속된다는 점에서 과학의 영역에 속한다. 하지만 예술로서의 전략은 전혀 가망 없는 상황에

---

58) 『참동』「병세」편 이지 평론. "雖正而奇自在, 唯知兵者自悟之耳."
59) 『당이위공문대』중권. "兵法可以意授, 不可以語傳."

서도 예외적인 결과를 이끌어낼 수 있는 장군의 담대한 결심과 행동까지를 포괄한다. 그러한 과정 속의 통찰력과 신비로움을 이지는 '선(禪)'으로 표현한 것이다.

일례를 들어보자. 생사에 대한 집착은 장수의 가장 큰 금기이고, 본인이 지휘관 처지라면 반드시 생사를 뛰어넘어야 한다. 삶과 죽음을 일체화시켜야 치밀하게 판단하고 전쟁의 승리를 이끌어낼 수 있기 때문이다. 물론 진짜 병가와 선객(禪客)이라면 일체의 외부적 염려를 내던지고 생사의 문제는 다만 주요 항목의 곁가지로나 보게 된다. 그들에게 가장 큰 걱정거리는 몸뚱이가 있다는 사실인데, 생사와 함께 찾아오는 여러 느낌과 욕망, 고통 때문에 인지와 판단에 영향을 받기 때문이다. 선객(禪客)은 한평생 이것들을 타파해야 하고 장수 역시 마찬가지다. 욕심·조급함·태만 등 각종 욕망과 기질에 오염되면 좋은 결과가 나올 리 없기 때문이다.

일단 전쟁에 임한 장군은 직분에 따른 심리적 어려움 때문에 작전 시의 결심이나 판단에 영향을 받는다. 또한 습성과 성격의 문제를 차치하더라도 기후·지형 등의 요소나 군주 혹은 정치적 요인의 제약 때문에 전략전술의 시행에는 항상 차질이 생긴다. 그래서 이지는 『참동』「작전」편에서 『울료자』의 논설을 인용해 "장군은 위로 하늘의 제약을 받지 않고, 아래로 땅의 제약을 받지 않으며, 가운데로 사람의 제약을 받지 않는다"[60]고 말한다. 심리학적 견지에서 보자면, 까마득히 높은 산 위에서 아래를 굽어보는 심오한 통찰력의 경지, 즉 절정 경험의 순간에 관한 묘사다.

심리전에서 승리해 적의 마음을 무너뜨리는 것은 장군 앞에 높인 어려운 과제다. 이지는 장수가 선정(禪定)의 방법으로 마음을 다스리

---

[60] 『울료자』「병담(兵談)」편. "將者, 上不制於天, 下不制於地, 中不制於人."

고, 그렇게 해서 얻게 된 깨달음으로 지휘하며, 마음을 공략하는 전술로 적의 투지를 말살시킬 때 전쟁의 승리를 기대할 수 있다고 했다. 흡사 선정에 든 것처럼 전쟁을 지휘하라는 요구는 불교가 가르치는 마음에 거칠 바 없는 대자재(大自在)의 경계와도 상통하는 것이다.

병법에 대한 위와 같은 깨달음은 이지 본인의 참선 경력과 분리될 수 없다. 『참동』의 「서문」을 쓴 매국정은 일찍이 이지가 선에 정통했기 때문에 평소 친구들과의 교유에서도 이심전심의 마음 상태를 보여주었다고 회상했는데, 전쟁에 실제로 참여한 경험은 없지만 선에 대한 깨달음을 자연스럽게 병법에 융합시킨 이지의 견해는 여러 전쟁에 참여했고 북방 요충지 대동순무(大同巡撫)를 지낸 당대의 전략가 매국정의 찬사를 이끌어내기에 충분했다.

> 내 친구 독옹 선생은 선(禪)에 조예가 깊은 분이다. 병법서로는 유독 『손자』를 선택하고 『손자』의 주석으로는 애오라지 위 무제 것을 집어들더니 나머지 여섯 책의 관련 대목을 『손자』의 각 편 말미에 첨부해 미진한 바를 해설했다. 자료가 한자리에 모여 그 의미를 환히 밝히니, 가위 병가의 집대성이고 『손자』 해석에서 신의 경지에 들었다고 말할 만하다.[61]

이지가 말한 용병과 선정의 합일은 병법의 진짜 요결이라 할 만한 깨달음이었다. 매국정 역시 "병가는 불교의 선과도 같다. 그 무한정한 쓰임은 바닷물 분량의 먹물로도 다 묘사할 수 없고, 그 정밀함을

---

61) 매국정, 『손자참동』 「서문」. "余友禿翁先生, 深於禪者也, 於兵法獨取『孫子』, 於注『孫子』者獨取魏武帝, 而以餘六經附於各篇之後, 注所未盡, 悉以其意明之, 可謂集兵家之大成, 得『孫子』之神解."

파고들면 언어로는 한마디도 설명할 도리가 없다"[62]고 했는데, 그의 붓끝에서 이지의 '담병여선(談兵如禪)'은 가장 적절한 평가와 이해를 얻었다고 말할 수 있겠다.

(5) 천묵수적(踐墨隨敵)

인류의 역사가 전쟁에서 벗어난 적은 한시도 없지만 진정 위대한 장군이 적었던 이유는 현명한 리더십의 결여 때문이라고 일컬어진다. 지도자가 되려면 많은 자질이 필요하지만 그중 두 가지가 필수적인데, 바로 올바른 결단을 내릴 수 있는 능력과 그 결단을 실행할 수 있는 용기다. 손자가 5,000자에 불과한 짧은 전략서 한 권으로 영원한 명장이자 병법가의 반열에 올라서게 된 이유도 전쟁과 리더십의 관계를 분명하면서도 설득력 있는 어조로 설파한 데 있었다.

손자는 "전쟁이란 한 국가의 중대사이고, 죽음과 삶이 갈라지는 영역이며, 존망의 길"[63]이기 때문에 장수는 생각이 맑아야 하고 모든 구속에서 자유로워야 한다고 말했다. 전쟁은 일상생활의 의식주와는 달라서 성읍이 도륙되고 나라가 멸망하는 상황이기 때문에 이를 대하는 장수는 생각이 맑아야 하고 반드시 모든 구속에서 자유로울 필요가 있다. 사마천이 "장수는 명을 받은 날부터 자기 가정을 잊고, 군대에 임해 규정과 호령을 선포하면 사사로운 교분을 잊어야 하며, 북을 두드리며 진군하고 전황이 긴급할 때는 자기 목숨을 잊어야 한다"[64]고 말한 취지인 것이다. 손자가 「구변(九變)」편에서 말한 내용도 마찬가지였다.

---

[62] 위와 같음. "兵猶禪也. 極其用, 海墨書而不盡; 究其精, 即一言不可得."
[63] 『손자병법』「시계」편. "兵者, 國之大事, 死生之地, 存亡之道."
[64] 『사기』 권70 「사마양저 열전(司馬穰苴列傳)」. "將受命之日則忘其家, 臨軍約束則忘其親, 援枹鼓之急則忘其身."

장수에게는 다섯 종류의 치명적 위험이 있다. 반드시 죽을 각오로 대들면 정말로 죽을 수가 있다. 기필코 살겠다고 하면 포로로 사로잡힐 수 있고, 쉽사리 분노하면 능욕당할 수 있으며, 청렴하다는 명성에 집착하면 작은 모욕에도 이성을 잃기 쉽다. 백성을 지나치게 사랑하면 번거로운 일에 휘말릴 수 있다.[65]

지휘관은 자신이 원하는 바가 무엇인지 알아야 한다. 우선은 자기 목표를 분명하게 알아야 하고, 그다음은 그것을 달성하고자 노력해야 한다. 그러기 위해서는 자신이 원하는 것과 기본 방침이 무엇인지 부하들에게 숙지시켜 확고한 지침을 내리고 인도해야 한다. 또한 적절한 환경을 조성해서 참모나 부하들이 그 환경에 익숙하도록 이끌어야 할뿐더러 무엇보다도 그것을 진행할 추진력이 있어야 한다. 부하들에게 성공할 수 있다는 자신감을 불어넣을 품성과 능력이 있어야 하고, 형세가 불확실할 때는 흔들리지 않을 수 있는 정신적 용기와 각오, 결단력을 지녀야 한다. 전투에서 유일한 확실성은 모든 것이 불확실하다는 것뿐이다. 그래서 수많은 생령을 책임져야 하는 지휘관은 결코 판단에 착오가 나면 안 된다.

『참동』「시계」편의 평론에서 장군의 도를 논할 때 이지는 『육도』에서 태공이 역설한 '다섯 가지 재능과 열 가지 허물(五才十過)'을 인용한다. 특히 열 가지 허물의 교훈은 실패하는 인간이 갖는 나쁜 특성에 모두 들어맞는다.

이른바 장수의 열 가지 허물은 다음과 같습니다. 용감하지만 모험을 불사해 자기 생명을 아끼지 않는 자가 있습니다. 성급해서 심사숙

---

[65] 『손자병법』「시계」편. "將有五危: 必死, 可殺; 必生, 可虜; 忿速, 可侮; 廉潔, 可辱; 愛民, 可煩."

고 없이 군공 세우기에만 조급한 자가 있고, 탐욕스러워 재물을 밝히는 자가 있으며, 성정이 어질어 차마 타인을 해치지 못하는 자가 있습니다. 지혜롭지만 겁이 많은 자가 있고, 착실해서 남의 말을 그대로 믿고 매번 속아넘어가는 자가 있으며, 청렴해서 은혜를 베푸는 식으로는 사람을 아끼지 못하는 자도 있습니다. 꾀는 많지만 매사 우물쭈물 결단을 내리지 못하는 자가 있고, 굳세고 과감하지만 혼자만 옳은 독선적인 자가 있으며, 나약해서 책임을 늘 남에게 떠넘기는 자도 있습니다. 용감해서 죽음을 가벼이 여기는 자는 적진 앞에서 폭사할 수가 있습니다.[66]

자고로 전쟁의 대치 상태는 대개 양쪽이 겨루는 지혜의 대결로 귀결되곤 했다. 그래서 "심리전은 상책이고 전투는 하책"[67]이니 장수의 마음가짐 따라 승패가 달라진다는 점이 강조되었다. 이지 역시 장수의 도를 논할 때 가장 먼저 고려한 요소는 심모원려(深謀遠慮)와 남 먼저 헤아리는 지혜였다.

> 가장 좋은 전쟁은 꾀로 정벌하니, 싸우지 않고도 적이 알아서 굴복하는 경우다. … 승패로 장수의 자질을 논하는 그런 자들은 대장의 도리를 알지 못한다. 계획이 정해진 다음 전투를 벌이고 전투하면 반드시 승리하는 경우 같으면 하나같이 이 원칙에서 벗어나지 않는다. …

---

66) 『육도』「용도·논장(論將)」편. "所謂十過者, 有勇而輕死者, 有急而心速者, 有貪而好利者, 有仁而不忍人者, 有智而心怯者, 有信而喜信人者, 有廉潔而不愛人者, 有智而心緩者, 有剛毅而自用者, 有懦而喜任人者."
67) 진수(陳壽)의 『삼국지』「촉지·마속전(馬謖傳)」 배송지(裴松之) 주(注)에는 『양양기(襄陽記)』에서 인용된 다음과 같은 대목이 나온다. "전쟁하는 방법은 마음의 공략이 우선이고 공성은 그다음이다. 심리전은 상책이고, 실제 전투는 하책이다(用兵之道, 攻心為上, 攻城為下. 心戰為上, 兵戰為下)."

나는 또 어찌해야 심모원려해 미래를 예견하는 인사, 굳세고 참을성 있으며 적을 뜻대로 휘젓는 술수에 밝은 자를 얻고 그와 더불어 전쟁하지 말아야 할 취지에 대해 이야기할 수 있을까?[68]

전쟁은 정치에서 시작하고 정치로 끝나는 영역이다. 『참동』은 『손자병법』이라는 문헌에 조조가 주를 달고 이지가 해설한 형식의 책이기에 세 사람이 처했던 시대를 상고하면 그들과 전쟁과의 거리, 그 상관성이 명료해진다. 손무의 생존연대는 춘추 말기 수십 개의 제후국이 약육강식의 적자생존 경쟁을 펼치던 때였다. 전쟁의 폭력이 일상적으로 벌어졌고 열 명에 서넛은 반드시 전쟁 때문에 죽었다. 조조의 시대는 혼란기를 거쳐 겨우 세 개의 국가가 남았기 때문에 큰 전쟁이 지속되는 와중이라도 병법에 대한 의존도가 선진 시기처럼 치열하지는 않았다. 다시 말해 조조는 병법의 대가였지만 손무처럼 직접 저술해야 할 만큼 절박한 관심사는 아니었기 때문에 『손자병법』에 직접 주를 다는 정도에 그쳤다. 이지는 명이라고 하는 거대한 제국의 구성원이었다. 비록 국경 지방에 왜구나 북방 민족의 위험이 상존하긴 했어도 직접 전쟁에 참가할 필요가 없고 위험을 느낀 것도 아니었기 때문에 순수한 학문적 관심에서 병가의 책을 읽었다.

그래서 전쟁 자체에 대한 개별적 관심이나 위기감의 크기는 시대 순으로 정리되는 반면, 정치와의 연관성 정도는 그 역순이 된다. 손자보다는 조조, 조조보다는 이지가 좀더 복잡하고 정치 지향적 시각으로 군사 문제를 바라보았다. 이는 시대마다 전쟁의 양상이 다르기 때문이기도 하지만 달라진 체제가 사고의 폭과 깊이에 영향을 준 탓

---

68) 『장서』 권47 「무신전·무신 총론(武臣傳武臣總論)」, "上兵伐謀, 不戰而自屈矣. … 以勝敗論將者, 非知大將之道也. 若夫謀定而後戰, 戰而必勝, 皆不越於此矣. … 吾又安得深謀蚤智之士, 明於堅忍致人之術者. 以與語不戰之旨乎?"

도 있을 것이다.

　전투 과정은 주로 병참이나 군대에 의해서 결정되지만 때로는 정치적 조건이라는 변수가 작용하기 때문에 전략의 대가들은 정치 영역에서 전지전능한 박식함을 요구받는다. 또 전쟁 상황에서는 가능한 한 모든 것이 단순해야 하지만 아무도 예측하지 못한 수많은 소소한 사건들이 결합해 전체적인 성과 수준을 낮추고 의도한 목표에 도달하지 못하게 만들기도 한다. 그래서 군사 조직을 책임지는 장군은 원천적으로 실망을 끊임없이 반복할 수밖에 없게 된다. 모든 것은 예상보다 더 많은 시간을 잡아먹고 시시각각 발생하는 일들을 따라잡는 데 필요한 유연성은 확보하기 힘들기 때문이다. 아무리 단순한 상황에 놓였더라도 전략가는 관련된 모든 요소 혹은 변수와 이들 각각의 상관 관계를 모두 이해하지는 못한다. 그래서 현재 정세에서 문제의 절박성 순으로 판단하고 수단을 마련하게 되는데, 이런 까닭에 전략의 대가가 될 수 있는 유일한 부류는 정치인일 수밖에 없다. 그래서 손자도 군사에 대한 정치의 주도적 작용을 첫 번째로 강조했다.

　전쟁은 '다섯 가지 사안'으로 헤아리고 계산을 통해 꼼꼼히 확인하면서 그 승패의 정세를 탐색해야 한다. 오사 중에서 첫 번째는 도덕성의 유무, 두 번째는 천시의 조우, 세 번째는 땅의 험준과 평탄, 네 번째는 장수의 능력, 다섯 번째는 법도의 명료함이다. 도덕성이란 백성들이 군주와 한마음이 되어 더불어 죽고 함께 살면서 위험을 두려워하지 않는 것이다.[69]

---

[69] 『손자병법』 제1장 「시계」편. "故經之以五事, 校之以計, 而索其情: 一曰道, 二曰天, 三曰地, 四曰將, 五曰法. 道者, 令民與上同意, 可與之死, 可與之生, 而不畏危也."

손자는 도덕성·천시·지리·장수·법도의 다섯 가지를 전쟁 승패의 결정적 요소로 보았다. 그중에 어느 군주의 정치가 맑은지를 따지는 도덕성이야말로 승패를 결정짓는 첫 번째 조건이라 했는데, 이지도 손자에 공감하며 그 뜻을 이렇게 해설했다.

첫 번째로 거론한 도는 손자 자신이 이미 분명한 주석을 달았으니, '도란 백성들이 군주와 한마음이 되어 더불어 죽고 함께 살면서 위험을 두려워하지 않는다'는 그것이다. 무릇 백성이 군주와 더불어 삶과 죽음을 함께할 수 있다면 손과 발이 머리와 눈을 보호하고 아들과 아우가 아버지와 형을 호위하는 정도에 그치지 않게 된다.[70]

아울러 이지는 백성들과 더불어 동고동락한다는 유가의 애민의식이 병가에 아우러져야 한다고 여겼다. 그래서 도덕성이란 군주와 장수가 백성을 겸애해 가족처럼 여기고 전심전력으로 그들을 구호하는 것이라 해설했고, 그것만이 인심을 얻고 백성과 군주가 한마음이 되는 방법이라면서 구체적인 실천방안을 제시했다.

탁오자는 말한다. 「시계」편의 다섯 가지 사안은 첫 번째로 도를 말한다. 무릇 현인을 얻는 것보다 시급한 일이 없고, 백성을 아끼는 것보다 긴요한 일은 없다. 현인을 얻으면 명철해지고 백성을 아끼면 그들과 가까워지는데, 이른바 전쟁이 아직 벌어지지 않았지만 묘산에서 승리했다는 말이 바로 그것이다. 하지만 평소에 덕을 쌓고 백성을 아낌으로써 현인을 초치하지 않았다면 현자 역시 어떻게 그를 찾아갈

---

70)『참동』「시계」편 이지 평론. "一曰道, 孫子已自注得明白矣, 曰 '道者, 令民與上同意, 可與之死, 可與之生, 而不畏危'是也. 夫民而可與之同死生也, 則手足捍頭目, 子弟衛父兄, 不啻過矣."

수 있겠는가? 그러므로 오직 덕을 닦은 후라야 현인이 당도하고, 오직 현인이 찾아온 다음이라야 덕이 더욱 완미해진다. 도가 밝을수록 백성은 친밀해진다.[71]

이지는「시계」편이 오로지 군주를 위한 내용이라 정의하면서 정치적으로 안정에 도달하려면 현인을 초치해야 하지만 어떤 인물을 등용하느냐에 따라 정치적 성과가 달라지고 그 선결 조건은 우선 군주가 덕을 쌓는 일이라고 했다. 백성을 사랑하는 마음이 있으면 현인이 알아서 찾아오니, 모든 것은 군주 자신으로부터 시작된다는 것이다. 제왕학 교과서에 등장할 법한 문장을 통해 군주의 덕을 거론하고, 정치를 맑게 하려는 이상과 애민의 덕이 국가 경영의 기본 원리라고 강조하며 전쟁의 원리도 이와 같다고 했다. 현명한 군주라면 전쟁 같은 비상상황은 군사 영역 바깥에서 비롯됨을 명심하라고 일깨우는 동시에 군주와 장수는 전쟁이 끝난 순간이야말로 가장 위험한 때임을 알고 명철보신하는 지혜가 필요하다고도 설파했다. 전쟁은 결국 잘못된 정치에서 시작해 정치적 고려로 끝난다는 것으로 정치와 전쟁의 관계를 정리한 것이다.

손자가「구지(九地)」편에서 "적정에 따라 계획해서 대처하라(踐墨隨敵)"고 설파한 전쟁의 비결은 이지에 이르러 유연하면서도 치밀한 리더십을 강조하는 정치철학으로 완성된다. 그리고 오늘날에 와서 '천묵수적'은 인간사 어느 영역에도 적용 가능한 삶의 지혜로 가능하면서 이 책의 성가를 높이는 데 기여하고 있다.

---

71) 위와 같음. "卓吾子曰:「始計」五事, 一曰道, 夫道莫先於得賢, 莫要於愛民; 得賢則明, 愛民則親, 所謂未戰而廟算勝者, 此矣. 然非平日修德愛民以致賢人, 則賢者亦安能致之哉? 故唯德修而後賢人至, 唯賢人至而後德益修, 道益明, 民益親也."

맺는 말

『손자참동』은 병가서 중에서도 독특한 구성에 현실적 내용이 두드러진 저작이다. 특히 명대의 특수한 사회 분위기는 이 책의 배경으로 작용했다. 당시는 왜구의 해상 침입뿐만 아니라 변방 소수민족의 습격 및 농민 반란 등이 빈발하던 시대였기 때문이다. 명은 일찌감치 태조 연간에 『무경칠서』를 반포했고 영종(英宗, 1436~1449) 시절에는 이를 무학(武學)의 교과서로 지정하고 있었다. 때문에 이치상으로는 병가가 안보 문제 해결의 이론적 기초여야 했지만 명대는 정주이학과 왕양명의 심학으로 대표되는 유가사상이 각 영역 위에 군림하는 구조였기 때문에 오히려 병학(兵學)이 광범위하게 침투한 유가의 세례를 받는 중이었다.

가정(嘉靖, 1522~1566) 후반기에 들어서자 여러 전쟁이 끊이지 않고 일어나 수많은 사대부가 병학 연구에 침잠하게 되었고, 이는 은연중 병학 연구의 사회적 기반을 확대시켰다. 전쟁의 신이라는 별칭이 있는 왕양명의 자장 아래 있던 이지도 예외는 아니어서 그의 『참동』 편저는 그저 단순한 학문적 호기심에서 나온 것이 아니었다. 이 책에 보이는 '도'에 대한 해석이나 반전론, 백성에 대한 책임의식 등을 보면 병가에 깊이 스며든 유가의 영향을 알 수 있다. 그는 특히 무력을 멸시하는 도학선생을 비판하고 문무합일을 주창하는 등 당대의 문제점 제시를 『참동』의 특징으로 삼았다. 아울러 '참고'의 다양하고 풍부한 내용으로 군사론의 큰 흐름을 관통하는 동시에 구체적인 전쟁이나 책략 묘사가 생략된 결핍을 보완해서 흥미진진한 독서가 가능하도록 유도했다.

이지는 유학자답게 도덕적 측면에서 전쟁을 논했지만 도덕에 얽매이지 않았고, 이학의 압제 아래 억눌렸던 상무의 기풍을 진작하며 그 중요성을 일깨우려 했다. 그는 전쟁을 본질과 방법, 리더십과 정치 등 가장 본질적인 측면에서 분석하고 정리했다. '군사경제동일체(兵農不二)'론과 '인의일원'론으로 전쟁의 본질을 논했고, 전쟁 시에는 인의의 바탕에서 궤도를 겸용(仁詭兼用)하라 일렀다. 아울러 전쟁은 지휘관 간의 대결이니 선정에 든 것처럼 평정한 심리상태(談兵如禪)라야 좋은 결과를 기대할 수 있고, 그래서 군주와 장수의 품성이 중요하다고도 했다.

이지는 전통적 유가의 편견에서 벗어나 궤도야말로 전쟁의 정화이며, 명분과 수단이 결합된 전쟁으로 모두의 피해를 최소화하는 것이 바로 진정한 병가이자 전략의 방향이라고 생각했다. 그가 전쟁에 대해 내린 정의는 명쾌했다. 역사를 통틀어 전쟁은 다만 상황이 달라질 뿐 과거에 적용된 전쟁의 원칙들은 언제나 같은 모습으로 되풀이되고 그 기본 개념은 불변한다는 것이다. 비록 무기는 훨씬 강력해지고 전쟁이 내포하는 문제점은 한층 복잡해졌지만 전쟁이 갖는 함의는 고금이 동일하다는 것이다.

손자는 중국뿐 아니라 동아시아 장수들의 표준 롤모델이었다. 옛 지도자들은 누구나 곁에 두고 읽은 『손자병법』 덕분에 전략을 가다듬고 전쟁에서의 승리를 구가할 수 있었다. 그런데 이지의 시대에 이르자 도학은 문무의 차별을 당연시하며 병가를 무시했고 전쟁 개념 따위는 안중에도 없게 되었다. 이러한 반작용으로 명나라가 각종 내우외환에 직면하며 몰락으로 치닫고 있을 때 이지는 『손자병법』을 집어들고 다원적 가치를 외치며 문무합용을 강조하며 나선 것이다. 『손자병법』 자체가 동맹과 적대관계가 수시로 바뀌고 모든 것이 모호하고 불확실하며 싸움이 복잡하게 전개되는 분야에서 특히 유용한 서적임을 상기한다면, 이지가 손자에 매료된 것은 너무나 당연한 결과였다.

『손자병법』은 승리에 대한 단 하나의 고정된 경로를 제시하지 않는다. 전투는 될 수 있으면 피하는 것이 상책이라고 가르치면서 상대적으로 작고 단순한 갈등에 대해 일깨우는데, 이런 갈등 속에서 전개되는 대담한 행보가 적을 무기력하게 만들어 무질서 속에서 붕괴하게 만든다고 했다.『참동』은 목적을 어떻게 달성할까 설명하는 대신 갈등 속에 전개되는 전쟁을 통해 인간의 제반 면모를 드러내는 데 집중한다. 그래서 이지의 여러 책들 중에서도 인간과 사회에 대한 분석이 가장 날카롭고 깊이 있는 내용들로 채워져 있다.

이지는 손자가 제시한 '무엇을 깊이 생각할까'를 평생의 화두로 삼았던 인물이었다. 해결책 혹은 밟아야 할 경로는 본인이 알아서 스스로 찾아내야 한다는 손자의 가르침대로 그는 자신이 처한 시대의 문제점을 파헤치면서도 이길 수 있는 공식은 제시하지 않았다. 그는 다만 손자의 핵심 요지에 충실하면서도 자신의 시대를 투영시킨 병가 사상을 펼쳐보인다. 군사학 이론에 관한 체계적인 논술이 아니라 병가의 여러 고전을 아우르는 형식을 취한『참동』의 저술방식은 명대 말기 개성적인 글쓰기의 한 전형을 보여주는 동시에 빼어난 문학작품과 병가사상을 결합시키는 결과로 후세에 전해졌다. 그 시대의 다른 이들에게 보이지 않는 놀라운 실용성과 진취성의 결과였고, 그런『손자참동』을 통해 우리는 봉건을 뛰어넘어 근대로 진격하는 이지의 내면으로 한 걸음 더 가까이 다가갈 수 있게 되었다.

『손자참동』서문 孫子參同序

蒙溪張鰲先生, 序『武經七書』, 其略曰:
文事武備, 士君子分內事也. 姬鼎奠, 而尙父之勳可紀; 群雄角, 而孫·吳之略稱強. 天不生仲尼, 則斯文之統以墜; 天不生尙父, 則戡亂之武曷張? "七書"·"六經", 固仁義一原之理·陰陽貞勝之符也. 今之士大夫, 何獨不然乎! 高爵以崇之, 厚祿以養之, 其受之君者重矣. 一旦邊夷猖獗, 小醜跳梁, 則栗肱戰股, 撫髀拈髯, 顧後瞻前, 張皇錯諤, 又從而自誘曰: 儒專習文, 將專用武, 原是兩途. 縱儒有知兵者, 然亦射不穿札, 騎不絕塵. 不思子房無五尺之軀, 淮陰無縛雞之力, 綸巾羽扇, 指顧而挫鋒芒, 只馬單騎, 談笑而退戎虜. 所貴乎士者, 一究心之耳. 若能以臥側爲邊防, 以走使爲卒伍, 則折沖樽俎·決勝几席不難矣. 正正之旗, 堂堂之陣, 豈專在孫·吳與太公也耶?

李卓吾曰: 此言固知武事之爲重矣, 然猶不免與文士爲兩也, 猶以治世尙文, 而亂世用武, 分治亂時世爲二也; 猶以太公似未可以繼斯文之統, 而孔子似未可以謀軍旅之事也. 夫軍旅之事, 雖孔子且未嘗學, 而可責之鯫生小子乎? 且世儒之不如郭令公·諸葛武侯者固眾也, 而獨我也乎? 我能通經學道, 四六成文, 即可稱名士,不愧名儒矣.彼吳起·淮陰諸人,有才無行,又況皆非我之所屑者.則蒙溪此言,未免使人以不信也.然其曰:"仁義一原"·"陰陽貞勝",則確論矣.夫天下未有有仁而無義,亦豈有有陽而無陰?獨陽不生,獨陰不成,謂文專指陽而武專指陰,則不但不成武,而亦不成文矣.故予嘗譬之人身然.夫人身有手有足,蓋皆所以奉衛此身者也,故凡目之所欲視,耳之所欲聽,舌之所欲嘗,身之所欲安,非手足則無從而致也.故一身而非手足,則欲飲誰與持?欲食誰與供?欲衣誰與穿?欲遠行誰與到?我欲尊吾身,誰與跪拜而致恭?我欲愛吾身,誰與奔走而趨事?是文用也,固此手與足也.一旦有外侮,或欲我跌也,度不能敵,則足自能走;度能敵,則足自能與之交.或欲我搏也,度不能敵,則自能舉手以相蔽;度能敵,則自能反手而推擊之.是武用也,此亦手與足也,非它物也.故平居無事,則手持而足行,有所緩急,則手抵而足踢.執匕箸者此手,而執棍棒者亦此手也;執茶挑者此手,而執刀劍者亦此手也.伸之則爲掌,可以恭敬而奉將;捏之則成拳,可以敵愾而禦侮.雖手足,亦不自知其孰爲文用,而孰爲武用者.蓋衛生之物,天實畀之.豈直於人爲然,雖禽獸亦若此焉耳矣.齒·牙·爪·角,咸有其物,各適於用,未嘗少缺也.唯是痿痹不仁之者,則文武皆廢,不可齒於人數明矣.此皆待人而後得以苟延其生者,文用且無,況武用耶?然則儒者自謂能文而不能武,有是理耶?既不能武,又豈復有能文之理耶?則亦不過取給於聞見,借助於昔賢而已,是自痿痹而不自知也,是待人而後能起居飲食,而猶強以謂不屑也,吾不信之矣.吾獨恨其不以"七書"與"六經"合而爲一,以教天下萬世也.故因讀『孫武子』,而以魏武之注爲精當;又參考六書以盡其變,而復論著於各篇之後焉.感歎深矣!

몽계(蒙溪) 장오¹⁾ 선생께서 『무경칠서』²⁾의 「서문」을 지었는데, 그 대략은 다음과 같다.

학문을 하고 무예를 닦는 일은 사군자³⁾의 본분에 합당한 일이다. 무왕이 주나라를 세우니(姬鼎奠)⁴⁾ 상보⁵⁾의 공훈이 기록될 수 있었고, 군웅이 각축을 벌이니 손자와 오자⁶⁾의 책략이 대단하다고

---

1) 장오(張鰲): 생평은 미상. 만력 48년(1620) 오흥(吳興)의 송균관주인(松筠館主人)이 「서문」을 쓴 『손자참동』이 출판되는데, 이지의 원문에 주(注)와 평(評)을 가하고 참고자료가 보태진 형태였다. 장오는 이 책이 채택한 15명의 주석가 중 한 명이다. 몽계는 그의 고향 마을로 추정된다.
2) 무경칠서(武經七書): 송대 원풍 3년(1080), 『손자』·『오자』·『사마법』·『이위공문대』·『울료자』·『삼략』·『육도』의 7종 병서가 무학(武學)의 필독서로 지정되었는데, 이 책들을 합쳐 간행하고 '무경칠서'라 불렀다.
3) 사군자(士君子): 학문과 인격이 두루 높고 통치계층에 속하는 인물. 독서인(讀書人)을 가리키기도 한다.
4) 희정전(姬鼎奠): 무왕(武王)의 주(周)나라 건립을 가리킨다. 전설에 의하면 하(夏)나라 우왕(禹王)이 구정(九鼎)을 주조했는데 탕왕은 하를 멸한 뒤 이를 상나라의 도읍으로 옮겼고, 무왕은 상을 멸한 뒤 다시 낙읍(洛邑)으로 옮겼다. 구정을 국가와 정권의 상징적 보물로 여겼기 때문인데, 이로부터 건국 혹은 천도를 모두 정정(定鼎)이라 일컫게 되었다. 무왕은 성이 희씨였기에 희정(姬鼎)이라 부른 것이다.
5) 상보(尙父): 여상(呂尙)을 가리킨다. 성은 강(姜), 씨는 여(呂), 이름은 상(尙), 자는 아(牙) 혹은 자아(子牙), 흔히 강태공이라 부른다. 서주(西周) 건국의 원훈으로 문왕과 무왕의 스승이었던 까닭에 사상보(師尙父)로 존칭된다. 주왕(紂王)을 토멸할 때 많은 계책을 냈기 때문에 흔히 병가(兵家)는 태공으로부터 비롯되었다고 일컬어지나, 『한서』「예문지」의 『태공(太公)』237편, 『수서(隋書)』「경적지(經籍志)」에 실린 『태공육도』(太公六韜, 즉 『육도』)는 모두 후인의 가탁으로 알려졌다. 태공의 사적은 『사기』권32 「제태공세가(齊太公世家)」에 보인다.
6) 오자(吳子): 오기(吳起). 전국(戰國) 초기의 군사전략가. 위(衛)나라 좌씨(左氏, 지금의 산동성 정도현定陶縣 서쪽, 일설에는 조현曹縣 동북쪽이라고도 한다) 출신으로 병가·유가·법가에 두루 밝아 내정과 군사(軍事)에서 높은 성취를 남겼다. 처음에 노(魯)에서 벼슬할 때는 제나라의 침공을 막아냈고, 위(魏)나라에서는 누차에 걸쳐 진(秦)을 격파하고 하서(河西)의 땅을 획득해 위 문후(魏文侯)의 패업을 완성시켰으며, 초(楚)에서 벼슬할 때는 오기변법(吳起變法)으로 일컬어지는 개혁을 주도했다. B.C. 381년 도왕(悼王)이

일컬어졌다. 하늘이 중니[7]를 내지 않으셨다면 사문[8]의 전통은 추락하여 단절되었을 것이다. 하늘이 상보를 내지 않으셨다면 변란을 잠재우는 무용이 어떻게 펼쳐졌으랴? '칠서(七書)'와 육경[9]은 정녕 '인과 의는 근원이 같다(仁義一原)'[10]는 학설의 근거이자 '음양이 엇갈리니 진리라야 승리한다(陰陽貞勝)'[11]는 말씀의 증험이다. 오늘날의 사대부라면 누가 그렇게 여기지 않으랴! 높은 벼슬로 지위를 높여주고 후한 녹봉으로 봉양되니, 그들이 군주로부터 받

세상을 뜨자 초나라 귀족들은 기회를 틈타 변란을 일으키고 오기를 죽여버렸다. 후세에 손무와 더불어 '손·오'로 병칭되며, 저술도 『손오병법』으로 합칭된다. 『사기』 권65 「손자오기열전」에 사적이 보인다.

7) 중니(仲尼): 공자의 자(字). 곧 공자를 가리킨다.

8) 사문(斯文): 예악교화(禮樂敎化)와 전장제도(典章制度). 여기서는 무(武)와 상대되는 뜻의 문통(文統)을 가리킨다. 출전은 『논어』 「자한(子罕)」편. "문왕께서 이미 돌아가셨지만 그 문화가 나에게 있지 않더냐? 하늘이 이 문화를 말살하신다면 후인들은 이 문화와 더불어 함께하지 못할 것이다. 하늘이 이 문화를 아직 버리지 않으셨는데 광 사람들이 나를 어쩔 것이랴!"(文王旣沒, 文不在玆乎? 天之將喪斯文也, 後死者不得與於斯文也: 天之未喪斯文也, 匡人其如予何?)

9) 육경(六經): 유가의 경서인 『시경』·『서경』·『예기』·『악경』·『주역』·『춘추』를 가리킨다.

10) 인의일원(仁義一原): 인과 의는 동일한 근원에서 비롯된다는 학설. 예컨대 "인이란 차마 그냥 넘기지 못하는 마음이다. 타인에게 살 길을 찾아주고 사랑을 베푼다"(仁者, 不忍也, 施生愛人也)(『백호통(白虎通)』 「타성(情性)」편); "하늘과 땅의 해악을 제거하는 것을 의라고 일컫는다"(除去天地之害謂之義)(『예기』 「경해(經解)」편)는 문장은 인과 의, 살림과 죽임(生殺)의 근원이 같기 때문에 죽이는 일도 때로는 불가피하다는 해설이다. 이로부터 군주가 어질면 만물을 생장시키고 의로우면 폭력과 악을 제거하니 문(文)과 무(武)는 어느 한쪽이라도 결핍되어선 안 된다는 '인의동원'설로 발전하게 되었다.

11) 음양정승(陰陽貞勝): 때로는 음이고 때로는 양인 상황에서는 진리만이 승리한다는 뜻. 인의(仁義)와 문무(文武)는 서로 엇섞여 출현하므로 바르고 굳센 진리라야 이기니, 어느 한쪽에 치우치거나 무(武)가 없어서는 안 된다는 의미다. 『주역』 「계사전」 하편의 "길했다 흉했다 하는 상황에서는 바르고 굳센 진리만이 승리한다(吉凶者, 貞勝者也.)"는 구절에서 차용했다.

는 수혜가 두텁고도 무겁다.

그런데 일단 변방에 오랑캐가 창궐하고 잔챙이 피라미라도 날뛸라치면 팔다리를 부들부들 떨면서 넓적다리를 껴안고 수염을 만지작만지작 좌고우면하면서 정신줄을 놓는다. 공연히 허둥지둥 깜짝깜짝 놀라다가 또 사안을 놓고 남 탓이나 하면서 '유자는 다만 문장을 익히고 장수는 오직 무예를 연마하니, 원래가 두 갈래 다른 길이지!' 하는 푸념이나 쭝얼쭝얼 늘어놓는다. 유자들 중에도 군사학 공부한 자가 있지만 그가 쏜 화살은 갑옷을 꿰뚫지 못하고 말을 달려도 흙먼지 일어날 만큼의 속도도 내지 못한다. 그들은 자방[12]의 키가 오 척도 되지 못하고, 회음[13]은 닭 한 마리 잡을 기운도 없었음을 헤아리지 않는다. 검은 실로 짠 윤건(綸巾)과 새깃털 부채(羽扇)로 치장한 제갈량이 손가락 까닥이며 지그시 응시하는 가운데 적의 예봉을 꺾은 것도, 필마단기의 외로운 형세 가운데 담소하면서 오랑캐 물리친 일도 떠올리지 못한다.

선비에게서 귀하게 여길 바는 전념해 궁구하는 자세일 뿐이다. 만약 방 안에 비스듬히 누운 채로 변방을 지키고 심부름하는 종놈

---

12) 자방(子房): 장량(張良, ?~B.C. 189)의 자(字). 한(韓)의 귀족 출신으로 진나라 말기 진시황을 암살하기 위해 철퇴를 던졌지만 적중하지 못했다. 나중에 유방을 보좌해 서한의 개국공신이 되었고 한신·소하(蕭何)와 더불어 '한초삼걸'로 일컬어졌다. 『사기』 권55 「유후세가(留侯世家)」에 전기가 실려 있다.
13) 회음(淮陰): 한신(韓信, ?~B.C. 196). 강소성 회음 출신으로 한대 초기의 전략가다. 어려서 집이 가난해 자신조차 부양할 수 없자 진나라 말기 항우에게 투항했지만 등용되지 않아 다시 유방에게 귀순했다. 소하의 천거로 대장이 되자 유방에게 관중(關中) 공격을 건의했고, 훗날 조(趙)와 제(齊)를 연달아 격파하고 항우를 해하에서 격멸시켰다. 제왕(齊王)과 초왕(楚王)에 봉해졌지만 모반을 꾀한다는 고변 때문에 회음후(淮陰侯)로 강등되고 나중에 여후(呂后)에게 죽임을 당했다. 여기서 그가 닭 잡을 힘조차 없다고 한 말은 젊은 시절 불량배와 싸우지 않으려고 그 가랑이 밑을 기어서 지났다는 고사로부터 유추한 것이다. 『사기』 권92 「회음후열전」에 전기가 보인다.

을 병사로 만들 수만 있다면 전쟁터에서 무력을 쓰지 않고(折沖樽俎)[14] 술자리에서의 혓바닥 놀림(決勝几席)[15]만으로도 외적의 제압이 어렵지 않을 것이다. 똑바로 늘어선 깃발과 위풍당당한 군대 사열이 어찌 손자와 오자와 태공만의 전유물일 것이랴?

이탁오는 말한다.

몽계 장오 선생의 이「서문」은 군사(軍事)의 중요성을 제대로 아는 말씀이긴 하지만 문사(文士)를 둘로 나누는 잘못에서 벗어나지 못하고 있다. 치세에는 문(文)을 숭상하고 난세에는 무(武)를 휘두른다면서 시절을 여전히 치세와 난세의 둘로 나눈다. 더군다나 태공은 아직 이런 문화의 맥을 잇지 못했고, 공자는 군대의 일을 해본 적이 없는 듯하다고 간주한다. 무릇 군대의 일이라면 제아무리 공자라도 일찍이 배운 적이 없는데,[16] 그를 두고 견식 짧은 풋내기라고 책망해도 되는가? 게다가 세상에는 곽령공[17]이나 제갈무후[18]

---

14) 절충준조(折沖樽俎): 절충은 충거(沖車)라는 전차를 후퇴시킨다는 뜻이고, 준조는 술과 고기를 담는 그릇을 말한다. 곧 무력을 사용하지 않고 술자리 담판으로 승리를 따낸다는 의미다.

15) 결승궤석(決勝几席): 궤석은 앉을 때 자리에 까는 방석과 기대는 좌구(坐具). 곧 '절충준조'와 마찬가지로 술자리에서 말로 승부를 겨뤄 승리를 쟁취한다는 뜻이다.

16) 『논어』「위령공」편. "위령공이 공자에게 군진 치는 일을 묻자, 공자가 말씀하셨다. '제기를 늘어놓는 예법은 제가 일찍이 들은 바가 있지만 군사에 관한 일은 공부한 적이 없습니다.' 다음 날로 그곳을 떠났다(衛靈公問陳於孔子. 孔子對曰: '俎豆之事, 則嘗聞之矣; 軍旅之事, 未之學也.' 明日遂行)."

17) 곽령공(郭令公): 곽자의(郭子儀, 697~781). 당대 중기의 명장으로 안사의 난 때 수훈을 세워 분양군왕(汾陽郡王)이 되었다. 누차에 걸쳐 토번(吐蕃)과 회흘(回紇)의 침략을 저지해 덕종(德宗) 때 상보(尙父)에 봉해지면서 태위(太尉) 겸 중서령(中書令)이 되었다. 영공(令公)은 중서령에 대한 존칭이다. 『신당서』 권137과 『구당서』 권120에 전기가 보인다.

18) 제갈무후(諸葛武侯): 제갈량(諸葛亮, 181~234). 자는 공명(孔明), 호는 와룡

만 못한 속물 유자들이 정말이지 허다한데, 어떻게 자기 혼자만 유별나단 것인가? 나는 경전에 통달했고 도학을 공부했으며 사륙문[19]을 지을 수 있으니 명사라고 일컬을 만하고 이름난 학자에 부끄럽지 않다. 저 오기(吳起)[20]나 회음후(淮陰侯) 같은 이들은 재주만 있고 덕행이 없다 했는데, 그들조차도 하물며 내가 얕볼 만한 인물들은 아니다. 그렇다면 몽계의 저 말씀은 믿을 수 없는 경우에서 벗어나지 못한다.

하지만 '인과 의의 근원은 동일하다(仁義一原)', '음과 양이 교차하는 상황에서는 진리가 승리한다(陰陽貞勝)'는 그의 말인즉슨 매우 적확한 의론이다. 대저 천지간에 어진데 의롭지 않은 경우는 있을 수 없으니, 어떻게 양(陽)은 있는데 음(陰)이 없는 그런 경우가 존재하랴? 양만 있으면 사물이 생겨날 수 없고, 음만 있으면 성장하지 못한다. 문(文)은 오로지 양을 가리키고 무(武)는 다만 음을 지칭한다 일컫는데, 그렇게 되면 무를 달성할 수 없을 뿐 아니라 문 역시도 성취하지 못하게 된다.

그래서 나는 일찍이 그 경우를 사람 몸뚱이에 비유한 적이 있다. 무릇 인간의 신체에는 손과 발이 달렸는데, 원래가 죄다 내 몸을 받들고 지키기 위한 것들이다. 본디 눈이 보고 싶은 것과 귀가 들

(臥龍), 낭야양도(琅琊陽都) 출신으로 삼국시대 촉한의 승상을 지냈다. 탁월한 전략가이자 정치가, 산문가, 서예가, 발명가로 생전에 무향후(武鄉侯)에 봉해지고 사후에 충무후(忠武侯)라는 시호가 추증되었기에 '무후'로 일컬어진다. 『삼국지』 권35에 전기가 보인다.

19) 사륙문(四六文): 변려문(騈儷文)을 가리킨다. 이 문체는 주로 4자와 6자의 대우(對偶) 형식을 구사하는 까닭에 사륙문이라고도 불렀다.

20) 젊은 시절 오기는 벼슬하기 위해 유세하고 다녔지만 뜻을 이루지 못하고 파산했는데, 이를 비웃는 사람들을 삼십여 명이나 죽였다. 노나라가 제를 공격하기 위해 오기를 장수로 삼고 싶었지만 그 처가 제나라 여자라 꺼리자, 오기는 처를 죽이고 전쟁에 나갔다.

고 싶은 것, 혀가 맛보고 싶은 것, 몸을 편안하게 만드는 것은 손발이 아니면 그 무엇도 내게 닿게 할 방도가 없다. 본디 한 몸뚱이에 매달린 수족이 아니라면 마시고 싶을 때 무엇으로 잔을 집겠나? 먹고 싶을 때 무엇이 음식을 입에 넣으며, 옷을 입을 때 무엇이 몸에 걸쳐주는가? 멀리 떠날 때 무엇과 더불어 길을 가게 되는가? 내 몸뚱이를 받들고 싶을 때 무엇이 나와 함께 무릎 꿇고 경배하면서 공경의 마음을 나타낼까? 내 몸뚱이를 아끼고 싶은데 무엇이 더불어 달려가서 일처리를 해주고? 이런 것들이 문(文)의 쓰임인데, 정녕 이 몸에 달린 손과 발이 한다.

어느 날 갑자기 외부로부터 모욕이 가해졌다 치자. 어떤 놈이 나한테 발을 걸어 넘어뜨리는데 대적할 수 없겠다는 계산이 서면 다리는 저절로 줄행랑을 놓지만, 상대할 만하다면 내 발은 절로 움직여 그놈 다리를 걸게 된다. 어떤 놈이 나와 맞붙어 싸우려들 때 대적할 수 없겠다는 판단이 들면 저절로 팔이 올라가 몸뚱이를 가리지만, 맞설 수 있겠다 싶으면 자동적으로 반격이 나가 놈을 패줄 수도 있다. 이는 무(武)의 쓰임인데, 이 역시 팔다리의 작용이지 다른 무엇이 해주지 않는다. 그러므로 평소 별일 없이 지낼 때라면 손은 그릇을 들고 다리는 걷는 거지만, 일단 화급한 일이 생기면 팔은 맞서고 다리는 걷어차게 된다. 숟가락 젓가락을 잡는 것은 이 손이지만 몽둥이를 꼬나쥐는 것 역시 이 손이고, 찻숟가락으로 찻잎을 꺼내는 것도 이 손이고 단도와 장검을 움켜잡는 것 역시 이 손이다. 펼치면 손바닥이 되어 공경심을 표하거나 물건을 받쳐들 수 있지만, 엄지를 감싸쥐면 주먹이 되어 분노와 대적하고 모욕을 막아낼 수도 있다. 제아무리 내게 달린 수족이라지만 무엇이 문(文)의 용도이고 무엇이 무(武)의 쓰임인지 스스로는 알지 못하는 것이다.

원래 자기 삶을 지키는 무기는 하늘이 내려주시니, 그것이 어찌 인간에게만 해당되는 사안일까? 비록 짐승일지라도 생존의 조건은 인간과 같을 따름이다. 이빨·어금니·발톱·뿔 같은 것들이 모두에게 주어지고 각자 용도에 따라 진화하니, 어느 놈도 모자람이나 결핍이 없다. 오직 의식이 마비된 착하지 못한 자들만이 문과 무를 몽땅 폐기해버리니, 저들은 사람 반열에 오를 수 없음이 분명하다. 이처럼 타인에 의지해 구차한 목숨을 연명하는 자들은 문(文)의 쓰임도 없는 판인데 무(武)의 용도야 나위가 있을까? 그런즉슨 유자가 문은 가능한데 무가 안 된다고 제 스스로 지껄이지만, 이 말에 무슨 합리성이 있으랴? 무가 이미 불가능한데 또 어떻게 문이 가능한 이치가 있겠나 말이다. 저들 역시도 보고 들은 바를 갖다 쓰면서 옛 성현에 빌붙는 데 불과할 따름이었다. 이는 제 스스로 마비상태에 빠졌는데 정작 본인은 자각하지 못하고, 다른 사람의 도움이 있고 나서야 의식주가 가능한데 어거지로 대수롭지 않다며 강변하는 경우와도 같으니, 나는 그들을 믿지 않는다.

내게 유일한 안타까움이라면 『무경칠서(武經七書)』를 『육경(六經)』과 합쳐 단일본으로 만든 뒤 만세토록 세상에 가르치지 않는 것이었다. 그래서 내친김에 『손무자(孫武子)』를 읽었는데, 위 무제[21]의 주석이 정밀하면서도 타당하게 여겨졌다. 이리하여 또 『무경칠서』의 나머지 여섯 책을 참조해 그 변화의 양상을 연구한 뒤 다시 각 편의 말미에 논찬으로 덧붙이게 되었다. 책을 끝맺고 나니 깊은 감격과 탄식이 몰아치누나!

---

21) 위 무제(魏武帝): 조조(曹操)를 가리킨다. 조조의 아들 조비(曹丕)가 위나라를 세운 뒤 조조를 무제로 추존했기 때문에 보통 '위무(魏武)'로 일컬어진다.

제1장 「시계(始計)」편[1]

孫子曰: 兵者, 國之大事, 死生之地,
存亡之道, 不可不察也. 故經之以五事, 校之以計, 而索其情: 一曰
道, 二曰天, 三曰地, 四曰將, 五曰法. 道者, 令民與上同意, 可與之
死, 可與之生, 而不畏危也.[2]
天者, 陰陽·寒暑·時制也. 地者, 遠近·險易·廣狹·死生也. 將者,
智·信·仁·勇·嚴也. 法者, 曲制·官道·主用也. 凡此五者,
將莫不聞, 知之者勝, 不知者不勝. 故校之以計而索其情, 曰: 主孰
有道? 將孰在能? 天地孰得? 法令孰行? 兵眾孰強? 士卒孰練? 賞
罰孰明? 吾以此知勝負矣.
將聽吾計, 用之必勝, 留之; 將不聽吾計, 用之必敗, 去之.

---

1) 은작산(銀雀山) 한묘(漢墓)에서 출토된 죽간본(竹簡本) 『손자병법』은 처음 나오는 제1편 제목을 '계(計)'라고만 했다. 송나라 판본(宋本) 『십일가주손자(十一家注孫子)』에서도 '계편(計篇)'이라 했으니, '시(始)'와 '제일(第一)'이란 서수는 모두 훗날 추가된 것임을 알 수 있다. '계(計)'는 계산 혹은 기획한다는 뜻이다. 출병하기 직전에 적과 아군의 병력·이동·지형·배치 등 진행 상황을 따져보는 것인데, 바로 본문에 나오는 묘산(廟算)을 가리킨다.
2) 한간본(漢簡本)에는 이 구절에 '외(畏)' 한 글자가 빠져 "백성들이 거역하지 않는다(民弗詭也)"고 씌어 있다. '畏'는 조조(曹操)의 주석(注)에도 보이지 않기 때문에 후세에 추가된 글자로 추정된다. '위(危)'는 어기거나 어긋난다는 의미로 '궤(詭)'와 같은 뜻이다.

計利以聽, 乃爲之勢, 以佐其外. 勢者, 因利而制權也. 兵者, 詭道也. 故能而示之不能, 用而示之不用, 近而示之遠, 遠而示之近. 利而誘之, 亂而取之, 實而備之, 強而避之, 怒而撓之, 卑而驕之, 佚而勞之, 親而離之. 攻其無備, 出其不意, 此兵家之勝, 不可先傳也. 夫未戰而廟算勝者, 得算多也; 未戰而廟算不勝者, 得算少也. 多算勝, 少算不勝, 而況於無算乎! 吾以此觀之, 勝負見矣.

    손자의 말이다.
    전쟁이란 한 국가의 중대사이고, 죽음과 삶이 갈라지는 영역이며, 존망의 길이기도 하니, 불가불 잘 살피지 않을 수 없다.
    그래서 전쟁은 '다섯 가지 사안(五事)'으로 헤아리고 계산을 통해 꼼꼼히 확인하면서 그 승패의 정세를 탐색해야 한다. 오사 중에서 첫 번째는 도덕성(道)의 유무, 두 번째는 천시(天)의 조우, 세 번째는 땅(地)의 험준과 평탄, 네 번째는 장수(將)의 능력, 다섯 번째는 법도(法)의 명료함이다.
    도덕성(道)이란 백성들이 군주와 한마음이 되어 더불어 죽고 함께 살면서 위험을 두려워하지 않는 것을 말한다. 천시(天)는 밤과 낮·추위와 더위·사계절을 가리키고, 땅(地)이란 멀고 짧은 거리·험준하고 평탄한 지형·넓고 좁은 면적·죽음과 삶을 가르는 땅[3]을 일컫는다. 장수는 지혜롭고 신의가 있으며 어질고 용감하고 엄정해야 한다.[4] 법도(法)는 군대의 조직편제인 곡제(曲制), 장수를 배치

---

3) 전쟁을 수행하기에 불리해 패하기 쉬운 지형을 사지(死地), 이와 반대의 땅은 생지(生地)라고 한다.
4) 송대의 매요신(梅堯臣)은 이 대목에 대해 다음과 같은 주(注)를 달았다. "지모가 있어야 작전 계획을 세울 수 있고, 신뢰가 높아야 상벌을 시행할 수 있다. 어질어야 민중의 의지가 될 수 있고, 용감해야 과감히 결단할 수 있으며, 엄정해야 권위를 세울 수 있다(智能發謀, 信能賞罰, 仁能附眾, 勇能果斷, 嚴能

하고 관리의 직책을 구분하는 관도(官道), 군수물자의 공급을 관장하는 주용(主用)을 가리킨다. 무릇 이 다섯 가지는 장수가 공부하지 않을 수 없으니, 통달한 자는 승리하고 그렇지 못한 자는 패배한다. 그래서 계산을 통해 확인하고 그 정세를 탐색하면서 말했다. 어느 군주의 정치가 맑은가? 장수는 누가 유능한가? 천시와 지리는 누가 얻었는가? 법령은 어느 편이 잘 시행하고 있는가? 병력은 누가 강한가? 병졸들은 어느 편이 훈련을 잘 받았는가? 상벌의 원칙은 어느 쪽이 분명한가? 나는 이런 일곱 가지 사안으로 승패의 결과를 미리 알 수가 있다. 만약 나의 이런 계책을 알아듣고 수용한다면 반드시 이길 것이므로 나는 떠나지 않을 것이다. 만약 내 말을 듣지 않고 행동하면 패할 수밖에 없으니 나는 머물지 않을 것이다.[5]

작전에 이로운 계책을 수용해야만 유리한 형세가 구축되고, 그럼으로써 국외에서 벌어지는 군사 활동을 돕게 된다. 형세란 유리한 조건을 파악하고 기민하게 작전을 펼치는 상황이다.

전쟁은 속고 속이는 거짓을 원칙으로 삼는다. 그래서 할 수 있지만 불가능한 척 시늉하고, 쓰면서도 안 쓰는 척 시치미를 떼며, 거리가 가까우면 먼 것처럼 위장하고, 멀면 가까운 듯이 보이게 만든다. 미끼를 던져 적을 유인하고, 적의 내부를 어지럽힌 뒤 공략하며, 적의 실력이 탄탄하면 방비하고, 막강한 적은 피해가며, 사기가 왕성하면 교란시키고, 비겁하게 굴면 자신감을 북돋아주고, 편안하면 피

立威)."
5) 이 구절에서 '나'는 계책을 세우는 신하를 가리킨다. 많은 주석가들이 이 대목을 손자가 오왕 합려(闔閭)에게 한 말로 해석하는데, 전국시대 유세객 중에는 이런 투로 말하는 경우가 많았기 때문이다. 하지만 자칫 위협적인 언사로 해석될 여지가 있어 손자가 수하의 장군과 병사들에게 한 말로 보는 경우도 있는데, 이지는 이 학설을 따랐다.

곤하게 만들고, 사이가 좋으면 이간질시킨다. 저들이 지키지 않는 곳을 공략하고, 미처 예상치 못한 시간에 출격한다. 이는 병가에서 말하는 승리의 비결로 사전에 누설시키면 안 되는 사안이다.

무릇 전쟁을 벌이기 전 묘산[6]에서 이긴 자는 승률이 높고, 전쟁 전 묘산에서 이기지 못한 자는 승률이 낮다. 승산이 높으면 이기고 승산이 낮으면 지는 것이니, 묘산을 세우지 않는 경우야 나위가 있을까! 나는 이런 방법으로 전쟁을 관찰했고 그 승부를 미리 알 수가 있었다.

조조 주석 曹操注

魏武帝曰: 始計者, 選將·量敵·度地·料卒, 計於廟堂也.
위 무제의 해설이다.[7]
「시계」편은 장수의 선발, 적의 분석, 지형의 연구, 병사들의 관리에 대해 묘당에서 따져보는 내용이다.

校計·索情·出計, 求彼我之情也.
계산한 바를 상황에 적용시켜 전략을 짠다는 것은 적과 아군의 정

---

6) 묘산(廟算): 전쟁을 벌이기 전 묘당(廟堂)에서 여는 전략 회의. 장예(張預)는 주(注)에서 이렇게 설명했다. "옛날에는 군대를 소집하고 장수를 임명할 때 반드시 묘당에서 제사를 지내며 승산을 먼저 따지고 나서야 파견했고, 그래서 이를 묘산이라 일컬었다. 책략이 심원하면 그 셈에서 얻는 바가 많기 때문에 싸움하기도 전에 먼저 이긴다. 기획과 생각이 얄팍하면 계산해도 얻는 바가 적기 때문에 전쟁이 아직 벌어지기도 전에 패배한다(古者興師命將, 必致齋於廟, 授以成算, 然後遣之, 故謂之廟算. 籌策深遠, 則其計所得者多, 故未戰而先勝. 謀慮淺近, 則其計所得者少, 故未戰而先負)." 묘당은 원래 조상을 모신 사당이지만 조정을 지칭하기도 한다.
7) 시각적 편의를 위해 『손자병법』의 원문은 일반 굵기로, 위 무제 조조의 주석은 굵은 글씨로 처리했다.

세를 탐구하는 일이다.

一曰道, 謂導之以政令.
도를 첫 번째로 언급한 까닭은 그것에 의지해 정부의 공식 명령(政令)이 도출되기 때문이다.[8]

天者, 順天行誅, 因陰陽·四時之制, 故 『司馬法』 曰:"冬夏不興師, 所以兼愛吾民也."
하늘(天)이란 천시에 순응해 정벌을 시행하는 것이다. 밤낮과 사계절의 운행에 의거하는지라 『사마법』에서는 "겨울과 여름은 군사를 동원하지 않으니, 우리 백성을 대하는 것과 똑같은 마음으로 사랑하기 때문"[9]이라고 말했다.

曲制者, 部曲·旗幟·金鼓之制也. 官者, 百官之分也. 道, 糧路也. 主用, 主軍費用也.
곡제는 군대의 편제인 부곡(部曲), 깃발(旗幟), 징과 북(金鼓)을 가리킨다. 관리(官)는 온갖 벼슬아치 직분이고, 길(道)은 군량을 운반하는 도로, 주용(主用)은 주력군이 소비하는 물자를 말한다.

五者, 將莫不聞, 知其變極, 則勝也.
다섯 가지는 장수가 궁구하지 않을 수 없다. 그 변환의 끝을 알면 승리하게 된다.

---

8) 조조(曹操)의 주는 원래 "謂道之以政令"으로, 여기서 '道'는 '導'의 의미로 해석된다. '道'와 '導'는 원래 발음이나 뜻이 통용되는 통가자(通假字)인 까닭에 이지가 조조 주석의 문제점을 지적하며 자의로 글자를 고쳐넣었다.
9) 출전은 『사마법』「인본(仁本)」편.

法令孰行者, 設而不犯, 犯而必誅也.
법령을 누가 잘 시행하는가의 문제는 일단 법을 만들면 잘 지키게 하되, 만약 어기면 반드시 징벌하는 데 달렸다.

以佐其外, 常法之外也.
국경 밖에서 벌어지는 작전을 돕는다. 통상적인 법 집행과는 무관하다는 뜻이다.

制權, 權因事制也.
기민하게 작전을 펼친다. 전술이 사안에 따라 다르게 적용됨을 뜻한다.

遠而示之近, 若韓信之襲安邑, 陳舟臨晉, 而渡於夏陽也.
거리가 멀 때는 가까운 듯 위장한다. 예컨대 한신이 안읍을 습격할 때 배를 임진에 포진시키고 하양에서 강을 건넌 것 같은 경우이다.[10]

---

10) 유방이 한왕이 된 지 3년째인 B.C. 205년, 한신이 군사를 이끌고 위(魏)를 공략하러 나섰다. 위왕 표(豹)는 한의 군대가 임진(臨晉, 지금의 섬서성 대려大荔 동쪽)에서 강을 건널 것이라 예측하고 주력부대를 위하(衛河)의 동쪽 포판(蒲板, 지금의 산서성 영제永濟 서쪽)에 배치시켰다. 한신은 임진 포구에서 배를 징발해 강을 건널 것처럼 가장하면서 주력 부대를 몰래 100여 리 위쪽 하양(夏陽, 섬서성 한성韓城 남쪽)으로 이동시켜 강을 건넌 뒤 곧바로 위의 후방 기지인 안읍(安邑, 산서성 하현夏縣 서북쪽)을 공격했다. 위군은 저항도 못 한 채 무너졌고 위왕 표는 포로가 되었다. 그런데 이 대목을 설명하며 한신의 예를 든 주석가는 원래 조조(曹操)가 아니라 당(唐)나라 이전(李筌)이다. 『손자참동』의 「조조 주」에는 실제 조조가 아닌 다른 주석가들의 말이 종종 인용되는데, 이지가 『참동』을 편집하는 과정에서 혼동했거나 실수로 잘못 삽입한 것으로 보인다.

實而備之, **敵治實, 預備**之也.
적이 튼실하면 대비하라. 적의 실력이 충실하니 미리 준비해야 한다는 뜻이다.

強而避之, **避其所長**也.
강한 적은 피하라. 적의 실력이 막강하면 맞서지 않는 편이 낫기 때문에 피하라고 했다.

佚而勞之, **以利勞**之也.
적이 편안하면 수고롭게 만들라. 미끼를 던져 그들을 피곤하게 만들라는 뜻이다.

親而離之, **以間離**之也.
친하면 멀어지게 하라. 간첩을 활용해 이간질시키라는 뜻이다.

攻其無備, **擊其懈怠**也.
대비하지 않을 때 공격하라. 적의 긴장이 풀려 늘어졌을 때 치라는 뜻이다.

出其不意, **出其空虛**也.
예기치 못한 곳에 출현한다. 적의 빈틈을 노려 공격하라는 뜻이다.

先傳, **洩**也.
먼저 소식이 전달된다. 기밀이 누설되었다는 뜻이다.

이탁오 총평 李贄總評

李卓吾曰: 經之以五事, 下五事也. 校之以計, 下七計也. 七計即五事. 其曰 "兵眾孰強" 等, 總不出五事中將與法二者而已. 言以此五事, 計算·校量於廊廟之上, 則彼我勝負之情, 自可索而得之矣. 將能聽吾計, 即為能將, 自能於常法之外, 為之勢以佐之矣. 勢者, 權勢也, 兵無定勢, 所謂詭道奇謀, 此則臨時因利而後制, 不可以先傳也. 唯有五事·七計兵家常法, 當預算於先耳, 故曰 "始計". 始計者, 豫算也. 君能豫算, 將能豫算, 則勝算常在我矣. 以是用兵, 則臨時遇敵, 有不能因利而制權勢者乎?

一曰道, 孫子已自注得明白矣, 曰 "道者, 令民與上同意, 可與之死, 可與之生, 而不畏危" 是也. 夫民而可與之同死生也, 則手足捍頭目, 子弟衛父兄, 不啻過矣, 孔子所謂 "民信"·孟子所謂 "得民心" 是也. 此始計之本謀, 用兵之第一義, 而魏武乃以 "導之以政令" 解之, 失其本矣. 緣魏武平生好以權詐籠絡一時之豪傑, 而以道德仁義為迂腐, 故只以自家心事作注解, 是豈至極之論·萬世共由之說哉? 且夫 "道之以政令", 只解得 "法令孰行" 一句經耳. 噫! 此孫武子所以為至聖至神, 天下萬世無以復加焉者也.

惜乎! 儒者不以取士, 以故棄直不讀, 遂判為兩途, 別為武經, 右文而左武. 至於今日, 則左而又左, 蓋左之甚矣. 如是而望其折衝於樽俎之間, 不出戶庭, 不下堂階, 而制變萬里之外, 可得耶? 個個皆能抱不哭孩兒, 一聞少警, 其毒尚不如蜂蠆, 而驚顧駭愕, 束手無措, 即有正言亦不知是何說, 即有真將軍亦不知是何物, 此句不合『論語』, 此句不合『孝經』, 此說未之前聞, 此人行事不好, 此人有處可議. 嗚呼! 雖使孫武子復生於今, 不如一記誦七篇舉子耳. 二場二場初不省是何言語, 咸自為鹿鳴瓊林嘉客, 據坐瑤堂, 而欲奔走孫武子於堂下矣, 豈不羞歟! 夫孫武子且然, 況魏武乎?

蓋以市井奴輩視之矣. 嗚呼! 若魏武者, 吾以謂千戴而一見者也, 學者愼勿作矮人觀場之語可也. (旁批: 妙! 妙!)

이탁오는 말한다.[11]
다섯 사안(五事)을 다스린다는 것은 다섯 가지 사안에 대한 판단을 내린다는 말이다. 따져보고 확인한다는 것은 일곱 가지 계책(七計)에 대해 판단한다는 말이다. 칠계가 바로 오사인 것이다. 손자가 언급한 "병력은 누가 강한가" 등의 구절은 오사 중에서도 장수와 법령의 두 범주를 줄곧 벗어나지 않는다. 이런 식으로 오사를 말해 낭묘[12]에서 따져보고 역량을 확인하니, 적과 아군의 상황이 저절로 탐색되면서 승패를 알 수 있게 된다. 장수가 내 계책을 수용할 수 있다면 유능한 장수가 되고 통상적이지 않은 일도 알아서 잘하게 되니, 유리한 형세가 만들어져 승리를 돕게 된다.

세(勢)는 끊임없이 변하는 형세를 말한다. 전쟁에서 정해진 형세란 없으니, 이른바 속임수로 구사하는 술수(詭道)와 기상천외한 계책(奇謀)이 상황에 따라 연달아 이어지기 때문이다. 이것들은 형세의 유불리에 따라 즉흥적으로 만들어지므로 사전에 적에게 알려질 수 없다. 다만 오사와 칠계는 병가의 일반 원칙이고 응당 미리 따져야 할 사안인지라, 그래서 '시계(始計)'라고 불렀다. '시계'란 미리 계산해본다는 뜻이다. 임금이 미리 계산할 수 있고 장수가 미리 계산

---

11) 이지는 이 평론에서 손자가 제기한 '도(道)'와 그에 관한 논설을 높이 평가하면서 손자를 "지극히 성스럽고 지극히 신명하다(至聖至神)"고 칭송한다. 문을 중시하고 무를 경시하는 유가가 『손자』를 공부하지 않고 군사(軍事)를 이해하지 못하는 상황을 조롱하며 『손자』에 주석을 단 조조를 "천 년에 한 번 나올 인물"로까지 극찬한다. 『참동』에 대한 인식과 이지의 개성이 잘 드러나는 글이라 하겠다.
12) 낭묘(廊庙): 조정(朝廷)을 가리킨다.

할 수 있다면 승산은 항상 우리 편에 있게 된다. 이런 식으로 전쟁을 한다면 느닷없이 적과 마주치더라도 형세를 유리하게 이끌며 기민한 작전을 펼치는 것이 어찌 불가능한 일이랴?

첫 번째로 거론한 도(道)에는 손자 자신이 이미 분명한 주석을 달았으니, "도란 백성들이 군주와 한마음이 되어 더불어 죽고 함께 살면서 위험을 두려워하지 않는 것"이다. 무릇 백성이 군주와 더불어 삶과 죽음을 함께할 수 있다면 손과 발이 머리와 눈을 보호하고 아들과 아우가 아버지와 형을 호위하는 정도에 그치질 않으니, 공자가 이른바 "백성이 신뢰한다(民信)"[13]나 맹자가 이른바 "민심을 얻는다(得民心)"[14]고 한 말이 그런 경우다. 이는 「시계」편의 근본 취지이자 용병의 으뜸가는 이치가 된다. 그런데 위 무제는 이 부분을 "도에 의거해 정령을 도출한다"고 해석했으니, 그 근본 취지에서 벗어나 있다.

위 무제는 한평생 권모술수로 한 시대를 농락한 호걸이지만 인의 도덕을 걸레처럼 여겼다. 그래서 다만 내키는 대로 주석을 달았으니, 그것이 어떻게 궁극의 이론이며 만세가 함께 받들 학설일 수 있으랴? 더군다나 "정령을 도출한다"는 대목은 "법령은 누가 잘 실행하는가"라는 한 구절 경문을 풀이라고 내놓았을 뿐이다. 아아! 이 대목이야말로 손무자가 지극히 성스럽고 극도로 신명한 까닭이니, 동서고금을 막론해 그런 분은 더 이상 나오지 못할 것이다.

---

13) 출전은 『논어』 「안연(顏淵)」편. "자공이 정치의 역할이 무엇인지 묻자, 공자가 대답하셨다. '배불리 먹이고 군사력이 충분하면 백성들은 신뢰하게 된다'(子貢問政. 子曰: '足食, 足兵, 民信之矣)."

14) 출전은 『맹자』 「이루(離婁)」 상편. "천하를 얻는 데는 방법이 있으니, 그 백성을 얻는다면 천하를 얻은 것이다. 백성을 얻는 데도 방법이 있으니, 백성의 마음을 얻는다면 그들을 얻게 된다(得天下有道, 得其民斯得天下矣; 得其民有道, 得其心其斯得民矣)."

안타까울진저! 유가는 이 책으로 인재를 선발하지 않으니, 그래서 책을 내팽개치고 읽지 않는다. 결국 길은 두 갈래로 나뉘어 따로 무경(武經)을 분류하니, 문(文)을 숭상하고 무(武)는 천대하게 되었다. 오늘날에 이르러 무는 짓밟히고 또 짓이겨져 어쩌면 경멸의 극치에 다다른 것 같기도 하다. 이런 풍조가 지속되다 보니 술자리에서 나뒹굴기나 하는 꼴에 적을 격퇴한다는 헛된 희망을 품는구나. 마당으로 나가지 않고 섬돌 아래 내려서지도 않으면서 만리 바깥의 적을 기민하게 제압하겠다니, 그것이 어떻게 가능하랴? 누구라도 울지 않는 아이를 안아줄 수는 있다. 하지만 조금이라도 놀라운 소식이 들려오면 그 해악이 땅벌이나 전갈만도 못한데 까무러칠 듯 놀라며 속수무책이 되니, 제아무리 옳은 말이라도 어디서부터 말해야 할지 모르고 진짜 장군이 있어도 누가 그 사람인지 알아보지 못한다. 이 구절은 『논어』에 부합하지 않고, 저 구절은 『효경』에 들어맞지 않으며, 이 학설은 들어본 적 없고, 저 사람은 행실이 불량하며, 그 사람은 비판받아야 한다고 트집이나 잡는구나.

오호라! 제아무리 손무자(孫武子)라도 지금 세상에 다시 태어난다면 『맹자』 일곱 편을 달달 외는 일개 수험생만도 못한 신세였을 것이다. 과거시험의 두 번째 세 번째 고사장에서는 무슨 말을 늘어놓을지 처음부터 꽉 막혀 아득한 주제[15]에 죄다 천자의 녹명(鹿鳴)과 경림(瓊林)[16]에서 상객이 되는 꿈을 꾸고, 높은 전각(瑤堂)에

---

15) 옛날 과거시험은 초장(初場)·이장(二場)·삼장(三場)으로 나뉘어 치러졌다. 『명사(明史)』「선거지(選擧志)」에 따르면, "과거가 처음 시행되었을 때 첫 번째 시험에서는 오경에서 둘, 사서에서 한 문제를 냈다. 두 번째 시험에서는 '논' 한 문제, 세 번째에서는 '책' 한 문제를 냈다(初設科擧時, 初場設經義二道, '四書'義一道; 二場論一道; 三場策一道)"고 했다. 여기서는 시험 단계가 진행될수록 문제 수준도 높아져 수험생이 대응하지 못하는 상황을 빗댔다.
16) '녹명(鹿鳴)'은 원래 『시경』「소아(小雅)」의 한 편명으로 연회에서 손님을 대

버티고 앉아 손무자 같은 인물이 종놈처럼 섬돌 아래 분주히 오가 도록 만들고자 하니, 어찌 부끄럽지 않으랴! 무릇 손무자가 그럴 진대 위 무제야 나위가 있을까! 그는 원래 시정잡배로나 치부되던 사람이었다. 오호라! 내가 보건대 위 무제 같은 인물은 천년에 한 번 나올까 말까 한 분이다. 공부하는 이들은 난쟁이가 남들 따라 장단 맞춰 지껄이는(矮子觀場)[17] 그런 소리는 삼가고 따라하지 않 았으면 좋겠다. (방비: 오묘하구나! 오묘해!)[18]

참고(1) 이탁오 해설[19] 參考(一)

卓吾子曰:「始計」五事, 一曰道, 夫道莫先於得賢, 莫要於愛民; 得賢則明, 愛民則親, 所謂未戰而廟算勝者, 此矣. 然非平日修德愛民以致賢人, 則賢者亦安能致之哉? 故唯德修而後賢人至, 唯賢人至而後德益修, 道益明, 民益親也. 此篇專爲君言, 故曰 "主孰

접하는 내용이다. 「모시 서문(毛詩序)」에서는 "'녹명'은 여러 신하와 빈객에게 베푸는 잔치(鹿鳴, 燕(宴)群臣嘉賓也)"라고 설명했다. 경림은 경림원(瓊林苑)인데 북송 시대 수도 변경(汴京) 서쪽에 위치했던 황실의 원림이었다. 태종에서 휘종 때까지 새로 합격한 진사들을 초대해 이 원림에서 연회를 베풀고 이를 경림연(瓊林宴)이라 불렀다는 기록이『송사』「선거지」에 실려 있다.

17) 왜자관장(矮子觀場): 난쟁이가 키에 가려 공연은 보지 못하고 남의 관전평을 따라서 지껄이는 것처럼 자기 생각은 없이 되는 대로 부화뇌동하는 상황을 가리킨다.

18) 방비(旁批): 독자가 본문 옆자리 빈 여백에 적어놓는 비주(批注)나 독후감 같은 독서 필기(讀書筆記). 여기서는 이지가 자의적으로 적어 넣은 독서감상을 말한다. 원문과 구분하기 위해 역시 굵은 글씨로 처리했다.

19)「계(計)」편의 참고자료는 크게 세 부분으로 나뉜다. 참고(1)은 '방법(道)'에 관한 자료를 수록하면서 각각 현인을 얻는 길(得賢之道), 백성을 사랑하는 길(愛民之道), 근신하여 수행하는 길(慎修之道)의 세 파트로 나뉜다. 이지는 이런 참고자료를 소개하는「서문」을 통해 득현(得賢)·애민(愛民)·수덕(修德)의 중요성을 강조하고 있다.

有道", 其實將道亦如是而已矣, 故首述得賢, 爲將者當參考也.

탁오자는 말한다.

「시계」편의 다섯 가지 사안은 첫 번째로 도(道)를 말한다. 무릇 현인을 얻는 것보다 시급한 일이 없고, 백성을 아끼는 것보다 긴요한 일은 없다. 현인을 얻으면 명철해지고 백성을 아끼면 그들과 가까워지니, 이른바 전쟁이 아직 벌어지지 않았지만 묘산에서 승리했다는 것이 그런 뜻이다. 하지만 평소에 덕을 쌓고 백성을 아낌으로써 현인을 초치하지 않는다면 현자가 또 어떻게 그를 찾아갈 수 있으랴? 그러므로 오직 덕을 닦은 연후라야 현인이 당도하고, 그렇게 현인이 찾아온 다음에야 덕이 더욱 완미해진다. 도가 밝을수록 백성과는 한층 친밀해진다. 이번 편은 전적으로 군주를 위한 논설인 까닭에 "임금은 누가 도덕적인가?" 하고 물었는데, 기실은 좋은 장수가 되는 도리 역시 이와 같을 뿐이다. 그리하여 맨 먼저 현인을 얻게 되는 방법에 대해 논술했으니, 장수된 자는 응당 참고할지어다.

문왕의 스승『六韜』「文韜·文師」

○○ 文王將田, 史編布卜曰: "田於渭陽, 將大得焉. 非龍非彲, 非虎非羆. 兆得公侯, 天遣汝師. 以之佐昌, 施及三王."

文王曰: "兆致是乎?"

史編曰: "編之太祖史疇, 爲舜占, 得皐陶, 兆比於此."

文王乃齋三日, 乘田車, 駕田馬, 田於渭陽, 卒見太公, 坐茅以漁.

文主勞而問之曰: "子樂漁耶?"

太公曰: "君子樂得其志, 小人樂得其事, 今吾漁其有似也."

文主曰: "何謂其有似也?"

太公曰: "釣有三權: 祿等以權, 死等以權, 官等以權. 夫釣以求得也, 其情深, 可以觀大矣."

文王曰: "願聞其情."

太公曰: "掘深而水流, 水流而魚生之, 情也. 根深而木長, 木長而實生之, 情也. 君子情同而親合, 親合而事生之, 情也. 言語應對者, 情之飾也; 言至情者, 事之極也. 今臣吉至情不諱, 君其惡之乎?"

文王曰: "唯仁人能受正諫, 不惡至情, 何爲其然!"

太公曰: "緡微餌明, 小魚食之; 緡調餌香, 中魚食之; 緡隆餌豐, 大魚食之. 夫魚食其餌, 乃牽於緡, 人食其祿, 乃服於君. 故以餌取魚, 魚可殺; 以祿取人, 人可竭; 以家取國, 國可拔; 以國取天下, 天下可畢. 嗚呼! 曼曼綿綿, 其聚必散; 嘿嘿昧昧, 其光必遠. 微哉! 聖人之德, 誘乎獨見. 樂哉! 聖人之慮, 各歸其次, 而立斂焉."

文王曰: "立斂若何而天下歸之?"

太公曰: "天下非一人之天下, 乃天下之天下也. 同天下之利者, 則得天下; 擅天下之利者, 則失天下. 天有時, 地有財, 能與人共之者, 仁也. 仁之所在, 天下歸之. 免人之死, 解人之難, 救人之患, 濟人之急者, 德也. 德之所在, 天下歸之. 與人同憂·同樂·同好·同惡, 義也. 義之所在, 天下赴之. 凡人惡死而樂生, 好德而歸利, 能生利者, 道也. 道之所在, 天下歸之." 文王再拜曰: "允哉! 敢不受天之詔命乎!" 乃載與俱歸, 立爲師.

문왕[20]이 사냥을 나가려는데 사편[21]이 점을 쳐(布卜)[22] 아뢰었다.

---

20) 문왕(文王): 상(商)나라 말기 주(周) 부족의 지도자로 성은 희(姬), 이름은 창(昌)이다. 주왕(紂王) 시절 '서부 지역 제후들의 수장(西伯)'으로서 현사(賢士)를 초치하고 부족의 생산력을 높이면서 멸상흥주(滅商興周)의 천명을 자처해 아들 무왕(武王)이 상나라를 멸망시킬 수 있는 토대를 닦았다.
21) 사편(史編): 사는 사관(史官), 편은 이름. 고대의 사관은 군주의 언행과 국가 대사의 기록, 문서 작성과 보관 및 천문역법(天文曆法)·점복제사(占卜祭祀)

"위수의 북쪽(渭陽)²³⁾에서 사냥하면 대물을 얻을 것이옵니다. 용이 아니고 이무기도 아니며 호랑이가 아니고 곰도 아닙니다. 점괘에 따르면 공후(公侯)를 얻게 되는데, 하늘이 대왕께 내려주는 스승입니다. 그가 대왕을 돕게 되면 그 혜택이 삼대에 걸칠 것이옵니다."

문왕이 "점괘가 정녕 이렇게 나왔나?" 묻자, 사편이 대답했다.

"저의 고조부인 사주(史疇)께옵서는 순(舜) 임금을 위해 점을 치고 고요(皐陶)를 얻었는데, 그때 점괘가 지금과 비슷했습니다."

문왕은 이에 사흘 동안 목욕재계했다. 그리고 사냥용 수레를 타고 말을 몰아 위수 북쪽에 이르러 사냥을 하다가 마침내 강가 풀밭에 앉아 낚시하는 태공²⁴⁾을 만나게 되었다.

문왕이 가까이 다가가 태공을 위무하며 물었다.

"그대는 낚시가 즐거운가?"

태공이 말했다.

"군자²⁵⁾는 그 뜻의 실현에 즐거워하고, 소인은 그 일의 완성을 기뻐한다 했습니다. 지금 제가 고기를 잡는 것도 그와 비슷하지요."

문왕이 "어떻게 낚시질이 그런 일과 비슷하다 하는가?" 묻자, 태공이 대답했다.

"낚시에는 세 가지 술수가 동원됩니다. 미끼를 쓰는 것은 임금이 봉록과

등의 업무를 관장했다. 상·주(商周) 시대에는 관직과 이름을 나란히 붙여 쓰는 것이 관습이었다.
22) 포복(布卜): 점복(占卜)을 가리킨다. 거북 등딱지나 소의 정강이뼈에 구멍을 낸 뒤 불에 구워 갈라진 무늬흔을 보고 길흉을 판단했는데, 상·주 시대에는 군주가 외출할 때 사관이 반드시 점복을 하는 관습이 있었다.
23) 위양(渭陽): 물의 북쪽은 양(陽), 남쪽은 음(陰)으로 간주하므로 위수(渭水) 북쪽을 가리킨다.
24) 태공(太公): 원래는 노인에 대한 존칭인데, 여기서는 여상(呂尙)을 가리킨다.
25) 군자(君子): 신분과 교양이 있는 사람으로 서주(西周)와 춘추시대에는 귀족 지배층을 뜻했다. 소인(小人)은 이와 상반된 의미로 통치받는 피지배 계층을 가리킨다.

지위로 신하를 초치하는 경우와 비슷하지요. 죽더라도 미끼를 물겠다고 덤벼드는 것은 후한 대접을 받은 신하가 충성을 바치다가 죽는 일과 같습니다. 크기에 따라 잡은 고기의 용도를 분별하는 것은 각자의 능력에 따라 벼슬을 나눠주는 경우와도 같지요. 무릇 낚시질은 고기를 잡으려는 일이지만 그 함의가 깊어 보다 큰 도리를 볼 수 있게 해줍니다."

"그 뜻을 들어보고 싶소이다."

문왕의 부탁에 태공이 대답했다.

"샘이 깊으면 물이 멀리 흐르고, 물이 흘러서 물고기가 거기 번식하는 것은 자연의 이치입니다. 뿌리가 땅속에 깊이 내리면 나무가 높이 자라고, 나무가 잘 자라야 열매를 맺게 되는 것도 자연의 법칙이지요. 군자가 지향이 같으면 의기투합하게 되고, 그렇게 친밀한 사이가 되면 같이 일을 도모하는 것 역시 자연의 이치입니다. 언어로 수작을 주고받는 것은 감정과 이치의 표현이니, 지극한 감정의 표현은 이치의 극단일 것입니다. 지금 제가 지극한 이치를 기탄없이 말씀드리고자 하는데, 왕께서 혹 불쾌하지 않으실는지요?"

"어진 사람만이 직언을 수용할 수 있고 진정이 담긴 말을 미워하지 않는다 했네. 어찌 그럴 리가 있겠나!"

"낚싯줄이 가늘고 미끼가 분명하면 작은 고기들이 그것을 먹겠다고 물게 됩니다. 낚싯줄이 적당하고 미끼가 맛나면 중간 크기 물고기가 달려들지요. 낚싯줄이 굵어도 미끼가 풍성하면 큰 고기들이 모여듭니다. 무릇 고기가 미끼를 물면 낚싯줄에 매달리게 되고, 사람이 그 녹을 먹으면 임금에게 복속되지요. 그래서 미끼로 고기를 잡으면 그 고기를 먹을 수 있고, 녹으로 사람을 붙들면 그 재주를 한껏 부려먹을 수 있게 됩니다. 가문을 미끼로 삼아 나라를 도모하면 그 나라를 얻을 수 있고, 나라를 미끼로 삼아 천하를 꾀하면 천하가 내 손안에 들어옵니다. 오호라! 겉으로는 유장하고 흥성해보여도 모이면 반드시 흩어지고, 가라앉고 어두워보여도 그 빛은 반드시 멀리까지 퍼져나가게 됩니다. 오묘할지니, 성인의 덕은 지극하고 그 견식은 빼어납니다!

즐거울지니, 성인의 염려는 어둠 속에서도 사람들이 제자리를 찾게 하시니 이로부터 인심을 끌어당기고 붙들어맵니다."

"인심을 어떻게 붙잡기에 천하가 그에게 승복하는가?"

"천하는 어느 한 사람의 천하가 아닙니다. 바로 온 천하 사람의 것이지요. 천하 사람과 이익을 함께 누리는 사람이라야 천하를 얻게 됩니다. 천하의 이익을 혼자 독차지하려는 자는 천하를 잃게 되고요. 하늘(天)에는 세시의 변화가 있고 땅(地)에서는 재화가 만들어지니, 사람들과 그것을 함께 누릴 수 있으면 이를 어질다(仁)고 합니다. 인이 머무는 곳에는 천하의 민심이 쏠리게 되고요. 누군가를 죽음에서 건져주고 환난에서 구해주며 위급한 상황에 도움의 손길을 뻗칠 수 있으면 그것을 덕(德)이라고 합니다. 덕이 있는 곳에는 천하 사람들이 귀순하지요. 사람들과 더불어 동고동락하고 애증을 함께 할 수 있는 그것은 의(義)라고 합니다. 의로움이 펼쳐지는 곳에는 천하 사람들이 몰려들지요. 사람은 누구나 죽음을 미워하고 삶을 기꺼워합니다. 덕을 좋아하고 이익에 쏠리니, 사람들을 위해 이익을 생산하는 그 자체를 도라고 합니다. 도가 있는 곳에는 천하가 귀순합니다."

문왕이 두 번 절하며 말했다.

"진실로 그러합니다. 제 어찌 하늘의 조명[26]을 받들지 않을 수가 있겠습니까!"

이에 태공을 수레에 태워 함께 도성으로 돌아간 뒤 그를 국사(國師)로 삼았다.

―『육도』「문도·문사(文韜·文師)」편.

현인의 등용 『六韜』「文韜·上賢」/「文韜·擧賢」

○○ 文王曰: "王人者, 何上, 何下, 何取, 何去, 何禁, 何止?"

---

26) 조명(詔命): 하늘이나 제왕이 내리는 명령. 문왕은 태공에게 감복한 나머지 그의 말을 하늘이 위탁해서 자신에게 하달한 명이라고 간주한 것이다.

太公曰:"上賢,下不肖,取誠信,去詐偽,禁暴亂,止奢侈.故王人者,有六賊七害.夫六賊者曰,一曰,臣有大作宮室池榭,遊觀倡樂者,傷王之德.二曰,民有不事農桑,任氣遊俠,犯曆法禁,不從吏教者,傷王之化.三曰,臣有結朋黨,蔽賢智,障主明者,傷王之權.四曰,士有抗志高節,以為氣勢,外交諸侯,不重其主者,傷王之威.五曰,臣有輕爵位,賤有司,羞為上犯難者,傷功臣之勞.六曰,強宗侵奪,淩侮貧弱者,傷庶人之業.

七害者:一曰,無智略權謀,而重賞尊爵之,故強勇輕戰,僥幸於外,王者謹勿使為將.二曰,有名無實,出入異言,掩善揚惡,進退為巧,王者謹勿與謀.三曰,樸其身躬,惡其衣服,語無為以求名,言無欲以求利,此偽人也,王者謹勿近.四曰,奇其冠帶,偉其衣服,博聞辯辭,虛論高議,以為容美,窮居靜處,而誹時俗,此奸人也,王者謹勿寵.五曰,讒佞苟得,以求官爵,果敢輕死,以貪祿秩,不圖大事,貪利而動,以高談虛論,說於人主,王者謹勿使.六曰,為雕丈刻樓,技巧華飾,而傷農事,王者必禁之.七曰,偽方異技,巫蠱左道,不祥之言,幻惑良民,王者必止之.

故民不盡力,非吾民也;士不誠信,非吾士也;臣不忠諫,非吾臣也;吏不平潔愛人,非吾吏也;相不能富國強兵,調和陰陽,以安萬乘之主,正群臣,定名實,明賞罰,樂萬民,非吾相也.夫王者之道如龍首,高居而遠望,探視而審聽,示其形,隱其情,若天之高不可極也,若淵之深不可測也.故可怒而不怒,奸臣乃作;可殺而不殺,大賊乃發.兵勢不行,敵國乃強."

文王曰:"君務舉賢而不獲其功,世亂愈甚,以至危亡者,何也?"

太公曰:"舉賢而不用,是有舉賢之名,而無用賢之實也."

文王曰:"其失安在?"太公曰:"其失在君好用世俗之所譽,**(旁批:入骨.)**而不得其賢也.君以世俗之所譽者為賢,以世俗之所毀者為不肖,則多黨者進,少黨者退.若是,則群邪比周而蔽賢,忠臣死於無罪,奸臣以虛譽取爵位,是以世亂愈甚,則國不免於危亡."

문왕이 말했다.

"임금 된 자는 누구를 위에 올리고 누구를 아래에 두어야 하는가? 누구를 임용하고 누구를 내쳐야 하는가? 무엇을 금지하고 무엇을 막아야 하는가?"

태공이 대답했다.

"임금이라면 현인을 윗자리에 올리고 불초한 자는 밑에 두어야 합니다. 성실하고 믿음직한 이를 쓰고 간사하고 위선적인 자는 내쳐야 합니다. 포악한 행동은 금지하고 사치스런 행위는 막아야 합니다. 그래서 왕에게는 여섯 가지 도적(六賊)과 일곱 가지 해악(七害)이 있습니다.

무릇 육적 중에 첫 번째는 궁궐·연못·누대를 대대적으로 짓고, 가무를 탐닉하며 생활이 방탕한 신하를 일컫습니다. 이들은 군왕의 덕을 손상시키지요.

두 번째는 백성들 중에 농사에 종사하지 않고 불의를 참지 못한다고 호기 부리는 자들입니다. 이들은 예사로 범법행위를 저지르고 관리의 지도를 우습게 아는데, 군왕의 교화를 손상하는 자들이지요.

세 번째는 신하 중에 붕당을 만들어 현명하고 지혜로운 인사의 입신 기회를 가로막아 군주의 눈을 가리는 자인데, 군왕의 권력을 손상시킵니다.

네 번째는 선비들 중에 자신을 고고하게 여기며 뜻과 절개를 내세우고 변죽을 떨어 몸값을 올리는 경우입니다. 이들은 밖으로 다른 나라 제후들과 결탁하며 자신의 군주는 외려 존중하지 않으니, 왕의 권위를 실추시키는 자들이지요.

다섯 째는 작위를 우습게 알고 전문직 관리를 멸시하는 신하입니다. 이들은 군주를 위해 위험과 어려움 무릅쓰길 부끄러워하니, 공신들이 힘들게 일군 업적을 같잖은 것으로 만들어버리지요.

여섯 째는 권세 있는 호족 중에 침탈을 일삼고 가난하고 약한 자들을 능욕해 일반 서민들의 생계를 망가뜨리는 자가 해당합니다.

일곱 가지 해악 중 첫 번째는 지략과 전쟁을 감당할 권모술수가 없지만 무거운 은총을 입고 존귀한 작위를 받았기 때문에 용감한 척 경솔한 전쟁을 벌이며 요행의 승리를 구하는 경우입니다. 왕은 이런 자를 경계해야 하고 장수로 기용하면 아니 됩니다.

두 번째는 실력은 없으면서 명성만 높은 경우입니다. 말이 앞뒤로 어긋날 뿐 아니라 남들의 장점은 가리고 단점은 드러내면서 물러가고 나아감에 교언영색으로 수작을 부리니, 왕은 절대 그런 자와 일을 도모해서는 안 됩니다.

세 번째는 그 외관이 투박하고 옷차림이 검소하며 말로는 무위(無爲)를 외치지만 실제로는 명성을 추구하는 위선자입니다. 이런 자는 왕께서 절대 가까이 두시면 안 됩니다.

네 번째는 기괴한 복장으로 눈에 확 띄는 차림새를 한 자입니다. 견식이 넓은 데다 달변으로 현실성 없는 고담준론을 일삼으며 자신을 치장하지요. 궁벽하고 조용한 곳에 거주하면서 세상을 비판하는 이런 자는 간사한 인간이니, 왕께서 가까이하며 총애해서는 안 됩니다.

다섯 째는 아부와 참언을 일삼으며 구차한 영달을 도모하는 자입니다. 벼슬 얻자고 과감히 죽음도 불사하지만 그 마음속에는 오로지 지위와 녹봉뿐이지요. 전체적인 국면을 고려치 않고 자신에게 유리하면 경거망동하면서 예의 고담준론과 허장성세로 임금을 설복하니, 왕은 이런 자를 각별히 조심하고 등용해서는 안 됩니다.

여섯 째는 건축물과 일용품에 조각을 하고 그림을 그려 교묘하고 화려하게 꾸미는 자들입니다. 농사일에 방해가 되니, 왕은 반드시 그런 짓을 금지시켜야 합니다.

일곱 째는 거짓 방술과 기이한 술수로 인심을 교란시키는 이단입니다. 요망한 언어로 양민을 홀려 농락하니, 군왕된 자는 반드시 이를 금지시켜야 합니다.

그러므로 임금 입장에서 볼 때 백성이라도 가진 힘을 다하지 않으면 내 백성이 아닙니다. 선비에게 성실과 신의가 없으면 내 선비가 아닌 것이지요. 충성스럽게 간언하지 않는 신하라면 나의 신하가 아니고, 공평하고 청렴한 인격, 인간에 대한 사랑이 없으면 내 신하가 아니라 하겠습니다. 재상이라도 부국강병할 능력이 없고 음양[27]을 조화시킴으로써 만승의 천자를 편안케 하고 뭇 신하를 정돈시키며 이름과 실질을 살펴 결정하고 상벌을 엄정히 밝히며 만민이 즐겁게 살아갈 수 없게 한다면 그는 나의 재상이 아닌 것입니다.

무릇 군왕의 도는 용의 머리통과도 같습니다. 높은 데 틀어앉아 멀리 바라보고, 깊이 살피며 유심히 들어야 합니다. 모습은 드러내더라도 자신의 속내는 감춰야 하지요. 하늘처럼 높아서 닿을 수 없어야 하고, 심연처럼 깊어 측량할 수 없어야 합니다. 그래서 화내야 할 때 분노하지 않으면 간신들이 이 틈을 타 일어나게 되지요. 죽여야 할 때 죽이지 않으니 이에 큰 도적이 일어나게 됩니다. 군대의 위세를 멀리까지 떨치지 않으면 적국이 그 틈을 타 강성해질 것입니다."

―『육도』「문도·상현(上賢)」편에서 발췌.

문왕이 물었다.

"임금이 현인의 선발에 힘써도 그 노력에 성과가 없소이다. 세상이 갈수록 혼란해지고 나라는 위태해 망하는 지경에 이르는 것은 무슨 까닭인가?"

태공이 대답했다.

"어진 인재를 선발했지만 등용하지 않으니, 이는 결과적으로 인재 등용의 허명만 있을 뿐 인재를 기용해 얻는 실효가 없는 것이지요."

---

[27] 음양(陰陽): 하늘과 땅(天地)·해와 달(日月)·비바람(風雨)·추위와 더위(冷溫) 등의 자연이나 자연현상을 가리킨다. 고대인들은 천도(天道)와 인사(人事)가 서로 조응한다고 생각했기 때문에 정치가 맑으면 그것이 천도에 반영되어 해와 달의 운행이 어긋나지 않고 기후가 절기에 맞으며 우순풍조로 천재지변이 없게 된다고 믿었다. 재상의 임무는 군주를 보좌해 정치를 청명하게 펼치는 것이기 때문에 음양의 조화가 재상의 책임이라고 말한 것이다.

"왜 그런 착오가 생기는 것인가?"

"그런 잘못은 군주가 세간에서 칭찬하는 그런 이들을 발탁하고 싶은 바람에 진짜 인재를 얻지 못해 생겨납니다. (방비: 뼛속을 후벼 파는 말씀일세!)

임금이 세간에서 칭찬하는 자를 어질다 여기고 세간의 비방을 받는 자를 불초하다 여기면 파당을 짓고 명성을 쌓은 자가 등용됩니다. 당파가 없어 추켜지지 못하는 자는 배척당할 수밖에 없지요. 이렇게 되면 간사한 무리가 서로 결탁해 어진 이의 앞길을 가로막고, 충성스런 신하가 죄 없이 죽어나가며, 간신들이 헛된 명성에 의지해 관직을 독점하게 됩니다. 이리하여 세상의 혼란이 갈수록 자심해지니 국가는 위태해지고 망극으로 치닫게 되지요."

―『육도』「문도·거현(擧賢)」편에서 발췌.

적국을 멸망시키는 법『黃石公三略』「上略」

○ 黃石公曰: 夫所謂士者, 英雄也. 故曰: 羅其英雄, 則敵國窮.

황석공이 말했다.

이른바 사(士)는 걸출한 영웅호걸이다. 그래서 적국의 영웅을 그물에 잡아넣으면 적국이 쇠퇴한다고 말했다.

―『황석공삼략』「상략(上略)」에서 발췌.

현인을 모시는 길『黃石公三略』「下略」

○○ 黃石公曰: 千里迎賢其路遠, 致不肖其路近.(旁批: 妙.) 是以明主舍近而取遠, 故能全功尚人, 而下盡力. 廢一善而衆善衰, 賞一惡而衆惡歸.

황석공이 말했다.

천리 밖에서 현인을 모셔오는 그 길은 멀고, 가까운 데서 찌질이를 데려오는 그 길은 가깝다. (방비: 절묘한 말씀!)

이런 연유로 현명한 군주는 가까운 데는 내버려두고 먼 곳을 선택한다. 그리하여 효과는 온전해지고 현인은 우러르게 되며 하급자는 온 힘을 다하게 된다. 선(善) 하나를 내치면 온갖 선이 쇠퇴하고, 악(惡) 하나를 포상하면 뭇 악이 나를 찾아오게 된다.

―『황석공삼략』「하략(下略)」편에서 발췌.

군자와 정치『黃石公三略』「下略」

○○ 黃石公曰: 淸白之士, 不可以爵祿得; (旁批: 即此便與太公不同.) 節義之士, 不可以威刑脅. 故明君求賢, 必觀其所以而致焉. 致淸白之士, 修其禮; 致節義之士, 修其道. 而後士可致而名可保. 夫聖人君子, 明盛衰之源, 通成敗之端, 審治亂之機, 知去就之節, 雖窮不處亡國之位, 雖貧不食亂邦之祿. 潛名抱道者, 時至而動, 則極人臣之位, 德合於己, 則建殊絶之功. 故其道高而名揚於後世.

황석공의 말씀이다.

청렴결백한 인사는 관작과 봉록만으로 얻을 수 없고, (방비: 바로 이 말씀이 태공과는 다른 점이다!) 절개 있고 의로운 선비는 무거운 형벌로 위협할 수 없다. 그래서 현명한 군주가 현인을 초빙할 때는 반드시 그 뜻한 바를 먼저 살핀 뒤에 모셔오게 된다. 청렴하고 올바른 인사를 모실 때는 그가 닦은 예절을 보고, 절의지사를 초치할 때는 도의(道義)적 면모를 중시한다. 그런 뒤에는 어진 인재를 불러들일 수 있고 군주의 명성도 보전될 수 있다.

무릇 성인군자는 흥망성쇠의 근원에 밝고, 성패의 실마리에 완전히 통달했으며, 치란의 기미를 면밀히 통찰하고, 떠나고 머물 때의 지조를 안다. 제아무리 곤궁해도 망해가는 나라의 벼슬을 하지 않고, 제아무리 가난해도 어지러운 나라의 녹은 먹지 않는다. 은거한 무명지사라도 큰 뜻을 지닌 자는 때가 도래했을 때 행동하니, 그렇게 해서 신하로서 가장 높은 지위에 오르게 된다. 의기투합하는 군주를 만나면 특출한 공훈을 세우게 되니, 그리하여 그 높은 지향으로 아름다운 명성을 후세에 드날리게 된다.

―『황석공삼략』「하략」편에서 발췌.

태공망『尉繚子』「武議」

○ 尉繚子曰: 太公望年七十, 屠牛朝歌, 賣食盟津. 過七十餘而主不聽, 人人謂之狂夫也. 及遇文王, 則提三萬之衆, 一戰而天下定. 故曰: 良馬有策, 遠道可致; 賢士有舍, 大道可明.

울료자가 말했다.

태공망28)은 나이 일흔에 조가29)에서 소 잡는 백정 노릇을 하고 맹진30)에서 밥을 팔았다. 전후로 칠십여 명의 고용주를 거쳤지만 아무도 그를 오래 쓰지 않았고 누구나 그를 미친놈이라고 불렀다. 그랬던 그가 문왕을 만나자 삼만 명의 대군을 이끌고 단 한번의 전투로 천하를 안정시켰다.

그래서 이렇게 말한다. 좋은 말에 채찍질을 가하면 아무리 먼 길도 가서 닿을 수 있고, 현명한 선비에게 기회가 주어지면 큰 도를 밝히게 된다고 말이다.

―『울료자』「무의(武議)」편.

병가의 요체『吳子』「圖國」

○ ○ 吳起儒服, 以兵機見魏文侯. 文侯曰: "寡人不好軍旅之事." 起曰: "臣

---

28) 태공망(太公望): 강태공(姜太公) 여상(呂尙)을 말한다. 문왕의 신임으로 중용된 뒤 무왕을 도와 상나라를 뒤엎은 주나라 건국의 핵심 공신이고, 제(齊, 지금의 산동성 북부)에 봉해져 제나라의 시조가 되었다.
29) 조가(朝歌): 상나라 말기의 수도. 지금의 하남성 기현(淇縣) 북쪽에 위치했다.
30) 맹진(盟津): 황하의 옛 포구 이름. 지금의 하남성 맹진현 동북쪽과 맹현(孟縣) 서남쪽에 위치했다.

以見占隱, 以往察來, (旁批: 即是兵機.) 主君何言與心違? 今君四時使斬離皮革, 掩以朱漆, 畫以丹青, 爍以犀象, 冬日衣之則不溫, 夏日衣之則不涼. 爲長戟二丈四尺, 短戟一丈二尺. 革車掩戶, 縵輪籠轂, 觀之於目則不麗, 乘之以田則不輕, 不識主君安用此也? 若以備進戰退守, 而不求能用者, 譬猶伏雞之搏狸, 乳犬之犯虎, 雖有鬥心, 隨之死矣. 昔承桑氏之君, 修德廢武, 以滅其國家. 有扈氏之君, 恃眾好勇, 以喪其社稷. 明主鑒茲, 必內修文德, 外治武備. 故當敵而不進, 無逮於義矣; 僵屍而哀之, 無逮於仁矣."

於是文侯身自布席, 夫人捧觴, 醮吳起於廟, 立爲大將. 起守西河, 與諸侯大戰七十六, 全勝六十四, 餘則均解. 辟土四面, 拓地千里, 皆起之功也.

오기가 유생의 복장으로 위 문후(魏文侯)[31]를 알현하고 병법의 요체에 관해 논하는데, 문후가 말했다.

"과인은 군대나 전쟁 따위의 일은 좋아하지 않소."

오기가 말했다.

"제가 드러난 바로 숨은 의도를 추측하고 과거의 언행으로써 미래의 행동을 살피건대, (방비: 이 말이야말로 병가의 요체로군.) 주군께서는 말씀과 속내가 어찌 그리 딴판이십니까? 지금 주군은 사시사철 짐승들을 사냥하고 껍질을 벗긴 뒤 그 가죽에 붉은 칠을 하고 단청으로 그림을 그리며 코뿔소와 코끼리 문양을 새겨넣게 하고 있습니다. 이런 가죽은 한겨울 의복으로는 따뜻하지 않고 여름에 입자니 시원하지도 않지요. 길이가 두 길 네 자나 되는 긴 창을 제작하고, 짧은 창은 한 길 두 자가 되게 만드시네요. 전차의 문은 보이지 않게 은폐하고, 차바퀴와 바퀴살은 가리개로 덮어놓았습니다. 이것들은 미관상 보기 좋지 않고 타고 나가 사냥을 할 때도 가볍지 않은데, 주군께 이

---

31) 위 문후(魏文侯): 전국시대 위나라의 군주. 성은 희(姬), 이름은 사(斯). 이회(李悝)·서문표(西門豹)·오기 등을 등용하고 강력한 개혁 정책을 펼쳐 위를 당시의 강대국으로 만들었다.

것들이 무슨 용도인지를 모르겠습니다. 만약 전쟁에서의 공격과 수비 용도로 준비했다면 왜 사용할 줄 아는 이를 찾지 않으시는지요? 이는 흡사 알을 품은 암탉이 살쾡이와 맞붙고 젖먹이 하룻강아지가 호랑이에게 덤벼드는 꼴에 비유되니, 제아무리 싸우려는 투지가 있어도 따라오는 결과는 죽음 뿐입니다.

옛적에 승상씨[32]의 임금은 덕을 강조하고 무예를 폐기한 탓에 자기 나라의 멸망을 초래했습니다. 유호씨[33]의 임금은 다수라는 숫자를 믿고 완력을 뽐내다가 그 사직을 상실하고 말았고요. 현명한 군주는 이런 사례들을 거울 삼아 안으로는 반드시 문덕(文德)을 쌓고 밖으로는 무비(武備)를 강화합니다. 원래 적을 눈앞에 두고 맞서 싸우지 않으면 의(義)를 저버린 것이 되고, 병사들의 시체가 전장에 쌓이고 나서 애통해한다면 인(仁)에 어긋난 경우가 되는 법이지요."

그러자 위 문후는 자신이 직접 나서 자리를 정돈하고 부인에게 술잔을 받들게 했다. 그리고 묘당에서 오기에게 술잔을 올린 뒤 그를 발탁해 대장으로 삼았다. 오기는 서하[34]를 지키면서 여러 제후들과 76차례 큰 전쟁을 벌였는데, 64차례나 대승을 거뒀고 나머지 12번은 승부를 가리지 못한 무승부였다. 위나라가 사방으로 영토를 확장해 천 리의 땅을 개척한 것은 모두 오기의 공이었다.

—『오자』「도국(圖國)」편.

제왕의 근심 『吳子』「圖國」

○ 武侯嘗謀事, 群臣莫能及, 罷朝而有喜色. 起進曰: "昔楚莊王嘗謀事, 群

---

32) 승상씨(承桑氏): 전설 속 신농씨(神農氏) 시대의 부족 명칭.
33) 유호씨(有扈氏): 전설 속 하우(夏禹) 시대의 부족 명칭.
34) 서하(西河): 위나라의 군(郡) 명칭. 황하 서쪽에 위치한 까닭에 그런 이름이 붙었다. 지금의 섬서성 화음(華陰)·화현(華縣)·백수(白水)·징성(澄城) 일대에 해당한다.

臣莫能及, 罷朝而有憂色. 申公問曰:'君有憂色, 何也?'曰:'寡人聞之, 世不絕聖, 國不乏賢, 能得其師者王, 能得其友者霸. 今寡人不才, 而群臣莫及者, 楚國其殆矣.'此楚莊王之所憂, 而君說之, 臣竊懼矣." 於是武侯有慚色.

무후[35)]가 여러 신하와 국사를 논의하는데 아무도 무후보다 나은 견해를 내놓지 못했습. 조회가 끝난 뒤 무후에게 희색이 만면하자, 오기는 이렇게 진언했다.

"옛적에 초나라 장왕(莊王)이 국사를 도모하는데 어떤 신하도 왕보다 나은 의견을 내놓지 못했습니다. 조회를 마친 왕의 얼굴에 우울한 기색이 깃드니, 신공[36)]이 물었습니다. '왕께서 수심이 가득하시니 무슨 일이신지요?' 장왕은 '과인이 듣자 하니 세상에는 성인의 출현이 끊이질 않고 나라 안에는 현인이 모자라지 않다고 했소. 그런 분들을 만나 스승으로 모실 수 있다면 제왕이 되고, 친구가 될 수 있다면 패자가 된다 했지. 그런데 지금 과인의 재주가 모자라는데도 뭇 신하들은 나만도 못하니, 초나라는 장차 위태해질 것이오'라고 대답했지요. 초 장왕이 걱정한 일을 왕께서는 도리어 기뻐하시니, 신은 깊이 우려하게 됩니다."

그러자 무후의 낯에 부끄러운 기색이 떠올랐다.

―『오자』「도국」편.

승리의 비결 『吳子』「圖國」

○○ 武侯問曰: "願聞陳必定·守必固·戰必勝之道." 起對曰: "立見且可, 豈直聞乎? 君能使賢者居上, 不肖者處下, 則陳已定矣. 民安其田宅, 親其有司, 則守已固矣. 百姓皆是吾君而非鄰國, 則戰已勝矣." ― 以上皆得賢之道

---

35) 무후(武侯): 위 문후의 아들로 이름은 격(擊). 세칭 무후로 일컫는다.
36) 신공(申公): 『순자(荀子)』「요문(堯問)」편에 따르면, 초나라 신읍(申邑)의 대부 신공무(申公巫)를 가리킨다고 한다.

무후가 질문했다.

"진용은 기필코 안정되고, 수비는 반드시 견고하며, 전쟁을 하면 틀림없이 승리하게 되는 비결에 관해 듣고 싶소이다."

오기가 대답했다.

"이는 당장 볼 수가 있으니, 어찌 듣는 데서 그칠 사안이겠습니까! 임금이 현명한 이를 윗자리에 두고 불초한 자를 아래에 두면 진용은 안정될 수밖에 없습니다. 백성들이 편안히 생업에 종사하며 자기 고장의 관리와 친하다면 수비는 이미 견고해진 것이지요. 백성들이 하나같이 우리 임금이 옳고 이웃나라는 잘못이라 여긴다면 그 전쟁은 이미 이긴 싸움입니다."

―『오자』「도국」편.

이상은 모두 현인을 얻는 방법(得賢之道)에 대한 서술.

백성을 사랑하는 방법 『六韜』「文韜·國務」

○○ 文王曰:"願聞爲國之大務." 太公曰:"愛民而已. 利而勿害, 成而勿敗, 生而勿殺, 與而勿奪, 樂而勿苦, 喜而勿怒." 文王曰:"敢請釋其故." 太公曰:"民不失務, 則利之; 農不失時, 則成之; 薄賦斂則與之; 儉宮室臺榭則樂之; 吏淸不苛擾, 則喜之. 民失其務, 則害之; 農失其時, 則敗之; 無罪而罰, 則殺之; 重賦斂, 則奪之; 多營宮室臺榭以疲民力, 則苦之; 吏濁苛擾, 則怒之. 故善爲國者, 馭民如父母之愛子, 如兄之愛弟, 見其飢寒則爲之憂, 見其勞苦則爲之悲, 賞罰如加於身, 賦斂如取於己. 此愛民之道也."

문왕이 물었다.

"원컨대 나라를 다스리는 데 가장 중요한 임무가 무엇인지 듣고자 합니다."

태공이 말했다.

"백성을 사랑하는 것뿐이지요. 백성들이 이익을 얻고 손해는 없게 하며,

무엇이든 끝맺게 하여 중도에 망치는 일이 없도록 합니다. 삶을 번성시켜 다치는 일이 없게 하고, 많이 베풀면서 빼앗지 않습니다. 즐겁게 살면서 고통이 없게 하고, 기분이 좋아서 분노와 원망이 생겨나지 않게 합니다."

"감히 청컨대 그 안에 담긴 도리를 풀이해주십시오."

문왕의 부탁에 태공이 대답했다.

"백성들이 생업을 잃지 않게 하면 그 자체가 이익을 안겨주는 것이지요. 농사에 실기하지 않으면 하던 일을 마치게 되고, 세금과 부역을 가볍게 해주면 은혜를 베푸는 것이 됩니다. 궁궐과 누대를 검소하게 하면 백성들 삶이 쾌적해지고, 관리가 청렴해 가렴주구가 없으면 민심이 기뻐하지요. 백성들이 자기 생업에 종사하지 못하면 그 이익을 해치게 되고, 농사일에 실기하게 만들면 그들을 망치게 됩니다. 죄 없이 벌을 주는 것은 그들을 다치게 하는 짓이고, 세금을 무겁게 해 부담을 가중시키면 그것은 약탈입니다. 궁궐과 누각 공사를 대대적으로 벌여 백성들 힘을 고갈시키는 것은 그들을 괴롭히는 짓이고, 관리가 탐욕스럽고 포악하면 민심이 분노하게 됩니다. 그러므로 나라를 잘 다스리는 군주는 백성들 다루기를 마치 부모가 자식 사랑하고 형이 아우를 아끼듯이 하지요. 굶주리거나 추위에 떠는 백성을 보면 그 때문에 근심하고, 힘들게 고생하는 모습을 보면 그 때문에 슬퍼합니다. 상벌을 가할 때면 마치 자기가 받는 듯 굴고, 세금을 거둘 때면 자기 돈을 가져가는 것처럼 여기는데, 이런 것이 백성을 사랑하는 도리이자 방법입니다."

―『육도』「문도·국무(國務)」편.

백성을 아끼는 법『六韜』「武韜·三疑」

○○ 太公曰: "惠施於民, 必無愛財. 民如牛馬, 數喂食之, 從而愛之."

태공이 말했다.

"백성에게 은혜를 베풀 때는 결단코 재물을 아끼지 말아야 한다. 백성은 소나 말과 같으니 자주 먹이는 한편으로 그들을 아끼고 사랑해주어야 한다."

—이상 『육도』 「무도·삼의(武韜·三疑)」편.

군주의 도리 『三略』 「上略」

○ 黃石公曰: 夫爲國之道, 恃賢與民. 信賢如腹心, 使民如四肢, 則策無遺. 所適如肢體相隨, 骨節相救, 天道自然, 其巧無間. 敵強下之, 敵佚去之. 爲者則己, 有者則士. 世能祖祖, 鮮能下下. 祖祖爲親, 下下爲君.

황석공의 말이다.

대저 나라를 다스리는 방법은 현인과 백성을 어떻게 믿고 의지하느냐에 달렸다. 현인을 자기 심복처럼 신뢰하고 백성을 마치 수족처럼 부린다면 정책 집행에 구멍이 나지 않는다. 가는 데마다 손발처럼 긴밀히 따르면서 뼈마디가 맞춰지듯 호응하게 된다. 천도(天道)는 자연의 규범이니 천의무봉 교묘해 틈새가 없다.

적이 막강하면 꼬리를 내리고, 적에게 여유가 있다면 대적하지 말고 떠나야 한다.

중요한 결정은 자신이 하고, 공은 부하들에게 돌린다.

세상에 제 조상은 높이 떠받들어도 아랫사람 제대로 대우할 줄 아는 이는 드물다. 조상님 잘 모신들 육친의 도리일 뿐이니, 백성을 사랑함이야말로 군주의 도리라 하겠다.

—『삼략』 「상략」편 여러 대목의 합성.

전쟁에서 이기는 법 『吳子』 「圖國」

○○ 吳子曰: 昔之圖國家者, 必先教百姓而親萬民. 有四不和: 不和於國, 不可以出軍; 不和於軍, 不可以出陳; 不和於陳, 不可以進戰; 不和於戰, 不可以決勝. 是以有道之主, 將用其民, 先和而造大事. 不敢信其私謀, 必告於祖廟, 啟於元龜, 參之天時, 吉乃後擧. 民知君之愛其命, 惜其死, 若此之至, 而與之臨難, 則士以盡死爲榮, 退生爲辱矣.

오자의 말이다.

예전에 국가를 잘 다스리고 싶은 군주는 반드시 백성들을 먼저 교화해 만민이 단결하도록 만들었다. 그러기 위해 네 종류의 불화에 주의했는데, 우선 나라 안이 시끄러우면 군대를 동원하지 않았다. 군대가 단결하지 못하면 출진하지 않았고, 진영이 혼란스러우면 전투에 나서지 않았는데, 싸울 때 손발이 맞지 않으면 승리를 거머쥘 수 없는 까닭이었다.

위와 같은 연유로 현명한 군주는 그 백성을 동원할 때 먼저 화합해 단결하고 그다음에 대사를 도모했다. 감히 자기 계책만 옳다고 믿지 못하는 까닭에 반드시 종묘에 고하고, 큰거북이 점을 치고, 천시(天時)를 참고해 길하다는 점괘가 떨어진 다음에야 군사를 동원했던 것이다.

백성들로 하여금 왕이 자기들 목숨을 아끼고 그 죽음을 안타까워하는 줄 알게 했는데, 이 정도에 이르면 어려움에 처했을 때 병사들은 죽음을 영광으로 알고 도망가 사는 것을 치욕으로 여기게 된다.

─『오자』「도국」편.

성읍을 공략하는 법 『吳子』「應變」

○ 吳子曰: 凡攻敵圍城之道, 城邑旣破, 各入其宮. 禦其祿秩, 收其器物. 軍之所至, 無刊其木, 無發其屋, 無取其粟, 無殺其六畜, 無燔其積聚, 示民無殘心. 其有請降, 許而安之.

오자의 말이다.

성을 포위하고 적을 공략하는 일반적인 방법은 다음과 같다.

성읍이 격파되면 각자 적의 궁실로 진입한 뒤 적국의 관리들을 통제하고 그들의 기물을 몰수한다.

군대가 접수한 곳에서는 멋대로 나무를 베거나 집을 허물지 않고, 저들의 식량을 징발하거나 가축을 죽이지 않는다.

아울러 저들의 재산을 불사르지 않아 적국의 백성들에게 해칠 의도가 없음을 보여준다.

투항을 원하는 적이 있다면 받아들이고 그들을 안돈시킨다.

─『오자』「응변(應變)」편.

정치는 사랑이 근본 『司馬法』「仁本」

○『司馬法』曰: 古者以仁爲本, 以義治之之爲正, 正不獲意則權. 權出於戰, 不出於中人.[37] 是故殺人安人, 殺之可也; 攻其國愛之民, 攻之可也; 以戰止戰, 雖戰可也. 故仁見親, 義見說, 智見恃, 勇見方, 信見信. 內得愛焉, 所以守也; 外得威焉, 所以戰也. 戰道不違時, 不歷民病, 所以愛吾民也; 不加喪, 不因凶, 所以愛夫其民也; 冬夏不興師, 所以兼愛民也. --以上皆愛民之道

『사마법』에 나오는 말이다.

옛날에는 사랑을 정치의 근본으로 여기고 정의에 의거한 통치를 정도로 알았다. 정도가 뜻대로 실현되지 않으면 권도(權道)를 동원했다. 그런데 권도는 전쟁 시의 필요에서 나왔으니, 충(忠)과 인(仁)에서 비롯된 것이 아니었다. 이런 까닭에 누군가를 죽여 다른 이들을 안정시킬 수 있다면 죽이는 것이 허용되었다. 적국을 공격하는 것이 그 나라 백성을 아끼는 길이라면 공격이 가능했고, 전쟁으로 전쟁을 멈추게 할 수 있다면 전쟁하는 것도 허용되었다. 그렇게 해서 사랑으로 사람들을 친밀하게 만들그, 의로움으로 기쁘게 했으며, 지혜로 믿음을 얻고, 용기로 본받게 만들며, 성실함으로 신뢰를 살 수 있었다. 국내에서 사랑받는 것이 자신을 지키는 방드였고, 나라 밖에서 위세

---

37) 이 문장의 '中人'은 '충인(忠仁)'으로 읽어야 한다. 곧 충성스럽고 어질다는 뜻.

를 떨치면 거기 힘입어 전쟁을 할 수 있었다.

　전쟁의 원칙에 농사철이나 돌림병이 유행할 때 출정하지 않는 것은 우리 백성을 사랑하는 까닭이다. 상대방의 장례 기간이나 재해가 들었을 때 출정하지 않는 것은 적국의 백성을 아끼기 때문이다. 한겨울이나 여름철에 군사를 동원해 출병하지 않는 것은 적과 우리의 백성을 똑같이 사랑하기 때문이다.

　─『사마법』「인본(仁本)」편에서 발췌.

　이상은 모두 애민하는 방법(愛民之道)에 관한 논의.

천하의 주인 『六韜』「武韜·順啟」

　○ 文王曰: "何如而可爲天下?" 太公曰: "大蓋天下, 然後能容天下; 信蓋天下, 然後能約天下; 仁蓋天下, 然後能懷天下; 恩蓋天下, 然後能保天下, 權蓋天下, 然後能不失天下; 事而不疑, 則天運不能移, 時變不能遷. 此六者備, 然後可以爲天下政. 故利天下者, 天下啟之; 害天下者, 天下閉之; 生天下者, 天下德之; 殺天下者, 天下賊之; 徹天下者, 天下通之; 窮天下者, 天下仇之; 安天下者, 天下恃之; 危天下者, 天下災之. 天下者非一人之天下, 唯有道者處之."

　문왕이 물었다.

　"어찌해야 천하를 잘 다스릴 수 있는지요?"

　태공이 대답했다.

　"기상이 온 천하를 덮을 만큼 웅대해야 천하를 포용하고, 성실성에 대한 믿음이 온 천하를 뒤덮어야 그 천하를 규제하고 관리할 수 있습니다. 사랑이 온 천하를 뒤덮어야 천하의 민심이 향하게 되고, 은혜가 온 천하에 미친 다음이라야 그 천하를 보전할 수 있지요. 권력이 천하를 휘두를 정도는 되어야 천하를 잃지 않을 수 있고, 일처리에서 민심에 순응하고 우유부단하지 않아야 천명이 옮겨가거나 시세가 달라지는 변화를 틀어막을 수 있습니다. 이상 여섯 가지 조건이 구비되면 천하를 잘 다스릴 수 있게 되지요.

그래서 천하를 이롭게 하는 자라면 온 천하가 문을 열고 반기지만, 해를 끼치는 자에 대해선 닫아걸고 맞서게 됩니다. 사람을 살리고 번성케 한다면 온 천하가 고마워하지만, 반대로 죽이고 쇠락시키는 자는 천하가 그를 적대시하게 되지요. 도리를 꿰뚫은 이는 온 천하로 길이 통하지만, 천하를 궁지에 모는 자는 온 천하가 그를 원수 삼게 됩니다. 천하를 편안하게 하는 자는 온 천하가 의지하지만, 천하를 위태롭게 만드는 자는 모두가 그를 재앙으로 알게 되지요.

이 천하는 어느 한 사람의 천하가 아닙니다. 오직 덕 있는 사람만이 왕좌에 앉아 천하를 다스릴 수가 있습니다."

—『육도』「무도·순계(順啓)」편.

성인의 도 『六韜』「文韜·明傳」

○ 文王曰:"先聖之道, 其所止, 其所起, 可得聞乎?"太公曰:"見善而怠, 時至而疑, 知非而處, 此三者, 道之所止也. 柔而靜, 恭而敬, 强而弱, 忍而剛, 此四者, 道之所起也. 故義勝欲則昌, 欲勝義則亡, 敬勝怠則吉, 怠勝敬則滅."

문왕이 물었다.

"성인의 도가 왜 없어졌다가 또 일어나는지 그 이유를 들어볼 수 있겠습니까?"

태공이 대답했다.

"선을 보고도 행하기에 게으르고, 시기가 도래했는데도 의심하며 망설이고, 잘못인 줄 알면서도 거기에 안주하는 이 세 가지가 성인의 도가 사라지는 이유입니다.

사람됨이 온유하면서도 깨끗하고, 몸가짐은 공손하면서 예의 바르고, 강해야 할 때 강하고 약해야 할 때는 약할 수 있으며, 매사 참을성 있는 동시에 과단성까지 갖추는 이 네 가지가 성인의 도를 일으키는 요인이지요. 그러므로 임금의 의리(義理)가 사욕을 넘어서면 나라가 창성하고, 욕심이 의리를 압도하면 나라는 쇠망합니다.

공경심이 게으름을 억누르면 매사가 상서롭고, 태만이 경애하는 태도를 이기면 하는 일마다 실패하게 될 것입니다."

—『육도』「문도·명전(明傳)」편.

군주의 처신 『六韜』「文韜·大禮」

○○ 文王曰:"君臣之禮如何?" 太公曰:"爲上唯臨, 爲下唯沈, 臨而無遠, 沈而無隱. 爲上唯周, 爲下唯定, 周則天也, 定則地也. 或天或地, 大禮乃成." 文王曰:"主聽如何?" 太公曰:"勿妄而許, 勿逆而拒. 許之則失守, 拒之則閉塞. 高山仰之, 不可極也; 深淵度之, 不可測也. 神明之德, 正靜其極." 文王曰:"主明如何?" 太公曰:"目貴明, 耳貴聰, 心貴智. 以天下之目視, 則無不見也; 以天下之耳聽, 則無不聞也; 以天下之心慮, 則無不知也. 輻湊並進, 則明不蔽矣."

문왕이 물었다.

"군신 간의 예의규범은 어떠해야 합니까?"

태공이 대답했다.

"군왕은 윗자리에서 굽어살펴 다스리고, 신하는 아래서 묵묵히 받들어야 합니다. 왕은 군림하지만 신하와 소원하지 않고, 신하는 받들지만 임금을 기만하지 않습니다. 군주는 두루 은혜를 베풀 뿐이고, 신하는 받아들여 그 통치를 안정시킬 따름이지요. 두루 은혜를 베풂은 하늘을 본받는 것이고, 통치를 안정시킴은 땅을 본받는 일입니다. 왕이 하늘을 본받고 신하가 땅을 본받는다면 군신 간의 크나큰 예는 완성되었다 하겠습니다."

"군주는 응당 어떻게 처신해야 하는지요?"

"남의 말을 들을 때는 함부로 찬동하지 말고, 정면에서 거절하지 말아야 합니다. 경솔하게 찬성하면 견지하던 원칙을 잃기 쉽고, 맞받아쳐 거절하면 언로를 가로막아 눈과 귀가 막히게 됩니다. 임금의 처신은 높은 산과 같아 신하들이 우러러보지만 그 꼭대기에 닿지 못하고, 깊은 연못 같기도 해서 신하들이 그 깊이를 측량할 수 없어야 합니다. 임금의 덕은 신명해야 하고 공정과 고요함을 그 준칙으로 삼습니다."

"군주의 영명함이란 어떤 것일까요?"

"눈은 밝음을 귀하게 여기고, 귀는 잘 듣는 것을 보배롭게 여기며, 마음은 지혜로움을 귀하게 칩니다. 군주는 온 천하 사람들의 눈으로 살피니 보지 못하는 바가 없고, 천하 사람의 귀로 들으니 듣지 못하는 이야기가 없으며, 천하 사람의 마음으로 생각하기 때문에 감지하지 못하는 일이 없습니다. 비유하자면 바퀴살이 가운데 축으로 모여들어 다 함께 나아가는 모양과도 같은데, 천하 사람의 이목과 지혜가 임금에게 모이니 그 신명함을 가리지 못하게 됩니다."

— 이상 『육도』 「문도·대례(大禮)」편.

정권을 지키는 법 『六韜』「文韜·守國」

○○ 文王曰: "守國奈何?" 太公曰: "齋, 將語君天地之經, 四時所生, 仁聖之道, 民機之情." 王齋七日, 北面再拜而問之. 太公曰: "天生四時, 地生萬物. 天下有民, 聖人牧之. 故春道生, 萬物榮; 夏道長, 萬物成; 秋道斂, 萬物盈; 冬道藏, 萬物尋. 盈則藏, 藏則復起, 莫知所終, 莫知所始, 聖人配之, 以爲天地經紀. 故天下治, 仁聖藏; 天下亂, 仁聖昌. 至道其然也. 聖人之在天地間也, 其寶固大矣, 因其常而視之, 則民安. 夫民動而爲機, 機動而得失爭矣. 故發之以其陰, 會之以其陽, 爲之先唱, 而天下和之. 極反其常. 莫進而爭, 莫退而讓. 守國如此, 與天地同光."

문왕이 태공에게 말했다.

"나라를 잘 지키려면 어찌해야 합니까?"

"우선 재계하며 심신을 정결하게 가다듬으십시오. 그런 뒤 제가 천지의 상도(常道), 사계절이 만물을 생육하는 규율, 어진 성군이 나라를 다스리는 준칙, 백성들에게 기변지심38)이 생기는 사정까지 다 말씀드리겠습니다."

문왕은 이레 동안 목욕재계한 뒤 태공을 향해 두 번 절하고 다시 같은 문제를 물었다.

태공이 대답했다.

"천체의 운행은 춘하추동 사계절을 낳고, 대지는 만물을 낳아 자라게 합니다. 천하에는 백성이 있어 성왕께서 그들을 관리하고 다스리게 되지요. 원래 천지 운행의 규율에 따르면 생명의 탄생은 봄의 일이라, 만물은 봄에 활짝 피어납니다. 생장은 여름의 일이고, 만물은 여름에 무럭무럭 자라지요. 완성은 가을의 일이니, 만물은 가을에 영글어집니다. 잠복은 겨울의 일인데, 만물은 겨울에 생기를 감추고 다음을 모색하게 되지요. 영글면 거둬들여 감추고 감췄다가 다시 싹이 트니, 그 순환의 끝을 알지 못하고 시작도 알 수가 없습니다. 성인은 그러한 변화에 맞춰 천지를 본받고 법도를 제정합니다. 그러므로 천하가 안정되어 잘 다스려지면 어진 성군은 보이지 않게 되고, 천하가 어지러우면 다시 나타나 그 도가 창성합니다. 지극한 도는 천지의 운행을 따라 결정되기 때문이지요.

천지 간에 성인이 나셨을 때 그에게 가장 귀중한 것은 바로 이런 근본적인 규율입니다. 그 이치에 따라 백성을 상대하고 보살피면 그들은 안정을 유지하게 됩니다. 백성들이 동요하면 기변지심이 일어나고, 기변지심이 생기면 득실을 놓고 분쟁이 생기게 됩니다. 그래서 백성들에게 기변지심이 생긴 이유를 알면 은밀히 상황을 조정해 공개적인 회합을 갖는데, 목표를 정해 먼

---

38) 기변지심(機變之心): 당면한 상황을 임기응변으로 넘겨보려는 사행심. 보통 간사하고 교활한 심보를 가리킨다.

저 제창하면 온 천하가 거기 호응하게 되지요.

물극필반39)은 사물의 이치입니다. 정세가 회복되어 안정된 상태라면 앞에 나서서 백성과 이익을 다투지 말고, 물러나도 권력은 양보하면 안 됩니다. 이렇게 나라를 지킨다면 그 정권은 천지와 더불어 영원히 빛날 것입니다."

―『육도』「문도·수국(守國)」편.

권력이라는 병기『六韜』「文韜·守土」

○○ 文王曰:"守土奈何?" 太公曰:"無疏其親, 無怠其眾, 撫其左右, 禦其四旁. 無借人國柄, 借人國柄, 則失其權. 無掘壑而附丘, 無舍本而治末. 日中必彗, 操刀必割, 執斧必伐. 日中不彗, 是謂失時; 操刀不割, 失利之期; 執斧不伐, 賊人將來. 涓涓不塞, 將爲江河; 熒熒不救, 炎炎奈何; 兩葉不去, 將用斧柯. 是故人君必從事於富. 不富無以爲仁, 不施無以合親. 疏其親則害, 失其眾則敗. 無借人利器. 借人利器, 則爲人所害, 而不終其世."

문왕이 물었다.

"조국 강토는 어떻게 지켜야 합니까?"

태공이 대답했다.

"종친들과 소원해지지 말고, 백성들에게 태만하지 말아야 하며, 가까이 있는 신하들을 잘 어르고, 사방에서 몰려드는 유세객을 통제해야 합니다. 대권을 타인에게 넘기지 마십시오. 남에게 통치 권한을 넘기면 왕은 그때부터 권위를 상실하게 됩니다.

심산유곡의 흙을 파내 자기 정원 언덕에 보태지 말고, 근본을 버리고 지엽

---

39) 물극필반(物極必反): 사물의 발전이 극에 달하면 그 반대 방향으로 바뀌게 된다는 뜻의 성어로, 『여씨춘추(呂氏春秋)』「박지(博志)」편에서 유래했다. "완전한 상태는 반드시 이지러지고, 극에 달하면 반드시 반대 방향으로 나가게 된다(全則必缺, 極則必反)."

을 추구하는 일이 없어야 합니다. 해가 높이 솟으면 반드시 습기찬 물건들을 포쇄하고, 칼을 잡았으면 제때 고기를 썰 것이며, 도끼를 쥐었으면 기필코 벌목을 해야 합니다. 정오에 물건을 말리지 않는 것을 두고 때를 놓친다고 일컫습니다. 칼을 잡고도 고기를 썰지 않으면 칼날이 무뎌질 때가 올 테고, 도끼를 쥐고도 나무를 패지 않으면 도둑이 와서 몰래 베어가게 되지요. 졸졸 흐를 때 틀어막지 않으면 강물이 되어 덮칠 것이며, 반딧불처럼 작은 불도 끄지 않으면 들판을 휩쓰는 큰 불이 되어 손을 대기 어려워집니다. 떡잎부터 제거하지 않으면 장차 도끼로 베어내야 할 지경에 이를 것입니다.

위와 같은 연유로 임금이라면 반드시 나라의 부를 쌓는 데 힘써야 합니다. 재물이 없으면 어진 정치를 행할 수 없고, 통쾌하게 베풀어 종친들을 단결시키지도 못합니다. 종친들과 소원하면 재앙이 뒤따르고, 백성들의 추대를 잃으면 실정하게 됩니다. 권력이라는 예리한 병기를 남의 손에 넘기지 마십시오. 일단 무기가 타인에게 건네지면 앙화가 내 몸에 미쳐 좋은 끝을 보지 못하게 됩니다."

―『육도』「문도·수토(守土)」편.

임금의 세 가지 보물 『六韜』「文韜·六守」

○○ 文王曰: "君國主民者, 其所以失之者何也?" 太公曰: "不謹所與也. 人君無以三寶借人, 借人則君失其威." 文王曰: "敢問三寶." 太公曰: "大農·大工·大商, 謂之三寶. 農一其鄕, 則穀足; 工一其鄕, 則器足; 商一其鄕, 則貨足. 三寶各安其處, 民乃不慮. 無亂其鄕, 無亂其族, 臣無富於君, 都無大於國."

문왕이 물었다.

"한 나라의 임금이며 백성의 주인된 자가 그 나라와 백성을 잃는 까닭은 무엇입니까?"

태공이 대답했다.

"신하에게 권력을 나눠줄 때 신중하지 않았기 때문입니다. 임금은 세 가지 보물(三寶)을 남에게 함부로 넘겨주면 안 됩니다. 이를 건네면 임금의 권위를 상실하게 되지요."

"삼보가 무엇인지 감히 묻겠습니다."

문왕의 질문에 태공이 대답했다.

"대농(大農)·대공(大工)·대상(大商)을 일컬어 삼보라고 합니다. 농민을 한 마을에 모아 경작을 시키면 양식이 풍족해집니다. 장인을 한 동네에 모아 일을 시키면 각종 기구가 넉넉해지고, 상인들을 한 고장에 모아 장사를 시키면 갖가지 물자가 넘쳐나게 되지요. 삼보로 하여금 저마다 자기 고장에서 편안히 살게 해야 백성들이 딴 생각을 안 하게 됩니다. 그들이 사는 곳을 섞이지 않게 하고, 그들의 종족별 거주지를 어지럽히지 마십시오.[40] 신하의 재산이 임금보다 많아지는 일이 없도록 하고, 일반 성읍이 수도보다 커지게 하면 안 됩니다."

—『육도』「문도·육수(六守)」편.

천하를 취하는 성인의 경지 『六韜』「武韜·發啓」

○○ 文王在酆, 召太公曰: "嗚呼! 商王暴極, 罪殺不辜, 公尙助予憂民, 如何?" 太公曰: "王其修德, 以下賢惠民, 以觀天道. 天道無殃, 不可先倡; 人道無災, 不可先謀. 必見天殃, 又見人災, 乃可以謀; 必見其陽, 又見其陰, 乃知其心; 必見其外, 又見其內, 乃知其意; 必見其疏, 又見其親, 乃知其情. 行其道, 道可致也; 從其門, 門可入也; 立其禮, 禮可成也; 爭其强, 强可勝也. 全勝不鬪, 大兵無創, 與鬼神通, 微哉! 微哉! 與人同病相救, 同情相成, 同惡相助,

---

[40] 농사와 공예와 상업은 국가의 회계와 민생에 중요한 일인 까닭에 대농·대공·대상으로 일컬었다. 고대에는 성안과 성 밖의 거주 지역을 국가가 엄격히 통제했다. 농사꾼의 자식은 농사를 짓는 식으로 직업이 세습되고 종족별로 집단거주를 했기에 태공의 이 같은 언설이 나온 것이다.

同好相趨, 故無甲兵而勝, 無沖機而攻, 無溝壍而守. 大智不智, 大謀不謀, 大勇不勇, 大利不利. 利天下者, 天下啟之; 害天下者, 天下閉之. 天下者, 非一人之天下, 乃天下之天下也. 取天下者, 若逐野獸, 而天下皆有分肉之心; 若同舟而濟, 濟則皆同其利, 敗則皆同其害. 然則皆有以啟之, 無有閉之也. 無取於民者, 取民者也. (旁批: 道家.) 無取民者, 民利之; 無取國者, 國利之; 無取天下者, 天下利之. 故道在不可見, 事在不可聞, 勝在不可知. 微哉! 微哉! 鷙鳥將擊, 卑飛斂翼; 猛獸將搏, 弭耳俯伏; 聖人將動, 必有愚色. 大哉聖人之德! 獨聞獨見, 樂哉!"

문왕이 풍[41]에서 태공을 불러 말했다.

"오호라! 상왕(商王)의 포악함이 극에 달해 무고한 사람들을 마구 죽이는 죄를 짓고 있구려. 공이 나를 도와 백성들을 시름에서 벗어나게 하면 어떻겠소?"

태공이 말했다.

"우리 왕께서는 덕을 닦고 현인을 존중하사 백성들에게 은혜를 베풀고 천도[42]를 관찰하십시오. 상나라에 내리는 하늘의 경고가 없다면 먼저 정벌을 주창하실 수 없습니다. 사람에게 내리는 재앙이 없다면 앞장서 정벌을 기획해서도 안 됩니다. 반드시 천재지변이 있고, 또 인재(人災)가 발생한 다음이라야 상나라에 대한 정벌을 도모하실 수 있습니다. 반드시 그 나라 왕의 공개된 언론을 보고 또 감춰진 행실을 알고 나서야 그 심사를 꿰뚫게 됩니다. 반드시 그 외관을 보고 또 그 속내를 간파해야만 그 의도를 알 수 있지요. 반

---

41) 풍(酆): 고대의 도읍이었던 풍경(酆京). 주 문왕이 숭후(崇侯) 호(虎)를 멸망시킨 뒤 기(岐)에서 이곳으로 천도했고, 나중에 무왕이 아우의 봉국으로 삼았다. 지금의 섬서성 호현(戶縣) 북쪽에 해당한다.

42) 천도(天道): 여기서는 천문의 변화를 가리킨다. 고대에는 천문기상의 변화가 인사와 관련이 있다고 믿었기 때문에 태공이 천도와 인재를 살펴야 한다고 말한 것이다.

드시 상왕이 누구를 멀리하고 또 누구와 가까이 지내는지 알아야만 그 진심이 무엇인지 파악할 수 있습니다.

성왕(聖王)의 바른 도를 행하겠다고 결심해야 그 도에 닿을 수 있고, 승리로 통하는 문을 찾겠다고 결심해야 그 문안에 들어설 수 있습니다. 합당한 예를 확립하겠다 결심해야 그 예를 제정할 수 있고, 누가 강한지 겨루겠다 결심해야 제아무리 막강한 적이라도 이길 수 있는 법입니다. 완전한 승리에는 군이 전투가 필요치 않습니다. 강한 군대는 기세로 누르니 적을 굴복시키면서도 본인들은 다치지 않지요. 그 신묘함이란 예측이 불가능해 귀신하고나 통하니, 오묘하고 오묘할 뿐입니다! 남들과 같은 병을 앓고 있으면 양측이 서로 구호하고, 같은 심정이면 서로가 의지하며, 같은 대상을 미워하면 서로가 돕고, 똑같이 좋아하면 서로에게 쏠리게 됩니다. 그래서 무장한 군대가 없어도 적을 이길 수 있고, 공격용 전차가 없어도 적의 성벽을 공략할 수 있으며, 깊이 파놓은 해자가 없어도 든든한 수비가 가능해집니다.

큰 지혜는 얼핏 어리석어 보이고, 비상한 꾀는 꾀가 아닌 듯하며, 큰 용기는 용기로 보이지 않고, 큰 이익은 이익이 아닌 것 같습니다. 천하를 이롭게 하는 자는 온 천하가 문을 열어 환영하고, 천하를 해롭게 하는 자는 온 천하가 등을 돌립니다. 천하란 한 사람의 천하가 아니라 바로 온 천하 만민의 천하입니다. 천하를 취함은 마치 들판의 짐승을 뒤쫓는 일과 같으니, 천하 사람은 누구나 다 그 고기를 나눠 먹겠다는 마음이 있지요. 다시 비유하자면 같은 배를 타고 강을 건너는 일과도 같으니, 무사히 건너면 모두에게 이익이지만 배가 파손된다면 다 함께 피해를 입게 됩니다. 그런즉슨 천하 사람과 이해관계를 같이하면 다들 문을 열어 맞이하면서 닫아거는 일이 없고, 백성에게 빼앗지 않아도 그들이 먼저 가져가라고 할 것입니다. (방비: 도가(道家)**의 말씀이구나!**) 백성들에게 탈취하지 않는 자는 백성이 먼저 그를 이롭게 할 것이고, 국가에 요구하지 않는 자는 국가가 먼저 그를 이롭게 할 것이며, 천하에 손 벌리지 않는 자는 천하가 알아서 먼저 도울 것입니다.

그러므로 천하를 취하는 이의 전략은 다른 사람 눈에 보이지 않고, 진행하는 일은 남들 귀에 들리지 않으며, 승리하는 방법은 오묘해서 남들이 알아채지를 못합니다. 미묘하면서도 기묘하지요! 맹금이 먹이를 낚아챌 때는 나지막히 비행하며 날개를 꺾고, 맹수가 먹잇감을 포획할 때는 두 귀를 축 늘어뜨린 채 포복으로 움직입니다. 성인께서 행동하려 할 때는 반드시 이목을 끌지 못하는 바보 행색으로 나타납니다. 성인의 덕이 참으로 위대하지요! 독보적인 예지로 먼저 보고 들으시니, 그런 경지에 다다를 수 있다면 진정 즐겁겠습니다!"

―『육도·무도』「발계(發啟)」편.

성인의 덕정 『六韜』「武韜·文啟」

○○ 文王曰: "聖人何守?" 太公曰: "何憂何嗇, 萬物皆得; 何嗇何憂, 萬物皆遒. 政之所施, 莫知其化; 時之所在, 莫知其移. 聖人守此而萬物化, 何窮之有! 終而復始. 優之遊之, 展轉求之; 求而得之, 不可不藏; 既以藏之, 不可不行; 既以行之, 勿復明之. 夫天地不自明, 故能長生; 聖人不自明, 故能名彰. 古之聖人, 聚人而爲家, 聚家而爲國, 聚國而爲天下. 分封賢人以爲萬國, 命之曰大紀. 陳其政教, 順其民俗, 群曲化直, 變於形容, 萬國不通, 各樂其所, 人愛其上, 命之曰大定. 嗚呼! 聖人務靜之, 賢人務正之, 愚人不能正, 故與人爭. 上勞則刑繁, 刑繁則民憂, 民憂則流亡. 上下不安其生, 累世不休, 命之曰大失. 天下之人如流水, 障之則止, 啟之則行, 靜之則清. 嗚呼神哉! 聖人見其始, 則知其終."

文王曰: "靜之奈何?" 太公曰: "天有常形, 民有常生, 與天下共其生, 而天下靜矣. (傍批: 妙.) 太上因之, 其次化之, 夫民化而從政. 是以天無爲而成事, 民無爲而自富. 此聖人之德也."

문왕이 물었다.

"성인이 견지해 지키는 원칙은 무엇입니까?"

태공이 대답했다.

"왜 잃을 것을 미리 걱정하고 인색해야 합니까? 천하 만물은 모두 얻을 수 있습니다. 왜 인색하게 굴다가 잃어버릴 걱정을 해야 하는지요? 만물은 다 흩어지기 마련입니다. 정령(政令)을 시행하여 백성들이 자기도 모르게 교화되는 상황은 마치 시간을 느끼지도 못한 채 흘려보내는 것과도 같습니다. 성인께서 이런 원칙을 고수해 무위로 다스리시면 만물은 저절로 교화되니, 어떻게 그 종말이 있겠는지요! 가없는 순환으로 끝났다가도 다시 시작하게 됩니다.

성인이 추구하는 무위의 원칙은 유유자적 차분하고 자연스럽지만 한편으로 치열하게 추구하는 것이기도 합니다. 그 도리를 찾아 얻게 되면 가슴 깊이 간직하지 않을 수 없지요. 속 깊이 간직한 원칙은 또 시행하지 않을 수 없고, 그렇게 행하고 나면 더는 널리 알릴 필요가 없어집니다. 무릇 천지는 스스로를 드러내지 않기 때문에 만물을 자라게 할 수 있고, 성인은 스스로 자랑하지 않기 때문에 오래도록 이름을 떨치는 것입니다.

고대의 성인은 사람들을 모아 낱낱이 가정을 꾸리게 했고, 집집을 모아 나라를 만드셨으며, 수많은 나라를 취합해 천하를 구성했습니다. 어진 인재에게 봉토를 주고 제후로 삼으시니 많은 나라가 세워졌는데, 이런 정황을 명명하여 '큰 질서(大紀)'[43]라고 일컬으셨습니다.

현인은 정령을 반포해 백성을 교화하는데 각 지역의 풍속을 존중하고 거기 순응합니다. 악습에 물들어 꼬부라진 무리를 바르게 펴시니, 그들의 표정과 행동이 달라지게 되었지요. 만국의 풍속이 달라 서로 통하지는 않더라도 저마다 제 땅에서 생업에 열중하고 백성들은 윗사람을 경애하니, 이런 상황을 일컬어 '큰 안정(大定)'이라고 했습니다.

---

43) 대기(大紀): 원래는 천시(天時)의 기록을 가리키지만, 여기서는 가장 중요한 법도와 원칙을 준수해 질서 정연한 상태가 되었음을 뜻한다.

오호라! 성인이 다스리면 청정무위에 힘쓰고, 현인의 다스림은 불량한 풍속의 교정에 매진합니다. 어리석은 자는 그 이치에 어두워 다스려도 풍속을 바로잡지 못하는 까닭에 백성들과 더불어 이익을 다투지요. 그런 나라는 임금이 정사에 열심일수록 백성들은 쉬이 범법자가 되고, 형벌이 번다하니 백성들 마음도 불안해집니다. 백성들이 두려움에 떨게 되면 살던 곳에서 도망쳐 유랑하게 되지요. 이렇게 위아래가 똑같이 생업에 힘쓰지 못하고 불안한 상태가 여러 세대 지속되면, 이를 두고 '큰 실패(大失)'라 불렀습니다.

천하 사람은 흐르는 물과 같아서 가로막으면 멈추고, 열어주면 흘러가며, 조용히 놔두면 맑아집니다. 오호라, 신통하고 신기하지요! 성인은 변화의 시작을 보면 그 결과를 예측하시는 분입니다."

문왕이 다시 물었다.

"어찌해야 백성들을 안정시켜 천하를 편안하게 만들 수 있을까요?"

태공이 대답했다.

"하늘의 운행이 일정하면 백성도 천도에 순응해 일상의 생업에 종사하게 됩니다. 천하 백성과 더불어 그들의 생업을 함께 지켜나간다면 천하는 안정됩니다. (방비: 오묘할진저!) 정치에서 최상은 천도와 인심에 순응하는 무위지치이고, 그다음은 정령을 통해 백성을 교화하는 것인데, 무릇 백성이 교화되면 정령에도 복종하게 되지요. 이런 까닭에 하늘은 무위로 만사를 완성시키고, 백성은 무위를 통해 저절로 부유해지는데, 이것이 성인의 덕정(德政)입니다."

—『육도』「무도·문계(文啟)」편.

천하를 구하는 능력 『三略』「下略」

○ 黃石公曰: 夫能扶天下之危者, 則據天下之安. 能除天下之憂者, 則享天下之樂. 能救天下之禍者, 則獲天下之福. 故澤及於民, 則賢人歸之. 澤及昆蟲, 則聖人歸之.

황석공의 말이다.

무릇 천하를 위험에서 구해낼 능력이 있으면 온 천하가 그 덕분에 편안할 수 있다.

천하의 근심을 제거할 만한 능력이 있으면 그로부터 온 천하가 기쁨을 누리게 된다.

천하를 재앙으로부터 구출할 능력이 있다면 온 천하가 그 복을 받는다.

그러므로 은택이 백성에게 미친다면 현인이 그에게 귀의하고, 은혜가 곤충 같은 미물에까지 미친다면 성인이 그에게 귀순한다.

―『삼략』「하략」편.

백성을 편하게 하는 정치 『三略』「下略」

○ 黃石公曰: 釋近謀遠者, 勞而無功. 釋遠謀近者, 佚而有終. 佚政多忠臣, 勞政多怨民. 故曰: 務廣地者荒, 務廣德者強. 能有其有者安, 貪人之有者殘.

황석공의 말이다.

가까운 곳을 버리고 먼 데서 도모하면 힘만 들 뿐 성과가 없고, 먼 곳을 버리고 가까운 데서 구하면 편안하면서도 결실이 있다.

백성을 편하게 하는 정치는 충신을 많이 배출하고, 힘들게 하는 정치는 원망하는 백성들을 다수 증가시킨다.

그래서 다음과 같은 말이 있다.

영토를 확장하려 애쓰면 나라가 황폐해지고, 덕을 널리 펼치려 노력하면 국가가 강성해진다.

응당 있어야 할 것을 가진 자는 편안해지고, 남이 가진 것을 탐내는 자는 쇠약해진다.

―『삼략』「하략」편.

고대의 규범 『司馬法』「天子之義」

○『司馬法』曰: 古之教民, 必立貴賤之倫經, 使不相陵. 德義不相逾, 材技不相掩, 勇力不相犯, 故力同而意和也. 古者國容不入軍, 軍容不入國, 故德義不相逾. 上貴不伐之士, 不伐之士, 上之器也. 苟不伐則無求, 無求則不爭, 國中之聽必得其情, 軍旅之聽必得其宜, 故材技不相掩也. 從命爲士上賞, 犯命爲士上戮, 故勇力不相犯.

以上皆愼修之道

『사마법』에 나오는 내용이다.

옛날에는 백성들을 교육할 때 반드시 상하귀천에 관한 윤리강령을 제정해 위아래가 서로 침범하지 못하게 했다. 도덕과 의무가 서로의 경계선을 넘지 않았고, 재능과 기술 있는 자가 감춰지지 않았으며, 용기와 역량을 갖춘 인사에게는 감히 덤벼들지 못했다. 그래서 모두들 힘을 합치고 화합으로 협력할 수가 있었다.

고대에는 조정의 규범이 군대 내로 진입하지 못하고 군대의 기율은 조정으로 침입할 수 없었기 때문에 도덕과 기율이 서로를 넘나드는 일이 없었다. 군주는 과시하지 않는 인사를 중시하니, 스스로 떠벌리지 않는 인사라야 군주가 소중히 여기고 등용했다. 자화자찬이 없다면 과한 욕심이 없고, 욕심이 과하지 않다면 남들과 다투지 않을 거라 여긴 때문이었다. 조정에서 그 의견을 들으면 반드시 실제 정황을 알게 되고, 군대에서 그 말을 듣는다면 반드시 적절한 처분이 내려졌다. 때문에 재능과 기예가 뛰어난 인사가 발탁되지 않아 묻혀버리는 일은 없었다.

명령에 복종하는 인사에 대해서는 큰 상을 내리고 명령에 불복한 자에게는 중한 벌을 내리니, 덕분에 용기와 역량을 갖춘 인사가 감히 명령을 어기며 저항하는 일도 없었다.

—『사마법』「천자지의(天子之義)」편.

이상은 모두 '근신하고 수행하는 방법(愼修之道)'에 관한 내용.

참고(2) 이탁오 해설 參考(二)

卓吾子曰:「始計」五事, 二曰天, 三曰地. 天者, 陰陽·寒暑·時制也; 地者, 遠近·險易·廣狹·死生也. 故參考以天地.

탁오자는 말한다.

「시계」편의 다섯 사안 중에 두 번째는 천시, 세 번째는 지리를 논하고 있다. 천시는 밤과 낮, 추위와 더위, 사계절을 가리킨다. 지리는 거리의 멀고 가까움, 지형의 험준과 평탄함, 넓거나 좁은 정도, 죽음과 삶을 가르는 땅의 성격을 뜻한다. 그래서 천시와 지리에 관한 내용을 아래에 참고로 남긴다.

군주와 천시의 관계 『六韜』「文韜·盈虛」

文王曰:"天下熙熙, 一盈一虛, 一治一亂, 所以然者何也? 其君賢不肖不等乎? 其天時變化自然乎?" 太公曰:"君不肖, 則國危而民亂; 君賢聖, 則國安而民治. 福禍在君, 不在天時."

문왕이 말했다.

"천하의 일은 복잡다단해 번잡하기 이를 데 없습니다. 한번 흥성하면 그 다음은 쇠약해지고, 한때 안정되었어도 곧이어 어지러워지곤 하지요. 그리 되는 이유가 무엇일까요? 그 임금의 어질고 불초함이 같지 않아서일까요? 아니면 천시의 변화가 저절로 그렇게 만드는 것일까요?"

태공이 말했다.

"임금이 불초하면 나라가 위태해지고 백성은 혼란에 빠지게 됩니다. 임금이 어질고 덕이 있으면 나라가 태평하고 백성은 편안해지지요. 복이든 재앙이든 그것은 군주에게 달렸고 천시의 변화와는 무관합니다."

—『육도』「문도·영허(盈虛)」편.

천관의 의미 『尉繚子』「天官」

○ 梁惠王問尉繚子曰: "黃帝刑德, 可以百勝, 有之乎?" 尉繚子對曰: "刑以伐之, 德以守之, 非所謂天官·時日·陰陽·向背也. 黃帝者, 人事而已矣. 何者? 今有城, 東西攻不能取, 南北攻不能取, 四方豈無順時乘之者耶? 然不能取者, 城高池深, 兵器備具, 財穀多積, 豪士一謀者也. 若城下·池淺·守弱, 則取之矣. 由是觀之, 天官·時日, 不若人事也. 按『天官』曰: '背水陳爲絶紀, 向阪陳爲廢軍.' 武王伐紂, 背濟水向山阪而陳, 以二萬二千五百人, 射紂之億萬而滅商, 豈紂不得『天官』之陳哉? 楚將公子心與齊人戰, 時有彗星出, 柄在齊. 柄所在勝, 不可擊, 公子心曰: '彗星何知! 以彗鬪者, 固倒而勝焉.' 明日與齊戰, 大破之. 黃帝曰: '先神先鬼, 先稽我智.' 謂之天官, 人事而已."

양혜왕⁴⁴⁾이 울료자에게 물었다.

"황제⁴⁵⁾의 형덕지술⁴⁶⁾이면 백전백승할 수 있다던데, 그런 일이 있겠소?"

---

44) 양혜왕(梁惠王, B.C. 400~B.C. 319): 전국시대 위(魏)나라의 제3대 군주. 이름은 위앵(魏罃), 시호는 혜(惠). B.C. 369년 등극한 이래 50년을 재위하며 위의 전성기를 이끌었다. 위는 당초 안읍(安邑, 지금의 산서성 하현夏縣 서북쪽)이 도읍이었으나 그 위치가 진(秦)·조(趙)·한(韓)에 포위된 데다 교통이 불편해 대량(大梁, 지금의 하남성 개봉開封)으로 천도했다. 이때부터 양나라로 일컬어지면서 위혜왕(魏惠王)의 칭호 역시 양혜왕으로 바뀌었다. B.C. 334년 제나라 위왕(威王)과 서주회맹(徐州會盟)에서 만나 서로 왕으로 호칭하면서 중원의 제후 가운데 첫 번째로 왕의 칭호를 사용한 인물이 되었다.

45) 황제(黃帝): 중국 고대의 전설적 제왕으로서 화하(華夏) 민족의 시조로 받들어진다. 이름은 헌원씨(軒轅氏) 혹은 유웅씨(有熊氏). 판천(阪泉)에서 염제(炎帝)를 물리치고 탁록(涿鹿)에서 치우(蚩尤)를 죽였다는 전설이 대략 춘추시대에 만들어져 전국시대에 성행하게 되면서 당시 수많은 학파가 황제에

울료자가 대답했다.

"'형'은 상대방을 치는 것이고 '덕'은 은혜를 베풀어 지킨다는 말이니, 결코 세간에서 말하는 천관[47]·시일[48]·음양[49]·향배[50] 같은 내용이 아닙니다. 황제(黃帝)의 형덕지술은 인사를 잘 처리하라는 것에 불과합니다. 왜 그럴까요?

지금 눈앞에 성이 하나 있다고 가정해봅시다. 동서로 공격해도 끄떡없고 남북으로 진격해도 빼앗지 못하고 있지만, 설마하니 동서남북 사방에 천시를 따르면서 지리적 이점에 올라탈 만한 허점이 어떻게 없겠습니까? 함락시키지 못하는 이유가 있다면 성벽이 높고, 해자가 깊으며, 무기가 완벽히 갖춰졌고, 물자와 양식은 충분히 비축되었으며, 용맹한 병사들이 합심하여 대응하는 때문일 겁니다. 이런 관점에서 보자면 천관이나 시일 같은 조건은 인사(人事)만큼 중요하지는 않다 하겠습니다.

『천관』[51]이란 병서에 따르면, '배수진(背水陣)은 자신을 고립된 땅(絶地)

기탁해 입론했다.
46) 형덕지술(刑德之術): '형'은 죽이고 정벌하는 행위이고 '덕'은 상을 내려 위무하는 행위를 가리킨다. 이 두 가지를 결합해 천하를 통일하고 국가를 다스리는 기본 책략으로 삼아야 한다는 것이 황제를 칭탁한 당시 학설의 주요 내용이었다.
47) 천관(天官): 천문(天文) 혹은 천상(天象)의 다른 명칭. 일월성신(日月星辰) 등 천체의 방위와 분포, 운행, 변화를 가리키는데, 고대에는 바람·구름·이슬·비·눈·서리 등 각종 기상 현상도 포함시켰다. 미신가들은 천문 현상과 각종 인간사를 연결하면서 형덕 역시 천체 현상에 대응시켜 설명했다.
48) 시일(時日): 연령·계절·월별·날짜·시간을 말한다. 고대인은 십간(十干)·십이지(十二支)를 단독 혹은 조합해서 연·월·일·시를 표기했는데, 미신가들은 이것이 인간사와 결부되어 있다고 믿었다.
49) 음양(陰陽): 원래는 햇빛이 향하고 지는 곳을 가리키는 까닭에 산의 남쪽·물의 북쪽을 양, 산의 북쪽·물의 남쪽을 음이라고 일컫는다. 음양에 따르면 덕은 양, 형은 음으로 해석된다.
50) 향배(向背): 정면과 뒷면. 군사학에서는 행군이나 포진할 때 구릉이나 강물 등의 지형물을 마주하거나 등진 상황을 가리켰다.
51) 『천관(天官)』: 『한서』「예문지」에 수록된 병음양가(兵陰陽家)의 한 종류.『사

으로 밀어넣고, 향판진(向阪陳)52)은 자기 군대를 거저 갖다바치는 짓'이라고 합니다. 그런데 주 무왕이 주왕(紂王)을 정벌할 때는 제수(濟水)를 등지고 산비탈을 마주한 채 진을 쳤는데도 2만 2,500명의 병사로 주왕의 수십만 대군을 공격해 결국 상나라를 멸망시켰습니다. 이 어찌 『천관』서가 말한 유리한 포진을 주왕이 몰랐던 때문이겠습니까?

초나라의 공자 심(心)과 제나라 군사가 전쟁을 하던 중 갑자기 빗자루 모양의 혜성이 나타났는데, 그 손잡이가 제나라 쪽 방향이었습니다. 자루를 쥔 쪽이 승리한다는 속설 때문에 공격을 감행할 수 없게 되자, 공자 심이 말했지요. '혜성이 대체 무엇을 안단 말인가! 빗자루를 갖고 싸울 때는 거꾸로 들고 상대방을 패야 이길 수 있지.' 그다음 날 제나라와 교전해서 과연 큰 승리를 거뒀습니다.

황제는 '신이나 귀신에게 묻기 전에 먼저 자기의 지혜를 잘 따져보라'고 말했습니다. 사람은 생래적으로 오관을 갖췄으니, 매사가 사람하기 달렸을 뿐이라는 뜻입니다."

―『울료자』「천관(天官)」편.

전쟁과 미신의 상관관계 『尉繚子』「武儀」

• 尉繚子曰: "武王伐紂, 師渡盟津, 右旄左鉞, 死士三百, 戰士三萬. 紂之陳億萬, 飛廉惡來, 身先戟斧, 陳開百裏. 武王不罷士民, 兵不血刃, 而克商誅紂, 無祥異也, 人事修不修而然也. 今世將考孤虛, 占鹹池, 合龜兆, 視吉凶. 觀星辰‧風雲之變, 欲以成勝立功, 臣以爲難."

기』「천관서(天官書)」와 비슷한 내용으로 추정된다.
52) 향판진(向阪陳): 산을 마주한 포진. 적은 높은 곳에서 굽어보고 아군은 불리한 위치에서 공격을 받기 때문에 본문에서는 이미 소용 없는 군대라는 뜻에서 '패군(敗軍)'이라는 표현을 썼다.

울료자의 말이다.

"주 무왕이 은나라 주왕(紂王)을 정벌하기 위해 군사들을 거느리고 맹진(盟津)을 건넜습니다. 오른손에는 야크 꼬리털로 장식한 백모(白旄) 깃발을, 왼손에는 법과 권력의 상징인 황월(黃鉞)을 들었지요. 죽기를 맹세한 결사대가 삼백 명, 일반 전투병은 삼만 명이었습니다. 이에 맞서 주왕은 수십만의 병력을 배치했고, 비렴[53]과 악래[54]가 선봉에 서서 장창과 큰 도끼를 휘둘렀으며, 군대는 백 리에 걸쳐 도열했습니다. 무왕은 병사와 백성들이 피로해지지 않도록 조심했고, 병사들은 칼날에 피를 묻히지 않고서도 상나라 주왕을 무찔렀습니다. 무슨 상서롭거나 기이한 조짐은 없었고 오직 인간사에 공명정대한지 아닌지의 차이가 가져온 결과였습니다.

그런데 지금 세상은 장수라는 자들이 그저 날짜의 길흉(孤虛)[55]이나 따지고, 함지[56]로 점을 치며, 거북이 등껍질을 태워 갈라진 틈새를 확인하고, 길흉화복을 살핍니다. 별자리·바람·구름의 변화를 관찰함으로써 승리하고 공을 세우길 기대하는데, 저는 그렇게 해서는 뜻한 바를 이루기 어렵다고 생각

---

53) 비렴(飛廉): 비렴(蜚廉)이라고도 쓴다. 황제의 손자인 전욱(顓頊)의 후예로 진(秦)나라 조상이 되었다고 일컬어진다.
54) 악래(惡來): 비렴의 아들. 이름은 혁(革) 혹은 래혁(來革). 용력이 남달라 이름을 날리다 목야(牧野)의 전투에서 무왕에게 죽음을 당했다. 진나라 초대 군주 진비자(秦非子)의 5대조이고, 진시황의 35대조라고 일컬어진다.
55) 고허(孤虛): 고대의 방술(方術) 용어. 날짜의 길흉을 따질 때 사용한다. 천간(天干, 甲乙丙丁戊己庚辛壬癸)을 일(日), 지지(地支, 子丑寅卯辰巳午未申酉戌亥)를 진(辰)이라 하고, 이 천간과 지지를 순서대로 짝을 맞춰 1순(旬)으로 삼는데 여기서 남는 2개의 지지(戌亥)를 '고(孤)', 그 반대편에 위치한 지지를 '허(虛)'라고 부른다. 예컨대 갑자순(甲子旬)에는 술해(戌亥)가 '고' 진사(辰巳)가 '허'가 되며, 갑술순(甲戌旬)에는 신유(申酉)가 고, 인묘(寅卯)가 허가 되는 식이다. 일진이 맞지 않으면 '고허' 또는 '공망(空亡)'이라고 부르는데, 이날 일을 벌이면 성공하지 못한다는 속설이 있다.
56) 함지(咸池): 마차부 자리(御夫座)에 속하는 별 이름. 점성술에서는 이 별이 전쟁(兵事)과 관련이 있다고 여긴다. 혹자는 함지가 고허와 비슷해서 날짜의 길흉을 점칠 수 있다고도 한다.

합니다."

―『울료자』「무의(武儀)」편.

음양술수 『唐太宗李衛公問對』 卷下

○○○ 太宗曰:"陰陽術數, 廢之可乎?" 靖曰:"不可, 兵者, 詭道也, 託之以陰陽術數, 則使貪使愚, 玆不可廢也." 太宗曰:"卿嘗言: 天官時日, 明將不法, 暗者拘之, 廢亦宜然." 靖曰:"昔紂以甲子日亡, 武王以甲子日興, 天官時日, 甲子一也, 殷亂周治, 興亡異焉. 又宋武帝以往亡日起兵, 軍吏以爲不可, 帝曰:'我往彼亡.'果克之. 由此言之, 可廢明矣. 然而田單爲燕所圍, 單命一人爲神, 拜而祠之, 神言'燕可破', 單於是以火牛出擊燕, 大破之. 此是兵家詭道. 天宮時日, 亦猶此也."

태종이 말했다.

"음양술수는 폐기해야 되지 않을까?"

이정이 말했다.

"불가합니다. 전쟁은 속임수로 진행되는 궤도(詭道) 그 자체입니다. 음양이나 술수[57]에 기대면 탐욕스럽고 우매한 자들을 부릴 수가 있지요. 그러니 없애면 안 됩니다."

태종이 말했다.

"경은 전에 천관(天官)의 날짜에 대해 말한 적이 있었소. 총명한 장수는 그것을 본받지 않고 어리석은 장수는 거기에 매달린다고 말이오. 그것도 폐기하면 안 되는 것이겠구려?"

이정이 말했다.

"은나라 주왕은 갑자일(甲子日)에 망했고, 주나라 무왕은 갑자일에 일어났

---

57) 술수(術數): 갖가지 방술(方術)로 자연계의 특별한 현상을 관찰함으로써 인간의 운수와 팔자를 추측한다. '수술(數術)'이라고도 부른다.

습니다. 천관의 날짜에서 똑같은 갑자일이었지요. 은나라는 혼란에 빠지고 주나라는 질서가 잡혀 안정되니, 그 흥망이 이렇듯 달랐던 것입니다.

또 송나라 무제[58]는 왕망일[59]에 기병했는데 장교들이 반대하고 나서자 이렇게 말했습니다. '내가 가면(往) 저들은 망(亡)한다.' 과연 그 말대로 남연(南燕)을 격파했지요. 이런 사례들을 보면 천관시일은 없애도 무방할 것입니다.

그런데 전단[60]은 연(燕)나라에 포위당했을 때 어떤 이에게 신이 되어라 명령하고 그에게 절을 드리며 제사를 지냈습니다. 그 가짜 신은 '연나라를 격파할 수 있다'고 말했지요. 이리하여 전단은 불소(火牛)들을 몰고[61] 출격해 연나라를 격파하고 대승을 거뒀습니다. 이는 병가에서 즐겨 쓰는 궤도인데, 천관시일도 이 같은 종류입니다."

— 『당태종이위공문대(唐太宗李衛公問對)』 하권.

---

[58] 무제(武帝): 유송(劉宋)의 초대 황제 유유(劉裕)를 가리킨다. 동진(東晋)의 하급 장수였지만 손은(孫恩)과 환현(桓玄)의 반란을 평정하는 와중에 뛰어난 무예로 두각을 나타내 송왕(宋王)에 봉해졌다가 기원 420년에 황제가 되어 송나라를 개창했다.

[59] 왕망일(往亡日): 흉일(凶日) 명칭. 천문일(天門日)이라고도 한다. 음력상 매달 드는데 때로는 인일(寅日) 혹은 사일(巳日)에 해당된다. 이날은 액운이 끼었다고 금기하는 일이 많은데, 『감여경(堪輿經)』에서는 이를 다음과 같이 설명했다. "왕(往)은 떠나간다는 뜻이고, 망(亡)은 없어진다는 뜻이다. 왕망일에는 관리의 임명이나 부임, 여행과 귀성, 출병과 정벌, 결혼과 의료행위를 금기시 했다(往者去也, 亡者無也. 其日忌拜官上任·遠行歸家·出軍征討·婚娶尋醫)."

[60] 전단(田單): 생졸년 미상. 원래는 제나라의 하급 관리였지만 연나라 장군 악의(樂毅)가 제나라를 파죽지세로 격파할 때 즉묵(卽墨)을 지키는 대장이 되었다. 3년을 버티는 동안 이간계를 써 연왕으로 하여금 악의를 쫓아내게 하고 화우계(火牛計)로 연의 대장 기겁(騎劫)을 죽이고 순식간에 제의 70개 성을 수복했다. 제의 양왕(襄王)은 그를 상국(相國)에 임명하고 안평군(安平君)으로 봉했다. B.C. 264년에는 조나라로 들어가 평도군(平都君)이 되었다.

[61] 전단이 연나라 군대를 격파할 때 쓴 전술. 당시 전단은 거짓 항복하는 척해 연나라 군대의 기강을 해이하게 만든 뒤 천여 마리 소의 뿔에 무기를 매달고 꼬리에는 기름 적신 갈대를 동여맨 뒤 불을 붙이고 적진으로 돌진하게 했다. 오천의 병사가 그 뒤를 따르니, 연의 군대는 대패하여 달아날 수밖에 없었다.

군대의 규칙『吳子』「治兵」

○ 武侯問曰: "三軍進止, 豈有道乎?" 起對曰: "無當天灶, 無當龍頭. 天灶者, 大谷之口. 龍頭者, 大山之端. 必左青龍, 右白虎, 前朱雀, 後玄武, 招搖在上, 從事於下. 將戰之時, 審候風所從來, 風順致呼可而從之, 風逆堅陳以待之."

무후가 물었다.

"군대가 전진하거나 멈출 때 일정한 규칙이 있는가?"

오기가 대답했다.

"이른바 '하늘의 아궁이(天灶)'에 진을 치면 안 되고, '용머리(龍頭)'에 주둔해서도 안 됩니다. 천조는 큰 골짜기 어귀를 가리키고, 용두는 크고 높은 산의 꼭대기를 말합니다. 군대를 지휘할 때 반드시 왼편은 청룡기(青龍旗), 오른편은 백호기(白虎旗)를 꽂고, 전면에는 주작기(朱雀旗), 뒤쪽에는 현무기(玄武旗)를 휘날리게 합니다.[62] 중앙에서는 위쪽으로 초요[63] 깃발을 꽂고 병사들이 아래에서 지휘를 받습니다. 곧 싸움이 벌어질 듯한 즈음에는 바람의 방향을 주의해서 살펴야 합니다. 순풍이 불면 북을 울려 기세를 높

---

[62] 여기서 좌청룡·우백호·전주작·후현무는 사방의 깃발을 가리킨다. 고대에는 사방에 각기 다른 무늬의 깃발을 써서 각 포진의 방위 및 행군 방향을 확정지었다. 병사들은 깃발을 보고 자기 부대의 위치와 상태를 파악했고, 기동작전을 펼 때도 보통 오행에 의거해 오군(五軍)으로 나눈 뒤 깃발을 표지로 삼았다. 즉 전군(前軍)의 주작기는 붉은색, 우군(右軍) 백호기는 흰색, 좌군(左軍)의 청룡기는 푸른색, 후군(後軍)의 현무기는 검은색 깃발을 들었다. 중앙에 위치한 중군(中軍)은 아래쪽에 구진(勾陳)과 위쪽에 등사(螣蛇)라는 황색 깃발을 사용했다. 구진은 천마 혹은 기린 문양, 등사는 나르는 뱀 무늬인데, 청룡·백호·주작·현무와 더불어 6대 신수(神獸)로 일컬어진다.

[63] 초요(招搖): 북두칠성의 마지막 일곱 번째 별자리 이름. 고대는 행군할 때 깃발에 북두칠성을 그려넣는 경우가 왕왕 있었는데, 이 깃발을 '초요'라고 불렀다. 초요기는 모든 깃발 가운데 가장 높이 또 정중앙에 위치하면서 사방의 방위를 바로잡고 행군을 지휘하는 역할을 했다.

이며 바람 따라 진격하고, 역풍이 분다면 진영을 굳게 지키면서 변화가 생길 때까지 기다려야 합니다."

—『오자』「치병(治兵)」편.

지형과 형덕『唐太宗李衛公問對』卷下

○ 太宗曰:"太公云:'以步兵與車騎戰者, 必依丘墓險阻.'又孫子云:'天隙之地, 丘墓故城, 兵不可處.'如何?"

靖曰:"用眾在乎心一, 心一在乎禁祥去疑. 倘主將有所疑忌, 則群情搖; 群情搖, 則敵乘釁而至矣. 故安營據地, 便乎人事而已. 若澗·井·陷·隙之地, 及如牢如羅之處, 人事不便者也, 故兵家引而避之, 防敵乘我. 丘墓古城, 非絕險處, 我得之爲利, 豈宜反去之乎? 太公所說, 兵之至要也."

太宗曰:"朕思, 凶器無甚於兵者. 行兵苟便於人事, 豈以避忌爲疑? 今後諸將有以陰陽拘忌失於事宜者, 卿當叮嚀誡之."

靖再拜謝曰:"臣按『尉繚子』曰: 黃帝以德守之, 以刑伐之, 是謂刑德, 非天官時日之謂也. 然詭道可使由之, 不可使知之. 後世庸將泥於術數, 是以多敗, 不可不誡也."

—以上皆言知天知地

태종이 말했다.

"강태공은 '보병과 전차병으로 전쟁을 할 때는 반드시 구릉이나 무덤 같은 험하고 가로막힌 지형에 의지한다'고 말씀하셨소. 또 손자는 '천극의 땅, 구릉과 묘혈, 옛 성곽의 폐허 같은 곳은 군대가 머무르지 말아야 한다'[64]고

---

64) 현존『손자병법』에는 나오지 않는 구절이지만 「행군(行軍)」편에 유사한 내용이 보이기는 한다. "절벽 사이로 계곡물이 흐르는 절간, 사방이 높고 가운데가 움푹 팬 천정, 삼면이 가로막혀 출입이 어려운 천뢰, 가시덤불이 우거져 움직이기 어려운 천라, 움푹한 진흙탕이라 빠지기 쉬운 천함, 심산유곡 지형인 천극 같은 몇몇 곳은 반드시 신속히 떠나고 접근하지 말아야 한다(凡地有

도 일렀는데, 어찌하여 그렇소?"

이정이 말했다.

"병사를 부리려면 마음이 하나로 모아져야 합니다. 한마음으로 단결하기 위해선 미신을 금지하고 의혹은 해소시켜야 하고요. 사령관에게 의구심이 있다면 군의 심리가 동요하고, 병사들 정서가 요동치면 적들이 그 흔들리는 틈새로 진격하게 됩니다. 그러므로 병영은 반드시 인적 관리가 편한 곳에 들어서야 합니다. 절간(絕澗)·천정(天井)·천함(天陷)·천극(天隙) 같은 땅과 천뢰(天牢)·천라(天羅) 같은 지형은 인력 관리가 불편한 곳입니다. 그래서 병가에서는 그런 곳은 피하도록 병사들을 인도하니, 틈새를 파고드는 적의 공격을 방비하기 위해서지요. 구릉이나 묘혈, 고성 등이 절대적으로 위험한 곳은 아닙니다. 잘만 활용하면 우리 편에 유리할 수도 있으니, 그런 지형을 포기하는 행사가 어찌 마땅타 하겠습니까? 태공의 말씀은 병가의 지극한 요체입니다."

태종이 말했다.

"짐이 헤아리건대 전쟁 무기보다 더한 흉기는 없소이다. 군사행동을 할 때 병사들 다루기에 편리한 곳이라면 어찌 꺼리고 기피하며 의구심을 갖겠소? 이제부터 뭇 장수들 중에 음양오행에 빠진 나머지 대사를 그르치는 자가 나온다면 경이 응당 계도해야 할 것이오."

이정은 두 번 절하며 감사인사를 올렸다.

"신은 『울료자』가 말한 '황제는 덕으로 천하를 지키고 형벌로 폭력을 다스리며 이를 형덕(刑德)이라 불렀다. 천관[65]의 시일에 관해서는 입도 떼지 않

絕澗·天井·天牢·天羅·天陷·天隙, 必亟去之, 勿近也)."
65) 천관(天官): 천문과 일월성신을 관찰하고 그것을 인사에 결부시켜 해석하는 현상. 고대인은 하늘과 인간이 서로 호응(天人相應)한다고 여겨 해·달·별·구름·공기·기문둔갑(奇門遁甲) 등의 움직임을 관찰하고 그것으로 인간사에 견강부회했는데, 이정은 이를 미신이라 여겨 비판하고 있다. 이 글에서의 천관시일은 일월성신의 운행 변화를 가리킨다.

았다'는 구절에 대해 깊이 천착한 바 있습니다. 그런데 궤도(詭道)를 쓰더라도 거기 동원된 이들에게 저간의 내막을 알게 하면 안 되지요. 후세의 용렬한 장수들은 음양오행 술수에 집착하는 바람에 대다수가 실패했으니 깨우쳐 주지 않으면 안 될 것입니다."

─『당태종이위공문대』 하권.

이상은 모두 하늘(天)과 땅(地)에 대한 앎을 말했다.

참고(3) 이탁오 해설 參考(三)

○ 卓吾子曰:「始計」五事, 四曰將, 五曰法. 將者, 智·信·仁·勇·嚴也. 故曰: "將孰有能", 而繼之曰: "兵眾孰強, 士卒孰練, 賞罰孰明." 然則賞罰明而士卒練·兵眾強者, 其爲有能之將審. 法者, 曲制·官道·主用也. 曲制者, 部曲之制. 官道者, 統攝偏裨各官之道. 主用者, 主軍中凡百之用, 此皆一定之法, 唯得人以主之, 而後軍用不乏也. 夫天下雖大, 好戰必亡; 天下雖安, 妄戰必危. 有國家者, 可一日而妄戰乎? 唯以不教民戰, 以不知兵者將, 斯殆耳. 故未戰而廟算勝, 始謂得算多. 夫未戰而廟算已勝, 未戰而彼我之勝負已可計索而立見其情, 則凡詭道奇謀, 要不過爲將者臨時因敵制勝以佐之耳, 其必勝之戰, 豈至此而後決乎? 故曰「始計」, 言計之於始者, 不可以不豫也. 若臨敵而後選將, 又安得爲豫計於始, 而得廟算之勝也邪? 其爲妄戰之主, 必危之國無疑矣. 故讀『始計』者, 尤不可不留意也. 因具述六書選將·練兵·行賞之法, 以備參考如左云.

탁오자는 말한다.

「시계(始計)」편의 '다섯 사안(五事)' 중 네 번째는 장수, 다섯 번째는 법도에 관해 말하고 있다. 장수된 자는 지혜롭고 신의가 있으며 어질고 용감하며 엄정해야 한다. 때문에 "장수는 어느 쪽이 유능한가?" 짚은 뒤 이어서 "병력은 누가 강한가? 병졸은 어느 편이 훈련을 잘 받았는가? 상벌의 원칙은 어느 측이 분명한가?"라고 묻고 있다. 그렇다면 상벌이 분명하고 병사들이 잘 훈련되어 병력이 막강한 군대는 어떤 유능한 장수가 있는지 잘 살펴봐야 할 노릇이겠다. 법도란 곡제(曲制), 관도(官道), 주용(主用)을 가리킨다. 곡제는 군대의 조직편제를 말한다. 관도는 장수를 보좌하는 편장(偏將)이나 비장(裨將) 같은 지휘관 각각의 역할을 전체적으로 통할하는 방도를 말한다. 주용이란 군중에서 필요한 온갖 물자를 주관하는 일을 가리킨다. 이 모두는 정해진 법에 따르면서 오직 그 업무에 적합한 사람을 배치한 다음이라야 군용물자의 결핍을 막을 수 있다.

대저 천하가 아무리 커도 전쟁을 좋아하면 기필코 망하고, 천하가 비록 편안해도 전쟁을 잊으면 반드시 위험해진다.[66] 나라를 통치하는 자라면 어찌 하루인들 전쟁을 잊을 수 있으랴? 오직 백성에게 전투를 가르치지 않고 장수가 전쟁을 모르는 그런 상황만이 위태로울 뿐이니, 그래서 전쟁이 개시되기 전 묘산(廟算)에서 이기면 그제야 비로소 승산이 높다고 말했다.

무릇 전쟁 전의 묘산에서 승리했다면 아직 전쟁이 벌어지지 않았어도 적과 아군의 승패 계산이 끝나 쌍방의 정황이 다 드러난 것이니, 그러면 갖은 속임수와 계책은 그저 장수가 적을 맞았을 때 승리하기 위한 일시적 방편에 불과하게 된다. 반드시 이겨야 할 전쟁이라면 어찌 그 시점에 이르러서야 상황을 판정하겠나?

---

[66] 『사마법』 「인본(仁本)」편에도 이와 비슷한 구절이 보이는데, '함부로 전쟁한다(妄戰)'가 아니라 '전쟁을 잊는다(忘戰)'로 기재되어 있다. 아마도 이지가 '忘' 자를 '妄'으로 잘못 읽은 것으로 추정된다. 이 글에서는 원의에 맞도록 '함부로 전쟁한다'가 아니라 '전쟁을 잊는다'로 풀이했다.

원래「시계」편은 처음부터 기획을 잘하고 사전에 준비하지 않으면 안 되는 사정을 설명한 내용이다. 만약 적이 눈앞에 들이닥친 다음에야 장수를 선발한다면 또 어떻게 사전 계산이 가능하며 묘산의 승리를 담보할 수 있으랴? 전쟁을 잊은 군주가 필시 나라를 위태롭게 한다는 사실에는 의심의 여지가 없다. 그러므로「시계」편을 읽는 자는 이에 특히 유의하지 않으면 안 된다. 내친김에 육서[67] 중 장수의 선발과 병사들의 훈련 및 논공행상하는 방법을 두루 서술했는데, 아래에 구비하여 참고자료로 삼는다.

장수의 자질 『六韜』「龍韜·論將」

○ 武王曰:"論將之道奈何?"太公曰:"將有五材·十過. 所謂五材者, 勇·智·仁·信·忠也. 勇則不可犯, 智則不可亂, 仁則愛人, 信則不欺, 忠則無二心. 所謂十過者, 有勇而輕死者, 有急而心速者, 有貪而好利者, 有仁而不忍人者, 有智而心怯者, 有信而喜信人者, 有廉潔而不愛人者, 有智而心緩者, 有剛毅而自用者, 有懦而喜任人者. 勇而輕死者可暴也, (**旁批: 必死可殺**.) 急而心速者可久也, 貪而好利者可遺也, 仁而不忍人者可勞也, (**旁批: 愛民可煩**.) 智而心怯者可窘也, 信而喜信人者可誑也, 廉潔而不愛人者可侮也, 智而心緩者可襲也, 剛毅而自用者可事也, 懦而喜任人者可欺也. 故兵者, 國之大事, 存亡之道, 命在於將. 將者, 國之輔, 先王之所重也. 故置將不可不察也. 故曰: 兵不兩勝, 亦不兩敗. 兵出逾境, 不出十日, 不有亡國, 必有敗軍·破將."

무왕이 말했다.

"장수의 평가는 어떤 기준에 의거해야 할까요?"

태공이 대답했다.

---

[67] 『무경칠서』에서 『손자』를 제외한 나머지 『오자』·『사마법』·『울료자』·『삼략』·『육도』·『당태종이위공문대』의 여섯 책을 가리킨다.

"장수는 다섯 종류의 자질과 열 가지 허물을 논해야 합니다. 이른바 다섯 가지 자질은 용기(勇)·지혜(智)·어짊(仁)·신의(信)·충직(忠)입니다. 용감하면 함부로 넘볼 수 없고, 지혜로우면 갈팡질팡 헤매게 만들 수 없으며, 어질면 타인을 아낍니다. 신의가 있으면 속임이 없고, 충직하면 딴마음을 품지 않지요.

이른바 장수의 열 가지 허물은 다음과 같습니다. 용감하지만 모험을 불사해 자기 생명을 아끼지 않는 자가 있습니다. 성급해서 심사숙고 없이 군공 세우기에 급급한 자가 있고, 탐욕스러워 재물을 밝히는 자가 있으며, 성정이 어질어 차마 타인을 다치게 하지 못하는 자가 있습니다. 지혜롭지만 겁이 많은 자가 있고, 착실해서 남의 말을 그대로 믿고 매번 속아넘어가는 자가 있으며, 청렴한 나머지 은혜를 베푸는 방식으로 사람을 아끼지 못하는 자도 있습니다. 꾀는 많지만 매사 우물쭈물 결단 내리지 못하는 자가 있고, 굳세고 과감하지만 혼자만 옳은 독선적인 자가 있으며, 나약해서 책임을 늘 남에게 떠넘기는 자도 있습니다.

용감해서 죽음을 가벼이 여기는 자는 적진 앞에서 폭사할 수가 있습니다. (방비: 반드시 죽겠다고 덤비니 살해당할 수 있는 것이다.) 성급해서 마음이 급한 자는 시간을 끄는 방법으로 곤경에 빠뜨릴 수 있지요. 탐욕스러워 챙기는 걸 좋아하면 뇌물로 공략할 수 있고, 어질지만 원칙이 없어 타인을 상하지 못하는 자는 두고두고 괴롭히는 방식을 씁니다. (방비: 백성을 사랑하는 점 하나는 칭송받을 만하다.) 지혜롭지만 겁이 많은 자는 처지를 곤궁하게 만들 수 있고, 착실해서 남의 말을 잘 믿는 자는 거짓말로 속일 수 있지요. 청렴결백하지만 사람을 아낄 줄 모르는 자는 누명을 씌워 치욕스런 상황을 연출합니다. 똑똑하지만 우유부단한 자는 기습 공격을 당할 수 있고, 강직하지만 저만 옳은 독불장군은 온갖 자질구레한 사안에서 벗어나지 못하게 만들며, 나약해서 언제나 자기 책임을 남에게 전가하는 자에게는 속임수를 쓸 수가 있습니다.

원래 전쟁은 국가의 중대사이자 그 존망과 관계된 일이고, 군대의 운명은 장수의 손에 달려 있습니다. 장수는 국가의 보좌역이고 선대의 성왕(聖王)께서 중시한 바이니, 장수의 임명은 신중하게 살피지 않을 수 없지요. 그래서 교전하는 양쪽이 다 승리할 수 없고 양쪽이 다 패할 수도 없다고 말했습니다. 군대가 출동해 국경을 넘을 때는 그 기한이 열흘을 넘지 않아야 합니다. 적국을 멸망시키지 못하면 아군이 격파되고 장수가 죽는 일이 반드시 생기게 되지요."[68]

—『육도』「용도·논장(龍韜·論將)」편.

인재를 알아보는 법 『六韜』 「龍韜·選將」

○○○ 武王曰: "王者舉兵, 欲簡練英雄, 知士之高下, 爲之奈何?" 太公曰: "夫士外貌不與衆情相應者十五: 有嚴而不肖者, 有溫良而爲盜者, 有貌恭敬而心慢者, 有外廉謹而內無恭敬者, 有精精而無情者, 有湛湛而無誠者, 有好謀而不(無)決者, 有如果敢而不能者, 有悾悾而不信者, 有恍恍惚惚而反忠實者, 有詭激而有功效者, 有外勇而內怯者, 有肅肅而反易人者, 有嗃嗃而反靜愨者, 有勢虛形劣而出外無所不至·無所不遂者. 天下所賤, 聖人所貴, 凡人不知. 非有大明不見其際: 此士之外貌不與中情相應也." 武王曰: "何以知之?" 太公曰: "知之有八徵: 一曰, 問之以言以觀其詳; 二曰, 窮之以辭以觀其變; 三曰, 與之間諜以觀其誠; 四曰, 明白顯問以觀其德; 五曰, 使之以財以觀其廉; 六曰, 試之以色以觀其貞; 七曰, 告之以難以觀其勇; 八曰, 醉之以酒以觀其態. 八徵皆備, 則賢不肖別矣." (**旁批**: 談何容易).

무왕이 물었다.

"왕이 병사를 동원해 전쟁할 때는 영특하고 용맹한 인재를 선발해서 중임

---

[68] 이지는 "군대가 패하고 장수가 격파된다(敗軍·破將)"고 표현했으나, 『영송본(影宋本)』·『직해본(直解本)』·『회해본(匯解本)』 판본에는 모두 "군대가 격파되고 장군은 살해된다(破軍殺將)"고 기록되어 있다.

을 맡겨야 합니다. 그 인물의 능력이나 인품의 수준을 알아보려면 어찌해야 할까요?"

태공이 말했다.

"대저 누군가의 외모가 그 속내와 일치하지 않는 경우로 다음과 같은 열다섯 가지를 들 수 있습니다. 생김새가 엄정해 보이지만 사실은 무능한 못난이가 있고, 외관은 온화하고 선량하지만 도둑질을 일삼는 자가 있지요. 공손하고 겸허하게 생겼지만 실상은 오만하고 무례한 자가 있고, 청렴하고 삼가는 모양새지만 허위로 가득 찬 불한당도 있습니다. 보기에는 치밀하고 유능한데 속은 텅 빈 허당도 있고, 신중하고 충직해 보여도 불성실한 자가 있으며, 꾀는 많아도 결단력이 부족한 자가 있고, 과감해서 뭔가 이룰 듯하지만 실행력이 따르지 못하는 경우도 있으며, 겉보기에는 착실해도 실제로는 신실치 못한 자가 있지요.

반대로 겉보기엔 멍청해도 내면은 충실한 자가 있고, 말뿐새는 인정에 어긋나고 과격하지만 업무에는 뛰어난 성과를 내는 자도 있으며, 거죽은 용감무쌍해도 속은 겁쟁이가 있고, 외관은 근엄하고 바른 사람 같지만 실제는 질투심이 들끓어 타인을 깔보는 자도 있습니다.

외양은 각박해 보여도 실상은 후덕하고 침착한 자가 있고, 용모가 누추해서 쇠약하고 추레해 보이지만 외교사절로 내보내면 온갖 곳을 다 누비며 못하는 일이 없는 자도 있습니다. 온 세상이 천대하는 자라도 성인의 중시를 받을 수 있는데, 보통 사람은 그 까닭을 알지 못하지요. 특별히 뛰어난 안목을 지닌 경우가 아니라면 그 분계선을 알아차리지 못합니다. 이런 이들이 외모와 속내가 서로 일치하지 않는 경우라고 하겠습니다."

무왕이 물었다.

"어찌해야 그 사람의 본모습을 알아볼 수 있을까요?"

태공이 대답했다.

"누군가에 대해 알고자 한다면 여덟 가지 검증 방법이 있습니다.

첫째, 먼저 질문을 퍼붓고 그 대답이 얼마나 상세한지를 관찰합니다.

둘째, 대답에서 말문이 막히도록 만든 뒤 그 임기응변 능력을 관찰합니다.

셋째, 몰래 사람을 파견해서 그의 평소 언행을 정탐합니다.

넷째, 면전에서 그 속사정을 대놓고 심문해서 얼마나 떳떳하게 처신해왔는지를 살핍니다.

다섯째, 재물 다루는 일을 시키고 그 청렴성을 관찰합니다.

여섯째, 미녀를 보내 시험에 들게 하고 그 몸가짐이 얼마나 정결한지를 관찰합니다.

일곱째, 눈앞에 닥친 위급한 재난을 알려주고 얼마나 용맹하고 겁이 없는지를 관찰합니다.

여덟째, 좋은 술로 취하게 만든 뒤 태도가 평상시와 어떻게 다른지를 관찰합니다.

이상 여덟 가지 시험을 거치고 나면 그 사람의 덕행과 불초함이 낱낱이 가려질 것입니다." (방비: 말이 쉽지 그것이 어떻게 쉬운 일일까!)

―『육도』「용도·선장(選將)」편.

장수의 임명식『六韜』「龍韜·立將」

○ 武王曰:"立將之道奈何?"太公曰:"凡國有難, 君避正殿, 召將而詔之曰:'社稷安危, 一在將軍. 今某國不臣, 願將軍帥師應之.'將既受命, 乃命太史卜鑽靈龜, 卜吉日. 齋三日, 至太廟, 以授斧鉞. 君入廟門, 西面而立, 將入廟門, 北面而立. 君親操鉞持首, 授將其柄, 曰:'從此上至天者, 將軍制之.'復操斧持柄, 授將其刃, 曰:'從此下至淵者, 將軍制之. 見其虛則進, 見其實則止, 勿以三軍爲衆而輕敵, 勿以受命爲重而必死, 勿以身貴而賤人, 勿以獨見而違衆, 勿以辨說而必然. 士未坐勿坐, 士未食勿食, 寒暑必同. 如此, 士衆必盡死力.'

將已受命, 拜而報君曰:'臣聞國不可從外治, 軍不可從中御. 二心不可以事君, 疑志不可以應敵. 臣既受命專斧鉞之威, 臣不敢生還. 願君亦垂一言之命於臣. 君不許臣, 臣不敢將.

君許之, 乃辭而行. 軍中之事, 不聞君命, 皆由將出. 臨敵決戰, 無有二心. 若此, 則無天於上, 無地於下, 無敵於前, 無君於後. 是故智者爲之謀, 勇者爲之鬪, 氣厲靑雲, 疾若馳騖, 兵不接刃, 而敵降服. 戰勝於外, 功立於內. 吏遷士賞, 百姓歡悅, 將無咎殃. 是故風雨時節, 五穀豐登, 社稷安寧."

무왕이 말했다.

"총사령관(主將)을 임명할 때 의식을 어떻게 거행해야 할까요?"

태공이 대답했다.

"무릇 국가에 환란이 생기면 군주는 정전에서 벗어나(避正殿)[69] 편전에 머물며 장수를 소환하고 그에게 조서를 내립니다.

'국가의 안위가 오롯이 장군 한 사람에게 달렸소. 지금 아무개 나라가 신하로서의 복종을 거부하니, 부디 장군은 전군을 통솔해 저들을 정벌하기 바라오.'

장군이 명을 받으면 왕은 태사에게 거북점(鑽靈龜)[70]을 치게 해 길일을 택합니다. 그런 뒤 사흘을 재계하고 태묘[71]에 나아가 의식을 거행하며 부월[72]을 하사합니다. 군주가 태묘의 문으로 들어가 서쪽을 바라보고 서면, 장군은

---

69) 피정전(避正殿): 정전은 군주가 조회를 거행하고 정령을 반포할 때 머무는 전각. 고대는 재난이 일어났을 때 하늘의 경고를 받아들인다는 표시로 군주가 정전을 떠나 편전(偏殿)에서 국사를 처리했는데, 이를 '피정전'이라 불렀다.

70) 찬영구(鑽靈龜): 거북점을 칠 때는 먼저 거북이 등껍질 아래에 몇 개의 구멍을 뚫은(鑽) 뒤 불로 구멍을 지져 껍질 위쪽에 갈라지는 무늬로 길흉을 판단했다. 영구는 점복(占卜) 용도의 거북 등껍데기(龜甲)를 일컫는데, 길흉의 예시가 영험하게 드러난다고 하여 붙여진 명칭이다.

71) 태묘(太廟): 제왕의 사당. 고대에는 국가에 중대사가 발생하면 반드시 태묘에 고했는데, 총사령관의 임명 의식도 태묘에서 거행했다. 선왕에게서 이미 명을 받았으니 그 의미가 중차대함을 나타낸 것이다.

72) 부월(斧鉞): 살상용 병기로 모양은 비슷하지만 '월'이 '부'보다 좀더 크다. 법을 집행하며 목을 치는 용도였던 까닭에 군대에서는 전군을 통솔하는 권력을 상징했다.

태묘의 문으로 들어와 북쪽을 향해 기립합니다.[73] 군주는 직접 큰 도끼 월(鉞)을 집어들어 손으로 그 머리 부분을 잡고 장수에게 자루를 쥐어주며 말합니다.

'지금부터는 위로 하늘에 이르기까지 장군이 군중의 모든 일을 관장하시오.'

다시 손으로 작은 도끼 부(斧)의 자루를 잡고 그 도끼날 부위를 장군에게 수여하며 말합니다. '지금부터는 아래로 물속에 이르기까지 군중의 일체 사무를 장군이 처리하시오. 적의 허점을 발견하면 진격하고, 적의 상태가 견실하면 공격을 중지하시오. 아군이 수적으로 우세하다고 적을 얕보지 말고, 무거운 소임을 맡았기로 죽기로 보답하지 말며, 신분이 높다 해서 남들을 깔보지 말고, 독보적인 견해가 있다고 다수 의견을 묵살하지 말 것이며, 교묘한 변론에 속아넘어가 액면 그대로 믿지 마시오. 병사가 앉기 전에는 그대도 앉지 말고, 병사가 먹기 전에는 식사하지 않으며, 추위·더위를 막론해 병사들과 동고동락하시오. 그렇게만 한다면 병사들은 반드시 사력을 다해서 복종할 것이오.'

장군은 부월을 접수해 명을 받으면 군주에게 절을 올리며 말합니다.

'신이 들건대 어느 나라든 국경 밖에서 통치할 수 없고, 군대는 조정의 지휘를 받지 않는다고 했습니다. 신하가 두 마음을 품으면 충심으로 임금을 섬기지 못하고, 심지가 흔들리면 적과 맞서 싸우지 못합니다. 신은 이미 명을 받고 부월을 휘두르게 되었으니 감히 살아서 돌아오지 않을 것입니다. 바라옵건대 우리 임금께서도 신에게 전권을 부여한다는 명령을 내려주시옵소서. 임금께서 허락하지 않으신다면 신은 감히 장군이 될 수 없사옵니다. 임금께서 신에게 전권을 허락하신다면 곧바로 작별하고 원정을 떠나겠습니다.'

군대 내의 일은 군주의 지시를 받지 않으니 모든 명령은 사령관에게서 나

---

73) 주인은 원래 동쪽에서 서쪽을 바라보는데, 고대에는 북에서 남쪽을 향한 위치를 가장 존귀하게 여겼다. 여기서는 군주가 서쪽을 향해 주인의 예를 차리는 상태에서 선왕의 신위는 이미 남면(南面)하고 있음을 말한 것이다.

옵니다. 적군을 맞아 결전을 벌이려면 전군이 완전히 합심해 일심동체가 되어야 하지요. 그럴 수만 있다면 위로 하늘의 제약을 받지 않고, 아래로 땅의 제약을 받지 않으며, 전방의 적진에 어떤 변화가 있든 구애되지 않고, 후방에서 군주가 무슨 의사를 표하든 돌아보지 않게 됩니다. 이렇게 해서 영리한 자는 장군을 위해 꾀를 내고, 용감한 자는 사력을 다해 싸우게 되지요. 전군의 사기는 하늘에 충천하고, 행동은 달리는 말처럼 신속해지며, 아직 교전이 시작되지도 않았는데 항복하는 적군이 나올 것입니다. 군대는 국경 밖에서 승리하지만, 공훈은 나라 안에 세워지게 되지요. 장교는 승진하고, 병사들은 포상을 받습니다. 백성들은 환호작약 기뻐 날뛰고, 장군은 복명하니 죄를 얻지 않습니다. 이리하여 날씨는 우순풍조로 시절에 맞고, 오곡은 풍성하게 자라 풍년이 들며, 사직은 안정되어 태평성대가 열리게 됩니다."

—『육도』「용도·입장(立將)」편.

사기를 진작하는 법『六韜』「龍韜·勵軍」

○○○ 武王曰: "吾欲三軍之眾, 攻城爭先登, 野戰爭先赴, 聞金聲而怒, 聞鼓聲而喜, 爲之奈何?" 太公曰: "將有三: 將冬不服裘, 夏不操扇, 雨不張蓋, 名曰禮將; 將不身服禮, 無以知士卒之寒暑. 出隘塞, 犯泥塗, 將必先下步, 名曰力將; 將不身服力, 無以知士卒之勞苦. 軍皆定次, 將乃就舍, 炊者皆熟, 將乃就食, 軍不擧火, 將亦不擧, 名曰止欲將; 將不身服止欲, 無以知士卒之飢飽. 將與士卒共寒暑·勞苦·飢飽, 故三軍之眾, 聞鼓聲則喜, 聞金聲則怒. 高城深池, 矢石繁下, 士爭先登; 白刃始合, 士爭先赴. 士非好死而樂傷也, 爲其將知寒暑·飢飽之審, 而見勞苦之明也."

무왕이 말했다.

"나는 삼군의 장졸들이 성을 공격할 때는 앞다퉈 기어오르고, 들판에서 전투를 벌일 때는 남 먼저 돌격해주길 바라오. 후퇴를 알리는 징소리를 들으면 울화가 치밀고, 진격의 북소리가 들리면 기뻐 날뛰었으면 좋겠소. 그렇게 만들 수 있는 방도가 있겠소?"

태공이 대답했다.

"장수에게는 세 가지 방도가 있습니다. 전쟁을 지휘하는 주장(主將)이 겨울에도 갖옷을 입지 않고, 한여름이라도 부채를 손에 들지 않으며, 비가 올 때 우산을 받치지 않는다면 예의 바른 장군(禮將)이라고 부를 수 있습니다. 장수가 예를 지키는 데 습관 들이지 않는다면 병사들이 추운지 더운지 알 수가 없지요.

좁고 험준한 요충지에서 빠져나오고 진흙탕 질창 길을 건널 때 장수가 한사코 말에서 내려 앞장선다면 이 사람은 노력하는 장수(力將)라고 말할 수 있습니다. 장수가 힘든 일 하는 데 익숙하지 않다면 병사들 노고를 알 길이 없지요.

전군이 숙영지에 자리를 잡고 난 뒤 자기 막사에 들어가고, 전군의 취사가 완료되어야 밥을 먹으며, 전군의 아궁이가 썰렁할 때 자기도 불을 지피지 않는 그런 장수라면 이른바 욕망을 제어할 줄 아는 장수(止欲將)라고 불러도 될 테지요. 장수가 자기 욕망을 통제하는 데 익숙지 않으면 병사들의 굶주림과 배부름을 알 도리가 없습니다.

장수가 병사들과 더불어 더위와 추위를 같이 견디고 노고를 공유하며 굶주림과 배부름을 함께하는 까닭에 전군이 진격의 북소리를 들으면 기뻐하고 후퇴의 징소리를 들으면 화를 내는 것입니다. 제아무리 높은 성과 깊은 해자가 가로막고 화살과 바위가 비처럼 쏟아져도 병사들은 앞다퉈 기어오르고, 칼날이 맞부딪기 시작할 때도 앞장서서 돌진하는 것이지요. 병사들도 죽거나 다치고 싶지는 않습니다. 그들은 장수가 자신들의 덥고 추운 사정과 굶주리고 배부른 정황을 세심히 살피고 고생한다는 사실을 분명히 알아준 까닭에 감격해서 사기가 올랐을 뿐입니다."

─『육도』「용도·려군(勵軍)」편.

포상과 징벌 『六韜』「文韜·賞罰」

○○ 文王曰:"賞所以存勸, 罰所以示懲. 吾欲賞一以勸百, 罰一以懲衆, 爲之奈何?" 太公曰:"凡用賞者貴信, 用罰者貴必. 賞信罰必於耳目之所聞見, 則所不聞見者莫不陰化矣. 夫誠, 暢於天地, 通於神明, 而況於人乎?"

문왕이 말했다.

"포상은 유공자를 격려하는 수단이고, 징벌은 죄인을 징치하는 방법입니다. 나는 한 사람에게 상을 줘 백 명을 격려하고, 단 한 명을 징계하여 뭇 백성의 경각심을 일깨우고 싶습니다. 어찌해야 그리되겠습니까?"

태공이 대답했다.

"상을 줄 때는 약속을 지킨다는 확신이 가장 중요하고, 벌을 내릴 때는 예외 없이 시행된다는 일관성이 가장 중요합니다. 만약 직접 보고 들을 수 있는 범위 안에서 약속대로 상이 내리고 징벌이 시행된다면 직접 보고 들을 수 없는 먼 지역 사람들이 은연중 감화되지 않을 리 없지요. 정성을 들이면 천지에 막힘이 없고 신명에게도 통하는데 사람이야 나위가 있겠습니까?"

―『육도』「문도·상벌(賞罰)」편.

권위를 세우는 법 『六韜』「龍韜·將威」

○○ 武王曰:"將何以爲威? 何以爲明? 何以爲禁止而令行?" 太公曰:"將以誅大爲威, 以賞小爲明, 以罰審爲禁止而令行. 故殺一人而三軍震者, 殺之; 賞一人而萬人說者, 賞之; 殺貴大, 賞貴小. 殺及當路貴重之臣, 是刑上極也; 賞及牛豎·馬洗·廄養之徒, 是賞下通也. 刑上極, 賞下通, 是將威之所行也."

무왕이 말했다.

"장수는 무엇으로 권위를 세웁니까? 자신의 영명함은 어떻게 드러내고요? 어찌해야 금지한 바는 멈추고 명령은 반드시 시행될 수 있겠습니까?"

태공이 말했다.

"장수는 거물급 인사를 죽여 자기 권위를 세우고, 미천한 인물이라도 공훈에 따라 포상함으로써 자신의 영명함을 드러냅니다. 법령을 어긴 자를 엄밀하고 신중하게 처벌하니, 금지한 바가 중지되고 명령은 시행되지요. 그러므로 한 사람을 죽여 전군이 두려워 떨게 할 수 있다면 그놈을 죽입니다. 한 명에게 상을 줘 만인을 기쁘게 할 수 있다면 그에게 상을 내리지요. 감히 거물을 죽일 수 있기에 형벌의 권위가 서고, 미천한 인물도 상을 받으니 시혜의 효과가 나타납니다. 요직에 있는 세도가를 법에 따라 처단하면 아무리 높은 지위라도 형벌이 가해지는 것이고, 소 치는 목동이나 말 키우는 잡역부도 공적에 따라 상을 받는다면 은상이 아래까지 미친다는 뜻이겠지요. 지극히 존귀한 자라도 형벌을 피하지 못하고 반대로 신분이 미천해도 상을 받는다면, 이는 장수의 권위가 위아래로 두루 통용되고 있음입니다."

―『육도』「용도·장위(將威)」편.

세 가지 의문 『六韜』「武韜·三疑」

○ 武王曰: "予欲立功, 有三疑: 恐力不能攻强·離親·散衆, 爲之奈何?" 太公曰: "因之, 慎謀, 用財. 夫攻强, 必養之使强, 益之使張. 太强必折, 太張必缺. 攻强以强, 離親以親, 散衆以衆. 凡謀之道, 周密爲寶."

무왕이 말했다.

"저는 공을 세우고 싶은데 세 가지 의문점이 있습니다. 내 역량으로 강대한 적을 과연 쳐부술 수 있을까? 적국의 임금과 그의 가까운 신하를 이간질할 수 있을까? 적국의 민심이 흩어지게 할 수 있을까? 하는 점이지요. 어찌해야 좋겠습니까?"

태공이 말했다.

"적의 교만함을 이용하고, 신중하게 계책을 운용하며, 재물을 흩뿌려야 합니다. 무릇 강자를 공격하려면 반드시 적이 그 강세를 확장하도록 유도해야 합니다. 지나치게 강하면 반드시 부러지고, 과도하게 확장하면 기필코 파열음이 나게 마련이지요. 강적을 공격할 때는 적의 강대함을 활용하고, 적국 왕의 측근을 이간질하려면 왕의 또 다른 측근을 이용하고, 적국의 민심이 동요하게 만들려면 적국의 백성들을 동원해야 합니다. 모든 계책의 운용에서 가장 긴요한 도리는 반드시 주도면밀해야 한다는 점이지요."

―『육도』「무도·삼의(三疑)」편.

지휘관의 자세 『三略』「上略」

○ 黃石公曰: 夫主將之法, 務攬英雄之心, 賞祿有功, 通志於眾. 故與眾同好靡不成; 與眾同惡靡不傾.

황석공의 말이다.

군대의 최고 지휘관이 되는 방법은 영웅의 마음을 끌어안고자 노력하는 데 있다. 공을 세운 이에게 작위와 녹봉이 돌아가게 하고, 부하들과는 뜻이 통해야 한다.

원래 병사들과 기쁨을 함께하면 이루지 못할 일이 없고, 병사들과 증오를 공유하면 쓰러뜨리지 못할 적이 없게 된다.

―『삼략』「상략(上略)」편.

동고동락의 힘 『三略』「上略」

○○ 黃石公曰: 夫將帥者, 必與士卒同滋味而共安危, 敵乃可加. 故兵有全勝, 敵有全囚. 昔者良將之用兵, 有饋簞醪者, 使投諸河, 與士卒同流而飲. 夫一簞之醪, 不能味一河之水, 而三軍之士思為致死者, 以滋味之及己也. 『軍讖』曰:"軍井未達, 將不言渴; 軍幕未辦, 將不言倦; 軍灶未炊, 將不言飢. 冬不服裘, 夏不操扇, 雨不張蓋, 是謂將禮." 與之安, 與之危, 故其眾可合而不可離, 可用而不可疲, 以其恩素蓄·謀素合也. 故曰: 蓄恩不倦, 以一取萬.

황석공의 말이다.

무릇 장수된 자는 반드시 사졸들과 동고동락하면서 안위를 함께해야만 적과 맞서 싸울 수가 있다. 그래야 전쟁에서 완벽하게 승리하고 적군도 몽땅 포로로 잡아들이게 된다.

예전에 한 뛰어난 장수가 군사들을 지휘하는데 어떤 이가 좋은 술 한 방구리를 보내왔다. 장수는 술을 몽땅 강물에 쏟아붓고 병사들과 더불어 흐르는 물을 함께 마셨다. 한 방구리 술로 강물의 맛을 바꿀 수는 없었지만 전군이 그를 위해 죽기를 원하게 되었는데, 이는 장수가 병졸들과 동고동락하여 그 은혜가 자기한테까지 미쳤다고 여긴 까닭이었다.

『군참』에 이런 말이 실려 있다.

"군사들 마실 우물이 아직 완성되지 않은 상황이라면 장수는 목마름을 말하지 않고, 군사들 막사가 미처 설치되지 않았다면 피곤하다 불평하지 않으며, 군사들 밥을 다 짓기 전이라면 장수도 배고프다 투덜대지 않는다. 겨울에는 갖옷을 입지 않고, 여름에는 부채질을 하지 않으며, 비가 올 때 혼자서만 우산을 받치지 않는 그런 태도를 일컬어 장수의 예의라고 한다."

병사들과 더불어 즐거워하고 함께 위험을 무릅쓰는 까닭에 그 부하들은 일치단결하여 흩어지지 않을 수 있고 부림을 당해도 피곤을 모르게 된다. 평상시 장수가 은덕을 쌓았기에 그의 작전계획이 병사들의 평소 생각과 합치될 수가 있는 것이다.

그래서 베풀기에 게으르지 않으면 아주 작은 은혜로도 수만 병사의 마음을 얻게 된다는 말이 있다.

—『삼략』「상략」편.

용병의 핵심 『三略』「上略」

○ 黃石公曰: 夫用兵之要, 在崇禮而重祿. 禮崇則智士至, 祿重則義士輕死. 故祿賢不愛財, 賞功不逾時, 則下力幷, 敵國削. 夫用人之道, 尊以爵, 贍以財, 則士自來. 接以禮, 勵以義, 則士死之.

황석공의 말이다.

용병의 핵심은 예를 숭상하고 급료를 두툼히 챙겨줌에 있다.

예의로 받드니 똑똑한 인재들이 몰려들고, 봉록을 후하게 쳐주니 의로운 인사가 죽음을 가벼이 여기게 된다.

그러므로 현인에게 급료를 줄 때는 재물을 아끼지 않고, 논공행상에서는 시기를 놓치지 말아야 한다.

그러면 부하들이 단결하여 전력을 다하고, 적국은 이 때문에 쇠약해진다.

무릇 용인의 방도는 작위를 수여해 지위를 높여주고 재물을 활용해 돌봐줌에 있으니, 그러면 인재들이 제 발로 찾아온다.

예의로 접대하고 의로움으로 격려하면 당사자는 죽음으로 섬기게 된다.
—『삼략』「상략」편.

솔선수범의 힘 『三略』「上略」

『軍讖』曰: "良將之統軍也, 恕己而治人. 推惠施恩, 士力自新, 戰如風發, 攻如河決." 故其眾可望而不可當, 可下而不可勝. 以身先人, 故其兵爲天下雄.

『군참』[74]에 나오는 말이다.

"좋은 장수는 군대를 통솔할 때 자기자신을 아끼듯 부하들을 보살핀다. 사

---

74) 『군참(軍讖)』: 고대의 병서. 전쟁의 승패를 예측할 수 있다는 비기(秘記)인데 지금은 실전되었고 『삼략』에 내용 일부가 전해질 뿐이다. '참(讖)'은 원래 신령에게 길흉화복을 빌어서 알아낸 예언이나 징조를 가리킨다.

랑으로 다독이며 은덕을 베푸니, 병사들의 역량은 나날이 알아서 향상된다. 작전 시에는 바람처럼 재빠르고, 공격할 때는 황하의 둑이 터진 듯 맹렬해진다."

그리하여 적군은 멀찍이서 바라만 볼 뿐 막아서지 못하고, 투항만이 가능할 뿐 승리는 불가능해진다. 장수가 병사들보다 먼저 솔선수범하는 까닭에 그 군대는 천하를 호령하게 되는 것이다.

— 『삼략』「상략」편.

강약의 이치 『三略』「上略」

○ 『軍讖』曰: "柔能制剛, 弱能制强." 柔者德也. 剛者賊也. 弱者人之所助. 强者怨之所攻. 柔有所設, 剛有所施, 弱有所用, 强有所加. 兼此四者而制其宜. 端末未見, 人莫能知. 天地神明, 與物推移, 變動無常. 因敵轉化, 不爲事先, 動而輒隨. 故能圖制無疆, 扶成天威, 康正八極, 密定九夷. 如此謀者, 爲帝王師. 故曰: 莫不貪强, 鮮能守微, 若能守微, 乃保其生. 聖人存之, 以應事機. 舒之彌四海, 卷之不盈懷, 居之不以室宅, 守之不以城郭, 藏之胸臆而敵國服.

『군참』은 "부드러워도 단단함을 제압할 수 있고, 약해도 강한 것을 압도할 수 있다"고 말한다.

부드러움은 미덕이고, 단단함은 악덕이다.

약자는 사람들에게 도움을 받고, 강자는 미움과 공격을 받는다.

부드러움은 고유의 역할이 있고, 단단함도 나름의 용도가 있다.

약하면 약한 대로 쓸모가 있고, 강하면 강한 대로 쓸 데가 나온다.

관건은 이런 네 가지를 겸비하고 상황에 따라 적절히 행사함에 있다.

일의 시작과 끝이 드러나기 전에는 사람들도 내막을 알 수가 없다.

천지는 신명하지만 만물과 더불어 흘러가고 언제나 변화하며 움직인다.

마찬가지 이치로 전쟁은 적정의 변화에 맞춰 움직여야 한다.

작전계획을 미리 세우지 않는 것은 적의 움직임에 따라 대응책이 나오기 때문이다.

원래 전방위로 전략을 세우면 군주를 보좌해 위엄을 세우고 천하를 통일하며 사방 오랑캐(九夷)[75]를 안정시킬 수 있다. 그리고 이런 기획을 하는 자는 제왕의 스승이 된다.

그래서 다음과 같이 말했다.

강대함을 원치 않는 사람은 없지만, 그것을 제압하는 유약함의 은밀한 이치를 고수할 줄 아는 자는 드물다.

그 이치를 꽉 붙들어 지켜낼 수 있어야만 자기 생명을 보전하게 된다.

성인은 그런 이치를 장악하신 까닭에 사물의 변화를 잘 따라잡는다.

펼치면 온 세상에 두루 퍼져나가지만, 거둬들이면 가슴팍에도 다 채워지지 않는다.

집 안에 모셔둘 필요가 없고, 성곽으로 지켜야 할 이유도 없다.

가슴속에 고이 간직하면 결국 적국을 굴복시키게 되더라.

─『삼략』「상략」편.

---

[75] 구이(九夷): 선진(先秦) 시대 산동성 동쪽과 회하(淮河) 중·하류, 강소와 안휘 일대에 살던 부족들의 총칭. 『논어』「자한」편의 "공자는 구이의 땅에 살고 싶어 하셨다(子欲居九夷)"는 구절에 대해 소(疏)는 다음과 같이 해설한다. "동쪽에는 아홉 오랑캐가 있다. 첫 번째는 현토, 두 번째는 낙랑, 세 번째는 고려, 네 번째는 만식, 다섯 번째 부경, 여섯 번째 색가, 일곱 번째 동도, 여덟 번째 왜인, 아홉 번째는 천비라고 한다(東有九夷: 一玄菟·二樂浪·三高驪·四滿飾·五鳧更·六索家·七東屠·八倭人·九天鄙)." 『후한서』「동이전(東夷傳)」에서는 "오랑캐는 아홉 종류가 있는데, 각각 견이·어이·방이·황이·백이·적이·현이·풍이·양이라고 부른다(夷有九種, 曰畎夷·於夷·方夷·黃夷·白夷·赤夷·玄夷·風夷·陽夷)"라고 설명했고, 『논어』·『춘추좌씨전』·『전국책』 등에도 '구이'에 관한 언급이 보인다. 여기서 구(九)는 구체적인 숫자가 아니라 많다는 뜻이다.

강약의 결과 『三略』「上略」

『軍識』曰: "能柔能剛, 其國彌光. 能弱能强, 其國彌彰. 純柔純弱, 其國必削. 純剛純强, 其國必亡."

『군참』에 실린 말이다.
"부드러우면서도 단단할 수 있다면 그 나라는 갈수록 빛나게 된다.
유약하다가도 강해질 수 있다면 그 나라는 갈수록 창성해진다.
단순히 부드럽고 약하기만 하면 그 나라는 반드시 쇠퇴해진다.
그저 단단하고 강하기만 하다면 그 나라는 반드시 멸망하게 된다."
―『삼략』「상략」편.

장수의 자격 『三略』「上略」

• 『軍識』曰: "將能淸, 能靜, 能平, 能整, 能受諫, 能聽訟, 能納人, 能採言, 能知國俗, 能圖山川, 能表險難, 能制軍權." 故曰: 仁賢之智, 聖明之慮, 負薪之言, 廊廟之語, 興衰之事, 將所宜聞. 將者能思士如渴, 則策從焉."

『군참』에 실린 내용이다.
"장수는 청렴해야 하고, 차분히 가라앉을 줄 알며, 공평할 수 있고, 엄정해질 줄 알아야 한다.
간언을 받아들일 줄 알고, 시비를 가릴 수 있으며, 인재를 받아들이고, 건의를 채택할 줄도 알아야 한다.
한 나라의 풍속과 문화를 이해하고, 그 나라 산천의 형세를 그릴 줄 알며, 그 지형의 험난함을 묘사할 줄 알고, 전군의 대권을 장악할 수 있어야 한다."
그래서 이렇게 말한다.
어진 현인의 지혜로움, 명철한 성인의 전략, 하층민의 담론, 통치계급의 의론, 흥망성쇠의 역사에 대해 장수는 응당 정통해야 한다.

장수가 기갈난 듯 인재를 갈망할 수 있다면 현인의 책략이 그냥 뒤따라 온다.

―『삼략』「상략」편.

장수의 역할 『三略』「上略」

『軍讖』曰: "將之所以爲威者, 號令也; 戰之所以全勝者, 軍政也; 士之所以 輕死者, 用命也." 故將無還令, 賞罰必信, 如天如地, 乃可使人.

士卒用命, 乃可越境. 夫統軍持勢者, 將也; 制勝敗敵者, 衆也. 故亂將不可 使保軍, 乖衆不可使伐人.

『군참』에 실린 내용이다.

"장수의 위엄은 그가 명령할 권한을 갖고 있기 때문이고, 전쟁에서 완전한 승리를 거두는 것은 군정[76)]이 엄격하고 공정한 때문이며, 병사들이 죽음을 가벼이 여기는 이유는 지휘에 따른 명령에 복종하기 때문이다."

그러므로 장수가 발한 명령은 거둬질 수 없고, 상과 벌의 시행은 반드시 지켜져야 한다.

하늘의 운행이나 땅의 규율처럼 시기를 놓치지 말아야 사람을 부릴 수 있고, 병사들이 명령에 복종해야 국경을 넘어가 싸울 수 있다.

군대를 통솔해 형세를 장악하는 것은 장수의 역할이고, 승리를 제조하고 적을 패퇴시키는 일은 병사들의 몫이다.

때문에 기강을 잡지 못하는 장수는 군대를 보전할 수 없고, 명령에 불복종 하는 병사는 적과 싸움을 시키면 안 된다.

―『삼략』「상략」편.

---

76) 군정(軍政): 군사행정. 훈련과 편제, 장비와 관리 등을 두루 포괄하는 개념 이다.

장수가 새길 바 『三略』「上略」

○ 『軍讖』曰: "將謀欲密, 士眾欲一, 攻敵欲疾." 將謀密, 則奸心閉; 士眾一, 則軍心結; 攻敵疾, 則備不及設. 軍有此三者, 則計不奪. 將謀泄, 則軍無勢; 外窺內, 則禍不制; 財入營, 則眾奸會. 將有此三者, 軍必敗. 將無慮, 則謀士去; 將無勇, 則吏士恐; 將妄動, 則軍不重; 將遷怒, 則一軍懼. 『軍讖』曰: "慮也, 勇也, 將之所重. 動也, 怒也, 將之所用." 此四者, 將之明誡也.

『군참』에 실린 말이다.

"장수의 계책은 은밀해야 하고, 병사들은 하나로 뭉쳐야 하며, 적을 공격할 때는 질풍 같아야 한다."

장수의 기획이 은밀하면 첩자가 정탐할 엄두를 내지 못하고, 병사들이 일치단결하면 군대가 한마음으로 결속되며, 공격이 바람처럼 신속하면 적이 대비할 틈을 갖지 못한다. 군대가 이 세 조건을 구비하면 계획한 일이 틀어지지 않는다.

장수의 책략이 누설되면 군대에 위세가 없어지고, 외부 첩자가 아군 내부를 염탐하면 재앙을 막지 못하며, 뇌물이 영내에 반입되어 뿌려지면 온갖 간사한 자들이 꼬여든다. 장수가 이런 세 문제점에 걸려들면 그 휘하의 군대는 반드시 패하게 된다.

장수에게 깊은 생각이 없으면 도와줄 책사가 떠나가고, 용맹이 결핍되면 휘하의 군관과 병사들은 두려워서 진군하지 못한다. 장수가 경거망동하면 그 군대는 진중하지 못하고, 장수가 노여움을 삭이지 못해 제삼자에게 화풀이하면 전군이 공포에 떨게 된다.

『군참』은 이렇게 말한다.

"심모원려(深謀遠慮)와 용맹무쌍은 장수의 소중한 보배고, 행동과 분노는 장수가 운용하는 도구다."

이 네 가지는 장수가 명확히 새겨두어야 한다.

―『삼략』「상략」편.

미끼와 보상 『三略』「上略」

○ 『軍識』曰:"軍無財, 士不來. 軍無賞, 士不往." 『軍識』曰:"香餌之下, 必有死魚. 重賞之下, 必有勇夫." 故禮者, 士之所歸; 賞者, 士之所死. 招其所歸, 示其所死, 則所求者至. 故禮而後悔者, 士不往; 賞而後悔者, 士不使. 禮賞不倦, 則士爭死.

『군참』에 실린 글이다.

"군중에 재물이 없으면 사람이 찾아오지 않고, 군대에 보상이 없으면 병사가 전진하지 않는다."

『군참』에는 또 이런 글도 실려 있다.

"맛난 미끼가 꿰인 낚싯줄 아래는 반드시 물고기가 죽어 매달리고, 후한 상금 앞에는 죽음이 무섭지 않은 용사가 나타난다."

그러므로 예로 대하면 인재가 귀순해오고, 푸짐한 보상이 있으면 용사가 죽음을 무릅쓰게 된다. 깍듯한 예로 초청하고 죽음도 불사할 포상을 내보이면 구하던 인재가 제 발로 찾아오는 것이다.

원래 예를 차려도 나중에 변심하면 찾아온 용사를 붙들 수 없고, 포상한 다음 그 결정을 뒤집으면 병사를 부리지 못하게 된다. 끊임없이 예와 상을 베푼다면 병사들도 앞다퉈 죽음을 무릅쓸 것이다.

―『삼략』「상략」편.

병사를 다루는 법 『三略』「上略」

『軍識』曰:"興師之國, 務先隆恩. 攻取之國, 務先養民." 以寡勝衆者, 恩也. 以弱勝强者, 民也. 故良將之養士, 不易於身, 故能使三軍如一心, 則其勝可全.

『군참』에 실린 내용이다.

"전쟁을 일으키는 국가는 먼저 융숭한 은혜를 베풀어야 한다. 적국을 공격해 탈취하려면 우선 백성들 생활부터 안정시켜야 한다."

소수가 다수를 이기는 것은 널리 은혜를 베푼 덕분이고, 약자가 강자를 꺾는 것은 백성들 지지를 얻었기 때문이다. 그러므로 좋은 장수는 병사들을 다룰 때 마치 자기 몸뚱이처럼 그들을 아낀다. 그리하여 전군을 한마음으로 단결시켜 완전한 승리를 가능하게 만든다.

―『삼략』「상략」편.

『군참』의 가르침 『三略』「上略」

○『軍讖』曰: "軍以賞爲表, 以罰爲裏." 賞罰明, 則將威行. 官人得, 則士卒服. 所任賢, 則敵國畏.『軍讖』曰: "賢者所適, 其前無敵." 故士可下而不可驕, 將可樂而不可憂, 謀可深而不可疑."

『군참』에 실린 내용이다.

"군대는 포상을 전면에 내세우고, 안 보이는 데서 형벌로 보충한다."

상벌이 분명하면 장수의 위엄은 확실하게 세워진다. 관직 배치가 적절하면 병사들이 진심으로 승복하고, 임용된 관리가 현명하고 유능하면 적국이 두려워 떨게 된다.

『군참』에는 또 이런 말도 실렸다.

"현자가 가는 길 그 앞에는 적이 없다."

그러므로 지식인은 자신을 낮춰야 교만하면 안 되고, 장수는 늘 유쾌해야지 우울해서는 안 되며, 계책은 숙고할 수 있지만 그 실행을 망설이면 안 된다.

―『삼략』「상략」편.

『군세』의 가르침(1) 『三略·中略』

○○ 『軍勢』曰: "使義士不以財." 故義者不爲不仁者死, 智者不爲暗主謀.

『군세』에 실린 말이다.

"지조 있는 인사는 재물로 부리지 못한다."

원래 의협지사는 어질지 못한 자 때문에 목숨 바치는 일이 없고, 지모(智謀)가 뛰어난 인재는 용렬한 군주를 위해 계책을 내지 않는 법이다.

―『삼략』「중략(中略)」편.

용인술의 핵심 『三略·中略』

○○ 『軍勢』曰: "使智·使勇·使貪·使愚." 智者樂立其功. 勇者好行其志. 貪者邀趨其利. 愚者不顧其死. 因其至情而用之, 此軍之微權也.

『군세』에 실린 내용이다.

"지략이 뛰어난 자, 용감한 자, 재물을 탐내는 자, 우둔한 자를 부릴 때는 제각기 다른 방법을 사용한다."

지모가 뛰어난 자는 업적을 쌓고 싶어 하고, 용맹한 자는 그 뜻을 펼치고 싶으며, 탐욕스런 자는 이익을 쫓아가고, 우둔한 자는 자신의 죽음도 불사한다.

각자의 형편이나 성격에 맞추는 그런 용인술이야말로 군에서 사용되는 미묘하고도 심오한 수완이다.

―『삼략』「중략」편.

『군세』의 가르침(2) 『三略·中略』

○○ 『軍勢』曰: "無使辯士談說敵美, 爲其惑衆. 勿使仁者主財, 爲其多施而附於下."

『軍勢』曰: "禁巫祝. 不得爲吏士卜問軍之吉凶."

『군세』에 실린 내용이다.

"말 잘하는 변설가가 적의 장점을 떠들게 내버려두면 안 되는데, 그런 행위는 군의 사기를 흔들 수 있기 때문이다.

후덕한 이에게 재물 관리를 맡기면 안 되니, 그런 자는 마구잡이로 인심을 써 아랫사람에게 영합할 수 있기 때문이다."

『군세』에는 또 이런 글도 실려 있다.

"군대 내에서는 무당굿(巫祝)[77]을 금지해야 한다. 장교나 사병들이 군사상의 길흉화복을 점 치도록 놔두면 안 된다."

―『삼략』「중략」편.

훌륭한 장수 『尉繚子』「攻權」

○○ 尉繚子曰: 將帥者, 心也; 群下者, 支節也. 其心動以誠, 則支節必力; 其心動以疑, 則支節必背. 夫將不心制, 卒不節動, 雖勝, 幸勝也, 非攻權也.

夫民無兩畏也, 畏我侮敵, 畏敵侮我. 見侮者敗, 立威者勝. 凡將能其道者, 吏畏其將也, 吏畏其將者, 民畏其吏也, 民畏其吏者, 敵畏其民也. 是故知勝敗之道者, 必先知畏侮之權. 夫不愛說其心者, 不我用也; 不嚴畏其心者, 不我擧也. 愛在下順, 威在上立, 愛故不二, 威故不犯. 故善將者, 愛與威而已.

戰不必勝, 不可以言戰. 攻不必拔, 不可以言攻. 不然, 雖刑賞不足信也. 信在期前, 事在未兆. 故眾已聚不虛散, 兵已出不徒歸. 求敵若求亡子, 擊敵若救溺人.

---

77) 무축(巫祝): '무'는 원래 춤으로 신을 강림시키는 무당, '축'은 제사를 주관하며 축문을 읽고 신의 말씀을 전달하는 자를 가리킨다. 나중에 두 글자를 연용해 점을 치거나 제사를 관장하는 사람을 일컫게 되었다.

울료자의 말이다.

장수는 인간의 몸통으로 치자면 심장이자 마음이고, 부하들은 사지의 관절에 해당한다. 장수의 마음이 오롯하여 흔들리지 않는다면 사지 관절의 움직임에 반드시 힘이 붙는다.

장군이 의혹에 휩싸여 결단하지 못하면 병사들은 반드시 어긋나게 된다. 무릇 장군이 마음을 정하지 못해 우물쭈물하면 병사들은 따로 노는 관절처럼 제멋대로 움직이게 된다. 전투에서 이기더라도 요행에 불과할 뿐 책략으로 공격해 따낸 승리가 아닌 것이다.

백성들은 적군과 아군 양쪽을 다 무서워하진 않는다. 아군이 무서우면 적을 깔보고, 적이 무서우면 아군을 경멸한다. 경멸 당하는 쪽은 패배하고, 권위를 세우는 쪽은 승리한다. 무릇 장수가 그런 이치에 정통할 수 있으면 휘하 군관은 자기 장수를 두려워하게 된다. 군관이 그 장수를 두려워하면 사병도 자기 군관을 두려워하고, 사병이 자기 군관을 두려워하면 적들도 그 병사들을 두려워하게 된다. 이런 까닭에 승패의 이치를 꿰뚫은 자는 반드시 두려움과 경멸의 심리를 작전에 먼저 응용할 줄 안다.

대저 사랑으로 부하들 마음을 감복시키지 못하면 그들을 내 뜻대로 부리지 못하고, 엄정함으로 부하들 마음을 떨게 하지 못하면 그들도 내 지시에 따르지 않게 된다. 사랑이 있으니 병사들은 순종하고, 권위가 인정되니 장군은 윗자리에서 당당해진다. 부하를 아끼기 때문에 병사들이 딴마음을 품지 못하고, 위엄을 떨치는 까닭에 부하들은 지시를 어기지 못하는 것이다. 그러므로 훌륭한 장수는 다만 부하들을 아끼고 권위를 세울 뿐이다.

반드시 이겨야 할 싸움이 아니라면 경솔하게 작전을 언급하지 않는다. 기필코 성공해야 할 공격이 아니라면 함부로 진격을 제안하지도 않는다. 그렇지 않다면 상과 벌을 제아무리 남발해도 부하들 신임은 얻지 못한다. 신망은 전쟁 발발 전에 획득하고, 사건은 조짐이 보일 때 미리 예견해야 한다. 그리하여 백성들이 집결한 다음에는 하릴없이 해산하지 못하게 하고, 군대가 이미 출발했다면 빈손으로 회군하지 못하게 만든다. 적을 추격할 때는 잃어버린 아이를 찾듯 끝장을 봐야 하고, 적을 타격할 때는 물에 빠진 사람을 구하듯 망설이지 말아야 한다.

―『울료자』「공권(攻權)」편.

나라의 근본 임무 『尉繚子』「戰威」

尉繚子曰: 地所以養民也, 城所以守地也, 戰所以守城也, 故務耕者民不飢, 務守者地不危, 務戰者城不圍. 三者, 先王之本務也, 本務者, 兵最急. 故先王專務於兵有五焉: 委積不多, 則士不行; 賞祿不厚, 則民不勸; 武士不選, 則眾不強; 備用不便, 則力不壯; 刑罰不中, 則眾不畏. 務此五者, 靜能守其所固, 動能成其所欲. 夫以居攻出, 則居欲重, 陣欲堅, 發欲畢, 鬥欲齊.

王國富民, 伯國富士, 僅存之國富大夫, 亡國富食府. 所謂上滿下漏, 患無所救.

울료자의 말이다.

토지는 백성을 부양하는 수단이고, 성곽은 땅을 지키기 위한 시설이며, 전투는 도시를 지키기 위한 방편이다. 그래서 농경에 힘쓰는 나라는 백성이 굶주리지 않고, 방어에 치중하는 나라는 국토가 위험에 처하지 않으며, 전투에 진력하는 나라는 도시가 포위되지 않는다. 이 세 가지는 고대의 현명한 군주가 확립한 나라의 근본 임무였다.

근본적인 임무 중에도 군사(軍事) 문제는 가장 긴급한 사안인 까닭에 선왕께서는 그중 다섯 사안에 특히 전념하셨다.

첫째, 양식이나 물자의 비축량이 부족하면 군대는 출동하지 않는다.

둘째, 포상이나 봉록이 후하지 않으면 백성들은 온 힘을 다 쏟지 않는다.

셋째, 지휘관 선발이 잘못되면 군대는 전투력을 상실한다.

넷째, 비품 사용에 여유가 없으면 사기도 덩달아 떨어진다.

다섯째, 상벌이 공평하지 않으면 두려움으로 병사들을 복종시킬 수 없다.

이상 다섯 가지 문제의 해결에 힘쓰면 전쟁하지 않을 때라도 그 수비가 견고하고, 출동하게 되면 원하는 바를 이룰 수 있다.

무릇 수비에서 공격으로 바뀌면 방어가 안정되고, 진지는 견고하며, 출동했을 때 병사들이 사력을 다하고, 전투 대형은 일사불란해진다.

왕업(王業)을 달성한 나라는 백성들이 부유하고, 패업을 이룬 나라는 사[78]가 부자가 되며, 명맥만 간신히 유지하는 나라는 대부(大夫)가 부유하고, 멸망이 임박한 나라는 왕의 창고만이 풍요롭다. 이른바 상층부는 재물이 흘러넘치지만 하층부는 다 새서 남는 것이 없으니, 일단 환란이 발생하면 구제할 길이 없게 된다.

—『울료자』「전위(戰威)」편.

신용의 중요성 『尉繚子』「戰威」

○○ 尉繚子曰: 令者, 一衆心也. 衆不審則數變, 數變則令雖出, 衆不信矣. 故令之法, 小過無更, 小疑無申. 故上無疑令, 則衆不二聽, 動無疑事, 則衆不二志. 未有不信其心, 而能得其力者也; 未有不得其力, 而能致其死戰者也. 故國必有禮信親愛之義, 則可以飢易飽; 國必有孝慈廉恥之俗, 則可以死易生.

울료자의 말이다.

군중에서 발하는 호령(號令)은 모두의 마음을 하나로 통일시킨다.

일반 장교들은 제대로 살피지도 않고 수시로 호령을 변경하는데, 자주 바뀌면 호령이 발포되어도 장병들이 불신하게 된다.

---

[78] 사(士)는 고대의 지배층 가운데 가장 낮은 계층. 서주에서 춘추시대까지 상층부는 대략 천자·제후·경·대부·사 등 다섯 계층으로 나뉘는데, 전국시대에 이르자 주나라 천자는 유명무실한 존재가 되었다. 경(卿) 중에 일부는 제후(諸侯)로 올라가고, 대다수는 대부(大夫)에 편입되어 상대부(上大夫)로 일컬어졌다. 즉 당시의 지배층은 제후·대부·사의 세 계층으로 분류할 수 있다.

그러므로 호령의 발포에는 방법이 있다.

사소한 오류가 있어도 변경하지 않고 소소한 의문이 있더라도 처음부터 다시 설명하지 않는다.

원래 상관이 미심쩍은 명령을 내리지 않으면 부하들도 어느 장단에 맞출지 헤매는 혼란이 없는 법이다.

상관의 행사가 어물쩍 않고 단호하면 장병들도 딴마음을 품지 못한다.

마음으로부터 신임을 얻지 못하는데 자발적으로 온 힘을 다하는 그런 일은 있을 수가 없다.

병사들이 전력을 다하게 하지도 못하면서 그들에게 목숨 걸고 싸우게 만들 수는 없는 것이다.

그러므로 국가는 반드시 예를 숭상하고 신의를 지키며 인을 받들고 사람을 사랑하는 기풍이 있어야 하니, 그러면 굶주림을 극복하고 배부르게 만들 수 있다.

국가라면 반드시 효와 자애, 염치(廉恥)의 풍속을 조성해야 하니, 그러면 전쟁에서 승리해 죽음을 삶으로 바꾸게 된다.

—『울료자』「전위」편.

울료자의 말씀 『尉繚子』 「武議」

○○ 尉繚子曰: 夫將提鼓揮枹, 臨難決戰, 接兵角刃. 鼓之而當, 則賞功立名; 鼓之而不當, 則身死國亡. 是存亡安危, 在於枹端, 奈何無重將也? 夫提鼓揮枹, 接兵角刃, 此將軍也. 君以武事成功者, 臣以爲非難也. 鷙鳥逐雀, 有襲人之懷, 入人之室者, 非出生也, 後有憚也.

울료자의 말이다.

무릇 장수는 북채를 휘두르며 전군을 지휘하고, 위난에 처해 결전을 치르며, 적과 직접 맞붙어 백병전을 벌인다.

지휘가 타당하면 전공을 세워 이름을 드날리지만, 지휘가 부적절하면 본인은 죽고 나라도 망하게 된다.

이는 국가의 존망과 안위가 지휘관의 북채 끝에 달렸음이니, 장수의 역할이 어찌 막중하지 않으랴!

무릇 북을 울려 전군을 지휘하고 적과 맞붙어 접전을 벌이는 이런 일은 장군의 임무다.

군주가 무력에 기대 대업을 이루고 싶은데, 신하는 (성패의 관건이 장수의 선택에 달린 까닭에) 그것이 어려운 일이 아니라고 생각한다.

사나운 독수리가 참새를 뒤쫓으면 어떤 참새는 사람 품으로 날아들고 방 안까지도 따라들어온다.

타고난 본성 때문이 아니라 배후에 무서운 놈이 노리고 있어서다.[79]

―『울료자』「무의(武議)」편.

장수의 임무 『尉繚子』「武議」

○○○ 尉繚子曰: 夫將者, 上不制於天, 下不制於地, 中不制於人. 故兵者, 凶器也; 爭者, 逆德也; 將者, 死官也. 故不得已而用之. 無天於上, 無地於下, 無主於後, 無敵於前. 一人之兵, 如狼如虎, 如風如雨, 如雷如霆, 震震冥冥, 天下皆驚.

勝兵似水. 夫水至柔弱者也, 然所觸丘陵必爲之崩, 無異也, 性專而觸誠也. 今以莫邪之利, 犀兕之堅, 三軍之衆, 有所奇正, 則天下莫當其戰矣. 故曰: 擧賢用能, 不時日而事利; 明法審令, 不卜筮而獲吉. 貴功養勞, 不禱祠而得福. 又曰, 天時不如地利, 地利不如人和. 古之聖人, 謹人事而已. 吳起與秦戰, 舍不平隴畝, 樸樕蓋之, 以蔽霜露, 如此何也? 不自高人故也. 乞人之死不索尊, 竭人之力不責禮, 故古者甲冑之士不拜, 示人無己煩也. 夫煩人而欲乞其死·

---

[79] 이 문장은 『울료자』「무의」편의 여러 단락에서 임의로 뽑아 합성한 까닭에 문맥의 연결이 약간 부자연스럽다.

竭其力, 自古至今, 未嘗聞矣. 將受命之日忘其家, 張軍宿野忘其親, 援枹而鼓忘其身. 吳起臨戰, 左右進劍. 起曰:"將專主旗鼓爾, 臨難決疑, 揮兵指刃, 此將事也. 一劍之任, 非將事也." 三軍成行, 一舍而後成三舍, 三舍之餘, 如決川源. 望敵在前, 因其所長而用之. 敵白者堊之, 赤者赭之. 吳起與秦戰, 未合, 一夫不勝其勇, 前獲雙首而還, 吳起立斬之. 軍吏諫曰:"此材士也, 不可斬!" 起曰:"材士則是矣, 非吾令也." 斬之.

울료자의 말이다.

군을 통솔하는 장수는 위로 하늘의 제재를 받지 않고, 아래로 땅의 제약을 받지 않으며, 가운데로 인간에게 속박당하지 않는다. 그래서 군대는 흉기인 것이고, 전쟁은 도덕에 어긋나는 행사이며, 장수는 죽음을 집행하는 관리가 된다. 때문에 군대는 부득이한 상황에서만 동원해야 한다. 일단 전쟁이 벌어지면 장수는 위로 하늘이 없고, 아래로 땅을 돌아보지 않으며, 뒤에 있는 군주도 상관 않고, 앞에 있는 적도 아랑곳하지 않는다. 한 사람의 움직임인 양 단결된 군대는 호랑이나 늑대처럼 사납고, 바람이나 비처럼 속도가 빠르며, 천둥벼락처럼 급작스럽게 몰아친다. 기세는 등등하고 실력은 헤아릴 수 없어 온 천하 사람을 모두 놀라게 한다.

승리하는 군대는 비유컨대 물 같은 성질을 갖는다. 물은 지극히 부드럽고 약하다. 하지만 연속으로 부딪치면 태산준령도 반드시 무너뜨리는데, 다른 이유가 있어서가 아니라 그 성질이 한결같고 충격은 지속적으로 이뤄지기 때문이다. 지금처럼 막야[80]의 예리함과 무소가죽으로 만든 단단한 갑옷, 삼군의 수많은 군사, 기정[81]의 교묘한 운용에 의거해 진격한다면 천하의 누

---

80) 막야(莫邪): 고대의 명검 이름. 춘추시대 오나라의 간장(干將)과 그의 처 막야가 두 자루의 칼을 만들어 각각 간장과 막야라는 이름을 붙이고 오왕 합려(闔廬)에게 바쳤다는 기록이 『오월춘추』권4에 보인다. 이후 잘 벼려진 예리한 칼을 가리키는 말이 되었다.
81) 기정(奇正): 군사활동에서 병력의 배치나 작전이 직접적·전면적·상시적으로

구라도 당해낼 재간이 없을 것이다. 그래서 현인을 발탁하고 유능한 자를 등용하면 길일을 택하지 않아도 매사가 순조롭게 진행된다 말했다. 법과 명령이 명확하고 엄정하면 거북점 시초점을 치지 않아도 행운이 찾아들고, 전공을 세운 자의 지위를 높여주고 수고한 이를 대접하면 제사 드리고 기도하지 않아도 복을 얻는다고도 했다. 그래서 또 천시(天時)는 지리(地利)만 못하고, 지리는 인화(人和)만 못하다고 말했다. 고대의 성인은 다만 인사(人事)를 신중하게 처리하실 뿐이었다.

오기(吳起)는 진(秦)나라와의 전쟁으로 야외에서 숙영을 할 때 땅바닥의 굴곡을 평평하게 고르지 않고 잔가지를 지붕으로 삼아 서리와 이슬을 피했다. 왜 그랬을까? 자신이 다른 사람보다 높은 데 있지 않음을 내보이기 위해서였다. 남들이 목숨을 내놓고 충성하길 바란다면 자신에 대한 존경을 강요해선 안 되고, 전력을 다해 일해주길 바란다면 번거로운 예절로 괴롭혀서도 안 된다. 그래서 옛날에 갑옷으로 무장한 장수는 무릎 꿇고 엎드려 절하지 않았는데, 자기 때문에 남들에게 불필요한 번거로움을 끼치지 않기 위해서였다. 남에게 폐를 끼치는 주제에 그들이 목숨 내놓고 진력하기를 바라는데, 자고이래 지금까지 그런 일은 있지 않았다. 장수는 군주에게 명을 받는 그날부터 자기 집을 잊는다. 군대를 배치하고 야외에 숙영하게 되면 그때부터 부모를 잊고, 북채를 잡고 진두지휘하면서부터는 자기 몸뚱이를 잊는다.

오기는 전쟁에 나서기 전 측근이 보검 한 자루를 바치자 이렇게 말했다. "장군은 오직 깃발과 전고(戰鼓)만을 주관한다. 어려움에 처했을 때 해결방안을 찾고 병사들의 백병전을 지휘하는 그런 것이 장수의 일이다. 칼 한 자루 쥐고서 전선에 나서 적들을 찔러 죽이는 것은 장군의 임무가 아니다."

이뤄지면 '정병(正)', 간접적·특수적·비정기적으로 이뤄지면 '기병(奇)'라고 부른다. 병가 중에 손자는 특히 기정의 운용을 중시해 「세(勢)」편에서 이를 집중적으로 다뤘다. 노자 역시 『도덕경』 제57장에서 "정도로 나라를 다스리고, 기책으로 용병에 임한다(以正治國, 以奇用兵)."는 말을 남기고 있다.

전군이 대오를 정비하고 하루에 1개 군단씩 출발해 삼십 리를 가니 사흘 만에 구십 리에 이르는 군영이 형성되었다. 진영이 구축되고 나자 전군의 기세는 마치 강둑이라도 터진 듯 아무도 막을 수가 없었다. 그들은 전방의 적을 관찰하고 그 특징에 상응하는 전법을 구사했는데, 적이 흰색으로 표시하면 흰색을 쓰고 붉은색 표식을 쓰면 붉은 색깔에 맞추는 식으로 혼란을 야기시켰다.

오기가 진나라와 싸울 때였다. 아직 맞붙기 전인데 한 병사가 혈기를 억누르지 못하고 앞으로 뛰쳐나가더니 적의 수급 두 개를 획득해 귀환했다. 오기가 그 자리에서 당장 참수를 명하자, 군관들이 만류하고 나섰다.

"이 사람은 무예가 뛰어난 용사니 죽이시면 안 됩니다."

오기가 말했다.

"용사인 것은 확실하지. 그러나 내 명령을 위반했다."

그리고 곧 목을 베어버렸다.

—『울료자』「무의(武議)」편.

최고의 겸손 『司馬法』「天子之義」

○○『司馬法』曰: 賞不逾時, 欲民速得爲善之利也. 罰不遷列, 欲民速睹爲不善之害也. 大捷不賞, 上下皆不伐善. 上苟不伐善, 則不驕矣; 下苟不伐善, 必亡等矣. 上下不伐善若此, 讓之至也. 大敗不誅, 上下皆以不善在己. 上苟以不善在己, 必悔其過; 下苟以不善在己, 必遠其罪. 上下分惡若此, 讓之至也. 古者戍軍, 三年不典, 睹民之勞也. 上下相報若此, 和之至也. 得意則愷歌, 示喜也. 偃伯靈台, 答民之勞, 示休也.

『사마법』에 나오는 말이다.

포상은 때를 넘기지 말아야 하니, 백성들이 선행의 이로움을 조속히 획득할 수 있어야 하기 때문이다. 벌을 줄 때는 그 자리에서 당장 집행해야 하는데, 백성들에게 악행의 해악을 신속히 보여줘야 하기 때문이다. 대승을 거둔 뒤 포상하지 않으면 지위 고하를 막론해 공적을 내세우지 않게 된다. 윗사람이 전공을 자랑하지 않으니 교만해질 리 없고, 아랫사람이 공로를 내세우지 않으니 등급에 차별이 생겨나지 않는다. 이처럼 위아래가 다 같이 자기 공을 떠벌리지 않는 것이 바로 최상의 겸손이다.

전쟁에서 대패했는데 징벌하지 않으면 상하가 모두 자기 잘못으로 생각하게 된다. 윗사람이 만약 자기에게 잘못이 있다고 인식하면 반드시 그 허물을 반성하게 되고, 하급자가 제 잘못을 깨닫는다면 같은 죄를 짓지 않으려 애쓰게 된다. 이처럼 위아래가 똑같이 책임을 나누는 것이야말로 최고의 겸양이다.

고대에는 변방에서 수자리 일 년을 살면 삼 년 동안 징발하지 않았는데, 백성들의 노고를 직접 눈으로 본 까닭이었다. 상하가 이렇듯 서로에게 보답하는 그것이 바로 최고의 화합이다.

승리하고 돌아오며 개선가를 부르는 것은 기쁨을 표시하기 위해서였다.

패권 전쟁이 끝난 뒤 영대[82]를 높이 쌓아 백성들 수고에 보답한 것은 앞으로 싸우지 않고 휴식하겠다는 의지의 표현이었다.

─『사마법』「천자지의(天子之義)」편.

장수의 다섯 가지 덕목『吳子』「論將」

○○ 吳子曰: 夫總文武者, 軍之將也. 兼剛柔者, 兵之事也. 凡人論將, 常觀於勇. 勇之於將, 乃數分之一爾. 夫勇者必輕合, 輕合而不知利, 未可也. 故將之所慎者五: 一曰理, 二曰備, 三曰果, 四曰戒, 五曰約. 理者, 治衆如治寡. 備

---

82) 영대(靈臺): 주 문왕이 풍(豐, 지금의 섬서성 호현戶縣 풍수豐水의 서쪽)에 건립했다는 누각.『시경』「대아·문왕지십(大雅·文王之什)」의 첫 번째 시 제목이기도 한데, 문왕이 백성들의 호응을 얻어 영대를 며칠 만에 축성한 덕을 칭송한다는 내용이다.

者, 出門如見敵. 果者, 臨敵不懷生. 戒者, 雖克如始戰. 約者, 法令省而不煩. 受命而不辭家, 敵破而後言返, 將之禮也. 故師出之日, 有死之榮, 無生之辱.

오자의 말이다.

대저 문무를 겸비한 자라야 장수의 임무를 감당하고, 부드러움과 강함을 함께 갖춘 자라야 병사들을 작전에 투입할 수 있다. 사람들은 장수에 관해 논할 때 항용 그 용맹함만을 본다. 그렇지만 용기는 장수에게 필요한 여러 덕목 중 하나일 뿐이다. 용감한 자는 필시 경솔하게 적과 맞붙어 경망스럽게 접전하며 이해득실을 따질 줄 모른다.

원래 장수가 신중하게 살펴야 할 덕목이 다섯인데, 첫째는 통솔력(理), 둘째는 준비성(備), 셋째는 과단성(果), 넷째는 조심성(戒), 다섯째는 간결성(約)이다.

통솔력은 다수의 병사를 마치 몇 안 되는 소수처럼 다루는 관리능력을 말한다. 준비성은 부대가 영문을 나선 순간부터 흡사 적이 눈앞에 있는 듯 대비하는 태세이고, 과단성(果)은 적과 마주쳤을 때 삶에 대해 더 이상 미련이 없는 마음가짐이다. 조심성은 승리한 다음도 처음 출전할 때처럼 신중한 자세이고, 간결성은 법령이 간략해서 번잡하지 않은 단순성을 뜻한다.

작전 명령을 받으면 사양하며 뒤로 빼지 않고 적을 무찌른 다음에야 귀향을 말하는 것이 장수의 예의다. 그러므로 출정하는 그날부터 장수에게는 전장에서 죽는 영광만 있을 뿐 치욕스럽고 구차한 삶은 존재하지 않는다.

―『오자』「논장(論將)」편.

전쟁에 대처하는 방법 『吳子』「圖國」

○ 吳子曰: 凡兵之所起者有五. 五者之數, 各有其道: 義必以禮服, 強必以謙服, 剛必以辭服, 暴必以詐服, 逆必以權服.

오자의 말이다.

전쟁의 발발에는 대략 다섯 가지 원인이 있다.

다섯 가지 원인에서 일어났기 때문에 대처하는 방법도 제각기 다르다.

명분을 추구하는 의병(義兵)은 반드시 예의로 굴복시키고, 힘만 믿고 덤비는 강병(強兵)은 겸양으로 길들이며, 한때의 분노를 이기지 못해 떨쳐 일어난 강병(剛兵)은 언어로 승복시키고, 이익을 탐해 일어난 폭병(暴兵)은 속임수로 제압하고, 나라가 피폐할 때 들고일어난 역병(逆兵)은 권도로 굴복시켜야 한다.

―『오자』「도국」편.

오자의 용병『吳子』「治兵」

• 吳子曰: 凡兵戰之場, 止屍之地. 必死則生, 幸生則死. 其善將者, 如坐漏船之中, 伏燒屋之下, 使智者不及謀, 勇者不及怒, 受敵可也. 故曰: 用兵之害, 猶豫最大. 三軍之災, 生於狐疑.

오자의 말이다.

무릇 싸움이 벌어지는 전쟁터는 시신이 나뒹굴고 피가 흐르는 땅이다. 반드시 죽겠다고 각오하면 살 길이 열리고, 살겠다고 요행을 기도하면 죽는다. 훌륭한 장군은 흡사 물이 새는 배 안에 들어앉은 듯, 화재로 훨훨 타오르는 집안에 숨기라도 한 것처럼 작전을 지휘한다. 제아무리 총명한 적도 대응할 꾀를 찾지 못하고, 용감한 적의 분노도 미치지 못하게 만드는데, 그래야 아군도 적을 맞아 응전할 수 있다.

원래 작전을 지휘할 때 우물쭈물 망설이는 것은 가장 큰 해악이라고 말한다. 전군의 재앙은 여우처럼 의심이 많은 데서 비롯되기 때문이다.

―『오자』「치병(治兵)」편.

오자의 작전술 『吳子』「論將」

• 吳子曰: 夫鼙鼓金鐸, 所以威耳. 旌旗麾幟, 所以威目. 禁令刑罰, 所以威心. 耳威於聲, 不可不清. 目威於色, 不可不明. 心威於刑, 不可不嚴. 三者不立, 雖有其國, 必敗於敵. 故曰: 將之所麾, 莫不從移; 將之所指, 莫不前死.

오자의 말이다.

전쟁터에서 북소리 징소리는 귓가에 찌렁찌렁 울려야 하고, 행군 방향을 알리는 깃발은 한눈에 확 들어와야 하며, 금령과 형벌은 그 위력에 마음이 오그라들어야 한다.

귓가에 쟁쟁 울리려면 소리가 맑고 뚜렷하지 않으면 안 된다. 눈에 잘 띄게 하려면 색깔이 선명하지 않으면 안 된다. 마음으로 복종하게 만들려면 형벌이 엄정하지 않을 수 없다.

이 세 가지가 확립되지 않으면 나라가 보존되더라도 결국은 적한테 패하게 된다.

그래서 이런 말이 있다.

병사들은 장수의 지휘 방향으로 움직이지 않을 수 없고, 장수가 가리키는 곳으로 전진하며 죽음을 무릅쓰지 않을 수 없다고 말이다.

—『오자』「논장(論將)」편.

오자의 작전 지휘 『吳子』「論將」

• 吳子曰: 凡戰之要, 必先占其將而察其才, 因其形而用其權, 則不勞而功擧. 其將愚而信人, 可詐而誘; 貪而忽名, 可貨而賂; 輕變無謀, 可勞而困. 上富而驕, 下貧而怨, 可離而間; 進退多疑, 其衆無依, 可震而走; 士輕其將而有歸志, 塞易開險, 可邀而取; 進道易, 退道難, 可來而前; 進道險, 退道易, 可薄而擊; 居軍下濕, 水無所通, 霖雨數至, 可灌而沈; 居軍荒澤, 草楚幽穢, 風飆數至, 可焚而滅; 停久不移, 將士懈怠, 其軍不備, 可潛而襲.

오기의 말이다.

작전에 임할 때의 요령이라면 우선 적장이 어떤 인물인지 필수적으로 탐지하고 그 재능을 충분히 살핀다. 그런 뒤 적의 상황에 따라 그때그때 적절한 방도를 취한다면 힘들이지 않고도 전공을 세울 수 있다.

적장이 우매해 사람을 쉽게 믿는 자라면 속임수를 써서 유인하고, 탐욕스럽고 명예를 가벼이 여긴다면 재물을 써서 회유하며, 경망스러워 변덕이 죽 끓고 책략이 뭔지 모른다면 피곤해지도록 성가시게 군다. 상급자가 부유하고 교만한 반면 하급자는 가난해 적개심에 불탄다면 둘 사이를 부추겨 이간질시킨다. 진퇴를 놓고 우물쭈물 망설여서 그 부하들에게 기댈 데가 없다면 위세를 과시함으로써 놀라 달아나게 만든다.

병사들이 자기 장수를 깔보면서 집에 가고 싶어 할 때 편한 길은 차단하고 험로를 열어준 뒤 도중에 가로막아 싸우면 승리할 수 있다. 적의 진격로는 평탄한데 퇴로가 험준하다면 앞으로 나오도록 유인해 공격한다. 반대로 진격로는 험하고 도망갈 길이 평탄하다면 다가올 때까지 기다렸다가 압박해 쓸어버린다. 적이 저지대 습지에 주둔했는데 물길이 막혀 있고 큰비가 자주 내린다면 홍수를 유발해 수장시킨다. 적이 주둔한 소택지에 잡초와 관목이 무성히 우거졌고 회오리바람이 자주 분다면 불을 질러 절멸시킬 수 있다. 적군이 한군데 오래 머물면서 이동하지 않고 장병들이 나태하며 경계가 소홀하다면 몰래 잠입해 기습해도 된다.

—『오자』「논장」편.

오자가 대적하는 법 『吳子』「論將」

○ 武侯問曰: "兩軍相望, 不知其將, 我欲相之, 其術如何?" 起對曰: "令賤而勇者, 將輕銳以嘗之, 務於北, 無務於得, 觀敵之來, 一坐一起. 其政以理, 其追北佯爲不及, 其見利佯爲不知, 如此將者, 名爲智將, 勿與戰矣. 若其衆歡譁, 旌旗煩亂, 其卒自行自止, 其兵或縱或橫, 其追北恐不及, 見利恐不得, 此爲愚將,雖眾可獲."

무후가 물었다.

"양측 군대가 대치하고 있는 상황인데 적장에 대해 아는 바가 없소. 그가 누군지 알아보려면 어떤 수단을 써야 할까?"

오기가 대답했다.

"지위는 낮지만 용감한 자에게 이렇게 명령하십시오. 가볍게 무장한 정예 병들을 이끌고 가서 시험삼아 건드려보되 달아나는 데만 치중하고 전과는 염두에 두지 않으면서 적들의 일거수일투족을 관찰하라고 말입니다. 만약 적장의 지휘에 조리가 있고, 도망하는 군대를 추격함에 짐짓 따라잡지 못하는 척하고, 전리품을 보고서도 못본 척한다면, 그 장수는 지모가 남다른 자이니 맞붙어 교전하지 말아야 합니다. 혹은 쫓아오는 적들이 시끌벅적 소란스럽고, 깃발이 어지럽게 뒤섞였으며, 병사들 행동이 제멋대로이고, 무기들은 어수선하게 여기저기 흩어졌으며, 추격할 때는 따라잡지 못할까봐 조바심을 내고, 전리품 노획에 전전긍긍할 수도 있습니다. 이는 적의 장수가 어리석은 경우니, 적군 숫자가 아무리 많아도 그를 생포할 수 있습니다."

―『오자』「논장」편.

강국이 되는 법『吳子』「勵士」

○○○ 武侯問曰:"嚴刑明賞,足以勝乎?"起對曰:"嚴明之事,臣不能悉. 雖然,非所恃也. 夫發號布令而人樂聞,興師動眾而人樂戰,交兵接刃而人樂死. 此三者,人主之所恃也."武侯曰:"致之奈何?"對曰:"君擧有功而進饗之,無功而勵之."於是武侯設坐廟廷,爲三行饗士大夫. 上功坐前行,看席兼重器上牢;次功坐中行,看席器差減;無功坐後行,看席無重器. 饗畢而出,又頒賜有功者父母妻子於廟門外,亦以功爲差. 有死事之家,歲遣使者勞賜其父母,著不忘於心. 行之三年,秦人興師臨於西河,魏士聞之,不待吏令,介胄而奮擊之者以萬數.

　武侯召吳起而謂曰: "子前日之教行矣." 起對曰: "臣聞人有短長, 氣有盛衰. 君試發無功者五萬人, 臣請率以當之. 脫其不勝, 取笑於諸侯, 失權於天下矣. 今使一死賊伏於曠野, 千人追之, 莫不梟視狼顧. 何者? 恐其暴起而害己也. 是以一人投命, 足懼千夫. 今臣以五萬之衆, 而爲一死賊, 率以討之, 固難敵矣."

　— 以上皆言將與法

무후가 물었다.
"상벌을 엄정하고 공정하게 시행하면 전쟁에 이길 수 있을까?"
오기가 대답했다.
"상벌의 엄정성과 투명성에 관한 일은 제가 잘 알지 못합니다. 설사 그럴 수 있더라도 거기에만 의지해서도 안 되고요. 포고와 명령을 발하면 사람들이 즐거이 순종하고, 전쟁에 나가라고 군사들을 동원해도 기쁘게 참전하며, 칼날이 난무하는 적진으로 돌진하며 기꺼이 목숨을 내놓아야 하지요. 이 세 가지야말로 군주가 의지해야 할 바입니다."
"어찌해야 그런 상황을 만들 수 있겠소?"
"임금께서는 전공을 세운 이들을 불러들여 연회를 열고, 전공이 없는 자들은 격려하십시오."
이렇게 해서 무후는 묘당에 연석을 마련한 뒤 자리를 세 줄로 나누고 장교들을 대접했다. 으뜸가는 공을 세운 이들은 앞줄에 앉히고 최고의 음식을 냈는데, 귀한 그릇에 산해진미(上牢)[83]가 그득히 담겨 나왔다. 둘째 줄에는 이등급에 해당하는 유공자들이 앉았고 음식과 그릇이 등급에 맞게 차감되어

---

83) 상뢰(上牢): 태뢰(太牢)라고도 한다. 고대의 연회나 제사에서 상차림에 소·양·돼지가 모두 올라오면 이를 '태뢰' 혹은 대뢰(大牢)라고 불렀다. '뢰'는 제사 때 사용하는 희생으로, 태뢰는 최고의 대접을 뜻한다.

나왔다.

　공을 세우지 못한 자들은 뒷자리에 앉았는데, 술상만 나왔을 뿐 비싼 그릇에 담긴 음식은 없었다. 연회가 파한 뒤에는 다시 묘당 바깥에서 유공자의 부모와 처자에게 상을 내렸는데, 그 역시 공적 정도에 따라 차등이 매겨졌다. 나라를 위해 전사한 장병의 가족에게는 매년 사자를 파견해 그 부모를 위로하고 상을 내려 마음으로부터 그들을 잊지 않고 있음을 나타냈다. 이렇게 삼 년을 시행한 즈음, 진(秦)나라가 군사를 동원해 서하[84]를 침범해왔다. 위(魏)나라 장병들은 소식을 듣자마자 관리의 명을 기다릴 새도 없이 갑옷과 투구를 갖춰 입고 떨쳐 나선 자가 수만을 헤아렸다.

　무후가 이에 오기를 불러들여 치하했다.

　"그대의 예전 가르침이 이제 효과를 보고 있소이다."

　오기가 대답했다.

　"신이 듣자옵건대 누구나 단점과 장점이 있고 장병들의 사기 역시 왕성하고 쇠락할 때가 있다고 했습니다. 임금께서는 공을 세우지 못했던 오만 명 장병을 이참에 한번 파견해보시면 어떨까요? 청컨대 신이 그들을 이끌고 진나라 군사를 막아보겠습니다. 만약 이기지 못한다면 제후들의 비웃음을 사고 이 천하에 설 자리가 없어지겠지요.

　이제 죽음을 두려워하지 않는 도적 한 놈이 너른 들판에 숨고 천 명의 군사가 그를 추격한다고 한번 가정해보겠습니다. 그 경우는 누구라도 올빼미 눈으로 사방을 살피고 늑대처럼 전후좌우 돌아보지 않을 수가 없을 것입니다. 왜 그럴까요? 어느 순간 도적놈이 벌떡 일어나 자기를 해칠까봐 두렵기 때문이지요. 이런 연유로 한 사람이 목숨을 건다면 천 명은 너끈히 공포에 떨게 할 수가 있습니다. 지금 제가 오만 명의 병사 각각을 그 도적놈처럼 만들고 그들을 인솔해 정벌에 나선다면 정녕코 적을 곤경으로 몰아넣게 될 것

---

84) 서하(西河): 춘추와 전국시대에는 산서성과 섬서성 사이, 황하 남단의 서쪽 지역을 가리키는 지명이었다.

입니다."

―『오자』「려사(勵士)」편.

이상은 모두 장수와 법령에 관한 말씀.

「시계」편 이탁오 총평 「始計」李贄總評

卓吾子曰: 夫法者, 將之所設, 亦將之所守也. 故語將而法自寓矣. 合而言之, 是五事也. 凡爲將者, 孰不熟聞之乎? 苟或語之以此五事, 又孰不以爲皆老將之所常談乎? 然其實不知也. 其實不知, 則雖曰聞五事, 何益歟? 故曰: "此五者, 將莫不聞, 知之者勝, 不知者不勝." 聞之而不知, 此將之所以難也. 李衛公亦有五事之目, 與此同, 而意各別. 余謂必如此, 乃可謂眞知五事者. 故具錄如左, 以備參考.

탁오자는 말한다.

대저 법령이란 장수가 만들지만 한편으로는 또 장수가 준수해야 할 바이기도 하다. 그래서 장수에 관해 말하면 법은 저절로 그 안에 포함된다. 그런 내용을 종합해 정리한 것이 바로 『손자병법』의 '다섯 사안(五事)'이다. 무릇 장수된 자라면 누군들 오사에 관해 지겹도록 공부하지 않으랴? 만약 어떤 이가 손자의 오사를 말한다면 또 누군들 경험 많은 노장이 항상 떠들던 내용이라고 여기지 않겠나? 하지만 그들은 사실 그 내용을 잘 알지 못한다. 그 실상을 모른다면 제아무리 날마다 오사를 공부한들 그것이 무슨 도움이 되랴? 그래서 손자는 "이 다섯 가지는 장수가 공부하지 않을 수 없으니, 통달한 자는 승리하고 그렇지 못한 자는 패배한다"고 말했다. 공부해도 확실히 알기 어렵다는 이 부분은 장수의 애로사항이다. 이위공[85] 역시 오사 명목의 논설이 있다는 점은 손자와 같지만 의미는 각기 구별된다. 나는 반드시 이위공 정도는 되어야만 진짜로 오사를 안다 말할 수 있다고 생각한다. 그래서 아래와 같이 베껴놓음으로써 참고자료로 구비했다.

병법의 등급 『唐太宗李衛公問對』 卷下

太宗曰: "兵法孰爲最深者?" 靖曰: "臣嘗分爲三等, 使學者當漸而至焉. 一曰道, 二曰天地, 三曰將法. 夫道之說, 至微至深, 『易』所謂'聰明睿智神武而不殺者'是也. 夫天之說陰陽, 地之說險易, 善用兵者, 能以陰奪陽, 以險攻易, 孟子所謂'天時·地利'者是也. 夫將法之說, 在乎任人·利器, 『三略』所謂得士者昌·管仲所謂器必堅利者是也."

태종이 물었다.

"병법에서 무엇이 가장 심오한가?"

이정이 말했다.

"저는 일찍이 세 등급으로 나누고 공부하는 이들이 점차 상향해 올라가도록 지도한 적이 있습니다. 첫 번째는 도(道)라 부르고, 두 번째는 천지(天地)라 일컬으며, 세 번째는 장법(將法)이라 했습니다.

무릇 '도'에 관한 말씀은 지극히 정밀하고 극도로 은미합니다. 『주역』에

---

[85] 이위공(李衛公): 이정(李靖, 571~649). 자는 약사(藥師), 지금의 섬서성 삼원(三原) 사람으로 당대 초기의 탁월한 군사전략가. 병부상서 등을 역임하고 위국공(衛國公)에 봉해져 세칭 이위공이라 부른다. 시호는 경무(景武). 정관(貞觀) 23년(649) 향년 79세로 병사해 소릉(昭陵)에 배장되었다. 자신의 출정 경험에 고대의 군사사상과 병법 이론을 보태 많은 병서를 지었지만 대부분 망일되었고, 청대에 편집된 『위공병법집본(衛公兵法輯本)』 3권이 남아 있을 뿐이다. 당 태종과 이정의 문답 형식으로 지어진 병서 『당태종이위공문대(唐太宗李衛公問對)』도 후인이 편집했는데, 북송 시대에 『무경칠서』의 1종으로 편입되었다.

서 이른바 '총명과 예지와 신비한 힘을 갖고 있어 살생하지 않는다'(聰明睿智神武而不殺)[86]는 말이 그 같은 경우지요. 무릇 하늘은 음양[87]으로 말하고, 땅은 지형의 험준과 평탄으로 이야기합니다. 전쟁의 달인은 음으로 양을 탈취할 수 있기 때문에 험난한 지형에 처해서도 유리한 상황의 적을 이기는데, 맹자가 이른바 '하늘이 정한 때(天時)와 지리적 우세(地利)'[88] 같은 경우지요.

대저 장법에 관해서는 어진 사람을 임용하고 날카롭게 벼린 무기를 사용하는 것이 관건이라고 해설했습니다. 『삼략』의 '현명하고 유능한 인재를 얻는 이가 창성한다'는 말씀, 관중의 '무기는 반드시 견고하고 날카로워야 한다'[89]는 말씀 같은 것들이지요."

---

86) 출전은 『주역』「계사전(繫辭傳)」 상편. 이정은 「계사전」을 인용해 '도'를 해설하는데, 이는 손자가 말한 정치적 상황으로서의 '도'와 의미가 다르다. 「계사전」은 도를 다음과 같이 사물의 이치나 법칙의 뜻으로 설명한다. "대저 『역』이란 무엇인가? 『역』은 문물을 이해하고 할 일을 완성하여 천하의 모든 문제를 다 포괄하려는 그런 것일 뿐이다. … 신령하니 미래를 알고, 지혜로우니 지나간 것을 간직한다. 그 누가 이렇게 할 수 있을까? 고대의 총명과 예지를 갖고 또 신령한 힘을 지니사 결코 살생하지 않는 분 아니겠는가! 이렇게 해서 하늘의 도를 밝히고 백성들의 삶을 굽어 살피시니, 이는 신명나게 문물을 일으켜 백성들이 잘살 수 있도록 베푸신 것이다(夫『易』何爲者也? 夫『易』開物成務, 冒天下之道, 如斯而已者也. … 神以知來, 知以藏往, 其孰能與於此哉! 古之聰明睿知神武而不殺者夫! 是以明於天之道, 而察於民之故, 是興神物以前民用)."
87) 여기서 이정이 말하는 '음양'은 음양술수(陰陽術數)를 가리킨다. 『당태종이위공문대』 하권에 이런 설명이 나온다. "태종이 '음양술수는 폐기되어야 하지 않을까' 말하자, 이정이 대답했다. '안됩니다. 전쟁은 속임수로 진행되는 궤도입니다. 음양이나 술수에 기대면 탐욕스럽고 우매한 자들을 부릴 수 있으니, 이는 폐기하면 안 됩니다'(太宗曰: "陰陽術數, 廢之可乎?" 靖曰: "不可, 兵者, 詭道也, 託之以陰陽術數, 則使貪使愚, 玆不可廢也")."
88) 출전은 『맹자』「공손추(公孫丑)」 하편. "천시를 타고났어도 지리적으로 우세를 점한 자를 깨지 못하고, 지리적 환경이 우월해도 사람들과 화목한 것만 못하다(天時不如地利, 地利不如人和)."
89) 관중(管仲): 춘추시대 제나라의 정치가이자 사상가. 환공(桓公)을 보좌해 춘추오패(春秋五覇)의 첫 번째 패자로 만들었다. 현전하는 『관자(管子)』는 관

―『당태종이위공문대』 하권.

중 학파의 총집으로 주로 그의 사상을 담은 책이다. 관중은 천하의 호걸들을 모으고 군비를 충실히 갖춰야 한다고 강조했다. 본문에서 말한 것처럼 "무기는 반드시 견고하고 날카로워야 한다(器必堅利)"고 했을 뿐 아니라, "천하의 호걸을 선발하고, 천하의 좋은 자재를 다 끌어오며, 온 세상 훌륭한 인사가 제 발로 찾아오게 하면 전쟁에 이길 병기를 갖추게 된다(選天下之豪傑, 致天下之精材, 來天下之良士, 則有戰勝之器矣)."(『관자』「소문(小問)」편); "그러므로 천하의 좋은 자재를 끌어모으고, 온갖 장인의 날카로운 무기들을 논하게 한다. … 천하의 호걸들을 끌어안으면 천하의 준걸들이 모이게 된다(故聚天下之精材, 論百工之銳器 … 收天下之豪傑, 有天下之俊雄」「칠법(七法)」편)"고 했다. 즉 이정의 '장법'은 손자가 말하는 그것과 완전히 다른 내용임을 알 수가 있다.

제2장 「작전(作戰)」편

孫子曰: 凡用兵之法, 馳車千駟, 革車千乘, 帶甲十萬, 千里饋糧, 則內外之費, 賓客之用, 膠漆之材, 車甲之奉, 日費千金, 然後十萬之師擧矣. 其用戰也勝, 久則鈍兵挫銳, 攻城則力屈, 久暴師則國用不足. 夫鈍兵挫銳, 屈力殫貨, 則諸侯乘其弊而起, 雖有智者, 不能善其後矣. 故兵聞拙速, 未睹巧之久也. 夫兵久而國利者, 未之有也. 故不盡知用兵之害者, 不能盡知用兵之利也.

善用兵者, 役不再籍, 糧不三載, 取用于國, 因糧于敵, 故軍食可足也. 國之貧于師者遠輸, 遠輸則百姓貧; 近師者貴賣, 貴賣則百姓財竭; 財竭則急于丘役. 力屈財殫, 中原內虛于家. 百姓之費, 十去其七. 公家之費, 破車罷馬, 甲冑弓矢, 戟楯矛櫓, 丘牛大車, 十去其六. 故智將務食於敵, 食敵一鍾, 當吾二十鍾; 萁秆一石, 當吾二十石.

故殺敵者, 怒也; 取敵之利者, 貨也. 車戰, 得車十乘以上, 賞其先得者, 而更其旌旗, 車雜而乘之, 卒善而養之, 是謂勝敵而益強.

故兵貴勝, 不貴久.

故知兵之將, 民之司命, 國家安危之主也.

손자의 말이다.

전쟁을 하려면 천 대의 전차와 물자 운반용 수레 천 량, 갑옷으로 무장한 군사 십만 명과 천 리 멀리까지 수송할 군량이 필요하다. 그렇게 안팎으로 드는 지출만 해도 책사를 초빙하는 돈, 군수품과 자재 비용, 전차와 갑옷의 공급까지 날마다 천금이 소비되고, 그런 다음에야 십만 명의 군사를 출동시키게 된다. 이렇듯 방대한 전쟁은 속전속결로 승리해야 하니, 오래 끌면 군사들이 지치고 날카로운 예봉은 무뎌지기 때문이다.

성을 공격하면 병력이 소진되고, 군대가 장기간 전쟁에 동원되면 국가의 재정이 부족해진다. 군사들이 피곤해 사기가 꺾이고 기력과 재화가 고갈되면 제후들이 그 틈을 타 우리 쪽으로 진격하게 되니, 그때는 제아무리 지혜로운 인사라도 뒷감당을 잘하기가 불가능해진다. 그러므로 전쟁은 모양이 안 좋아도 빨리 끝내기를 능사로 치니, 능수능란 정교한 솜씨로 오래 끄는 전쟁이란 있을 수 없기 때문이다. 전쟁을 오래 끌어 국가에 이로운 경우는 있은 적이 없다. 그러므로 전쟁의 위험을 확실히 파악하지 못한 장수는 전쟁을 벌여 얻게 될 이익에 대해 제대로 아는 자가 아니다.

전쟁을 잘하는 장군은 군사를 두 번 징발하지 않고, 군량도 몇 차례씩 운반하지 않는다. 필요한 무기는 국내에서 공급하지만 양식은 적으로부터 탈취해 조달하니, 군량이 모자라지 않고 여유가 있다.

국가가 전쟁으로 빈궁해지는 것은 물자를 멀리까지 운반하기 때문이니, 먼 데까지 운송하느라 백성들은 가난해진다. 군대의 주둔지 근처 물가는 비싸기 마련인데, 물가가 폭등하면 백성들의 재화는 고갈된다. 물자가 고갈되면 세금과 요역의 부과(丘役)[1]에 갈급

---

[1] 구역(丘役): 구(丘)는 고대의 행정단위.『주례(周禮)』「지관·소사도(地官小司徒)」편은 다음과 같이 설명한다. "사내 아홉 명으로 1정을 편성하고, 4정은 1읍이 되며, 4읍은 1구, 4구는 1전이 된다. 4전이 모이면 현이 되고, 현이 넷이면 도라고 했다. 구획을 지어 그 지역의 일을 일임시키고 조세와 군역을 맡게 하는데, 모두 세금에 관한 일이었다(九夫爲井, 四井爲邑, 四邑爲丘, 四丘

해진다. 군대의 기운이 빠지고 재화가 고갈되면 나라가 한 가뭄보다 가난해질 수 있다. 백성들 재산의 칠 할이 날아가고, 국가의 재산은 전차의 파손과 말의 손실, 갑옷과 투구, 활과 화살, 미늘창과 장창, 크고 작은 방패, 구(丘)에서 징발한 소와 화물운송 달구지 등의 비용으로 육 할이 소진된다.

그래서 지혜로운 장수는 아군의 먹거리를 적으로부터 해결한다. 적의 양식 1종[2]은 우리 편이 본국에서 수송하는 20종에 해당하고, 현지에서 조달한 마초 한 섬은 본국에서 날라온 20섬에 상당한다. 원래 적을 죽이려면 우리 측 병사의 분노를 촉발시키고, 적의 물자를 취득하려면 노획한 재물을 상으로 나눠주어야 한다. 전차전에서 적의 전차를 열 량 이상 빼앗으면 가장 먼저 탈취한 병사에게 1대를 포상하여 깃발을 바꿔 꽂고 그 전차에 올라타 싸우게 만들어야 한다. 포로로 잡은 적병은 우대하고 잘 먹여준다. 이를 두고 적에게 승리하고 아군이 나날이 강해지는 방법이라 일컫는다.

그러므로 전쟁은 조속히 승리해 오래 끌지 않는 것이 중요하다.

그리하여 전쟁의 도를 아는 장수는 백성들의 운명을 관장하는 신명이자 국가 안위의 주재자가 된다.

조조 주석 曹操注

魏武帝曰: 作戰者, **欲戰必先算其費, 務因糧於敵也.**

위 무제의 해설이다.

「작전」편은 전쟁을 벌이려 할 때 반드시 그 비용을 미리 계산하고

為甸, 四甸為縣, 四縣為都, 以任地事而令貢賦, 凡稅斂之事)." 즉 '구역'은 '구'라는 행정구역에 의거해 조세를 매기고 부역을 부과하는 일을 가리킨다.
2) 종(鍾): 고대의 용량 단위. 64말(斗)을 1종으로 쳤다.

적으로부터 군량을 조달하는 데 힘써야 한다는 내용이다.

馳車, 輕車, 駕駟馬.
치거(馳車)는 가벼운 전차인데, 말 네 마리가 끈다.

革車, 重車也.
혁거(革車)는 물자를 운반하는 대형 수레를 말한다.

日費千金, 購賞猶在外也.
날마다 천금의 돈을 소비한다. 외지에서 물건을 구매하고 사람을 모집하기 때문이다.

鈍, 挫也.
예기가 둔해지면 꺾이게 된다.

屈, 盡也.
고꾸라지는 것은 기력이 다 소진되었기 때문이다.

拙速, 雖拙, 有以速勝.
모양이 빠져도 서두른다는 것은 비록 보기에는 안 좋아도 신속하게 승리할 방법이 있기 때문이다.

未睹, 言無也.
여태까지 본 적이 없다는 말은 아예 없다는 뜻이다.

役不再籍, 籍猶賦也. 初賦民, 便取勝, 不復歸國發兵也.

요역을 두 번 징발하지 않는다. 징발은 세금과 같기 때문이다. 당초 백성에게 세금을 부과해 승리를 거뒀다면 귀국하여 더 이상의 군사 징발을 하지 않는다.

糧不三載, 始用糧, 後遂因糧於敵, 還兵入國, 不復以糧迎之也.
양식을 세 번 운반하지 않는다. 전쟁 초기에는 당장 필요한 식량만 휴대하고, 그다음부터는 적에게서 조달하기 때문이다. 병사들이 귀국길에 오르게 되면 더 이상 양식을 운송시키지 않는다.

取用於國, 兵甲戰具, 取用於國中也.
물자를 국내에서 조달한다. 무기와 갑옷과 전쟁 장비들을 본국에서 갖다 쓴다는 뜻이다.

近師者貴賣, 軍行已出界, 近於師者, 貪財皆貴賣, 則百姓虛竭也.
군대의 주둔지 근처는 물가가 앙등한다. 군대가 이미 국경 밖으로 나갔어도 주둔지 근처에 사는 모리배는 누구나 물건을 비싸게 파니, 백성들은 주머니가 비고 살림을 쥐어짜게 된다.

丘, 十六井也.
1구(丘)는 16정(井)으로 도합 144가구다.

丘牛, 謂丘邑之牛.
구우(丘牛)는 구(丘)와 읍(邑)에서 징발한 소를 말한다.

大車, 長轂車也.
큰 전차는 바퀴살이 상당히 긴 전차를 뜻한다.

萁, 豆秸. 秆, 禾稿也.
기(萁)는 콩줄기, 간(秆)은 볏짚이다.

石, 百二十斤也. 轉輸之法, 費二十石, 乃得一石也.
한 섬(石)은 120근(斤)[3]이다. 양식 운송의 계산법상 20섬에 해당하는 비용을 써야 1섬을 온전히 손에 넣게 된다.

殺敵者怒, 威怒以致敵也.
적을 죽이는 것은 분노다. 성대한 분노는 적을 제압해 승리를 가져온다.

取敵之利者貨, 軍無財, 士不來; 軍無賞, 士不往也.
적에게서 취하는 이로움이란 물자를 두고 한 말이다. 군대에 재물이 없으면 군사를 모을 수 없고, 군대에 포상이 없으면 병사들이 적을 향해 돌진하지 않는다.

更其旌旗, 與吾同也.
적에게서 빼앗은 전차의 깃발을 바꾸는 것은 우리 편 깃발을 꽂는다는 말이다.

雜而乘之, 不獨任也.
우리 전차부대에 편입시켜 거기 올라타게 한다. 빼앗은 전차를 혼자 독점하지 않는다는 뜻이다.

---

3) 전국시대 1근은 오늘날의 250g쯤이니, 1섬은 30㎏에 상당한다.

益强, 益己之强也.
갈수록 강해진다. 시간이 지날수록 우리 쪽이 강해진다는 말이다.

不貴久, 久則不利也. 兵猶火也, 不戢將自焚也.
싸움은 오래 끌지 말아야 한다. 시간이 지날수록 불리해지기 때문이다. 전쟁이란 불과 같으니, 적당한 선에서 멈추지 않으면 결국 자신을 태우게 된다.

이탁오 총평 李贄總評

李卓吾曰: 始計之後, 便言作戰者, 言欲行師, 須知日費之廣, 饋糧之難, 必先振作士氣, 速圖取勝, 不宜持久也. 雖曰作戰, 其實皆是不欲戰之意耳. 何也? 蓋如此則鈍兵不可也, 如此則力屈不可也, 如此則財殫不可也, 如此則國貧於遠輸·財竭於貴賣不可也, 如此則中原內虛, 私家之費十去其七·公家之費十去其六不可也, 唯有因糧於敵·務食於敵乃可耳. 然亦不可以久也. 故至於不得已而戰, 寧速毋久, 寧拙毋巧, 但能速勝, 雖拙可也. 非愛拙也, 以言速勝爲巧之至而人不知也. 故未見有巧而久者. 則凡久於師者, 是謂眞拙矣. 其愼重於戰何如哉! 故終之以"貴勝, 不貴久", 而又叮嚀以告之曰: 此"民之司命, 國家安危之主也", 誠不可以不愼也. 然則"善戰者服上刑", 正孫武子之所以不赦矣.

或曰: 籍, 籍民爲兵也. 近師者貴賣, 近師之地, 人多物少, 售賣必貴也. 丘役, 卽丘賦, 軍中財用旣竭, 則丘甸之役, 又不得不急也. 鐘, 量名, 受六斛四斗. 殺敵者怒, 激怒我軍, 令殺敵人, 如田單之守卽墨是也. 取敵之利者貨, 以貨與人, 乃可取敵, 如趙充國守金城, 誘羌豪自相斬捕, 每獲一人, 予錢四十萬, 羌人自攜, 先零坐困是也.

이탁오는 말한다.

『손자병법』은「시계」편 다음에 바로「작전」편을 배치해 전쟁을 설명했다. 군대가 곧 출정할 예정이라면 모름지기 날마다 필요한 비용의 크기와 식량 공급의 어려움을 알아야 하니, 반드시 맨 먼저 사기를 진작시켜 조속한 승리를 도모하고 시일을 질질 끌지 말 것을 강조했다. 겉으로는 비록 작전을 말하지만 그 속내는 온통 싸우지 않겠다는 생각뿐인 것이다. 왜 그럴까?

원래 이렇게 해야만 무기가 녹스는 사단이 생기지 않기 때문이다. 이런 마음이라야 기운이 꺾이지 않고, 물자 결핍이 발생하지 않으며, 원거리 수송에 국가 재정이 거덜나고 비싼 물가에 물자가 고갈되는 경우가 생기지 않아서이다. 이래야만 나라 안이 허약해지고 백성들 재산 칠 할이 날아가며 국가 재산의 육 할을 탕진하는 일이 발생하지 않고, 다만 적으로부터 식량을 조달하고 적에게서 빼앗아먹는 일이 가능해지기 때문이다. 하지만 이런 경우에도 시일을 오래 끌면 안 된다고 하였다. 그러므로 전쟁이 불가피한 상황에 이르렀다면 속전속결로 끝내야지 시간을 지체해서는 안 되니, 차라리 졸렬할지언정 멋있게 보이는 전쟁은 하지 말아야 하고 조속히 승리할 수만 있다면 제아무리 등신처럼 보여도 괜찮다고 하였다. 졸속으로 치르는 전쟁이 기꺼워서가 아니라, 신속한 승리는 최고의 고수만 거둘 수 있는데 사람들이 그 사실을 깜깜히 모름을 설명한 것이다. 그래서 모양새 좋은 전쟁 치고 오래 지체한 전쟁은 없다고 하였다.

그렇다면 시일을 질질 끄는 전쟁이란 진실로 우둔하고 못난 짓거리가 되니, 전쟁이란 그 얼마나 신중해야 하는가! 그래서 마지막에 가서는 "승리가 중요하지 오래 끄는 것은 바람직하지 않다"고 했다. 또 출병하는 장수에게 신신당부하길, 당신은 "백성들의 운명을 관장하는 신명이자 국가 안위의 주재자"이니 정녕코 신중하지 않으면 안 된다고 일깨웠다. 그런즉슨 "전쟁을 좋아하는 자는 극형에 처한다"[4]는 한마디는 바로 손무 선생이 너그러이 넘길 수가 없던 사안인 것이다.

혹자는 다음과 같이 해석하기도 한다. 장부에 이름을 올린다는 것은 백성을 징발해 병사로 만든다는 뜻이다.

군대 주둔지 근방은 물가가 비싸다. 군영 가까운 지역은 사람이 많고 물건이 적으니 물가가 반드시 오르기 때문이다.

구역(丘役)은 지역에 부과하는 세금과 요역이다. 군대 내의 물자가 떨어지면 구와 전(甸) 같은 행정단위에 부과되는 부담 역시 다급해지지 않을 수 없다.

종(鐘)은 계량 단위로 6곡(斛)[5] 4말(斗)이다.

적을 죽이는 동인은 분노다. 아군을 자극해 적을 살상하게 만드는데, 예컨대 전단이 즉묵을 지켜낸 경우가 여기에 해당한다.[6]

---

4) 맹자가 한 말로, 『맹자』 「이루(離婁)」 상편에 보인다. "땅을 다퉈 싸우면 죽은 사람이 들판에 가득 차고, 성을 빼앗겠다고 싸우면 온 성안이 시체로 메워지게 된다. 이를 두고 땅을 좇다가 사람을 잡아먹는 지경이 되었다 일컬으니, 그 죄는 죽여도 용서가 안 된다. 그러므로 전쟁을 좋아하는 자는 극형에 처해야 한다(爭地以戰, 殺人盈野; 爭城以戰, 殺人盈城. 此所謂率土地而食人肉, 罪不容於死. 故善戰者服上刑)."

5) 곡(斛)의 용량은 10말에 상당한다. 남송 말기에 1곡을 5말로 고쳤는데, 당시의 1근은 633g 정도였다. 전국시대 진(秦)나라의 1곡은 지금 단위로 20리터였고, 1말은 2,000ml 곧 2L였으니, 1말이라 해봐야 지금의 5분의 1말에 불과한 실정이었다.

6) 전단(田單)은 전국시대 제나라 사람인데 원래는 임치(臨淄)의 하급관리였다. 연(燕)의 장군 악의(樂毅)가 제나라의 70여 성을 함락시키자 제왕은 도망치다 피살되고 거(莒)와 즉묵(卽墨) 두 성만이 남게 되었다. 즉묵 사람들이 전

적에게서 취하는 이득은 재물이다. 취득한 물자는 사람들에게 나
눠줘야 적의 것을 빼앗을 수 있으니, 조충국[7]이 금성(金城)을 지
킬 때 강호(羌豪)가 자기들끼리 잡아죽이도록 유도한 것이 그런
경우였다. 한 명 잡을 때마다 사십만 전의 상금을 주자 강족은 저
절로 분열되고 선령부는 곤경에 처하게 되었던 것이다.

단을 추대해 장수로 삼자, 그는 간첩을 파견해 연왕과 악의 사이를 이간질시
켰다. 결국 연이 기겁(騎劫)으로 악의를 대체하니, 전단은 병사들 사기를 진
작시키고 화우진(火牛陣)으로 적을 격퇴해 제나라의 실지를 수복할 수 있었
다. 『사기』 「전단 열전」은 전단이 병사들을 격발시키는 과정을 다음과 같이
묘사하고 있다. "전단이 '내가 두려운 것은 포로로 잡힌 제나라 병졸들 코를
베고 그들을 앞장세워 우리와 싸우게 하는 것뿐입니다. 즉묵은 패하겠지요'
라고 했는데, 이를 전해들은 연나라 군대는 그 말대로 했다. 성안 사람들은
항복한 제나라 병사들 코가 전부 잘린 것을 보자 누구나 분노했고 수비를 굳
건히 하는 한편 적에게 붙잡힐까봐 전전긍긍했다. 전단은 또 첩자를 시켜 이
런 소문을 냈다. '연나라 놈들이 우리 성 외곽의 무덤들을 파헤쳐 조상을 욕
보일까봐 걱정이다. 정말 오싹한 일이지.' 연나라 군대는 분묘를 죄다 파헤치
고 시체에 불을 질렀다. 즉묵 사람들은 성 위에서 그 광경을 보고 모두가 통
곡했다. 누구나 출전을 원했고 노여움은 그전보다 열 배나 배가되었다.('吾唯
懼燕軍之劓所得齊卒, 置之前行, 與我戰, 即墨敗矣.' 齊人聞之, 如其言. 城中人見
齊諸降者盡劓, 皆怒, 堅守, 唯恐見得. 單又縱反間曰: '吾懼燕人掘吾城外冢墓, 僇
先人, 可為寒心.' 燕軍盡掘壟墓, 燒死人. 即墨人從城上望見, 皆涕泣, 俱欲出戰,
怒自十倍)."

7) 조충국(趙充國, B.C. 137~B.C. 52): 자 옹손(翁孫), 농서(隴西) 상규현(上邽
縣) 출신으로 서한의 대장군이다. 무제·소제·선제 3대를 섬기며 책략으로
흉노와 강족(羌族)을 토벌하고 영평후(營平侯)에 봉해졌다. 강호(羌豪)는 강
족을 통솔하는 우두머리를 일컫는다. 『한서』 「조충국전」에 따르면, 강족 중
에 선령부(先零部)가 한에 반기를 들려 하자 강족의 다른 부족 수령이 이 사
실을 보고해왔다. 조충국은 그를 시켜 강족 귀족들에게 선령부의 큰 두령(大
豪) 중 죄가 있는 자를 죽이면 사십만 전, 중간 두령(中豪)은 십오만, 하급 두
령(下豪)은 이만 전을 하사한다고 전하게 했다. 강족은 결국 선령부의 대호
를 죽인 뒤 한에 항복했고, 그 지역에는 금성속국(金城屬國)이 설치되었다.
금성은 지금의 감숙성 민화현(民和縣) 동남방 일대에 해당한다.

참고(1) 이탁오 해설 參考(一)

○○ 卓吾子曰: 糧不三載, 三載者, 隨糧·繼糧·迎糧也. 三載而戰, 國安得不貧於轉輸乎? 是未能勝敵而先自敝也. 又曰: 近師者貴賣, 貴賣則百姓財竭. 然則可聽其貴賣而不有以處之乎? 處之者, 市也. 故備述運糧之難與爲市之法如左.

탁오자는 말한다.

군량은 세 번 싣지 않는다고 했다. 내가 생각하는 삼재(三載)는 군대의 이동과 함께 따라간 수량(隨糧), 나중에 후속으로 운반된 계량(繼糧), 식량이 빠듯한 상황에서 보내달라 독촉해 운반시킨 영량(迎糧)이다.[8] 세 가지 명칭의 식량을 연달아 운송시키며 전쟁을 하니, 국가가 무슨 수로 가난해지지 않을 수 있으랴! 이런 전쟁은 적을 이기지도 못하면서 자신이 먼저 나자빠지게 만든다.

나는 또 이렇게도 생각한다. 군대가 가까이 있으면 물가가 비싸지고, 물가가 오르면 백성들의 재화는 고갈된다. 그렇다면 비싼 물가를 그냥 내버려둔 채 그 상황에서 빠져나오는 것이 가능한 일일까? 그런 상황에 관한 대처가 바로 시장이다.[9] 그래서 양식 운반의 어려움과 시장의 관리 방법을 아래와 같이 구비해 서술한다.

백성의 가난 『三略』「上略」

- 黃石公曰: 『軍讖』曰: "用兵之要, 必先察敵情. 視其倉庫, 度其糧食, 卜其強弱, 察其天地, 伺其空隙." 故國無軍旅之難而運糧者, 虛也. 民菜色者,

---

8) '삼재(三載)'에 대한 이지의 해석이 기존 해설가들과는 다르다.
9) 아래 인용된 『울료자』는 시장 교역을 관리함으로써 세금과 식량을 확보하고 전쟁을 지원해야 된다고 말한다. 아울러 국가는 값이 쌀 때 사들여 비쌀 때 팔고 상인들의 폭리를 제한함으로써 물가를 관리해야 한다고도 주장한다.

窮也. 千里饋糧, 士有飢色. 樵蘇後爨, 師不宿飽. 夫運糧千里, 無一年之食; 二千里, 無二年之食; 三千里, 無三年之食, 是國虛. 國虛則民貧, 民貧則上下不親. 敵攻其外, 民盜其內, 是謂必潰.

황석공의 말씀이다.

『군참』에 실린 말이다.

"전쟁의 요체는 적에 대한 사전 정찰을 반드시 시행하는 데 있다. 저들의 창고에 쌓여 있는 물자를 살피고, 남은 양식은 얼마인지 헤아리며, 그 병력의 강약을 계산하고, 날씨와 지형의 우세함을 관찰해 저들의 빈틈이 무엇인지 찾아내야 한다."

원래 국가에 전란이 없는데도 양식 운반에 열중한다면 나라 안 먹거리가 동이 나는 상황이 초래된다. 백성들에게서 보이는 굶주린 기색은 나라의 곤궁한 형편이다. 천리 밖에서 양식을 운송하는 사정이라면 병사들에게도 굶주린 기색이 드러나게 된다. 나무를 하고 풀을 베어야 취사를 할 수 있다면 병사들도 언제나 배부르게 먹는 형편은 아닌 것이다.

천리 밖으로 군량을 운반하면 나라 안에 일 년치 양식이 비게 된다. 이천 리 밖으로 운반하면 이 년치 양식이 비고, 삼천 리 밖으로 운반하면 삼 년치 양식이 비게 되니, 이는 나라 창고가 텅텅 비었음을 뜻한다.[10]

나라가 비면 백성이 가난해지고, 백성이 가난하면 군주와 백성이 화목할 수 없다. 적들이 밖에서 공격해오고 백성들이 안에서 도둑질하는 그런 나라는 반드시 붕괴하게 된다.

―『삼략』「상략」편.

---

10) 이지의 원문에서는 천리 다음에 이백 리(二百里), 삼백 리(二百里)로 표기하고 있어 앞의 천리(千里) 대목과 서로 모순된다. 여기서는 직해본(直解本)과 회해본(匯解本) 등의 표기에 따라 각각 이천 리와 삼천 리로 고쳤다.

공수 전환법 『唐太宗李衛公問對』卷中

○○ 太宗曰:"兵貴為主, 不貴為客; 貴速, 不貴久. 何也?" 靖曰:"兵不得已而用之, 安在為客且久哉? 孫子曰:'遠輸則百姓貧.' 此為客之弊也. 又曰:'役不再籍, 糧不三載.' 此不可久之驗也. 臣較量主客之勢, 則有變客為主·變主為客之術." 太宗曰:"何謂也?" 靖曰:"'因糧於敵', 是變客為主也; '飽能飢之, 佚能勞之', 是變主為客也. 故兵不拘主客·遲速, 唯發必中節, 所以為宜." 太宗曰:"古人有諸?" 靖曰:"昔越伐吳, 以左右二軍鳴鼓而進, (**旁批**: 正兵.) 吳分兵御之. (**旁批**: 致於人.) 越以中軍潛涉不鼓, 襲敗吳師. (**旁批**: 奇兵.) 此變客為主之驗也. 石勒與姬澹戰, 澹兵遠來, 勒遣孔萇為前鋒, (**旁批**: 正兵.) 逆擊澹軍. 孔萇退, 而澹來追, (**旁批**: 致於人.) 勒以伏兵夾擊之, (**旁批**: 奇兵.) 澹軍大敗. 此變勞為佚之驗也. 古人如此者多."

—右言糧

태종이 질문했다.

"전쟁에서는 방어가 중요하지 공격은 중요치 않다고 하였소. 진격할 때는 속도를 중시하고 시간을 지체하면 안 된다고 했는데, 무엇 때문이오?"

이정이 말했다.

"전쟁은 부득이한 나머지 동원하는 수단이니 진격하면서 어찌 꾸물댈 수 있겠습니까? 손자가 '먼 길에 물자를 수송하면 백성들이 빈곤해진다'고 했는데, 이는 공격자의 약점이지요. 또 '병력은 거듭 징집하지 않고 식량은 여러 번 운송하지 않는다'고 했으니, 이는 오래 끌면 안 된다는 경험에서 나온 말입니다. 제가 수비하고 공격하는 양측의 형세를 비교하면서 따져보니, 수비 측은 공격하는 입장이 되고 공격 측은 수비로 바뀌는 방법이 있었습니다."

"어떻게 그럴 수가 있소?"

태종의 말에 이정이 대답했다.

"'적에 의지해 식량 문제를 해결한다'는 이 말은 공격자에서 방어하는 입장으로 전환하는 방법입니다. '배부른 적을 굶주리게 하고 편안한 적을 힘들게 만들'면 수비하는 입장에서 공격하는 군대로 바뀌게 되지요. 그래서 군사들을 부릴 때는 공격과 수비, 속도의 완급 따위에 얽매이면 안 됩니다. 오직 법도에 맞는 지휘만이 적절한 행사라 하겠습니다."

"옛날 사람에게도 그런 경우가 있는가?"

"예전에 월나라가 오나라를 칠 때 군사를 좌군과 우군으로 나눠 북을 울리며 진격하자 (방비: 용병의 정석이다), 오나라는 병력을 분산시켜 월의 군대에 맞섰습니다(방비: 적에게 휘둘린 것이지). 월나라는 중군(中軍)으로 하여금 북소리를 죽이고 몰래 강을 건너가 오의 군대를 격파하게 했지요(방비: 기습공격을 감행했구나). 이는 공격에서 수비로 전환한 경우입니다.

석륵[11]과 희첨[12]이 싸울 때, 희첨의 병사들은 먼길을 움직여야 했습니다. 석륵은 공장(孔萇)을 선봉대로 파견해 (방비: 용병의 정석이다) 희첨의 군대를 맞아 싸우게 했지요. 공장이 거짓으로 패한 척 후퇴하자 희첨은 추격에 나섰는데 (방비: 적의 의도에 넘어간 것이지), 석륵은 복병을 심어두었다가 협공을 가해 희첨의 군대를 대파했습니다(방비: 기습공격을 가한 것이다). 이는 피곤한 군대가 안락한 군대로 바뀌면서 나온 효과지요. 고대인에게는 이런 사례가 매우 많았습니다."

—『당태종이위공문대』 중권.

---

11) 석륵(石勒, 274~333): 십육국 시대 후조(後趙)의 시조. 갈족(羯族) 출신이다. 어린 시절 기근으로 노예가 되었으나 비범한 재능을 보여 해방되었고 용병으로 활약하다 319년 조나라를 창건했다.

12) 희첨(姬澹): 자는 세웅(世雅), 『자치통감』에는 기첨(箕澹)으로 기재되어 있다. 생졸년은 미상, 대(代, 지금의 하북성 울현蔚縣) 출신으로, 나중에 누번후(樓煩侯)에 봉해졌다. 진(晉) 민제(愍帝) 건흥(建興) 4년(A.D. 329) 석륵이 낙평(樂平)을 포위해 그곳 군수 한거(韓據)가 유곤(劉琨)에게 구조를 요청하자, 유곤은 희첨을 선봉으로 삼고 군사 2만을 그에게 내주었다. 석륵은 험준한 요새에 들어앉아 산 위에 군대가 있는 척 가장하며 공장을 선봉장으로 삼아 싸움에 임했다. 이후 석륵 군대는 거짓으로 패한 척 달아났고, 희첨은 추격하다가 계략에 걸려들어 대패하고 말았다.

이상은 식량에 관한 담론.

군대와 시장경제『尉繚子』「武議」

○○ 尉繚子曰: 凡兵不攻無過之城, 不殺無罪之人. 夫殺人之父兄, 利人之財貨, 臣妾人之子女, 此皆盜也. 故兵者, 所以誅暴亂·禁不義也. 兵之所加者, 農不離其田業, 賈不離其肆宅, 士大夫不離其官府, 由其武議在於一人, 故兵不血刃而天下親焉.

萬乘農戰, 千乘救守, 百乘事養. 農戰不外索權, 救守不外索助, 事養不外索資. 夫出不足戰, 入不足守者, 治之以市. 市者, 所以給戰守也. 萬乘無千乘之助, 必有百乘之市. 古人曰:"無蒙冲而攻, 無渠答而守. 是謂無善之軍." 視無見, 聽無聞, 由國無市也. 夫市也者, 百貨之官也. 市賤賣貴, 以限士人. 人食粟一斗, 馬食菽三斗, 人有飢色, 馬有瘠形, 何也? 市有所出而官無主也. 夫提天下之節制, 而無百貨之官, 無謂其能戰也. 起兵直使甲冑生蟣蝨, 必爲吾所效用也.

―右言市

울료자의 말이다.

무력을 동원하더라도 허물이 없는 도시는 공격하지 않고, 죄 없는 백성은 살육해서도 안 된다. 다른 이의 부형을 살해하고 남의 재산을 빼앗으며 다른 사람 자녀를 종으로 삼는 그런 짓은 모두 강도의 행태다. 그래서 전쟁은 폭군을 토벌하고 불의를 막기 위한 수단이어야 한다. 군대가 이르는 곳에서 농민은 자기 땅과 가업을 떠나지 않고, 상인은 점포와 집을 버리지 않으며, 사대부는 출근하던 관청을 떠나지 않는다. 무력 행사가 폭군 한 명에 대한 징벌로 한정되는 까닭에 군대는 칼날에 피를 묻히지 않지만 온 천하가 귀순하게 된다.

만승(萬乘)13) 규모의 천자국은 농사와 정벌에 주력하고, 천승(千乘)의 제후국은 자구책 마련과 방어에 치중하며, 백승(百乘) 소국은 노인과 어린아이의 부양에 힘써야 한다. 농사와 전쟁에 주력하니 대국은 대외적으로 패권을 다툴 필요가 없고, 스스로를 지킬 방어책이 있어 밖으로 원조를 찾아 헤맬 필요가 없으며, 노인 봉양과 아이들 양육을 위해 바깥으로 재원을 찾아다닐 필요가 없어야 한다. 국가 재정이 부족한 나머지 출병해도 전쟁이 불가능하고 내부적으로 방어에 전념할 수도 없는 국가라면 시장 무역에 주력해야 한다. 시장을 통해 얻는 수입은 전쟁과 방어에 필요한 물자를 공급한다. 만승지국이라면 천승 국가의 원조가 없어도 무방하지만 백승의 군비에 상당하는 시장 수입은 반드시 확보해야 한다.

옛사람은 "몽충14) 없이도 진격할 수 있고 거답15)이 없어도 방어할 수 있지만, 이를 좋은 군대라고 부를 수는 없다"고 했다. 굶주린 나머지 사병들 눈에 뵈는 것이 없고 들리는 바도 없다면, 이는 나라 안에 제대로 관리되는 시장이 없기 때문이다. 무릇 시장이란 온갖 재화가 몰려들어 교역이 이뤄지는 곳이다. 상인들이 시장에서 싸게 사들여 비싸게 되팔면 병사와 백성들이 곤궁해진다. 사람은 하루에 곡식 한 말16)을 먹고, 말들은 콩 서 말을 먹는다. 사람에게 굶주린 기색이 역력하고 말들이 뼈만 앙상하다면, 그것은 무슨 까닭일까? 그 지역 시장에 출시되는 상품을 관리하는 관청이 없기 때문이다.

---

13) 고대는 수레 1대와 4마리의 말을 뜻하는 '승(乘)'으로 제후국이 보유한 군사력을 계산했다. '승'은 보병과 전차를 혼합한 편제의 기본 단위이기도 한데, 말 4마리가 끄는 전차 1대와 약간 명의 무장 병사, 보병으로 구성된다.
14) 몽충(蒙冲): 몽동(艨艟) 혹은 몽충(艨冲)이라고도 쓴다. 재질이 질긴 짐승가죽 등으로 겉면을 씌운 쾌속선인데, 진격해서 공격하는 용도의 전함이었다.
15) 거답(渠答): 마름쇠(鐵蒺藜). 쇠로 만든 방어용 도구로, 납가새처럼 날카로운 가시가 있어 도로나 얕은 물속에 깔아 적의 인마나 수레를 저지하는 용도로 썼다. 가운데 구멍을 뚫고 사슬처럼 이어지게 만들어 부설과 수거의 편의를 꾀한 것도 있다.
16) 고대에는 성인 남자의 하루 양식거리 기준 정량을 한 말(一斗)로 잡았는데, 그때의 한 말은 지금의 2되(二升)에 해당한다.

대저 온 천하 군대를 관할하고 지휘한다 해도 온갖 물산이 드나드는 시장에 감독기구가 없다면 그 나라는 전쟁을 잘한다고 말할 수 없다.

군사를 일으켜 출전했다면 병사들 갑옷 속에 서캐가 버글거려도 기필코 나를 위해 죽을 힘을 다하게 해야 한다.

―『울료자』「무의(武議)」편.

이상은 시장에 관한 담론.

참고(2) 이탁오 해설 參考(二)

○○ 卓吾子曰: 知兵之將, 民之司命, 國家安危之主, 何謂也? 夫民以命爲重, 而司命者在將; 國家以安危爲重, 而主安危者亦在將, 將其可以易言乎? 所謂民命者, 非止三軍之命也. 十萬之軍興, 則七十萬家之民, 不得事農畝, 而七十萬家之命, 皆其所司矣. 又不但此七十萬民之家已也. 國貧於轉輸, 財竭於貴賣, 賦急於丘役, 私家公家並受其敝, 其屈力·殫貨又可知矣. 不得已而後戰, 奈之何無良將也? 故述良將·述戰將·述車戰.

탁오자는 말한다.

전쟁의 도를 아는 장수는 백성들 목숨을 관장하는 염라대왕인 동시에 국가 안위의 주재자라고 했는데, 이는 무슨 뜻일까? 대저 백성에게 가장 소중한 것은 목숨이고, 그 명을 관장하는 책임은 장수에게 있다. 국가는 안위가 중요하고 그 안위를 주관하는 일은 또 장수에게 달렸으니, 장수가 어찌 쉽게 전쟁을 말할 수 있으랴!

이른바 백성의 명이란 비단 전군의 목숨에 그치지 않는다. 십만 군사를 출동시키면 칠십만 가구의 백성이 농사에 전념하지 못하게 되니, 칠십만 가구의 목숨이 죄다 장군 손에 달리게 된다. 이는 또 비단 칠십만 가구에 그치는 일만도 아니다. 물자 운송에 국가 재정이 거덜나고 비싼 물가에 재화가 고갈되며 다급한 나머지 구역(丘役)에 세금을 때린다면 개인이고 국가고 간에 모두가 그 폐해를 입게 되니, 그 힘겨운 물자 결핍 상황을 또 알 수 있다. 부득이한 나머지 전쟁을 하는 것인데, 좋은 장수가 없다면 어찌해야 할꼬? 이리하여 좋은 장수는 어떤 인물이고, 전정에 나선 장수는 어찌해야 하며, 전차전은 어떻게 진행하는지에 대해 서술했다.

적을 이기는 법 『六韜』「文韜·兵道」

○ 武王曰: "兩軍相遇, 彼不可來, 此不可往. 各設固備, 未敢先發. 我欲襲之, 不得其利. 爲之奈何?" 太公曰: "外亂而內整, 示飢而實飽, 內精而外鈍, 一合一離, 一聚一散, 陰其謀, 密其機, 高其壘, 伏其銳士, 寂若無聲, 敵不知我所備. 欲其西, 襲其東."

武王曰: "敵知我情, 通我謀, 爲之奈何?" 太公曰: "兵勝之術, 密察敵人之機而速乘其利, 復疾擊其不意."

무왕이 말했다.

"적과 아군이 마주쳤는데 저들은 다가오지 못하고 우리는 나아갈 수 없는 상황입니다. 각자 견고한 방어선을 구축한지라 감히 먼저 나와 공격을 감행하지 못하고 있지요. 우리 측이 습격하고 싶지만 유리한 형세를 점하지 못했다면 어찌해야 하겠습니까?"

태공이 말했다.

"그럴 때는 전군이 겉으로는 혼란한 척하되 내부적으로 정돈되어 있어야 합니다. 굶주린 기색을 내보이지만 실제로는 배불리 먹었고, 겉으로는 피폐하고 무딘 척 굴되 사실은 정예병이 무장하고 대기한 상태라야 하지요. 맞붙었다 떨어지고 모였다 흩어졌다 하면서 적들로 하여금 우리 의도를 간파하지 못하게 해야 합니다. 암암리에 계략을 쓰고, 공격에 관한 기밀을 고수하며, 높은 곳에 보루를 구축하고, 정예병을 잠복시키는데, 온 군영이 쥐죽은 듯 고요해 적이 아군의 공격 태세를 눈치채지 못해야 하지요. 만약 적의 서편을 공격하고 싶다면 먼저 한 소대가 동편을 기습해 저들을 혼란에 빠뜨려야 합니다."

"적이 아군의 정황을 탐지하고 또 우리 작전계획을 알아냈다면 그때는 어찌해야 할까요?"

무왕의 말에 태공이 대답했다.

"그런 상황에서 승리하는 방법은 적의 기밀을 주도면밀하게 탐지해 그 약점을 신속히 알아내고 유리한 시점을 파악한 뒤 재빨리 불의의 습격을 감행하는 데 있습니다."

―『육도』「문도·병도(兵道)」편.

적과의 거리『司馬法·天子之義』

- 『司馬法』曰: 古者逐奔不遠, 縱綏不及. 不遠則難誘, 不及則難陷.

『사마법』에 나오는 말이다.

고대의 전쟁에서는 도망가는 적을 너무 멀리까지 추격하지 않고, 퇴각하는 적은 너무 가까이로 따라잡지 않았다. 멀리 나가지 않으면 적의 유인책에 말려들 일이 없고, 적당히 거리를 남겨놓으면 적의 함정에 쉬이 빠지지 않는다.

―『사마법』「천자지의(天子之義)」편.

전쟁의 예의『司馬法·仁本』

- 『司馬法』曰: 古者逐奔不過百步, 縱綏不過三舍, 是以明其禮也.

『사마법』에 나오는 말이다.

옛날에는 도망가는 적과의 거리를 백 보 이내로 좁히지 않고, 퇴각하는 적을 추격할 때도 구십 리(三舍)[17]를 넘지 않았다.

이는 전쟁에도 예가 있음을 밝히기 위해서였다.

—『사마법』「인본(仁本)」편.

이상적인 장수 『尉繚子』「兵談」

○ 尉繚子曰: 將者, 上不制於天, 下不制於地, 中不制於人, 寬不可激而怒, 清不可事以財. 夫心狂·目盲·耳聾, 以三悖率人者, 難矣. 兵之所及, 羊腸亦勝, 鋸齒亦勝, 緣山亦勝, 入谷亦勝, 方亦勝, 圓亦勝. 重者如山如林, 如江如河; 輕者如炮如燔, 如垣壓之, 如雲覆之, 令人聚不得以散, 散不得以聚, 左不得以右, 右不得以左. 兵如總木, 弩如羊角. 人人無不騰陵張膽, 絶乎疑慮, 堂堂決而去.

『울료자』에 나오는 말이다.

군대를 통솔하는 장수는 위로 하늘의 제한을 받지 않고, 아래로 땅의 제약을 받지 않으며, 가운데로 인간의 제재를 받지 않는다. 심성이 너그러워 순간적 자극에 분노하지 않고, 청렴해서 재물에 흔들리지 않아야 한다. 대저 성격이 광포하고 맹목적이며 말귀에 어두운 그런 사람이 있다. 이 세 가지 결함을 지닌 자가 군대의 지휘관이 되면 매사가 어려워진다.

군대의 발길이 미치는 장소는 다양하다. 구절양장 꼬불꼬불 좁은 길에서도 승리하고, 도로가 톱니처럼 울퉁불퉁한 지형에서도 이겨야 한다. 산봉우리에 기어올라 이기기도 하고, 골짜기로 내려가 이길 때도 있으며, 방진으로

---

17) 고대의 행군 속도는 매일 평균 삼십 리 정도였다. 삼십 리를 가면 숙영할 필요가 생기는 까닭에 군대의 하룻밤 주둔을 '사(舍)'라 하였고, 이로부터 삼십 리 거리 역시 '사'로 부르게 되었다.

이기기도 하고, 원형진을 쳐서 이기기도 한다. 신중할 때는 고산준령이나 장강대하처럼 중후하고, 가볍게 움직일 때는 숯불에 서서히 고기를 굽듯 은근할 수도 있다. 때로는 담벼락이 무너지듯 급작스럽고, 때로는 구름이 깔리듯 기세가 온 천지를 뒤덮기도 한다.

적이 결집하면 흩어지지 못하게 만들고, 흩어지고 나면 다시 모이지 못하게 하며, 왼편은 오른쪽으로 이동하지 못하고, 오른편은 왼쪽으로 옮기지 못하게 만든다. 창칼은 두릅나무 관목처럼 빽빽히 솟았고, 화살은 양 떼의 뿔처럼 호를 그리며 쏟아진다. 이런 상황을 맞게 되면 누구나 허공을 가르며 용감무쌍 내달리지 않을 수 없으니, 의구심과 염려는 모두 다 내던지고 늠름하게 앞으로 나아가 결전을 치르게 된다.

―『울료자』「병담(兵談)」편.

천하무적이 되는 법 『尉繚子』「制談」

○○ 尉繚子曰: 有提十萬之衆, 而天下莫能當者誰? 曰: 桓公也. 有提七萬之衆, 而天下莫敢當者誰? 曰: 吳起也. 有提三萬之衆, 而天下莫敢當者誰? 曰: 武子也. 今天下諸國士, 所率無不及二十萬衆者, 然不能濟功名者, 不明乎禁舍開塞也. 明其制, 一人勝之, 則十人亦以勝之也. 十人勝之, 則百千萬人亦以勝之也. 卒名爲十萬, 其實不過數萬爾. 其兵來者, 無不謂將者曰: "無爲人下先戰". 其實不可得而戰也. 天下諸國助我戰, 猶良驥騄耳之駃, 彼駑馬鬐興角逐, 何能紹吾氣哉? 吾用天下之用爲用, 吾制天下之制爲制. 修吾號令, 明吾刑賞, 使天下非農所得食, 非戰無所得爵, 使民揚臂爭出農戰, 而天下無敵矣. 故曰: 發號出令, 信行國內. 民言有可以勝敵者, 毋許其空言, 必試其能戰也.

―右良將

울료자의 말이다.

십만 대군을 이끌고 나서니 천하에 대적할 자 없던 이가 누구이던가? 다름 아닌 제 환공[18]이었다. 칠만 병사를 통솔하고 나서니 천하에 가로막을 자 없던 이는 누구인가? 오기(吳起)가 그 사람이었다. 삼만의 병사들을 거느리고 나서자 천하에 당해낼 자 없던 이는 누구일까? 바로 손무자(孫武子)였다.

지금 천하에서 뭇 제후국 장수들이 통솔하는 군대는 이십만 대군에 미치지 않는 경우가 없다. 그런데 그들이 공을 세우고 명성을 떨치지 못하는 이유는 금령과 형벌, 사면, 열어야 할 때 열고 닫아야 할 때 닫는 이른바 금사개색(禁舍开塞)의 도리에 어둡기 때문이다. 군제(軍制)가 엄하고 공정할 때 한 사람이 승리하면 열 명이 그를 본받아 승리를 쟁취하게 된다. 열 사람이 승리를 따내면 백 명 천 명 만 명이 또 이어서 승리를 쟁취한다.

명목은 십만 대군을 내세워도 그 실상은 몇만 명에 불과할 뿐이다. 그런 군대가 출발하게 되면 그 장수에게 "적이 타격하기 전에 먼저 싸움을 걸지 말라"고 주문하지 않을 군주는 없다. 그 결과 서로 멀뚱히 관망이나 할 뿐 실제로는 싸울 기회조차 얻지 못하는 상황이 되고 마는 것이다.

천하의 여러 나라가 우리를 돕는답시고 참전하는 경우는 적군이 흡사 천리마 녹이[19]처럼 내달리는 데 반해 구원병은 노둔한 말처럼 제자리에서 갈기나 휘날리는 상황과도 같으니, 그들이 어떻게 아군의 사기를 북돋을 수 있으랴!

우리는 온 천하의 재물을 우리를 위한 용도로 쓰고, 온 천하의 제도를 참고하여 우리 제도를 제정해야 한다. 호령(號令)을 정리하고 상벌을 엄정히 시행해 천하로 하여금 농사 짓지 않으면 먹을 것이 없고, 전쟁에 불참하면

---

18) 제 환공(齊桓公): 성은 강(姜), 이름은 소백(小白). B.C. 685~B.C 643 동안 재위했다. 관중(管仲) 등을 등용해 대내적으로 부국강병을 이뤘고, 대외적으로는 존왕양이(尊王攘夷) 정책으로 제후들을 다독임으로써 춘추시대 첫 번째 패자가 되었다.

19) 녹이(騄駬): 준마의 이름. 주나라 목왕(周穆王)의 팔준(八駿) 중 한 마리다.

작위를 얻지 못하게 만들어야 한다. 백성들로 하여금 두 팔을 걷어붙이고 다투어 농전[20]에 나서게 해서 천하무적이 되도록 독려해야 한다. 그래서 말한다. 호령이 일단 공표되면 온 나라에 걸쳐 신용이 지켜져야 한다고 말이다. 백성들 중에 적을 무찌를 수 있다고 말하는 자가 있더라도 그런 헛소리를 함부로 믿으면 안 되고 그가 정말 싸움에 능한지 반드시 시험해보아야 한다.

―『울료자』「제담(制談)」편.

이상은 훌륭한 장수(良將)에 관한 내용.

전쟁의 원칙『司馬法』「嚴位」

○○『司馬法』曰: 凡戰之道, 位欲嚴, 政欲栗, 力欲窕, 氣欲閑, 心欲一. 畏則密, 危則坐. 遠者視之則不畏, 邇者勿視則不散. 若畏太甚, 則勿戮殺, 示以顏色, 告之以所生, 循省其職.

凡戰, 以力久, 以氣勝; 以固久, 以危勝. 人有勝心, 惟敵之視; 人有畏心, 惟畏之視.

凡戰, 以輕行輕則危, 以重行重則無功, 以輕行重則敗, 以重行輕則戰. 故戰相爲輕重. 舍謹兵甲, 行慎行列, 戰謹進止.

凡戰, 敬則慊, 率則服. 上煩輕, 上暇重. 奏鼓輕, 舒鼓重. 服膚輕, 服美重.

凡人, 死愛, 死怒, 死威, 死義, 死利. 凡戰之道, 教約人輕死, 道約人死正.

凡戰, 三軍之戒, 無過三日; 一卒之警, 無過分日; 一人之禁, 無過皆息.

凡鼓, 鼓旌旗, 鼓車, 鼓馬, 鼓徒, 鼓兵, 鼓首, 鼓足. 七鼓兼齊.

凡戰, 非陳之難, 使人可陳難; 非使可陳難, 使人可用難. 非知之難, 行之難.

凡戰, 擊其微靜, 避其強靜; 擊其倦勞, 避其閑窕; 擊其大懼, 避其小懼. 自

---

20) 농전(農戰): 경전(耕戰)이라고도 한다. 전국시대 상앙(商鞅)이 주장한 농업과 전쟁을 결합시키는 정책이자 사상이다. 농전은 중농(重農)이고 중농은 전쟁을 위한 것이니 두 가지는 불가분이라 인식했는데, 후세에는 둔전(屯田)을 가리키는 말이 되었다.

古之政也.

『사마법』에 실린 내용이다.[21]

전쟁에는 일반적인 원칙이 있다.

위치를 엄격히 제한해야 하고, 정령은 무서울 정도로 삼엄하며, 움직임이 잽싸고, 기세는 침착하며, 뜻도 하나로 통일되어 있어야 한다.

병사들의 심리가 위축되어 있으면 밀집대형을 하고, 정황이 위급하면 앉은 자세를 취해야 한다. 적과의 거리가 멀 때 저들을 똑바로 바라보게 하면 두려움이 없어지고, 적이 가까이 나타났을 때 못 보게 하면 흩어지지 않고 집중해서 싸우게 된다.

만약 병사들이 두려움에 떨고 있다면 좀더 전진하지 않았다는 죄목으로 처형하지 않는다. 그리고 표정을 누그러뜨리고 그들을 살려주는 이유를 설명하면서 각자 직분을 돌아보고 맡은 바 소임을 다하도록 독려해야 한다.

전쟁에서는 통상 실력이 있어야 오래 버티고, 사기가 높아야 승리하게 된다. 진영이 견고해야 오래 싸울 수 있고, 위험을 무릅써야 승리할 수 있다. 승리에 대한 갈망이 높으면 병사들 눈에는 싸워야 할 적만 보인다. 반대로 두려운 마음이 앞서면 오로지 무서운 적만 보이게 된다.

일반적으로 전쟁에서 병력이 약한 부대가 역시 약한 부대를 치면 위험에 빠질 수 있고, 강한 부대가 강한 부대를 치면 전공을 세우지 못할 수 있다. 병력이 약한 부대가 강한 부대를 치면 패하기 마련이고, 강한 부대가 약한 부대를 치면 전과를 올리게 된다. 그러므로 전쟁은 양측의 전력이 서로 맞부딪는 장이다. 진지를 구축할 때는 무기와 갑옷 놓을 자리를 신중하게 선택하고, 행군할 때는 행렬이 바른지 신경 써야 하며, 작전을 펼칠 때는 나아가고 멈출 때의 흐름에 주의해야 한다.

---

[21] 이 글은 처음부터 완결된 한 편이 아니고 『사마법』「엄위」편에 나온 여러 문장을 합성한 것이다

작전에 임한 장수의 태도가 경건하면 부하들이 겸손해지고, 스스로 솔선수범하면 복종시킬 수 있다. 윗사람의 통제가 지나치면 권위가 무너지고, 반대로 여유가 있으면 그 위상이 올라간다. 북을 칠 때 박자가 빠르면 방정맞게 느껴지고, 박자가 느리면 둔중하게 들린다. 갖춰 입은 복장이 부실하면 군대의 위세가 떨어지지만, 화려하면 군용이 장중해 보인다.

병사들이 목숨을 걸 때는 보통 다섯 가지 이유가 있다. 장수에게 입은 은혜를 갚기 위해 죽고, 분노 때문에 죽으며, 위엄에 눌려 전진하다 죽고, 도의상 죽기도 하며, 자기 이익을 위해서도 죽는다.

작전을 펼 때는 다음에 유의해야 한다. 법령으로 병사를 단속하면 죽음을 가볍게 여기게 되지만, 도의로 일깨우면 그들은 대의를 위해 죽는다.

전쟁 중에는 전군에 하달된 경계경보가 사흘 내로 시행되어야 한다. 한 부대(卒)[22]에 내려진 명령은 한나절을 초과하지 말아야 하고, 개인에 대한 금지령은 내려진 즉시 시행되어야 한다.

북은 보통 다음 경우에 사용한다. 깃발을 휘둘러야 할 때, 전차병에게 지시를 내릴 때, 기마병에게 명령할 때, 보병들을 지휘할 때, 교전하면서 접전을 벌일 때, 대형을 정비할 때, 전진하면서 보조를 맞출 때 등이다. 이 일곱 경우에 대해서는 타법의 규정이 완벽하게 정비되어 있어야 한다.

작전을 펼칠 때는 다음 사항에 주의해야 한다. 진법[23] 자체는 어렵지 않지만 병사들을 포진시키는 것은 쉬운 일이 아니다. 병사들 포진이야 어렵지 않지만, 그들이 포진의 이치를 깨달아 민첩하게 움직이게 하는 것은 쉽지 않다. 병사들을 이해시키기 어려워서가 아니라, 그들이 전쟁 중 포진을 실제

---

22) 졸(卒): 춘추시대 군대의 편제 명칭. 『주례』 「지관·소사도(地官小司徒)」에 따르면, 5명이 1오(伍), 5오는 1량(兩), 4량은 1졸(卒)로 편성되었다.

23) 진법(陣法): 야전에서의 전투 대형과 숙영할 때 방어를 위한 배치 상태를 말한다. 고대의 전투에서는 작전을 펼칠 때의 대형인 포진(布陣)을 매우 중시했다. 포진이 제대로 이뤄져야 군대의 전투력이 충분히 발휘되어 승리가 가능한 때문이었다.

운용하는 일이 어려운 것이다.

전쟁에서 작전을 펼치는 요령이 있다.

병력이 약해 잠잠한 적을 공격하고, 반대로 강해서 차분하고 침착한 적은 피해야 한다. 피곤해서 사기가 떨어진 적은 공격하고, 편안하며 여유가 있는 적은 상대하지 않는다. 두려워 떨고 있는 적은 공격하고, 조심하면서 경계하는 적은 비켜간다.

자고 이래 전쟁하는 방법은 모두 위와 같았다.

─『사마법』「엄위(嚴位)」편.

종군령 혹은 종군 수칙 『尉繚子』「踵軍令」

○○ 尉繚子曰: 所謂踵軍者, 去大軍百里, 期於會地, 爲三日熟食, 前軍而行. 爲戰合之表. 合表乃起, 踵軍饗士, 使爲之戰勢, 是謂趨戰者也. 興軍者, 前踵軍而行, 合表乃起. 去大軍一倍其道, 去踵軍百里, 期於會地, 爲六日熟食, 使爲戰備. 分卒據要害. 戰利則追北, 按兵而趨之. 踵軍遇有還者, 誅之. 所謂諸將之兵在四奇之內者, 勝也. 兵有什伍, 有分有合, 豫爲之職, 守要塞關梁而分居之. 戰合表起, 即皆會也. 大軍爲計日之食起, 戰具無不及也. 令行而起, 不如令者有誅. 凡稱分塞者, 四境之內, 當興軍·踵軍既行, 則四境之民無得行者. 奉王之命, 授持符節, 名爲順職之吏. 非順職之吏而行者, 誅之. 戰合表起, 順職之吏乃行, 用以相參. 故欲戰先安內也.

─右戰將

울료자의 말이다.

이른바 종군[24]은 통상 대군[25]보다 백 리쯤 앞서 움직인다. 기한에 어긋

---

24) 종군(踵軍): 선봉대 중에서도 맨 뒤쪽에 배치된 부대. 『좌전』에는 신구(申驅)라는 명칭으로 기재되어 있다.
25) 대군(大軍): 가장 인원이 많고 기세가 높은 군대. 여기서는 주력군이 되는 본

나지 않게 결전 장소에 도달해야 하므로 사흘치 식량을 준비해 대군보다 먼저 출발한다. 이들은 앞으로 진행될 전투가 선전포고 내용에 부합하는지 점검하고, 검증이 끝나면 행동에 돌입한다. 술과 고기를 준비해 병사들에게 먹이고 전투 태세를 취하게 하니, 이를 두고 응전을 독려한다는 취지에서 '추전(趨戰)'이라 부른다.

흥군[26]은 종군보다도 먼저 출발한 부대로서 교전 수칙에 따라 움직인다. 대군과의 거리는 종군보다 두 배로 멀다. 종군 위치에서 백 리가량 떨어졌지만, 역시 예정된 시간에 집합 장소에 도달해야 한다. 이들은 엿새치 식량을 휴대했고 대군을 위한 전투 준비를 한다.

여러 곳에 분산된 분졸[27]은 각 요충지를 지킨다. 전투가 순조롭게 진행될 때는 패퇴하는 적군을 추격하지만, 평소에는 주둔지에 머물며 언제라도 전투에 투입될 태세를 갖추게 된다.

종군이 도망치는 병사와 맞닥뜨리면 그 자리에서 상대를 주살한다. 여러 장수 휘하의 병사들이 이른바 흥군·종군·분졸·대군의 사기[28] 직분에 충실하면 승리는 따논 당상이 된다.

사병들은 십(什)과 오(伍)의 편제에 따라 흩어지거나 집결한다. 사전에 각자의 직무를 명확히 밝혀서 중요한 요새와 길목들을 나눠 지키게 한다. 전투가 시작되면 수칙에 따라 행동을 개시하고 지체 없이 모두 집결해야 한다. 대군은 날짜를 계산해 식량을 준비한 뒤 출병하는데, 전투 장비는 빠뜨리는 것이 없도록 주의한다. 명령이 내리면 행동에 돌입하고, 명에 따르지 않고 멋대로 행동하는 자는 주살한다.

대를 말한다.
26) 흥군(興軍): 선봉대 중에서도 맨 앞에 배치된 부대.
27) 분졸(分卒): 여기저기 흩어져 있는 소규모 부대.
28) 사기(四奇): 본문에서 말하는 흥군·종군·분졸·대군(大軍)을 가리킨다. 혹자는 네 가지 정병(正兵)과 네 가지 기병(奇兵)으로 나뉘는 고대의 '여덟 진법(八陣)' 중 기병 파트라고도 하는데, 맞는 해석은 아닌 듯하다.

분산되어 각 요새를 지키는 부대는 사방 경내에서 흥군과 종군이 행동을 개시하면 관내 백성들의 통행을 금지시킨다. 왕명을 받들며 부절(符節)을 몸에 지닌 관리는 순직지리(順職之吏)라고 부른다. 순직지리가 아닌데도 통행하는 자가 있다면 응당 주살해야 한다. 전쟁이 시작되면 일정표에 맞춰 움직이는데, 순직지리도 같이 출발해 조사하고 확인하는 작업을 한다. 그러므로 곧 전쟁이 벌어질 참이라면 먼저 내부부터 정리하고 안정시켜야 한다.

— 『울료자』 「종군령(踵軍令)」편.

이상은 전쟁에서 장수가 지켜야 할 수칙에 관한 내용.

전차전의 결전지 『六韜』 「犬韜·戰車」

○○ 武王曰:"戰車奈何?"太公曰:"步貴知變動, 車貴知地形, 騎貴知別徑奇道, 三軍同名而異用也. 凡車之死地有十, 其勝地有八."

武王曰:"十死之地奈何?"太公曰:"往而無以還者, 車之死地也. 越絶險阻, 乘敵遠行者, 車之竭地也. 前易後險者, 車之困地也. 陷之險阻而難出者, 車之絶地也. 圮下漸澤, 黑土黏埴者, 車之勞地也. 左險右易, 上陵仰阪者, 車之逆地也. 殷草橫畝, 犯歷深澤者, 車之拂地也. 車少地易, 與步不敵者, 車之敗地也. 後有溝瀆, 左有深水, 右有峻阪者, 車之壞地也. 日夜霖雨, 旬日不止, 道路潰陷, 前不能進, 後不能解者, 車之陷地也. 此十者, 車之死地也, 故拙將之所以見擒, 明將之所以能避也."

武王曰:"八勝之地奈何?"太公曰:"敵之前後行陳未定, 即陷之. 旌旗擾亂, 人馬數動, 即陷之. 士卒或前或後, 或左或右, 即陷之. 陳不堅固, 士卒前後相顧, 即陷之. 前往而疑, 後恐而怯, 即陷之. 三軍卒驚, 皆薄而起, 即陷之. 戰於易地, 暮不能解, 即陷之. 遠行而暮舍, 三軍恐懼, 即陷之. 此八者, 車之勝地也. 將明於十害·八勝, 敵雖圍周, 千乘萬騎, 前驅旁馳, 萬戰必勝."

무왕이 물었다.

"전차로 싸우려면 어찌해야 합니까?"

태공이 말했다.

"보병전은 전장의 형세에 따른 임기응변이 중요하고, 전차전에서는 지형 조건을 이용해야 하며, 기병전을 펼칠 때는 지름길과 샛길을 활용하는 요령이 필요합니다. 이 세 가지 유형의 전쟁은 작전 명목이 같아도 작용은 제각기 다르지요. 전차전은 지형을 연구해야 하는데, 무릇 열 종류의 사지(死地)가 있고 이기는 승지(勝地)는 여덟이 있습니다."

"무엇이 열 가지 죽음의 땅입니까?"

"들어갈 수는 있되 빠져나올 길 없는 곳이 전차의 사지(死地)입니다. 갖가지 험하고 막힌 장애물을 지나치면서 적군을 멀리까지 추격하다가 사람과 말이 다 지쳐버려 전투력이 고갈된 곳은 전차의 갈지(竭地)라고 합니다. 앞면은 평이하지만 배후가 험준한 곳은 전차가 곤경에 처하는 곤지(困地)가 되지요. 험난한 지형에 가로막혀 탈출이 어려운 곳은 전차에게 막다른 절지(絶地)입니다. 도로가 푹 꺼졌거나 지세가 낮은 소택지에다 시커먼 진흙탕이 이어진 곳은 전차가 전진하기 힘든 노지(勞地)가 되지요. 왼편은 험하고 오른쪽은 평탄한데 구릉이나 산비탈로 올라가야 한다면 이는 전차를 거부하는 역지(逆地)이고, 무성한 풀이 자라거나 깊은 물의 소택지는 전차에게 고분고분하지 않은 불지(拂地)입니다. 지세는 평탄하지만 전차 숫자가 너무 적어 적의 보병조차 상대할 수 없는 곳이라면 전차의 패지(敗地)가 되고, 뒤편에 수로, 왼편에 깊은 물, 오른쪽에 가파른 산비탈이 있는 곳은 전차가 망가지는 괴지(壞地)입니다. 밤낮으로 비가 쏟아지고 열흘이 넘도록 그치지 않아 도로가 붕괴될 때도 있습니다. 이런 곳은 앞으로 나아갈 수 없고 뒤로도 길이 열리지 않으니 전차가 구덩이에 처박힐 수밖에 없는 함지(陷地)입니다. 이상 열 종류의 지형은 전차에게 사지가 되지요. 이런 지형은 우둔한 장수가 전쟁에 패하고 포로가 되는 요인이지만 현명한 장수라면 온갖 궁리로 빠져나갈 수가 있습니다."

"전차전으로 이길 수 있다는 여덟 지형은 어떤 것입니까?"

계속되는 무왕의 질문에 태공의 대답이 이어졌다.

"적군이 앞뒤를 분간하지 못해 대열과 진형을 아직 완성하지 못했을 때 전차로 밀어버리면 저들을 꺾을 수 있습니다. 깃발이 뒤섞여 혼란스럽고 사람과 말의 배치가 자주 바뀐다면 그때가 전차로 밀어버릴 적기입니다. 적군 병사들이 우왕좌왕하면서 어떤 자는 앞으로 가고 누구는 뒤로 가며 혹은 왼편 혹은 오른편으로 뒤죽박죽이라면 전차로 밀어버릴 호기라 하겠습니다. 적군의 진형이 탄탄하지 못하고 병사들이 두리번거리며 서로 불안해하면 바로 그때 전차로 돌진해야 합니다. 적이 의구심 때문에 나가지도 못하고 무서워 뒤로 물러서지도 못하는 상태라면 전차로 맹공을 가해 쓸어버려야 합니다. 적군이 한밤중에 깜짝 놀라고 자다가도 벌떡 일어난다면 그때가 전차로 밀어버릴 좋은 시기입니다. 드넓은 평원에서 적과 싸우는데 황혼이 되어도 전투가 끝나지 않으면 전차로 맹공을 퍼부어 패퇴시켜야 합니다. 장거리를 이동해 저녁에 숙영하는 적은 피곤에 찌든 나머지 교전을 겁낼 테니 이때 전차로 밀어버려야 합니다. 이상 여덟 종류는 전차전으로 승리를 거둘 수 있는 상황입니다.

장수가 만약 열 가지 사지와 여덟 종류 승지를 알고 전차전에 응용할 수 있다면, 설사 적들이 사방을 포위하고 천 대의 수레 만 명의 기병으로 전후좌우에서 공격을 퍼붓더라도 언제나 승리할 수 있습니다."

―『육도』「견도·전차(犬韜·戰車)」편.

전차 대형 『六韜』「犬韜·均兵」

○○ 武王曰:"以車與步卒戰, 一車當幾步卒? 幾步卒當一車? 以騎與步卒戰, 一騎當幾步卒? 幾步卒當一騎? 以車與騎戰, 一車當幾騎? 幾騎當一車?"太公曰:"車者, 軍之羽翼也, 所以陷堅陳, 要彊敵, 遮走北也; 騎者, 軍之伺候也, 所以踵敗軍, 絶糧道, 擊便寇也. 故車·騎不敵戰, 則一騎不能當步卒一人. 三軍之衆, 成陳而相當, 則易戰之法, 一車當步卒八十人, 八十人當一車; 一騎當步卒八人, 八人當一騎; 一車當十騎, 十騎當一車. 險戰之法, 一車當步卒四十人, 四十人當一車; 一騎當步卒四人, 四人當一騎; 一車當六騎, 六騎當一車. 夫車·騎者, 軍之武兵也, 十乘敗千人, 百乘敗萬人; 十騎走百人, 百騎走千人: 此其大數也." 武王曰: "車騎之吏數·陳法奈何?" 太公曰: "置車之吏數, 五車一長, 十車一吏, 五十車一率, 百車一將. 易戰之法, 五車爲列, 相去四十步, 左右十步, 隊間六十步. 險戰之法, 車必循道, 十車爲聚, 二十車爲屯, 前後相去二十步, 左右六步, 隊間三十六步; 五車一長, 縱橫相去一里, 各返故道. 置騎之吏數, 五騎一長, 十騎一吏, 百騎一率, 二百騎一將. 易戰之法, 五騎爲列, 前後相去二十步, 左右四步, 隊間五十步. 險戰者, 前後相去十步, 左右二步, 隊間二十五步; 三十騎爲一屯, 六十騎爲一輩, 十騎一吏, 縱橫相去百步, 周環各復故處."

무왕이 말했다.

"전차로 적의 보병대와 교전할 때 전차 한 대가 몇 명의 보병을 감당할 수 있을까요? 몇 명의 보병이 전차 한 대를 상대할 수 있는지 궁금합니다. 기병이 보병을 대상으로 싸울 때 기병 한 명의 전투력은 보병 몇 명에 해당할까요? 몇 명의 보병이 기병 하나를 감당하나요? 전차대가 적의 기병대와 싸울 때 전차 한 대의 전투력은 기병 몇 명에 해당하는지요? 몇 명의 기병이라야 전차 한 대를 막을 수 있을까요?"

태공이 말했다.

"전차는 비유하자면 군대에서 새의 날개에 해당합니다. 견고한 적진을 돌파하고, 강한 적을 가로막으며, 도주하는 적군을 저지시키는 수단이지요.

기병은 군대 내에서 정찰과 돌격을 담당합니다. 도주하는 적을 추격하고, 적의 식량 보급로를 끊어버리며, 민첩하게 움직이는 유격대에 타격을 가하는 역할이지요. 그러므로 전차부대와 기병대가 적절한 위치에 배치되지 않으면 제구실을 못해 기병 1인이 보병 한 명도 막아내지 못하게 됩니다.

전군의 진용이 갖춰지고 각 병과의 역할이 적절히 안배된 상황이라면 평지에서 싸울 때 전차 1대는 보병 80명의 위력을 발휘하지요. 80명 보병의 전투력이 전차 1대와 맞먹는 것입니다. 기병 하나의 전투력은 보병 8명에 상당하니, 여덟 보병이 기병 1인을 상대하게 되지요. 전차 1대의 전투력은 10명의 기병과 맞먹습니다. 열 명의 기병이 전차 한 대를 상대하는 것이지요. 지형이 험난한 전장에서는 전차 1대의 전투력이 보병 40명과 맞먹으니, 40명의 보병이 전차 1대에 맞서게 됩니다. 기병 1인의 전투력은 보병 4명에 상당하니, 4명의 보병이 기병 하나를 감당하게 되지요. 전차 1대의 전투력은 기병 6인에 해당하니, 기병 6명이 전차 한 대를 상대합니다. 전차와 기병은 군대 내에서 전투력이 가장 좋은 병과로 10대의 전차가 천 명의 적을 물리칠 수 있고, 백 대의 전차는 일만 명을 무찌를 수 있지요. 열 명의 기병은 백 명의 적을 상대하고 백 명의 기병은 천 명의 적을 도망가게 할 수 있는데, 이는 그 대략적인 수치입니다."

무왕이 물었다.

"전차부대와 기병대의 군관 숫자는 어느 정도라야 할까요? 작전 시 어떤 진법을 구사해야 좋을까요?"

태공이 대답했다.

"전차부대의 장교 숫자는 다음과 같이 분배합니다. 전차 5대마다 장(長) 1인을 두는데, 전차 10대를 통솔하면 리(吏)라고 합니다. 50대를 이끄는 이는 솔(率)[29]이라 하고, 전차 100대의 지휘관은 장(將)이 되지요.

평지에서 싸울 때 대형(隊形)을 배치하는 방법은 다음과 같습니다. 전차 5대를 일렬로 세웠을 때 앞뒤 간의 거리는 40보, 좌우 사이는 10보이며, 부대 간의 거리는 60보가 되게 합니다. 험준한 지형에서 교전할 때는 대형

---

[29] 솔(率)은 고대에 '수(帥)'와 통용되는 글자였다. 의미가 꼭 사령관인 것은 아니어서 두목이나 수령의 뜻으로도 범용되었다.

이 달라지지요. 전차는 반드시 길을 따라 행진해야 하는데, 10대는 1취(聚), 20대는 1둔(屯)으로 편성합니다. 전차 앞뒤 간의 거리는 20보, 좌우 사이는 6보이며, 부대 간의 거리는 36보씩 떨어지게 합니다. 전차 5대마다 장(長)을 두는데, 교전 시 같은 부대 소속 전차는 전후좌우로 1리 이상 떨어져선 안 됩니다. 전투가 끝나면 각자 왔던 길로 되돌아가 원대복귀하고요.

기병대의 장교 숫자는 다음과 같이 안배합니다. 기병 다섯마다 장(長)이 있고, 기병이 열 명이면 리(吏)를 둡니다. 100명의 기병이면 솔(率), 200명이면 장(將)을 배치합니다. 평탄한 지형에서 싸울 때는 5기를 1열로 삼는데, 각각의 기병은 앞뒤 거리가 20보, 좌우는 4보씩 떨어졌으며, 부대 간의 거리는 50보로 정합니다. 험준한 지형에서 교전할 때 대형은 각 기병 사이의 거리가 앞뒤는 10보, 좌우는 2보, 부대 간의 거리는 25보를 띄웁니다. 30기를 1둔(屯), 60기는 1배(輩)라고 하며, 10기마다 리(吏)를 두지요. 교전을 할 때 소속이 같은 기병끼리는 서로 100보 이상 떨어지지 않고, 전투가 끝나면 각자 원위치로 돌아가 기존 대형을 회복시킵니다."

— 『육도』「견도·균병(均兵)」편.

이광지법 『唐太宗李衛公問對』 卷上

太宗曰: "春秋楚子二廣之法云: '百官象物而動, 軍政不戒而備.' 此亦得周制歟?"靖曰: "案左氏說, 楚子乘廣三十乘, 廣有一卒; 卒, 偏之兩. 軍行右轅, 以轅爲法, 故挾轅而戰, 皆周制也. 臣謂百人曰卒, 五十人曰兩, 此是每車一乘, 用士百五十人, 比周制差多爾. 周一乘, 步卒七十二人, 甲士三人. 以二十五人爲一甲, 凡三甲, 共七十五人. 楚山澤之國, 車少而人多. 分爲三隊, 則與周制同矣."

태종이 물었다.

"춘추시대 초자[30]는 이광지법[31]을 말하며 '각급 군관이 깃발의 지휘에 따라 움직이니, 군대 내의 상벌과 교화가 따로 명령하지 않아도 완비되더라'고 하였소. 이 역시 주나라 제도에 부합하는 것이오?"

이정이 대답했다.

"『좌전』의 설명에 따르면, 초자의 전차대(乘廣)[32] 규모는 30승(乘)입니다. 매 광마다 1졸(卒)의 전차 30량(輛)이 들어가고, 매 졸은 또 좌우 두 편(偏)으로 나뉘지요. 군대가 출동할 때 우군(右軍)은 장군의 수레 끌채 방향대로 따라가니, 끌채가 대열을 정비하는 기준이 되는 것이지요. 그래서 끌채를 끼고 전투하는데, 이는 모두 주나라 제도입니다. 제가 100명은 1졸(卒), 50명은 1량(兩)이라 한 것은 초나라 제도는 전차 1대가 1승이고 거기에 병사 150명이 딸림을 지적한 것으로, 이는 주나라의 제도와 크게 차이가 납니다. 주나라는 1승에 보병 72명과 갑사(甲士) 3명을 썼습니다. 25인으로 1갑을 삼으니, 3갑은 모두 75인이지요. 초나라는 산과 호수가 많은 지역이라 수레는 적고 사람이 많습니다. 150명을 3개 소대로 나눈 것인즉슨 주나라 제도와 동일하지요."

—『당태종이위공문대』 상권.

---

30) 초자(楚子, ?~B.C. 591): 초 장왕(楚莊王). 성은 미(羋), 이름은 려(旅), 자는 자령(子靈)이고, 목왕(穆王)의 아들이다. 초나라에서 역대 가장 큰 성취를 이룬 군주로 춘추오패의 한 명이 되었다. 일찍이 자작(子爵)에 봉해진 적이 있기 때문에 '초자'라고 부른 것이다.

31) 이광지법(二廣之法): 병사들을 좌우 두 줄로 나누는 전법. '광'은 초나라의 군제(軍制)인데, 『좌전』 선공(宣公) 12년조의 "초왕의 군대는 2광으로 나뉜다. 광에는 1졸의 군사가 배치되고, 1졸은 2편으로 구성된다(其君之戎, 分為二廣, 廣有一卒, 卒偏之兩)"는 대목에 대해 주석은 다음과 같이 해설했다. "15승의 전차가 1광이 된다.『사마법』에서는 100명이 1졸, 25명은 1량, 전차 15승을 1대편이라 했다. 지금도 1광은 전차 15승으로 역시 옛 편제법을 사용하며, 매 전차당 25인의 규정을 회복시켜 제도를 계승하고 있다(十五乘為一廣, 『司馬法』百人為卒, 二十五人為兩, 車十五乘大偏. 今廣十五乘, 亦用舊偏法, 復以二十五人為承制)."

32) 승광(乘廣): 춘추시대 초나라 왕 혹은 총사령관이 이끌던 병거(兵車)의 명칭.

조조의 전차 대형 『唐太宗李衛公問對』 卷上

• 太宗曰: "春秋荀吳伐狄, 毀軍爲行, 亦正兵歟, 奇兵歟?" 靖曰: "荀吳用車法爾, 雖舍車而法在其中焉. 一爲左角, 一爲右角, 一爲前拒, 分爲三隊, 此一乘法也. 千萬乘皆然. 臣案曹公『新書』云: '攻車七十五人, 前拒一隊, 左·右角二隊; 守車一隊, 炊子十人, 守裝五人, 廐養五人, 樵汲五人, 共二十五人.' 攻守二乘, 凡百人. 興兵十萬, 用車千乘, 輕重二千, 此大率荀吳之舊法也. 又觀漢魏之間軍制: 五車爲隊, 僕射一人; 十車爲師, 率長一人; 凡車千乘, 將吏二人. 多多倣此. 臣以今法參用之: 則跳蕩, 騎兵也; 戰鋒隊, 步騎相半也; 駐隊, 兼車乘而出也. 臣西討突厥, 越險數千里, 此制未嘗敢易. 蓋古法節制, 信可重也."

태종이 물었다.

"춘추시대 순오[33]는 북쪽 오랑캐를 정벌하면서 전차를 버리고 보병만으로 진을 짰는데, 이는 또 정병(正兵)인가 아니면 기병(奇兵)인가?"

이정이 대답했다.

"순오가 쓴 것은 전차 전법일 따름입니다. 전차를 내던지고 쓰지는 않았지만 전차 전법이 그 안에 여전히 활용되고 있지요. 한 부대는 왼쪽 귀퉁이, 한 부대는 오른쪽 귀퉁이, 또 한 부대는 앞에서 적을 막는 선봉대로 삼아서 세 부대로 나누는 방식은 전차 부대의 전법입니다. 천만 대의 전차가 동원되는 전쟁일지라도 그 전법은 모두 동일하지요. 조조(曹操)는 『신서(新書)』[34]에서 '진격하는 전차에는 75인이 배치된다. 선봉에 한 부대, 좌우 양

---

33) 순오(荀吳, ?~B.C. 519): 춘추시대 진(晋)의 명장. B.C. 541년 태원(太原)에서 융적(戎狄)과 맞붙었는데 지세가 험악해 전차를 활용하기가 어려웠다. 위서(魏舒)가 전차를 버리고 보병만으로 싸울 것을 건의하자, 순오는 그 의견에 따라 대승을 거둔 뒤 주변의 유목민 부락을 소탕했다.

34) 『맹덕신서(孟德新書)』: 조조가 생애를 결산하면서 엮었다고 일컬어지는 병가서. 종전의 군사이론에 조조 자신의 견해를 보태 13편의 병법론과 마지막

쪽 모서리에 각각 하나씩 두 부대가 자리한다. 수비군은 각 전차부대마다 취사병 10인, 군용장비 관리하는 병사 5인, 마필 관리병 5인, 나무하고 물 긷는 병사 5인 등, 도합 25인이 포함된다'고 말했습니다. 공격과 수비에 충당되는 2대의 전차에는 총 100명이 배속됩니다. 출동하는 병사가 10만이면 전차 1,000량, 가벼운 수레 및 운송 담당 치중거를 합쳐 2,000량이 동원되는데, 이 정도가 대략적인 순오의 옛 전법입니다.

다시 한·위(漢魏) 연간의 군제를 보면, 전차 5대는 1부대(隊)가 되는데 거기에는 복야[35] 1인이 포함됩니다. 10대의 전차는 1사(師)가 되고 지휘관 1명이 배치됩니다. 대체로 전차 1,000대에 장수와 부관 2인이 배치되지요. 전차 숫자가 아무리 많아도 대부분은 이 방식에 따랐습니다.

제가 오늘날의 방식을 참작해 활용하는 방법은 다음과 같습니다. 도탕[36]에는 기마병을 쓰고, 선봉대는 기마병과 보병을 반반씩 섞으며, 주대[37]는 전차 부대와 동시에 출동시킵니다. 저는 서쪽 변방에서 돌궐을 토벌할 때 수천 리의 험지를 넘나들면서 이런 전법을 감히 고친 적이 없었습니다. 원래 옛날

1편의 정략(政略) 등 총 14편으로 구성되었다. 조조 이전은 『손자병법』·『손빈병법』·『음부(陰符)』 등이 널리 읽혔으나, 이 책이 나온 뒤로는 제갈량의 『장원(將苑)』 24편을 제외하면 수백 년 동안 새로운 병가서가 출현하지 않다가 명대 척계광(戚繼光)의 『기효신서(紀效新書)』가 나오고 나서야 비로소 그런 상황이 종결되었다 한다. 『삼국지』 권1 「위서(魏書)」에 "병서 10여만 자를 조술했다. 장군들은 정벌에 나서 때마다 『신서』에 의거해 사안을 처리했다(自作兵書十萬餘言, 諸將征伐, 皆以新書從事)"는 기록이 있고, 본문에서 이정이 조조의 『신서』를 언급하는 것으로 보아 당대까지는 책이 아직 존재했고 이후에 실전된 것으로 보인다.

35) 복야(僕射): 부대 전체를 통솔하는 관리. 『한서』 「백관공경표(百官公卿表)」에 "옛날에는 무관을 중시했는데, 주야가 있어 그들을 감독하고 사찰했다(古者重武官, 有主射以督課之)"고 했다. 즉 여러 관리들 중 수장을 일컫는다.

36) 도탕(跳蕩): 본격적인 전투에 앞서 기습전으로 적을 공격하는 군대. 『신당서』 「백관지(百官志)」에서 다음과 같이 설명했다. "화살과 돌이 아직 날아가기 전 요새를 함락시키고 본진을 기습해 적을 패퇴시키는 군대를 일컬어 도탕이라 한다(矢石未交, 陷堅突衆, 敵因而敗者, 曰跳蕩)."

37) 주대(駐隊): 잠시 대기 상태로 있으면서 지원에 나설 때를 기다리는 부대.

부터 전해진 지휘법은 규율이 엄정하기 때문에 믿고 중시할 만합니다."

―『당태종이위공문대』상권.

어리진 『唐太宗李衛公問對』卷中

太宗曰: "車·步·騎三者一法也, 其用在人乎?" 靖曰: "臣案春秋魚麗陣, 先偏後伍, 此則車·步無騎, 謂之左右拒, 言拒禦而已, 非取出奇勝也. 晉荀吳伐狄, 舍車爲行, 此則騎多爲便, 唯務奇勝, 非拒禦而已. 臣均其術: 凡一馬當三人, 車·步稱之, 混爲一法, 用之在人. 敵安知吾車果何出, 騎果何來, 徒果何從哉? 或潛九地, 或動九天, 其知如神."

―石車戰

태종이 물었다.

"전차병과 보병, 기마병의 세 종류 병사를 활용하는 방법은 동일하니, 문제는 그것을 쓰는 사람에게 달린 것인가?"

이정이 응대하여 말했다.

"신이 살펴보니 춘추시대의 어리진[38]은 먼저 전차부대가 나서고 보병이

---

38) 어리진(魚麗陣): 춘추시대 정 장공(鄭莊公) 때 개발된 진법(陣法). 구체적인 진형에 대해서는 의견이 엇갈리는데, 『좌전』 환공(桓公) 5년조에서 『사마법』을 인용해 다음과 같이 설명했다. "전차 25승이 1편대가 된다. 전차가 앞서고 오가 뒤따르면서 편대의 틈새를 메운다. 5명이 1오가 되니, 이것이 대체적인 어리진법이다. '麗'는 '力之' 반절로 읽는다(車戰二十五乘爲偏, 以車居前, 以伍次之, 承偏之隙而彌縫闕漏也. 五人爲伍, 此蓋魚麗陳法. 麗, 力之反)." 『이위공문대』는 정나라에 좌거(左拒)·우거(右拒)·중군(中軍)의 3군이 있고, 1군은 5편(偏, 전차 15승이 1편), 1편은 5대(隊), 1대는 전차 5량이며, 5편을 다섯 방향으로 배치한 것이 방진(方陣)이라고 설명한다. 각 편은 전차를 전방에 두고 보병은 후방에 배치해 편 사이의 틈새를 메꾸는 역할을 맡기는데, 좌거·우거·중군이 거꾸로 된 '品'자 형태로 배치되면 전차와 보병이 흡사 그물망처럼 촘촘히 연결된 대형이 완성된다는 것이다. '려(麗)'와 '리(罹)'는 서로 통용되는 글자로, '魚麗陣'은 '어리진'으로 읽는다.

뒤따르니, 이 전법은 전차병과 보병만 나서고 기마병은 동원되지 않는 것이었습니다. 좌우로 방진(方陣)을 펼치는데 적을 막는 방어에 목적이 있을 뿐 기발한 계책으로 승리를 꾀하겠다는 심산이 아니더군요. 진(晋)나라의 순오(荀吳)는 북적(北狄)을 정벌할 때 전차를 버리고 행군했는데, 이는 기마병을 쓰는 것이 여러모로 편리한 때문이었습니다. 오직 기병(奇兵)을 통한 승리에 치중하며 방어에 목적을 두지 않았던 것이지요.

저는 그런 방법들을 절충해서 씁니다. 말 한 마리는 보통 세 사람 몫을 감당하는데, 전차병이나 보병도 그에 상응하지요. 전법이야 다 같으니 활용하는 사람이 그것을 얼마나 잘 파악하고 있느냐에 성패가 갈립니다. 적이 우리 전차의 출동 방향을 어떻게 알겠습니까? 말 탄 기병이 어디서 나타나고, 보병이 과연 어디로부터 출몰할지 어찌 알까요? 때로는 깊은 땅속에 잠복하고 때로는 구천 하늘 가장 높은 곳에서 뒤흔드니, 그 지혜로움은 흡사 신과 같은 경지라 하겠습니다."

—『당태종이위공문대』 중권.

이상은 전차전에 관한 내용.

제3장 「모공(謀攻)」편

孫子曰: 凡用兵之法, 全國爲上, 破國次之; 全軍爲上, 破軍次之; 全旅爲上, 破旅次之; 全卒爲上, 破卒次之; 全伍爲上, 破伍次之. 是故百戰百勝, 非善之善者也; 不戰而屈人之兵, 善之善者也. 故上兵伐謀, 其次伐交, 其次伐兵, 其下攻城. 攻城之法, 爲不得已, 修櫓轒轀, 具器械, 三月而後成; 距堙, 又三月而後已; 將不勝其忿而蟻附之, 殺士卒三分之一而城不拔者, 此攻之災也.

故善用兵者, 屈人之兵而非戰也, 拔人之城而非攻也, 毁人之國而非久也. 必以全爭于天下, 故兵不頓而利可全, 此謀攻之法也.

故用兵之法, 十則圍之, 五則攻之, 倍則分之, 敵則能戰之, 少則能守之, 不若則能避之. 故小敵之堅, 大敵之擒也. 夫將者, 國之輔也. 輔周則國必强, 輔隙則國必弱. 故軍之所以患于君者三: 不知三軍之不可以進而謂之進, 不知軍之不可以退而謂之退, 是謂縻軍; 不知三軍之事而同三軍之政, 則軍士惑矣; 不知三軍之權, 而同三軍之任, 則軍士疑矣. 三軍旣惑且疑, 則諸侯之難至矣, 是謂亂軍引勝.

故知勝者有五: 知可以與戰不可以與戰者勝, 識衆寡之用者勝, 上下同欲者勝, 以虞待不虞者勝, 將能而君不御者勝. 此五者, 知勝之道也.

故曰: 知彼知己, 百戰不殆; 不知彼而知己, 一勝一負; 不知彼, 不知己, 每戰必敗.

손자의 말이다.
전쟁을 수행하는 데는 다음과 같은 원칙이 있다.
적국을 손상 없이 항복시키는 것이 최선이고, 무력으로 격파해 굴복시키면 차선이다. 적의 군단(軍)[1]을 온전하게 항복시키는 것이 상책이고, 격파하여 항복을 받아내면 차선으로 친다. 적의 여단(旅)을 온전히 항복시켜야 상책이고 무력으로 항복시키면 차선이며, 소대(卒)를 온전하게 항복시킴이 상책이고 공격해 격파하면 차선인 것이며, 분대(伍)를 온전하게 항복시켜야 상책이고 무력으로 항복시키면 차선으로 본다. 이런 까닭에 백번 싸워 백번 이긴다고 최선은 아니니, 싸우지 않고도 적의 군대를 굴복시키는 전쟁이라야 최선인 것이다.
그래서 최고의 군사행동은 적을 계략으로 굴복시키고, 차선은 외교를 통해 적을 고립시키는 경우이며, 그다음은 군대를 동원해 위력을 구사하고, 최하책은 성을 직접 공격하며 전투를 벌이는 것이다. 성에 대한 공략은 부득이해 취하는 방법인데, 망루를 쌓고 분온[2]을 만들어 성을 공격하는 장비를 갖추는 데만 석 달의 시간이 소요된다.

---

1) 『주례』에 따르면, 고대는 군대의 편제에서 1만 2,500명을 1군(軍)으로 묶고, 500명은 1려(旅), 100명은 1졸(卒), 5명은 1오(伍)로 편성했다.
2) 분온(轒轀): 성을 공격할 때 쓰는 대형 목제 전차. 당대의 두목(杜牧)은 『손자병법』 주석에서 분온을 이렇게 묘사했다. "재목을 배열하고 엮어서 만드는데 윗부분에 쇠가죽을 씌웠다. 하단부 넓이가 열 명은 수용할 수 있고, 왔다갔다 오가며 흙을 운반해 적의 참호를 메꾸는 용도였다. 속에 들어가면 통나무나 바위가 날아와도 다치지 않을 수 있다(排大木爲之, 上蒙以生牛皮, 下可容十人, 往來運土塡塹, 木石所不能傷)."

거인[3]을 쌓는 데 또 석 달이 걸린다. 만약 장수가 치미는 부아를 참지 못해 개미처럼 성벽을 기어오르게 해 병사 삼분의 일이 희생되고도 성을 함락시키지 못한다면, 이는 섣부른 공격이 부른 재앙일 뿐이다.

그러므로 전쟁의 고수는 싸우지 않고 적을 굴복시킨다. 공격하지 않고 적의 성을 함락시키며, 시간을 끌지 않고 적국을 궤멸시킨다. 기필코 완전한 승리를 꾀하기 때문에 병력이 다치지 않고 이익은 온전히 보전된다. 이는 공격을 꾀할 때 우선적으로 고려해야 할 원칙이다.

그러므로 전쟁에는 다음과 같은 법칙이 있다. 아군의 숫자가 적의 열 배라면 포위해 섬멸하고, 다섯 배라면 가차없이 공격에 나선다. 두 배의 병력이라면 적을 분산시키고, 비등하면 방도를 강구해야 대적할 수 있으며, 적보다 숫자가 적으면 성문을 닫고 수비에 치중해야 한다. 만약 모든 조건에서 적보다 열세라면 일단 피해야 한다. 실력이 약한 군대가 굳세게 버팅기면 강한 적군에게 나꿔채이게 되기 때문이다.

장수는 임금을 돕는 보좌역이다. 도우미 역할이 주도면밀하면 나라가 반드시 강해지고, 보좌에 틈이 생기면 그 나라는 필시 쇠약해진다.

원래 임금이 군대의 우환이 되는 경우가 세 가지 있다. 나아가면 안 되는데 그걸 모르고 전진을 명하거나 후퇴하면 안 되는 상황에서 후퇴를 명령한다면, 이는 옴짝달싹 못 하게 '군대에 재갈을 물린다(縻軍)'고 일컫는다. 삼군(三軍)의 일에 관해선 쥐뿔도 모르면

---

3) 거인(距闉): 공격용으로 쌓은 흙산. 적의 동태를 관찰하거나 공격하는 용도로 활용했다. 위쪽에서 화기(火器)를 날리거나 성에 올라가기 편리한 까닭에 공성(攻城)에 필수적인 공사로 여겨졌다.

서 군대 행정에 끼어들어 간섭한다면, 병사들이 갈팡질팡 갈피를 잡지 못하게 된다. 군의 전략전술에 무지한 주제에 직접 전군을 지휘하면 군사들이 명령을 불신하게 된다. 삼군이 혼란과 의구심에서 헤어나지 못하면 제후들의 난리가 곧바로 들이닥치니, 이를 두고 아군을 혼란에 빠뜨려 적의 승리를 초래했다고 일컫는다.

원래 승리를 예측할 수 있는 방편이 다섯 가지 있다. 싸워도 되는 경우와 싸우면 안 되는 경우를 판단할 수 있으면 전쟁에서 승리한다. 양측의 실력에 근거해 병력을 동원할 수 있다면 싸움에서 승리한다. 전군이 합심하여 한마음으로 움직이면 승리하고, 준비가 끝난 상태에서 준비 안 된 적을 상대해도 승리하며, 장군이 유능하고 임금이 간섭하지 않으면 승리한다. 이 다섯 가지는 승리를 예견하는 방법이다.

그래서 나는 이렇게 말한다. 적을 알고 나를 알면 백 번을 싸워도 위험에 빠지지 않는다. 적을 모르고 나를 알면 일승일패가 가능하며, 적도 모르고 나도 모르면 싸울 때마다 필패하게 된다고 말이다.

조조 주석 曹操注

魏武帝曰: 謀攻者, 欲攻敵, 必先謀也. (旁批: 以謀爲攻, 不戮而屈人也.)
위 무제의 말이다.

「모공(謀攻)」편은 적을 공격하기에 앞서 반드시 사전 기획을 잘해야 한다고 강조한다. (방비: 사전에 잘 기획해 공격하면 살육하지 않고도 적을 굴복시킨다.)

全國為上, **興師深入長驅, 拒其都邑, 絶其內外, 敵擧國來服為上, 以兵擊破得之為次也.**
그 나라를 온전히 보전하는 것이 상책이다. 군사를 일으켜 파죽지세로 적국 깊숙이 진격해 그 도읍에 당도하고 안팎의 연결을 끊어버려 적이 온 나라를 통째로 바치며 항복하게 만드는 것이 상책이다. 무력으로 격파하고 적의 항복을 받아내는 것은 차선이다.

全軍, 『司馬法』曰: "萬二千五百人為軍, 五百人為旅, 自校以上至百人為卒, 百人以下至五人為伍."
군대를 온전히 보전하는 전군(全軍)에 대해 『사마법』은 이렇게 설명했다. "1만 2,500명은 군단, 500명은 여단, 여단 이하 100명까지는 졸(卒),[4] 100명 이하 5명까지는 오(伍)라고 한다."

上兵伐謀, **敵始有謀, 伐之易也. (旁批: 不待戰也.)**
최선의 전쟁은 적을 계략으로 굴복시키는 것이다. 적은 그제야 비로소 우리에 대한 공격 계획을 세우니, 저들을 치기가 쉬운 것이다. (방비: 교전이 벌어질 때까지 기다릴 필요가 없다.)

伐交, **將合也.**
외교를 통한 정벌은 적들(의 동맹이 아직 완성되지 않았지만 정벌을 위해 거병해서) 연합할 즈음에 이뤄진다.

---

4) 조조의 원문에는 "교 이상 백 명까지 '졸'이라 한다(自校以上至百人為卒)"고 씌어 있고, 이지도 조조의 원문을 그대로 옮겨놓았다. 하지만 이는 문맥에 맞지 않을뿐더러 『손자병법』 원문과도 배치되기 때문에 청대 손성연(孫星衍)은 교감을 거쳐 "1려 이하(一旅以下)"로 고쳤고, 지금은 모든 판본이 이를 따르고 있다. 본서에서도 원문은 조조와 이지의 것을 그대로 옮겨놓긴 했으나 해석은 손성연에 의거했다.

伐兵, 形已成也.
무력 정벌에 나서는 것은 양군의 대치 형세가 이미 정해졌기 때문이다.

攻城, 敵國已收外糧城守也.
성을 공격하는 것은 적국이 성 밖의 식량을 이미 거둬들인 상태에서 수비하고 있기 때문이다.

修櫓轒轀, 修, 治也; 櫓, 大楯也; 轒轀, 其下四輪, 從中推之至城下也. 器械者, 機關攻守之總名, 飛樓雲梯之屬也. 距闉者, 踊土稍高而前, 以附其城也.
망루를 수리하고 분온을 만든다. 수리는 쓰임에 맞게 고치는 것이다.
노(櫓)는 큰 방패(大楯)를 가리킨다.[5]
분온(轒轀)은 그 아래쪽에 바퀴 네 개가 달렸다. 그 안쪽에서 밀어 성 아래까지 옮겨간다.
기계는 공격과 수비에 필요한 기관[6]의 총칭으로, 비루(飛樓)와 운제(雲梯) 등속을 말한다.

---

[5] '노(櫓)'는 조조의 설명처럼 원래 큰 방패를 말한다. 하지만 송대의 매요신(梅堯臣)은 이 대목의 주석에서 "노가 큰 방패라고 말하는데, 이는 틀린 해설이다. 전쟁에 동원되는 장비가 허다히 많은데 어떻게 대방패의 수선만 콕 찍어 말했겠는가?(曰櫓為大楯, 非也. 兵之具甚眾, 何獨言修大櫓耶?)"라면서 조조를 반박했다. 후대의 주석은 모두 매요신의 지적을 받아들여 '노'를 망루(望樓)로 해석한다.

[6] 기관(機關)은 원래 기계의 움직임을 조작하는 기어 부분을 뜻하지만, 여기서는 부품을 조립해서 속도를 줄이거나 멈춤이 가능하도록 만든 전쟁 장비를 가리킨다. 비루는 공성용 사다리차, 운제는 성벽을 기어오르는 용도의 긴 사다리를 말한다.

거인(距闉)은 흙으로 높이 쌓았고[7] 앞쪽에 위치하니, 성에 바짝 다가들 수 있게 만든다.

將不勝其忿, 不待攻器成, 而使士卒緣城而上, 如蟻之緣牆, 必殺傷士卒也.
장수가 자기 분을 이기지 못해 공격에 필요한 장비가 갖춰지길 기다리지 않고 병사들로 하여금 성벽을 기어오르게 하는 모양은 마치 개미가 담벼락을 타고 올라가는 것 같아서 반드시 병사들을 죽고 다치게 만든다.

毁人之國而非久, 毁滅人國, 不久露師也.
다른 나라를 칠 때 오래 걸리지 않는다. 적국을 섬멸할 군사작전에 시간 끌지 않고 바로 돌입했다는 뜻이다.

必以全爭於天下, 不與敵戰, 而必完全得之, 立勝於天下, 則不頓兵挫銳也.
천하를 다투면서 기필코 완전한 승리를 꾀한다. 적과 직접 교전하지 않으니 전리품을 필시 온전한 상태로 얻게 된다. 온 천하에 승리의 깃발을 우뚝하니 세운즉슨 군대가 주둔하거나 유혈사태가 벌어질 일이 없다.[8]

十則圍之, 以十敵一則圍之, 是謂將智勇等而兵利鈍均也. 若主弱客

---

7) 조조의 원문에는 '약간 높은(稍高)'으로 씌어 있지만, 청대의 손성연은 '높이 쌓은(積高)'의 오기라고 교감했다. 이 부분의 해석은 손성연의 견해에 따랐다.
8) 이지는 사기가 꺾인다는 '挫銳'를 쓰지만 조조의 원문은 '칼날에 피를 묻힌다(血刃)', 즉 전쟁으로 되어 있다.

強, 操所以倍兵圍下邳, 生擒呂布也.

아군 숫자가 적의 열 배라면 포위한다. 열 명의 병사로 적군 하나를 상대할 때는 포위한다. 이는 장수의 지혜와 용기가 비등하고 무기의 수준이 균등할 때의 얘기다. 수비 측은 약하고 쳐들어온 적이 강할 경우, 나 조조는 하비에서 병력을 두 배로 증강시켜 포위하는 방법으로 여포를 사로잡았다.[9]

五則攻之, 以五敵一, 則三術爲正, 二術爲奇.

다섯 배라면 가차없이 공격한다. 적의 다섯 배 전력이라면 아군을 오등분해 셋은 정면에서 싸우게 하고 둘은 기습전에 동원한다.[10]

倍則分之, 以二敵一, 則一術爲正, 一術爲奇.

두 배의 병력이라면 적이 흩어지게 만든다. 적보다 두 배의 숫자로 싸운다면 절반은 정면에서 공격하고 나머지 절반은 기습공격에 동원한다.

---

9) 『삼국지』 「위서·무제기(魏書武帝紀)」에 따르면, 건안(建安) 3년(198) 조조가 여포를 토벌했다. 그런데 조조가 "병력을 두 배로 늘려 하비를 포위했다(倍兵圍下邳)"고 하며 '수비가 약하고 공격은 강한(主弱客强)' 형세를 설명한 것은 '열 배 병력이라면 포위한다'는 『손자병법』의 논조와 결맞지 않는다. 두목(杜牧)은 두 대목이 서로 부합하지 않는다고 하면서 조조는 "훈계하지 말았어야 했다(不可以訓也)"고 정리한 바 있다. 하비(下邳)는 지금의 강소성 수녕(睢寧)현 서북방이다.

10) 두목은 이 대목에 다음과 같은 주석을 달았다. "전술은 도와 같다. 다섯으로 하나와 대적하는 상황이라면 응당 우리 편을 셋으로 갈라 세 가지 방법으로 적의 한쪽 면을 공격해야 한다. 둘은 남겨놓아 만약의 사태에 대비하고 기습전을 펼치는 식으로 전세에 편승시킨다(術猶道也. 言以五敵一, 則當取己三分爲三道, 以攻敵之一面; 留己之二, 候其無備之處, 出奇而乘之)."

敵則能戰之, 己與敵人衆等, 善者猶當設奇伏以勝之也.
비등하면 방도를 강구해야 대적할 수 있다. 아군과 적군의 숫자가 비슷할 때 전쟁의 고수는 복병을 배치해두고 기습 작전을 펼침으로써 승리한다.

少則能守之, 高壁堅壘, 勿與戰也.
적보다 열세라면 성문을 닫고 수비에 치중하는 편이 좋다. 높은 성벽과 견고한 보루에 의지하며 적과 교전하지 말아야 한다.

輔周者, 將周審, 謀不洩也.
용의주도한 보좌역. 장수가 주도면밀하게 기획하면 계책이 밖으로 새지 않는다.

輔隙者, 形見外也.
틈이 많고 허술한 보좌역. (장수가 준비하지 않으면 군대는 허약해지고 여기저기 구멍이 숭숭 뚫린) 모습이 바깥에 드러난다.

縻軍, 縻, 係也.
군대에 재갈을 물린다. 고삐가 꿰이면 매이고 속박당한다.

不知三軍之事, 軍容不入國, 國容不入軍, 禮不可以治兵也.
삼군의 일에 관해 전혀 알지 못한다. 군대의 일은 조정의 간섭이 용납되지 않고, 조정의 정치는 무관의 월권을 허용하지 않는다.[11]

---

11) 이 구절은 『사마법』 「천자지의」의 "국사에는 무관의 간섭이 허용되지 않고, 군사 영역은 문관들의 간섭을 허용하지 않는다(國容不入軍, 軍容不入國)"에서 가져왔는데, 조조는 의도적으로 앞뒤 순서를 바꾸고 있다.

예(禮)로는 군대와 전쟁 사업을 감당할 수 없다.[12]

不知三軍之權者 不得其人也.
군의 전략전술에 무지한 자는 사람을 적재적소에 쓰지 못한다.[13]

이탁오 총평 李贄總評

李卓吾曰: 夫謀欲攻人之國, 便先謀全人之國, 以至全軍·全旅·全卒·全伍, 無一點不要全, 蓋唯以全人之國為攻人之謀, 又以伐人之謀為謀攻之上策, 故軍·旅·卒·伍無一而不得全也, 始謂"以全爭於天下"矣. 觀其不以百戰百勝為善, 而以不戰屈人兵為善之善, 則所謂"善戰者服上刑", 尤孫子之所不赦矣. 是非效儒生之迂腐也, 乃所以為善戰, 所以為善謀攻耳, 後之用兵者, 其慎毋忽. 引勝, 謂吾以亂軍而引敵致勝也.

或曰: 識眾寡之用, 即識上文十圍·五攻·倍分等之用也. 以我之謀攻彼之謀, 是以謀戰, 非以戰戰, 故無所用戰, 無所不全. 謂之全爭, 即至相戰, 決不至久而頓兵, 則是立兵接刃, 猶為謀戰也.

---

12) 두우(杜佑)는 이 구절에 대해 다음과 같은 주를 달았다. "나라를 다스릴 때는 예의를 숭상하지만, 군사 행동은 권모술수를 중시한다. 형세가 각자 다르고, 교화의 내용과 대상이 다르다. … 그래서 『병경』은 '국가는 신뢰로 존재하고, 군대는 속임수에 의존한다'고 말했다(夫治國尚禮義, 兵貴於權詐, 形勢各異, 教化不同. … 故『兵經』曰: '在國以信, 在軍以詐'也)."
13) 좋은 장수를 등용하지 못한다는 뜻이다. 하연석(何延錫)은 주(注)에서 "용병과 권모술수를 모르는 사람을 등용해 장수로 삼으면 군대가 다스려지지 않고 병사들은 의심하게 된다(不知用兵權謀之人, 用之為將, 則軍不治而士疑)"고 해설했다.

이탁오는 말한다.

대저 타국을 칠 작정이라면 먼저 그 나라를 생채기 없이 통째로 집어삼킴과 아울러 아군 전체는 물론 여단·소대·분대에 이르기까지 그 누구도 다치지 않을 전략을 세워야 한다.

원래 적국을 통째로 굴복시킬 작전계획을 짠다는 것은 또 적에 대한 최상의 공격 전략을 세우는 일이기도 하다. 그리하여 군단·여단·소대·분대가 전혀 다치지 않으면 비로소 "온 천하에 완벽한 승리를 거뒀다"고 일컫는다.

손자가 백번 싸워 백번 이긴 전쟁을 잘했다 하지 않고 전투 없이 적을 굴복시킨 전쟁이 최선이라 한 정황을 살펴보면, 이른바 "전쟁을 좋아하는 자는 극형에 처한다"는 원칙이야말로 손자가 특히 내던지지 못한 바였다. 이는 고리타분한 유생을 본받지 않았기 때문인데, 바로 손자가 전쟁의 고수가 되고 전략의 대가가 된 까닭이었다. 후세에 전쟁을 지휘하는 자는 부디 이 점에 신중하여 홀시하지 말지어다. 승리를 견인한다는 것은 일부러 아군의 질서를 흩뜨려 적을 우리 쪽으로 유인함으로써 승리를 거두는 상황을 일컫는다.

혹자는 이렇게도 말한다.

많고 적은 병력의 활용에 익숙하다는 것은 바로 윗 문장에서 말한 열 배면 포위하고 다섯 배면 공격하며 두 배라면 균등하게 나누는 등의 전법을 쓸 줄 안다는 뜻이다. 나의 전략으로 적의 전략을 깨뜨리기 때문에 이는 두뇌 싸움이지 실제 전투에서 맞부딪는 싸움이 아니다. 따라서 직접적인 전투가 없으니 온전하지 않은 바도 없게 된다. 이를 '지략으로 항복을 받아낸 완전한 전쟁(全爭)'이라 부르는 이유는 설사 맞붙어 싸우는 지경까지 간다 해도 시간을 질질 끌다 병사들을 주둔시키는 정도에는 결코 이르지 않기 때문이다. 즉 무기를 손에 들자마자 신속하게 끝을 보니 전략만으로 승부를 가린 전쟁과 다름이 없는 것이다.

참고(1) 이탁오 해설 參考(一)

卓吾子曰: 謀攻者, 必以全爭於天下, 故攻城之法, 為不得已, 而況城守乎? 故述攻城與守者.

탁오자는 말한다.
모공(謀攻)이란 천하를 다툼에 있어 무력이 아닌 두뇌 싸움으로 적을 완벽하게 굴복시키는 것이다. 원래 성을 직접 공격하는 전법은 부득이한 경우에나 사용하니 성을 지키는 경우야 나위가 있을까? 그래서 성을 공격하거나 수비하는 경우에 대해 서술해보았다.

공성전의 정석 『六韜』「虎韜·略地」

○○ 武王曰: "戰勝深入, 略其地, 有大城不可下, 其別軍守險與我相拒, 我欲攻城圍邑, 恐其別軍卒至而薄我, 中外相合, 擊我表裏, 三軍大亂, 上下恐駭, 爲之奈何?" 太公曰: "凡攻城圍邑, 車騎必遠, 屯衛警戒, 阻其外內, 中人絕糧, 外不得輸, 城人恐怖, 其將必降." 武王曰: "中人絕糧, 外不得輸, 陰爲約誓, 相與密謀, 夜出窮寇死戰, 其車騎銳士, 或衝我內, 或擊我外, 士卒迷惑, 三軍敗亂, 爲之奈何?" 太公曰: "如此者, 當分軍爲三軍, 謹視地形而處, 審知敵人別軍所在, 及其大城別堡, 爲之置遺缺之道, 以利其心, 謹備勿失. 敵人恐懼, 不入山林, 即歸大邑, 走其別軍, 車騎遠要其前, 勿令遺脫, 中人以爲先出者, 得其徑道, 其練卒材士必出, 其老弱獨在, 車騎深入長驅, 敵人之軍必莫敢至, 慎勿與戰, 絕其糧道, 圍而守之, 必久其日, 無燔人積聚, 無壞人宮室, 冢樹社叢勿伐, 降者勿殺, 得而勿戮."

무왕이 물었다.

"아군이 승리를 틈타 깊숙이 파고들면서 적국의 땅을 점령했습니다. 하지만 공략하기 어려운 큰 성이 눈앞을 가로막고 적의 별동대가 성 밖 험지에 요새를 튼 채 우리와 대치하는군요. 성을 포위해 공격을 감행하고 싶은데 적의 별동대가 졸지에 들이닥쳐 아군을 공격할 것 같기도 합니다. 저들이 안팎으로 호응해 우리를 양쪽에서 공격한다면 전군이 큰 혼란에 빠지고 지위 고하를 막론하여 공포로 나자빠질 판입니다. 그런 경우 어찌해야 할까요?"

태공이 대답했다.

"무릇 성읍을 포위해 공격할 때는 전차병과 기병을 반드시 성에서 멀리 떨어진 곳에 주둔시키고 경계를 펴면서 봉쇄선을 깔아 성 안팎의 연결을 끊어버려야 합니다. 성안에 갇힌 적군에게 식량이 떨어지더라도 밖에서 들여보낼 방법이 없도록 만들어야 하지요. 그러면 성안 사람들은 공황상태가 되고 그 적장은 반드시 성문을 열고 투항하게 됩니다."

무왕의 질문이 이어졌다.

"성안의 적에게 식량이 떨어졌는데 외부로부터 수송될 길이 막히자 자기들끼리 몰래 밀약을 맺고 은밀하게 계획을 추진하네요. 궁지에 몰린 적들이 야밤을 틈타 포위를 뚫는 결사전을 벌인다는군요. 저들의 전차병과 기병, 정예병이 한꺼번에 출동해 어떤 놈들은 우리 군영으로 돌진하고 어떤 놈들은 외곽에서 공격을 감행한답니다. 우리 병사들은 놀라고 당황한 나머지 전군이 혼란에 빠지며 낭패지경이 되었는데, 그런 때는 어찌해야 좋을까요?"

"이 경우는 응당 전군을 셋으로 나누고 지형을 면밀히 살핀 뒤 유리한 지점을 골라 주둔시켜야 합니다. 적의 별동대 소재를 탐지하고 인근 지역에 위치한 큰 성곽과 군사 거점을 자세히 조사한 뒤 포위된 적이 도망갈 수 있도록 짐짓 통로 하나를 열어두십시오. 그들을 미끼로 현혹시켜 유인하되 만일의 실수가 없도록 배치는 주도면밀해야 합니다. 먼저 탈출한 적들은 두려워 떨다가 산속으로 들어가지 않으면 부근 큰 성으로 도망치게 되겠지요. 어떤 놈들은 저들의 별동대가 위치한 곳으로 달아날 텐데, 아군의 전차병과 기병에게 명령해 멀찍이 저들 앞을 가로막아 포위를 뚫으려는 적의 선봉대가 빠져나가지 못하게 합니다. 이때 성안의 적들은 먼저 나간 놈들이 탈출로를 뚫었다 오판하면서 필시 그 정예병을 내보낼 것입니다.

성안에는 늙고 나약해 전투 능력이 떨어지는 자들만 남게 되겠지요. 그때 느닷없이 아군의 전차와 기병이 적들 깊숙이로 파고들면 뒤따르던 적의 주력부대는 감히 나서서 응전하지 못하고 성안으로 후퇴하게 됩니다. 이때는 신중하게 굴면서 교전하지 말고 저들의 식량 공급로를 끊어버린 뒤 성을 에워싸고 봉쇄합니다. 한참 시일을 끌다보면 저들은 반드시 투항하게 될 것입니다. 그리되면 저들이 쌓아놓은 물자는 불사르지 말고, 거주하는 궁전과 가옥을 파괴하지 않으며, 무덤과 사당 주변의 나무들도 베지 마십시오. 투항한 자는 죽이지 않고 생포한 적 역시 도륙하지 말아야 합니다."

―『육도』「호도·약지(略地)」편.

성안에 감도는 기운 『六韜』「龍韜·兵徵」

○ 太公曰: "凡攻城圍邑, 城之氣色如死灰, 城可屠; 城之氣出而北, 城可克; 城之氣出而西, 城可降; 城之氣出而南, 城不可拔; 城之氣出而東, 城不可攻; 城之氣出而復入, 城主逃北; 城之氣出而覆我軍之上, 軍必病; 城之氣出高而無所止, 用兵長久, 凡攻城圍邑, 過旬不雷·不雨, 必亟去之, 城必有大輔.

태공이 말했다.

"적의 성읍을 포위하고 공격할 때는 성안에 감도는 기운을 잘 관찰해야 합니다. 아스라이 깔린 기운이 칙칙한 잿빛이라면 아군은 성내의 적을 섬멸시킬 수 있습니다.

성안의 기운이 빠져나와 북쪽으로 이동한다면 성을 함락시킬 수 있지요.

성안의 기운이 움직여 서쪽으로 빠져나간다면 성을 지키는 장수가 곧 항복하게 될 것입니다. 성안의 기운이 남쪽으로 이동한다면 아군은 이 성을 함락시키지 못합니다. 성안의 기운이 동쪽으로 움직인다면 이 성은 쉽사리 공략할 수 없지요.

기운이 밖으로 나갔다가 다시 성안으로 들어간다면 성을 지키는 장수가 곧 도망칠 것이라는 신호입니다. 만약 기운이 성을 벗어나 우리 측 상공을 뒤덮는다면 아군에게 필시 환난이 들이닥칠 징조이고, 성을 빠져나간 기운이 허공으로 높이 치솟는데 머무는 자취가 일정치 않다면 전쟁이 장기화할 조짐입니다.

무릇 성을 포위하고 공격할 참인데 열흘 넘게 천둥이 치지 않고 비가 오지 않는다면 속히 그곳에서 철군해야 하는데, 성안에 분명 뛰어난 인재가 사령관을 보좌하고 있기 때문이지요."

—『육도』「용도·병징(兵徵)」편.

공성의 단계 『尉繚子』「兵教」下

○ 尉繚子曰: 地大而城小者, 必先收其地; 城大而地窄者, 必先攻其城; 地廣而人寡者, 則絶其阨; 地狹而人眾者, 則築大堙以臨之.

凡將輕·壘卑·眾動, 可攻也, 將重·壘高·眾懼, 可圍也. 凡圍必開其小利, 使漸夷弱, 則節各有不食者矣. 眾夜擊者, 驚也. 眾避事者, 離也. 待人之救, 期戰而蹙, 皆心失而傷氣也. 傷氣敗軍, 曲謀敗國.

울료자의 말이다.

적의 땅이 넓고 성곽 규모가 작으면 반드시 그 영토를 먼저 공격한다.

적의 성곽은 웅장한데 영토가 협소하면 반드시 그 성으로 먼저 진격한다.

적의 영토가 넓은 데 반해 인구가 적으면 반드시 그 요충지를 고립시킨다.

적의 영토는 협소한 반면 인구가 많으면 흙산을 쌓고 높은 데서 굽어보아야 한다.

장수가 경망스럽고 보루가 빈약하며 적의 병사들이 동요한다면 공격할 만하다. 장수가 진중하고 보루가 높으며 사람들이 두려워한다면 포위하는 것으로 대처한다.

적을 에워쌀 때는 반드시 작은 틈새라도 열어두어야 하니, 적군이 점차로 약해지면 아무리 아껴 먹어도 결국은 굶는 자가 나오게 된다.

적들이 야간에 공격하는 소리를 내면 놀랐다는 징표이고, 병사들이 임무를 기피한다면 위아래가 불화하고 반목한다는 뜻이다.

누군가가 구조해주길 기다리거나 전쟁 일정을 잡아놓고 한편으로 안절부절못한다면 다들 투지를 잃고 사기가 꺾인 것이다. 저하된 사기는 싸움에 패하게 만들고, 잘못된 전략은 나라를 망하게 한다.

―『울료자』「병교(兵教)」하편.

돌격전 『六韜』「豹韜·突戰」

○○ 武王曰: "敵人深入長驅, 侵掠我地, 驅我牛馬, 敵軍大至, 薄我城下, 吾士卒大恐, 人民係累, 爲敵所虜, 吾欲以守則固, 以戰則勝, 爲之奈何?" 太公曰: "如此者, 謂之突兵. 其牛馬必不得食, 士卒絕糧, 暴擊而前, 令我遠邑別軍, 選其銳士, 疾擊其後; 審其期日, 必會於晦, 三軍疾戰, 敵人雖眾, 其將可虜." 武王曰: "敵人分爲三四, 或戰而侵掠我地, 或止而收我牛馬, 其大軍未盡至, 而使寇薄我城下, 致吾三軍恐懼, 爲之奈何?" 太公曰: "謹候敵人, 未盡至則設備而待之. 去城四里而爲壘, 金鼓旌旗, 皆列而張, 別隊爲伏兵; 令我壘上多積強弩, 百步一突門, 門有行馬, 車騎居外, 勇力銳士, 隱伏而處, 敵人若至, 使我輕卒合戰而佯走; 令我城上立旌旗, 擊鼙鼓, 完爲守備. 敵人以我爲守城, 必薄我城下, 發吾伏兵, 以衝其內, 或擊其外; 三軍疾戰, 或擊其前, 或擊其後, 勇者不得鬥, 輕者不及走, 名曰突戰, 敵人雖眾, 其將必走."

무왕이 말했다.

"적이 깊숙이 들어와 빠른 속도로 진군하면서 우리 땅을 점거하고 소와 말을 빼앗는 노략질을 자행하고 있습니다. 적의 대군이 엄청난 규모로 몰려와 성 밑에까지 바짝 다가드는 판국이에요. 우리 병사들은 공포에 떨고 백성들은 무더기로 구금당하며 적의 포로가 되었습니다. 그런 상황에서도 저는 수비를 하면 철통같이 견고하고 전투한다면 기필코 승리하고 싶습니다. 어찌해야 그리될까요?"

태공이 대답했다.

"이렇게 돌격해오는 적군을 일컬어 돌병(突兵)이라 합니다. 물자를 넉넉히 휴대하지 못했기 때문에 시일의 경과에 따라 저들의 소나 말은 마초를 먹지 못하고 병사들도 양식이 떨어지게 되므로 사납게 돌진할 수밖에 없지요. 그때는 멀리 떨어진 고을에 주둔하던 우리 별동대에게 정예병을 뽑아 적의 후방을 신속히 공격하라고 명령해야 합니다. 미리 그 날짜를 잘 계산해 반드시 그믐날 밤 성안 수비대와 더불어 안팎에서 불시에 적을 공격해야 하지요. 전군이 빠르게 움직이면 적의 숫자가 아무리 많아도 그 장수를 생포할 수 있습니다."

무왕이 물었다.

"적이 서넛으로 나뉘어 어떤 부대는 진격하면서 우리 땅을 노략질하고, 어떤 부대는 한곳에 주둔한 채 인근의 소와 말을 강탈합니다. 저들의 주력부대는 아직 도착하지 않았지만 그 선발대는 우리 성 아래로 바짝 접근해 수비하는 병사들을 공황에 빠뜨리고 있군요. 어찌해야 할까요?"

태공이 대답했다.

"그럴 때는 척후병을 파견해 적의 동태를 신중히 정찰해야 합니다. 적군이 다 도착하기 전에 미리 준비를 마치고 그들을 기다려야 하지요. 성에서 4리(里) 떨어진 곳에 보루를 쌓고 징과 북, 깃발들을 몽땅 순서대로 배열하고, 따로 복병도 배치합니다. 우리 측 보루 위에는 강한 쇠뇌(弩)를 많이 쌓아두고, 일백 보마다 돌문14)을 설치하며, 문에는 행마15)를 놓아 출입을 차단합니다. 전차와 기병을 바깥쪽에 배치하고, 가장 용맹한 정예병은 그 사이에 매복시키십시오. 적들이 진격하면 경무장한 보병으로 상대하고 짐짓 도망치는 척하는 동시에 성벽 위의 병사들에게 명해 깃발을 세우고 북을 울려 수성의 준비를 완벽하게 마치도록 합니다. 적들은 우리가 수비에 주력하는 줄 알고 성 아래로 바짝 다가들 것입니다. 그때 우리 측 복병을 출동시켜 적진 속으로 돌격하는 한편 외곽에서도 공격을 진행합니다. 전군이 날렵한 움직임으로 싸우는데, 혹자는 적의 전방을 공격하고 혹자는 후방을 타격하지요. 그러면 아무리 용맹한 적도 맞붙어 싸우지 못하고 행동이 민첩한 자도 달아나지 못하게 되니, 이를 돌격전(突戰)이라고 부릅니다. 그 상황에서는 적의 숫자가 아무리 많아도 그 장수가 반드시 도주하게 되지요."

―『육도·표도』「돌전(突戰)」편.

수비의 관건 『尉繚子』「守權」

○ 尉繚子曰: 凡守者, 進不郭圍, 退不亭障, 以禦戰, 非善者也. 豪傑雄俊, 堅甲利兵, 勁弩強矢, 盡在郭中. 乃收窖廩, 毁折而入保. 令客氣十百倍, 而主之氣不半焉. 敵攻者, 傷之甚也. 然而世將弗能知.

夫守者, 不失險者也. 守法: 城一丈, 十人守之, 工食不與焉. 出者不守, 守者不出. 一而當十, 十而當百, 百而當千, 千而當萬. 故爲城郭者, 非特費於民聚土壤也, 誠爲守也. 千丈之城, 則萬人守之. 池深而廣, 城堅而厚, 士民備, 薪食給, 弩堅矢強, 矛戟稱之. 此守法也.

---

14) 돌문(突門): 성벽이나 보루에 달린 작은 쪽문. 수비군이 유리할 때 돌연히 뛰쳐나가 성을 에워싼 적군을 기습하기 위한 용도로 설치했다.
15) 행마(行馬): 인마의 통행을 막기 위한 고대의 군사장비. 길이가 긴 목재에 사각형의 구멍을 내 다른 나무토막을 꿰넣거나 삼각형으로 엇갈려 묶음으로써 통나무를 받치는 다리가 되게 만들었다. 고대의 명칭은 폐호(梐枑), 민간에서는 녹각(鹿角) 혹은 거마(拒馬)라고도 불렸다.

울료자의 말이다.

무릇 수비하는 자는 진격하더라도 성을 나서거나 경계를 넘어가 적을 맞지 않는다. 후퇴하다가 보루나 요새를 고수하지 못했다면 방어를 잘한 것이 아니다. 영웅호걸과 잘 정련된 부대, 견고한 갑옷과 예리한 무기, 강한 활과 화살을 죄다 성안에 쟁여놓고, 동시에 움과 창고 속의 식량·물자를 회수하며 민가를 철거하고 백성들을 성루 안으로 소개시키는 방법은 공격자의 사기를 열 배 백 배로 높여주는 반면에 수비군의 사기는 폭락시킨다. 이럴 때 적이 공격해오면 우리 측의 손실은 심각해진다. 그런데도 세상 장수들은 그런 내용을 잘 알지 못한다.

수비의 관건은 험준한 지형의 이점을 잃지 않는 것이다. 수비의 정석은 다음과 같다.

성벽 한 길마다 열 명의 병사가 지키는데 여기에 기술자나 취사병은 포함되지 않는다.

출격하는 인원은 수비를 맡지 않고, 수비 요원은 출격하지 않는다.

험한 지형에 의지해 방어하면 한 사람이 열 명을 막아내고, 열 사람이 백 명을 저지하며, 백 명은 천 명의 적을 감당하고, 천 명은 만 명을 막을 수 있다.

원래 성벽 외곽의 수리는 백성들의 재산을 함부로 탕진하며 흙을 쌓는 것만은 아니니, 이는 실로 수비를 위한 중요한 작업이다. 천 길 길이의 성곽이라면 만 명의 인원이 지켜야 한다. 성을 둘러싼 해자가 깊고 넓으며, 성벽은 견고하면서 두텁고, 군과 민이 싸울 만반의 태세를 갖췄고, 땔감과 식량이 충분하며, 활과 화살이 강하며 단단하고, 창과 미늘창이 쓰임에 합당하도록 만든다. 이러한 준비야말로 성을 잘 지키는 방법이다.

　—『울료자』「수권(守權)」편.

군대 관리의 비법 『尉繚子』「攻權」

○ 尉繚子曰: 兵有勝於朝廷, 有勝於原野, 有勝於市井. 鬪則得, 服則失, 幸以不敗, 此不意彼驚懼而曲勝之也. 曲勝, 言非全也. 非全勝者無權名. 故明主戰攻日, 合鼓合角, 節以兵刃, 不求勝而勝也.

兵有去備徹威而勝者, 以其有法故也. 有器用之蚤定也, 其應敵也周, 其總率也極. 故五人而伍, 十人而什, 百人而卒, 千人而率, 萬人而將, 已周已極.

울료자의 말이다.

전쟁의 승리에는 몇 가지 요인이 있다. 조정의 책략이 훌륭한 경우도 있고, 들판에서 경작을 잘해 물질적 토대가 튼실한 덕분일 수도 있으며, 시장 무역으로 재정이 튼튼하고 물자조달이 원활했던 때문일 수도 있다. 싸우면 원하는 바를 손에 넣고, 굴복하면 가진 것도 잃는다. 요행 패하지 않더라도 이는 적들이 놀라고 두려워한 바람에 기대치 않다가 얻게 된 부분적 승리일 뿐이다. 이런 왜곡된 승리는 말하자면 전면적인 승리가 아니다. 완전한 승리가 아니라면 심원한 책략으로 승리를 따냈다는 명예는 가당치 않다. 그래서 영명한 군주는 공격 개시일 북이며 나팔소리에 맞춰 대오를 정비하고 무기를 점검하니, 그러면 승리를 기구하지 않아도 반드시 이기게 된다.

전쟁을 할 때 경계를 풀고 위협을 가하지 않았는데도 승리했다면 그것은 군주에게 군대를 관리하는 비법이 있기 때문이다. 무기와 장비는 일찌감치 적절히 안배했고, 적을 맞아 싸울 계획을 주도면밀하게 세웠으며, 각급 군관들에 대한 배치도 완벽하게 마쳤다. 그리하여 인원이 다섯이면 오장(伍長)을 두고, 열 명이면 십장(什長), 백 명이면 졸장(卒長), 천 명이면 솔장(率長), 만 명이면 장군을 배치하니, 전쟁이 발발하기 전 기획과 편제가 이미 완전히 끝난 상태였던 것이다.

―『울료자』「공권(攻權)」편.

방어 도구 철질려와 행마 『唐太宗李衛公問對』卷中

○○ 太宗曰: "鐵蒺藜·行馬, 太公所制, 是乎?" 靖曰: "有之, 然拒敵而已, 兵貴致人, 非欲拒之也, 太公『六韜』言守御之具爾, 非攻戰所施也."
―右攻城守城

태종이 물었다.

"철질려[16]와 행마(行馬)는 태공(太公)이 발명한 도구들이라던데, 맞는가?"

이정이 대답했다.

"그렇습니다. 하지만 그것들은 적의 행진을 저지하는 도구일 뿐이지요. 전쟁에서는 적이 우리 의도대로 움직여주는 것이 중요하니, 적군을 굳이 막아세우지 않습니다. 태공의 『육도』는 수비하고 방어하는 도구로나 설명했을 뿐이니, 공격전에서 사용하는 바가 아닙니다."
―『당태종이위공문대』중권.

이상은 공성과 수성에 관한 내용.

참고(2) 이탁오 해설 參考(二)

卓吾子曰: 謀攻之法, 十則圍之, 五則攻之, 倍則分之, 敵則能戰之, 少則能守之, 不若則能避之; 小敵之堅, 大敵之擒也. 故曰: 識衆寡之用者勝.

---

16) 철질려(鐵蒺藜): 거답(渠答)이라고도 부른다. 납가새(蒺藜) 씨앗처럼 수많은 가시가 돋은 모양인데, 지상이나 얕은 물속에 던져 적의 움직임을 방해하는 용도로 썼다.

이탁오는 말한다.

모공의 방법은 다음과 같다.

내가 적보다 열 배로 우세하면 포위하고, 다섯 배가 우세하면 공격하며, 두 배로 우세하면 적을 분산시키고, 세력이 비등하면 방법을 강구해야 싸울 수 있으며, 열세라면 수비에 치중해야 하고, 실력이 적에 미치지 못하면 싸움을 피해야 한다. 실력이 약한 군대가 굳세게 버팅기면 강한 적군에게 낚아채이게 된다.

그래서 나는 이렇게 말한다.

수적 우세와 열세를 인식하고 그것을 응용하는 자가 승리한다고 말이다.

소수의 허장성세 공격 『六韜』「彪韜·少衆」

○ 武王曰: "吾欲以少擊衆, 爲之奈何?" 大公曰: "以少擊衆者, 必以日之暮, 伏於深草, 要之隘路." 武王曰: "我無深草, 又無隘路; 敵人已至, 不適日暮, 爲之奈何?" 太公曰: "妄張詐誘以熒惑其將, 迂其道令過深草, 遠其路令會日暮, 前行未渡水, 後行未及舍, 發我伏兵, 疾擊其左右, 車騎擾亂其前後, 敵人雖衆, 其將必走."

무왕이 말했다.

"제가 소수의 군사로 수적으로 우세한 적을 공격하려 합니다. 어떻게 싸워야 합니까?"

태공이 대답했다.

"적은 병력으로 다수를 공격하려면 반드시 황혼 무렵 땅거미가 지는 틈을 타야 합니다. 무성하게 우거진 풀숲 사이에 군대를 매복시키고 좁고 험준한 길목에서 적을 가로막아 습격해야 하지요."

무왕이 다시 물었다.

"아군의 소재지에는 무성한 풀숲이 보이지 않고 좁고 험준한 도로도 없습니다. 적군이 벌써 밀려들고 있는데 시간도 때마침 황혼녘이 아니군요. 그럴 때는 어찌해야 할까요?"

태공이 말했다.

"그런 상황에서는 허장성세가 답입니다. 갖가지 허상을 보여주며 적장을 유인해야 하지요. 속임수로 길을 우회시켜 풀숲을 지나치게 만들고, 먼 길을 돌아가게 해 시간을 끌면 저물녘에 아군과 마주칠 수 있습니다. 적의 선봉대가 아직 강을 건너지 않고 후발 부대가 숙영지에 미처 이르지 못했을 때 우리 쪽 복병을 출동시켜 적을 좌우 양측에서 재빨리 공격합니다. 전차병과 기병은 앞뒤에서 적을 교란시켜야 하고요. 그러면 적의 숫자가 제아무리 많아도 그 장수는 반드시 도주하게 됩니다."

—『육도』「표도·소중(少衆)」편.

전투 지형의 선택 『吳子』「應變」

○○ 武侯問曰: "若敵眾我寡, 爲之奈何?" 起對曰: "避之於易, 邀之於阨. 故曰: 以一擊十, 莫善於阨; 以十擊百, 莫善於險; 以千擊萬, 莫善於阻. 今有少年卒起, 擊金鳴鼓於阨路, 雖有大眾, 莫不驚動. 故曰: 用眾者務易, 用少者務隘."

무후가 물었다.

"만약에 적의 숫자는 많고 우리 편은 소수라면 어떻게 대응해야 하오?"

오기가 대답했다.

"평탄한 지형에서는 적과 마주치기를 피하고 험지에서 맞붙어야 합니다. 그래서 한 사람이 열 명을 공격하려면 좁은 골짜기가 최적의 장소라고들 말하지요. 열 사람이 백 명을 치기엔 험준한 지형보다 나은 곳이 없고, 천 명이 만 명을 치기에는 막혀서 끊긴 장소가 최선입니다. 지금 소대 하나가 갑자기 공격을 개시하며 비좁고 험한 길에서 징을 울리고 북을 쳐대면 적의 숫자가 아무리 많아도 놀라 허둥댈 수밖에 없겠지요. 그래서 병력이 많을 때는 평지를 택하고 적으면 좁고 험한 지형을 활용해야 한다고 말하는 것입니다."

―『오자』「응변(應變)」편.

오자의 임기응변『吳子』「應變」

○○ 武侯問曰:"有師甚眾, 既武且勇, 背大險阻, 右山左水; 深溝高壘, 守以強弩; 退如山移, 進如風雨; 糧食又多, 難與長守, 則如之何?" 起對曰: "大哉問乎! 此非車騎之力, 聖人之謀也. 能備千乘萬騎, 兼之徒步, 分爲五軍, 各軍一衢. 夫五軍五衢, 敵人必惑, 莫之所加. 敵若堅守以固其兵, 急行間諜以觀其慮. 彼聽吾說, 解之而去. 不聽吾說, 斬使焚書, 分爲五戰. 戰勝勿追, 不勝疾歸. 如是佯北, 安行疾鬪, 一結其前, 一絶其後, 兩軍銜枚, 或左或右, 而襲其處, 五軍交至, 必有其利."

武侯問曰:"敵近而薄我, 欲去無路, 我眾甚懼, 爲之柰何?" 起對曰: "爲此之術, 若我眾彼寡, 分而乘之. 彼眾我寡, 以方從之; 從之無息, 雖眾可服."

―右鬪眾

무후가 질문했다.

"적군의 숫자가 매우 많은데 훈련이 잘 되어 있고 용맹하기까지 하오. 뒤로는 높은 산, 전면으로도 험준한 지형이 펼쳐진 곳에 진을 쳤소. 깊은 골짝에 높은 보루까지 갖추고 강한 활로 수비하는데, 후퇴할 때는 산처럼 듬직하고 전진할 때는 비바람이 몰아치듯 신속하구려. 양식까지 또 충분해 오래 대치하기 어렵다면, 그런 때는 어찌해야겠소?"

오기가 대답했다.

"참으로 엄청난 문제로군요! 이는 전차의 힘을 빌리거나 고명한 계책으로 해결할 수 있는 상황이 아닙니다. 만약 전차 천 대와 기병 일만 명, 더하여 보병까지 확보할 수 있다면 이들을 다섯 조로 나눠 매 한 팀이 한 방향씩 맡게 합니다. 다섯 조가 다섯 방향으로 진격하면 적은 반드시 놀라며 의혹에 휩싸일 텐데, 우리가 어떻게 나올지 알 수가 없기 때문입니다. 적이 만약 수비를 견고히 하며 병사들 결집에 나선다면 서둘러 간첩을 파견해 저들의 의도를 파악해야 합니다. 저들이 만약 우리 간첩의 회유에 동조하면 포위를 풀고 철수하십시오. 만약 듣지 않고 우리 측 사신을 죽이고 우리 편지를 불사른다면 다섯 갈래 길로 병력을 보내 공격합니다. 싸움에서 이기면 적을 뒤쫓지 말고, 이기지 못하면 서둘러 철군하십시오. 이렇게 패배를 가장해 후퇴하는 척 천천히 움직이다가 적이 만약 뒤쫓아오면 재빨리 전투태세로 전환해야 합니다. 한 조는 앞에서 치고, 또 한 조는 뒤에서 적의 퇴로를 차단하는 동시에, 두 팀이 은밀히 움직여 때로는 왼편 때로는 오른편에서 적을 기습합니다. 다섯 조의 부대가 번갈아 공격하면 반드시 적을 물리치게 될 것입니다."

무후가 다시 물었다.

"적이 가까이 접근하면서 우리를 압박하는데 퇴로가 없는 상태라오. 우리 군사들이 겁에 질려 떨고 있다면 그런 때는 어찌해야 하겠소?"

오기가 대답했다.

"이 문제를 해결하는 전술은 다음과 같습니다. 우리 측 병력이 많고 적이 소수일 때는 병력을 나눠서 진격시킵니다. 적들은 다수인데 우리가 열세라면 병력을 집중시켜 타격하고 쉴 틈 없이 따라붙어 적을 괴롭힙니다. 적의 숫자가 아무리 많아도 제압할 수 있는 방법이지요."

―『오자』「응변(應變)」편.

이상은 소수의 적과 싸우는 법에 대한 설명.

참고(3) 이탁오 해설 參考(三)

卓吾子曰: 將者國之輔, 輔周則國必強, 故不知三軍之事, 而同三軍之政, 則軍士惑矣. 將其可以不周歟? 然又必曰: "將能而君不御者乃勝." 夫惟不御, 始謂善御, 御將之軍, 非周武·齊桓, 其孰能當之也! 否則必至于不受君命矣. 夫君命有所不受, 則其權在于將, 孰若嚴不馭之權而使其權一出于君乎?

탁오자는 말한다.

장수는 나라의 동량이니, 임금을 모시는 장수의 보좌가 주도면밀하면 그 나라는 반드시 강성해진다. 원래 삼군의 일에 깜깜한데 군대 행정에 간여하면 군사들이 혼란에 빠지게 되니, 장수라면 어찌 주도면밀 않을 수 있으랴? 그런데 또 한편으로는 반드시 "장수가 유능하고 군주가 간섭하지 않아야 승리한다"고 말했다.

무릇 통제하지 않는 경우라야만 비로소 통제를 잘한다고 말할 수 있는 법이다. 주나라 무왕과 제나라 환공이 아니라면 누가 그 장수를 잘 다룬 군주라는 평가를 감당할 수 있으랴![17] 그렇지 않다면 장수는 필시 군주의 명을 받들지 않고 독자적으로 움직이게 된다. 대저 군주의 명을 받지 못하면 군대 내의 권한은 장수에게 귀속된다. 하지만 그것이 어떻게 장수가 전혀 간섭받지 않지만 그 권한이 군주에게서 나오는 경우와 같을 것이랴!

조정의 예와 군대의 예 『司馬法』「天子之義」

○○ 『司馬法』曰: 古者國容不入軍, 軍容不入國, 軍容入國則民德廢. 國

---

17) 주나라 무왕은 강태공 여상(呂尙)을 잘 다뤘고, 제나라 환공은 재상 관중(管仲)을 환대했다. 군주가 신하를 신임해 전혀 통제하지 않은 경우인 까닭에 잘 제어했다고 말한 것이다.

容入軍則民德弱. 故在國言文而語溫, 在朝恭以遜, 修己以待人, 不召不至, 不問不言, 難進易退. 在軍抗而立, 在行遂而果, 介者不拜, 兵車不式, 城上不趨, 危事不齒. 故禮與法表裏也, 文與武左右也.

『사마법』에 나오는 말이다.

옛날에는 조정의 예제가 군대에 적용되지 않았고, 군대의 의례나 기율은 또 조정과 무관했다. 군제가 나라 안에 통용되면 백성들의 도덕이 황폐해지고, 조정의 예제가 군대에 적용되면 병사들의 품성이 나약해지는 까닭이었다. 때문에 성안에서는 예를 강구하며 온화한 언사를 사용했다.

조정에서는 공손하고 겸손한 자세로 임하면서, 자신에게 엄격하고 타인에게는 너그러웠으며, 임금이 부르지 않으면 나아가지 않고, 묻지 않으면 먼저 말하지 않았으며, 경솔히 나아가지 않고 가급적 물러나는 자세를 취했다.

군대 내에서는 고개를 빳빳이 쳐들고 직립했다. 진중에서는 행동이 과감했는데, 갑옷을 입은 이는 꿇어 절하지 않고, 전차에 올라타면 고개를 숙여 인사하지 않았으며, 성벽 위에서는 종종걸음으로 달리지 않고, 위험한 일을 당하면 지위나 연공서열을 따지지 않았다. 이리하여 예의와 법규가 안팎으로 보완이 되고, 문과 무는 제각기 좌우로 마주설 수 있었다.

―『사마법』「천자지의(天子之義)」편.

쇠망하는 시대의 가르침 『三略』「中略」

黃石公曰: 『軍勢』曰: "出軍行師, 將在自專; 進退內御, 則功難成." 故非計策, 無以決嫌定疑; 非譎奇, 無以破姦息寇; 非陰計, 無以成功. 聖人體天, 賢人法地, 智者而能, 是謂『三略』, 爲衰世作.

―右馭將

황석공의 말이다.

다음은 『군세』에 실린 내용이다.

"군대를 이끌고 출병할 때는 독자적인 행동이 가능하도록 장수에게 전권이 주어져야 한다. 나아가고 물러설 때 상부의 압력을 받는다면 전쟁에 승리하기가 어려워진다."

원래 계책을 잘 쓰지 않으면 의혹이나 혐의를 해결하지 못하고, 변화무쌍한 속임수를 동원하지 않으면 간교한 도적을 물리칠 수 없으며, 은밀한 계략이 아니라면 성공을 도모하지 못하는 법이다.

성인(聖人)은 하늘의 도리를 존숭하고, 현인(賢人)은 땅의 이치를 본받으며, 지자(智者)는 옛 성현을 스승으로 삼는다. 이것이 『삼략』을 두고 쇠망하는 시대를 겨냥해 지은 책이라고 말하는 까닭이다.

— 『삼략』 「중략」편.

이상은 장수를 관리하는 방법에 대한 설명.

참고(4) 이탁오 해설 參考(四)

卓吾子曰: 將者國之輔, 輔周則國 卓吾子曰: 知彼知己, 百戰不殆, 將而知彼·己也, 謀攻可也.

이탁오는 말한다.

적을 알고 나를 알면 백번 싸워도 위태한 지경에 빠지지 않는다.

장수가 적을 알고 자신을 알면 공격전략을 짤 수가 있다.

지피지기의 뜻 『唐太宗李衛公問對』卷下

○ 太宗曰: 『司馬法』言: "國雖大, 好戰必亡; 天下雖安, 忘戰必危, 此亦攻守一道乎?" 靖曰: "有國有家者, 曷嘗不講乎攻守也? 夫攻者, 不止攻其城·擊其陣而已, 必有攻其心之術焉. 守者, 不止完其壁·堅其陣而已, 必也守吾氣而有待焉. 大而言之, 為君之道; 小而言之, 為將之法. 夫攻其心者, 所謂知彼者也; 守吾氣者, 所謂知己者也." 太宗曰: "誠哉! 朕嘗臨陳, 先料敵之心與己之心孰審, 然後彼可得而知焉; 察敵之氣與己之氣孰治, 然後我可得而知焉. 是以知彼知己, 兵家大要. 今之將臣, 雖未知彼, 苟能知己, 則安有失利者哉?" 靖曰: "孫武所謂 '先為不可勝'者, 知己者也; '以待敵之可勝'者, 知彼者也. 又曰: '不可勝在己, 可勝在敵.' 臣斯須不敢失此誡."

— 右知彼己

태종이 말했다.

"『사마법』에 이르길, '나라가 아무리 커도 전쟁을 좋아하면 반드시 망한다. 천하가 비록 태평해도 전쟁을 잊으면 기필코 위태해진다'고 하였소. 이 역시 공격과 수비는 같은 이치라는 말이겠지?"

이정이 말했다.

"한 나라를 다스리는 군주가 어떻게 공격과 수비에 신경 쓰지 않을 수가 있겠습니까? 무릇 공격자라면 적의 성곽을 깨뜨리고 그 진용을 무너뜨리는 정도에 그쳐서는 안 되니, 반드시 적의 심리를 꿰뚫어 격파할 방법이 있어야 합니다. 수비하는 자라면 그 성벽을 보존하고 진지를 견고히 할 뿐만 아니라 반드시 아군의 사기를 보전시켜 기회가 올 때까지 기다릴 줄 알아야 합니다. 큰 틀에서 말하자면 그것이 군주의 도리이고, 작은 범주에서 보자면 장군 노릇하는 방법이지요. 적의 마음을 공격할 줄 아는 이가 이른바 '적을 아는(知彼)' 자이고, 아군의 사기를 지켜내는 이가 이른바 '나를 아는(知己)' 자라고 하겠습니다."

태종이 말했다.

"확실히 그러하오! 짐이 군진에 임할 때는 언제나 먼저 적과 아군의 심리를 헤아려 어느 쪽이 더 신중한지 살피곤 했는데, 그런 다음이라야 적의 정황을 이해하고 알 수가 있었소. 적과 아군 중에 어느 편 사기가 더 안정적인지 관찰한 다음에는 우리 군의 상황을 확실히 파악할 수 있었지. 이런 까닭에 지피지기가 병가의 핵심이 되는 것이지. 요즘 장수들이 비록 적은 알지 못해도 자신에 대해 파악할 수 있다면 어찌 싸움에 지는 일이 생기겠소?"

이정이 말했다.

"손무가 이른바 '먼저 적이 나를 이길 수 없도록 만든다'는 구절은 자신을 알라는 얘기였습니다. '적에게 승리할 수 있는 때를 기다린다'는 대목은 적을 알아야 한다는 뜻이었고요. 또 '적이 이길 수 없는 까닭은 나에게 있고, 내가 이길 수 있는 요인은 적에게 달렸다'고도 언급했지요. 저는 한시도 감히 이 교훈을 잊은 적이 없었습니다."

─『당태종이위공문대』하권.

이상은 지피지기에 관한 논의.

제4장 「군형(軍形)」편[1]

孫子曰: 昔之善戰者, 先爲不可勝, 以待敵之可勝. 不可勝在己, 可勝在敵. 故善戰者, 能爲不可勝, 不能使敵之必可勝. 故曰: 勝可知而不可爲. 不可勝者, 守也, 可勝者, 攻也. 守則不足, 攻則有餘. 善守者, 藏于九地之下; 善攻者, 動于九天之上. 故能自保而全勝也. 見勝不過衆人之所知, 非善之善者也; 戰勝而天下曰善, 非善之善者也. 故舉秋毫不爲多力, 見日月不爲明目, 聞雷霆不爲聰耳. 古之所謂善戰者, 勝于易勝者也. 故善戰者之勝也, 無智名, 無勇功. 故其戰勝不忒. 不忒者, 其所措勝, 勝已敗者也. 故善戰者, 立于不敗之地, 而不失敵之敗也. 是故勝兵先勝而後求戰, 敗兵先戰而後求勝. 善用兵者, 修道而保法. 故能爲勝敗之政. 兵法: 一曰度, 二曰量, 三曰數, 四曰稱, 五曰勝. 地生度, 度生量, 量生數, 數生稱, 稱生勝. 故勝兵若以鎰稱銖, 敗兵若以銖稱鎰. 勝者之戰, 若決積水于千仞之谿者, 形也.

손자가 말했다.
예전의 전쟁 고수들은 적이 이길 수 없도록 먼저 상황을 조성한

---

1) 「형」편이라고 부르기도 한다.

뒤 적으로부터 승리할 기회가 오길 기다렸다. 적이 이길 수 없는 상황을 만드는 한편 내가 승리할 수 있도록 적을 유인했다. 원래 전쟁의 고수는 적이 승리하지 못하게 하면서 저들이 기필코 나를 이겨야 할 상황은 만들지 않는다. 그래서 승리를 예견할 수는 있어도 억지로 만들지는 못한다고 말했다.

이길 수 없는 상황이라면 굳건히 수비하고, 싸워서 이길 만하다면 공격을 감행한다. 싸우지 않고 지키는 까닭은 우리 병력이 모자란 까닭이고, 공격에 나선다면 병력에 여유가 있기 때문이다. 좋은 수비는 아군이 가장 깊은 땅속에 들어간 것처럼 감춰지고, 뛰어난 공격은 구천 저 먼 하늘로부터 쏟아져내리듯 가해진다. 그래서 자신을 보전하면서도 완전한 승리를 거둘 수 있게 한다.

모든 사람의 예상을 벗어나지 못한 승리라면 최선의 승리가 아니다. 전쟁에 이겼다고 온 천하가 칭송한다면 그것도 최선이라 할 수는 없다. 예를 들자면 터럭 하나 집어든다고 힘센 것이 아니고, 해와 달을 본다고 눈 밝은 것이 아니며, 천둥소리를 듣는다고 귀 밝다 하지 않는 것과도 같다. 이른바 옛날의 전쟁 고수들은 쉽게 이길 싸움에서 이겼을 뿐이었다. 그래서 그들 전쟁 고수의 승리에는 지혜롭다는 명망이 없고 용맹으로 탈취한 공적도 보이지 않는다. 원래 그들의 승리는 예상을 벗어난 적이 없기 때문이다. 예상밖의 오차가 없다는 것은 고수가 취해놓은 조처로 인해 승리하고, 적이 이미 패배한 전쟁에서 이겼음을 뜻한다. 그러므로 전쟁 고수는 자신을 불패의 땅에 세워놓고 적을 무찌를 어떠한 기회도 놓치지 않는다.

이런 까닭에 승리하는 군대는 먼저 이길 수밖에 없는 상황을 조성한 뒤 전투를 개시하고, 지는 군대는 일단 싸우고 난 뒤 요행의 승리를 구한다. 군대를 잘 다루는 전쟁 고수는 정치가 맑고 법을 준수한다. 그래서 승패의 주재자로 등극할 수 있는 것이다.

병법에서 중시하는 바는 다음과 같다. 첫째는 국토의 면적, 둘째는 생산량의 크기, 셋째는 병력의 숫자, 넷째는 실력의 차이, 다섯째는 승패에 대한 판단력이다. 땅을 보면 면적이 가늠되고, 면적에서 생산량이 정해지며, 생산량에서 투입 병력의 숫자가 나오고, 병력 규모에서 군사력의 차이가 생기니, 양측의 실력을 계량하면 승패를 판단할 수가 있다. 그래서 이기는 군대는 흡사 강자(鎰)가 약자(銖)[2)]에게 맞서듯 압도적 우세에 있고, 패배하는 군대는 약자(銖)가 강자(鎰)를 마주한 것처럼 압도적 열세에 놓인다.

이기는 군대가 전쟁에서 병사들을 지휘하는 모습은 마치 천 길 낭떠러지 높은 동굴에 고인 물이 한꺼번에 계곡으로 쏟아져내리듯 엄청난 기세라 막을 길이 없는데, 그것을 군사작전의 모양새(形)라 한다.

조조 주석 曹操注

魏武帝曰: 軍之形也. 我動彼應, 兩敵相察, 情也.

위 무제의 해설이다.
이번 「형」편은 군사 작전에서 드러나는 형상을 말한다. 내가 움직이면 적은 대응하니, 대치 중인 양측이 서로를 관찰해 알아낸 것이 실제 정황이다.[3)]

---

2) 일(鎰)과 주(銖)는 고대의 무게 단위. 1일은 24냥(兩), 1주는 1냥의 1/24에 해당하기 때문에 일과 주의 비례는 1:576이 된다.
3) 두우(杜佑)는 이 대목에 다음과 같은 주를 달았다. "드러나는 모습으로 실제 정황을 알게 된다. 형체가 없다면 실제 정황이 촘촘한 것이고, 모습이 보인다면 실체에 구멍이 숭숭 뚫린 상태인 것이다. 촘촘하면 승리하고, 성글면 패하게 된다(因形見情. 無形者情密, 有形者情疏; 密則勝, 疏則敗也)."

不可勝在己, 守固備也.
적이 승리할 수 없는 이유는 내게 있다. 수비가 견고하고 싸울 준비도 갖춰져 있기 때문이다.

可勝在敵, 自修治, 以待敵之虛懈也.
내가 승리할 수 있는 까닭은 적에게 있다. 스스로 공명정대하게 군무를 처리하면서 적에게 틈이 생겨 기강이 해이해지길 기다리기 때문이다.

勝可知, 見成形也.
승리는 예견할 수 있다. 이미 드러난 우세와 열세를 알아본다는 뜻이다.

不可爲, 敵有備故也.
승리는 억지로 만들지 못한다. 적도 준비하고 있기 때문이다.

不可勝者守, 藏形也.
이길 수 없다면 수비에 치중한다. 이 상황에서는 모습을 감춰야 한다.

可勝者攻, 敵攻已, 乃可勝也.
싸워서 이길 만하다면 공격한다. 적의 공격이 끝나야 비로소 승리가 가능해진다.[4]

---

[4] 이 구절에 대한 두우의 주는 다음과 같다. "이미 본모습이 다 드러난 상황에서 적은 열세이고 우리가 우세라면 공격해도 괜찮다(已見其形, 彼寡我衆, 則可攻)."

九天·九地, 喻其深.
구천(九天), 구지(九地). 그 알 수 없는 깊이에 대한 비유.

勝於易勝者, 原其易勝, 攻其可勝, 不攻其不可勝也.
쉽게 이길 싸움에서 이긴다. 그 손쉬운 승리를 규명하자면 이길 수 있기에 공격했고 이길 수가 없어 공격하지 않았을 뿐이다.

修道者, 先修為不可勝之道也.
군대의 정치가 맑다는 것은 적이 승리하지 못하게 만들 방도를 내가 먼저 채택해 시행한다는 뜻이다.

保法者, 保法度不失敵之敗亂也.
법을 준수한다는 것. 법도를 준수하기에 적을 패배시키고 혼란에 빠뜨릴 기회를 놓치지 않는다.

勝敗之政者, 用兵之法, 當以此五事稱量, 知敵之情也.
승패를 가르는 정치. 전쟁을 잘하는 방법은 응당 이 다섯 사안(국토 면적, 생산량, 병력 숫자, 실력, 판단력)으로 실력을 가늠하고 적의 속사정을 파악함에 있다.

地生度, 因地形勢而度之也.
땅에서 척도가 생겨난다. 땅의 형세로부터 승부를 가늠할 척도가 만들어진다.

量生數, 知其遠近·廣挾, 知其人數也.
생산력에서 병력의 숫자가 나온다. 땅의 거리와 넓이를 알면 그 땅이 지원하고 받쳐줄 사람 숫자를 알 수 있다.

數生稱, **稱量己與敵孰愈也**.
병력 숫자에서 실력이 나온다. 아군과 적군 중에 누가 이길지 실력을 따져본다는 뜻이다.

稱生勝, **稱量之, 故知其勝負所在也**.
실력을 계측하는 데서 승리가 나온다. 서로의 실력을 계량하는 까닭에 그 승부가 어디서 가려지는지 알게 된다.

以銖稱鎰, **輕不能擧重也**.
주(銖)로 일(鎰)을 잰다. 가벼운 추는 무거운 것을 들어올릴 수 없다.

千仞, 八尺曰仞. **決水千仞, 其勢疾也**.
1,000인(仞). 8자(尺)를 1인(仞)이라 부른다. 천 인 높은 벼랑 위에서 둑 터진 듯 물이 쏟아지면 그 기세가 빠를 수밖에 없다.

이탁오 총평 李贄總評

李卓吾曰: 軍形者, 兩軍勝敗之形也, 不可勝在己, 我軍之形旣如此, 可勝在敵, 彼軍之形又如彼, 故常修爲不可勝之道, 而保吾必可勝之法. 能爲勝負之政者, 以此.
然所謂勝者, 又非以其難勝而能勝之也. 故戰勝而天下曰善, 便以爲極不善, 若天下稱善, 便是有智名・勇功, 非勝於易勝, 而令人忘其爲勝者矣. 是非不欲其有名也, 大凡有其名者, 必然多費其力,多費其力者, 必然多費其財, 多費其財者, 必然多損其兵, 便非全軍保勝·愛國安民, 以全爭於天下之道矣. 夫擧軍爭戰, 本以爲國爲民而後爲之者也, 而至於費國·損財·傷民, 又安忍乎? 故寧無名·無功, 而令我軍實受其福也.

是以其勝也, 謂之勝易勝, 又謂之勝已敗. 已敗者, 彼其軍形已自敗壞, 吾特因而敗壞之耳. 非我能敗壞之也, 如擧秋毫, 如見日月, 如聞雷霆, 其形如此, 其易如之何? 而天下又孰能善之? 如以鎰稱銖, 如決積水於千刃之上, 天下又孰肯以智名之·以勇功之乎? 蓋必如是而後爲真愛民之主也, 真保國之將也, 始稱善戰於孫武子而不可以稱善戰於天下矣.

守則不足者, 不可勝者守也, 言我若守, 則敵必不足以勝我, 而藏於九地之下矣. 九地之下, 何隙可窺? 何間可入? 其爲不足, 不已極乎? 攻則有餘者, 可勝者攻也, 是爲動於九天之上, 其爲有餘又已極矣. 非有餘則不攻也, 非勝於易勝也.

이탁오는 말한다.[5]

군대의 진형을 보면 양측 군대의 승패가 드러난다. 적이 나를 이길 수 없는 이유는 나에게 있는데, 아군의 진형이 이미 그렇게 이기는 형상인 때문이다. 내가 이길 수 있는 까닭은 적에게 있으니, 그 군대의 진형이 또 지는 형국이기 때문이다. 그러므로 항상 정치를 맑게 하는 것이야말로 적이 나를 이기지 못하게 하는 길이자 나의 필승을 지키는 방법이 된다. 승부를 가르는 정치를 할 수 있는 자

---

5) 이지의 이 평론은 국가와 백성에 대한 사랑을 강조하는 취지에서 전쟁을 대한다. 국가와 백성에게 해를 끼치는 상황을 반대하고 진심으로 백성을 사랑하는 군주와 진정 나라를 보전하려는 장수를 거론하는데, 이 모두는 『손자병법』 「군형」편에서 보이지 않는 내용이다.

는 이 준칙에 따른다.

그런데 이른바 승자란 또 이기기 어려운 싸움이지만 거기서 승리할 수 있던 자가 아니다. 원래 전쟁에 승리하고 온 천하가 잘했다고 칭찬한다면 그것은 지극히 잘못된 경우다. 만약 온 천하가 잘했다고 칭송한다면 바로 지혜롭다는 명성과 용맹으로 쌓은 공적이 있어서인데, 그것은 쉽게 이길 전투에서 승리하는 바람에 사람들로 하여금 그가 승자인 사실도 잊게 만든 경우가 아니다. 이런 결과는 당사자가 이름을 떨치고 싶지 않았던 때문이 아니다.

대체로 유명해지는 데는 필연적으로 많은 힘이 소요되고, 힘을 많이 쓴다는 것은 소비하는 재물도 엄청나다는 뜻이다. 재물의 소용이 많으면 반드시 그 군대에 큰 손실을 끼치게 되니, 바로 전군을 보전하고 승리를 담보하면서 애국안민(愛國安民)으로 온 천하에 완전한 승리를 가져오는 도가 아닌 것이다. 무릇 거병하여 전쟁의 승리를 다툰다는 것은 본래 나라와 백성을 위해 할일 다하고 난 다음의 일인데, 국력을 소진하고 재물을 축내며 백성이 다치는 데까지 이른다면 그것을 또 어떻게 참겠는가? 그래서 차라리 명성과 공훈을 포기하고 아군으로 하여금 그 혜택을 실질적으로 누리는 쪽을 선택한 것이다.

이런 연유로 그 승리는 너무나 쉬운 싸움이었다 평가되고 또 적이 이미 패배한 전투의 승리였다고 일컬어진다. 이미 패했다는 것은 저 군대의 형세가 이미 스스로 무너진 탓에 아군은 다만 저들을 패퇴시켰을 뿐이라는 뜻이다. 나의 유능함이 저들을 무너뜨린 경우가 아님이 마치 터럭 한 올 집어올리듯, 해와 달을 쳐다보듯, 천둥 소리를 듣는 듯 형세가 명백하니, 그 얼마나 손쉽게 따낸 승리일까나! 그러니 천하의 또 누가 그를 유능하다 여길 수 있으랴! 흡사 가장 무거운 저울추(鎰)로 가장 가벼운 추(銖)에 견주듯 압도적이고, 천 길 낭떠러지 위에 고인 물이 한꺼번에 쏟아져내리듯 기세가 맹렬하니, 천하의 누가 또 그 장수를 지혜롭다 추켜세우고 용맹하다 받들겠나 말이다! 원래는 반드시 이 같은 다음이라야 진심으로 백성을 사랑하는 군주이고 정말로 나라를 보위하는 장수이며 손무자보다 전쟁을 잘한다고 비로소 칭찬할 수 있을 것이다. 하지만 그런 이는 이 세상에서 전쟁의 달인이라 칭찬받지 못한다.

수비한다는 것은 적을 이기기에 실력이 부족한 때문이니, 승리할 수 없는 쪽은 수비에 집중해야 한다. 내가 만약 수비 측이라면 적의 실력이 승리에 한참 모자라더라도 가장 깊은 땅속에 들어간 것처럼 꽁꽁 숨을 것이다. 구천(九泉) 아래 어찌 엿볼 수 있는 틈새가 있으랴? 잠입할 수 있는 간극이 어디 있겠는가 말이다. 저들이 우리를 치기에 역부족이라면 그것이 이미 최선 아니겠는가? 공격한다는 것은 여유가 있음이니, 승산이 섰다면 공격에 나서야 한다. 이때는 가장 높은 구천(九天) 하늘에서 움직이듯 자유자재로 공격하는데, 그 여유로운 상태가 또 이미 최선이 된다. 여유가 없다면 공격하지 말아야 한다. 쉽게 이길 상황에서 승리할 조건이 아니기 때문이다.

참고에 대한 이탁오 해설 參考

卓吾子曰: 守則不足, 攻則有餘. 又曰: 地生度. 唐李衛公之言與予合.

이탁오는 말한다.
수비한다면 적을 이기기에 역부족인 때문이고, 공격한다면 여유가 있기 때문이다. 또 땅을 보면 면적이 나온다고 말했다. 아래 당나라 이위공의 말씀은 내 생각과 맞아떨어진다.

공격과 수비의 원리 『唐太宗李衛公問對』 卷下

○○○ 太宗曰:"攻守二事, 其實一法歟? 孫子言:'善攻者, 敵不知其所守; 善守者, 敵不知其所攻.' 即不言敵來攻我, 我亦攻之; 我若自守, 敵亦守之. 攻守兩齊, 其術奈何?" 靖曰:"前代似此相攻·相守者多矣, 皆曰:'守則不足, 攻則有餘.' 便謂不足為弱, 有餘為強, 蓋不悟攻守之法也. 臣按孫子云: '不可勝者, 守也; 可勝者, 攻也.' 謂敵未可勝, 則我且自守; 待敵可勝, 則攻之爾. 非以強·弱為辭也. 後人不曉其義, 則當攻而守, 當守而攻. 二役既殊, 故不能一其法." 太宗曰:"信乎! 有餘不足, 使後人惑其強弱. 殊不知守之法, 要在示敵以不足; 攻之法, 要在示敵以有餘也. 示敵以不足, 則敵必來攻, 此是敵不知其所攻者也; 示敵以有餘, 則敵必自守, 此是敵不知其所守者也. 攻守一法, 敵與我分為二事: 若我事得, 則敵事敗; 敵事得, 則我事敗. 得失成敗, 彼我之事分焉. 攻守者一而已矣, 得一者百戰百勝. 故曰:'知己知彼, 百戰不殆.' 其知一之謂乎?" 靖再拜曰:"深乎聖人之法也! 攻是守之機, 守是攻之策, 同歸乎勝而已矣. 若攻不知守, 守不知攻, 不唯二其事, 抑又二其官. 雖口誦『孫』·『吳』而心不思妙, 攻守兩齊之說, 其孰能知其然哉!"

태종이 말했다.

"공격과 수비라는 두 가지 일이 실은 하나의 원리 아닌가? 『손자병법』은 '공격의 명수는 적들이 어디를 지켜야 할지 모르게 만들고, 수비의 달인은 적들이 공격할 곳을 알지 못하게 한다'고만 했지, 적이 와서 아군을 공격하면 우리도 공격하고 우리가 수비할 때 적도 방어에 돌입하는 경우에 대해선 언급하지 않았소. 공격과 수비 둘 다를 잘하려면 어떤 방법을 써야 할까?"

이정이 말했다.

"예전 시대에는 그처럼 상호 공격하면서 수비도 같이 하는 경우가 많았습니다. 그러면서 모두들 '수비하는 까닭이야 우리 편 실력이 모자라기 때문이고, 공격하는 이유인즉슨 승리의 조건이 충분하기 때문'이라고 얘기했지요. 이는 곧 부족함은 약하고 넉넉함은 강하다는 것인데, 대개 공격과 수비의 원리를 제대로 파악하지 못해 지껄이는 소리입니다. 제가 『손자병법』의 '이길 수 없다면 수비하고, 이길 만하다면 공격한다'는 대목을 고찰해보니, 아직 적을 이길 수 없으면 아군은 일단 자기 방어에 치중하면서 적을 이길 수 있는 때를 기다렸다 공격에 나서라는 뜻에 다름 아니었습니다. 강하고 약함과는 무관한 말이었지요. 후세 사람들은 그 뜻을 이해하지 못하니, 진격해야 할 때 수비하고 방어해야 할 때는 외려 공격에 나섭니다. 두 가지 사안은 완전히 다른 것이므로 그 원리도 일률적일 수가 없습니다."

태종이 말했다.

"정말 그럴 법하오! 넉넉하고 부족한 두 가지 다른 상황을 놓고 후세 사람들이 실력의 강약으로 잘못 이해했구려. 수비하는 방법의 관건은 적에게 저들의 부족함을 보게 하는 것이고, 공격 방법의 요체는 적에게 자신의 넘치는 힘을 알려주는 데 있음을 전혀 몰랐던 때문이겠소. 적에게 나의 부족함을 보이면 적은 반드시 진격하게 되는데, 이는 적이 공격해야 할 바를 모르기 때문일 게요. 적에게 우리의 넘치는 힘을 알게 하면 저들은 필경 문을 잠그고 자기 방어에 나서는데, 이는 무엇을 지켜야 할지 적이 모르는 까닭이겠지. 공격과 수비는 결국 같은 일인데, 적과 아군이 두 가지 다른 사안으로 분류해왔구려. 만약 우리 계획이 순조롭게 진행되면 적은 실패할 것이고, 적들이 저들 뜻대로 일을 벌이면 우리는 실패할 게요. 득실과 성패가 적과 아군의 일을 분명히 구분짓게 하는구려. 하지만 공격과 수비는 원래 하나의 원리일 뿐이니, 그런 이치를 깨치는 자는 백전백승하겠지. 그래서 '적을 알고 나를 알면 백번 싸워도 위태하지 않다'고 말했던 것이군. 그 한 가지를 깨쳤다는 말이 바로 이런 경우 아니겠소?"

이정이 두 번 절하며 말했다.

"성인의 준칙이 정말로 심오합니다! 공격은 수비의 전기가 되고 수비는 공격을 위한 책략이 되지만, 둘 다 승리를 목적으로 할 뿐입니다. 만약 공격만 하면서 수비할 줄 모르거나 수비만 하면서 공격할 줄 모른다면, 이는 수비와 공격을 각기 다른 사안으로 간주할 뿐 아니라 또 맡은 직책마저도 분별하는 짓거리입니다. 제아무리 손자와 오자의 병법을 좔좔 암송한들 공격과 수비를 둘 다 완벽히 해내는 오묘한 경지는 상상조차 못하는 것이지요. 그런 이치를 대체 누가 알 수 있겠습니까!"

―『당태종이위공문대』하권.

진형의 활용법『唐太宗李衛公問對』卷中

○○ 太宗曰:"畫方以見步, 點圓以見兵, 步教足法, 兵教手法, 手足便利, 思過半乎? 靖曰:"吳起云:'絕而不離, 卻而不散.'此步法也. 教士猶布棋子盤, 若無畫路, 棋安用之? 孫武曰:'地生度, 度生量, 量生數, 數生稱, 稱生勝. 勝兵若以鎰稱銖, 敗兵若以銖稱鎰.'皆起於度量方圓也."太宗曰:"深乎孫武之言! 不度地之遠近, 形之廣狹, 則何以制其節乎?"靖曰:"庸將罕能知其節者也.'善戰者, 其勢險, 其節短, 勢如彍弩, 節如發機.'臣修其術: 凡立隊, 相去各十步; 駐隊去師隊二十步. 每隔一隊, 立一戰隊. 前進, 以五十步為節. 角一聲, 諸隊皆散立, 不過十步之內. 至第四角聲, 籠槍跪坐. 於是鼓之, 三呼三擊, 三十步至五十步, 以製敵之變. 馬軍從背出, 亦五十步臨時節止. 前正後奇, 觀敵如何. 再鼓之, 則前奇後正, 復邀敵來, 伺隙搗虛. 此六花大率皆然也."

태공이 말했다.

"방진을 그려보면 병사들의 보[6] 법이 드러나고, 원주 위의 점들을 연결하면 병사들의 무기 사용법을 알 수가 있소. 보 숫자는 발놀림 훈련에 필요하

---

6) 보(步): 이 글에서는 발걸음이 아니라 진중에서 병사 개개인 간에 유지되는 거리를 가리킨다.

고, 무기를 사용해서는 손놀림을 가르치오. 팔다리 동작이 원활해지면 훈련의 절반은 달성한 것 아니겠소?"

이정이 말했다.

"오기는 '진형 중간이 끊어지더라도 흩어지지 않고, 대오가 퇴각하더라도 산만하지 않다'고 말한 적이 있는데, 이는 평소 보법을 훈련했기 때문입니다. 병사들 훈련은 흡사 바둑판에 바둑알 배치하는 것과 같지요. 만약 바둑판에 갈 길이 그려져 있지 않다면 바둑알을 어디에 놓을 수 있겠습니까? 손무는 '땅을 보면 면적이 가늠되고, 면적에서 생산량이 정해지며, 생산량에서 투입 병력의 숫자가 나오고, 병력 규모에서 군사력의 차이가 생기며, 양측의 실력을 계량하면 승패를 판단할 수 있게 된다. 그러므로 이기는 군대는 흡사 몇백 배나 실력 차이가 나는 약자와 마주한 것처럼 압도적 우세에 있다'고 말했습니다. 이 모두는 나라의 크기와 생산력, 방진과 원진의 활용에서 비롯됩니다."

태종이 말했다.

"손무의 말이 참으로 심오하구려. 지리적 원근이나 지형의 좁고 넓음을 헤아리지 않는다면 전쟁을 할 때 무슨 수로 그 속도를 조절할 수 있을까?"

"용렬한 장수 중에는 전쟁도 리듬을 타야 한다는 걸 아는 이가 드뭅니다. '전쟁의 고수는 그 기세를 험준하게 하고 박자를 짧게 끊는다. 조성하는 형세가 활을 바짝 당긴 듯 팽팽하고, 쇠뇌를 당기는 것처럼 공격 리듬을 순식간에 낚아챈다'고 했지요. 저는 이 전법에 따라 군대를 포진시킬 때 각 부대 간의 거리는 10보, 주둔 부대(駐隊)와 공격 부대(師隊)[7] 간의 거리는 20보로 정합니다. 매 부대 사이에는 전투를 준비하는 예비부대 하나씩을 두고, 전진

---

7) 주대(駐隊)는 주둔한 부대를 가리킨다. 사대(師隊)는 『무경칠서직해(武經七書直解)』에서 "사대는 추측건대 전에 말한 바 튀어나와 공격하는 기마병을 가리키는 듯하다(師隊, 疑即前所謂跳盪騎兵也)"고 설명했다. 아마도 큰 부대였을 것이다.

할 때 50보를 한 템포로 삼습니다. 호각이 한 번 울리면 각 부대는 모두 흩어지는데, 그때 서로간의 거리가 10보를 넘지 않도록 합니다. 네 번째 호각소리가 울리면 무기를 쥔 채로 일제히 꿇어앉아야 하지요. 이때 공격을 개시하는 북소리가 세 번 울리는데, 30보에서 50보를 움직이는 동안에 적진의 움직임을 파악해야 합니다. 뒤쪽에서 기마병이 출격하면 일시적으로 50보를 상한으로 삼아 통제하고요. 앞은 정병(正兵), 뒤쪽은 기병(奇兵)으로 배치하고 우선 적의 반응을 살핍니다. 다시 북이 울리면 앞에는 기병 뒤에는 정병을 배치하지요. 다시 적의 도발을 저지하면서 적의 허술한 틈을 찾아내 공격을 감행합니다. 이것이 육화진의 대체적인 작전 양상이지요."

— 『당태종이위공문대』 중권.

제5장 「병세(兵勢)」편[1]

孫子曰: 凡治衆如治寡, 分數是也; 鬪衆如鬪寡, 形名是也. 三軍之衆, 可使必受敵而無敗者, 奇正是也. 兵之所加, 如以碬投卵者, 虛實是也.

凡戰者, 以正合, 以奇勝. 故善出奇者, 無窮如天地, 不竭如江海, 終而復始, 日月是也; 死而更生, 四時是也. 聲不過五, 五聲之變, 不可勝聽也; 色不過五, 五色之變不可勝觀也; 味不過五, 五味之變不可勝嘗也; 戰勢不過奇正, 奇正之變不可勝窮也. 奇正相生, 如循環之無端, 孰能窮之哉?

激水之疾, 至于漂石者, 勢也; 鷙鳥之疾, 至于毀折者, 節也. 故善戰者, 其勢險, 其節短, 勢如彍弩, 節如發機. 紛紛紜紜, 鬪亂而不可亂; 渾渾沌沌, 形圓而不可敗. 亂生于治, 怯生于勇, 弱生于強. 治亂數也, 勇怯勢也, 強弱形也. 故善動敵者, 形之, 敵必從之; 予之, 敵必取之. 以利動之, 以卒待之.

故善戰者, 求之于勢, 不責于人, 故能擇人任勢. 任勢者, 其戰人也, 如轉木石. 木石之性, 安則靜, 危則動, 方則止, 圓則行.

故善戰人之勢, 如轉圓石于千仞之山者, 勢也.

---

1) 「세」편이라고 부르기도 한다.

손자의 말이다.

다수의 병사를 마치 적은 인원처럼 능수능란 다룰 수 있는 것은 그들이 조직(分數)[2]된 덕분이고, 수많은 적과 싸우면서도 소수와 겨루듯 힘이 들지 않는 것은 형명[3]이 있기 때문이다. 삼군(三軍)의 병사가 사방에서 적을 맞지만 패배가 없는 것은 기병과 정병(奇正)[4]을 번갈아 활용하기 때문이고, 적을 향한 진격이 마치 숫돌로 계란을 치듯 용이한 것은 허실[5]의 전법을 쓰는 까닭이다.

모든 전쟁은 정병(正兵)으로 교전하고 기병(奇兵)으로 승리를 완성시킨다. 그래서 기병의 달인은 천지의 변화처럼 전술이 무궁무진하며 장강의 물처럼 마르지 않는다. 끝났나 싶다가도 다시 개시하는 모양새가 해와 달 같고, 죽었나 했는데 새로 소생하는 광경은 사 계절과도 흡사하다. 소리의 음계는 다섯(궁·상·각·치·우)뿐이지만 오음이 빚어내는 음악은 들어도 들어도 끝이 없고, 빛깔은 오색(홍·황·청·백·흑)에 불과하지만 그 색조의 변환은 아무리 감상해도 다함이 없다. 맛의 종류도 다섯에 불과하지만 오미(시고·달고·쓰고·맵고·짠맛)가 어우러진 맛의 변화는 이루 다 맛볼 수 없을 정도로 다양하다. 전쟁에서의 형세는 기병과 정병뿐이지만 이로부터 빚어지는 전략전술은 그야말로 무궁무진하다. 기병과 정

---

2) 분수(分數): 군대의 조직편제. 앞의 「계(計)」편에 나왔던 곡제(曲制)와 같은 뜻이다.
3) 형명(形名): 본래는 사물의 형체와 명칭을 뜻하는 선진(先秦) 시대 명가(名家)의 어휘지만 병가와 법가도 이 단어를 차용해 그 사상을 설명하는 데 활용했다. 여기서는 군대의 작전 지휘 및 연락과 신호에 쓰이는 도구, 즉 징이나 북·깃발 등을 가리키는 용어로 쓰였다.
4) 기정(奇正): 군대의 작전 방법. '기'는 변화무쌍하게 적의 허를 찌르는 변칙적 작전이고, '정'은 정규적이고 일반적인 작전술을 말한다. 기병(奇兵)과 정병(正兵) 역시 같은 의미로 쓰인다.
5) 허실(虛實): 병력의 집중과 분산. 병력의 강약이라고 보는 견해도 있다.

병의 잇따른 공격이 공 구르듯 무한히 펼쳐지니, 어떻게 그 변환에 끝이 있으랴!

빠른 여울이 무거운 바위를 둥둥 띄우는 것은 그 물살의 기세가 흉흉하기 때문이다. 새매가 순식간에 먹이를 나꿔챔은 움직임의 박자가 들어맞았기 때문이다. 그러므로 전쟁의 달인은 그 기세를 아슬아슬 험하게 잡고 박자는 짧게 끊는다. 활을 당기듯 꼿꼿한 태세를 취하고, 화살을 쏘듯 공격 리듬은 순식간에 나꿔챈다.

깃발이 뒤섞이고 전투가 어지러운 상황이라도 아군은 혼란스럽지 않고, 전차가 구르고 인마가 내달려도 우리 진영은 사방의 적을 자유자재로 다룬다. 적의 혼란은 아군의 일사불란에서 나오고, 적의 비겁함은 아군의 용기에서 비롯되며, 적군의 약세는 아군의 강세에서 생겨난다. 질서와 혼란은 조직편제의 문제고, 용기와 비겁은 세의 우열에서 비롯되며, 강하고 약함은 역량의 크기에서 결정된다. 그러므로 적을 잘 다루는 자는 그들에게 허상을 보여주고 반드시 속임수에 걸려들도록 유도한다. 작은 미끼를 던지고 적이 기어코 그것을 물어뜯게 만든다. 이익으로 적을 유인한 다음 막강한 군대로 무장하고 기다린다.

원래 전쟁의 고수는 유리한 형세를 조성하려 애쓸 뿐 병사들은 닦달하지 않으니, 그래서 늘 인재를 선택해 판세가 뜻하는 대로 굴러가게 만든다. 형세를 장악한 장수는 병사들을 마치 통나무나 돌멩이처럼 부린다. 통나무나 돌멩이의 성질을 보면 평탄한 지형은 정지하고 경사진 곳에서는 움직인다. 각진 것은 멈추고, 둥근 것은 굴러가게 된다. 그러므로 전쟁의 고수가 조성하는 기세는 마치 둥근 바위가 천 길 높은 산 위에서 굴러떨어지는 듯한데, 그것을 세(勢)라고 한다.

조조 주석 曹操注

魏武帝曰: 兵勢者, 用兵任勢也.
위 무제의 해설이다.
전쟁의 세(兵勢)란 작전을 펼칠 때 유리한 태세를 이용하거나 혹은 추세가 변동하는 상황을 일컫는다.

分數, 部曲爲分, 什伍爲數也.
분수(分數). 군대의 대오와 행렬은 분(分)이고, 다섯 명을 오(伍), 열 명을 십(什)으로 편제하는 것은 수(數)라고 한다.

形名, 旌旗曰形, 金鼓曰名也.
형명(形名). 여러 다양한 깃발들은 형(形), 징과 북은 명(名)이라고 한다.[6]

奇正, 先出合戰爲正, 後出爲奇也. 正者當敵, 奇者從旁擊不備.
기정(奇正). 먼저 나가 교전하는 경우는 정병, 나중에 출격하면 기병이라 한다. 정병은 적을 맞아 정면에서 막아서고, 기병은 측면에서 불의의 일격을 가한다.

五聲等, 喩奇正之無窮也.
오성(五聲) 등의 의론은 기정(奇正)의 무궁무진함에 관한 비유

---

6) 깃발은 모양과 크기, 디자인과 색깔 등이 저마다 다르기 때문에 형(形)이라 불렸다. 정(旌)은 새의 깃털로 장식한 깃발로 하급 부대가 사용하고, 기(旗)는 직물로 만들어 상급 부대가 사용한다. 『오자』 「치병(治兵)」편은 군대가 작전을 펼칠 때 북을 두드리면 전진하고 징을 울리면 철군한다고 설명했다. "징을 울려도 그칠 줄 모르고 북을 처도 나아가지 않는다면 백만 대군이 있다 한들 무슨 소용이 있으랴?(金之不止, 鼓之不進, 雖有百萬何益於用)?"

이다.

鷲鳥之疾, **發起擊敵也**.
새매의 날쌘 동작은 적에 대한 공격을 개시할 때의 움직임을 비유한다.

勢險, **疾也**.
기세가 험하다는 말은 사납고 날쌔다는 뜻이다.

節短, **近也**.
박자를 짧게 끊는 것은 상황이 급박하기 때문이다.

節如發機, **在度不遠, 發則中也**. 或曰: 勢險, **其勢險峻, 不可阻遏也**.
節短, **其節短促, 不可預備也**.
화살을 쏘듯 공격 리듬을 짧게 잡는다. 적이 멀지 않은 데 있음을 계산한 것으로, 발사하면 명중하게 된다. 혹자는 이렇게도 풀이한다. 세험(勢險)은 그 기세가 험준해 막을 수 없고, 절단(節短)은 그 리듬이 짧고 촉박해 미리 대비하는 것이 불가능하다는 뜻이다.[7]

紛紛紜紜, **亂旌旗以示敵, 以金鼓齊之也**.
깃발이 어지럽게 나뒹군다. (아군 내부가 혼란한 것처럼) 깃발이 무질서하게 흐트러진 상태를 적에게 보이고, 징과 북을 울려 그것들을 똑바로 세운다.

---

7) 여기 언급되는 혹자의 말은 조조의 주석에 나오지 않는다. 응당 이지가 누군가의 해설을 참고해 보충한 대목으로 보아야 할 것이다.

渾渾沌沌, **車騎轉也**.
먼지가 뿌옇게 일어나는 혼돈 상황. 전차와 말들이 구르고 내달리기 때문이다.

形圓者, 出入有道, **齊整也**.
사방의 적에 원활히 대응한다. 나아가고 물러남에 법도가 있으며, 움직임이 가지런하게 정제된 덕분이다.

亂生於治三句, **皆毁形匿情也**.
"적의 혼란은 아군의 일사불란에서 나오고, 적의 비겁함은 아군의 용기에서 비롯되며, 적군의 약세는 아군의 강세에서 생겨난다"는 세 구절은 모두 원래의 모습을 훼손하고 파기해 실제 정황이 감춰진 상태를 말한다.[8]

治亂數, 以部分名數爲之, **故不可亂也**.
질서와 혼란은 숫자(조직편제)의 문제다. 부대를 나누는 것은 인원수의 문제인 까닭에 무질서하거나 문란해선 안 된다.[9]

---

[8] 매요신(梅堯臣)이 말한 바 "군대가 일사불란하면 거짓으로 혼란상을 만들 수 있고, 용감하면 거짓으로 겁먹은 체할 수 있으며, 강하면 짐짓 약한 척할 수 있다(治則能僞爲亂, 勇則能僞爲怯, 強則能僞爲弱)."는 뜻이다.

[9] 두목(杜牧)은 주석에서 다음과 같이 설명했다. "나눔은 구별해 식별하는 일이다. 숫자는 인원수를 센다는 말이다. 군대의 대오는 모두 그 인원 숫자로 구별했다. 각각에 편장군·비장군을 임명해 대오의 수장을 맡기고 훈련과 전진·후퇴를 담당하는데, 모두들 책임지고 맡은 바를 완수해야 한다(分者, 分別也. 數者, 人數也. 言部曲行伍, 皆分別其人數多少, 各任偏裨長伍, 訓練升降, 皆責成之)."

勇怯勢, 强弱形, **形勢所宜也**.
용기와 비겁은 세의 우열에서 비롯되고, 강하고 약함은 역량의 크기에서 결정된다. 형세에 따라 마땅한 조처를 취해야 한다.

形之敵必從, **見形勢也**.
허상을 만들어 보이면 적이 반드시 걸려든다. 자기에게 유리한 형세를 보기 때문이다.

與之敵必取, 以利誘敵人, 遠離其壘, 而以精銳擊其空虛孤特也.
미끼를 던져 적이 기필코 받아먹게 만든다. 미끼로 적을 유인해 그들이 자기 군영에서 멀리 떨어지게 한 다음 정예병으로 고립무원 상태의 텅 빈 적진을 공격하려는 것이다.

任勢, **專任權也**.
형세를 뜻대로 조성한다. 전권을 행사하며 상황 따라 적절한 작전을 펼친다.

이탁오 총평 李贄總評

李卓吾曰: 兵無一定之勢, 故奇正之兵, 亦無一定之用. 勢者, 因利而製權, 故奇正之勢, 亦因敵而變化也.
無正不成奇, 無奇不成正, 謂奇正之相爲用可也. 無有奇而不正者, 亦無有正而不奇者, 謂奇正之合爲一又可也. 奇正之變化, 其勢又烏能定乎?
故凡可以誘敵者, 皆奇也, 是權勢也, 是詭道也. 凡所以待敵者皆正也, 皆本也, 所謂以本待之也. 是故, 以利動之, 以形示之, 以亂與之, 使敵人但見吾之爲怯, 而聞吾之爲弱也, 此奇也. 然已使敵人皆見而聞之矣, 則雖奇亦正, 如李牧之居趙代, 雖自家士卒, 亦以牧爲怯, 況東胡諸種乎? 故善戰者, 求之於勢, 不責於人. 求之於勢, 故勢常在我; 不責於人, 故能擇人而任勢. 夫亂實生於治也, 怯實生於勇也, 弱實生於强也, 此正也. 然吾之實治·實勇·實强, 夫誰則知之? 唯其不可知, 則雖正亦奇, 奇正之用, 又曷可窮也? 故凡敵之人, 未有誘之以利而不來者, 未有多方以誤之而不可致者. 然亦未可以一定執也. 設使利之而敵不動, 形之而敵不從, 與之而敵不取, 則雖孫武子亦且奈之何哉! 故敵人如太山, 吾雖勢如激水之疾, 可如何? 敵人如狡兔之深藏于穴, 吾雖勢如鷙鳥之節, 可如何? 敵人能先爲不可勝以藏于九地之下也, 吾之勢縱如轉圓石于千仞之山也, 可如何? 故任勢者, 可動卽動, 不可動卽不敢動. 可動, 卽如轉圓石, 如鷙鳥節, 如漂石激水, 遲慢一毫不得矣; 不敢動, 卽如山之安, 如木之靜, 如方之止. 夫如是, 故其勢常在我也, 是故著『兵勢』.

이탁오는 말한다.[10]

전쟁에는 고정된 형세가 없기 때문에 기병과 정병의 운용 역시 정형화되지 않는다. 세란 유리한 형세를 만들기 위해 재량껏 행하는 임기응변인 까닭에 기병과 정병으로 조성하는 세 역시 적진의 상황 따라 변화하게 된다.

정병이 없으면 기병이 이뤄지지 않고 기병이 없으면 정병이 완성되지 않으니, 기병과 정병은 상호보완 관계로 운용된다고 일컫는다. 기병이면서 정병 아닌 경우가 없고 정병이면서 기병 아닌 경우

---

[10] 이지는 이 글에서 기정(奇正)의 변증법적 관계와 "나한테 항상 유리하도록 형세를 조성하는(勢常在我)" 방법에 관해 설명한다.

도 없으니, 기병과 정병의 결합으로 또 하나의 다른 전법이 만들어진다고 말할 수도 있겠다. 기병과 정병이 번갈아가며 변환하니 그 형세가 또 어떻게 일정할 수 있으랴?

원래 적을 유인할 수 있는 대부분의 작전은 죄다 기병이니, 이는 수시로 변하는 상황에 따른 기민한 대응이고 목적을 위한 변칙적인 술수다. 무릇 적을 상대하는 방도는 모두가 정병이고 동시에 기본인데, 이른바 근본적인 대응책인 것이다. 이런 까닭에 이익으로 적을 유인하고 허상을 보이며 아군의 혼란상을 던져줘 적들로 하여금 우리가 겁내는 모습만 보게 하고 우리의 취약함만을 듣게 하는데, 이런 술수가 기병이다. 그런데 적들로 하여금 우리에 관한 모든 정보를 이미 보고 듣게 하였으니, 이는 비록 기병이지만 또 정병이기도 하다. 예컨대 이목이 조나라 대(代) 땅을 지킬 때는 휘하의 병사들마저 그를 겁쟁이로 여겼으니, 동호의 여러 종족이야 나위가 있을까![11]

---

11) 이목(李牧, ?~B.C. 229)은 전국시대 조(趙)나라 장군으로, 백기(白起)·왕전(王翦)·염파(廉頗)와 더불어 전국 말엽의 4대 명장(名將)으로 일컬어진다. 그가 조나라의 국경 수비를 맡아 대군(代郡)과 안문군(雁門郡)을 지킬 때, 병사들에게 매일같이 소를 잡아 먹이고 말타기·활쏘기를 연습시키며 봉화에 특히 신경을 썼다. 하지만 흉노가 침입하면 매번 문을 걸어잠그고 전투를 기피하며 "감히 포로를 잡아오는 자는 참수하겠다(有敢捕虜者斬)"는 명을 내리곤 했다. 흉노는 그를 겁쟁이라 여겼고 휘하의 병사들 역시 마찬가지였으므로 조왕(趙王)은 급기야 그 직위를 해제시켰다. 후임 장수는 흉노가 쳐들어오자 즉각 출전해 응전하다 많은 손실을 입었고, 그 일대는 농사나 방목을 할 수 없는 폐허로 변모했다. 결국 조왕은 이목을 복직시켰지만 예전과 달라진 것이 없어 그가 겁쟁이란 인식은 불식되지 않았다. 하지만 여러 해 동안 후한 대우를 받은 병사들이 마침내 싸우기를 청원하자 이목은 곧 계획을 세워 흉노 십여만을 일거에 몰살시켰고, 이로부터 흉노는 십여 년 넘게 중국 북부를 넘보지 못하게 되었다. 동호(東胡)의 여러 종족은 당시 조나라 북부에 퍼져 있던 흉노(匈奴)·누번(樓煩)·담람(簷襤)·임호(林胡)·동호(東胡) 등의 부족을 가리킨다. 동호는 흉노와 근본이 같은데 주로 요하(遼河) 상류인

원래 전쟁의 고수는 형세에서 승리를 강구하지 사람을 닦달하지 않는다. 형세로부터 승리를 모색하기 때문에 세가 언제나 내 쪽에 있게 하고, 사람을 들볶지 않기 때문에 인물을 선택해 마음대로 세를 형성하게 된다. 적의 혼란은 아군의 일사불란에서 나오고, 적의 비겁은 아군의 용맹에서 비롯되며, 적군의 약세는 아군의 강세에서 생겨난다 했는데, 이런 경우가 정병이다. 그런데 아군이 실제로는 일사불란 관리되고 용감하며 강인한데 대체 누가 그 사정을 안단 말인가? 적들이 알 수만 없으면 설사 정병인 경우라도 기병이 되기도 한다. 기병과 정병의 운용이 또 어떻게 바닥날 수 있는 사안일까! 그리하여 적을 상대하면서 이익으로 유인하면 제 발로 찾아오지 않는 경우가 없고, 다방면으로 지체하고 괴롭히면 걸려들지 않는 경우가 없게 된다. 하지만 전쟁에서는 또 어떤 일정한 양식을 고집하면 안 된다. 가령 이익으로 유인해도 적이 움직이지 않고 허상을 보여줘도 적이 넘어가지 않고 미끼를 던져도 적이 덥석 물지를 않는다면 제아무리 손무자(孫武子)라 한들 그 상황을 또 어쩔 것인가 말이다!

그러므로 적이 태산처럼 요지부동이라면 아군의 형세가 흡사 가파른 물살처럼 흉흉한들 무슨 수가 있을꼬! 적이 영리한 토끼처럼 땅굴 아래 깊숙이 숨어버린다면 아군의 기세가 제아무리 새매처럼 잽싸도 그들을 어쩔 것이랴! 적이 우리보다 먼저 깊은 지하에 숨어버려 이길 수 없는 형세를 만든다면 우리의 기세가 제아무리 천 길 높은 산꼭대기에서 굴러떨어지는 둥근 바위 같다 한들 어쩔 수 있겠나 말이다!

원래 형세를 자신의 의지대로 조성할 수 있는 자는 움직일 수 있

요녕의 조양(朝陽)과 금서(錦西) 지역 등 중국 동북방에 분포했던 고대 민족이다.

으면 즉각 출동하고 움직일 수 없으면 꿈쩍도 안 한다. 움직일 수 있다면 마치 둥근 바위가 굴러떨어지듯, 새매가 먹잇감을 낚아채듯, 빠른 물살에 바위가 떠내려가듯 움직이는데 거기에 터럭만큼의 오차도 용납하지 않는다. 감히 움직일 수 없는 경우라면 산처럼 안정적이고 나무토막처럼 고요하며 정사각형처럼 꿈쩍 않고 정지하게 된다. 대저 이러하기 때문에 그 형세가 언제나 내 편에 있으니, 이런 까닭에 「병세(兵勢)」편 저술이 생겨나게 되었다.

참고(1) 이탁오 해설 參考(一)

卓吾子曰: 勢者, 機也. 機動而神隨. 故言軍形, 便言兵勢. 夫兩軍勝敗之形, 雖未戰而其形已見矣, 然非眞聰明神智之主則不能知. 故曰: 見勝不過衆人之所知, 非善之善也. 知之, 則謂知己而知彼, 雖百戰而不殆矣. 夫惟其能知彼己勝敗之形於衆人之所不能知也, 是以因利制勝, 以應形於無窮, 雖鬼神亦莫得而測之也.
蓋形雖不可知, 而猶可見, 若任勢, 則無形而不可見, 況可知耶? 故曰: "形兵之極, 至於無形", 又曰: "微乎微乎! 至於無形; 神乎神乎! 至於無聲." 然則非變易無方之神人, 又安能運變化無窮之神勢也? 勢雖神妙, 總不過奇正; 奇正雖變, 總不出虛實.

탁오자는 말한다.[12]
세(勢)란 기회를 포착해 임기응변(機)[13]하는 것이다. 기지를 발휘해

---

12) 이 글에서 이지는 세의 신묘함을 집중적으로 조명해 "병세가 비록 신묘하다지만 결국은 기정에 불과하고, 기정이 변화다단하지만 끝내는 허실을 벗어나지 않는다"는 마지막 단락의 결론을 도출하고 있다.
13) 기(機)는 수기응변(隨機應變)의 기민한 대응책을 말한다. 『자휘(字彙)』에서는 "기는 또한 교묘한 술수이고 또 변환하는 것이기도 하다(機, 又巧術也; 又

움직이다 보면 그에 따라 형세가 신묘하게 변한다. 그래서 군형[14]을 말하면 그것이 곧 전쟁의 세(兵勢)에 관한 담론이 된다.

대저 전쟁이 아직 벌어지지 않았어도 양측 군대의 승패는 그 형세에 이미 다 드러나 있다. 하지만 진정 총명하고 지혜로운 군주가 아니라면 그 실체를 알지 못한다. 그래서 「군형」편은 모든 사람의 예상에서 벗어나지 않는 승리라면 최선의 승리가 아니라고 말하였다.

그 실체를 안다는 것은 자신을 알고 적을 알아 백 번을 싸워도 위태로워지지 않음을 뜻한다. 오직 지혜로운 군주만이 대중은 알지 못하는 바로부터 피아의 승패를 가르는 형세를 알 수 있는데, 이렇게 해서 전선을 유리하게 만들어 승리를 낚고 무궁무진 펼쳐지는 각종 군형에 대응하니 그때는 설사 귀신일지라도 승패 예측이 불가능해진다.

원래 군형이란 그 실체를 비록 알지 못하더라도 눈으로 볼 수는 있다. 만약 자유자재로 세를 펼치면 무한히 변환하며 일정된 형상이 없어져 실체를 볼 수가 없게 되니 그 속사정의 탐지야 나위가 있을까? 그래서 「허실」편에서 "군사 포진의 요령이 극에 달하면 형적이 완전히 사라진다" 말했고, 또 "미묘하고 미묘하니, 아무 형체도 보이지 않는 지경에 도달했구나. 신기하고 신기하니, 아무 소리도 들리지 않는 경지에 이르렀네"라고 해설했다. 그렇다면 변환

變也)"고 해설한다. 이정(李靖)은 아래의 인용문에서 "전쟁은 수기응변의 전략적 술수로 결판나지 않는 경우가 없다(兵無不是機)"고 말하는데, 이지는 '세'를 "변화가 무궁무진한 신묘한 형세(變化無窮之神勢)"라고 강조하기 때문에 '機'를 '勢'로 해석했다.

14) 군형(軍形)이란 원래 객관적이고 안정적이며 쉽게 알 수 있는 요인을 말한다. 예컨대 전투력의 강약이나 전쟁물자의 준비상황 같은 것인데, 이지는 이 글에서 세와 등치시키는 색다른 해석을 하고 있다.

에 아무 거리낌이 없는 비범한 인물이 아니라면 또 어떻게 무궁무진 변화하는 신묘한 형세를 운용할 수 있으랴? 병세가 비록 신묘하다지만 결국 기정에 불과하고, 기정이 제아무리 변화다단해도 끝내 허실을 벗어나지는 못한다.

전쟁의 도 『六韜』 「文韜·兵道」

○ 武王問太公曰:"兵道如何?"太公曰:"凡兵之道莫過乎一. 一者能獨往獨來. 黃帝曰:'一者階於道, 幾於神.' 用之在於機, 顯之在於勢, 成之在於君. 故聖王號兵爲凶器, 不得已而用之."

무왕이 태공에게 물었다.
"전쟁의 도(兵道)란 어떤 것입니까?"
태공이 말했다.
"무릇 전쟁의 도는 집중해서 한마음이 되는 것에 지나지 않습니다. 단일함이란 외부의 영향을 받지 않고 독자적으로 자유롭게 움직임을 뜻하지요. 황제[15]는 이렇게 말했습니다. '오롯이 하나에 집중한다는 것은 도(道)로 연결되는 사다리이자 신의 경지에 다가가는 길이다.' 전념하면 시기를 잘 포착할 수 있고, 그 성과는 유리한 형세의 조성으로 드러나며, 그 성패는 장수가 전권을 행사하도록 군주가 위임하는 데 달렸습니다. 원래 고대의 성왕은 전쟁을 상서롭지 못한 흉기로 간주하며 부득이한 경우에만 그것을 활용했

---

15) 황제(黃帝, B.C. 2717~B.C. 2559): 고대 중원 지역에 존재했던 부락 연맹의 영수. 훗날 중원 각 부족의 공통 조상으로 받들어지게 된 전설적 인물이다. 소전(少典)의 아들로 성은 희(姬), 호는 헌원(軒轅) 혹은 유웅(有熊) 씨. 일찍이 염제(炎帝)와 치우(蚩尤)를 우두머리로 내세운 부락들을 꺾고 중원을 통일했다고 한다. 재위 기간 백곡(百穀)을 파종하기 시작해 농업을 발전시켰고, 처음으로 의관(衣冠)을 정했으며, 배와 수레를 건조하고 음률을 제정했다. 『황제내경(黃帝內經)』을 지었다고 전하며, 후세의 도가나 병가 저작 중에는 그 이름을 가탁한 경우가 많다.

지요."

―『육도』「문도·병도(兵道)」편.

전세와 현묵 『六韜』「龍韜·軍勢」

○ 武王曰:"攻伐之道奈何?"太公曰:"資因敵家之動, 變生於兩陳之間, 奇正發於無窮之源. 故至事不語, 用兵不言. 且事之至者, 其言不足聽也; 兵之用者, 其狀不定見也. 倏而往, 忽而來, 能獨專而不制者, 兵也.

聞則議, 見則圖, 知則困, 辨則危. 故善戰者, 不待張軍; 善除患者, 理於未生; 善勝敵者, 勝於無形; 上戰無與戰. 故爭勝於白刃之前者, 非良將也; 設備於已失之後者, 非上聖也; 智與眾同, 非國師也; 技與眾同, 非國工也. 事莫大於必克, 用莫大於玄默, 動莫大於不意, 謀莫大於不識. 夫先勝者, 先見弱於敵, 而後戰者也, 故事半而功倍焉.

聖人徵於天地之動, 孰知其紀. 循陰陽之道而從其候, 當天地盈縮因以為常, 物有死生, 因天地之形. 故曰: 未見形而戰, 雖眾必敗. 善戰者, 居之不撓, 見勝則起, 不勝則止. 故曰: 無恐懼, 無猶豫. 用兵之害, 猶豫最大; 三軍之災, 莫過狐疑. 善戰者, 見利不失, 遇時不疑, 失利後時, 反受其殃. 故智者從之而不釋, 巧者一決而不猶豫. 是以疾雷不及掩耳, 迅電不及瞑目, 赴之若驚, 用之若狂, 當之者破, 近之者亡, 孰能御之?

夫將有所不言而守者神也, 有所不見而視者明也. 故知神明之道者, 野無衡敵, 對無立國."

무왕이 말했다.

"공격으로 끝장을 보는 정벌 전쟁에는 어떤 원칙이 있습니까?"

태공이 대답했다.

"아군의 움직임은 적이 어떻게 행동하느냐에 달렸습니다. 양 진영이 대치할 때는 수시로 임기응변하니, 기병과 정병이 끝없이 펼쳐지며 무궁무진 변환하지요. 그래서 지극히 중대한 사안은 언어로 표현되지 않고, 군사 지휘의 오묘함은 말로 드러나지 않습니다. 게다가 사안이 중차대할수록 관련 내용이 들리지 않고, 용병의 수단이 오묘할수록 그 정황은 드러나지 않게 되지요. 바람처럼 사라졌다가 홀연히 나타나야 하니 오직 장수의 독자적 결행만 가능할 뿐 어떤 제약도 받지 않는 것이 전쟁입니다.

적이 아군의 제반 동향을 보고받은 듯하면 우리도 대응 방법을 논의하고, 적이 본 바가 있는 것 같으면 승리의 방책을 강구해야 합니다. 적이 우리를 제대로 파악하고 있다면 곤경에 처하게 되고, 적의 변별력이 탁월하다면 아군은 필시 위험해질 것입니다. 그러므로 전쟁의 고수는 전열이 정비될 때까지 기다리지 않습니다. 병을 잘 고치는 훌륭한 의사는 증상이 나타나기 전에 미리 손을 쓰지요. 적을 잘 무찌르는 장수는 모습을 드러내지 않고도 승리하니, 가장 좋은 경우는 싸우지 않고 이기는 것입니다. 그런 까닭에 날카로운 칼날을 번뜩이며 승리를 쟁취했다고 좋은 장수가 아니고, 이미 실기해 놓고 뒤에 가서 막겠다는 자는 뛰어난 인재일 수 없습니다. 지혜가 고작 평균치 정도라면 임금의 스승이 되기에 부족하고, 기량이 보통 사람과 다를 바 없다면 최고의 장인이 될 수 없지요.

장수에게는 필승보다 중차대한 일이 없고, 병법의 운용에는 현묵[16]보다 중요한 비결이 없습니다. 출동할 때는 적의 의표를 찌르는 공격이 최선이고, 책략을 구사할 때는 적들이 알아채지 못하는 것이 중요합니다. 무릇 승기를 잡는 자는 먼저 약점을 적에게 내보이고 유인한 다음에 싸우니, 그래서 힘은 적게 들지만 성과는 곱절로 거두게 됩니다.

성인의 행사는 천지의 움직임으로 증험하지만 누군들 그 이치를 확실히 알겠습니까! 성인은 해와 달(陰陽)[17]의 운행 법칙을 준수하고 날씨와 계절

---

16) 현묵(玄默): 오묘한 이치를 내장했지만 드러내지 않고 고요하게 무위(無爲)로 존재하는 상태.
17) 여기서 음양은 해와 달의 운행 규율을 말한다. 음양은 원래 햇빛의 향배(向

에 순응하며, 천지와 더불어 찼다 기우는 것(天地盈縮)¹⁸⁾을 일상의 법칙(常道)으로 삼습니다. 만물에는 생장과 소멸이 있으니, 그로 인해 천지도 차고 기우는 변화에 따르게 되지요. 그래서 적의 본모습을 제대로 파악하지 않고 전쟁을 벌이면 아군 숫자가 제아무리 많아도 필패하기 마련이라 했습니다.

전쟁의 달인은 유리한 입지를 굳건히 지키며 외부 조건에 흔들리지 않습니다. 승기를 잡았다 싶으면 곧바로 떨쳐 일어나고, 전세가 불리하면 즉시 행동을 멈추지요. 그래서 전장에서도 두려움이 없고 주저하지 않는다고 말했습니다. 전쟁에서는 망설임보다 더 큰 재앙이 없으니, 전군이 희생되는 참사는 여우처럼 의심이 많은 데서 찾아옵니다. 용병의 고수는 유리한 상황을 절대 놓치지 않고, 승기를 잡았다 싶으면 조금도 망설이지 않지요. 기회를 잃으면 때를 놓치니, 그러면 반대로 내가 그 재앙을 입게 됩니다. 그러므로 지혜로운 이는 상황에 따르되 기회를 놓치지 않고, 영리한 자는 일단 결단하면 결코 주저하지 않습니다. 이런 연유로 진격할 때는 돌연한 천둥소리에 미처 귀를 막지 못하고 갑작스런 벼락에 눈 감을 겨를이 없는 것처럼 신속합니다. 깜짝 놀란 말처럼 앞으로 달려나가고, 미친 개처럼 사력을 다해 분전합니다. 눈앞을 가로막는 적은 격파하고 다가오는 자는 반드시 멸망시키지요. 이런 기세로 싸우는데 누가 그를 막아낼 수 있겠습니까?

장수가 침묵을 지키며 현묵의 도리를 간수한다면 그 신기¹⁹⁾를 헤아릴 수 없게 됩니다. 보지 않는 바가 있는데도 은밀한 부분까지 살살이 살피니 모든 사안에 명철해지지요. 그러므로 신기와 명철의 도리를 아는 장수는 전장에서 감히 대항하는 적이 없고 눈앞에 굴복시키지 못할 나라가 없게 됩

背)를 가리키는데, 고대인은 모든 현상에 정(正)과 반(反)의 두 측면이 있기 때문에 음이 있으면 양도 존재한다고 여겼다. 음양이 상호작용으로 생장하고 소멸하면서 대립하거나 포용하는 방식으로 만물을 키운다는 것이다.
18) 천지영축(天地盈縮): 여기서는 한 해 동안 밤낮의 길이가 짧았다 길어졌다 하고 한 달 동안 달의 형태가 찼다가 이지러지는 두 가지 현상을 가리킨다.
19) 신기(神機): 임기응변으로 만들어지는 교묘하고 변화무쌍한 계책.

니다."

―『육도』「용도·군세(軍勢)」편.

야전 공격의 요점 『六韜』「龍韜·奇兵」

武王問太公曰:"凡用兵之道, 大要何如?"太公曰:"古之善戰者, 非能戰於天上, 非能戰於地下, 其成與敗, 皆由神勢, 得之者昌, 失之者亡.

夫兩陳之間, 出甲陳兵, 縱卒亂行者, 所以爲變也; 深草蓊翳者, 所以遁逃也; 溪谷險阻者, 所以止車禦騎也; 隘塞山林者, 所以少擊衆也; 坳澤窈冥者, 所以匿其形也; 清明無隱者, 所以戰勇力也; 疾如流矢, 擊如發機者, 所以破精微也; 詭伏設奇, 遠張誑誘者, 所以破軍擒將也; 四分五裂者, 所以擊圓破方也; 因其驚駭者, 所以一擊十也; 因其勞倦暮舍者, 所以十擊百也; 奇技者, 所以越深水渡江河也; 强弩長兵者, 所以踰水戰也; 長關遠候, 暴疾謬遁者, 所以降城服邑也; 鼓行喧囂者, 所以行奇謀也; 大風甚雨者, 所以搏前擒後也; 僞稱敵使者, 所以絶糧道也; 謬號令與敵同服者, 所以備走北也; 戰必以義者, 所以勵衆勝敵也; 尊爵重賞者, 所以勸用命也; 嚴刑重罰者, 所以進罷怠也; 一喜一怒, 一與一奪, 一文一武, 一徐一疾者, 所以調和三軍, 制一臣下也; 處高敵者, 所以警守也; 保險阻者, 所以爲固也; 山林茂穢者, 所以默往來也; 深溝高壘, 積糧多者, 所以持久也. 故曰: 不知戰攻之策, 不可以語敵; 不能分移, 不可以語奇; 不通治亂, 不可以語變."

무왕이 태공에게 물었다.

"무릇 용병의 방법에서 요점은 무엇입니까?"

태공이 말했다.

"옛날의 전쟁 고수들은 하늘에 올라가 싸운 것이 아니고 땅속에 들어가 전투하지도 않았지만 항상 승리했지요. 승패는 언제나 신묘한 기세(神勢)[20]의 장악 여부에서 결정되었습니다. '신세'를 얻으면 전쟁에 이겨 나라가 창성했고, 반대의 경우는 패전하고 국가가 멸망했지요.

양 군이 대치할 때 진지 앞에 갑사(甲士)와 보병들을 배치한 뒤 행렬을 흩뜨려 난장판으로 만드는 것은 적의 눈을 속여서 불시에 공격하기 위함입니다.

무성한 풀숲 속에 군대를 포진시키는 것은 도망가기 편해서이고, 험준한 산골짝 계곡에 진을 치는 까닭은 적군의 전차를 저지하고 기마병을 막아서기 위해서지요.

길이 좁거나 가로막힌 산림 지역을 점거하는 까닭은 적은 병력으로 다수를 치기 위해서고, 움푹 패인 저지대 습지로 들어가는 이유는 모습을 감출 수 있어서입니다.

밝은 대낮에 모습을 드러내는 까닭은 대놓고 용력을 겨루고 싶어서이고, 날아가는 화살처럼 빠르고 쇠뇌를 당기듯 순간적인 출격은 적의 정교한 포진을 깨뜨리려는 계산이지요.

매복을 배치해 기병(奇兵)을 구사하고 허장성세로 적을 유인하는 것은 적군을 격파하고 적장을 사로잡기 위해서이고, 군대를 사분오열 분산시키는 이유는 그것이 원진(圓陣) 혹은 방진(方陣)을 격파하는 포진이기 때문입니다.

적군이 놀라 허둥거릴 때 공격하는 이유는 병사 하나가 열 명을 칠 수 있기 때문이고, 적이 피곤한 틈을 타 야간공격을 감행하는 까닭은 열 명이 백 명을 치는 효과를 기대하기 때문입니다.

각종 기발한 기예가 깊은 물을 건너거나 강을 가로지르는 데 필요하고, 강한 쇠뇌와 자루가 긴 병장기는 물을 건너가 교전을 벌일 때 소용됩니다.

성을 포위할 때 멀찌감치에 초소를 설치하고 정찰조를 파견해 수비하는 적군을 외부와 단절시킨 뒤 느닷없이 퇴각하는 척하는 이유는 적의 성을 함

---

20) 신세(神勢): 전쟁에서 발휘되는 측량할 수 없는 신묘(神妙)한 기세.

락시켜 항복을 받아내기 위해서이고, 요란하게 북을 울리며 행군하는 까닭은 적군을 헷갈리게 하여 묘책을 행하려는 심산입니다.

모진 비바람에도 공격하는 이유는 적의 선봉대와 교전하는 동안 그 후미를 치려는 것이고, 적의 사자인 척하며 후방에서 움직이는 이유는 그 식량 공급로를 끊기 위해서지요.

적군의 명령을 사칭하고 저들과 같은 복장을 하는 것은 전세가 불리할 때 재빨리 도망가기 위해서이고, 전투마다 정의를 부르짖는 이유는 병사들 투지를 끌어올려 적을 무찌르기 위해서이며, 높은 벼슬 후한 상을 내리는 의도는 명령에 복종하는 장병들을 고무하기 위함이고, 형벌이 엄중한 까닭은 피곤으로 느슨해진 장병들을 격발하려는 속셈입니다.

때로 기뻐하고 때로는 격노하며, 아낌없이 하사하다가 매정하게 빼앗기도 하고, 너그럽게 풀어주다가 맹렬하게 몰아세우기도 하며, 때로 느슨하다가 또 질풍처럼 민첩해지는 것은 전군의 움직임을 조정해 보조를 맞추게 하려는 의도입니다.

군대가 높고 탁 트인 곳에 진을 치는 것은 경계와 수비의 편리함 때문이고, 험준하고 막힌 곳을 지키는 이유는 굳건하게 수비하기 위해서지요.

초목이 무성한 산림 속에 들어앉는 것은 은밀하게 왕래해도 발각되지 않기 때문이고, 깊은 해자를 파고 높은 보루를 쌓으며 식량을 다량 비축하는 것은 장기전을 준비하는 까닭입니다.

그러므로 장수된 자가 야전 공격의 책략에 무지하면 적을 상대하는 전략 전술의 논의가 불가능합니다. 집중과 분산으로 작전을 펼칠 수 없다면 더불어 기병(奇兵)을 논할 수 없으며, 치란(治亂)의 이치에 어둡다면 임기응변의 갖가지 계책들을 상의할 수가 없지요."

―『육도』「용도·기병(奇兵)」편.

좋은 장수의 조건 『吳子』「論將」

吳子曰: 凡兵有四機; 一曰氣機, 二曰地機, 三曰事機, 四曰力機. 三軍之衆, 百萬之師, 張設輕重, 在於一人, 是謂氣機. 路狹道險, 名山大塞, 十夫所守, 千夫不過, 是謂地機. 善行間諜, 輕兵往來, 分散其衆, 使其君臣相怨, 上下相咎, 是謂事機. 車堅管轄, 舟利櫓楫, 士習戰陳, 馬閑馳逐, 是謂力機. 知此四者, 乃可爲將. 然其威·德·仁·勇, 必足以率下安衆, 怖敵決疑. 施令而下不犯, 所在寇不敢敵. 得之國强, 去之國亡. 是謂良將.

오자의 말이다.

병사를 지휘해 작전활동을 펼 때는 네 가지 핵심적인 사안이 있다.

첫째는 병사들 사기를 장악하는 것(氣機)이고, 둘째는 지형을 활용하는 일(地機)이며, 셋째는 책략의 운용(事機)이고, 넷째는 힘을 관리해 비축하는 일(力機)이다.

삼군의 병력이 백만 대군에 달하는 숫자라도 중요하고 시급한 일과 아닌 경우의 판단은 한 사람에게 달려 있으니, 이는 사기 관리의 관건이다.

길이 좁고 험하며 큰 산에 가로막힌 지형이라, 고작 열 명이 지켜도 천 명이 지나가지 못하는 장소는 지형 이용의 핵심이 된다.

간첩을 활용한 적군 내부의 이간질에 능란하고, 경무장한 민첩한 부대를 왕래시켜 적의 병력이 분산되도록 하며, 적의 임금과 신하가 서로를 원망하고, 위아래가 서로를 탓하게 만드는 것은 계략 운용의 핵심이다.

전차의 바퀴축과 빗장을 견고하게 제작하고, 선박의 후미와 양 옆에서 젓는 노를 사용에 편리하게 만들며, 병사들이 전장의 진법에 능숙해지고, 말이 질주에 익숙하도록 훈련시키는 이런 일들은 실력을 키우는 관건이다. 이러한 네 가지 핵심 사안을 알아야 장수 노릇을 할 수가 있다.

거기에 더해 장수는 그 권위와 품성, 자애로움과 용기에서 반드시 전군의 모범이 되어야 병사들을 위무하고 적군을 위협해 난관을 헤쳐나갈 수 있다.

이미 내려진 명령은 부하들이 어기지 못하고, 그 발길이 닿는 곳에선 적들이 감히 저항하지 못해야 한다. 이런 장수를 보유한 국가는 강성해지고 떠나보낸 국가는 위태롭다가 망하게 되니, 이들을 일컬어 '훌륭한 장수(良將)'라고 한다.

─『오자』「논장(論將)」편.

기정의 분별 『唐太宗李衛公問對』卷上

太宗曰:"蕃兵唯勁馬奔衝, 此奇兵歟? 漢兵唯強弩犄角, 此正兵歟?" 靖曰:"按孫子云:'善用兵者, 求之於勢, 不責於人, 故能擇人而任勢.' 夫所謂擇人者, 各隨蕃漢所長而戰也. 蕃長於馬, 馬利乎速鬥; 漢長於弩, 弩利乎緩戰. 此自然各任其勢也, 然非奇正之所分. 臣前曾述蕃漢必變號·易服者, 奇正相生之法也. 馬亦有正, 弩亦有奇, 何常之有哉?" 太宗曰:"卿更細言其術." 靖曰:"先形之, 使敵從之, 是其術也." 太宗曰:"朕悟之矣. 孫子曰:'形兵之極, 至於無形.' 又曰:'因形而措勝於衆, 衆不能知.' 其此之謂乎?" 靖再拜曰:"深乎! 陛下聖慮, 已思過半矣.(**旁批: 思過半才得三分耳**.)

─右任勢

태종이 말했다.

"변경에 출몰하는 호인(胡人) 병사들은 준마에 올라타 돌진하기를 능사로 아는데, 이것은 기병(奇兵)일까? 반면에 한인(漢人) 병사들은 오로지 강한 쇠뇌(弩)[21]로 적을 제압할 줄만 아는데, 이를 정병이라 할 수 있는가?"

이정이 말했다.

"『손자병법』을 보면, '전쟁의 고수는 형세에 의지할 뿐 사람을 질책하지 않기 때문에 인물을 선택하고 형세를 자유롭게 활용한다'고 했습니다. 이른

---

21) 노(弩): 기계의 힘을 이용해 발사하는 활의 일종. 종류가 다양해 발로 밟거나 허리를 이용해 쏘기도 하고, 여러 발을 연달아 발사하는 연노(連弩)도 있다.

바 인물의 선택이란 호인이든 한인이든 각자 장기를 살려서 전쟁에 임한다는 뜻이지요. 호인들은 말타기에 능숙한데, 말은 신속하게 결판 짓는 속도전에 유리합니다. 한인 병사들은 쇠뇌를 익숙하게 다루는데, 이는 시간을 끄는 장기전에 유리하지요. 이는 각자가 자신의 장기를 활용하는 자연스런 추세로서 기정(奇正)으로 분별할 일이 전혀 아닙니다. 제가 이전에 호인과 한인은 반드시 깃발을 바꿔 꽂고 상대편 옷을 입힌 뒤 전투에 투입시킨다고 말한 적이 있는데, 기정이 번갈아 생겨나는 방법이란 그런 것이지요. 말을 타도 정병일 수 있고 쇠뇌를 써도 기병일 수 있으니, 거기에 무슨 불변의 원칙이 있겠습니까?"

태종이 말했다.

"경이 다시 한번 상세하게 그 방법을 설명해보라!"

"먼저 진형을 짜고 적들이 우리가 의도한 대로 따라오게 한다면 그것이 바로 기정의 전술입니다."

"이제야 확실히 알겠소! 『손자』 가라사대 '전쟁에서 진을 칠 때 변화가 무궁무진하면 흡사 진형이 없는 것처럼 보인다' 했고, 또 '변화무쌍한 진형으로 적에게 승리하니, 병사들은 자기가 어떻게 싸움에 이겼는지 알지 못한다'고도 했소. 바로 이런 경우를 두고 한 말이겠구려?"

이정이 황제에게 두 번 절하고 말했다.

"훌륭하십니다! 폐하께서 영명하시니 이미 절반 너머 그 이치를 깨달으셨습니다."(방비: 절반 넘게 깨달았다는 말은 겨우 삼 할 정도 깨쳤다는 얘기일 뿐이다.)

─『당태종이위공문대』 상권.

이상은 임세(任勢)에 관한 설명.

태종의 고구려 정벌 『唐太宗李衛公問對』卷上

太宗曰: "高麗數侵新羅, 朕遣使諭, 不奉詔, 將討之, 如何?" 靖曰: "探知蓋蘇文自恃知兵, 謂中國無能討, 故違命. 臣請師三萬擒之." 太宗曰: "兵少地遙, 以何術臨之?" 靖曰: "臣以正兵." 太宗曰: "平突厥時用奇兵, 今言正兵, 何也?" 靖曰: "諸葛亮七擒孟獲, 無他道也, 正兵而已矣."

태종이 말했다.

"고구려가 신라를 몇 차례나 침략하기에 내가 사신을 파견해 전쟁을 그만 두라 일렀건만 조서를 받들지 않는구려. 장차 저들을 정벌할까 싶은데, 어떻게 생각하오?"

이정이 말했다.

"제가 탐문해보니 연개소문은 본인이 군사에 밝은 것만 믿고 중국은 정벌 능력이 없다고 지껄인다 합니다. 그래서 폐하의 명을 어기는 거지요. 청컨대 소신이 군사 삼만을 이끌고 가서 그놈을 나포하도록 하겠습니다."

태종이 말했다.

"병력은 적고 길도 먼데 무슨 수로 거기까지 간단 말이오?"

"신은 정병(正兵)으로 작전을 펼칠 것이옵니다."

"그대가 돌궐을 평정할 때는 기병(奇兵)을 쓰더니 이제 고구려 정벌에는 정병을 언급하니, 무슨 까닭인가?"

"제갈량은 맹획을 일곱 번 사로잡았을 때[22] 다른 방법은 동원하지 않고 오직 정병만을 채택했습니다."

―『당태종이위공문대』 상권.

---

22) 기원 225년 촉이 남중(南中, 지금의 사천성 남부, 운남, 귀주 일대)을 평정할 때, 제갈량(諸葛亮)은 이족(彛族) 추장 맹획(孟獲)을 7번 생포하고 7번 놓아 주는 칠종칠금(七擒七縱)의 능력을 보임으로써 그를 촉나라에 귀순시켰다. 맹획의 사적은 『삼국지』 본전(本傳)에는 보이지 않고 『한진춘추(漢晉春秋)』와 『양양기(襄陽記)』에 실려 있는데, 소설 『삼국연의』에서 좀 더 자세히 각색되었다.

마륭의 녹각거영『唐太宗李衛公問對』卷上

太宗曰:"晉馬隆討諒州, 亦是依八陣圖, 作偏箱車. 地廣, 則用鹿角車營, 路狹, 則爲木屋施於車上, 且戰且前. 信乎正兵, 古人所重也." 靖曰:"臣討突厥, 西行數千里; 若非正兵, 安能致遠? 偏箱·鹿角, 兵之大要: 一則治力, 一則前拒, 一則束部伍, 三者迭相爲用, 斯馬隆所得古法深也."

태종이 말했다.

"서진(西晉)의 마륭[23]이 양주(涼州)를 정벌할 때 역시 팔진도[24]에 의거

---

[23] 마륭(馬隆): 서진 무제(武帝) 때의 장수로 자는 효흥(孝興)이다. 양주자사 양흔(楊欣)이 선비족의 독발수기능(禿髮樹機能) 편인 강족(羌族)과의 화친에 실패해 양주(涼州, 감숙성에서 황하 서쪽 일대)가 함락되자, 마륭은 이의 해결을 자청하며 용사 삼천을 요청했다. 무제는 허락하고 그를 무위태수(武威太守)로 임명하며 삼년치 군수물자를 내주었다. 마륭이 서쪽으로 온수(溫水)를 건너 양주를 치자, 독발수기능이 군사 수만을 거느린 채 막아섰다. 마륭은 팔진도에 의거해 편상거를 만들고, 땅이 넓은 지역에서는 녹각거(鹿角車)로 진을 쳤으며, 길이 좁으면 수레 위에 판자 지붕을 만들어 얹고 싸우면서 기발한 꾀로 적의 의표를 찌르며 행진했다. 그가 무위(武威)에 도달하자 졸발한(猝跋韓)과 차만능(且萬能)이 무리와 함께 항복했다. 이후에는 다시 몰골능(沒骨能)을 이끌고 독발수기능을 대패시켜 양주를 평정했다. 『진서(晉書)』「마륭전」에 사적이 보인다.

[24] 팔진도(八陣圖): 팔진에 관한 이론은 『주례』「춘관·거복(春官車僕)」의 정현(鄭玄) 주(注)가 손무를 언급하며 시작되었지만 현존 『손자병법』에서는 팔진에 관한 기록이 보이지 않는다. 『수서(隋書)』「경적지(經籍志)」에 『손자팔진도(孫子八陣圖)』 1권이 실렸다고 하는데 이미 망일되었고, 같은 책에 실린 『제갈량팔진도』 1권이 팔진도에 관한 최초의 기록으로 알려졌지만 그 상세한 내용은 전하지 않는다. 팔진의 함의에 관해서는 역대로 해석이 분분한 가운데 주로 다음 두 가지로 정리된다. 첫째는 팔진이 여덟 종류 진형(陣形)의 별칭이라는 수·당 연간에 기원한 학설이다. 『문선』이선(李善) 주(注)에 인용된 『잡병서(雜兵書)』에 따르면, 팔진은 방진(方陣)·원진(圓陣)·빈진(牝陣)·모진(牡陣)·충진(沖陣)·윤진(輪陣)·부저진(浮沮陣)·안행진(雁行陣)의 8종이라 하고, 『이위공문대』에서 말하는 천(天)·지(地)·풍(風)·운(雲)·용(龍)·호(虎)·조(鳥)·사(蛇)의 팔진은 근거가 부족해 후인들의 견강부회로 여겨진다. 다른 하나는 팔진이 방진(方陣)의 대형 변환을 가리키는 명칭이

해 편상거25)를 제작했소. 지역이 넓으면 녹각거영26)을 활용하고, 도로가 좁으면 목조지붕을 만들어 수레에 얹고 전투와 전진을 병행했지. 확실히 정병은 고인이 중시한 바였소."

이정이 말했다.

"제가 돌궐을 정벌할 때 서쪽으로 수천 리를 갔는데, 정병이 아니라면 어떻게 그리 멀리 나갈 수가 있었겠습니까! 편상거와 녹각거영은 용병의 관건입니다. 일단은 군대의 전투력을 파악할 수 있고, 다른 한편으로는 적의 선두 부대를 저지하는 방법이 되는 동시에 또 대오를 단속할 수 있게 합니다. 세 가지를 번갈아 사용해보고 나서 마릉이 배운 고대의 전법이 매우 심오한 것인 줄 알게 되었지요."

—『당태종이위공문대』상권.

이정의 기정론(1) 『唐太宗李衛公問對』卷上

○ 太宗曰: "朕破宋老生, 初交鋒, 義師少卻. 朕親以鐵騎自南原馳下, 橫突之, 老生兵斷後, 大潰, 遂擒之. 此正兵乎, 奇兵乎?" 靖曰: "陛下天縱聖武, 非學而能. 臣按兵法, 自黃帝以來, 先正而後奇, 先仁義而後權譎. 且霍邑之戰, 師以義擧者, 正也; 建成墜馬, 右軍少卻者, 奇也." 太宗曰: "彼時少卻, 幾敗大事, 曷謂奇邪?" 靖曰: "凡兵, 以前向爲正, 後卻爲奇. 且右軍不卻, 則老

라는 해석인데, 『이위공문대』의 본문에 나오는 "숫자가 오에서 시작해 팔에서 끝난다(數起于五而終于八)"가 그 개략적 내용이다.
25) 편상거(偏箱車): 공수 겸용이 가능하며 보호장구를 탑재한 전차의 일종. 철조망과 바리케이드 등 장애물과 한데 묶어 짜맞춘 거영(車營)으로 활용해 적의 기습을 막고, 보호막이 되는 판자에 뚫린 구멍으로 화살을 발사하며 전진하는 식으로 공격에도 사용했다. 정확한 구조는 현재 상고할 수 없지만 『무비지(武備志)』에 실린 그림에 의하면, 한 사람이 밀고 가다가 평원 지대에 이르면 외바퀴를 두 바퀴로 전환시키는 형태였다.
26) 녹각거영(鹿角車營): 편상거로 조성한 일종의 전차 대형(隊形). 편상거에 사슴뿔 두 개를 올려놓은 까닭에 붙은 이름이다.

生安致之來哉?『法』曰:'利而誘之,亂而取之.'老生不知兵,恃勇急進,不意斷後,見擒於陛下.此所謂以奇爲正也."太宗曰:"霍去病暗與孫·吳合,誠有是夫? 當右軍之卻也, 高祖失色, 及朕奮擊, 反爲我利. 孫·吳暗合, 卿實知言!"太宗曰:"凡兵卻,皆謂之奇乎?"靖曰:"不然.夫兵卻,旗參差而不齊,鼓大小而不應,令喧囂而不一,此真敗者也,非奇也.若旗齊鼓應,號令如一,紛紛紜紜,雖退走,非敗也,必有奇也.『法』曰:'佯北勿追.'又曰:'能而示之不能.'皆奇之謂也."

태종이 말했다.

"짐이 송노생[27]을 격파한 전투에서였소. 막 교전이 시작되던 찰나 우리 군대가 약간 퇴각했다오. 짐은 직접 정예 기병을 거느리고 평원 남쪽에서부터 내달려 송노생 진영으로 돌진했지. 송노생 부대는 퇴로가 끊겨 대패했고 마침내 그를 사로잡게 되었소. 이는 정병일까? 아니면 기병일까?"

이정이 말했다.

"폐하께서는 하늘이 내린 영명함으로 배우지 않고도 능숙하게 잘하시는 분입니다. 제가 병법서를 살펴보니, 황제(黃帝) 이래로 모든 전쟁은 정병이 먼저이고 기병이 나중이더군요. 먼저 인의를 앞세우고 나중에 가서 권모술수를 동원했습니다. 게다가 곽읍(霍邑) 전투에서 폐하의 군대가 정의를 세우고자 군대를 출동시킨 것은 정상적인 정병이었습니다. 이건성(李建成)이 말에서 떨어지는 바람에 우익(右翼)을 맡은 부대가 살짝 후퇴한 것은 작전상 변화에 따른 기병이었고요."

태종이 말했다.

---

[27] 송노생(宋老生, ?~617): 수나라 양제 때의 장군으로 벼슬이 호아랑장(虎牙郎將)에 이르렀다. 617년 대왕(代王) 양유(楊侑)의 명으로 곽읍(霍邑)을 지키던 중, 이세민의 계략에 걸려들어 당나라 장수 유홍기(劉弘基)에게 잡혀 죽었다.

"그 당시 오른편 군대가 약간 후퇴하는 바람에 하마터면 대사를 그르칠 뻔했소. 그 일이 어떻게 기병이 된다는 것이오?"

"일반적으로 전쟁은 앞으로 나아가면 정병이라 하고 뒤로 퇴각하는 경우는 기병으로 칩니다. 만약 우익 부대가 퇴각하지 않았더라면 송노생을 어떻게 밖으로 불러낼 수 있었겠습니까?『손자병법』에서는 '이익으로 적을 유인하고, 혼란을 틈타 공격한다'고 일렀습니다. 송노생은 전쟁이 뭔지도 모르는 자입니다. 그저 제 용맹함만 믿고 서둘러 진격하며 퇴로가 끊기는 줄은 생각도 못 하다가 폐하에게 사로잡혔던 것이지요. 이 경우가 이른바 기병이 정병이 된 사례입니다."

"곽거병28)의 용병은 손무나 오기의 병법에 은연중 부합했으니, 정녕 그런 일이 있더란 말인가! 우익 부대가 퇴각할 때 고조(高祖)께서는 대경실색하였소만, 내가 반격을 개시하자 오히려 우리에게 유리하게 작용했지. 손무·오기의 병법과 은연중 맞아떨어졌으니, 경은 확실히 일가견이 있소이다."

태종이 다시 물었다.

"무릇 군대의 퇴각은 모두 기병이라고 말할 수 있는가?"

"그렇지 않습니다. 군대가 퇴각하는데 깃발들이 들쭉날쭉 어수선하고, 북소리가 일정치 않아 서로 호응하지 못하며, 호령이 시끄럽고 일치하지 않는 그런 경우는 진짜로 패퇴하는 것이고 기병이 아닙니다. 만약 깃발이 가지런하고 북소리가 서로 호응하며 호령이 완벽하게 일치하는데도 진영이 어지

---

28) 곽거병(霍去病, B.C. 140~B.C. 117): 서한 무제 때 장군. 위청(衛靑)의 생질로 몇 차례나 서역으로 원정해 흉노의 위협으로부터 한을 지켜냈다. 말수가 적고 과감한 기백이 있어 무제가 일찍이 손무와 오기의 병법을 공부하라 이르자, "당장 쓸 전략이 어떨지 생각하면 그만이지 옛날 병법을 공부해서 뭐 하려고요(顧方略何如耳, 不至學古兵法)"라고 대꾸했다. 하지만 실전에서는 임기응변에서 나온 책략을 많이 구사해 손무와 오기의 이론에 부합한 경우가 적지 않았다 한다.

럽고 뒤로 물러나는 것처럼 보인다면 이는 정말로 패퇴해서가 아니라 필시 기병을 쓰기 때문입니다.『손자병법』에서는 '거짓으로 패주하는 군대는 추격하지 말라'면서 '공격할 수 있는데 못하는 것처럼 위장한다'고도 말했는데, 모두가 기병을 두고 한 말입니다."

―『당태종이위공문대』상권.

이정의 기정론(2)『唐太宗李衛公問對』卷上

○ 太宗曰: "奇正素分之歟? 臨時制之歟?" 靖曰: "按曹公『新書』曰: '己二而敵一, 則一術爲正, 一術爲奇; 己五而敵一, 則三術爲正, 二術爲奇.' 此言大略爾. 唯孫武云: '戰勢不過奇正, 奇正之變, 不可勝窮. 奇正相生, 如循環之無端, 孰能窮之?' 斯得之矣, 安有素分之邪? 若士卒未習吾法, 偏裨未熟吾令, 則必爲之二術. 教戰時, 各認旗鼓, 迭相分合. 故曰分合爲變, 此教戰之術爾. 教閱既成, 衆知吾法, 然後如驅群羊, 由將所指, 孰分奇正之別哉? 孫武所謂'形人而我無形', 此乃奇正之極致. 是以素分者, 教閱也; 臨時制變者, 不可勝窮也."

太宗曰: "深乎, 深乎! 曹公必知之矣. 但『新書』所以授諸將而已, 非奇正本法."

태종이 말했다.

"기와 정은 평소부터 나뉘는가, 아니면 즉석에서 결정되는 것인가?"

이정이 말했다.

"조공(曹公, 즉 조조)의『신서』에 따르면 '우리 측 병력이 둘인데 적은 하나라면 병사의 절반은 정병, 다른 절반은 기병으로 활용한다. 우리가 다섯이고 적이 하나라면 셋은 정병, 둘은 기병으로 쓴다'고 했는데, 이는 그 대략적인 내용일 뿐입니다. 오직 손무만이 '전쟁의 형세는 기병과 정병에 불과하지만 이 두 가지를 응용한 변화는 무궁무진하다. 기병과 정병이 번갈아 펼쳐지는

294

양상이 마치 끝없는 순환과도 같으니, 누가 그것을 다할 수 있으랴!' 하고 말했지요. 이 말이 핵심이니, 어찌 평소 구분 짓기가 필요하겠습니까?

만약 병사들이 나의 병법을 익히지 못했고 편장과 비장들이 내 지휘에 익숙하지 않다면 반드시 기병과 정병 두 가지 전술을 그들에게 가르쳐야 합니다. 훈련할 때는 각자 깃발을 인식하는 한편, 분산과 집합하는 연습을 번갈아가며 서로에게 시행합니다. 그리하여 흩어졌다 모였다로 변화를 만들어내는데, 이는 전투를 가르치는 방법일 뿐이지요. 병법 전수와 점검이 끝나면 모두들 나의 용병술을 숙지하게 되니, 그다음은 마치 양 떼 몰이를 하듯 장수가 지시하는 방향으로 움직이는데 거기에 무슨 기병과 정병의 분별이 있겠습니까!

손무가 이른바 '적의 상태는 드러나게 하고, 나는 보이지 않게 만든다'는 바로 기병과 정병의 극치에 대한 표현이지요. 그러므로 평소 기병 정병을 나누는 것은 훈련과 평가 때문이고, 막상 전투에 임했을 때 만들어지는 변화는 셀 수 없이 무궁무진합니다."

태종이 말했다.

"심오하구나! 심오해! 조공은 반드시 그 안의 이치를 아셨을 게요. 그런데 조공의 『신서』는 여러 장수들에게 병법만을 전수했지 기병과 정병의 본래 이치를 설명한 교본은 아니었구려."

—『당태종이위공문대』 상권.

이정의 기정론(3) 『唐太宗李衛公問對』卷上

○ 太宗曰: "曹公云: '奇兵旁擊.' 卿謂若何?" 靖曰: "臣按曹公注『孫子』曰: '先出合戰爲正, 後出爲奇.' 此與旁擊之說異焉. 臣愚謂大衆所合爲正, 將所自出爲奇, 烏有先後旁擊之拘哉?"

태종이 질문했다.

"조공이 '측면에서 공격하면 기병이 된다'고 말했는데, 경의 생각은 어떠하오?"

이정이 대답했다.

"조공은 『손자』에 주석을 달면서 '먼저 출격하여 적과 교전하면 정병이고, 나중에 나와서 적과 교전하면 기병이 된다'고 말했는데, 이는 측면 공격의 이론과 다릅니다. 저는 우리 본대와 적군의 교전은 정병이고, 장수가 실제 상황에 맞춰 작전을 세우고 출격하면 기병이라고 여깁니다. 어떻게 측면 공격의 선후에 따라 달리 해석될 일이겠습니까?"

―『당태종이위공문대』 상권.

태종의 기정론(1) 『唐太宗李衛公問對』卷上

太宗曰:"吾之正, 使敵視以爲奇, 吾之奇, 使敵視以爲正, 斯所謂'形人'者歟? 以奇爲正, 以正爲奇, 變化莫測, 斯所謂'無形'者歟?"靖再拜曰:"陛下神聖, 逈出古人, 非臣所及."

태종이 말했다.

"나는 정병을 썼는데 적이 보더니 기병이라 여기고, 나는 기병을 썼는데 적이 그것을 정병으로 간주한다면, 이 경우는 이른바 '적의 내부 사정이 밖에 드러난' 때문 아닐까? 기병을 정병으로 만들고 정병은 기병이 되는 변화를 헤아리지 못한다면, 이는 소위 '나를 감춰 드러나지 않게 한' 경우가 아닌가?"

이정이 말했다.

"폐하의 밝으신 통찰은 고인을 훨씬 능가하시니, 제가 미칠 수 있는 바가 아니군요."

―『당태종이위공문대』 상권.

이정의 기정론(4) 『唐太宗李衛公問對』卷上

○ 太宗曰:"卿舅韓擒武, 嘗言卿可與論孫·吳, 亦奇正之謂乎?"靖曰:"擒虎安知奇正之極, 但以奇爲奇, 以正爲正爾. 曾未知奇正相變, 循環無窮者也."

태종이 말했다.

"경의 외숙 한금무[29]는 일찍이 그대를 두고 손자·오자와 더불어 함께 논할 만한 인물이라 말한 적 있소. 그때도 기병과 정병을 이야기했나?"

이정이 말했다.

"한금호가 기병과 정병의 오묘한 이치를 어찌 알겠습니까! 그는 단지 기병은 기병으로 알고 정병은 정병으로나 알았을 뿐이지요. 기병과 정병이 서로 엇갈려 무궁무진 변환하는 줄은 전혀 깨치지 못한 사람이었습니다."

―『당태종이위공문대』 상권.

비수 전투의 실상 『唐太宗李衛公問對』卷上

○ 太宗曰:"古人臨陣出奇, 攻人不意, 斯亦相變之法乎?"靖曰:"前代戰鬪, 多是以小術而勝無術, 以片善而勝無善, 斯安足以論兵法也? 若謝玄之破苻堅, 非謝玄之善也, 蓋苻堅之不善也."太宗顧侍臣檢『謝玄傳』, 閱之曰:"苻堅甚處是不善?"靖曰:"臣觀『苻堅載記』曰: 秦諸軍皆潰敗, 唯慕容垂一軍獨全. 堅以千餘騎赴之, 垂子寶勸垂殺堅, 不果. 此有以見秦軍之亂, 慕容垂獨

---

29) 한금무(韓擒武): 한금호(韓擒虎)라고도 한다. 자는 자통(子通), 동원(東垣) 출신이며, 이정의 외삼촌으로 문무에 두루 재능이 있었다. 개황(開皇) 9년 (589) 수나라가 남조 진(陳)나라를 칠 때 그는 500명을 거느리고 야음을 틈타 채석기(采石磯)에서 강을 건넌 뒤 남쪽에서 건강(建康)으로 진격했고, 오주총관(吳州總管) 하약필(賀若弼)은 경구(京口)에서 도강해 북쪽에서 공격했다. 양쪽 군대의 협공으로 건강은 함락되고 진 후주 진숙보(陳叔寶)는 사로잡혔다. 한금무는 이 공으로 상주국(上柱國)이 되었고 또 수광현공(壽光縣公)으로도 봉해졌다.

全. 蓋堅爲垂所陷明矣. 夫爲人所陷而欲勝敵, 不亦難乎?"

태종이 질문했다.

"옛날 사람들은 적과 대치할 때 기병(奇兵)을 투입해 불의의 공격을 가했는데, 이 역시 기병과 정병을 교대로 변환시킨 전법인가?"

이정이 대답했다.

"이전 시대의 전투는 별것 아닌 전술로 용병에 무지한 자를 꺾은 경우가 대부분이었습니다. 사소한 우위를 점한 덕분에 하찮은 상대방에게 승리했던 것이니, 이 어찌 병법을 논할 만한 경우일까요? 사현[30]이 부견[31]을 격파한 전쟁 같으면 사현이 유능해서가 아니라 부견이 원래 전쟁에 무능했기 때문이었습니다."

태종은 시중 드는 신하에게 고개를 돌리며 『사현전(謝玄傳)』을 찾아오게 했고, 책을 들춰보며 말했다.

"부견은 어떤 점이 모자랐는가?"

이정이 말했다.

---

30) 사현(謝玄, 343~388): 자는 유도(幼度), 진군양하(陳郡陽夏, 지금의 하남성 태강太康) 사람이다. 동진의 장군으로 사안(謝安)의 조카였다. 태원(太元) 8년(383) 비수(淝水) 전투에서 전진의 부견을 대파하고 서주·연주·청주·예주 등을 수복하며 여양(黎陽)까지 진격했다.
31) 부견(苻堅, 338~385): 16국 시대 전진(前秦)의 세 번째 황제. 자는 영고(永固) 혹은 문옥(文玉)이고, 저족(氐族) 출신이다. 부생(苻生)을 죽이고 황제가 되어 전연(前燕)·전량(前凉)·대국(代國) 등을 멸망시키고 화북을 통일한 뒤 건원(建元) 19년(383) 90만 대군을 거느리고 천하 통일을 목표로 남하했다. 동진의 재상 사안은 사현 등에게 8만 병력으로 맞서게 했는데, 선봉대는 낙수(洛水)에서 대패했다. 동진의 군대는 비수(淝水)에 이르러 강을 건너 결전에 임했고, 부견은 동진군이 반쯤 건넜을 때 맹공하려고 군대를 약간 퇴각시켰다. 여러 부족으로 구성된 병사들은 전쟁을 원치 않았기 때문에 일단 후퇴가 시작되자 그 흐름을 저지시키지 못했고, 각 부족의 장수들도 부견의 패배를 바라며 독자적으로 버티는 바람에 동진군은 그 틈에 강을 건너 공격할 수 있었다. 패배한 부견은 관중으로 도망했다가 결국 요장(姚萇)에게 잡혀 죽었다.

"신이 읽은 『부견재기(苻堅載記)』[32]에 이런 대목이 있었습니다. '전진(前秦)의 각 군대는 궤멸하고 오직 모용수[33]의 군대만이 온전했다. 부견은 기병 천여 명을 거느린 채 그에게 가서 의탁했는데, 모용수의 아들 모용보가 아버지에게 부견을 죽이라고 권했지만 실행되지는 않았다.' 이 대목은 전진 군대의 혼란상이나 모용수가 홀로 온전했던 정황을 보여줍니다. 부견은 원래 모용수의 함정에 빠졌던 것이 분명합니다. 누군가에 의해 궁지에 몰린 주제에 적을 이기고자 하다니, 그 역시 어려운 일 아니겠습니까?"

―『당태종이위공문대』 상권.

『악기문』의 취지 『唐太宗李衛公問對』 卷上

太宗曰: "黃帝兵法, 世傳『握奇文』, 或謂爲『握機文』, 何謂也?" 靖曰: "奇, 音機, 故或傳爲機, 其義則一. 考其辭云: '四爲正, 四爲奇, 餘奇爲握機.' 奇, 餘零也, 因此音機. 臣愚謂兵無不是機, 安在乎握而言也? 當爲餘奇則是. 夫正兵受之於君, 奇兵將所自出. 『法』曰: '令素行以敎其民者, 則民服.' 此受之於君者也. 又曰: '兵不豫言, 君命有所不受.' 此將所自出者也. 凡將, 正而無奇, 則守將也; 奇而無正, 則鬪將也; 奇正皆得, 國之輔也. 是故握機·握奇, 本無二法, 在學者兼通而已.'

---

32) 재기(載記): 역사서의 한 체재. 한대의 반고(班固)가 처음 사용했다. 정통 왕조가 아닌 비정통 할거 정권의 제왕 전기로서 본기(本紀)나 열전(列傳)과 구분하기 위한 명칭이다. 『부견재기』는 『진서(晉書)』 권113~114에 실려 있다.

33) 모용수(慕容垂, 326~396): 전연(前燕) 황제 모용황(慕容皝)의 셋째 아들로 자는 도명(道明)이고, 나중에 후연(後燕)을 개창했다. 일찍이 동진(東晉)의 환온(桓溫)을 방두(枋頭)에서 무찔렀지만 태부 모용평(慕容評) 등과의 알력으로 전진에 투항했다. 비수 전투에서 전진이 패하자 그 기회를 틈타 후연을 세우고 중산(中山)에 도읍을 정했는데, 처음에는 왕으로 호칭하다 나중에 칭제하고 연호를 건흥(建興)이라 했다. 만년에 북위(北魏)를 치다가 평성(平城) 이북에 이르러 병이 깊어져 귀환하던 중 죽었다. 사적이 『진서(晉書)』 「모용수재기(慕容垂載記)」에 보인다.

태종이 말했다.

"황제(黃帝)의 병법은 세상에서 전하는 『악기문(握奇文)』[34]인데, 혹자는 『악기문(握機文)』이라고도 부른다오. 어떻게 설명하시겠소?"

이정이 말했다.

"기(奇)와 기(機)는 음이 같기 때문에 베껴쓸 때 더러 혼동하는 경우가 있지만 그 의미는 동일합니다. 그 내용을 살피면, '넷은 정병이고, 넷은 기병이 된다. 나머지는 대장군이 관리한다'는 대목이 있습니다. 기(奇)는 나머지 우수리를 뜻하니, 그래서 발음이 주요 관건을 뜻하는 기(機)가 되었습니다. 신이 외람되이 생각건대 전쟁은 기모(機謀)로 결판나지 않는 경우가 없습니다. 하지만 기모가 어떻게 손아귀에 움켜쥐고 말할 수 있는 것이겠습니까? 응당 남은 병력을 어떻게 기병으로 운용하느냐에 달린 문제입니다.

무릇 정병은 군주로부터 지시를 받지만, 기병은 장수가 독자적으로 시행합니다. 『손자병법』에서 '평소 군령을 엄격히 집행하면서 병사들을 가르치면 전시에 병사들이 복종한다'고 말했으니, 이는 군주로부터 명을 받은 경우입니다. 또한 '전시 상황은 미리 예단해 말할 수 없으니, 군주의 명이라도 때로는 받들지 않는다'고 말했는데, 이는 장수가 독자적으로 자기 주장을 펼친 경우입니다.

보통 정병만 쓰고 기병을 쓰지 않는 장수는 지키는 수장(守將)이라 하고, 기병 위주로 나가서 정병을 쓰지 않는 장수는 싸우는 투장(鬪將)이 되며, 기병과 정병에 모두 정통한 이는 국가를 보좌하는 신하(國輔之臣)라고 합니

---

34) 『악기문(握奇文)』: 고대의 병서. 황제의 신하인 풍후(風侯)가 지었다는 전설이 있지만 『송사』 「예문지」에 처음 출현했고 그 이전 사서에는 보이지 않는다. 내용상 당대 독고급(獨孤及)이 지은 『팔진도기(八陣圖記)』를 가탁한 것으로 추정된다. 송대 고사손(高似孫)은 『자략(子略)』에서 마융(馬隆)이 본래 '악기(握機)'를 지었다고 말했다. 악(握)은 장막(幄)과 통하고 이는 대장이 거처하는 곳이니, '악기'는 군사기밀상 중요한 위치 혹은 자리라는 뜻도 갖는다.

다. 그러므로 관건을 잘 파악한다는 악기(握機)와 나머지를 파악해 잘 관리한다는 악기(握奇)는 본래 두 가지 다른 뜻이 아닙니다. 관건은 배우는 자들이 얼마나 잘 융합하고 통달하느냐에 달렸을 뿐입니다."

─『당태종이위공문대』 상권.

이정의 기정론(5) 『唐太宗李衛公問對』 卷上

○ 太宗幸靈州回, 召靖, 賜坐曰:"朕命道宗及阿史那社爾等討薛延陀, 而鐵勒諸部乞置漢官, 朕皆從其請. 延陀西走, 恐爲後患, 故遣李勣討之. 今北荒悉平, 然諸部蕃漢雜處, 以何道經久, 使得兩全安之?" 靖曰:"陛下敕自突厥至回紇部落, 凡置驛六十六處, 以通斥候, 斯已得策矣. 然臣愚以謂, 漢戍宜自爲一法, 蕃落宜自爲一法, 教習各異, 勿使混同. 或遇寇至, 則密敕主將, 臨時變號易服, 出奇擊之." 太宗曰:"何道也?" 靖曰:"此所謂'多方以誤之'之術也. 蕃而示之漢, 漢而示之蕃, 彼不知蕃漢之別, 則莫能測我攻守之計矣. 善用兵者, 先爲不可測, 則敵'乖其所之'也."

태종이 영주[35]에서 돌아오더니 이정을 불러 자리에 앉히면서 말했다.

"짐은 이도종[36]과 아사나사이[37] 등에게 명해 설연타[38]를 토벌하게 했

---

35) 영주(靈州): 지금의 영하(寧夏)성 영무(靈武)시 서남방 일대.
36) 이도종(李道宗, 602~653): 자는 승범(承範), 당 왕실의 종친으로 일찍이 강하왕((江夏王)에 봉해졌다. 유무주(劉武周)와 왕세충(王世充)을 격파하고 동돌궐과 토욕혼(吐谷渾)을 정벌했으며 고구려 원정에도 참여했다. 당대 초기 통일과 영토 개척에서 혁혁한 전공을 세운 명장이지만 훗날 장손무기(長孫無忌)와 저수량(褚遂良)에게 모함당해 귀양 가던 도중에 병사했다.
37) 아사나사이(阿史那社爾, 609~655): 동돌궐 처라가한(處羅可汗)의 둘째 아들. 서돌궐의 내홍을 틈타 그 땅의 절반을 빼앗고 도포가한(都布可汗)으로 자칭하다가 나중에 설연타에게 패하자 서돌궐의 공격을 두려워해 정관 10년(636) 당에 귀순했다. 이후 교하도행군총관(交河道行軍總管) 등의 관직을 역임하며 고창(高昌)과 구자(龜玆) 등을 격파한 바 있다.
38) 설연타(薛延陀): 흉노 갈래인 철륵(鐵勒)의 한 부족 명칭. 애당초 설족과 섞

고, 철륵[39]의 여러 부족이 한족 관리의 배치를 원하기에 그 요청을 모두 들어주었소. 연타가 서쪽으로 도주하니 행여라도 후환이 될까 싶어 이적[40]을 파견해 토벌했지. 지금은 북방이 모두 평정되었구려. 하지만 여러 지역에 호족과 한족이 뒤섞여 살고 있으니, 무슨 방도를 써야 세월이 흘러도 양쪽이 다 편안히 잘 지낼 수 있겠소?"

이정이 말했다.

"폐하의 칙령으로 돌궐로부터 회흘까지의 66개 부락에 역참이 설치되고 정찰이 가능해졌으니, 이는 벌써 책략에서 성공한 것입니다. 그렇더라도 제가 외람된 말씀을 드리자면, 변방을 지키는 한족 병사는 응당 고유한 전법이 있어야 하고 오랑캐 부락도 마땅히 나름의 전법이 있어야 합니다. 훈련을 각자 다르게 시켜 서로 혼동되는 사태가 없어야겠지요. 만약 적들이 침략해오면 장수에게 비밀 칙령을 내려 임시로 신호를 바꾸고 의복을 갈아입힌 뒤 출동시켜 적을 기병(奇兵)으로 공격합니다."

"그게 무슨 말인가?"

여 살다가 연타부(延陀部)를 멸망시키고 합병한 까닭에 설연타로 부르게 되었다. 당대 초기 서돌궐이 강성해 설연타는 거기 복속했는데, 태종이 돌궐을 격파한 정관(貞觀) 3년(629) 그 우두머리 이남(夷男)이 진주비가가한(眞珠毗加可汗)을 제수받고 막북(漠北) 지역을 통치하게 되었다. 이남이 죽은 뒤로는 점차 쇠퇴했고 회흘이 대신 흥기했다.

39) 철륵(鐵勒): 투르크 계통의 북방 유목 민족. 그 선조는 흉노의 후예인 정령(丁零)으로 남북조 시대에 돌궐에 합병되었다. 북위 때는 칙륵(勅勒) 혹은 고차부(高車部)라는 명칭이었고, 당대에는 회흘(回紇)로 일컬어졌다. 지금의 위구르(維吾爾)족이다.

40) 이적(李勣, 594~669): 본명은 서세적(徐世勣), 자는 무공(懋功), 이정(李靖)과 병칭되는 명장이다. 일찍이 적양(翟讓)을 추종하며 와강군(瓦崗軍)에 투신했지만 나중에 이밀(李密)을 따라 당에 항복했다. 설연타를 두 번 공격하고, 적북(磧北)을 평정했으며, 동돌궐과 고구려를 대파하는 등, 당대 초기 영토 확장에 큰 공을 세워 이씨 성을 하사받은 뒤 태종의 이름을 피휘해 이적으로 개명했다. 의학에도 정통해 일찍이 『당본초(唐本草)』 편찬에 참여했다고 하며, 『맥경(脈經)』 1권을 지었으나 전하진 않는다. 시호는 정무(貞武).

"이는 바로 '다양한 수단으로 적을 헷갈리게 만드는' 전술입니다. 오랑캐가 한족 병사처럼 보이고 한족이 오랑캐 병사처럼 보이면 저들은 오랑캐와 한인을 구별하지 못해 공격과 수비에 관한 우리의 책략을 추측하지 못하게 됩니다. 용병의 고수는 맨 먼저 적들이 우리 사정을 헤아리지 못하게 만드니, 적들은 '가고자 원하는 방향과 어긋나게' 되지요."

―『당태종이위공문대』상권.

이정의 기정론(6)『唐太宗李衛公問對』卷中

○ 太宗曰: "李勣言牝牡·方圓伏兵法, 古有是否?" 靖曰: "牝牡之法, 出於俗傳, 其實陰陽二義而已. 臣按范蠡云: '後則用陰, 先則用陽. 盡敵陽節, 盈吾陰節而奪之.' 此兵家陰陽之妙也. 范蠡又云: '設右爲牝, 益左爲牡, 早晏以順天道.' 此則左右·早晏臨時不同, 在乎奇正之變者也. 左右者, 人之陰陽; 早晏者, 天之陰陽; 奇正者, 天人相變之陰陽. 若執而不變, 則陰陽俱廢. 如何? 守牝牡之形而已. 故形之者, 以奇示敵, 非吾正也; 勝之者, 以正擊敵, 非吾奇也. 此謂奇正相變. 兵伏者, 不止山谷草木伏藏, 所以爲伏也, 其正如山, 其奇如雷, 敵雖對面, 莫測吾奇正所在. 至此, 夫何形之有焉!"

태종이 말했다.

"이적이 빈모[41] 및 가까운 주변에 복병을 설치하는 방법에 대해 말하던데, 고대에도 이런 병법이 있었소?"

이정이 말했다.

"빈모법은 민간의 전설에서 기원했는데, 기실은 음과 양의 두 가지 뜻일 따름입니다. 신이 범려[42]의 '뒤처졌다면 음지에서 은밀히 행동하고, 앞섰다

---

41) 빈모(牝牡): 본래는 암수 두 성별을 뜻하지만 여기서는 음양(陰陽)을 가리킨다.
42) 범려(范蠡, B.C. 536~B.C. 448): 자는 소백(少伯), 춘추 말기 초나라 출신으

면 드러나는 양지로 나가라. 적군의 양기는 소진시키고 아군의 음기는 증강시켜야 적을 꺾는다'는 말을 살펴보니, 이는 병가 차원에서 발한 음양의 오묘한 활용이었습니다. 범려는 또 '오른편에 설치하면 빈진, 왼편에 증설하면 모진이 되는데, 그 움직임이 빠르거나 느린 것은 천도를 따르기 때문'이라고도 말했습니다. 이는 좌우 방향과 늦거나 빠른 속도가 그때그때 달라진다는 뜻인데, 그 관건은 기정(奇正)을 응용해서 나오는 변화에 있습니다. 좌우는 인간의 음양이고, 늦고 빠름은 하늘의 음양이며, 기정은 하늘과 인간이 서로를 변화시키는 음양입니다. 만약 무언가에 집착해 변환해야 할 때 변치 않으면 음양의 도가 모두 망가져 아무 쓸모도 없어집니다. 어찌하여 그럴까요? 빈모의 형태만을 고수했기 때문이지요. 그러므로 진형을 펼친다는 것은 기병(奇兵)의 활용을 적에게 내보임이지 우리가 정병(正兵)을 쓰기 때문이 아닙니다. 적에게 승리할 수 있는 이유는 정병으로 적군을 처부수기 때문이지 우리가 기병을 써서가 아니지요. 이런 상황을 두고 기병과 정병의 잇따른 변환이라 일컫습니다. 복병이란 산골짜기 초목이 우거진 곳에 군대를 매복시키는 것만이 아닙니다. 복병을 쓰는 까닭은 그 정병이 태산처럼 우뚝하고 그 기병은 번개처럼 신속하기 때문인데, 그러면 적군은 바로 코앞에 있으면서도 아군이 어디서 기병을 쓰고 정병을 활용하는지 전혀 헤아리지 못하게 되지요. 이런 경지에 이르렀다면 진형이고 나발이고가 다 무슨 소용이 겠습니까?"

―『당태종이위공문대』중권.

    로 월나라 대부를 지낸 뒤 제나라로 건너가 치이자피(鴟夷子皮)로 자칭하다 산동의 도(陶) 땅으로 옮겨 도주공(陶朱公)으로 호칭되었다. 천시(天時)와 절기가 모두 음양 두 기운의 충돌 때문에 변화하며 국가의 흥망성쇠 역시 부단히 바뀐다고 인식했다. 따라서 적을 상대할 때는 형세의 변화에 따라 책략을 써야 하는데, 강성하다면 교만을 경계하고 쇠약하면 유리한 시기를 쟁취하여 세를 회복하는 것이 중요하다고 강조했다. 『한서』「예문지」에 「범려(范蠡)」 2편이 수록되었으나 이미 망일되었고, 『국어』「월어(越語)」 하편과 『사기』「화식열전」에서 그의 언어와 사상을 찾아볼 수 있다.

사수지진 『唐太宗李衛公問對』卷中

○ 太宗曰: "四獸之陳, 又以商·羽·徵·角象之, 何道也?" 靖曰: "詭道也." 太宗曰: "可廢乎?" 靖曰: "存之, 所以能廢之也. 若廢而不用, 詭愈甚焉." 太宗曰: "何謂也?" 靖曰: "假之以四獸之名及天地風雲之號, 又加商金·羽水·徵火·角木之配, 此皆兵家自古詭道. 存之, 則余詭不復增矣. 廢之, 則使貪·使愚之術, 從何而施哉?" 太宗良久曰: "卿宜秘之, 無洩於外."

태종이 말했다.

"사수지진[43]은 다시 상조·우조·치조·각조[44]의 네 가지 음으로도 표현되는데, 이는 왜 그런 거요?"

"속임수입니다."

"없애도 되는 것이오?"

거듭된 태종의 질문에 이정이 대답했다.

"보존해야지요. 그래야 없앨 수가 있습니다. 만약 정말로 폐기해버리고 활용하지 않는다면 그런 사기술은 갈수록 기승을 부릴 것입니다."

"무슨 말인가?"

---

43) 사수지진(四獸之陳): 사수는 사방을 대표하는 4종류 짐승인 용·호랑이·새·뱀(龍虎鳥蛇)을 가리킨다. 『예기』「곡례(曲禮)」 상편에서 "행진할 때 앞쪽은 주작, 뒤쪽은 현무, 왼편은 청룡, 오른편은 백호가 된다(行前朱鳥而後玄武, 左青龍而右白虎)"는 대목에 대해 정현(鄭玄)의 주(注)는 "이 네 동물로 군진을 표시하는데, 하늘의 형상을 본땄다(以此四獸為軍陣, 像天也)"고 설명했다. 하철(何徹)은 "깃발에 이 네 짐승을 그려넣어 전후좌우의 진영을 표시했다(畫此四獸於旌旗上, 以標前後左右之陣也)" 말했고, 공영달(孔穎達) 소(疏)는 "현무는 거북이(玄武, 龜也)"라 했으며, 이현(李賢) 주(注)는 "현무는 북방의 신으로 거북이와 뱀이 융합된 것(玄武, 北方之神, 龜蛇合體)"이라 해설했다. 즉 용은 동쪽, 호랑이는 서쪽, 새는 남쪽, 뱀(혹은 거북이)은 북쪽을 상징했다.

44) 사수는 동서남북을 대표하는 동시에 쇠·나무·물·불(金木水火)의 사행(四行)에도 해당된다. 상(商)은 서쪽의 소리로 금과 호랑이를 상징하고, 우(羽)는 북방의 음으로 물과 뱀(혹은 거북이)을 대표하며, 치(徵)는 남방의 음으로 불과 새를, 각(角)은 동방의 음으로 나무와 용을 대표했다.

"사수의 이름을 딴 진법이며 하늘·땅·바람·구름이 들어간 깃발, 상금(商金)·우수(羽水)·치화(徵火)·각목(角木)의 4음·4행까지 추가해 짜맞추는 이런 짓거리는 모두 병가가 옛날부터 활용했던 궤도(詭道)입니다. 이것들은 그냥 놔둬야 다른 궤도가 더 이상 늘어나지 않게 되지요. 만약 없애버린다면 저들을 탐욕스럽고 우매하게 굴도록 만드는 술수를 어떻게 시행하겠습니까?"

태종이 한참을 묵묵히 있다가 입을 열었다.

"경은 마땅히 비밀을 지키고 이를 바깥에 누설하지 말라."

―『당태종이위공문대』중권.

승패를 가르는 요인 『唐太宗李衛公問對』卷下

○○ 太宗曰: "朕觀千章萬句, 不出乎'多方以誤之'一句而已." 靖良久曰: "誠如聖語. 大凡用兵, 若敵人不誤, 則我師安能克哉? 譬如奕棋, 兩敵均焉, 一着或失, 竟莫能救. 是古今勝敗, 率由一誤而已, 況多失者乎?"

―右奇正

태종이 말했다.

"짐은 수없이 많은 병서를 보았지만 '모든 수단을 강구해 적의 실수를 유도한다'는 한 구절에서 벗어나질 않았소."

이정이 한참을 묵묵히 있다가 입을 뗐다.

"확실히 폐하의 말씀 그대로입니다. 대부분 전쟁에서 적의 잘못이 아니라면 우리 군대가 무슨 수로 그들을 꺾을 수 있겠습니까? 바둑을 예로 든다면, 양측의 형세가 비등할 때는 한 수라도 실수하는 쪽이 결국 상황을 만회하지 못하게 됩니다. 고금을 통틀어 승패를 가르는 요인은 대개 단 한 차례 실수일 뿐이었는데, 다반사로 실수하는 경우야 말해 무엇하겠습니까?"

―『당태종이위공문대』하권.

이상은 기정(奇正)에 관한 내용.

적진을 탐지하는 방법 『六韜』「虎韜·壘虛」

武王曰:"何以知敵壘之虛實, 自來自去?"太公曰:"將必上知天道, 下知地理, 中知人事. 登高下望, 以觀敵之變動: 望其壘, 即知其虛實; 望其士卒, 則知其去來."武王曰:"何以知之?"太公曰:"聽其鼓無音·鐸無聲, 望其壘上多飛鳥而不驚, 上無氣氛, 必知敵詐而爲偶人也. 敵人卒去不遠, 未定而復反者, 彼用其士卒太疾也. 太疾, 則前後不相次; 不相次, 則行陳必亂. 如此者, 急出兵擊之, 以少擊衆, 則必勝矣."

무왕이 말했다.

"어찌해야 적진의 허와 실을 탐지할 수 있을까요? 저들이 올 것인지 아니면 갈 것인지 어떻게 알지요?"

태공이 말했다.

"장수된 자라면 반드시 위로 하늘의 도(天道)를 알고 아래로 땅의 이치(地理)를 이해하며 중간으로는 제반 인간사(人事)에 정통해야 합니다. 높은 곳에 올라가 아래를 굽어보면서 적군의 동향과 변화를 관찰해야 하지요. 적의 진영을 살피면 저들의 허와 실을 알게 되고, 적군 병사들을 관찰하면 저들의 후퇴와 진격 여부를 알 수 있습니다."

"어떻게 안다는 말씀입니까?"

무왕의 질문에 태공이 대답했다.

"적의 진영에서 북이 울리지 않고 징소리도 들리지 않으며, 그 상공을 관찰하니 새들이 떼 지어 나는데 전혀 놀라는 기색이 없는 데다 연기나 음산한 기운이 피어오르지 않는다면, 이는 필시 적이 농간을 부려 허수아비를 세워놓고 몰래 빠져나간 때문입니다. 적군이 갑자기 철수했다가 멀리 가지 못하고 허겁지겁 되돌아온다면, 적장이 경황없는 와중에 병사들에게 명을 내린 경우입니다. 지나치게 조급히 움직이면 앞뒤로 순서가 어긋나 연결이 끊기고, 서로 연결이 안 되면 대오는 반드시 무너지기 마련이지요. 이런 정황이 감지되면 즉시 출동해 적을 공격하는데, 그때는 적은 병력으로 다수를 치더라도 반드시 승리할 수 있습니다."

―『육도』「호도·누허」편.

진격 시점 (1) 『六韜』「犬韜·武鋒」

武王曰; "凡用兵之要, 必有武車·驍騎, 馳陳選鋒, 見可則擊之. 如何則可擊?" 太公曰; "夫欲擊者, 當審察敵人十四變, 變見則擊之. 敵人新集, 可擊; 人馬未食, 可擊; 天時不順, 可擊; 地形未得, 可擊; 奔走, 可擊; 不戒, 可擊; 疲勞, 可擊; 將離士卒, 可擊; 涉長路, 可擊; 濟水, 可擊; 不暇, 可擊; 阻難狹路, 可擊; 亂行, 可擊; 心怖, 可擊."

무왕이 말했다.

"무릇 전쟁의 핵심이라면 위력이 막강한 전차와 용맹한 기마병을 반드시 구비해야 한다는 점이겠지요. 적진으로 내달리는 용사와 돌격 가능한 정예병을 뽑아놓고 있다가 적에게 틈이 보이면 바로 공격을 개시할 수 있도록 말입니다. 그런데 어떤 경우가 진격에 적절한 시점일까요?"

태공이 말했다.

"공격하려는 즈음에는 적군의 움직임에서 열네 가지 변화를 신중히 관찰해야 합니다. 그런 기미가 감지되면 곧바로 진격해야 하고요. 적이 이제 막 집결해 진형을 완성시키기 전이라면 공격하기에 좋은 조건입니다. 사람과 말이 굶주렸고 아직 배를 채우기 전이라면 진격해야 하지요. 날씨가 적에게 불리하다면 공격할 수 있고, 지형 조건이 적에게 불리할 때도 공격하기에 좋습니다. 적군이 갈 길을 서두르는 경우가 공격에 좋은 시점이고, 경계가 느슨할 때와 피곤에 절었을 때도 공격이 가능합니다. 적장이 병졸들과 떨어져 있어 지휘가 안 될 때 공격하고, 먼 길을 왔을 때, 물을 건너고 있을 때, 정신없이 바빠서 어수선한 모양을 보일 때도 공격에 좋은 시점입니다. 험준하면서도 좁은 길을 통과하고 있을 때 공격해야 하고, 대오가 흩어져 혼란할 때 공격이 가능하며, 공포심에 투지가 사라졌을 때도 공격의 적기라 할 수 있겠습니다."

―『육도』「견도·무봉(武鋒)」편.

진격 시점(2) 『吳子』 「料敵」

武侯問敵必可擊之道. 起對曰; "用兵必須審敵虛實而趨其危. 敵人遠來新至, 行列未定, 可擊; 既食未設備, 可擊; 奔走, 可擊; 勤勞, 可擊; 未得地利, 可擊; 失時不從, 可擊; 涉長道, 後行未息, 可擊; 涉水半渡, 可擊; 險道狹路, 可擊; 旌旗亂動, 可擊; 陳數移動, 可擊; 將離士卒, 可擊; 心怖, 可擊. 凡若此者, 選銳衝之, 分兵繼之, 急擊勿疑."

무후가 언제 공격해야 적을 확실히 이길 수 있겠는지 물었고, 오기의 대답은 다음과 같았다.

"군사작전을 펼 때는 적의 허점과 강점을 반드시 알아내 그 약한 곳을 파고들어야 합니다. 적이 먼 곳에서 이제 막 도착해 대오가 정돈되지 않았을 때라면 공격해도 좋습니다. 식사를 마치고 아직 방어자세가 구축되지 않았을 때도 칠 만하지요. 황급히 달아나고 있을 때도 좋고, 피곤에 지쳤을 때도 괜찮습니다. 유리한 지형을 점거하지 못했을 때 쳐야 하고, 작전에 유리한 시기를 놓쳐 초조해할 때도 놓치면 안 됩니다. 먼 길을 행군했고 뒤따라온 후속 부대가 아직 휴식을 취하지 못했다면 공격해야 합니다. 강을 절반쯤 건넜을 때, 험하고 좁은 길을 통과할 때, 깃발이 어지럽게 흔들릴 때, 진영을 빈번히 이동시킬 때, 장수와 병사가 한마음이 되지 못하고 동떨어졌을 때, 병사들이 공포에 질려 떨고 있다면 공격이 가능합니다. 위와 같은 상황을 만나면 정예병을 선발해 적진 한가운데로 돌진하는 한편 다른 병력도 분산시켜 계속 따라붙게 하는데, 반드시 신속히 타격해야 하고 망설여선 안 됩니다."

—『오자』「료적(料敵)」편.

대치의 세 가지 양상 『尉繚子』「兵令」上

尉繚子曰: 矢射未交, 長刃未接, 前噪者謂之虛, 後噪者謂之實, 不噪者謂之秘. 虛實秘者, 兵之體也.

울료자의 말이다.
화살을 미처 쏘지 못했고 칼날이 아직 맞부딪지도 않았는데 적군의 전위대가 시끌벅적한 것은 저들의 전력이 허약(虛)한 때문이고, 후방 부대가 소란스럽다면 그 전력이 충실(實)하기 때문이다. 앞뒤 가릴 것 없이 전체가 쥐죽은 듯 고요하다면 자기네 실력을 감춰 비밀(秘)로 하겠다는 작정이겠다. 허약과 충실과 비밀스러움은 군대가 대치할 때의 세 가지 양상인 것이다.

—『울료자』「병령(兵令)」상편.

기정과 허실 『唐太宗李衛公問對』卷中

○ 太宗曰: "朕觀諸兵書, 無出孫武. 孫武十三篇, 無出虛實. 夫用兵識虛實之勢, 則無不勝焉. 今諸將中, 但能言避實擊虛, 及其臨敵, 則鮮識虛實者. 蓋不能致人而反為敵所致故也. 如何? 卿悉為諸將言其要." 靖曰: "先教之以奇正相變之術, 然後語之以虛實之形可也. 諸將多不知以奇為正, 以正為奇, 且安識虛是實實是虛哉?"

—右虛實

태종이 말했다.

"짐이 온갖 병서를 보았지만 손무를 능가하는 이가 없고, 『손자병법』 13편은 허실의 범주를 뛰어넘지 못했소. 무릇 전쟁에서 허실의 형세를 파악하면 이기지 못할 경우가 없을 테지. 지금 여러 장수들은 실한 데는 피하고 허한 곳을 공격해야 한다고 떠들 줄은 알지만 정작 적과 맞닥뜨리면 허실을 제대로 이해하는 자가 매우 드문 실정이오. 적을 내 뜻대로 주무르기는커녕 반대로 적에게 휘둘리기 때문이지. 이유가 무엇일까? 경이 여러 장수들을 위해 그 핵심을 좀 상세히 설명해주시구려."

이정이 말했다.

"먼저 기병과 정병으로 번갈아 변환하는 전술을 가르친 연후에 허실의 형세를 말해주면 될 듯합니다. 장수들 대부분이 기병이 정병 되고 정병은 기병이 되는 이치를 알지 못하는데, 어떻게 허가 실이고 실이 허인 줄 파악할 수 있겠습니까?"

—『당태종이위공문대』중권.

이상 허실에 관한 해설.

참고(2) 이탁오 해설 參考(二)

卓吾子曰: 夫虛實之端, 奇正之術, 此兵家之勢, 不可先傳者也. 且非但不可先傳, 即雖欲傳之而不可得矣. 故善用兵者, 教正不教奇. 正者, 節制之兵也. 然既謂之節, 謂之制矣, 則雖正而奇自在, 唯知兵者自悟之耳. 故談兵與談禪, 一也, 不悟則終不可得而用也, 故述節制. 有制必先選士, 故述選士. 士選而後練, 故述練士. 士練則教法粗備, 故述教法. 而陣法, 而伍法, 而騎法, 而步法, 而司馬法皆備矣, 況將令也·軍器也, 有不備乎? 然則將之可以先傳者, 只此矣.

탁오자는 말한다.

대저 허실의 학설과 기정의 전술 같은 병가의 세(勢) 이론은 말로 전수하는 것이 불가능하다. 비단 말로 전수할 수 없을 뿐 아니라, 설사 전수하고 싶어도 상대방이 알아듣지를 못한다. 그래서 용병의 고수는 정병을 교육하지 기병은 가르치지 않는다.

정병이란 절도 있고 기강이 엄정한 군대다. 그렇게 군대 기강의 엄정함을 이미 강조하고 법도를 일깨웠기 때문에 비록 정병이라도 알아서 기병을 구사하게 된다. 다만 전쟁이 무엇인지 아는 자라야 스스로 그 이치를 깨우칠 따름이겠다. 그러므로 전쟁에 관한 담론과 불교(禪)에 관한 담론은 결국 같은 말이다.

깨닫지 못하면 끝내 그 이치를 알아내 활용하지를 못하니, 그래서 엄한 기강과 법도를 찬술했다. 제도적으로 병사 선발이 반드시 먼저여야 하는 까닭에 우선 인재의 선발을 이야기했고, 병사가 선발된 다음에는 훈련이 뒤따라야 하는 까닭에 사병의 훈련을 서술했다. 병사를 훈련하려니 가르치는 방법이 엉성한 까닭에 교수법도 설명했다. 이렇게 해서 포진 방법(陣法)과 오법,[45] 말 달리는 법(騎法), 행진하는 법(步法), 사마법[46]에 이르기까지 모든 내용이 갖춰지니, 장군의 명령이나 군용장비 따위야 나위가 있을까! 그런즉슨 장군이 전쟁에 앞서 전수할 수 있는 것이란 다만 아래와 같은 내용에 불과하다.

---

45) 오법(伍法): 고대 군사훈련의 기본 방법. 주나라 군대는 5명을 1오(伍)로 편성해 군대 편제와 훈련의 기본 단위로 삼았다..

46) 사마법(司馬法): 사마는 관직 명칭. 주나라는 육경(六卿)의 하나로 대사마를 두고 군대를 관장시켰다. 그 속관으로 소사마(小司馬)·군사마(軍司馬)·여사마(輿司馬)·행사마(行司馬)를 두었다는 기록이 『주례』「하궁(夏宮)」에 보인다.

승리의 관건 『吳子』「治兵」

武侯問曰: "兵何以爲勝?" 起對曰: "以治爲勝." 又問曰: "不在衆乎?" 對曰: "若法令不明, 賞罰不信, 金之不止, 鼓之不進, 雖有百萬, 何益於用? 夫所謂治者, 居則有禮, 動則有威, 進不可當, 退不可追, 前卻有節, 左右應麾, 雖絶成陳, 雖散成行. 與之安, 與之危, 其衆可合而不可離, 可用而不可疲, 投之所往, 天下莫當, 名曰父子之兵."

무후가 물었다.

"군대는 무엇에 의지하여 승리하는가?"

오기가 대답했다.

"잘 관리된 군대라면 승리합니다."

"병사들 숫자가 많아야 하는 게 아니고?"

"법령이 엄정하지 않고, 상벌에 믿음을 가질 수 없으며, 징을 쳐도 멈추지 않고, 북이 울릴 때 전진하지 않는다면[47] 제아무리 백만 병사가 있다 한들 무슨 소용이겠습니까?

이른바 잘 관리된 군대는 평소 예의가 있고, 전투에 임해선 위세가 높으며, 진격할 때 막을 수 없고, 후퇴하면 추격이 불가능합니다. 전진과 후퇴에 절도가 있고, 양옆으로 이동할 때는 깃발의 지휘에 따릅니다. 자기 편과 단절된 상황이라도 진형이 유지되고, 공격을 받아 쫓기는 때라도 행렬이 무너지지 않습니다. 병사들과 고락을 같이하고 위험해도 더불어 임한다면 그 부대는 일치단결하여 흩어질 일이 없고 작전에 투입해도 쉽게 지치지 않습니다. 이들을 필요한 곳에 투입하면 천하에 막아낼 자가 없으니, 이름하여 '아비와 아들의 군대(父子之兵)'라고 하지요."

—『오자』「치병(治兵)」편.

---

[47] 고대의 전쟁에서는 징이 울리면 병사들이 싸움을 그치며 철수했고 북소리가 울리면 진격했다.

군대 경영의 기본 『吳子』「治兵」

吳子曰: 凡行軍之道, 無犯進止之節, 無失飮食之適, 無絕人馬之力. 此三者, 所以任其上令. 任其上令, 則治之所由生也. 若進止不度, 飮食不適, 馬疲人倦而不解舍, 所以不任其上令. 上令旣廢, 以居則亂, 以戰則敗.

오자의 말이다.

작전을 행할 때의 원칙은 다음과 같다.

나아가고 멈출 때 절도가 무너지지 않게 하고, 때를 놓치는 일 없이 적절한 음식 공급이 이뤄지며, 사람과 말의 기력이 완전히 고갈되지 않도록 주의한다. 이 세 가지 사항은 군대를 상급자의 명령에 복종시킨다. 상관의 명령에 복종하게 만드는 일이야말로 군대 경영의 기본 원칙이겠다.

만약 행진과 멈춤에 절도가 없고, 음식 공급이 제때 이뤄지지 않으며, 말과 사람이 피곤에 절어 있는데도 휴식을 취하게 하지 않는다면 상관의 명령은 받들어질 수 없다. 윗전의 명령이 시행되지 않고 평소에도 기율이 해이하다면 전쟁 시 그 군대는 패하게 된다.

―『오자』「치병(治兵)」편.

군대의 기강 『唐太宗李衛公問對』卷上

○ 太宗曰: "諸葛亮言: '有制之兵, 無能之將, 不可敗也; 無制之兵, 有能之將, 不可勝也.' 朕疑此談非極致之論." 靖曰: "武侯有所激云爾. 臣案孫子曰: '敎道不明, 吏卒無常, 陳兵縱橫, 曰亂.' 自古亂軍引勝, 不可勝紀. 夫敎道不明者, 言敎閱無古法也; 吏卒無常者, 言將臣權任無久職也; 亂軍引勝者, 言己自潰敗, 非敵勝之也. 是以武侯言, 兵卒有制, 雖庸將未敗; 若兵卒自亂, 雖賢將危之. 又何疑焉?"

태종이 말했다.

"제갈량이 말하길, '기강이 삼엄한 군대는 무능한 장수가 지휘해도 패배하지 않고, 기강이 무너진 군대는 아무리 유능한 장수가 이끌어도 승리할 수 없다'했소. 짐은 이 말이 대단히 고명한 이론은 아닌 것 같다는 의구심이 드는구려."

이정이 말했다.

"무후[48]가 속에 끓어오르는 바가 있어 내뱉은 언사일 뿐입니다. 저는 『손자병법』에서 '가르침에 대한 원칙이 분명하지 않으면 장졸들에게 규율이 없어진다. 출병해 진용을 형성할 때 우왕좌왕한다면 기율이 문란한 것'이라고 말한 대목에 주목합니다. 자고이래 군대의 문란한 기강 탓에 적에게 승리를 안긴 경우는 무수히 많았습니다.

대저 병사들에 대한 가르침이 불분명한 경우는 훈련과 사열에서 고래의 법도를 상실했다고 말합니다. 군관과 병사들에게 규율이 없으면 장수에게 권한과 직분이 상시적으로 주어지지 않았다고 해석하지요. 군의 기강이 무너져 적에게 승리를 갖다 바친 경우는 스스로 무너져 패배한 것이지 적의 실력이 월등해서가 아니라고 판단합니다. 이런 이유들 때문에 무후는 병사들의 기강이 엄정하면 설사 용렬한 장수가 지휘해도 패배하지 않는다고 말했던 것이죠. 만약 병사들이 스스로 무너진다면 제아무리 유능한 장수가 지휘한들 위험에 처할 것임에 또 무슨 의문이 있겠습니까?"

―『당태종이위공문대』 상권.

파진악무에 담긴 뜻 『唐太宗李衛公問對』 卷中

○ 太宗曰:"曹公『新書』云:'作陳對敵, 必先立表, 引兵就表而陳. 一部受敵, 餘部不進救者斬.'此何術乎?"靖曰:"臨敵立表, 非也. 此但教戰時法爾.

---

48) 무후(武侯): 제갈량(諸葛亮, 181~234)을 가리킨다. 촉의 후주가 즉위한 건흥(建興) 원년(223), 무향후(武鄉侯)에 봉해졌는데 줄여서 무후라고도 불렀다.

古人善用兵者, 教正不教奇, 驅眾若驅群羊, 與之進, 與之退, 不知所之也. 曹公驕而好勝, 當時諸將奉『新書』者, 莫敢攻其短. 且臨敵立表, 無乃晚乎? 臣竊觀陛下所制破陣樂舞, 前出四表, 後綴八幡, 左右折旋·趨步, 金鼓各有其節, 此即八陣圖四頭八尾之制也. 人間但見樂舞之盛, 豈有知軍容如斯焉!"
太宗曰: "昔漢高帝定天下, 歌云: '安得猛士兮守四方', 蓋兵法可以意授, 不可以語傳. 朕為破陳樂舞, 唯卿已曉其表矣, 後世其知我不苟作也."

태종이 말했다.

"조조는 『신서』에서 '진을 치고 적과 대치할 때는 반드시 먼저 표지를 세우고 병사들을 그쪽으로 접근시킨 뒤 진형을 짜야 한다. 만약 아군 일부가 공격을 받는데 나머지 부대 중에서 진격해 구조하지 않는 자가 있다면 참수한다'고 말했소. 이는 무슨 전술이오?"

이정이 말했다.

"적과 마주한 상황에서 표지를 세우는 것은 잘못입니다. 이는 작전 훈련 시에나 쓰는 방법일 뿐이지요. 고대의 전쟁 달인은 정병만 훈련시키고 기병은 가르치지 않았습니다. 병사들을 양 떼 몰듯 부리면서 그들과 더불어 전진하고 함께 후퇴하지만 병사들은 정작 자기가 어디로 가는지 모르게 했지요.

조조는 교만한 데다 호승심이 강해 당시의 여러 장수들은 『신서』를 받들어 모시기나 했을 뿐 감히 그 단점을 지적하지 못했습니다. 게다가 적이 눈앞에 있는데 그제야 표지를 세우다니, 어찌 때늦은 행사가 아니겠습니까?

신이 슬며시 폐하께서 창제한 파진악무[49]를 관찰하니, 앞쪽에 4개의 팻

---

[49] 파진악무(破陣樂舞): 파진악과 파진무의 통칭. 파진악은 당나라 태종 정관 7년에 지어진 진왕파진악(秦王破陣樂)에 대해 여재(呂才)가 음률을 맞추고, 이백약(李百藥)·우세남(虞世南)·저갈(褚葛)·위징(魏徵) 등이 가사를 붙인 법부대곡(法部大曲)이다. 반란군 토벌을 주제로 한 세 개의 큰 단락으로 구성되어 있는데, 주로 태종의 무공을 찬양하는 내용이었다. 파진무는 정관

말을 내세우고 뒤로는 여덟 폭 깃발을 펼치더군요. 좌우로 빙글빙글 돌면서 종종걸음 치고, 징과 북소리에 제각기 박자를 맞추니, 이는 바로 팔진도(八陣圖)의 사두팔미(四頭八尾) 양식이었습니다. 사람들은 그저 음악과 춤을 감상할 뿐이니, 군대의 위용이 그처럼 성대한 줄 어찌 알겠습니까!"

태종이 말했다.

"옛적에 한 고조가 천하를 평정하고 '어찌해야 용맹한 군사를 얻어 천하를 지킬까' 하고 노래한 적이 있었소. 원래 병법이란 의미를 깨닫게 할 수는 있어도 언어로 전수할 수는 없는 것이지. 짐이 파진악무를 만들었지만 오직 경만이 그 뜻을 파악했구려. 후세 사람들이 내가 그것을 제멋대로 짓지 않았음을 알게 되겠군."

―『당태종이위공문대』중권.

이정의 기정론(7) 『唐太宗李衛公問對』卷中

○ 太宗曰: "方色五旗爲正乎? 幡麾折衝爲奇乎? 分合爲變, 其隊數曷爲得宜?" 靖曰: "臣參用古法: 凡三隊合, 則旗相倚而不交; 五隊合, 則兩旗交; 十隊合, 則五旗交. 吹角, 開五交之旗, 則一復散而爲十; 開二交之旗, 則一復散而爲五; 開相倚不交之旗, 則一復散而爲三. 兵散, 則以合爲奇; 合, 則以散爲奇. 三令五申, 三散三合, 然復歸於正, 四頭八尾, 乃可敎焉. 此隊法所宜也." 太宗稱善.

7년에 만들어진 진왕파진악무도(秦王破陣樂舞圖)에서 비롯되었다. 춤의 구성을 왼쪽은 원진 오른쪽은 방진(左圓右方)으로 하고, 앞의 전차부대를 뒤의 보병들이 따라가게(先偏後伍) 했으며, 서로 엇갈리면서 굽히거나 펼치고(交錯屈伸), 수미가 맞물려 돌아가도록(首尾回互) 제작해 전쟁 진형을 형상화했다. 무용수는 모두 갑옷을 입고 창을 들었으며, 큰북을 울리고 서역 음악도 삽입시켰다.

태종이 물었다.

"방진을 펼치며 동·서·남·북·중앙의 다섯 방위에 오색 깃발을 사용한다면 정병인가? 깃발을 활용한 지휘로 적을 격퇴시키면 기병이 되는가? 전투 대형에서 흩어지고 모이는 변환을 꾀할 때 부대 숫자는 얼마라야 적합한가?"

이정이 대답했다.

"신은 고대의 제도를 참고합니다. 세 부대가 하나로 합쳐질 때 깃발은 근접하게 모이지만 서로 겹치지는 않습니다. 다섯 부대가 합칠 때는 깃발이 겹쳐져 두 개가 되고, 열 부대가 합칠 때는 깃발이 다섯 개로 겹쳐집니다. 호각이 울리면 다섯으로 합쳤던 깃발들이 풀리면서 다시 흩어져 열 개의 깃발이 되지요. 두 개로 합쳐진 깃발은 또다시 흩어져 다섯 개로 변합니다. 가까이로 모였지만 겹치진 않으면서 하나로 보였던 깃발들인즉슨 다시 풀리면서 세 개가 됩니다. 부대가 흩어질 때는 결집이 기병이 되고, 부대가 결집할 때는 분산되는 상황이 기병인 것입니다. 장병들에게는 세 번씩 명령하고 다섯 번씩 타이르는 식(三令五申)[50]으로 교전수칙을 숙지하게 만듭니다. 세 번 흩어졌다 세 번 집합하고 난 다음 다시 정병으로 돌아가면 팔진도의 사두팔미(四頭八尾)를 훈련시킬 수 있습니다. 훈련할 때의 진법은 응당 이러해야 하지요."

태종이 맞는 말이라고 칭찬했다.

─『당태종이위공문대』중권.

---

50) 삼령오신(三令五申): 고대의 군사 규율로 상급자가 하급자에게, 지휘관이 사병들에게 여러 번 명령하고 일깨워준다는 뜻이다. 열을 짓거나 군사작전을 벌일 때 장병들이 지켜야 할 교전수칙 교육을 말한다. 출전은 『사기』「손자오기열전(孫子吳起列傳)」.

장수의 소임 『唐太宗李衛公問對』卷下

　○ 太宗曰: "當今將帥, 唯李勣·道宗·薛萬徹, 除道宗以親屬外, 孰堪大用?" 靖曰: "陛下嘗言勣·道宗用兵, 不大勝, 亦不大敗; 萬徹若不大勝, 卽須大敗. 臣愚思聖言, 不求大勝, 亦不大敗者, 節制之兵也; 或大勝, 或大敗者, 幸而成功者也. 故孫武云: '善戰者, 立於不敗之地, 而不失敵之敗也.' 節制在我云爾."

태종이 말했다.

"지금 장수로는 오직 이적·이도종·설만철이 있을 뿐이오. 종친에 속하는 이도종을 빼면 누가 큰 소임을 감당할 수 있겠소?"

이정이 말했다.

"폐하께서는 일찍이 이적과 이도종은 전쟁에서 큰 승리를 거두지는 못하지만 또한 크게 패하지도 않는다고 말씀하신 적이 있습니다. 그런데 설만철 같은 경우는 대승 아니면 대패할 뿐이라고 하셨지요. 제가 우둔하지만 폐하의 말씀에 대해 곰곰히 생각해 보았습니다. 대승을 바라지 않으면서 큰 패배도 하지 않는 군대는 군기가 엄정한 절도 있는 군대입니다. 반면 대승 아니면 대패하는 군대는 요행으로 공을 세우는 군대지요. 그래서 손무는 '잘 싸우는 군대는 먼저 자신을 불패의 땅에 세워놓고 교전하는데, 그러면서 적을 패배시킬 기회를 놓치지 않는다'고 했습니다. 군기가 삼엄하고 절도 있는 군대를 만드는 일은 나 자신에게 달렸다는 말씀일 뿐이지요."

—『당태종이위공문대』하권.

패배를 막는 방책 『唐太宗李衛公問對』卷下

　○○ 太宗曰: "兩陣相臨, 欲言不戰, 安可得乎?" 靖曰: "昔晉師伐秦, 交綏而退. 『司馬法』曰: '逐奔不遠, 縱綏不及.' 臣謂綏者, 禦轡之索也. 我兵旣有節制, 彼敵亦正行伍, 豈敢輕戰哉? 故有出而交綏, 退而不逐, 各防其失敗者也. 孫武云:'勿擊堂堂之陣, 無邀正正之旗.'若兩陣體均勢等, 苟一輕肆, 為其所乘, 則或大敗, 理使然也. 是故兵有不戰, 有必戰; 夫不戰者在我, 必戰者在敵."太宗曰:"不戰在我何謂也?"靖曰:"孫武云:'我不欲戰者, 畫地而守之; 敵不得與我戰者, 乖其所之也.'敵有人焉, 則交綏之間未可圖也. 故曰不戰在我. 夫必戰在敵者, 孫武云:'善動敵者, 形之, 敵必從之; 予之, 敵必取之. 以利動之, 以本待之.'敵無人焉, 則必來戰, 吾得以乘而破之. 故曰必戰者在敵."太宗曰:"深乎節制之兵! 得其法則昌, 失其法則亡. 卿為纂述歷代善於節制者, 其圖來上. 朕當擇其精微, 垂於後世. 靖曰:"臣前進黃帝・太公二陣圖, 並『司馬法』・諸葛亮奇正之法, 此已精悉. 歷代名將, 用其一二而成功者亦眾矣. 但史官鮮克知兵, 不能紀其實跡焉. 臣敢不奉詔, 當纂述以聞."

―右節制

태종이 말했다.

"양 진영이 서로 대치한 상태인데 속내는 싸우고 싶지를 않소. 어찌해야 바라는 대로 될 수 있을까?"

이정이 말했다.

"옛날에 진(晉)나라 군사가 진(秦)나라를 칠 때[51] 양쪽 군대가 접전하지 않고 퇴각한 일(交綏)[52]이 있었습니다. 『사마법』에서 말하길, '도망가는 적을 추격할 때는 너무 멀리까지 나가지 않고, 후퇴하는 군대를 뒤쫓을 때는

---

51) B.C. 615년 진(晉)과 진(秦)이 하곡(河曲, 지금의 산서성 영제현永濟縣 남쪽)에서 맞붙었던 경우를 가리킨다. 이에 앞서 B.C. 620년 진(晉)의 군대가 영호(令狐, 산서성 임의현臨猗縣 서쪽)에서 진(秦)을 패퇴시켰는데, 5년 뒤 진(秦)이 복수를 위해 하곡에서 진과 두 차례 맞붙은 것이다. 진(秦)이 상군(上軍)을 공격해오자 진(晉)의 조천(趙穿)은 부하들과 함께 적을 맞아 싸웠지만 양 군의 전투 의지가 확실하지 않았다. 결국 두 나라 군대는 접전이 시작되자마자 바로 병사들을 철수시켰다.

52) 교수(交綏): 적대적 관계의 두 군대가 부딪히자마자 곧바로 철수하는 상황을 말한다.

가까이 접근하지 않는다'고 했지요. 제가 알기로 수(綏)는 말을 제어하는 고삐입니다. 아군의 기강이 삼엄해서 절도가 있고 적군 역시 대오가 똑바르다면 어찌 감히 경솔하게 싸움을 걸겠습니까? 그래서 때로는 출병하자마자 물러서거나 후퇴하는 적을 추격하지 않기도 하는데, 패배를 막기 위한 저마다의 방책인 거지요. 손무는 '진용이 엄정하고 기세등등한 적과는 싸우지 말고, 깃발이 정연하게 통일된 적과는 마주하지 않는다'고 했습니다. 만약 두 진영의 규모나 세력이 비등한 상황에서 한쪽이 경거망동해 상대방이 그 틈을 비집고 들어온다면 대패할 수가 있는데, 전쟁의 이치란 원래 그러합니다. 이런 연유로 전쟁을 해도 전투하지 않을 때가 있고 반드시 싸워야 할 경우도 있습니다. 무릇 안 싸우는 일은 나한테 달렸고, 기필코 싸워야 할 경우는 적이 만든다고 하지요."

"싸우지 않음이 내게 달렸다니, 무슨 말인가?"

태종의 질문에 이정이 대답했다.

"손무는 '아군이 교전하고 싶지 않으면 땅바닥에 금을 긋고 지키기만 해도 적은 우리와 싸울 수가 없으니, 적의 진공 방향을 이미 틀어버렸기 때문'[53]이라고 말했습니다. 적에게 유능한 지휘관이 있다면 저들이 후퇴할 때 섣불리 덤벼들어선 안 되니, 그래서 싸우지 않음이 나한테 달렸다고 한 것이지요. 반드시 맞붙어야 할 전투는 적에게 달렸다고 했는데, 손무는 이에 대해 '전쟁의 고수는 먼저 적에게 허상을 보여주고 반드시 속임수에 걸려들게 만든다. 작은 미끼를 던져주고 적이 기필코 그것을 물도록 만든다. 이익으로 적을 유인한 다음 막강한 군대로 무장하고 기다린다'고 했습니다. 만약 적에게 유능한 장수가 없다면 반드시 나가 교전해야 하고, 기회를 틈타 아군이 적을 격파하면 그만입니다. 그래서 반드시 맞붙어야 하는 전투는 적이 결정한다고 말한 것입니다."

---

53) 출전은 『손자병법』 「허실(虛實)」편.

태종이 말했다.

"절도 있는 군대에 관한 말씀이 정말로 심오하오! 그 도리를 알면 번창할 테고, 모르면 망할 수밖에 없겠구려. 경은 절도 있는 군대에 관한 역대의 사례들을 편집하고 그림도 구비해서 올리도록 하시오. 그중 빼어난 부분은 짐이 선별하여 후세에 전해지게 할 테요."

이정이 말했다.

"제가 예전에 올렸던 바에 황제(黃帝)와 태공(太公)의 두 가지 진도(陣圖) 및 『사마법(司馬法)』, 제갈량의 기정(奇正) 이론까지 이미 상세히 들어 있습니다. 역대의 명장은 그중 한두 가지만 활용하고도 성공을 거둔 이가 허다하지요. 다만 병법을 이해하는 사관(史官)이 드문 까닭에 그들의 실제 사적이 다 기록되지 못했던 것입니다. 신이 어찌 감히 명을 받들지 않겠습니까! 마땅히 편찬하여 올리겠나이다."

—『당태종이위공문대』 하권.

이상은 절제에 관한 내용.

왕의 보좌진 『六韜』「龍韜·王翼」

武王曰: "王者帥師, 必有股肱羽翼以成威神, 爲之奈何?" 太公曰: "凡擧兵帥師, 以將爲命. 命在通達, 不守一術. 因能受職, 各取所長, 隨時變化, 以爲綱紀. 故將有股肱羽翼七十二人, 以應天道. 腹心一人, 主贊謀應卒, 揆天消變, 總覽群謀, 保全民命; 謀士五人, 主圖安危, 慮未萌, 論行能, 明賞罰, 授官位, 決嫌疑, 定可否; 天文三人, 主司星曆, 候風氣, 推時日, 考符驗, 校災異, 知天心去就之機; 地利三人, 主三軍行止形勢, 利害消息, 遠近險易, 水涸山阻, 不失地利; 兵法九人, 主講論異同, 行事成敗, 簡練兵器, 刺擧非法; 通糧四人, 主度飮食蓄積, 通糧道, 致五穀, 令三軍不困乏; 奮威四人, 主擇才力, 論兵革, 風馳電掣, 不知所由; 伏鼓旗三人, 主伏旗鼓, 明耳目, 詭符節, 謬號令, 暗忽往來, 出入若神; 股肱四人, 主任重持難, 修溝塹, 治壁壘, 以備守御; 通材三人, 主拾遺補過, 應對賓客, 論議談語, 消患解結; 權士三人, 主行奇謫, 設殊異, 非人所識, 行無窮之變; 耳目七人, 主往來聽言視變, 覽四方之事·軍中之情; 爪牙五人, 主揚威武, 激勵三軍, 使冒難攻銳, 無所疑慮; 羽翼四人, 主揚名譽, 震遠方, 動四境, 以弱敵心; 遊士八人, 主伺奸候變, 開闔人情, 觀敵之意, 以爲間諜; 術士二人, 主爲譎詐, 依託鬼神, 以惑衆心; 方士三人, 主百藥, 以治金瘡, 以痊萬病; 法算二人, 主計會三軍營壘·糧食·財用出入."

무왕이 말했다.

"왕이 군대를 통솔하려면 반드시 보좌역(股肱羽翼)[54]을 두고 위엄과 신묘한 지략을 창조할 줄 알아야 합니다. 어찌해야 그리될까요?"

태공이 대답했다.

"무릇 거병하여 군대를 통솔할 때는 반드시 총사령관(主將)을 전군의 수뇌(命)[55]로 삼아야 합니다. 사령관의 지휘는 사리에 두루 통달해야지 어느 한 가지 전술만 고수해서는 안 됩니다. 인재를 선발할 때는 능력에 따라 적절한 직무를 부여해 각자의 장점을 살리게 하고, 일처리에서는 상황 따라 임기응변하면서 이를 인사관리의 준칙으로 삼아야 하지요. 그래서 사령관은 보좌역 72인을 둠으로써 천도(天道)의 72후(候)에 조응합니다.[56]

---

54) 고굉우익(股肱羽翼): 고굉은 허벅지와 팔꿈치, 우익은 날개를 말한다. 인간에게 사지가 없으면 거동이 불편하고 새도 날개가 없다면 비상이 불가능한 데서 착안한 비유인데, 흔히 보좌하는 인물을 가리킨다.
55) 명(命): 근본의 소재지. 여기서는 전군을 이끄는 영도자를 가리킨다.
56) 천도(天道): 이 글에서는 천상(天象), 즉 대자연의 운행 규율을 가리킨다. 고대인은 인사(人事)에 구멍이 나면 이로 말미암아 천도에도 변화가 생긴다고 인식했기 때문에 인사와 천도가 상응해야 재앙을 피하고 만사가 순조로울 수 있다고 여겼다. 또 5일은 1후(候), 3후는 1절기(節氣)로 정해 1년을 도합 72후 24절기로 분류하고, 동식물과 기타 자연현상이 변화하는 징후에 근거해 후와 절기의 계절적 변화를 설명하면서 이 역시 '천도'의 하나라고 간주했다. 본문에서 '고굉우익' 72인이 천도에 상응한다는 말이 바로 72후에 대응시킨 경우에 해당한다.

복심(腹心) 1인은 은밀한 기획과 돌발사태에 대처하는 직무를 맡습니다. 천상(天象)을 측정해 하늘의 뜻을 살핌으로써 변고를 제거하고 각종 계책을 총괄적으로 입안하여 백성들의 생명을 보전합니다.

모사(謀士) 5인은 전군이 위험에서 안전하기를 도모하고, 아직 드러나지 않은 우환의 제거를 고민하며, 덕행과 재능이 뛰어난 장병들을 평가해 신상 필벌의 이치를 밝히고, 적합한 지위를 부여합니다. 사령관의 의구심을 해결해주고, 주요 사안의 실행 여부를 결정하는 일도 합니다.

천문(天文) 3인은 별자리 관찰과 역법 관리를 주관합니다. 바람의 방향과 날씨의 변화를 예측하고, 날짜와 시간의 길흉을 헤아리며, 인사가 하늘의 뜻에 부합하는지 검증하고, 재해와 이변의 원인이 무엇인지 조사합니다. 민심의 향배와 변화가 생겨난 이유를 명확히 파악할 수 있게 해주지요.

지리(地利) 3인은 전군이 행군할 도로와 숙영지 선택을 주관하는데, 지형·지세를 보고 어디가 아군에게 유리하고 불리할지 득실을 판단하는 역할입니다. 멀고 가까움, 험지와 평지, 식수 결핍 지역과 험준한 산악지대를 두루 망라하여 지리적인 우세를 놓치지 않게 합니다.

병법(兵法) 9인은 각종 병법의 차이를 연구하고 토론함으로써 일의 성패를 가르는 작업을 합니다. 세심하게 무기를 선택해 익숙하게 다룰 수 있도록 훈련시키고, 군대 내의 불법행위를 사찰로 밝혀냅니다.

통량(通糧) 4인은 전군에 필요한 음식량을 계산하고 저장하는 임무를 담당합니다. 아울러 군량 수송로의 막힘 없는 통행과 양식의 조달을 맡아 전군에 물자가 결핍되는 일이 없도록 해주지요.

분위(奮威) 4인은 재주와 용력이 뛰어난 병사를 선발하는 역할입니다. 어떻게 무기를 다루고 갑옷을 걸치며 적진을 향해 돌진하는지 그 방법도 연구하지요. 작전시에는 선택된 병사들을 이끌고 바람이나 번개처럼 신속하게 불의의 타격을 가하지만 적군은 그들이 어떻게 나타났는지 간파하지 못합니다.

복고기(伏鼓旗)[57] 3인은 깃발과 북을 맡아 이것으로 이목을 집중시킵니다. 전군은 깃발을 보고 북소리를 듣는 것으로 행동을 통일하지요. 또 부절[58]의 형식과 내용을 위조해 적을 혼란에 빠뜨리고 잘못된 명령이 전해지게 하는데, 비밀스럽게 나타났다 홀연히 사라지니 들고 나는 모든 것이 신출귀몰입니다.

고굉(股肱) 4인은 아주 중대한 임무를 맡고 어렵기 짝이 없는 과제를 수행합니다. 참호를 파고 담장을 수축해 병영에 방어벽을 갖추게 합니다.

통재(通材) 3인은 사령관이 빠뜨린 부분을 챙기고 잘못을 지적해 보완하는 역할입니다. 아울러 각국의 사자와 빈객들을 응대하면서 그들과 의론하고 담판을 지어 대외적인 우환을 해결하고 원한을 해소시킵니다.

권사(權士) 3인은 갖가지 속임수를 시행하고 기발한 책략을 설정하는 임무를 맡습니다. 보통 사람은 식별하지 못하는 임기응변을 무궁무진 펼치게 되지요.

이목(耳目) 7인은 왔다 갔다 하면서 정보를 엿듣고 이런저런 사안의 추이를 살핍니다. 사방에서 발생한 사태와 군 내부의 추세를 관찰하는 역할이지요.

조아(爪牙) 5인은 아군의 위력을 과시하고 전군의 사기를 진작시키는 임무를 담당합니다. 장병들을 독려해 깨뜨리기 어려운 적진으로 돌진시키고 적의 정예병을 공략하며, 망설임이나 두려운 바가 없도록 단속합니다.

---

57) 복(伏): '服' 자와 통용되는데, 이 글에서는 반복적으로 연습해 숙련의 경지에 이르렀다는 뜻이다. 고대의 전쟁은 보통 깃발과 북소리로 호령(號令)을 전달하고 군대의 진퇴를 지휘했다. 대장은 반드시 깃발과 북을 내세웠고, 전군은 그것으로 자신들의 눈과 귀로 삼았다.

58) 부절(符節): 조정에서 사자를 파견해 명령을 전달하거나 인력이나 물자를 징집하고 이동시킬 때 사용하던 증빙. 죽편·나무·옥·구리 등으로 만들어 둘로 쪼갠 뒤 반쪽은 조정에 남기고 다른 반쪽은 외지로 나가는 관리나 출정하는 장수에게 증빙으로 내주었다. 사용할 때는 둘을 합쳐서 진위를 증명했다.

우익(羽翼) 4인은 아군의 명성을 선양하는 업무를 담당합니다. 원방의 적을 떨게 하고 사방 국경이 그 때문에 동요하도록 만들어 적의 사기를 꺾고 겁 먹게 합니다.

유사(遊士) 8인은 간첩들을 탐지해 적군 내부의 속사정을 살피고, 인심의 동향을 임의로 조종하며, 적군의 의도를 탐색하는 간첩으로 충당됩니다.

술사(術士) 2인은 불가사의한 현상을 조작해 귀신에 의탁함으로써 적군의 민심을 현혹시킵니다.

방사(方士) 3인은 각종 약품을 관리함으로써 병장기 때문에 다친 병사들의 상처를 치료하고 온갖 질병을 치유합니다.

법산(法算) 2인은 전군의 군영에 필요한 설비와 양식, 물자의 출납 등을 총괄 담당합니다."

—『육도』「용도·왕익(王翼)」편.

전차병의 선발 『六韜』「犬韜·武車士」

武王曰: "選車士奈何?" 太公曰: "選車士之法, 取年四十已下, 長七尺五寸已上; 走能逐奔馬, 及馳而乘之, 前後·左右·上下周旋, 能縛束旌旗; 力能彀八石弩, 射前後左右, 皆便習者, 名曰武車之士, 不可不厚也."

무왕이 말했다.

"전차병은 어떻게 선발합니까?"

태공이 말했다.

"전차에 올라타 싸울 병사를 선발하는 방법이라면, 나이는 마흔 살 아래, 신장은 일곱 자(尺) 다섯 치(寸)가 넘는 이들 중에 골라야 합니다. 뜀박질은 달리는 말을 따라잡을 정도로 빠르고, 내달리는 전차를 따라잡아 그 위에 올라탈 수 있을 만큼 몸놀림이 날래야 하지요. 전후·좌우·위아래로 구르고 뒤집기가 자유자재라서 큰 깃발을 둘둘 말거나 깃대에 매달 수 있고, 기운은 여덟 섬짜리 강궁59)을 당길 정도로 세서 숙련된 솜씨로 사방팔방 화살을 날리는 자를 무거사(武車士)라 부르는데, 이들에게는 반드시 후한 대우가 보장되어야 합니다."

―『육도』「견도·무거사(武車士)」편.

기마병의 선발 『六韜』「犬韜·武騎士」

武王問太公曰: "選騎士奈何?" 太公曰: "選騎士之法: 取年四十已下, 長七尺五寸已上; 壯健捷疾, 超絶倫等, 能馳騎彀射, 前後左右, 周旋進退, 越溝塹, 登丘陵, 冒險阻, 絶大澤, 馳强敵, 亂大衆者, 名曰武騎之士, 不可不厚也."

무왕이 말했다.
"기마병은 어떻게 선발하는지요?"
태공이 말했다.
"기마병을 선발하는 방법은 다음과 같습니다. 사십 세 이하 장병들 중에 키가 일곱 자 다섯 치가 넘는 이를 가려냅니다. 신체가 건장하고 움직임이 민첩하며 자질이 같은 무리에 비해 단연코 뛰어난 병사가 그 대상이 되지요. 이들은 달리는 말 위에서 활시위를 당길 수 있고, 몸놀림이 유연해 전후좌우로 나아가고 물러남이 두루 자유로워야 합니다. 해자나 참호를 뛰어넘고, 높은 구릉에 올라가며, 험준하고 비좁은 지형에 들어가고, 큰 물을 건너서 막강한 적에 돌진하고, 다수의 적을 교란시킬 수 있는 자들을 이름하여 무기사(武騎士)라 하지요. 이들에게는 물론 후한 대우가 불가피합니다."

―『육도』「견도·무기사(武騎士)」편.

---

59) 팔석노(八石弩): 활시위를 잡아당기는 완력이 여덟 섬 들어올릴 정도의 힘이 필요한 강한 쇠뇌. 한 섬은 120근이며, 1근은 오늘날 기준으로 대략 228.86g에 해당한다.

병사의 조련 『六韜』「犬韜・練士」

武王曰: "練士之道奈何?" 太公曰: "軍中有大勇・敢死・樂傷者, 聚爲一卒, 名曰冒刃之士; 有銳氣・壯勇・彊暴者, 聚爲一卒, 名曰陷陳之士; 有奇表長劍・接武齊列者, 聚爲一卒, 名曰勇銳之士; 有拔距伸鉤・强梁多力・潰破金鼓・絶滅旌旗者, 聚爲一卒, 名曰勇力之士; 有踰高絶遠・輕足善走者, 聚爲一卒, 名曰寇兵之士; 有王臣失勢・欲復見功者, 聚爲一卒, 名曰死鬪之士; 有死將之人子弟, 欲爲其將報仇者, 聚爲一卒, 名曰死憤之士; 有貧窮憤怒・欲快其志者, 聚爲一卒, 名曰必死之士; 有贅壻人虜, 欲掩迹揚名者, 聚爲一卒, 名曰勵鈍之士; 有胥靡免罪之人, 欲逃其恥者, 聚爲一卒, 名曰幸用之士; 有材技兼人, 能負重致遠者, 聚爲一卒, 名曰待命之士. 此軍之練士, 不可不察也."

무왕이 물었다.

"병사들을 조련해 각각의 부대로 편성하는 방법을 알려주십시오."

태공이 대답했다.

"군대에는 특히 더 용감한 병사들이 있습니다. 죽음을 두려워 않고 부상을 기꺼워하는 자들을 모아 같은 부대(卒)[60]로 편성하고 '칼날 앞의 전사들(冒刃之士)'이라는 명칭을 하사하십시오.

패기가 넘치고 체구는 우람하며 용맹무쌍한 병사들을 모아 같은 부대로 취합시키고는 '돌격대(陷陳之士)'로 호칭합니다.

외양이 남과 다르고(奇表)[61] 장검을 즐겨 패용하며 전장에서 앞줄의 발자국을 따라 차분히 전진하는 병사들을 묶어서는 '용맹한 정예부대(勇銳之士)'라는 이름을 붙여줍니다.

---

60) 졸(卒): 고대 군대의 편제 단위. 인원 숫자는 일정치 않은데, 예컨대 춘추시대 정(鄭)나라는 100명, 제나라는 200명으로 1졸을 편성했다.
61) 기표(奇表): 외모와 복장이 일반적 경우와는 달라 특별히 눈에 띄는 인물. 여기서는 남들과 다른 뜻과 포부를 드러낸다는 의미로 쓰였다.

몸씨름(扢距)⁶²⁾에 밀리지 않고, 쇠갈고리를 반듯한 직선으로 펼(伸鉤)⁶³⁾ 정도로 팔힘이 세며, 사납게 적진 한가운데로 돌격해 징을 빼앗고 대장기를 탈취할 수 있는 병사들을 취합했을 때는 '천하장사 부대(勇力之士)'라고 불러줍니다. 고지에 오르고 원정도 불사하며 가벼운 발로 빠르게 걷는 자들을 모아 '선봉대(寇兵之士)'라 명명하고, 왕의 신하로 총애를 잃었지만 공을 세워 원상회복하고 싶은 자들은 '전투에 목숨 건 부대(死鬪之士)'라고 부르며, 전몰 장병의 자제로 부형을 위한 복수심이 불타오르는 자들을 취합해서는 '죽음에 분노하는 부대(死憤之士)'라 명명하고, 빈곤 때문에 울화가 쌓였고 전공을 세워 활개치고 싶은 자들이 모이면 '필사의 부대(必死之士)'라는 이름을 붙입니다.

데릴사위(贅壻)⁶⁴⁾와 노예 출신의 부끄러운 흔적을 지우고 입신양명을 원하는 이들이 하나로 모이면 '불운을 떨치고 전진하는 군대(勵鈍之士)'라 불러주고, 죄수가 되어 복역했지만(胥靡)⁶⁵⁾ 사면을 받아 그 치욕에서 벗어나고 싶은 자들은 '요행의 발탁을 기대하는 부대(幸用之士)'라 호칭하며, 재능과 기량이 뛰어나 무거운 짐을 지고 먼길을 갈 수 있는 자들을 취합하게 되면 '하명을 기다리는 부대(待命之士)'라고 일컫습니다.

이는 군대에서 병사들을 선발해 각종 부대로 편성하는 방법이니, 사령관이라면 숙지하지 않을 수 없는 내용입니다."

---

62) 발거(扢距): 옛날 무술 훈련 방식의 일종이다. 두 사람이 마주본 채 서로 상대방의 팔뚝을 붙잡고 버티다 완력으로 앞사람을 들어올리는 자가 승자로 판정되었다.
63) 신구(伸鉤): 구리나 쇠로 만든 갈고리를 곧게 펴는 행위. 고대 군대에서 두 손의 악력을 키우기 위한 훈련법의 하나였다.
64) 췌서(贅壻): 처가에 들어가 사는 남자. 고대의 법률에는 이들을 멸시하여 차별대우하는 규정까지 있었기 때문에 데릴사위 되는 것은 치욕이라는 인식이 강했다.
65) 서미(胥靡): 포승줄에 나란히 묶인 채 노역을 하는 죄수. 궁형(宮刑)을 가리키기도 한다.

―『육도』「견도·연사(練士)」편.

패자의 친위부대 『吳子』「圖國」

○ 吳子曰: 昔齊桓募士五萬, 以霸諸侯; 晉文召爲前行四萬, 以獲其志; 秦繆置陷陳三萬, 以服鄰敵. 故强國之君, 必料其民. 民有膽勇·氣力者, 聚爲一卒; 樂以進戰效力, 以顯其忠勇者, 聚爲一卒; 能逾高超遠·輕足善走者, 聚爲一卒; 王臣失位而欲見功於上者, 聚爲一卒; 棄城去守, 欲除其醜者, 聚爲一卒. 此五者, 軍之練銳也. 有此三千人, 內出可以決圍, 外入可以屠城矣.

―右選練

오자의 말이다.

옛날 제 환공은 오만 명의 군사를 모집해 제후 중의 패자가 되었고, 진 문공[66]은 사만 명의 선봉대로 그 뜻을 실현했으며, 진 목공[67]은 삼만의 돌격대로 이웃의 적국을 제압했다. 그러므로 강대국의 군주는 반드시 자기 백성을 헤아릴 줄 알아야 한다.

담력이 강하고 용감하며 기운이 센 자들을 모아 같은 부대로 편성하고, 전쟁에 나가 기꺼이 목숨 바쳐 자신의 충성과 용맹을 드러내고픈 자들을 또 한 부대로 만들며, 높은 데 기어오르고 가파른 곳을 넘나들며 발 빠르고 행동이 민첩한 자들을 모아 같은 부대로 편성한다. 죄 짓고 파면된 바람에 왕에게 공을 세우고 싶은 자들로 한 부대를 만들고, 지키던 성을 버리고 도망

---

66) 진 문공(晉文公): 춘추시대 진나라 군주. 성은 희(喜), 이름은 중이(重耳), B.C. 636~B.C. 628년 재위했다. 호언(狐偃)과 조쇠(趙衰)를 등용해 송(宋)나라를 구하고 초(楚)를 물리쳐 춘추오패의 하나가 되었다.
67) 진 목공(秦繆公): 춘추시대 진나라 군주로 진 목공(秦穆公)이라고도 쓴다. 성은 영(嬴), 이름은 임호(任好), 재위 기간은 B.C. 659~B.C. 621년. 백리해(百里奚)를 재상으로 삼아 정치를 맑게 하고 군비를 확충해 역시 춘추오패의 일인이 되었다.

했던 수치를 씻어내고 싶은 자들을 모아 또 한 부대를 편성한다. 이들 다섯 종류의 부대는 군대 내에서도 잘 단련된 정예병들이다. 이런 병사 삼천 명만 있으면 밖으로 출격할 때 적의 포위망을 뚫을 수 있고, 바깥쪽에서 진격해 들어갈 때 제아무리 견고한 성도 무너뜨릴 수 있다.

―『오자』「도국」편.

이상은 선발과 훈련에 관한 내용.

장수의 병사 교육 『吳子』「治兵」

吳子曰: 夫人常死其所不能, 敗其所不便. 故用兵之法, 教戒爲先. 一人學戰, 教成十人; 十人學戰, 教成百人; 百人學戰, 教成千人; 千人學戰, 教成萬人; 萬人學戰, 教成三軍. 以近待遠, 以佚待勞, 以飽待飢. 圓而方之, 坐而起之, 行而止之, 左而右之, 前而後之, 分而合之, 結而解之. 每變皆習, 乃授其兵. 是謂將事.

오자의 말이다.

사람은 언제나 자기 능력이 미치지 못하는 데서 죽고, 자신이 익숙하지 못한 기예 때문에 패한다. 그래서 병사들을 다루는 방법으로는 교육과 훈련이 가장 우선되어야 한다. 한 사람이 전투의 기량을 배워 익히면 열 명에게 가르칠 수 있고, 열 사람이 전투능력을 습득하면 백 명에게 가르칠 수 있다. 백 사람이 배워 능숙해지면 천 명에게 가르칠 수 있고, 천 명이 전투를 배우면 만 명에게 가르칠 수 있으며, 만 명이 학습해 익숙해지면 전군에게 가르치게 된다. 가까운 곳에서 먼 데서 오는 적을 기다리고, 편안한 상황에서 피로한 적을 상대하며, 배부른 상태에서 굶주린 적을 상대하는 것도 마찬가지 이치다. 원형진을 방진[68]으로 변환시키고, 앉은 자세를 선 자세로 바꾸며,

---

[68] 방진(方陣): 고대의 군사작전에서 활용하던 진형의 일종. 들판의 활짝 트인

전진하다가 정지시키고, 왼편을 오른편으로 바꾸며, 앞쪽은 뒤로 가게 하고, 헤쳤다가 모이게 하며, 모였다가 헤치게 한다. 이런 갖가지 변화에 전체가 익숙해진 다음이라야 비로소 무기를 지급한다. 이를 장수의 할 일이라고 일컫는다.

—『오자』「치병(治兵)」편.

승리의 조건 『吳子』「治兵」

• 武侯問曰: "用兵之道何先?" 起對曰: '先明四輕·二重·一信.' 曰: '何謂也?' 對曰; "使地輕馬, 馬輕車, 車輕人, 人輕戰. 明知險易, 則地輕馬; 芻秣以時, 則馬輕車; 膏鐗有餘, 則車輕人; 鋒銳甲堅, 則人輕戰. 進有重賞, 退有重刑, 行之以信. 審能達此, 勝之主也."

무후가 물었다.
"용병의 방법에서 가장 우선시해야 할 바가 무엇이오?"
오기가 대답했다.
"먼저 넷을 가볍게 하고(四輕), 두 가지를 중시(二重)하며, 하나에서 믿음을 얻어야(一信) 합니다."
"무슨 말씀이신가?"
"말 달리기 좋은 지형에서는 말이 수레를 가볍게 끌고, 수레는 사람을 태워도 경쾌하게 달리며, 병사도 전투하기가 쉽습니다. 장수가 험준하고 평탄한 지형을 확실히 알면 말이 가볍게 달린다는 뜻이지요. 여물과 꼴을 제때 먹여 힘이 넘치면 말은 수레를 경쾌하게 끌게 됩니다. 차바퀴축에 기름칠을 잘해 두면 수레는 사람을 가볍게 태우고, 무기가 예리하고 갑옷이 견고하면

곳에서 군대를 사각형으로 배열하는 진법인데, 전군·중군·후군이 서로 겹쳐지게 하여 그 평면이 '回' 자 형태가 되게 만들었다. 하늘은 둥글고 땅은 모났다는 '천원지방(天圓地方)'의 우주관을 반영한 진법으로 일컬어진다.

병사가 날렵하게 싸우게 되지요.

전진하면 후한 상을 수여하고 후퇴하면 무거운 벌을 내리는데, 상벌의 집행에는 공정하다는 신뢰가 깔려 있어야 합니다.

이런 이치를 잘 살펴서 확실하게 달성한다면 승리의 주인공이 될 수 있습니다."

―『오자』「치병」편.

군마의 조련법『吳子』「治兵」

• 武侯問曰: "凡畜車騎, 豈有方乎?" 起對曰: "夫馬必安其處所, 適其水草, 節其飢飽. 冬則溫廐, 夏則涼廡. 刻剔毛鬣, 謹落四下, 戢其耳目, 無令驚駭. 習其馳逐, 閑其進止. 人馬相親, 然後可使. 車騎之具, 鞍·勒·銜·轡, 必令完堅. 凡馬不傷於末, 必傷於始; 不傷於飢, 必傷於飽. 日暮道遠, 必數上下. 寧勞於人, 慎無勞馬. 常令有餘, 備敵覆我. 能明此者, 橫行天下."

무후가 물었다.

"군대에서 말을 다룰 때는 어떤 방법이 필요하오?"

오기가 대답했다.

"군마는 쾌적한 환경에서 사육해야 하고, 물과 사료를 적당히 먹여 배부른 정도를 조절해야 합니다. 겨울에는 마굿간이 따뜻하고 여름에는 서늘해야 하고요. 목덜미 갈기털을 자주 손질해주고, 네 발굽의 편자는 신경 써서 박아야 하는데, 그때는 말이 놀라지 않도록 눈과 귀를 가려줘야 합니다. 쾌속질주해서 추격하는 훈련을 시키고, 나아가고 정지하는 동작을 익숙해질 때까지 연습시켜야 하지요. 사람은 말과 서로 친밀해진 다음이라야 뜻대로 부릴 수가 있습니다.

말 타는데 소용되는 장구들, 예컨대 안장·굴레·재갈·고삐 등은 반드시 하자가 없고 견고한 것이라야 합니다.

말은 다 타고 난 뒤 다치는 게 아니라 처음 부리기 시작할 때 상처를 입고, 배고플 때 다치는 것이 아니라 반드시 배부를 때 문제가 생기지요. 해는 저물고 갈 길이 멀다면 반드시 자주자주 말에서 내려야 하니, 차라리 사람이 피로할지언정 말을 피곤하게 만들면 안 됩니다. 항상 여유 있게 힘을 비축시켜놔야 적의 습격에 대비할 수 있는 까닭이지요. 이런 이치에 환한 사람이라야 천하를 호령할 수가 있습니다."

―『오자』「치병」편.

병사의 조련 단계 『唐太宗李衛公問對』卷中

太宗曰:"舊將老卒, 凋零殆盡, 諸軍新置, 不經陣敵, 今教以何道為要?"靖曰:"臣嘗教士, 分為三等: 必先結伍法, 伍法既成, 授之軍校, 此一等也; 軍教之法, 以一為十, 以十為百, 此一等也; 授之裨將, 裨將乃總諸校之隊, 聚為陳圖, 此一等也. 大將軍察此三等之教, 於是大閱; 稽考制度, 分別奇正, 誓眾行罰. 陛下臨高觀之, 無施不可."

태종이 말했다.

"예전의 장수와 병사들은 거의 다 노쇠했고 새로 배치한 군대는 적과 대치해본 실전 경험이 없소이다. 이제 저들을 무슨 방법으로 가르쳐야 바람직한가?"

이정이 말했다.

"저는 일찍이 병사들을 훈련시킬 때 세 단계로 나눠서 진행했습니다. 먼저 오법(伍法)에 따른 대오(隊伍)의 결성이 반드시 이뤄져야 하니, 오의 편제를 완성시키고 군교[69]에게 그들을 넘기는 것이 첫 번째 단계지요.

군교는 1오를 10개씩 묶어 1대(隊)로 만들고, 1대는 다시 10개씩 묶어 총

---

69) 군교(軍校): 옛날에 보조 업무를 맡았던 군관(軍官).

100오의 편제를 완성하는 것이 그 두 번째 단계입니다.

군교가 이를 비장[70]에게 넘기면 비장은 각 군교의 대오를 총괄해 진법도(陣法圖)에 따라 배치하는데, 이는 그 마지막 단계입니다.

대장군은 이 세 단계의 내용을 두루 살핀 뒤 부대를 검열합니다. 규정을 심사하고, 기정(奇正)을 분별하며, 죄인에 대한 징계 내용을 모두에게 공지하는 것이지요. 폐하께서 윗전에서 굽어 살피시니 추진해서 시행하지 못할 바 없겠습니다."

―『당태종이위공문대』 중권.

하늘과 땅과 사람의 진 『六韜』「虎韜·三陳」

• 武王曰:"凡用兵, 爲天陳·地陳·人陳, 奈何?" 太公曰:"日月·星辰·斗柄, 一左一右, 一向一背, 此謂天陳. 丘陵水泉, 亦有前後·左右之利, 此謂地陳. 用車用馬, 用文用武, 此謂人陳."

무왕이 말했다.

"전쟁할 때의 포진은 하늘의 진(天陳)·땅의 진(地陳)·사람의 진(人陳) 세 종류가 있다고 합니다. 어떻게 이해해야 할까요?"

태공이 말했다.

"하늘에는 해와 달과 별이 있고 북두칠성에 의거해 방향과 계절의 변화를 식별하게 됩니다. 천체 현상에 맞춰 포진하고 진영의 전후좌우 방향을 확정 짓는 것을 일컬어 천진(天陳)이라 합니다.

구릉과 강, 샘물이 전후좌우 어느 방향에 위치하느냐는 군대에게 유리하거나 불리하게 작용하니, 지형조건을 활용해 유리한 진형을 짜는 것은 지진(地陳)이라 부릅니다.

---

70) 비장(裨將): 각 단계의 사령관(主將)을 보좌하던 부사령관(副將).

전차로 몰아칠지 기마병을 앞세울지, 책략을 써야 할지 무력에 기댈 것인지, 인사(人事)에 따라 달라지는 이런 결정은 인진(人陳)이라고 합니다."
―『육도』「호도·삼진(三陳)」편.

적군과 상관의 균형점 『尉繚子』「兵令」上

尉繚子曰: 陳以密則固, 鋒以疏則達. 卒畏將甚於敵者勝, 卒畏敵甚於將者敗. 敵與將猶權衡焉.

울료자의 말이다.

포진할 때는 촘촘하게 밀집해야 진영이 견고하지는데, 선봉대는 성글게 움직여야 행동이 민첩해진다.

병사가 적보다 자기 상관을 더 무서워하면 전쟁에서 승리하지만, 반대로 자기 상관보다 적을 더 무서워하면 패하게 된다.

적군과 상관은 흡사 저울의 양쪽 추와도 같은 존재인 것이다.
―『울료자』「병령(兵令)」상편.

군진과 승리의 전술 『尉繚子』「兵令」上

• 尉繚子曰: 常陳皆向敵, 有內向, 有外向, 有立陳, 有坐陳. 夫內向所以顧中也, 外向所以備外也, 立陳所以行也, 坐陳所以止也. 立坐之陳, 相參進止, 將在其中. 坐之兵劍斧, 立之兵戟弩, 將亦居中. 善禦敵者, 正兵先合, 而後扼之. 此必勝之術也.

울료자의 말이다.

일반적으로 군진은 적군 쪽을 향해서 설치한다. 그러나 어떤 경우는 안쪽을 향해 좁혀나가기도 하고, 어떤 때는 바깥쪽으로 확장시켜 나가기도 한다. 입식 자세로 포진하기도 하고 앉은 자세의 진형도 있다.

안쪽으로 오그라들며 집중하는 내향진(內向陣)은 중앙의 장수를 보호하기 위해서이고, 바깥쪽으로 확산하는 외향진(外向陣)은 외부의 적을 방비하는 데 목적이 있다.

입진(立陣)은 행군과 진격을 위한 전 단계이고, 좌진(坐陣)은 주둔하며 방어하기 위한 것이다.

입진과 좌진을 번갈아 취하며 나아가거나 멈추는 사이 장군은 늘 정중앙에 위치한다.

좌진이 사용하는 무기는 칼과 도끼인 반면 입진이 사용하는 무기는 창과 쇠뇌인데, 장군은 역시 한가운데 자리한다.

적군을 잘 막아내는 장수는 먼저 정병(正兵)으로 교전하고 나중에 특수부대를 투입해 적을 섬멸한다.

이것이 반드시 승리하는 전술이다.

—『울료자』「병령(兵令)」 상편.

팔진법 『唐太宗李衛公問對』 卷上

太宗曰:"陳數有九, 中心零者, 大將握之, 四面八向, 皆取準焉. 陳間容陳, 隊間容隊. 以前爲後, 以後爲前. 進無速奔, 退無遽走. 四頭八尾, 觸處爲首, 敵衝其中, 兩頭皆救. 數起於五, 而終於八. 此何謂也?" 靖曰: "諸葛亮以石縱橫佈爲八行方陳之法, 卽此圖也. 臣嘗教閱, 必先此陳. 世所傳 『握機文』, 蓋得其粗也."

태종이 말했다.

"진을 친 숫자가 아홉[71]이고 중심부에 떨어진 우수리 병사는 대장이 관

---

71) 북송 심괄(沈括)의 『몽계필담(夢溪筆談)』 「보필담(補筆談)」 권3에 다음 문장이 보인다. "풍후의 팔진법에서 대장은 남는 병력을 장악하여 중군에 위치하니, 이 중군을 합치면 9군이 된다. 당나라 이정은 병력이 적으면 9군으로 나

장.[72]하는데, 사방팔방 모두가 정해진 규칙에 따른다 하였소. 큰 진지 사이로 작은 진지가 용납되고, 큰 부대 중간에는 작은 소대가 들어가기도 하지. 이렇게 진을 치면 전방이 후방이 되기도 하고, 후방이 전방으로 뒤바뀌는 경우도 생기고 말이오. 전진할 때는 빠르게 질주하지 않고, 후퇴할 때는 급하게 달아나지 않는다고 하였소. 원래 네 군데 선두와 여덟 후미가 있지만 적과 직접 맞부딪는 곳이 선두로 바뀌게 되오. 만약 적이 중간을 치고 들어온다면 양쪽의 선두가 한꺼번에 달려들어 구해내는 것이지. 그런데 진의 숫자가 다섯에서 시작되어 여덟로 끝난다[73]고 했는데, 이는 무슨 소리요?"

이정이 말했다.

"제갈량은 돌멩이를 종횡으로 놓아 여덟 줄로 배치했는데, 네모꼴 방진(方陣)의 전법이 바로 그 그림입니다. 저는 군사들을 가르치고 사찰할 때는 반드시 이런 팔진법으로 시작하지요. 세간에서 전하는 『악기문(握機文)』은 원래가 그 대략을 보여준 데 불과합니다."

― 『당태종이위공문대』 상권.

누기가 어려워 다시 육화진으로 고치고 중군을 병합해 7군으로 만들었다. 내가 보기에 9군은 방진이고 7군은 원진이 기준이다. … 9군의 순서는 이정 이후로 옛날 법을 바꿔 전군·책전군·우우후군·우군·중군·좌우후군·좌군·후군·책후군이 되었다(風后八陣, 大將握奇, 處於中軍, 則倂中軍爲九軍也, 唐李靖以兵少難分九軍, 又改制六花陣, 倂中軍爲七軍. 余按九軍乃方法, 七軍乃圓法也. … 九軍之次, 李靖之後, 始變古法爲: 前軍·策前軍·右虞侯軍·右軍·中軍·右虞侯軍·左軍·後軍·策後軍)." 이로부터 팔진은 9군으로 방진을 취하며 육화진은 7군으로 원형진을 취한다는 뜻임을 알 수 있으니, 진지가 아홉이란 말은 팔진을 펼쳤다는 뜻이 된다.

72) 방진에서 팔진을 제외한 한가운데 진지는 대장의 자리로 팔진의 응급 사태를 지원하는 역할이었다.

73) 앞뒤좌우 방향으로 5진을 치다가 8진의 방진으로 변환한다는 뜻. 가운데는 역시 대장이 자리한다.

팔진의 명칭 『唐太宗李衛公問對』卷上

○ 太宗曰: "天·地·風·雲·龍·虎·鳥·蛇, 斯八陳何義也?" 靖曰: "傳之者誤也. 古人秘藏此法, 故詭設八名爾. 八陳本一也, 分爲八焉. 若天·地者, 本乎旗號; 風·云者, 本乎幡名; 龍·虎·鳥·蛇者, 本乎隊伍之別. 後世誤傳, 詭設物象, 何止八而已乎?"

태종이 물었다.

"하늘(天)·땅(地)·바람(風)·구름(雲)·용(龍)·호랑이(虎)·새(鳥)·뱀(蛇)의 이들 여덟 진형[74]에는 무슨 의미가 담겨 있소?"

이정이 대답했다.

"전수가 잘못된 경우입니다. 옛날 사람들은 이런 전법들을 비밀로 해 공개하지 않았기 때문에 여덟 가지 명칭을 고안하고 기탁했을 뿐입니다. 팔진은 본래 한몸이지만 흩어지면 여덟 진으로 나뉘게 되지요. 천·지 같은 것은 본래 큰 깃발 이름에서 유래했고, 풍·운은 족자형의 길쭉한 깃발로부터 명칭이 생겨났습니다. 용·호·조·사는 대오를 구별하려는 데서 기인했고요. 후세에 이르러 와전되는 바람에 사물의 형상에 가탁한 것이 어찌 팔진에 그칠 뿐이겠습니까?"

─『당태종이위공문대』 상권.

정전과 팔진법 『唐太宗李衛公問對』卷上

○ 太宗曰: "數起於五而終於八, 則非設象, 實古制也. 卿試陳之." 靖曰: "臣按黃帝始立丘井之法, 因而制兵. 故井分四道, 八家處之, 其形井字, 開方九焉. 五爲陳法, 四爲間地, 此所謂數起於五也. 虛其中, 大將居之, 環其四面,

---

74) 천·지·풍·운·용·호·조·사 팔진의 명칭은 이전(李筌)의 『태백음경(太白陰經)』에 처음 보인다. 이정의 설명은 여덟 명칭이 원래 군깃발 등에 붙어진 휘호인 까닭에 진형 이름으로의 전용은 일종의 견강부회라는 것이다.

諸部連繞, 此所謂終於八也. 及乎變化制敵, 則紛紛紜紜, 鬪亂而法不亂; 渾渾沌沌, 形圓而勢不散: 此所謂散而成八, 復而為一者也."

태종이 말했다.

"진형(陣形)은 숫자가 다섯에서 출발해 여덟로 끝나니 사물의 형상을 가탁한 것만은 아닌 확실한 고대의 제도라오. 경이 한번 설명해 보시게."

이정이 말했다.

"제 생각은 이러합니다. 황제(黃帝)가 맨 처음 구정지법[75]을 설정하신 이래 군대 관리에도 같은 방법이 쓰이게 되었습니다. 원래 1정은 네 개의 길로 나뉘고 여덟 가구의 거주 단위인데, 그 형태가 우물 '井' 자처럼 생겨 아홉 개 구역으로 나뉘지요. 전방·후방·좌측·우측·중앙을 합친 다섯 방면으로 진을 펼치는 방법이니 사방 모서리는 틈새가 되는데, 이것이 이른바 진은 숫자 다섯에서 시작한다는 의미입니다. 중앙은 비워서 대장이 들어가게 하고 그 사방은 각 부대가 연결되어 에워싸니, 이것이 이른바 전후좌우의 4진과 사방 모서리가 합쳐져 여덟로 끝난다는 뜻이지요. 각 진형을 변환시켜 적을 제압할 때는 어수선하기 이를 데 없는데, 전투는 혼란스럽지만 진법은 전혀 어지럽지 않습니다. 혼돈스런 와중에 진이 원형으로 바뀌며 기세는 흩어지지 않으니, 이것이 이른바 흩어져 작은 진 여덟이 되었다가 다시 합쳐져 하나의 큰 진이 되는 방법이지요."

―『당태종이위공문대』 상권.

---

75) 구정지법(丘井之法): 고대에 토지와 구역을 구획하던 제도. 『주례(周禮)』「지관·소사도(地官小司徒)」에 "아홉 사람이 1정이 되고, 4정은 1읍이 되며, 4읍은 1구가 된다(九夫為井, 四井為邑, 四邑為丘)"는 구절이 보이는데, 이는 나중에 군대의 편제로도 응용되었다. 곧 구와 정은 모두 토지와 구역을 구분하는 단위를 말한다.

태공병법과 관중의 군제 『唐太宗李衛公問對』卷上

○ 太宗曰:"深乎黃帝之制兵也! 後世雖有天智神略, 莫能出其閫閾, 降此孰有繼之者乎?"靖曰:"周之始興, 則太公實繕其法. 始於岐都, 以建井畝; 戎車三百輛, 虎賁三千人, 以立軍制. 六步七步, 六伐七伐, 以教戰法. 陳師牧野, 太公以百夫致師, 以成武功, 以四萬五千人勝紂七十萬眾. 周『司馬法』, 本太公者也. 太公既沒, 齊人得其遺法. 至桓公霸天下, 任管仲, 復修太公法, 謂之節制之師. 諸侯畢服."太宗曰:"儒者多言管仲霸臣而已, 殊不知兵法乃本於王制也. 諸葛亮王佐之才, 自比管·樂, 以此知管仲亦王佐也. 但周衰, 時王不能用, 故假齊興師爾."靖再拜曰:"陛下神聖, 知人如此, 老臣雖死, 無愧昔賢也. 臣請言管仲制齊之法; 三分齊國, 以為三軍; 五家為軌, 故五人為伍; 十軌為里, 故五十人為小戎; 四里為連, 故二百人為卒; 十連為鄉, 故二千人為旅; 五鄉一帥, 故萬人為軍. 亦由『司馬法』一師五旅, 一旅五卒之義焉. 其實皆得太公之遺法."

태종이 말했다.

"황제가 제정한 병법이 참으로 심오하구려! 후세에 제아무리 신출귀몰한 지략이 있어도 그 범주를 뛰어넘는 이가 없으니 말이오. 황제 다음으로는 누가 그 병법을 계승하였소?"

이정이 말했다.

"주나라가 막 흥기하면서 태공이 그 병법을 정리했습니다. 기도[76]에서 출발해 사람들을 모으고 마을을 건설(井畝)[77]했지요. 전차 삼백 대와 용사

---

76) 기도(岐都): 고대의 읍(邑) 이름. 지금의 섬서성 기산현(岐山縣) 동북방에 해당한다. 주(周)의 조상 고공단보(古公亶父)가 외적에게 쫓겨 빈(豳)에서 기산 아래 주원(周原)으로 근거지를 옮긴 뒤 건축한 도읍이다.
77) 정묘(井畝): 고대에는 여덟 가구를 1정(井)으로 삼았다. '정묘'는 같은 정 사람들의 공동 경작을 뜻하는데, 여기서는 향리나 사람들이 모여 사는 인구 거주지의 의미로 쓰였다.

삼천 명으로 군대를 조직했는데, 6보나 7보를 전진하면 일단 대오를 정비하고, 여섯 번 일곱 번을 찌르고 나면 다시 대오를 정비하는 식으로 전투하는 방법을 훈련시켰습니다.

목야[78]에서는 대열을 정비했는데, 태공은 백 명으로 군대를 편성시키고 무공을 세우게 했습니다. 그렇게 해서 고작 사만 오천의 병력으로 은나라 주왕의 칠십만 대군에게 승리했지요.

주나라의『사마법』은 본래 태공의 병법입니다. 태공이 죽은 뒤 제나라 사람이 그가 남긴 병법을 손에 넣었지요. 제 환공이 천하의 패자가 되었을 때 관중을 임용해 태공의 병법을 다시 정리하니, 그 휘하는 절도가 엄정한 군대가 되었습니다. 제후들도 모두 그의 지휘에 복종했고요."

태종이 말했다.

"유가에서는 관중(管仲)이 일개 패자의 신하에 불과하다고 많이들 폄하하지만 병법이 왕제[79]로부터 비롯했음을 전혀 모르고 있군. 제갈량은 제왕을 보좌할 만한 재목으로 스스로를 관중과 악의[80]에 비견했는데, 이를 보면 관중도 왕을 보좌할 능력이 있었음을 알게 되는구려. 하지만 주나라가 쇠퇴하니 그 당시 왕은 관중을 기용하지 못했고, 그래서 제 환공의 거병에 의탁해 천하를 바로잡을 수밖에 없었지."

이정이 두 번 절하고 말했다.

"폐하의 신명과 성덕이 인간을 이처럼 깊이 이해하시니, 이 늙은 신하는

---

78) 목야(牧野): 고대의 지명. 지금의 하남성 기현(淇縣) 서남방에 해당한다.
79) 왕제(王制): 제왕의 제도. 『예기』와 『순자』에 「왕제」편이 있는데, 공영달(孔穎達)은 『예기』 소(疏)에서 이렇게 설명했다. "왕제란 선왕께서 수여한 작위·봉록·제사·양로에 관한 법도를 기록한 것이다(王制者, 以其記先王班爵·授祿·祭祀·養老之法度)."
80) 악의(樂毅): 전국시대 연(燕)나라의 명장. 소왕(昭王) 28년(B.C. 284) 연·조·초·한·위 5개국 연합군을 이끌고 제나라를 공격해 70여개 성을 무너뜨리고 창국군(昌國君)에 봉해졌다. 소왕이 죽고 혜왕(惠王)이 즉위한 뒤 제나라의 이간계로 인해 전단(田單)에게 크게 패한 뒤 조나라로 달아나 그곳에서 죽었다.

죽더라도 옛 성현에 부끄럽지 않을 것이옵니다. 청컨대 관중이 제나라를 다스린 방법을 말씀드리고자 합니다. 그는 제나라 백성들을 셋으로 나눠 삼군(三軍)으로 편성했습니다. 다섯 가구가 1궤[81]인 까닭에 5명은 1오(伍)가 되고, 10궤가 1리[82]인 까닭에 전차 1대에 50명이 따라붙게 되었습니다. 4리는 1연[83]이므로 200명이 1졸[84]이 되고, 10련이 1향[85]인 까닭에 2,000명이 1려[86]가 되고, 5향이 1사[87]인지라 일만 명이 1군[88]이 되었습니다. 『사마법』에서 "1사는 5려이고, 1려는 5졸"이라고 했던 것도 같은 뜻인데, 기실 이 모든 내용은 태공이 남기신 법도에 근거한 것이었습니다."

―『당태종이위공문대』 상권.

육화진법『唐太宗李衛公問對』卷中

○ 太宗曰: "朕與李勣論兵, 多同卿說, 但勣不求出處耳. 卿所制六花陳法, 出何術乎?" 靖曰: "臣所本諸葛亮八陣法也. 大陳包小陳, 大營包小營, 隅落鈎連, 曲折相對. 古制如此, 臣爲圖因之. 故外畫之方, 內環之圓, 是成六花, 俗所號爾." 太宗曰: "內圓外方, 何謂也?" 靖曰: "方生於步, 圓生於奇. 方所以矩其步, 圓所以綴其旋. 是以步數定於地, 行綴應乎天. 步定綴齊, 則變化不

---

81) 궤(軌): 고대에 호구(戶口)를 편성하던 단위. 『국어(國語)』「제어(齊語)」의 "다섯 가구가 1궤가 되는 까닭에 다섯 명은 1오가 된다. 궤장이 통솔했다(五家爲軌, 故五人爲伍, 軌長帥之)"는 대목에 대해 주(注)는 "평상시에는 궤라 하고, 출정하면 오가 된다(居則爲軌, 出則爲伍)"고 해설했다.
82) 리(里): 고대의 호구 편제 단위. 제나라는 50가구를 1리로 삼았다.
83) 연(連): 고대의 호구 편제 단위. 『국어』「제어」에 "4리가 1련이 되는 까닭에 200명이 1졸이 된다. 연장이 통솔한다(四里爲連, 故二百人爲卒, 連長帥之)"고 쓰여 있다. 제나라는 200가구를 1련으로 삼았다.
84) 졸(卒): 고대 군대의 편제 단위. 제나라는 200명을 졸이라 했다.
85) 향(鄕): 고대 행정구역의 명칭. 관할하는 범위는 제각기 다른데, 제나라는 2,000가구를 1향으로 삼았다.
86) 여(旅): 고대 군대의 편제 단위. 제나라는 2,000명이 1려였다.
87) 사(師): 고대 행정구역의 명칭. 제나라는 일만 가구가 1사였다.
88) 군(軍): 고대 군대의 편제 단위. 제나라는 일만 명이 1군이었다.

亂. 八陳爲六, 武侯之舊法焉."

태종이 말했다.

"짐이 이세적과 병법을 논해보니 대부분 경의 의견과 일치하더군. 다만 이세적은 그 출처를 규명하지는 못했지. 경이 창제한 육화진법은 어디서 나온 전술이오?"

이정이 말했다.

"신의 육화진법은 제갈량의 팔진법에 근본을 둡니다. 큰 진지는 작은 진지를 포함하고, 큰 병영 안에 작은 병영이 산재했으며, 각각의 모퉁이가 서로 연결되고, 굽은 데는 마주 보게 했지요. 고대의 제도가 이와 같은지라, 저는 거기 근거해 진을 치는 방법을 그림으로 묘사했습니다. 원래 바깥면은 사각의 방형으로 그리고 안쪽은 둥근 원형으로 묘사했는데, 그러면 마치 여섯 장 꽃잎으로 구성된 한 송이 꽃처럼 보이게 되지요. 세상 사람들이 육화진이라고 부르는 이유가 거기 있습니다."

"안은 둥글고 바깥은 네모나다니, 무슨 뜻이오?"

"방진은 걸음(步法)[89]에서 생겨나고, 원진은 반원을 그리면서 만들어집니다. 방진은 그 걸음 숫자를 재면 규모가 결정되고, 원주상의 점들을 나선형으로 이으면 원진이 형성되는 것이지요. 이렇게 해서 걸음 숫자는 지형에 따라 결정되고, 원진은 하늘의 생김새에 근거해 만들어집니다. 보법이 완성되고 원이 다 그려지고 나면 진형을 변환시키는 일이 혼란스럽지 않습니다. 팔진을 변환시켜 육화진을 만드는 것은 제갈무후의 오래된 전술이지요."

―『당태종이위공문대』중권.

---

89) 보법(步法): 무술이나 춤, 구기 종목 등에서 발의 이동 방향이나 선후, 속도 등을 처리하는 방식.

태공의 포진법 『唐太宗李衛公問對』卷中

太宗曰: "太公書云: 地方六百步或六十步, 表十二辰. 其術如何?" 靖曰: "畫地方一千二百步, 開方之形也. 每部占地二十步之方, 橫以五步立一人, 縱以四步立一人, 凡二千五百人. 分五方, 空地四處, 所謂陳間容陳者也. 武王伐紂, 虎賁各掌三千人, 每陳六千人, 共三萬之衆. 此太公畫地之法也."

태종이 말했다.

"태공망의 책[90]에서는 '진을 칠 때 필요한 땅은 사방 600보 혹은 60보인데, 십이진[91]으로 표시한다' 했소. 그것이 무슨 전술이오?"

이정이 말했다.

"사방 1,200보의 사각형을 땅바닥에 그리니, 각 변이 300보인 정방형인 것이지요. 매 부대는 사방 20보[92]의 땅을 점유하는데, 가로는 5보마다 1명을 세우고 세로는 4보마다 1명을 세우면 도합 2,500명이 됩니다. 우물 정(井) 자로 구획을 지어 동·서·남·북·중앙의 5방으로 나누면 4곳의 공터가

---

90) 『육도』를 가리키는데, 현전하는 책에는 이 인용문이 보이지 않는다. 아마도 고대의 일문으로 추정된다.
91) 십이진(十二辰): 고대에 하루를 나누던 분류법의 일종. 대체로 하늘의 적도를 따라 동에서 서쪽으로 도는 만 하루를 12등분한 십이지(十二支)로 명칭을 삼았는데, 하늘의 28수 별자리와는 대응 관계에 있다고 여겨졌다. 진(辰)은 원래 해와 달의 교차점으로, 12진은 음력 12달 중 매월 초하루 태양의 위치를 가리킨다.
92) 매 부대가 사방 20보의 땅을 점유한다는 대목은 오류인 듯하며, 20보는 의당 100보로 고쳐야 한다. 『무경칠서직해(武經七書直解)』에서는 20보가 아니라 220보라고 했는데, 이 역시 명백한 오류이다. 본문에서 가로 5보에 1인, 세로 4보에 1인을 세우면 도합 2,500명이라고 했기 때문에 220보의 사각형으로 셈하면 2,420인을 세우게 되므로 2,500명은 계산에 맞지 않는다. 또 1,200보의 사각형에는 매 변이 220보의 5개 진영 사각형을 용납하지 못한다. 100보로 계산하면 가로 5보에 1인, 세로 4보에 1인을 세워 매 진마다 500명이 되고, 5진에 2,500명을 세우게 된다. 큰 진은 둘레가 1,200보로 매 변이 300보이므로 매 변 100보인 5개의 방진이 들어갈 수 있다.

나오니, 이른바 진용 사이로 또 다른 진용이 수용되지요. 주나라 무왕이 은의 주왕을 정벌할 때 호분[93]은 저마다 3,000의 병사를 거느렸고 진용마다 6,000명이 떨어지니, 도합 삼만 명의 군사가 동원되었습니다. 이것이 태공망이 땅바닥에 금을 긋고 포진시킨 방법이지요."

―『당태종이위공문대』중권.

육화진『唐太宗李衛公問對』卷中

太宗曰: "卿六花陳, 畫地幾何?" 靖曰: "大閱, 地方千二百步者, 其義六陳, 各占地四百步, 分為東西兩廂, 空地一千二百步, 為教戰之所. 臣嘗教士三萬, 每陳五千人, 以其一為營法, 五為方·圓·曲·直·銳之形, 每陳五變, 凡二十五變而止."

태종이 말했다.

"경의 육화진은 넓이가 얼마나 되는가?"

이정이 말했다.

"큰 규모의 사열에 한 변 길이 1,200보로 정사각형 금을 긋는 것은 6진을 만들겠다는 뜻입니다. 매 진마다 한 변이 400보인 사각형을 점유하고 동과 서 양쪽으로 자리를 차지하고 나면, 가운데 빈터인 가로 400보 세로 1,200보의 직사각형은 병사들의 연병장이 됩니다.

신은 일찍이 삼만 병사를 훈련시킨 적이 있는데, 매 진마다 오천의 병사를 배치했습니다. 그중 한 진을 사령부로 삼고 나머지 5진은 네모지고(方)·둥글고(圓)·휘어지고(曲)·반듯하고(直)·뾰족한(銳) 모양으로 진형을 짜게 했지요. 각 진이 이런 식으로 5번 진형을 바꾸면 도합 25번의 변동이 생겨납니다."

―『당태종이위공문대』중권.

---

[93] 호분(虎賁): 3,000명을 관할하는 군관. 앞의 주석에서 용맹한 병사로 설명한 경우와 의미가 다르다.

오행진 『唐太宗李衛公問對』 卷中

○ 太宗曰:"五行陳如何?"靖曰:"本因五方色立此名. 方·圓·曲·直·銳, 實因地形使然. 凡軍不素習此五者, 安可以臨敵乎? 兵, 詭道也, 故強名五行焉, 文之以術數相生相剋之義. 其實兵形像水, 因地制流; 此其旨也."

태종이 말했다.
"오행진[94]이란 어떤 것인가?"
이정이 말했다.
"본래는 다섯 방위의 색깔에 근거하여 나온 명칭입니다. 네모지고 둥글고 휘어지고 반듯하고 뾰족한 진형은 사실 지형의 상이함 때문에 만들어진 것이지요. 명색이 군대인데 평소 이 다섯 가지 진형을 훈련하지 않고 어떻게 적을 맞아 싸울 수 있겠습니까?
전쟁은 거짓 술수가 첩경으로 작용하는 무대입니다. 때문에 어거지로 오행을 끌어와 이름을 붙이고, 묘사할 때는 상생상극의 뜻을 차용하는 술수를 부린 것이지요. 실제로 전쟁할 때의 진형이란 흡사 물과도 같아 지형의 생김새에 따라 흐름이 만들어지는데, 이것이 그 근본 취지입니다."
―『당태종이위공문대』 중권.

오(伍)의 편제법 『唐太宗李衛公問對』 卷中

• 太宗曰:"伍法有數家, 孰者為要?"靖曰:"臣按『春秋左氏傳』云先偏後伍, 又『司馬法』曰'五人為伍', 『尉繚子』有束伍令, 漢制有尺籍伍符. 後世符籍, 以紙為之, 於是失其制矣. 臣酌其法, 自五人而變為二十五人, 自二十五

---

94) 오행진(五行陳): 금·목·수·화·토(金木水火土)의 오행을 이용해 다섯 방위를 표시하는 진형. 동쪽은 나무(木)의 푸른색, 서쪽은 쇠(金)로 흰색, 남쪽은 불(火)의 붉은색, 북쪽은 물(水)로 검은색, 중앙은 흙(土)이라 누런색으로 표시했다.

人而變爲七十五人, 此則步卒七十二人·甲士三人之制也. 舍車用騎, 則二十五人當八馬, 此則五兵五當之制也. 是則諸家兵法, 唯伍法爲要. 小列之五人, 大列之二十五人, 參列之七十五人. 又五參其數, 得三百七十五人. 三百人爲正, 六十人爲奇, 此則百五十人分爲二正, 而三十人分爲二奇, 蓋左右等也. 穰苴所謂 '五人爲伍, 十伍爲隊', 至今因之. 此其要也."

태종이 말했다.

"오(伍)를 편제하는 방법에 몇 가지 이론이 있던데, 누구 것이 가장 요긴하오?"

이정이 말했다.

"『춘추좌씨전』에서는 선편후오[95]를 말했고, 『사마법』에서는 또 '5명으로 1오를 만든다'고 했습니다. 『울료자』에는 속오령이 있고, 한대의 제도로는 척적오부[96]가 전하지요. 후세에 이르러 종이로 문서를 만들자 그 제도는 사라지게 되었습니다. 신이 그 방법을 곰곰이 헤아려보니, 1오의 구성원 5명으로부터 25명이 되고, 25명에서 다시 75명으로 변환하는 방식이더군요. 이는 고대에 보병 72인과 중무장한 갑사(甲士) 3인을 활용한 제도입니다.

나중에 전차를 쓰지 않고 기병전으로 양상이 바뀌자 25명이 말 탄 기마병 여덟을 마주하게 되는데, 이는 오종병(五種兵)이 무기 5종(五兵)[97]을 감

---

[95] 선편후오(先偏後伍): 출전은 『좌전』 환공(桓公) 5년조. 이 구절에 대한 두예(杜預)의 주는 다음과 같다. "『사마법』에서 말하길, 전차 25량이 1편이 된다. 전차가 앞에 가고 병사들이 뒤따르다가 전차들 틈새를 통해 인원이 빠지고 모자란 곳을 메꾼다. 다섯 명은 1오가 된다. 이는 원래 어리진을 펼치는 진법이다(『司馬法』: 戰車二十五乘爲偏, 以車居前, 以伍次之, 乘偏之隙而彌縫缺漏也. 五人爲伍, 此蓋魚麗陣法).

[96] 척적(尺籍)은 군령이나 군공 등을 기록한 얇은 책. 한대에는 적을 죽이고 전공을 세웠을 때 그 성적을 기록한 한 자 길이의 대나무나 목판을 가리켰다. 오부(伍符)는 군대 내에서 각 오가 서로를 보증하던 신표를 말한다.

[97] 오병(五兵): 다섯 종류의 병장기. 책마다 가리키는 무기가 조금씩 다른데,

당한 제도입니다. 이런 연유로 병법가라면 누구나 오법(伍法)을 가장 중시했지요. 5명은 소열(小列), 5소열은 25명의 대열(大列)이고, 3대열은 75명의 삼열(參列)이 됩니다. 또 삼열이 다섯이면 그 숫자가 375인이지요. 그중 300명은 정병(正兵)으로 배치하고 60명은 기병(奇兵)으로 활용합니다. 이러면 인원 150명인 정병 두 부대와 30명씩인 기병 두 부대가 나오는데, 대체로 좌우에 똑같이 배치했습니다. 사마양저(司馬穰苴)가 이른바 '5명은 1오, 10오는 1대(隊)가 된다'고 했는데, 지금까지도 연면히 이어지는 방법이지요. 이것이 오법의 핵심입니다."

―『당태종이위공문대』중권.

기병전의 승리와 패배 『六韜』「犬韜・戰騎」

• 武王曰: "戰騎奈何?" 太公曰: "騎有十勝・九敗." 武王曰: "十勝奈何?" 太公曰: "敵人初至, 行陳未定, 前後不屬, 陷其前騎, 擊其左右, 敵人必走; 敵人行陳整齊堅固, 士卒欲鬪. 吾騎翼而勿去, 或馳而往, 或馳而來, 其疾如風, 其暴如雷, 白晝如昏, 數更旌旗, 變易衣服, 其軍可克; 敵人行陳不固, 士卒不鬪, 薄其前後, 獵其左右, 翼而擊之, 敵人必懼; 敵人暮欲歸舍, 三軍恐駭, 翼其兩旁, 疾擊其後, 薄其壘口, 無使得入, 敵人必敗; 敵人無險阻保固, 深入長驅, 絶其糧路, 敵人必飢; 地平而易, 四面見敵, 車騎陷之, 敵人必亂; 敵人奔走, 士卒散亂, 或翼其兩旁, 或掩其前後, 其將可擒; 敵人暮返, 其兵甚衆, 其行陣必亂, 令我騎十而爲隊, 百而爲屯, 車五而爲聚, 十而爲群, 多設旌旗, 雜以強弩, 或擊其兩旁, 或絶其前後, 敵將可虜. 此騎之十勝也." 武王曰: "九敗奈何?" 太公曰: "凡以騎陷敵, 而不能破陳, 敵人佯走, 以車騎返擊我後, 此騎之敗地也;

『사마법』「정작」편에서는 활(弓矢)・팔모죽창(殳)・장창(矛)・평두창(戈)・미늘창(戟)이라고 설명했다. 『주례(周礼)』「하관・사병(夏官司兵)」은 과(戈)・수(殳)・도끼창(戟)・단창(酋矛)・전차용 장창(夷矛)으로, 『곡량전(穀梁傳)』은 창(矛)・도끼창(戟)・도끼(鉞)・방패(楯)・활(弓矢)로 기재했다. 각종 병장기를 두루 지칭하기도 한다.

追北逾險, 長驅不止, 敵人伏我兩旁, 又絶我後, 此騎之圍地也; 往而無以返, 入而無以出, 是謂陷於天井, 頓於地穴, 此騎之死地也; 所從入者隘, 所從出者遠, 彼弱可以擊我強, 彼寡可以擊我衆, 此騎之沒地也; 大澗深谷, 翳薈林木, 此騎之竭地也; 左右有水, 前有大阜, 後有高山, 三軍戰於兩水之間, 敵居表裏, 此騎之艱地也; 敵人絶我糧道, 往而無以還, 此騎之困地也; 汙下沮澤, 進退漸洳, 此騎之患地也; 左有深溝, 右有坑阜, 高下如平地, 進退誘敵, 此騎之陷地也. 此九者·騎之死地也, 明將之所以遠避, 暗將之所以陷敗也."

무왕이 물었다.
"기마병을 동원해 싸울 때는 어찌해야 할까요?"
태공이 말했다.
"기마병을 활용하려면 승리를 부르는 열 가지 정황과 아홉 가지 패배의 형세를 알아야 합니다."
"무엇이 열 가지 승리의 정황입니까?"
무왕의 물음에 태공이 대답했다.
"적이 막 도착해 진용이 아직 불안정하고 앞뒤가 서로 연결되지 않았을 때, 기병대가 적의 선봉에 선 기마병들을 쓸어버리고 저들의 좌우 양측에 타격을 가한다면 적은 반드시 도주하게 됩니다.

적의 진형이 정연하고 견고하며 병사들이 싸우고 싶어 안달난 상태라면, 우리 기병대는 멀찌감치 떨어져 양쪽을 포위하고 물러나지 못하게 합니다. 그러다 갑자기 말을 달려 있던 자리에서 떠나기도 하고 때로 되돌아오기도 하는데, 그 속도가 바람처럼 빠르고 번개처럼 느닷없이 들이닥쳐야 합니다. 백주대낮에 흙먼지를 일으켜 저물녘처럼 침침하게 만들고, 깃발을 자주 바꿔 꽂고 복장을 갈아입히기도 하고요. 적들이 영문을 몰라 혼란한 와중에 공격하면 저들을 무난히 제압할 수가 있습니다.

적군의 진용이 아직 견고하지 못하고 병사들의 투지가 흐트러졌을 때, 기병대를 투입해 적의 전방과 후방을 압박하고 사냥하듯 좌우의 적병들을 잡아 죽이는 한편 양쪽에서 포위해 협공하면 적들은 틀림없이 공포에 떨게 됩니다.

황혼 무렵 막사로 돌아갈 때라면 전군이 피곤하여 공황상태에 빠지기 쉽습니다. 이때 적의 양쪽 측면을 포위하면서 협공하고 후방을 잽싸게 쳐서 군영 입구까지 압박해들어가 적군이 병영 안에 들어가지 못한다면 저들은 필시 대패할 것입니다.

적에게 의지할 만한 험하고 견고한 요새가 없을 때 아군이 신속한 속도로 깊숙이 파고들어 적의 군량 보급로를 끊어버린다면 저들은 굶주릴 수밖에 없습니다.

적이 처한 지형이 평탄하면서도 툭 트인 공간이라 사방에서 공격받기 쉬울 때 전차와 기마병으로 맹공을 퍼붓는다면 적들은 반드시 큰 혼란에 빠지게 됩니다.

적군이 동분서주하느라 병사들 대오가 분산되어 혼란할 때, 기마병으로 진격하면서 적의 좌우 양측을 포위해 공격하거나 그 앞뒤를 파고들며 돌진한다면 그 적장을 사로잡을 수 있습니다.

저물녘에 막사로 돌아가는 적병의 숫자가 많다면 그 행렬이 반드시 어지럽게 마련이니 그때가 또 기회입니다.

우리 기마병 열 명은 한 소대(隊)가 되고, 백 명은 일 둔,[98] 전차 다섯 대는 일 취(聚), 열 대는 일 군(群)으로 편성됩니다. 깃발을 여기저기 무수히 꽂고 강한 쇠뇌를 그 사이에 배치한 뒤 적의 양쪽 측면을 파고들거나 혹은 그 앞뒤를 가로막아 연결을 끊는다면 적장을 포로로 잡아들일 수 있습니다.

이상 열 가지가 기마병으로 승리하는 상황이지요."

---

98) 둔(屯): 원래는 취합한다는 뜻이지만 '병영(camp)'이란 의미도 있다. 여기서는 한 막사에 들어가 숙식을 함께하는 같은 부대원을 일컫는 단위로 쓰였다. 취(聚)나 군(群)도 전차를 세는 고대의 계량 단위로 보인다.

무왕이 다시 물었다.

"아홉 가지 패배하는 상황은 무엇입니까?"

태공이 대답했다.

"기마병으로 진격했지만 적의 진형을 깨뜨리지 못했습니다. 패배한 척 시치미 떼고 도주하던 적군이 전차와 기마병을 우회시켜 아군을 후미에서 치고 들어온다면, 그곳은 우리 기병대에게 죽음을 안겨줄 패지(敗地)가 될 것입니다.

기병대가 패주하는 적을 추격해 험지를 가로질러 먼 거리를 빠른 속도로 진군하고 있을 때 적들이 양 측면에 매복을 심고 또 퇴로를 단절시킨다면, 이 땅은 기병대가 포위되는 위지(圍地)입니다.

갈 수는 있지만 되돌아올 수 없고 진입할 수는 있지만 빠져나오기 어려운 곳을 일컬어 천정[99]이라 하는데, 지하실에 갇힌 듯한 이런 상황은 기마병의 사지(死地)입니다.

기병대가 들어가기에 도로폭이 좁고 빠져나올 때는 또 길을 우회해야 하며, 약체인 적이 강세인 우리를 공격할 수 있고 소수의 적이 수적으로 우세한 우리에게 타격을 가할 수 있는 그런 땅은 기마병이 몰살당할 우려가 있는 몰지(沒地)입니다.

깊은 계곡에 규모가 큰 여울이 흐르고 수풀이 울창하게 우거진 곳은 기병대의 행동력을 고갈시키는 갈지(竭地)입니다.

좌우에 물이 흐르고 앞에는 규모가 큰 구릉, 뒤에는 높은 산이 자리하고 있어 적과 우리가 두 줄기 강물 사이에서 교전해야 하는데 안팎으로 적군이 득실거려 꼼짝달싹하기 어려운 그런 곳은 기마병에게 힘겨운 간지(艱地)입니다.

적이 우리의 식량 보급로를 끊는 바람에 갈 수는 있지만 되돌아올 방도가

---

[99] 천정(天井): 사방이 산으로 둘러싸인 고지대에서 아래로 움푹 꺼져 우물처럼 생긴 지형.

없다면, 이는 기마병이 곤경에 처하게 될 곤지(困地)라 하겠습니다.

지세가 낮고 습해서 수초가 무성히 자라고 전진하든 후퇴하든 질척거리는 소택지를 지나야 한다면 이는 기마병이 재난을 맞을 수 있는 환지(患地)인 것입니다.

왼편에 깊은 협곡이 있고 오른편에 구덩이와 언덕이 있지만 높은 데서 내려다보면 마치 평지 같아서 나아가든 물러서든 적의 포위와 공격을 초래하는 곳이라면 이는 기마병에게 함정과 같은 함지(陷地)가 되지요.

이상 아홉 가지 형세는 모두 기마병의 사지입니다. 현명한 장수라면 그 안의 불리한 여건을 헤아려 가급적 멀리 피하지만, 멍청한 장수에게는 전군을 몰살시키는 패배의 요인이 되지요."

―『육도』「견도·전기(戰騎)」편.

기마병의 종류와 역할 『唐太宗李衛公問對』卷上

○ 太宗曰: "曹公有戰騎·陷騎·遊騎, 今馬軍何等比乎?" 靖曰: "臣按 『新書』云: '戰騎居前, 陷騎居中, 遊騎居後.' 如此則是各立名號, 分為三類爾. 大抵騎隊八馬, 當車徒二十四人; 二十四騎, 當車徒七十二人, 此古制也. 車徒常教以正, 騎隊常教以奇. 據曹公, 前後及中, 分為三覆, 不言兩廂, 舉一端言也. 後人不曉三覆之義, 則戰騎必前於陷騎·遊騎, 如何使用? 臣熟用此法, 回軍轉陳, 則遊騎當前, 戰騎當後, 陷騎臨變而分. 皆曹公之術也." 太宗笑曰: "多少人為曹公所惑."

태종이 말했다.

"조공이 말한 전기·함기·유기[100]는 지금의 어떤 기마병에 해당하는가?"

---

100) 전기(戰騎), 함기(陷騎), 유기(遊騎)의 세 종류 기마병이 맡은 정확한 직책과 기능은 알려진 바 없다. 대체로 전기는 적진으로 돌격하는 역할이고, 함기는 전기가 전과를 올린 틈을 타 적진으로 뛰어드는 경기병(輕騎兵)이며,

이정이 말했다.

"조공의 『신서』에 의거해 말씀 드리겠습니다. 전기는 앞쪽에 자리를 잡고, 함기는 중간에, 유기는 뒤쪽에 위치합니다. 이처럼 제각기 명칭이 주어지고 세 종류 기병으로 분류되지만 실제 맡은 역할이 다른 것은 아니지요. 대체로 기병대 8기는 보병 24명에 해당하고 24기는 보병 72인에 가름하는데, 이는 고대로부터 전해진 제도입니다. 전차와 보병은 보통 정병(正兵)을 펼치도록 훈련시키고, 기마병은 항상 기병(奇兵)에 적합하도록 교육합니다.

조공의 이론에 따르면, 앞쪽과 뒤쪽, 가운데로 군사를 삼 등분해서 복병을 배치하게 됩니다. 양 옆구리의 군대가 어떻게 움직인다고는 말하지 않았으니, 한 측면만 예로 들어 설명했던 것이죠. 후인들은 세 군데에 복병을 둔다는 삼복(三覆)의 의미를 깨치지 못하고 전기는 반드시 함기와 유기 앞쪽이어야 한다고 우기니, 어떻게 세 종류 기마병의 유기적 활용이 가능하겠습니까? 신은 이 방법에 대해 깊이 연구했습니다. 군대를 되돌려 진을 전환시키면 유기가 앞이 되고, 전기는 후방을 담당하며, 함기는 임기응변 전술로 흩어지게 되지요. 모두 조공의 전술이었습니다."

태종이 웃으면서 말했다.

"얼마나 많은 사람들이 조공에 미혹되어 갈피를 잡지 못했을까!"

─『당태종이위공문대』 중권.

보병전 『六韜』「犬韜·戰步」

○ 武王曰:"步兵·車·騎戰奈何?"太公曰:"步兵與車·騎戰者, 必依丘陵·險阻, 長兵強弩居前, 短兵弱弩居後, 更發更止. 敵之車騎, 雖衆而至, 堅陣疾戰, 材士強弩, 以備我後."武王曰:"吾無丘陵, 又無險阻. 敵人之至, 既衆且武, 車騎翼我兩旁, 獵我前後; 吾三軍恐怖, 亂敗而走, 爲之奈何?"太公

유기는 지원 명령을 기다리며 경계 업무를 담당하는 기마병으로 추정된다.

曰; "令我士卒爲行馬·木蒺藜, 置牛馬隊伍, 爲四武衝陳. 望敵車騎將來, 均置蒺藜, 掘地匝後, 廣深五尺, 名曰'命籠'. 人操行馬進步, 闌車以爲壘, 推而前後, 立而爲屯, 材士强弩, 備我左右. 然後令我三軍, 皆疾戰而不解."

무왕이 물었다.
"보병이 전차부대와 기병대를 상대로 싸울 때는 어찌해야 할까요?"
태공이 말했다.
"보병이 전차와 기병을 앞세운 적과 교전할 때는 반드시 구릉이나 험준한 지형에 의탁해야 합니다. 장창처럼 자루가 긴 병기와 멀리 나가는 강한 쇠뇌는 앞줄에 배치하고 자루가 짧은 무기와 사정거리 짧은 약한 활은 뒷줄에 배치한 다음 궁수들이 번갈아 발사하고 교대로 휴식을 취하게 합니다. 적의 전차와 기병대가 엄청난 규모로 코앞까지 밀려오더라도 진형을 견고히 하고 속전속결로 작전을 펴면서 뛰어난 정예병과 강한 쇠뇌로 후방을 지키게 한다면 패하지 않을 수 있지요."
"아군에게는 기댈 만한 구릉이 없고 또 버틸 수 있는 험준한 지형도 없습니다. 쳐들어온 적군은 숫자도 많고 전투력도 막강할뿐더러 전차와 기병대까지 우리를 양옆에서 포위하고 좁혀들어오니, 우리 병사들이 앞뒤에서 사냥 당하듯 잡혀 죽는 상황이군요. 전군이 공포에 질려 대오가 무너지고 다들 뿔뿔이 도망치는데, 이럴 때는 어찌해야 좋겠습니까?"
무왕의 질문에 태공이 대답했다.
"그런 상황에서는 병사들에게 행마(行馬)와 목질려(木蒺藜)를 준비하라 명령하고, 군대 내의 소와 말들을 새끼줄로 연결시켜 사무충진(四武衝陳)의 대오를 편성합니다. 멀리서 적의 전차와 기병대가 접근하는 모습이 보이면 질려를 적당한 곳에 골고루 뿌리고, 진영의 뒤편 땅에는 너비와 깊이가 각각 다섯 자인 반원형의 참호를 파는데 이름하여 명롱[101]이라 하지요. 병사들은 행마를 앞으로 밀며 나아가고, 전차는 연결해서 적을 가로막는 보루로 활용합니다. 사람이 밀면 앞뒤로 왔다 갔다 움직이고, 밀기를 멈추면 군영을 에워싸게 되지요. 아울러 정예병과 강한 쇠뇌를 배치하고, 좌우 양측도 주의해서 방비합니다. 그런 다음 전군에 온힘을 다해 싸우고 경계를 풀면 안 된다고 명령하는데, 그러면 싸움에 패할 수가 없습니다."

―『육도』「견도·전보(戰步)」편.

『사마법』의 유래 『唐太宗李衛公問對』 卷上

太宗曰: "『司馬法』, 人言穰苴所述, 是歟否也?" 靖曰: "按『史記·穰苴傳』, 齊景公時, 穰苴善用兵, 敗燕·晉之師, 景公尊為司馬之官, 由是稱司馬穰苴, 子孫號司馬氏. 至齊威王, 追論古司馬法, 又述穰苴所學, 遂有司馬穰苴書數十篇. 今世所傳兵家流, 又分權謀·形勢·陰陽·技巧四種, 皆出『司馬法』也."

태종이 말했다.

"『사마법(司馬法)』은 사람들 말이 사마양저가 지은 거라던데, 그것이 사실인가?"

이정이 말했다.

"『사기』「사마양저 열전」에 따르면, 제나라 경공(景公) 시절 양저는 군사들을 부리는 데 뛰어난 수완을 보였습니다. 그가 연나라와 진(晉)나라 군대를 격파하자 경공이 우대하여 사마[102] 벼슬을 내리니, 이로부터 사마양저라고 부르면서 자손들도 '사마'를 성씨로 삼게 되었지요. 제나라 위왕(威王) 시대에 이르러 고대의 사마병법을 다시금 토론하면서 양저가 공부한 병법을 정리하니 마침내 사마양저 병법서 수십 편이 나오게 되었습니다. 지금

---

101) 명롱(命籠): 장비와 핵심 진지를 보호하기 위해 사방 주변에 참호와 장애물을 이용해 만든 시설물. 전군의 생사와 승패 같은 명운이 걸렸다 하여 '명롱'이라 호칭했다.
102) 사마(司馬): 군정(軍政)과 군부(軍賦, 군사와 관련되어 징수하는 세금) 업무를 담당한 관직 명칭. 주나라 때 처음 생겨 춘추전국 시대에 줄곧 존속했다.

세간에 전해지는 병가류는 또 권모·형세·음양·기교의 네 종류로 분류하는데, 모두『사마법』에서 비롯되었습니다."
―『당태종이위공문대』상권.

병가서의 종류『唐太宗李衛公問對』卷上

• 太宗曰:"漢張良·韓信序次兵法, 凡百八十二家, 刪取要用, 定著三十五家. 今失其傳, 何也?"靖曰:"張良所學, 太公『六韜』·『三略』是也. 韓信所學, 穰苴·孫武是也. 然大體不出三門四種而已."太宗曰:"何謂'三門'?"靖曰: "臣案『太公·謀』八十一篇, 所謂陰謀, 不可以言窮;『太公·言』七十一篇, 不可以兵窮;『太公·兵』八十五篇, 不可以財窮. 此三門也."太宗曰:"何謂四種?"靖曰:"漢任宏所論是也. 凡兵家流, 權謀爲一種, 形勢爲一種, 及陰陽·技巧二種, 此四種也."

태종이 말했다.

"한대의 장량과 한신이 병법을 정리할 때는 모두 182가였는데, 중요하고 유용한 내용을 선별하여 35가로 정리했다 하오. 지금은 그 책들이 전하지 않는데, 이유가 무엇인가?"

이정이 말했다.

"장량이 공부한 것은 태공의『육도』와 황석공의『삼략』이고, 한신이 배운 바는 사마양저와 손무의 병법입니다. 그렇더라도 이 책들은 대체로 세 분야 네 종류(三門四種)에서 벗어나지 않지요."

"무엇을 일컬어 '세 분야'라 하오?"

"제가 살펴보니『태공』「모(謀)」81편에서 말한 이른바 암중모색의 계책(陰謀)은 언어로는 형용이 불가능했습니다.『태공』「언(言)」71편은 병법의 신묘한 이치가 무궁무진 끝없이 펼쳐지고요.『태공』「병(兵)」85편을 공부하면 재정이 궁핍해질 수가 없습니다. 이를 '세 분야(三門)'라 하지요."

"무엇을 네 종류라 하오?"

"한대의 임굉[103]이 논한 바가 정확합니다. 모든 병가류 중에서 권모(權謀)가 한 종류이고, 형세(形勢)가 한 종류이며, 음양(陰陽)과 기교(技巧)가 각각 한 종류가 되니, 이것이 네 종류 병법입니다."

—『당태종이위공문대(唐太宗李衛公問對)』상권.

구벌지법(九伐之法) 『唐太宗李衛公問對』卷 上

○ 太宗曰:"『司馬法』首序蒐狩, 何也?" 靖曰:"順其時而要之以神, 重其事也, 周禮最為大政. 成有岐陽之蒐, 康有酆宮之朝, 穆有塗山之會, 此天子之事也. 及周衰, 齊桓有召陵之師, 晉文有踐土之盟, 此諸侯奉行天子之事也. 其實用九伐之法, 以威不恪, 假之以朝會, 因之以巡狩, 訓之以甲兵. 言無事兵不妄舉, 必於農隙, 不忘武備也. 故首序蒐狩, 不其深乎!"

태종이 말했다.

"『사마법』은 첫머리에 군대의 사열과 훈련을 서술했던데, 이유가 무엇인가?"

이정이 말했다.

"천시에 순응하며 신에게 비는 것은 그 일을 중시하기 때문입니다. 『주례』[104]는 정치에 관한 가장 중요한 내용들을 담고 있습니다. 주나라 성왕은

---

103) 임굉(任宏): 한대 성제(成帝) 때 인물로 보병교위(步兵校尉)와 집금오(執金吾)를 역임했다. 『한서』「예문지」에 따르면, 성제는 진농(陳農)을 시켜 천하의 일실된 책들을 수집하고 임굉에게 병서 정리를 명했다.

104) 『주례(周禮)』: 원래 명칭은 『주관』. 『주관경(周官經)』이라고도 하며, 서한 말기 경전의 반열에 들면서 『주례』로 부르게 되었다. 내용은 주나라 왕실의 조직과 제도(官制)에 전국시대 각 나라의 제도 및 유가의 정치사상이 곁들여 있다. 저자에 대해 고문학파는 주공(周公)이 지었다는 입장이고 금문학파는 전국시대의 저작으로 간주한다. 서한 말기 유흠(劉歆)의 위작으로 보는 주장도 있으나, 근래에 이르러 주·진(周秦) 시기 청동기 명문을 연구한

기산의 남쪽에서 군대를 사열했고, 강왕은 풍궁[105]에서 제후의 조회를 받았
으며, 목왕은 도산에서 제후들을 접견했는데, 이는 모두 천자의 일이었습니
다. 주나라가 쇠퇴하자 제 환공은 소릉[106]에서 회동했고, 진문공은 천토[107]
에서 제후들과 동맹을 맺었는데, 이는 제후가 천자를 받드는 일이었지요. 하
지만 실상은 구벌지법[108]을 활용해 방자한 자들을 위력으로 제압하고, 조회
의 명목을 빌어 각국을 순시하며 군사들을 훈련하는 것이었습니다. 사건이
없으면 함부로 전쟁을 일으키지 않고, 농한기에는 반드시 전쟁에 대비한 군
사훈련을 잊지 말라 하였지요. 그래서 첫머리에 군대의 사열과 훈련을 언급

결과 전국시대 작품으로 판정되었다. 도합 42권으로 체재는 「천관(天官)」·
「지관(地官)」·「춘관(春官)」·「하관(夏官)」·「추관(秋官)」·「동관(冬官)」의
6편으로 구성되어 있다. 서한 때 하간헌왕(河間獻王)이 『주관』을 획득했으
나 「동관」편이 결락된 터라 「고공기(考工記)」로 보충했다는 설이 전한다.

105) 풍궁(酆宮): 문왕의 궁전 명칭. 섬서성 호현(戶縣) 북쪽에 위치했다.
106) 소릉(召陵): 춘추시대 초나라의 성읍. 지금의 하남성 언성(郾城) 동쪽에 위
치했다. 제 환공이 노·송 등과 더불어 초나라 정벌에 나서자 초 장왕은 굴
완(屈完)을 파견해 소릉에서 제후들과 동맹을 맺게 함으로써 결국 제·노를
철군시켰다는 기사가 『좌전』 「희공(僖公)」 4년조에 보인다.
107) 천토(踐土): 정(鄭)나라 땅으로 지금의 하남성 원양현(原陽縣) 서남방에 위
치했다. 주나라 양왕(襄王) 20년(B.C. 632), 초의 성왕(成王)이 진(陳)·채
(蔡) 등과 연합해 송나라를 공격했다. 송이 진(晉)에 구원을 청하자, 진 문
공은 초의 동맹국 조(曹)·위(衛)를 공격하도록 파병했다. 진과 초의 군대는
성복(城濮)에서 맞부딪혔고 결국 초의 대참패로 끝났다. 승리 후 진 문공은
천토에 왕궁을 건립해 양왕을 맞아들이고 제후들과 회동했다.
108) 구벌지법(九伐之法): 정벌의 9가지 방법. 출전은 『주례』 「하관·대사마(夏官
大司馬)」. "9가지 방법으로 정벌해 각 나라를 바르게 한다. 약자와 소수자를
넘보면 그 땅을 깎고, 현인과 백성을 해치는 자는 찍어버리며, 안팎으로 포
악한 자는 제거한다. 땅을 황폐화시키고 백성들이 흩어지게 하면 그 땅을
몰수하고, 완고해 승복하지 않는 자는 침탈하며, 그 친지를 죽이는 자는 법
으로 징치한다. 그 임금을 시해하면 죽이고, 영을 어기고 정치를 어지럽히
는 자는 발본색원하며, 안팎으로 문란해 짐승 같은 짓을 하는 자는 멸해버
린다(以九伐之法正邦國: 馮弱犯寡, 則眚之; 賊賢害民, 則伐之; 暴內陵外, 則壇
之; 野荒民散, 則削之; 負固不服, 則侵之; 賊殺其親, 則正之; 放弒其君, 則殘之;
犯令陵政, 則杜之; 外內亂, 鳥獸行, 則滅之)."

했던 것이니, 그 뜻이 어찌 깊다고 하지 않겠습니까!"

—『당태종이위공문대』상권.

오제령『尉繚子』「伍制令」

○『尉繚子‧伍制令』曰: 軍中之制, 五人爲伍, 伍相保也; 十人爲什, 什相保也. 五十人爲屬, 屬相保也; 百人爲閭, 閭相保也. 伍有干令犯禁者, 揭之, 免於罪; 知而弗揭, 全伍有誅. 什有干令犯禁者, 揭之, 免於罪; 知而弗揭, 全什有誅. 屬有干令犯禁者, 揭之, 免於罪; 知而弗揭, 全屬有誅. 閭有干令犯禁者, 揭之, 免於罪; 知而弗揭, 全閭有誅. 吏自什長以上, 至左右將, 上下皆相保也. 有干令犯禁者, 揭之, 免於罪; 知而弗揭者, 皆與同罪.

夫什伍相結, 上下相聯, 無有不得之奸, 無有不揭之罪. 父不得以私其子, 兄不得以私其弟, 而況國人聚舍同食, 烏能以干令相私者哉!

『울료자』「오제령(伍制令)」에 나오는 내용이다.

군대의 편제상 다섯 명이 1오(伍)가 되는데, 같은 오에 들면 서로 연대보증을 한다. 열 명은 1십(什)이고, 같은 십에 속하면 서로가 서로를 보증한다. 오십 명은 1속(屬)인데 같은 속끼리 서로 보증하고, 백 명은 1려(閭)가 되는데 같은 려에 속한 사람끼리 서로를 보증한다.

어떤 오에 만약 금령을 어긴 자가 있고 같은 오의 사람이 그 사실을 밝히면 죄를 면제받는다. 알고도 고발하지 않았다면 같은 오에 속한 전원이 처벌받는다. 십에서 명령을 어긴 자가 나왔는데 같은 십에 속한 동료가 적발해 알린다면 죄를 면한다. 하지만 알고도 폭로하지 않았다면 같은 십에 속한 전원이 처벌을 받는다. 속에서 영을 어긴 자가 나오고 같은 속의 동료가 고발했다면 죄를 면하지만, 알고도 까밝히지 않았다면 같은 속의 전원이 벌을 받는다. 려에서 죄를 저지른 자가 나왔는데 같은 려의 동료가 이를 고발했다면 사면하지만, 알고도 까발리지 않았다면 같은 려의 전원이 처벌받게 된다.

군관은 십장(什長)부터 좌장군·우장군에 이르기까지 위아래를 막론해 서로가 서로에게 책임을 진다. 명령을 어긴 자가 있고 그 사실을 밝혀낸다면 나머지는 죄를 면한다. 하지만 사정을 알고도 밝히지 않았다면 나머지도 일괄 범법자와 똑같이 죄를 묻는다.

같은 십이나 오에 속하는 사병이 서로를 보증하고 위에서 아래까지 장교들이 서로 연계되어 있다면 붙잡지 못할 첩자가 없고 밝혀내지 못할 죄상이 없게 된다. 아비가 그 아들을 두둔하지 못하고 형이 그 아우를 비호할 수 없는 판에 같은 조직에서 함께 기거하며 밥만 같이 먹을 뿐인 동료야 나위가 있을까! 어떻게 법령을 어긴 자를 사사로이 감싸줄 수 있겠나 말이다!

—『울료자』「오제령(伍制令)」편.

분색령 『尉繚子』「分塞令」

○『尉繚子·分塞令』曰: 中軍·左·右·前·後軍, 皆有地分, 方之以行垣, 而無通其交往. 將有分地, 帥有分地, 伯有分地, 皆營其溝洫, 而明其塞令. 使非百人無得通. 非其百人而入者, 伯誅之; 伯不誅, 與之同罪. 軍中縱橫之道, 百有二十步而立一府柱, 量人與地. 柱道相望, 禁行清道. 非將吏之符節, 不得通行. 采薪芻牧者, 皆成行伍; 不成行伍者, 不得通行. 吏屬無節, 士無伍者, 橫門誅之. 逾分干地者, 誅之. 故內無干令犯禁, 則外無不獲之奸.

『울료자』「분색령(分塞令)」에 나오는 말이다.

중군·좌군·우군·전군·후군은 저마다 할당된 땅에 주둔하는데, 사방으로 울타리(行垣)[109]를 세워 각 진영에 무분별한 통행이 없도록 한다. 만 명을 통솔하는 장(將)도 규정된 주둔지가 있고, 천 명을 통솔하는 수(帥)도 규정된 숙영지가 있으며, 일백 명을 통솔하는 백장(伯長) 역시 할당된 구역이 있

---

109) 행원(行垣): 병영을 사방으로 둘러싼 담장이나 울타리. 행군이나 작전 중에는 보통 수레나 전차를 정렬시키고 잇대어 만들었다.

다. 모두들 자기 군영에 참호를 파고 동시에 각 구역의 금령을 분명히 밝혀 놓는다.

만약 같은 려(閭)에 속한 사람이 아니라면 통행시키지 않는다. 같은 려가 아닌데도 영내로 들어왔다면 백장은 그 사람을 처벌한다. 백장이 처벌하지 않는다면 금령을 어긴 자와 동일한 죄로 취급한다.

군영 내에 도로가 종횡으로 얽혀 있으면 120보마다 깃대를 세워 사람 숫자와 주둔지 간의 거리를 계량한다. 깃대는 도로와 마주보게 박아 통행을 금지하고 행인을 소개시킨다.

군관이 발급한 신표가 없으면 통행을 불허한다. 밖에 나가 땔감을 줍거나 짐승 먹일 목초를 베어오는 잡역부라도 남김없이 부대인원에 편입시키고, 대오에 편성되지 않은 자는 통행시키지 않는다. 근관이나 소속 사무원이라도 부절(符節)이 없고 병사라도 대오에 들지 않은 자가 영문 앞에서 발각되면 그 즉시 주살한다.

자기 군영을 이탈해 다른 진영을 침범한 자는 모두 처벌한다. 그리하여 영내에 금령을 어기는 자가 없어지면 밖에서는 잡아내지 못할 간첩이 없게 된다.

— 『울료자』 「분색령(分塞令)」편.

속오령 『尉繚子』 「束伍令」

○『尉繚子·束伍令』曰: 五人爲伍, 共一符, 收於將吏之所. 亡伍而得伍, 當之; 得伍而不亡, 有賞; 亡伍不得伍, 身死家殘. 亡長得長, 當之; 得長不亡, 有賞; 亡長不得長, 身死家殘; 復戰得首長, 除之. 亡將得將, 當之; 得將不亡, 有賞; 亡將不得將, 坐離地遁逃之法. 戰誅之法曰: 什長得誅十人, 伯長得誅什長, 千人之將得誅百人之長, 萬人之將得誅千人之將, 左右將軍得誅萬人之將, 大將軍無不得誅.

『울료자』「속오령(束伍令)」에 실린 오(伍)의 병사를 단속하는 방법이다.

다섯 명을 한 오(伍)로 조직하고 이를 증명하는 문서 한 부를 만들어 관리 군관 거처에 보관시킨다.

같은 오에서 사상자가 나왔는데 적의 오에도 사상자가 있다면 공로와 과실을 상쇄시킨다.

적의 오를 무찔렀는데 우리에게 사상자가 없다면 포상한다.

우리 오에서 사상자가 나왔는데도 적의 오에 손실을 입히지 못했다면 잘못한 자를 죽이고 가산은 몰수한다.

우리 측 오장을 잃었지만 적의 오장을 잡았다면 공과가 에껴진다.

적의 오장을 잡았는데 우리 측에 손실이 없다면 포상한다.

우리 오장을 잃었는데 적의 오장은 잡지 못했다면 잘못한 자를 패가망신시킨다.

다시 싸워 적장을 잡았다면 죄를 면해준다.

우리 측 장수를 잃었지만 적장을 포획했다면 공과 죄가 상쇄된다.

적장을 잡았는데 우리 측에 손실이 없다면 포상한다.

우리 측 장수를 잃고도 적장을 잡지 못했다면 이탈과 도주죄를 적용해 형법에 따라 처리한다.

전장에서 처벌하는 법은 다음과 같다.

십장(什長)은 자기가 관할하는 열 명의 병사를 벌할 수 있고, 백장(伯長)은 관할 범위의 십장을 처벌할 수 있으며, 천인지장(千人之將)은 관할하는 백장을 처벌할 수 있고, 만인지장(萬人之將)은 천인지장을 처벌할 수 있으며, 좌장군·우장군은 만인지장을 벌할 수 있고, 대장군은 처벌하지 못할 자가 아무도 없다.

―『울료자』「속오령(束伍令)」편.

경졸령『尉繚子』「經卒令」

『尉繚子·경졸령』曰: 經卒者, 以經令分之爲三分焉; 左軍蒼旗, 卒戴蒼羽; 右軍白旗, 卒戴白羽; 中軍黃旗, 卒戴黃羽. 卒有五章: 前一行蒼章, 次二行赤章, 次三行黃章, 次四行白章, 次五行黑章. 次以經卒, 亡章者有誅. 前一伍行, 置章於首; 次二伍行, 置章於項; 次三伍五, 置章於胸; 次四伍行, 置章於腹; 次五伍行, 置章於腰. 如此, 卒無非其吏, 吏無非其卒. 見非而不詰, 見亂而不禁, 其罪如之.

『울료자』「경졸령(經卒令)」에 나오는 내용이다.

사병들의 대열 편성을 경졸(經卒)이라 한다. 경졸은 수칙에 따라 편성하는데, 전체 병사를 좌군(左軍)·우군(右軍)·중군(口軍)으로 삼 등분한다. 좌군은 푸른 깃발을 사용하고 병사들에게는 푸른 깃털을 패용시킨다. 우군은 흰 깃발을 쓰고 병사들이 흰 깃털을 달며, 중군은 누런 깃발을 사용하고 병사들이 누런 깃털을 패용한다.

사병들에게는 다섯 가지 빛깔의 표지가 있다. 첫째 줄은 푸른색 휘장을 쓰고, 다음으로 둘째 줄은 붉은색 휘장을 쓰며, 그다음 셋째 줄은 누런색, 그다음 넷째 줄은 흰색, 마지막 다섯째 줄은 검은색 휘장을 사용한다. 이 순서에 따라 사병을 배정하고 휘장을 잃어버리는 자는 처벌한다. 첫 번째 다섯 줄은 표지를 머리에 달고, 두 번째 다섯 줄은 표지를 목에 달며, 세 번째 다섯 줄은 가슴팍에 패용하고, 네 번째 다섯 줄은 복부에 달며, 다섯 번째 다섯 줄은 표지를 허리춤에 매단다.

이렇게 하면 병사들은 자기 상관을 헷갈리지 않고, 장교는 자기 사병을 잘못 파악하는 일이 없어진다. 착오를 보고도 추궁하지 않고 혼란을 발견했는데 통제하지 않는다면 그 죄가 법령을 어긴 자와 똑같이 취급된다.

―『울료자』「경졸령(經卒令)」편.

늑졸령『尉繚子』「勒卒令」

『尉繚子·勒卒令』曰: 金·鼓·鈴·旗, 四者各有法: 鼓之則進, 重鼓則擊. 金之則止, 重金則退. 鈴, 傳令也. 旗, 麾之左則左, 麾之右則右, 奇兵則反是. 一鼓一擊而左, 一鼓一擊而右. 一步一鼓, 步鼓也; 十步一鼓, 趨鼓也; 音不絶, 鶩鼓也. 商, 將鼓也; 角, 帥鼓也; 小鼓, 伯鼓也. 三鼓同, 則將·帥·伯其心一也. 奇兵則反是. 鼓失次者有誅, 喧嘩者有誅, 不聽金鼓鈴旗而動者有誅.

百人而教戰, 教成合之千人; 千人教成, 合之萬人; 萬人教成, 會之於三軍. 三軍之衆, 有分有合, 爲大戰之法, 教成, 試之以閱. 方亦勝, 圓亦勝, 錯邪亦勝, 臨險亦勝. 敵在山, 緣而從之; 敵在淵, 沒而從之. 求敵若求亡子, 從之無疑, 故能敗敵而制其命.

『울료자』「늑졸령(勒卒令)」에 나오는 내용이다.

징·북·방울·깃발의 네 가지 물품은 제각기 사용법이 있다. 북이 한 번 울리면 전진하고, 두 번 울리면 출격한다. 징이 한 번 울리면 멈추고, 두 번 울리면 퇴각한다. 방울은 명령을 전달하는 수단이다. 깃발을 왼쪽으로 휘두르면 좌회전하고, 오른쪽으로 흔들면 우회전한다. 특수전(奇兵)의 경우는 이와 반대로 움직인다.

일반적인 상황에서는 북이 한 번 울리면 출격해 왼쪽으로 방향을 튼다. 다시 북이 울리면 출격해서 이번에는 오른쪽으로 회전한다. 북이 울릴 때마다 한 걸음씩 진격하는 경우를 '전진의 북(步鼓)'이라고 부른다. 한 번에 열 발짝씩 종종걸음 치게 하는 북소리는 '질주의 북(趨鼓)'이고, 쉴새없이 두들겨 적에게 돌격하게 만드는 북소리는 '진격의 북(鶩鼓)'이라고 한다.

오음 중에서 상(商)조 가락으로 울리는 북소리는 만 명을 휘하에 둔 장군의 명령이고, 각(角)조 음색의 북소리는 천 명을 거느리는 장수가 보내는 신호며, 작은북(小鼓) 소리는 백장(伯長)의 전달이다. 이 세 종류 북소리가 어우러져 화음이 맞으면 장군과 장수와 백장의 마음이 일치한 것이다. 특수전

일 때는 이와 정반대로 나간다. 북소리가 규정에 맞지 않으면 처벌한다. 시끄럽고 무질서하면 처벌한다. 징·북·방울·깃발의 지휘에 따르지 않고 제멋대로 움직이는 경우도 처벌한다.

병사는 백 명 단위로 훈련시키는데, 교련이 끝나면 천 명 단위 훈련에 합병시킨다. 천 명 단위 훈련이 끝나면 만 명 단위의 훈련에 합치고, 만 명 단위 훈련이 끝나면 좌군·우군·중군의 삼군 훈련에 통합시킨다. 삼군의 각 부대는 분산되거나 집결하면서 대규모 실전 경험을 쌓는다. 훈련이 끝나면 모의 전쟁을 실시해 결과를 평가한다. 방진(方陣)을 배치해도 승리하고, 원형진을 쳐도 이겨야 한다. 지형이 뒤얽혀 복잡한 곳에서도 이기고, 험준한 곳에서도 승리해야 한다. 적이 산속에 있으면 능선을 따라 추적하고, 적이 물가에 있다면 물속에 뛰어들어서라도 쫓아가야 한다. 적을 추적할 때는 잃어버린 아이라도 찾는 양 악착같이 따라붙는다. 의구심을 품지 않고 전력을 다하는 까닭에 적을 패퇴시키고 그들의 목숨을 손아귀에 넣을 수 있는 것이다.

―『울료자』「늑졸령(勒卒令)」편.

농사와 국방의 상관관계 『六韜』「龍韜·農器」

○○ 武王曰:"天下安定, 國家無爭, 戰攻之具, 可無修乎? 守禦之備, 可無設乎?"太公曰:"戰攻·守禦之具, 盡在於人事. 耒耜者, 其行馬·蒺藜也; 馬牛·車輿者, 其營壘·蔽櫓也; 鋤耰之具, 其矛戟也; 蓑薛·簦笠者, 其甲冑·干櫓也; 钁鍤·斧鋸·杵臼, 其攻城器也. 牛馬, 所以轉輸糧也; 雞犬, 其伺候也. 婦人織紝, 其旌旗也; 丈夫平壤, 其攻城也; 春鏺草棘, 其戰車騎也; 夏耨田疇, 其戰步兵也; 秋刈禾薪, 其糧食儲備也; 冬實倉廩, 其堅守也. 田里相伍, 其約束符信也; 里有吏, 官有長, 其將帥也; 里有周垣, 不得相過, 其隊分也; 輸粟取芻, 其廩庫也; 春秋治城郭·修溝渠, 其塹壘也.

故用兵之具, 盡於人事也. 善爲國者, 取於人事. 故必使遂其六畜, 闢其田野, 安其處所; 丈夫治田有畝數, 婦人織紝有尺度: 是富國強兵之道也."

무왕이 말했다.

"천하가 안정되니 나라에 전쟁할 일이 없군요. 이런 때는 각종 공격용 무기를 보수할 필요가 없지 않을까요? 방어용 각종 시설장비를 설치하지 않아도 되겠습니까?"

태공이 말했다.

"공격과 수비에 동원되는 각종 무기는 모두 농가의 일상 작업에 사용되는 것들입니다. 흙을 뒤집는 쟁기(耒耜)[110]는 적군을 저지하는 행마와 마름쇠(蒺藜)[111]에 상응하지요. 달구지나 마차는 보루이거나 몸을 가려줄 큰 방패이고, 곡괭이와 곰방메 같은 도구는 장창과 미늘창에 해당하며, 도롱이와 삿갓은 갑옷·투구와 방패이고, 괭이와 삽, 도끼와 톱, 절굿공이와 절구통은 공성용 무기라 하겠습니다. 소와 말은 식량과 물자를 운송하는 수단이고, 닭과 개는 파수를 보고 정탐하는 역할이지요. 부녀자가 길쌈하고 바느질하는 것은 깃발을 제작하는 일이고, 사내가 토지를 평평하게 고르는 작업은 공성에 상응합니다. 봄날 잡초 뽑는 일은 전차대·기병대와의 교전에 해당하고, 여름에 밭두렁 김 매는 작업은 보병부대와 교전하는 것이며, 가을철 농작물과 땔감의 수확은 군대에 양식을 비축하는 일이고, 겨울에 창고를 채우는 것은 군대가 장기전에 대비하는 경우와 같습니다. 농가의 호적 편입(田里相伍)[112]은 군법으로 단속하면서 명령과 부신(符信)으로 지휘하는 것과 같고

---

110) 뇌사(耒耜): 상고 시대에 사용했던 흙을 갈아엎는 농기구. 뇌(耒)는 자루, 사(耜)는 쟁기 비슷한 모양의 아랫부분을 가리킨다.
111) 행마(行馬): 일종의 방어용 설치물. 거마(拒馬)라고도 일컫는데, 적의 전차와 기병이 돌진하는 사태를 막는 바리케이드 용도였다. 납가새(蒺藜)는 원래 열매에 가시가 많은 1년생 초본식물인데, 여기서는 마름쇠를 가리킨다. 도로에 뿌려 적의 통행을 방해하는 용도인데 모양이 납가새처럼 생겼기 때문에 '질려(蒺藜)'라고 불렀다.
112) 전리상오(田里相伍): 전리는 토지와 주택인데, 여기서는 농가를 가리킨다.

요. 마을(里)마다 관리자(吏)를 두고 그 위에 고급관리(官長)가 있는 것은 군대에서 장교와 사령관(將帥)이 있는 것과 같고, 마을 둘레에 야트막한 담장을 쌓아 함부로 넘나들지 못하게 하는 것은 군대에서 편제가 다르면 섞이지 못하게 하는 경우와 같지요. 양식을 운반하고 짐승 여물을 갈무리하는 것은 군대에서 창고를 채우는 일과 같습니다. 봄·가을의 두 계절은 성곽을 수리하고 수로를 정비하는데, 이는 군대가 해자를 파고 군영을 축성하는 일에 해당합니다.

그러므로 전쟁에 필요한 도구는 농가의 평상시 노동 속에 빠짐없이 존재합니다. 나라를 잘 다스리는 자는 농가의 일상적 작업을 본받고 활용하지요. 그리하여 백성이 여섯 종류 가축(말·소·양·닭·개·돼지)을 사육할 수 있도록 하고, 백성들이 실기하지 않고 농지를 개간해 파종할 수 있게 하며, 그들이 편안히 기거할 수 있도록 궁리해야 합니다. 사내가 밭을 갈 때는 정해진 면적이 있고, 여자가 길쌈을 할 때도 규정된 치수에 따르게 하지요. 이런 내용은 부국강병의 가장 근본적인 도리입니다."

—『육도』「용도·농기(六韜·龍韜·農器)」편.

무기와 군수물자 『六韜』「虎韜·軍用」

○ 武王曰: "王者擧兵, 三軍器用, 攻守之具, 科品衆寡, 豈有法乎?" 太公曰: "大哉王之問也! 夫攻守之具, 各有科品, 此兵之大威也." 武王曰: "願聞之." 太公曰: "凡用兵之大數, 將甲士萬人, 法用:

武衝大扶胥三十六乘, 材士強弩矛戟爲翼, 一車二十四人推之, 以八尺車輪, 車上立旗鼓, 兵法謂之震駭, 陷堅陳, 敗強敵.

武翼大櫓矛戟扶胥七十二具, 材士強弩矛戟爲翼, 以五尺車輪, 絞車連弩

상오는 호적을 편제하는 행위로, 고대에는 5가구를 1오(伍)로 편성했다. 마을(里)은 주민을 관리하는 단위로 보통 25가구(戶)를 1리로 삼았지만 50호 혹은 100호인 경우도 있었다.

自副, 陷堅陳, 敗強敵.

提翼小櫓扶胥一百四十四具, 絞車連弩自副, 以鹿車輪, 陷堅陳, 敗強敵.

大黃參連弩大扶胥三十六乘, 材士強弩矛戟爲翼, 飛鳧電影自副. 飛鳧, 赤莖白羽, 以銅爲首; 電影, 青莖赤羽, 以鐵爲首. 晝則以絳縞, 長六尺, 廣六寸, 爲光耀; 夜則以白縞, 長六尺, 廣六寸, 爲流星. 陷堅陣·敗步騎.

大扶胥衝車三十六乘, 螳螂武士共載, 可以擊縱橫, 可以敗強敵.

輜車騎寇, 一名電車, 兵法謂之電擊. 陷堅陣, 敗步騎.

寇夜來前. 矛戟扶胥輕車一百六十乘, 螳螂武士三人共載, 兵法謂之霆擊. 陷堅陣, 敗步騎.

方首鐵棓維肦重十二斤, 柄長五尺以上, 千二百枚, 一名天棓. 大柯斧, 刃長八寸, 重八斤, 柄長五尺以上, 千二百枚, 一名天鉞. 方首鐵錘, 重八斤, 柄長五尺以上, 千二百枚, 一名天錘. 敗步騎群寇. 飛鉤長八寸, 鉤芒長四寸, 柄長六尺以上, 千二百枚. 以投其衆.

三軍拒守, 木螳螂劍刃扶胥, 廣二丈, 百二十具, 一名行馬. 平易地, 以步兵敗車騎. 木蒺藜去地二尺五寸, 百二十具. 敗步騎, 要窮寇, 遮走北.

軸旋短衝矛戟扶胥百二十具. 黃帝所以敗蚩尤氏, 敗步騎, 要窮寇, 遮走北.

狹路微徑, 張鐵蒺藜, 芒高四寸, 廣八寸, 長六尺以上, 千二百具, 敗走騎. 突暝來前促戰, 白刃接, 張地羅, 鋪兩鏃蒺藜, 參連織女, 芒間相去二寸, 萬二千具. 曠野草中, 方胸鋋矛千二百具. 張矛法, 高一尺五寸. 敗步騎, 要窮寇, 遮走北.

狹路·微徑·地陷, 鐵械鎖參連, 百二十具. 敗步騎, 要窮寇, 遮走北.

壘門拒守, 矛戟小櫓十二具, 絞車連弩自副. 三軍拒守, 天羅虎落鎖連, 一部廣一丈五尺, 高八尺, 百二十具. 虎落劍刃扶胥, 廣一丈五尺, 高八尺, 五百二十具.

渡溝塹飛橋, 一間廣一丈五尺, 長二丈以上, 著轉關轆轤八具, 以環利通索張之. 渡大水飛江, 廣一丈五尺, 長二丈以上, 八具, 以環利通索張之. 天浮鐵螳螂, 矩內圓外, 徑四寸以上, 環絡自副, 三十二具. 以天浮張飛江, 濟大海, 謂之天潢, 一名天船.

山林野居, 結虎落柴營, 環利鐵鎖長二丈以上, 千二百枚. 環利大通索大四寸, 長四丈以上, 六百枚. 環利中通索大二寸, 長四丈以上, 六百枚. 環利小徽纆長二丈以上, 萬二千枚.

天雨, 蓋重車上板, 結枲鉏鋙廣四尺, 長四丈以上. 車一具, 以鐵杙張之.

伐木大斧重八斤, 柄長三尺以上, 三百枚. 棨钁刃廣六寸, 柄長五尺以上, 三百枚. 銅築固為垂, 長五尺以上, 三百枚. 鷹爪方胸鐵杷, 柄長七尺以上, 三百枚. 方胸鐵叉, 柄長七尺以上, 三百枚. 方胸兩枝鐵叉, 柄長七尺以上, 三百枚. 芟草木大鎌, 柄長七尺以上, 三百枚. 大櫓刃重八斤, 柄長六尺, 三百枚. 委環鐵杙, 長三尺以上, 三百枚. 椓杙大錘重五斤, 柄長二尺以上, 百二十具.

甲士萬人, 強弩六千, 戟楯二千, 矛楯二千, 修治攻具, 砥礪兵器巧手三百人. 此舉兵用之大數也."

— 右敎法 · 陳法 · 伍法 · 騎法 · 步法 · 司馬法 · 將令 · 器械

무왕이 말했다.

"왕이 큰 뜻을 품고 전쟁을 일으킨다면 전군의 수요에 따라 병기와 물자, 공격과 수비에 필요한 장비들을 갖춰야 합니다. 그 종류와 수량이 어느 정도일까요? 무슨 일정한 기준이라도 있습니까?"

태공이 말했다.

"왕께서 내신 질문이 참으로 훌륭합니다! 무릇 공격과 방어 장비는 제각기 품목이 있으니, 이는 전군의 전투력과 밀접한 관련이 있습니다."

"원컨대 그 내용을 듣고자 합니다."

무왕의 질문에 태공이 대답했다.

"전쟁에 소요되는 모든 무기와 장비는 대략적인 수치가 있는데, 갑사(甲

士) 일만 명 기준으로는 다음과 같이 계측됩니다.

대형 전차인 무충대부서[113]가 36량 필요합니다. 용맹한 전사들이 강한 쇠뇌와 장창을 들고 양측에서 호위하는데, 매 전차마다 24명이 달라붙어 밀어서 굴리지요. 차바퀴의 폭이 8자(尺)고, 전차 위쪽에는 지휘에 필요한 깃발과 북이 설치됩니다. 병법에서는 이 전차가 적을 놀래켜 진압하는 용도라고 설명하는데, 견고한 진용을 깨뜨리고 막강한 적을 격파할 때 사용합니다.

무익대로모극부서[114] 72대도 강한 쇠뇌와 장창으로 무장한 정예병이 양측에서 호위하는데, 바퀴폭은 5자입니다. 전차 위에 교거와 연노[115]를 장착했는데, 견고한 적진을 격파하고 강적을 물리치는 데 활용됩니다.

제익소로부서[116] 140대는 교거와 연노를 보조 장비로 설치하지만 차바퀴가 작아서 녹거[117]만 한 크기입니다. 이 역시 견고한 적진을 공격하고 강한 적을 격파하는 용도지요.

대황참연노대부서(大黃參連弩大扶胥) 36량은 용사들이 강력한 쇠뇌와 장창을 들고 좌우에서 호위하는데, 전차에 나르는 오리(飛鳧)와 번개 그림자

---

113) 무충대부서(武衝大扶胥): 대방패를 측면에 장착한 대형 전차. 부서(扶胥)는 전차의 별칭인데, 전차 좌우에 매달린 방어용 방패를 가리키는 경우도 있다. 주(周)나라 도량형은 지금 미터법으로 환산해 대략 68% 정도로 추산되기 때문에 차륜의 직경이 8자라면 1.8m쯤 된다. 뒤에서 언급되는 대부서충차(大扶胥衝車) 역시 무충대부서를 가리킨다.
114) 무익대로모극부서(武翼大櫓矛戟扶胥): 양쪽에 방패 같은 엄폐물을 설치해 적이 창으로 찌르려고 달려드는 경우에 대비한 전차. 노(櫓)는 대방패를 말한다.
115) 교거(絞車)는 강한 쇠뇌를 벌려서 시위를 당기게 하는 기계의 일종. 연노(連弩)는 발사장치가 달려 있어 몇 발의 화살을 연달아 발사할 수 있는 연발형 쇠뇌를 가리킨다.
116) 제익소로부서(提翼小櫓扶胥): 역시 양쪽에 엄폐물을 설치한 전차인데, 대부서에 비해 크기가 왜소하다.
117) 녹거(鹿車): 인력으로 밀고 당기는 소형 수레. 『태평어람(太平御覽)』 권 775에 한대 응소(應劭)의 『풍속통(風俗通)』을 인용해 "녹거는 자리가 협소해 사슴 한 마리를 수용하는 정도(鹿車, 窄小裁容一鹿也)"라고 설명되어 있다.

(電影)를 구비해 스스로를 방어합니다. 이른바 비부(飛鳧)는 붉은 살대에 흰 깃털로 장식한 화살인데 촉을 구리로 만들었고, 전영(電影)은 푸른 살대에 붉은 깃털로 장식했으며 촉은 쇠로 제조한 화살이지요. 낮에는 전차에 길이 6자, 폭 6치인 붉은 명주 깃발을 꽂는데 그 빛이 눈부시다는 뜻에서 광요(光耀)라 부르고, 밤에는 길이 6자, 폭 6치인 흰 비단 깃발을 꽂는데 흐르는 별이라는 뜻의 유성(流星)으로 호칭합니다. 역시 견고한 적진을 깨뜨리고 적의 보병과 기병을 격파하는 용도지요.

대부서충차(大扶胥衝車) 36량에 당랑무사[118]를 태우고 적진으로 돌격해 종횡무진 타격을 가하면 아무리 강고한 적이라도 격파할 수 있습니다.

치거기구(輜車騎寇)라는 경전차는 별명이 번개차(電車)인데, 병법서에서 전격(電擊)이라 부르기도 하지요. 견고한 적진을 공략하고 적의 보병과 기마병을 격파하는 용도입니다.

적들이 한밤중에 기습할 듯하면 그전에 미리 모극부서경차(矛戟扶胥輕車) 160량을 배치하고 전차마다 당랑무사 3명을 나란히 올라타게 합니다. 병법서는 이를 벼락 공격(霆擊)이라 부르는데, 견고한 적진을 무너뜨리고 적의 보병과 기마병을 격파하는 데 효과적입니다.

정방형으로 각진 큰대가리 쇠몽둥이인 방수철봉유반(方首鐵棒維肦)은 무게가 12근, 자루 길이는 5자가 넘는데, 1,200개가 필요합니다. 하늘에서 날아오는 몽둥이라는 뜻에서 일명 천봉(天棒)이라고도 하지요. 도낏날 길이가 8치, 무게는 8근, 자루 길이가 5자 이상인 큰 도끼 1,200개도 필요한데, 하늘에서 날아오는 도끼라는 뜻에서 일명 천월(天鉞)이라고 합니다. 무게가 8근, 자루 길이는 5자 이상인 방수철추(方首鐵錘) 1,200개도 필요하며, 하늘에서 날아오는 망치라는 뜻에서 일명 천추(天錘)라고도 부릅니다. 이 세 종류 무

---

118) 당랑무사(螳螂武士): 사마귀(螳螂)는 공격 자세를 취할 때 어깨를 곧추세우기 때문에 흔히 무사의 의미로 차용된다. 여기서는 적진으로 돌격을 감행할 용감한 전사를 가리킨다.

기는 적의 보병과 기마병을 격퇴하는 데 쓰이지요.

　나르는 갈고리 비구(飛鉤)는 길이가 8치입니다. 튀어나온 갈고리 부분은 4치, 자루 길이는 6자가 넘는데, 1,200개가 필요하지요. 던져서 적군을 살상하는 용도입니다.

　군대가 적에게 버티며 수비할 때는 목당랑검인부서[119)]를 활용합니다. 너비는 2길(丈)이고 모두 120대가 필요한데, 일명 행마(行馬)라고도 하지요. 평탄한 지형에서 보병이 전차와 기마병을 격퇴할 때 사용합니다.

　목질려(木蒺藜)는 뾰족한 가시 부분이 지표면에서 2자 5치씩 떨어지도록 뿌리는데, 총 120개가 필요합니다. 보병과 기마병을 격퇴하고, 궁지에 몰린 적을 차단하며, 도주하는 적을 넘어뜨리는 용도지요.

　축선단충모극부서[120)] 120대도 필요한데, 이는 황제(黃帝)가 치우씨[121)]를 패배시킨 전투에서 사용되었습니다. 보병과 기마병을 격퇴하고, 궁지에 몰린 적을 가로막으며, 달아나는 적들이 흩어지게 합니다.

　좁은 길에 살포하는 철질려(鐵蒺藜)는 뾰족한 가시 부분이 4치, 너비가 8치, 길이는 6치가 넘는 것이라야 합니다. 1,200개가 필요하고, 달아나는 기마병에 사용하지요. 어둠이 깔렸을 때 적군이 갑자기 쳐들어와 칼날이 맞부딪는 교전이 벌어지면 그물망을 펼치고 거기에 가시가 두 개 솟은 철질려를 듬성듬성 뿌립니다. 철질려들 사이에는 직녀[122)]를 섞고, 가시들 간의 거리

---

119) 목당랑검인부서(木螳螂劍刃扶胥): 수비용 목제 전차. 형태가 사마귀(螳螂) 비슷한데 바깥쪽으로 날카로운 칼날을 박아 적군 기마병의 돌진이나 충돌을 막았다.
120) 축선단충모극부서(軸旋短衝矛戟扶胥): 수비용 전차의 일종. 회전이 편리하고, 상대를 받아버릴 수 있는 뿔 같은 설비를 장착했으며, 사방에 장창과 미늘창을 둘러 차체를 보호했다.
121) 치우씨(蚩尤氏): 상고시대 구려(九黎) 부락연맹의 영수. 전하는 말로 금속 무기를 발명했고, 바람과 비를 부를 수 있었으며, 중원(中原)을 놓고 황제와 다투다 탁록(涿鹿) 대전에서 패배해 피살되었다고 한다. 중원에서는 전쟁의 신으로 받들어진다.
122) 직녀(織女): 본래는 납가새(蒺藜) 비슷한 풀 이름이지만, 여기서는 삐죽한

는 2치쯤 떨어지게 하는데, 도합 1만 2,000개가 필요하지요.

드넓은 빈 들판에서는 방흉연모[123] 1,200자루가 필요합니다. 연모를 설치할 때 그 뾰족한 끝이 지표면에서 1자 5치 떨어지게 하면 보병과 기마병을 격퇴하고, 기운이 빠진 적을 가로막으며, 달아나는 적을 궤멸하게 됩니다.

군영 앞까지 밀고 들어온 적을 막기 위한 모극소로[124] 12대에는 교거와 연노를 보조 장비로 장착합니다.

군영을 방어하기 위한 장비로는 천라호락쇄련[125]이 있는데, 너비는 1길 5자, 높이는 8자이며, 도합 120세트를 준비합니다.

호락검인부서[126]는 너비가 1길 5자, 높이는 8자인데, 모두 520대가 필요합니다.

구덩이나 참호를 건널 때는 접이식 교량인 비교(飛橋)가 필요합니다. 한 칸 너비가 1길 5자, 길이는 2길이 넘으며, 전관녹로[127]라는 도르래 8개가 부착되어 있고, 환리통색[128]이란 명칭의 쇠사슬을 이용해 접힌 부위를 펼치게 됩니다.

큰 물을 건널 때는 비강(飛江)이라는 부교(浮橋)를 사용합니다. 너비는 1길

　　　가시가 있는 장애물을 가리킨다.
123) 방흉연모(方胸鋋矛): 연모는 자루가 짧은 창, 방흉은 창끝과 창 자루의 이음새 부분에 파인 네모꼴을 말한다. 땅바닥에 자루를 꽂을 때 고정시키기가 편리해 그렇게 만들었다.
124) 모극소로(矛戟小櫓): 창과 방어용 소형 방패를 장착한 전차.
125) 천라호락쇄련(天羅虎落鎮連): 일종의 방어설비. 천라는 질려를 얽어맨 그물망, 호락은 대나무를 엮어 만든 울타리, 쇄련은 호락 위에 두르는 쇠사슬을 가리킨다.
126) 호락검인부서(虎落劍刃扶胥): 차체 사방에 대울타리를 두르고 바깥쪽에는 날카로운 칼날을 장착한 전차의 일종.
127) 전관녹로(轉關轆轤): 무거운 것을 들어올릴 때 필요한 기중 장치로 오늘날의 도르래와 흡사하다. 비교(飛橋)를 들어올리거나 방향을 바꾸는 용도였다.
128) 환리통색(環利通索): 환리는 쇠고리가 이어진 체인, 통색은 통짜로 이어진 와이어 로프. 곧 쇠사슬을 가리킨다.

5자, 길이는 2길이 넘고, 8세트가 필요한데, 역시 환리통색을 이용해 접힌 부위를 펼칩니다.

물을 건널 때는 천부철당랑[129]이 있어야 합니다. 이 물건은 가운데가 사각으로 홈이 패였고 외곽은 둥근 모양인데, 직경이 4자가 넘습니다. 쇠사슬과 밧줄 같은 보조장구가 장착된 상태여야 하고, 총 32세트가 요구되지요. 천부철당랑으로 비강을 연결해 펼치고 큰 강을 건너는 것을 천황(天潢)이라 하는데, 일명 하늘의 배(天船)라고도 합니다.

산림이나 들판에서 숙영할 때는 호락(虎落)이란 대나무 울타리로 병영을 둘러치는데, 여기에는 길이가 두 길 이상인 쇠고리사슬 환리철쇄(環利鐵鎖) 1,200매(枚)가 필요합니다. 고리 크기가 2치, 길이는 4길 이상의 환리중통색(環利中通索) 600매와 길이가 2길이 넘는 환리소미류(環利小徽縲) 1만 2,000매도 필요하지요.

비가 내리면 대형전차 상판을 덮어주어야 합니다. 삼줄을 늘어놓고 그것들을 단단히 꼬아 묶으면 모양이 톱니처럼 얼기설기한 엄폐물이 만들어지는데, 너비는 4자 길이는 4길이 넘어야 합니다. 전차 1대에 1벌씩 구비하고, 사용시에는 펼쳐서 쇠막대기로 고정시키지요.

무게는 8근, 자루 길이 3자가 넘는 벌목용 큰 도끼 300자루가 필요합니다.

곡괭이의 일종인 계곽(棨钁)은 날의 너비가 6치, 자루 길이는 5자가 넘는 것으로 300자루가 있어야 합니다.

땅바닥을 찧는 동축(銅築)은 양옆에 새끼줄을 꿸 수 있는 단단한 손잡이가 달렸는데, 길이 5자짜리로 300개가 필요합니다.

쇠스랑의 일종인 응조방흉철파[130]는 자루 길이가 7자가 넘는 것으로 300개

---

129) 천부철당랑(天浮鐵螳螂): 충분한 길이가 되도록 부교(浮橋)를 맞물려 연결시키는 장치.
130) 응조방흉철파(鷹爪方胸鐵杷): 매의 발톱처럼 단단한 갈퀴가 있는 써레나 고무래. 쇠스랑 윗부분에는 자루에 끼우기 쉽도록 네모난 홈이 패였다.

가 필요합니다.

쇠작살 윗부분에 네모난 홈을 파 자루에 연결시킨 방흉철차(方胸鐵叉)라는 쇠스랑은 자루 길이가 7자가 넘는데, 도합 300개가 필요합니다.

작살 끝이 둘로 갈라진 방흉양지철차(方胸兩枝鐵叉)도 자루 길이가 7자가 넘고 300개가 있어야 합니다.

풀과 나무를 베는 큰 낫인 대겸(大鎌)은 자루 길이가 7자가 넘고 300개가 필요합니다.

대로인[131])의 무게는 8근, 자루 길이는 6자 이상이며, 300개가 필요합니다.

위쪽에 철추가 달린 쇠몽둥이 위환철익(委環鐵杙)은 길이 3자가 넘고 도합 300개가 필요합니다.

쇠몽둥이를 맞받아치는 큰 쇠망치 탁익대추(椓杙大錘)는 무게 5근, 자루 길이는 2자가 넘습니다. 모두 120개가 필요하지요.

갑사(甲士) 일만 명당 강한 쇠뇌 6,000개, 미늘창과 대방패 2,000세트, 장창과 작은 방패 2,000세트가 필요합니다.

그밖에 공성용 무기를 수리하고 병기들을 날카롭게 벼리는 능숙한 장인 300명도 요구되지요.

이런 정도가 거병 시에 필요한 군용장비의 대략적 수치입니다.

—『육도』「호도·군용(虎韜·軍用)」편.

이상은 훈련법, 진법, 대오 편성법, 기마병을 상대하는 법, 보병을 다루는 법, 말의 관리 방법, 장수의 명령, 군용장비에 관한 내용.

---

131) 대로인(大櫓刃): 벌목용 큰칼. 칼날이 상당히 길고, 칼등이 매우 두꺼우며, 자루는 주로 나무로 만들었다.

제6장 「허실(虛實)」편

孫子曰: 凡先處戰地而待敵者佚, 後處戰地而趨戰者勞. 故善戰者, 致人而不致于人. 能使敵人自至者, 利之也; 能使敵不得至者, 害之也. 故敵佚能勞之, 飽能飢之, 安能動之.
出其所不趨, 趨其所不意. 行千里而不勞者, 行于無人之地也; 攻而必取者, 攻其所不守也; 守而必固者, 守其所不攻也. 故善攻者, 敵不知其所守; 善守者, 敵不知其所攻. 微乎微乎! 至于無形; 神乎神乎! 至于無聲. 故能爲敵之司命.
進而不可禦者, 衝其虛也; 退而不可追者, 速而不可及也. 故我欲戰, 敵雖高壘深溝, 不得不與我戰者, 攻其所必救也; 我不欲戰, 雖劃地而守之, 敵不得與我戰者, 乖其所之也.
故形人而我無形, 則我專而敵分. 我專爲一, 敵分爲十, 是以十攻其一也, 則我衆敵寡, 能以衆擊寡, 則吾之所與戰者約矣. 吾所與戰之地不可知, 不可知, 則敵所備者多; 敵所備者多, 則我所與戰者寡矣. 故備前則後寡, 備後則前寡, 備左則右寡, 備右則左寡, 無所不備, 則無所不寡. 寡者, 備人者也; 衆者, 使人備己者也.
故知戰之地, 知戰之日, 則可千里而會戰; 不知戰地, 不知戰日, 則左不能救右, 右不能救左, 前不能救後, 後不能救前, 而況遠者數十里, 近者數里乎? 以吳度之, 越人之兵雖多, 亦奚益于勝哉? 故曰: 勝可爲也. 敵雖眾, 可使無鬥.
故策之而知得失之計, 作之而知動靜之理, 形之而知死生之地, 角之而知有餘不足之處. 故形兵之極, 至于無形. 無形, 則深間不能窺, 智者不能謀. 因形而措勝于眾, 眾不能知, 人皆知我所以勝之形, 而莫知吾所以制勝之形. 故其戰勝不復, 而應形於無窮.
夫兵形象水, 水之形避高而趨下, 兵之形避實而擊虛, 水因地而制流, 兵因敵而制勝. 故兵無常勢, 水無常形; 能因敵變化而取勝者, 謂之神. 故五行無常勝, 四時無常位, 日有短長, 月有死生.

손자의 말이다.
먼저 도착해 싸울 자리를 정하고 적을 기다리면 여유가 있고, 나중에 도착해 허겁지겁 전투에 투입되면 힘이 딸린다. 그러므로 전쟁의 고수는 적을 유인해 내게로 오게 하지 적에게 휘둘려 이동하지 않는다. 적이 예정된 지역에 제 발로 찾아오는 것은 소소한 이익을 미끼로 던졌기 때문이고, 적이 예정 지역에 제때 당도하지 못하는 것은 그들의 진로가 차단되었기 때문이다. 그러므로 적이 휴식을 취해 기운이 왕성하다면 피곤해지도록 들볶고, 보급이 충분하면 굶주리게 만들며, 안정된 상태라면 온갖 수단을 동원해 움직이도록 방도를 찾는다.
적이 쫓아오지 못할 곳에 출격하고, 예상치 못한 지점으로 먼저 나아가 기다린다. 천리를 행군하고도 피곤하지 않은 것은 아무도 막아서지 않는 무인지대를 통과한 때문이고, 덮쳤을 때 반드시 승리하는 이유는 적이 지키지 않는 지점을 공격했기 때문이며, 수비가 철통같이 공고한 것은 저들이 진격하지 못할 곳을 지켰기 때문이다. 그러므로 공격의 달인은 적으로 하여금 어디를 지켜야 할지 모르게 움직이고, 수비의 달인은 공격할 곳을 알지 못하도록 만든다.

미묘하게 줄어들다 감쪽같이 사라지니 어떤 형체도 안 보이고, 신기하게 조용해지면서 무슨 소리도 못 듣게 만드니, 그런 까닭에 적의 운명을 좌지우지하는 저승사자가 될 수 있는 것이다.

진격할 때 적이 나를 막지 못하는 것은 저들의 빈틈을 노려 돌진하기 때문이고, 퇴각할 때 추격하지 못하는 이유는 속도를 따라잡지 못하는 까닭이다. 그러므로 아군이 싸우고자 하면 적들이 아무리 높은 보루를 쌓고 깊은 해자를 팠어도 우리와 싸우지 않을 수가 없는데, 저들이 반드시 막아야 할 급소를 공격하는 까닭이다. 아군이 교전하고 싶지 않으면 땅바닥에 금만 긋고 지키더라도 덤벼들지 못하는데, 적군의 진격 방향을 이미 틀어버렸기 때문이다.

그러므로 적은 보이되 우리가 드러나지 않으면 아군의 병력은 한곳으로 집중되고 적은 열 군데로 분산된다. 이러면 열 배의 병력으로 적을 공격하는 셈이니, 우리는 다수고 적군은 소수가 된다. 다수의 병력으로 흩어진 소수를 공격할 수 있다면 우리와 싸우는 적은 약체가 된다. 아군이 결정한 전쟁터를 적이 알지 못한다면 저들은 어디서 싸우는지 알 수 없으니 수비할 곳도 덩달아 늘어나게 된다. 지켜야 할 곳이 많으니 아군과 싸워야 할 적군의 숫자는 줄어들 수밖에. 그래서 앞쪽을 지키면 뒤쪽이 비고, 뒤를 지키면 앞면이 비며, 왼편을 지키면 오른쪽이 비고, 오른쪽을 지키면 왼편이 비게 된다. 지키지 않으면 안 될 곳이 없으니 수비병력도 부족하지 않은 데가 없는 것이다. 적의 병력이 모자란 것은 곳곳에서 지켜야 하기 때문이고, 우리 병력이 남아도는 것은 적으로 하여금 도처에서 아군을 방비하도록 만들었기 때문이다.

그러므로 싸우게 될 지점을 알고 적과의 교전 일자가 예측된다면 천리를 행군한 군대일지라도 교전할 수 있다. 하지만 싸움터를 모르고 싸울 날짜를 모른다면 왼편의 우군이 오른편을 구할 수 없고 오른편이 왼편을 구하지 못하며 앞쪽의 군대가 뒤편을 구할 수 없고 후방의 군대가 바로 앞의 전우를 구하는 일이 불가능해진다. 하물며 멀리 수십 리 밖 혹은 가까이 몇 리 밖의 군대야 나위가 있을까! 우리 오나라 입장에서 헤아리자면, 월나라 군대가 제아무리 수적으로 우월한들 그 우세가 승리에 또 무슨 보탬이 되랴![1] 그래서 승리는 만들 수 있다고 말했다. 적군이 제아무리 많아도 그들의 전투력을 말살시킬 수가 있는 것이다.

그러므로 책략을 세워 적군의 우열을 판단하고, 작전을 짜서 적이 움직이는 패턴을 알며, 적이 포진하는 진형을 통해 사지와 생지(生地)를 가늠하고, 슬쩍 겨루는 맛보기 싸움을 통해 병력의 강약을 탐지해야 한다. 그리하여 군사 포진의 요령이 극에 달하면 형적이 완전히 사라지게 되고, 흔적이 사라지면 아무리 깊이 파고든 간첩도 우리 쪽 동정을 탐지할 수 없으며, 제아무리 똑똑한 자도 대응할 방도를 찾지 못하게 된다. 기이한 책략으로 얻은 승리는 대중 앞에 펼쳐 놓아도 그들은 무슨 수로 이겼는지 알 길이 없다. 사람들은 내가 책략으로 승리한 줄은 알지만 무슨 책략을 써서 이겼는지는 가늠하지 못한다. 원래 전투에서의 승리는 같은 형태로 반복되는 경우가 없으니, 언제나 상황에 맞는 무궁무진한 전술로 대응하기 때문이다.

무릇 전쟁에서의 작전은 물처럼 펼쳐져야 한다. 물이 높은 곳을 피해 낮은 데로 흐르듯, 전쟁은 형세를 보고 견고한 곳을 피해 약한 데를 공격해야 한다. 물이 지세를 따라 흘러가듯, 전쟁은 적의 상황에 따라 승리할 방책을 만들어야 한다. 전쟁에는 원래 고정불변의 형세가 없고, 물의 흐름에는 정해진 형태가 없다. 적의 변화에

---

1) 춘추시대에 월나라와 오나라는 서로 경쟁관계에 있어 자주 상대방 정벌에 나섰다. 손무는 오왕을 위해 늘 병법을 강론했던 까닭에 이렇게 말한 것이다.

따라 승리를 제조하는 자는 전쟁의 신(神)이라 일컫는다. 원래 전쟁은 오행²⁾처럼 변화하니 항상 승리하는 법이란 존재하지 않는다. 사계절은 순서대로 바뀌고, 해는 길고 짧음이 있으며, 달은 찼다가 다시 기운다.

조조 주석 曹操注

魏武帝曰: 虛實者, **能虛實彼己也**.
위 무제의 해설이다.
허실이란 적군의 숫자는 줄이는 반면에 아군은 늘여서 쌍방의 세를 변화시키는 능력이다.

先處戰地而待敵, **則力有餘**.
먼저 도착해 싸울 자리를 정하고 적을 기다리면 힘이 남아돌고 여유가 생긴다.

利之, **謂誘之以利**.
적을 이롭게 한다. 적을 이익으로 유인하는 행위를 말한다.

---

2) 오행(五行): 쇠(金)·나무(木)·물(水)·불(火)·흙(土)의 다섯 물질이 서로 생명을 번식(相生)시키거나 배척(相勝)하는 관계에 있다고 믿는 사상. 상생의 관점에서 보았을 때 나무는 불을 지피고(木生火), 불은 흙을 만들며(火生土), 흙은 쇠를 생성하고(土生金), 쇠는 물이 나오게 하며(金生水), 물은 나무에게 생명을 주는(水生木) 관계에 있다. 배척 관계로 보면 쇠는 나무와 상극(金克木)이고, 나무는 흙을 이기며(木克土), 흙은 물을 이기고(土克水), 물은 불과 상극이며(水克火), 불은 쇠를 녹이는(火克金) 관계라고 설명한다. 오늘날에는 주로 철학이나 중의학, 점복(占卜)에서 사용하는 용어가 되었다.

害之, 謂出其所必趨, 攻其所必救也.
적을 해롭게 한다. 적이 반드시 쫓아갈 곳으로 출격하고, 적이 반드시 지켜야 할 곳을 공격하는 것을 말한다.

佚能勞之, 以事煩之也.
안락하면 피곤하게 만든다. 일부러 사건을 만들어 저들을 성가시게 하는 것이다.

飽能飢之, 絶其糧道也.
배부르면 굶주리게 만든다. 저들의 양식 보급로를 차단해 끊어버린다는 뜻이다.

安能動之, 攻其所愛, 出其必趨, 使敵不得不救也.
편안하면 움직이게 만든다. 저들에게 중요한 장소를 공격하고 수비를 위해 반드시 쫓아나갈 곳으로 출격해서 적들이 구조하지 않을 수 없게 만든다.

行於無人之地, 出空擊虛, 擊其不意也.
아무도 지키지 않는 땅을 행군한다. 빈 공간을 향해 출격하고, 적들이 예기치 못한 시점에 공격한다는 뜻이다.

不知所守, 出不意也.
지켜야 할 곳을 알지 못한다. 예상치 못한 장소로 출격하기 때문이다.[3]

---

[3] 부지소수(不知所守) 구절에 대한 조조의 주석은 존재하지 않는다. 아마도 이

不知所攻, 情不洩也.
공격할 바를 알지 못한다. 기밀이 누설되지 않았기 때문이다.

攻其所必救, 絕糧道, 守歸路, 而攻其君主也.
저들이 반드시 사수해야 할 곳을 공격한다. 식량 보급로를 끊고 퇴로를 지키면서 저들의 군주를 공격한다는 뜻이다.

乖其所之, 乖戾其道, 示以利害, 使敵疑也.
적이 가는 방향을 어그러지게 한다. 저들이 가는 길의 방향을 틀고 이익과 손해를 드러내보임으로써 적이 의심하게 만든다.

使人備己, 形藏敵疑, 則分離其眾以備我也.
적으로 하여금 나를 방비하게 만든다. 형적이 사라져 적들이 의구심을 갖게 되면 그 군사를 여러 곳에 분산시켜 아군의 공격에 대비하게 된다.

知戰之日, 以度量知空虛會戰之日也.
싸우게 될 날짜를 안다. 적의 상태를 헤아림으로써 적의 빈틈과 결전의 날짜를 알게 된다.

因形而措勝, 因敵形而立勝也. 制勝者, 人皆知吾所以勝, 莫知吾因敵形而製勝也, 非以一形勝萬形也.
형세로 승리를 거둔다. 적의 형세에 따라 승리가 만들어진다. 승리를 제조한다는 것은 사람들 모두 내가 이기게 된 연유는 알지만

―――――――――――
지 본인의 주석이거나 다른 이의 해설을 인용한 것으로 추정된다.

그것이 내가 적의 형세를 이용해 만들어낸 승리인 줄은 알지 못한다는 뜻이다. 한 가지 형세가 오만 가지 형세에 다 승리하는 것은 아니기 때문이다.

不復者, **不重復, 動而應之也**.
반복되지 않는다. 똑같은 상황이 되풀이되지 않는 것은 계속 움직이면서 상황에 따라 임기응변하기 때문이다.

因敵變化而取勝者, **勢盛必衰, 形露必敗, 則因敵變化, 則取勝若神也**.
적정의 변화에 따라 승리를 거둔다. 세력이 아무리 막강해도 반드시 스러지고 모습이 노출되면 결국 패배하기 마련인즉슨 적의 상황에 맞춰 변화하면 흡사 신명의 지휘라도 받은 듯 승리하게 된다.

五行四句, **兵無常勢, 盈縮隨敵也**.
오행에 관한 네 구절. 전쟁에는 고정된 형세가 없다. 나아가고 물러나는 모든 경우를 적의 움직임에 따른다는 뜻이다.

이탁오 총평 李贄總評

李卓吾曰: 兵無常形, 未戰, 則以實待虛; 亦無常勢, 將戰, 則避實擊虛而已. 此爲將者之所通知也.
若夫敵佚而能使之勞, 敵飽而能使之飢, 敵安而能使之動, 敵衆而能使之寡, 敵不必備而能使之無所不備, 敵不欲戰而能使之不得不戰, 故敵雖衆, 可使無鬪; 敵雖強, 可使不敢恃; 敵雖近, 而左右前後可使不得相救. 若我, 則雖遠而行千里, 可使無人不欲戰, 而能使敵必不敢戰, 則不但以待其虛·衝其虛而已矣. 蓋敵人雖實,我能虛之, 而敵人之命皆懸於吾矣, 故能爲敵之司命也. 夫敵人之命, 我實司之, 則何勝之不可爲乎? 故曰勝可爲也. 勝可爲, 則制勝之權常在我矣.

制勝之權, 是豈敵人之所能知乎! 非唯敵人不得知, 吾之因形而措勝者, 即以此衆耳, 而衆人亦安能知吾之所以勝乎? 故曰: 人皆知我所以勝之形, 而莫知吾所以製勝之形. 故一勝不復再胜, 以吾之所以應形而製勝者, 其妙未有窮極也. 制勝之妙, 虛虛之術, 致人之巧, 至於形聲俱無矣, 又孰能致我乎? 故形人而我無形, 致人而人不能致我, 則所以虛虛實實者, 亦已極矣. 故虛實之端, 制勝之將, 司敵之命也.

因敵制勝, 與因地制流等耳, 又豈有他巧耶? 以其自然, 故謂之神, 人自不神, 故形見勢露, 而卒爲我所致, 爲我所虛也. 嗚呼! 五行之相勝, 四時之相推, 短長之相軋, 死生之相禪, 執一實以御百虛, 孰能知其故乎?

或曰: 戰勝不復, 復者復起之謂也, 必有失而後有復, 若顔子不遠之復是也. 夫顔子之學, 可以言不遠之复耳, 若大軍一動, 則生死存亡系之, 可以言失而後復耶? 故唯善應形於無窮者, 不復有失, 故亦不復有復也.

이탁오는 말한다.

전쟁에는 고정된 진형이 없으니, 아직 전투 전이라면 충실히 준비하면서 적이 허점을 보일 때까지 기다려야 한다. 전쟁에는 똑같은 형세 역시 생기지 않으니, 결전에 임해서는 수비가 튼튼한 곳은 피하고 허술한 곳을 쳐야 한다. 이는 장수라면 누구나 아는 상식이다.

만약 적들에게 여유가 있다면 그들을 피곤하게 만들 수 있어야 한다. 저들이 배부르면 굶주리게 만들고, 편안하면 움직이게 하며, 숫자가 많다면 줄어들도록 꾀를 써야 한다. 꼭 지킬 필요가 없는 곳도 적들이 지키지 않을 수 없게 하고, 싸우고 싶지 않아도 싸우지 않을 수 없도록 만들어야 한다. 그리하여 적의 숫자가 아무리 많아도 그 투지를 말살시킬 수 있어야 한다. 적의 화력이 비록 막강해도 믿고서 감히 까불지 못하고, 제아무리 가까이 있어도 전후좌우 어디서든 서로 구해주지 못하게 만들어야 한다. 나 같으면 설사 천리 먼길을 행군했더라도 전투에 나서기 싫은 병사가 없게 하는 동시에 적은 감히 아군과 맞붙지 못하게 할 수가 있으니, 그러면 다만 적의 빈틈을 기다렸다가 그 허점을 향해 돌진하면 그만일 뿐이다. 적군의 대비가 제아무리 충실해도 나는 그 허점을 파고들어 적의 목숨을 몽땅 내 손아귀에 넣을 수가 있으니, 그래서 적의 운명을 관장하는 저승사자가 될 수 있다. 무릇 적군의 명줄이 실로 나한테 달렸다면 어떤 승리인들 만들어내지 못하겠나! 그래서 승리는 만들 수 있다고 말했다. 승리가 만들 수 있는 것이라면 승리를 제조하는 방도는 언제나 내게 있기 마련이다.

승리를 낚는 임기응변의 술수는 어찌 적군이 알 수 있는 바이랴! 비단 적군만 모르는 것이 아니다. 내가 상황 따라 빚어내는 승리는 바로 우리 병사들 덕분인데, 그들이라고 내가 승리한 이유를 또 어떻게 알 수 있을까! 그래서 사람들 누구나 다 내가 책략으로 승리한 줄은 알지만 무슨 수로 이겼는지 가늠하지는 못한다고 말했다. 원래 한 번 승리는 다음의 승리로 반복되지 않으니, 내가 형세 따라 임기응변으로 빚어낸 승리에 담긴 그 오묘한 도리는 바닥날 일이 없기 때문이다. 승리를 제조하는 오묘한 무언가가 허실(虛實)의 술책으로 교묘히 적을 유인해 형적과 소리가 모두 사라지는 지경에 이르렀으니 또 누가 나를 뒤흔들 수 있으랴? 원래 적이 드러나면 나는 모습이 없어지고 적을 내 뜻대로 조종하면 적은 나한테 속수무책이 되니, 허허실실을 운용하는 방도가 또 이미 궁극의 경지에 다다랐기 때문이다. 그래서 허실의 전법으로 승리를 빚는 장수는 적의 운명을 손안에 틀어쥔 저승사자가 되는 것이다.

적정의 변화에 순발력 있게 대응해 승리를 거두는 일과 지형에 의거해 흐름을 만드는 것은 결국 같은 일이니, 거기에 또 어떻게 다른 기교가 개입될 수 있으랴! 그 일은 저절로 진행되는 까닭에 신명이라고 일컫는다. 적은 물론 신명하지 못하기 때문에 형세가 노출되어 결국은 내 의도대로 끌려오고 허점은 간파당하게 된다. 오호라! 오행이 서로를 억누르고, 사계절이 번갈아 바뀌며, 시비곡직이 서로를 배척하고, 죽음은 삶을 대체하는구나. 근본이 되는 도 하나를 확실히 장악함으로써 백 가지 허점을 제어하게 되니, 누가 그 연고를 알 수 있을까!

혹자는 전쟁에서 승리는 반복되지 않는다고 말했다. 반복이란 똑같은 상황의 재연을 일컫는데 반드시 실패한 다음이라야 되풀이되니, 흡사 안자가 '멀리 가지 않고 되돌아왔다(不遠之復)'[4]고 한 경우와도 같다고 하겠다. 대저 안자의 학문은 멀리 나가지 않은 덕분에 돌이켰다고 말할 수 있다. 만약 대군이 일단 출동했다 하면

---

4) 안자(顏子)는 공자의 제자 안연(顏淵)을 말한다. '불원지복(不遠之復)'은 『주역』「계사전(繫辭傳)」하편의 다음 구절에서 나왔다. "공자께서 말씀하시길, '안씨네 아들은 도에 거의 근접하지 않았더냐? 잘못이 있는데 자각하지 못한 적이 없고, 알고 나서 고치지 않은 적도 없었다. 주역에 이르길, [멀리 가지 않고 돌아서니 후회에 이르지 않는다. 크게 길하다]고 했다'(子曰: '顏氏之子, 其殆庶幾乎? 有不善未嘗不知, 知之未嘗復行也. 易曰: [不遠復, 无祗悔, 元吉]'." 본문에서 혹자는 반드시 실수가 먼저 있고 나서야 그것을 되돌리게 되니, 이는 마치 안자가 잘못을 저지르자마자 곧바로 깨닫고 즉시 고쳐서 선으로 되돌아간 경우와도 같다고 말한다. 그러나 이지는 안자의 경우가 군사적 상황에 비유할 수 있는 일이 아니라고 여긴 까닭에 혹자의 견해에 동의하지 않고 있다.

생사와 존망이 거기 매이게 되니, 실패하고 나서 반복을 말하는 것이 어떻게 가능하겠나? 원래 형세에 따른 임기응변을 무궁무진 잘 펼쳐내는 자라야만 실수를 반복하지 않는다. 그래서 같은 승리가 재현되지 않는 현상 역시 반복된다고 했던 것이다.

기정과 허실의 전략전술 『唐太宗李衛公問對』卷中

太宗曰: "'策之而知得失之計, 作之而知動靜之理, 形之而知死生之地, 角之而知有餘不足之處.' 此則奇正在我, 虛實在敵歟?" 靖曰: "奇正者, 所以致敵之虛實也. 敵實, 則我必以正; 敵虛, 則我必爲奇. 苟將不知奇正, 則雖知敵虛實, 安能致之哉? 臣奉詔, 但教諸將以奇正, 然後虛實自知焉." 太宗曰: "以奇爲正者, 敵意其奇, 則吾正擊之; 以正爲奇者, 敵意其正, 則吾奇擊之. 使敵勢常虛, 我勢常實. 當以此法授諸將, 使易曉爾." 靖曰: "千章萬句, 不出乎'致人而不致於人'而已. 臣當以此教諸將."

태종이 말했다.

"'적에게 대응할 계획을 세우는 동안 승리와 패전에 관한 계산이 서고, 적을 건드려본 뒤에야 언제 출동하고 멈춰야 할지 알게 되며, 진형을 펼치고 나서야 사지와 생지를 깨닫게 되고, 일합을 겨뤄봐야 어디가 힘이 남고 모자란 곳인지를 알게 된다' 했소. 이렇게 되면 기병(奇兵)과 정병(正兵)의 선택과 활용은 우리 쪽에 있고, 군사적 허와 실의 부담은 적에게로 넘어가는 것이오?"

이정이 말했다.

"기정(奇正)의 전법은 적의 허실을 파악해 우리 뜻대로 움직이게 하는 방도입니다. 적의 실력이 막강하면 우리는 기필코 정병으로 나가야 하고, 적의 대비가 허술하다면 반드시 기병으로 대응해야 하지요. 만약 장수가 되어서 기정의 전법을 모른다면 제아무리 적의 허실을 꿰뚫었더라도 저들을 또 어떻게 요리할 수 있겠습니까? 소신은 폐하의 명을 받들어 여러 장수들에게 기정의 전법을 가르치겠습니다. 그러면 허실은 저절로 알게 되겠지요."

태종이 말했다.

"기병을 정병으로 전환하면 적은 우리 측이 기병을 쓴다고 추측하겠지만 우리는 정병으로 공격하게 되지. 정병을 기병으로 바꾸면 적은 우리가 정병을 쓴다고 여기겠지만 우리는 기병으로 저들을 공격하는 것이고. 적의 형세에 언제나 빈틈이 생기게 하고 우리 측 형세는 늘 견고하게 두어야 하네. 이 방법은 응당 여러 장수에게 가르쳐서 그들이 쉽게 이치를 깨우치도록 해야 할 것일세."

이정이 말했다.

"병서에 나오는 천만 마디 가르침이 '적이 끄달리게 할 뿐 내가 적에게 휘둘리지 않는다'는 이 한 구절에서 벗어나지 않습니다. 소신은 응당 여러 장수에게 이런 이치를 가르칠 것입니다."

—『당태종이위공문대』중권.

참고 이탁오 해설 參考

李卓吾曰:「軍形篇」言"勝可知而不可爲", 以能爲不可勝, 而不能使敵之必可勝故也. 今「虛實篇」中又曰"勝可爲"者, 何哉?「作戰篇」言"知兵之將, 民之司命", 今篇中又曰"能爲敵之司命", 又何哉? 蓋能爲民之司命, 是以能先爲吾之不可勝, 能爲敵之司命, 是以又能爲敵之必可勝也.

이탁오는 말한다.

「군형(軍形)」편에서는 "승리는 예측할 수 있지만 억지로 만들지는 못한다"고 말했는데, 적이 이기지 못할 상황은 내가 만들 수 있지만 적이 반드시 이길 상황은 내가 조성할 수 없는 까닭이다. 이제 「허실」편에서 또 "승리는 만들 수 있다"고 하니, 이는 무슨 말일까? 「작전(作戰)」편에서 "전쟁의 도를 아는 장수는 백성의 명줄을 움켜쥔 신"이라더니 이번 편에서는 또 "적의 운명을 좌지우지하는 저승사자가 될 수 있다"고 말하는데, 이는 또 무슨 소리인가? 원래 백성들 명줄을 움켜쥔 신이 될 수 있기 때문에 우선은 나를 이길 수 없는 상태의 조성이 가능해진다. 적의 운명을 좌지우지할 수 있으니, 그래서 또 적에게 반드시 승리할 수 있는 상황의 조성이 가능해지는 것이다.[5]

---

5) 「군형」편에서 "승리는 예견할 수 있지만 억지로 만들 수는 없다"고 한 것은 구체적인 전쟁을 염두에 둔 말로, 적의 방비가 탄탄하다면 승리의 국면이 반드시 보장되는 것은 아니기 때문이다. 이번 「허실」편의 "승리는 제조할 수 있다"는 전체적인 국면에서 기정과 허실의 전략전술을 운용한다면 이길 수 있다는 뜻으로, 이지는 문제를 제기하는 방식으로 본문의 이해에 도움을 주고 있다.

제7장 「군쟁(軍爭)」편

孫子曰: 凡用兵之法, 將受命於君, 合軍聚衆, 交和而舍, 莫難於軍爭. 軍爭之難者, 以迂爲直, 以患爲利. 故迂其途, 而誘之以利, 後人發, 先人至, 此知迂直之計者也.

故軍爭爲利, 衆爭爲危. 擧軍而爭利, 則不及; 委軍而爭利, 則輜重捐. 是故卷甲而趨, 日夜不處, 倍道兼行, 百里而爭利, 則擒三將軍, 勁者先, 疲者後, 其法十一而至; 五十里而爭利, 則蹶上將軍, 其法半至; 三十里而爭利, 則三分之二至. 是故軍無輜重則亡, 無糧食則亡, 無委積則亡.

故不知諸侯之謀者, 不能豫交; 不知山林·險阻·沮澤之形者, 不能行軍, 不能鄕導者, 不能得地利. 故兵以詐立, 以利動, 以分合爲變者也, 故其疾如風, 其徐如林, 侵掠如火, 不動如山, 難知如陰, 動如雷霆. 掠鄕分衆, 廓地分利, 懸權而動, 先知迂直之計者勝, 此軍爭之法也.

『軍政』曰: "言不相聞, 故爲金鼓; 視不相見, 故爲旌旗." 夫金鼓旌旗者, 所以一人之耳目也; 人旣專一, 則勇者不得獨進, 怯者不得獨退, 此用衆之法也. 故夜戰多火鼓, 晝戰多旌旗, 所以變人之耳目也.

三軍可奪氣, 將軍可奪心. 是故朝氣銳, 晝氣惰, 暮氣歸; 故善用兵者, 避其銳氣, 擊其惰歸, 此治氣者也. 以治待亂, 以靜待譁, 此治心者也. 以近待遠, 以佚待勞, 以飽待飢, 此治力者也. 無邀正正之旗, 勿擊堂堂之陣, 此治變者也. 故用兵之法, 高陵勿向, 背邱勿逆, 佯北勿從, 銳卒勿攻, 餌兵勿食, 歸師勿遏, 圍師必闕, 窮寇勿迫, 此用兵之法也.

손자의 말이다.

전쟁하는 방법은 대체로 다음과 같다. 장수는 임금에게 명령을 받아 군사를 모집해 집결시키고 편제로 조직한 뒤 적과 대치한다. 전쟁에서는 먼저 기세를 제압해 주도권을 쟁취하는 것보다 어려운 일이 없다. 주도권 쟁취가 어려운 것은 우회로를 지름길로 만들고 난관은 유리한 조건으로 바꿔야 하기 때문이다. 그러므로 적들이 길을 우회하게 만들고 미끼로 유인해 적보다 나중에 출발했어도 그들보다 먼저 목적지에 도착한다면, 이 사람은 우직지계[1]를 아는 자인 것이다.

원래 군쟁은 유리한 점이 있는 반면 다수가 동원되는 까닭에 위험한 측면도 있다. 전군이 물자를 휴대하고 이동하면서 적과 유리한 고지를 다툰다면 짐의 무게 때문에 예정된 장소에 제때 당도하지 못하게 된다. 짐을 버리고 이동한다면 속도는 빨라져도 군수품 손실이 생긴다. 이런 까닭에 갑옷을 말아올리며 서둘러 쫓아가고 밤낮 가리지 않는 갑절의 속도로 백 리를 이동해 싸운다면 삼군을 지휘하는 총사령관이 사로잡힐 수 있다. 건장한 병사는 선발로 앞장서고 피곤한 자는 후발로 뒤처지니, 그 방법으로는 십분의 일 병사만이 제때 도착하기 때문이다. 오십 리를 가서 적과 주도권을 다

---

1) 우직지계(迂直之計): 굽은 것은 곧게 바꾸고 우환은 유리한 상황으로 전환시키는 계책.

툰다면 선봉대의 장군이 거꾸러지고 절반의 병력만 예정된 시각에 도착한다. 삼십 리를 쫓아가 다투는 경우는 병력의 삼분의 이가 현장에 도착한다. 이런 연유로 군수품과 장비가 없어 전투에서 죽거나 다치고, 양식 공급이 안 되니 생존이 어려워지며, 비축한 물자가 없어서 전쟁을 치르지 못하게 된다.

원래 열국 제후들의 전략에 무지한 자는 사전에 미리 교섭할 수 없고, 산과 숲, 험준한 땅, 소택지 같은 지형에 깜깜하면 행군이 불가능해지며, 길을 인도하는 안내인이 없으면 지형을 내 편에 유리하게 활용하지 못한다. 그러므로 전쟁은 변화다단한 야바위판으로 진행된다. 유리할 때 출동하고, 흩어졌다 모였다 하며 변칙적으로 움직인다. 그래서 빨라야 할 때는 질풍 같고, 느릴 때는 숲처럼 은근하며, 덮칠 때는 들불처럼 기세등등하고, 움직이지 않을 때는 산악처럼 고요하며, 숨을 때는 흐린 날 하늘처럼 컴컴하게 안 보이고, 행동할 때는 벼락처럼 순식간에 움직여야 한다. 빼앗은 물자는 병사들에게 나눠주고, 넓은 지역에서는 지리적 이점을 확보하고 요충지를 나눠 지키며, 득실을 비교한 뒤 기회를 노려 출동해야 한다. 우직지계를 알고 먼저 활용하는 자가 승리한다는 이런 내용은 '군쟁'의 철칙이다.

『군정』[2]에 다음과 같은 대목이 있다. "서로 말이 들리지 않으니 징과 북을 사용하고, 서로를 볼 수 없기 때문에 깃발로 신호를 보낸다." 대저 징과 북과 깃발은 병사들의 이목을 집중시켜 하나로 통일시킨다. 전군이 단일한 지휘를 받으면 용감한 병사라도 단독 돌진이 없고 겁쟁이라도 저 혼자서 퇴각하지 못하게 되니, 이는 대군을 지휘할 때의 법칙이다. 원래 야간전에는 횃불과 북을 많이 쓰고

---

2) 『군정(軍政)』: 고대의 병서. 대략 서주(西周) 시기에 나온 초보적 형태의 군사물로 일찌감치 실전되었다. 저자 역시 미상.

백주대낮 싸움에서는 깃발을 많이 휘두르는데, 바로 병사들의 이목을 바꾸는 수단이 되기 때문이다.

삼군의 사기는 꺾일 수 있고, 장군의 결심도 흔들릴 수 있다. 이런 까닭에 아침에는 사기가 충만했다가도 낮에는 늘어지며 저녁에는 탈진해 집에 갈 생각이나 하게 된다. 그래서 용병의 달인은 적군의 사기가 높을 때는 피하고 기력이 떨어질 때를 찾아 공격하는데, 이것이 군의 사기를 장악하는 방법이다. 대오 정연한 군대로 혼란한 적을 맞고, 차분하고 안정된 상태에서 소란스런 적을 상대한다면, 이는 장병들 심리를 내 뜻대로 주무른다는 방증이다. 가까운 데서 멀리 돌아온 적을 맞고, 기운이 남는 상태에서 피곤한 적을 맞으며, 배부른 상태에서 굶주린 적을 상대한다면, 이 사람은 군대의 역량을 관리할 줄 아는 자라 하겠다. 깃발이 정연하게 통일된 적은 마주하지 않고, 엄정하고 기세등등한 진용은 공격하지 않으니, 이는 임기응변에 능란한 자가 준수하는 원칙이다.

원래 전쟁에 임할 때의 원칙은 다음과 같다. 높은 산 위의 적은 맞대응 않고, 구릉을 등진 적은 정면에서 맞서지 않으며, 패한 척 가장하고 달아나는 적은 추격하지 말고, 사기가 충천한 부대는 공격하지 않는다. 미끼로 던져진 전투는 덥석 물지 않고, 후퇴하는 병사는 가로막지 않는다. 포위할 때는 반드시 적이 빠져나갈 틈을 남기고, 궁지에 몰린 적은 지나치게 몰아세우지 않는다. 이는 전쟁의 기본 법칙이다.

조조 주석 曹操注

魏武帝曰: 合軍聚眾, 聚國人, 結行伍, 選部曲, 起營陣也.

위 무제의 해설이다.

군사를 모집해 한 곳에 집결시킨다. 나라 안 백성을 집합시켜 항오[3]를 구성하고, 부와 곡[4]의 담당자를 선발해 진영을 건설한다는 뜻이다.

交和而舍, 軍門爲和門, 左右爲旗門, 以車爲營曰轅門, 以人爲營曰人門, 兩軍相對爲交和也.
양군이 대치한 상태로 주둔한다. 군문은 화문(和門)이라 한다. 좌우에 깃발을 꽂으면 기문(旗門)이 되고, 전차로 외곽을 둘러 군영을 형성하면 원문(轅門)이라 부르며, 호위를 위해 사람이 에워싸면 인문(人門)이라 일컫는다. 양군이 서로 대치한 상태는 교화(交和)라고 한다.

莫難於軍爭, 從始受命至於交和, 軍爭爲難也.
주도권 쟁탈(軍爭)보다 어려운 것은 없다. 처음에 명을 받은 때부터 양군의 대치상태에 이르기까지 군쟁이 가장 어려운 문제다.

以迂爲直, 以患爲利, 示以遠, 速其道里, 先敵至也. 迂其途者, 示之遠也. 先人至, 明於度數, 先知遠近之計也.
우회로를 지름길로 만들고, 난관을 유리한 조건으로 바꾼다. 길이 먼 상황임을 나타낸다. 이때는 서둘러 급행군해야 적보다 먼저 도착하게 된다. 길을 돌아간다는 그 자체가 먼 길임을 암시한다. 남보다 먼저 닿으려면 도착까지 걸리는 거리와 시간을 분명히 따져

---

3) 항오(行伍): 군대의 편제 단위. 고대에는 5명을 묶어 '오', 25명은 '항'이라 불렀는데, 훗날 군대를 가리키는 일반적인 명칭이 되었다.
4) 부곡(部曲): 고대 군대의 편제 단위. 대장군의 군영은 5부(部)가 있고 교위(校尉) 1인을 배치했다. 부 아래 단위는 곡(曲)이라 하며 군후(軍候)로 일컬어지는 군관 1인을 두었다.

멀고 가까움을 계산으로 미리 알고 있어야 한다.

軍爭爲利, 衆爭爲危, 善者則以利, 不善者則以危也.
주도권을 선점하면 유리하지만 다수가 동원된 싸움에서는 불리할 수도 있다. 성공적인 경우는 유리해지겠지만 그렇지 못한 경우는 위험해지기 때문이다.[5]

不知諸侯之謀, 不知敵情者, 不能結交也.
제후들의 생각을 알지 못한다. 적의 사정에 무지하면 왕래하며 교분을 맺을 수가 없다.

山林·險阻·沮澤, 坑塹爲險, 一高一下爲阻, 水草漸洳爲沮, 衆水所歸而不流爲澤.
산과 숲, 험준한 땅, 소택지. 움푹 패인 구덩이나 도랑은 험(險), 높낮이가 고르지 못한 곳은 조(阻), 수초가 뒤엉켜 자라는 늪지대는 저(沮), 많은 물이 고인 채 흐르지 않는 장소는 택(澤)이라고 한다.

以分合爲變, 一分一合, 以敵爲變也.
흩어졌다 모였다 하면서 변칙적으로 움직인다. 문득 흩어졌다가 홀연히 집합하는 것은 적의 분산과 집중도에 따라 우리도 변환하기 때문이다.

---

[5] 이 구절에 대해 가림(賈林)은 이렇게 주석을 달았다. "아군이 먼저 도착해 작전에 편리한 지형을 획득하면 전투가 유리해진다. 적들이 먼저 그 땅을 점거하면 아군은 그것을 빼앗기 위해 전체가 내달려야 하니, 적들은 편안한 반면 우리는 힘들어진다. 위험으로 직행하는 길인 것이다(我軍先至, 得其便利之地, 則爲利. 彼敵先據其地, 我三軍之衆馳往爭之, 則敵佚我勞, 危之道也)."

其疾如風, **擊空虛也**.
질풍처럼 빠른 것은 아무것도 없는 빈 공간에서 허상을 때리듯 공격하기 때문이다.

其徐如林, **不見利也**.
수풀처럼 천천히 움직이는 것은 유리한 지점이 보이지 않아서이다.

如火, **疾也**.
불 같다는 말은 빠르다는 뜻이다.

如山, **守也**.
산처럼 꼼짝 않으면 수비한다는 뜻이다.

掠鄕分衆, **因敵制勝也**.
마을에서 약탈한 물자는 병사들에게 나눠준다. 적의 물자를 이용해서 승리를 가져오게 된다.

廓地分利, **廣地以分敵利也**.
광대한 땅에서는 요충지의 이점을 분산시킨다. 넓은 지역에서는 적이 차지한 지리적 이점을 분산시켜야 한다.

懸權而動, **量敵而動也**.
이해득실을 따져본 뒤 움직인다. 적의 실력을 헤아리고 나서 출동한다는 뜻이다.

正正, **整齊也**.
꼿꼿하고 바름은 질서정연하다는 뜻이다.

堂堂, **尊大也**.
당당함은 존귀하여 위엄이 있다는 뜻이다.

圍師必闕, 『司馬法』曰: "圍其三面, 缺其一面, 所以示生路也."
포위할 때는 반드시 적이 빠져나갈 틈을 남겨준다. 『사마법』은 이렇게 해설했다. "적을 삼면으로 포위하고 한 면을 터서 남겨두는 것은 살 길을 보여주기 위해서다."[6]

이탁오 총평 李贄總評

李卓吾曰: 軍爭, 即「九地篇」所謂"爭地則無攻"是也. 兩軍爭地, 故軍爭為難, 何也? 軍爭本以為利, 非以為危也, 而眾爭皆不免於為危耳. 故舉軍而爭利, 則擒三將軍, 而蹶上將軍, 雖所爭在三十里之遠不能也. 若棄軍以爭之, 則無食必亡矣, 故必先知迂直之計, 而後可以爭地而取勝也.

然非知諸侯之謀, 知山林·險阻等之地形, 知用鄉導而識地利, 又何以為迂直之計乎? 故戒以一耳目而治氣·治心, 又且治力·治變, 種種不可向·不可逆·不可攻者, 厥數以至於八, 夫然後所以知迂直者計有餘矣. 不然, 豈不危哉?

或曰: 蹶上將軍者, 上軍先至, 故蹶上將也. 輜重者, 隨行衣甲·器

---

6) 이 구절은 산일(散佚)되어 현존『사마법』에는 실려 있지 않다. 그렇지만 리링(李零)의『사마법역주(司馬法譯註)』부록「사마법일문(佚文)」8에서 확인할 수는 있다.

械也. 委積者, 貯積器物也. 無此三者, 安得不亡? 委軍爭利之害
又可見矣.

이탁오는 말한다.
군쟁은 바로 「구지」편에서 일컬은 "쟁지에서는 (적이 이미 점거했다면) 공격하지 않는다"[7]는 그 내용이다. 양쪽 군대가 어느 한 지형을 놓고 주도권을 다투는 까닭에 군쟁이 어려운 것인데, 이유가 무엇일까? 군쟁은 본래 유리한 고지를 선점하는 이익을 다투는 행동이지 위기를 조성하려는 것이 아니다. 하지만 전군을 투입하는 싸움은 모두를 위험에서 벗어나지 못하게 한다. 그리하여 전군을 총동원해 주도권을 다투면 총사령관은 사로잡히고 상장군[8]이 거꾸러지니, 다투는 바가 비록 삼십 리 밖에 있더라도 목표를 달성하지 못하게 된다. 만약 군수물자를 내버리면서까지 싸운다면 식량이 없으니 반드시 패망하게 된다. 때문에 지휘관은 반드시 우직지계를 먼저 알아야 하니, 그런 다음이라야 표적지 다툼에서 승리를 거머쥘 수 있다.
하지만 제후의 전략에 무지하니 산림이나 험준하고 막힌 등등의 지형을 알고 안내인을 써서 지리적 이점을 식별한들 무슨 수로 우직지계를 시행한단 말인가! 그래서 손무는 이목을 한 군데로 집중

---

7) 「구지」편에서는 "우리가 차지하면 전세가 유리해지고 적이 점령하면 저들에게 이로운 땅을 '쟁지'라 한다(我得則利, 彼得亦利者, 爲爭地)"고 설명했다. 쟁지는 곧 쌍방이 반드시 다퉈야 할 유리한 지세이니, 이런 지형은 적보다 먼저 점거해야 하고 적이 벌써 차지했다면 공격하지 말아야 한다.
8) 상장군(上將軍): 고대의 무관 명칭. 춘추시대 진(晉)나라는 상·중·하 삼군을 두었고, 중군이 가장 높아 삼군을 지휘했다. 이 글의 상장군은 선봉대(前軍)의 지휘관을 가리키는 듯한데, 장예(張預)는 이 대목에 대해 "상장군이 거꾸러진 것은 선봉대가 앞서 나갔기 때문이다(蹶上將, 謂前軍先行也)"는 주를 달고 있다.

시켜 기운을 조절하고 마음을 다스리라고 일깨웠다. 아울러 힘을 관리하고 임기응변으로 변화를 꾀하라 하니, 마주할 수 없고 등질 수 없으며 공격할 수 없는 갖가지 경우의 수가 여덟에 이르게 되었다.[9] 무릇 그 정도는 된 다음이라야 우직지계를 아는 자의 셈법에도 여유가 생기게 된다. 그렇지 않다면 어찌 위험해지지 않을 수 있으랴?

혹자[10]는 상장군이 넘어진 것은 상군[11]이 먼저 도착한 까닭에 상장(上將)이 고꾸라진 상황이라고 해설했다. 치중(輜重)은 휴대하고 다니는 갑옷과 병장기 등속이고, 비축한 물자란 쌓아놓은 각종 연장도구들을 가리킨다.

이 세 가지가 없다면 어찌 망하지 않을 도리가 있을까! 군수물자를 내던지면서까지 주도권 싸움에 열중했을 때 벌어지는 참사를 또 알 수가 있다.

참고 이탁오 해설 參考

卓吾子曰: 兵"以分合爲變", 故有治變之法. 又曰: "三軍可奪氣", 故又有治氣·治力之法, 今具如左.

탁오자는 말한다.

전쟁은 "흩어졌다 모였다 하면서 변칙적으로 움직이기" 때문에 임

---

9) 『군쟁』편 본문 말미에 보이는 전쟁에 임할 때 "높은 산 위의 적은 맞대응 않고, … 궁지에 몰린 적은 지나치게 몰아세우지 않는다"까지의 8가지 원칙을 말한다.
10) 앞의 '상장군' 주석에 나오는 장예를 가리킨다.
11) 상군(上軍): 고대의 군대는 편제상 상군·중군·하군으로 나뉘었다. 중군이 가장 높고, 상군은 그다음이며, 하군이 가장 아래였다.

기응변으로 작전을 펼칠 때는 원칙이 있다. 또한 "전군의 사기를 꺾을 수 있다"고 말했으니, 그래서 사기를 관리하고 힘을 비축하는 데도 그에 맞는 방법이 있게 된다. 이제 아래에 구비해놓는다.

손자와 오자의 전술 차이 『唐太宗李衛公問對』券上

○○ 太宗曰: "分合爲變者, 奇正安在?" 靖曰: "善用兵者, 無不正, 無不奇, 使敵莫測. 故正亦勝, 奇亦勝. 三軍之士, 止知其勝, 莫知其所以勝. 非變而能通, 安能至是哉? 分合所出, 唯孫武能之, 吳起而下莫可及焉." 太宗曰: "吳術若何?" 靖曰: "臣請略言之. 魏武侯問吳起兩軍相向, 起曰: '使賤而勇者前擊, 鋒始交而北, 北而勿罰, 觀敵進取. 一坐一起, 奔北不追, 則敵有謀矣. 若悉衆追北, 行止縱橫, 此敵人不才, 擊之勿疑.' 臣謂吳術大率多此類, 非孫武所謂以正合也."

태종이 말했다.

"때론 흩어지고 때론 합치면서 변환을 꾀하는 상황이라면 무엇이 기병이고 정병인지 어찌 안단 말인가?"

이정이 말했다.

"전쟁의 고수는 정병을 아니 쓰는 경우가 없고 기병을 활용 않는 경우도 없는데, 아군의 변환이 적으로 하여금 눈치채지 못하게 만듭니다. 그래서 정병으로도 승리하고 기병을 써도 승리하는 것이죠. 전군의 병사들은 다만 아군이 이겼다는 사실만 알 뿐 어떻게 승리했는지 알 길이 없습니다. 변환의 원리에 정통한 경우가 아니라면 어떻게 그런 경지에 도달할 수 있겠습니까? 교묘한 분산과 집합으로 변환하는 수법은 오직 손무만이 가능했으니, 오기 이하로는 그 같은 경지에 도달한 인물이 없습니다."

태종이 물었다.

"오기의 용병술은 어떠했는가?"

"신이 간략하게 설명드리지요. 위 무후(魏武侯)가 오기에게 양측 군대가 대치한 상황에서 어찌해야 할지 물었더니, 오기는 이렇게 대답합니다. '지위가 낮고 용감한 군관을 전방에 보내 공격하되, 교전이 시작되자마자 달아나라고 시킵니다. 그런 도주는 물론 처벌해선 안 되지요. 그런 뒤 적군이 어떻게 반격하는지 일거일동을 관찰하는데, 패주하는 아군을 추격하지 않는다면 적장은 지모가 있는 자라고 봐야 합니다. 만약 전군이 다 출동해 도망가는 군대를 쫓아오고 진격과 멈춤이 무질서하다면 이는 적장이 무능한 것이니, 저들에 대한 공격을 망설일 필요가 없습니다.' 제가 보건대 오기의 전술은 대체로 이런 종류가 많더군요. 손무가 이른바 정병으로 교전하는 방법은 아니었습니다."

—『당태종이위공문대』상권.

분산과 집합의 방정식 『唐太宗李衛公問對』券下

○ 太宗曰:"兵有分有聚, 各貴適宜, 前代事蹟, 孰善此者?"靖曰:"苻堅總百萬之眾, 而敗於淝水, 此兵能合不能分所致也. 吳漢討公孫述, 與副將劉尚分屯, 相去二十里, 述來攻漢, 尚出合擊, 大破之, 此兵分而能合之所致也."太公云:"分不分為縻軍, 聚不聚為孤旅".

—右分合

태종이 말했다.

"작전을 진행하다 보면 때로는 흩어지고 때로는 모이게 되는데, 여기서 관건은 시행의 적절성 여부일 것이오. 이전 시대의 사적에서 누가 이 방면의 모범 사례인가?"

이정이 말했다.

"전진(前秦)의 부견이 백만대군을 이끌고 쳐들어왔다가 비수에서 참패를 당했는데, 이는 전쟁에서 합칠 수는 있어도 흩어지질 못해 초래한 결과였습니다. 후한 때 오한[12]이 공손술[13]을 토벌할 때 부장(副將)인 유상[14]과 두 군데로 나뉘어 주둔했는데, 서로 간의 거리가 이십 리나 떨어져 있었습니다. 공손술이 한의 군대를 공격해오자, 유상이 나서서 협공하고 완전히 격파해 버렸지요. 이는 군대가 분리되었다가 다시 합침으로써 이룬 결과입니다. 태공(太公)께서는 '분산시키고 싶지만 흩어지지 않는 군대를 결박된 군대(縻軍)라 하고, 집합시키고 싶지만 모이지 않는 군대를 고립된 군대(孤旅)라 한다'고 말씀하셨지요."

—『당태종이위공문대』하권.

이상은 분산과 집합에 관한 내용.

사기와 승패의 방정식 『唐太宗李衛公問對』卷下

○○ 太宗曰: "孫子言三軍可奪氣之法: '朝氣銳, 晝氣惰, 暮氣歸. 善用兵者, 避其銳氣, 擊其惰歸.' 如何?" 靖曰: "夫含生禀血, 鼓作鬥爭, 雖死不省者, 氣使然也, 故用兵之法, 必先察吾士衆, 激吾勝氣, 乃可以擊敵焉. 吳起四機, 以氣機爲上, 無他道也, 能使人人自鬥, 則其銳莫當. 所謂朝氣銳者, 非限時刻而言也, 擧一日始末爲喩也. 凡三鼓而敵不衰不竭, 則安能必使之情歸哉?

---

12) 오한(吳漢, ?~44): 자는 자안(子顔), 남양의 완현(宛縣, 지금의 하남성 남양시 南陽市) 출신으로 동한의 개국공신이자 군사전략가다. 왕망(王莽) 말기 광무제 유수(劉秀)에 귀순해 왕랑(王郎)을 토벌하고 묘증(苗曾)·사궁(謝躬)을 처단했으며 동마(銅馬)와 청독(靑犢) 등 농민군을 평정했다. 유수가 동한을 건립한 뒤 대사마가 되어 각지를 돌며 농민반란을 진압하고 촉에서 할거하던 공손술을 정벌하기도 했다. 시호는 충후(忠侯).
13) 공손술(公孫述, ?~36), 자는 자양(子陽), 부풍(扶風)의 무릉(茂陵, 지금의 섬서성 흥평興平) 사람이다. 왕망 말기 도강졸정(導江卒正, 촉군태수蜀郡太守)을 지내던 중 천하가 어지러워지자 익주(益州)에서 기병하여 국호를 성가(成家), 연호를 용흥(龍興)으로 삼고 칭제했다. 건무(建武) 12년 대사마 오한에 의해 성도(成都)가 격파되면서 재위 12년 만에 죽었다.
14) 유상(劉尙): 오한의 부장(副將)으로 일찍이 무위장군(武威將軍)을 지냈다. 공손술을 토벌할 때 군사 만여 명을 이끌고 강의 남쪽에 주둔하면서 북쪽에 있던 오한의 주력군에 호응해 작전을 펼쳤다.

蓋學者徒誦空文, 而爲敵所誘, 苟悟奪之之理, 則兵可任矣."

태종이 물었다.
"손자는 군대의 사기를 꺾을 수 있는 방법으로 '아침에는 기운이 왕성하고, 낮에는 늘어지며, 저녁에는 집에 가고 싶어진다. 용병의 달인은 사기가 왕성할 때는 피하고 지쳐 늘어진 때를 골라서 공격한다'고 했소. 이 말을 어떻게 생각하오?"

이정이 대답했다.
"인간의 생명에는 하늘로부터 부여받은 혈기가 포함되어 있습니다. 사람이 일단 격발되어 싸움판에 나서면 설사 죽더라도 그것을 깨닫지 못하게 되는데, 바로 혈기의 작용이지요. 그러므로 군사를 부리는 방법은 필히 우리 병사들을 먼저 살펴서 아군이 이길 수 있도록 사기를 북돋는 데 있고, 그래야만 적을 칠 수 있게 됩니다. 오기가 말한 네 가지 핵심(四機)[15] 가운데 기기(氣機)을 가장 으뜸으로 치는 것은 다른 이유가 있어서가 아닙니다. 각각의 병사들로 하여금 알아서 싸우게 할 수만 있다면 적이 그 예기를 감당하지 못하는 때문이지요.

이른바 아침에 사기가 왕성하다는 것은 다만 시간에 한정시킨 말이 아니고 하루의 시작과 끝을 들어 비유한 표현입니다. 무릇 격전을 알리는 북소리가 세 차례나 울린 상황에서 적군의 기세가 꺾이지 않는다면 어찌 해야 저들의 기를 꺾어 집으로 돌아가길 바라게 만들 수 있을까요? 병법을 공부한다는 자들은 하릴없이 쓸데없는 글이나 외우다가 적들의 꾐에 넘어가곤 합니다. 만약 적의 사기를 빼앗는 이치를 확실히 깨달았다면 병권을 맡겨 작전을 일임시켜도 되겠지요."

―『당태종이위공문대』하권.

---

15) 자세한 내용은 『오자』「논장(論將)」편 혹은 이 책의 제5장 「병세」편 참고(1) 이탁오 해설 참조.

안서도호부를 관리하는 방법 『唐太宗李衛公問對』 卷中

太宗曰:"朕置瑤池都督, 以隷安西都護, 蕃漢之兵, 如何處置?" 靖曰:"天之生人, 本無蕃漢之別, 然地遠荒漠, 必以射獵而生, 由此常習戰鬪. 若我恩信撫之, 衣食周之, 則皆漢人矣. 陛下置此都護, 臣請收漢戍卒, 處之內地, 減省糧饋, 兵家所謂治力之法也. 但擇漢吏有熟蕃情者, 散守堡障, 此足以經久. 或遇有警, 則漢卒出焉."

― 右治力

태종이 말했다.

"짐은 요지에 도독부를 설치[16]하고 안서도호부에 예속시켰소. 그 지역의 호인(胡人)과 한인(漢人) 병사들을 어떻게 처리해야 좋겠소?"

이정이 말했다.

"하늘이 사람을 내실 때 호인과 한인의 구별을 두지 않았습니다. 그런데 호인의 땅은 멀고도 황량해 반드시 사냥을 해야만 먹고살 수 있으니, 이런 연유로 저들은 일상적으로 전투를 훈련하게 되었지요. 우리가 만약 은혜와 신뢰로 위무하고 식량과 의복으로 구제한다면 저들은 모두 한인이 될 것입니다. 폐하께서 안서도호부를 설치하셨으니, 저는 변방의 한인 병사들을 내지로 불러들이길 청합니다. 식량과 물자의 운송을 줄이고 절약하는 것은 병가에서 이른바 치력[17]의 방법이지요. 단 한인 관리들 중에 호인의 사정에 정통한 자들을 선발해 각 성채로 분산시키고 수비하게 해야 이 방법이 오래 갈 것입니다. 혹여라도 위급 상황이 발생하면 한인 군대가 즉시 출동할 수 있어야 합니다."

---

16) 요지도독부(瑤池都督府): 당나라 정관 연간 설치한 행정기구로 안서도호부(安西都護府) 소속이었다. 정주(庭州) 막하성(莫賀城, 지금의 신강위구르 자치구 부강현阜康縣)에 위치했는데, 중앙아시아 초원과 카자흐스탄 동남부에 위치한 발하쉬 호수(Lake Balkhash) 일대를 관리했다.

17) 치력(治力): 군대에서 전투력을 장악하는 방법.

―『당태종이위공문대』중권.

이상은 전투력 향상에 대한 논의.

제8장 「구변(九變)」편

孫子曰: 凡用兵之法, 將受命於君, 合軍聚衆, 圮地無舍, 衢地合交, 絶地無留, 圍地則謀, 死地則戰. 途有所不由, 軍有所不擊, 城有所不攻, 地有所不爭, 君命有所不受. 故將通于九變之利者, 知用兵矣; 將不通九變之利, 雖知地形, 不能得地之利矣. 治兵不知九變之術, 雖知五利, 不能得人之用矣.

是故智者之慮, 必雜于利害, 雜于利而務可信也, 雜于害而患可解也. 是故屈諸侯者以害, 役諸侯者以業, 趨諸侯者以利. 故用兵之法, 無恃其不來, 恃吾有以待之; 無恃其不攻, 恃吾有所不可攻也. 故將有五危: 必死, 可殺; 必生, 可虜; 忿速, 可侮; 廉潔, 可辱; 愛民, 可煩. 凡此五者, 將之過也, 用兵之災也. 覆軍殺將, 必以五危, 不可不察也.

손자의 말이다.

전쟁의 방법은 대개 다음과 같다. 장수는 임금에게 명령을 받고 군사를 모집해 편제를 조직한다. 통행이 어려운 비지[1]는 주둔하지

---

1) 비지(圮地):「구지」편의 설명은 다음과 같다. "산림이나 험하고 막힌 곳, 소택지처럼 통행이 어려운 모든 길은 비지가 된다(山林·險阻·沮澤, 凡難行之道者, 爲圮地)." '비(圮)'는 무너지고 파괴되었다는 뜻으로, 『한간본(漢簡本)』은

않고, 사방으로 트인 구지[2)]에서는 이웃과 교류하며, 고립된 지역은 오래 머물지 말고, 포위당한 곳에서는 계략을 쓰며, 사지에서는 결사항전한다. 길이라도 어떤 곳은 지나치지 않고, 어떤 적은 치지 않을 수 있으며, 공격하지 않는 성도 있고. 빼앗으려 다투지 않는 땅도 있으며, 임금의 명도 때로는 받들지 않을 수 있다.

원래 장수는 '아홉 종류의 땅이 갖는 지리적 특징(九變之地)'[3)]에 통달하고서야 전쟁을 알게 된다. 장군이 구변의 장점을 제대로 이용할 줄 모른다면 비록 지형에 익숙할지라도 지리적 이점을 챙기지 못한다. 출병해 작전을 펼치면서 '구변'의 전술을 모른다면 제아무리 다섯 가지 이로움(五利)[4)]에 정통해도 병사들을 충분히 활용할 방도가 나오지 못하게 된다.

이런 까닭에 지혜로운 장수는 무슨 사안이든 반드시 장단점을 함께 따진다. 유리한 상황이라도 불리한 조건을 고려하면 임무를 순조롭게 완수할 수 있고, 불리한 상황에서도 유리한 요소를 따지면 우환이 해결될 수 있다. 같은 연유로 피해에 대한 두려움은 제후를 굴복시키고, 자기 실력이 있으면 제후를 부리게 되며, 이익으로 유인하면 제후가 따라오게 된다.

그러므로 전쟁을 잘하는 비결은 적군이 쳐들어오지 않을 거라 믿

비지가 아니라 '범지(泛地)'로 표기하였다.
2) 구지(衢地): 사통팔달로 뚫린지라 사방의 이웃과 소통할 수 있는 곳. 「구지」편은 "제후들의 땅과 서로 인접한 까닭에 누구든 먼저 도달해 천하의 지지를 획득하는 곳이 '구지'가 된다(諸侯之地三屬, 先至而得天下之衆者, 爲衢地)"고 설명했다.
3) 구변지지(九變之地):「구지」편에서 말하는 산지(散地), 경지(輕地), 쟁지(爭地), 교지(交地), 구지(衢地), 중지(重地), 비지(圮地), 위지(圍地), 사지(死地)의 아홉 가지 지형.
4) 오리(五利): 본문에서 말하는 지나치지 않아도 되는 길, 공격할 필요가 없는 적군과 성채와 땅, 받들지 않아도 되는 임금의 명령 등 다섯 가지를 가리킨다. 혹은 비지·구지·절지·위지·사지가 갖는 장점이라고 보는 해석도 있다.

지 않고 우리 측이 충분한 준비로 저들을 기다리는 데 있다. 적이 공격하지 않기를 바라지 않고 우리를 공격할 수 없는 대상으로 만드는 데 달렸다.

원래 장수에게는 다섯 종류의 치명적 위험이 있다. 반드시 죽을 각오로 대들면 정말로 죽을 수가 있다. 기필코 살겠다고 하면 포로로 사로잡힐 수 있고, 쉽사리 분노하면 능욕당할 수 있으며, 청렴하다는 명성에 집착하면 작은 모욕에도 이성을 잃기 쉽고, 백성을 지나치게 사랑하면 번거로운 일에 휘말릴 수 있다. 무릇 이 다섯 가지는 장수가 범하기 쉬운 실수인데 전쟁에서는 재앙을 부르는 치명적 약점이 된다. 전군이 몰살당하고 장수가 죽는 경우는 반드시 이런 다섯 가지 위기 상황에서 비롯되니 신중하게 잘 살피지 않으면 안 된다.

조조 주석 曹操注

魏武帝曰: 九變者, 變其正, 得其所用有九也.
위 무제의 해설이다.
구변이란 정석을 따르는 전투 방식에 변화를 가하는 것인데, 지형적 이점을 얻는 방도는 아홉 가지가 있다.

圮地無舍, 水毁曰圮, 無所依也.
비지에서는 주둔하지 않는다. 폭우나 홍수 등으로 훼손된 곳을 비지라고 부른다. 의지할 바가 못 되니 숙영하면 안 된다는 뜻이다.

衢地合交, 四通之地, 結諸侯也.
구지에서는 이웃 나라와 교류한다. 사통팔달의 지역에서는 이웃한 제후와 동맹을 맺는다.

絶地無留, **無久止也**.
절지[5]에서는 머물지 않는다. 발길을 오래 멈추는 일이 없어야 한다는 뜻이다.

圍地則謀, **發奇謀也**.
위지[6]에서는 꾀를 쓴다. 기발한 계책을 내서 대응해야 한다.

死地則戰, **殊死戰也**.
사지[7]에서는 싸운다. 죽음을 무릅쓴 전투를 벌여야 한다.

途有所不由, **隘難之地, 所不當從也**.
어떤 길은 지나가지 않는다. 비좁고 험한 지역은 응당 나아가지 말아야 한다.

軍有所不擊, **軍雖可擊, 以地險難, 留之失前利; 若得之, 則利薄; 困窮之兵, 必死戰也**.

---

5) 절지(絶地): 후방과 단절된 까닭에 생존하기가 어려운 지역. 「구지」편은 "자기 나라를 떠나 국경 너머로 군대를 출동시키면 그곳을 '절지'라 한다(去國越境而師者, 絶地也)"고 설명했다.
6) 위지(圍地): "뒤편은 견고하고 앞쪽의 폭이 좁으면 '위지'라고 한다(背固前隘者, 圍地也)"; "들어가는 입구가 비좁고 귀환하는 출로가 구불구불해 적이 몇 안 되는 병력으로도 다수의 아군을 격퇴할 수 있는 곳은 '위지'라고 한다(所由入者隘, 所從歸者迂, 彼寡可以擊吾之衆者, 爲圍地)." 역시 「구지」편의 설명.
7) 사지(死地): 결전의 장소. 「구지」편은 "재빠르게 움직이면 살고 그렇지 못하면 죽는 곳(疾戰則存, 不疾戰則亡者, 爲死地)"; "떠나는 자가 없는 곳이 사지(無所往者, 死地也)"라고 설명했다.

어떤 적군은 공격하지 않는다. 공격이 설사 가능할지라도 적이 험난한 지형에 의지하고 있어 그 지역에 머물면 이전에 획득한 유리한 추세를 상실할 우려가 있기 때문이다. 성을 탈취하더라도 내가 얻을 이익이 보잘것없고, 곤경에 처한 군대는 필사항전할 것이기 때문이다.

城有所不攻, **城雖小而國, 糧饒, 不可攻. 操所以置華·費而深入徐州, 得十四縣也.**
어떤 성은 공격하지 않는다. 성의 규모는 비록 왜소해도 내실이 견고하고[8] 식량이 넉넉하면 공격하지 말아야 한다. 내가 화·비를 건너뛰고 서주 깊숙이 들어가 열네 현을 획득한 이유가 그것이었다.[9]

雖知五利, 謂下五事.
"비록 다섯 가지 이로움에 정통하더라도" 구절은 아래의 다섯 사안[10]을 말한다.

---

8) 원문은 '國'으로 씌어 있지만 잘못된 표기로 보인다. 응당 『십일가주영송본(十一家注影宋本)』에서처럼 '固'로 고쳐야 한다. 해석 역시 맥락에 맞도록 '견고하다'의 뜻을 취했다.
9) 『삼국지』「위무제기(魏武帝紀)」에 실린 초평(初平) 4년(193) 조조의 도겸 정벌을 가리킨다. "하비 출신 궐선이 수천 명의 무리를 모으고 자칭 천자라 했다. 서주자사 도겸이 그와 함께 거병하여 태산 근처 화현과 비현을 집어삼키고 임성현을 공략했다. 가을에 태조가 도겸을 정벌하러 나섰다. 십여 성을 거쳐서 내려가자, 도겸은 성을 지키며 감히 밖으로 나오지 못했다(下邳闕宣聚衆數千人, 自稱天子. 徐州牧陶謙與共擧兵, 取泰山華·費, 略任城. 秋, 太祖徵陶謙, 下十餘城, 謙守城不敢出)." 당시 조조는 서주목 도겸이 부친 조숭(曹嵩)을 살해하자 그 토벌에 직접 나선 바 있다.
10) 다섯 사안은 "길이라도 어떤 곳은 지나치지 않고, 어떤 적은 치지 않을 수 있으며, 공격하지 않는 성도 있고, 빼앗으려 다투지 않는 땅도 있으며, 임금의 명도 때로는 받들지 않을 수 있다"는 구절을 가리킨다. 장예(張預)는 주석에서 "조공이 말한 아래의 다섯 사안은 다섯 가지 이로움이다. 구변 다음에 나

雜於利害, 在利思害, 在害思利也.
이익과 손해를 같이 따진다. 이익이 있으면 손해를 염려하고, 손해를 보면 이익을 떠올리는 것이다.

必死可殺, 勇無慮也.
반드시 죽을 각오로 대들면 죽을 수가 있다. 용감해도 심모원려가 없는 것이다.

忿速可侮, 忿急之人, 可怒侮而致之.
쉽사리 분노하면 능욕당할 수 있다. 분노에 조급한 사람은 그 노여움 때문에 다른 이의 경멸을 초래할 수 있다.

廉潔可辱, 廉潔之人, 可以污辱致之.
청렴하면 욕을 당할 수 있다. 청렴한 사람은 명성 때문에 오욕을 부를 수 있다.

愛民可煩, 出其所必趨, 愛民者必倍道兼行以救之, 則煩勞也.
백성을 사랑하면 번거로워질 수 있다. 반드시 서둘러서 빠져나가야 하는데 백성을 사랑하는 자는 필사적으로 밤낮 가리지 않고 달려가 그 백성을 구하려 하니, 일이 번잡하고 힘들어진다.

오는 다섯 가지를 가리키니, '장단점을 함께 따진다' 이하의 다섯 사안을 말한 것이 아니다(曹公言下五事為五利者, 謂九變之下五事也, 非謂雜於利害已下五事也)"라고 해설했다.

이탁오 총평 李贄總評

李卓吾曰: 九變之中又自有奇正也. 圮地無舍, 水毁之地, 無所依止, 不待言矣. 惟有衢地, 則宜合交, 絶地則無久止, 圍地則發奇謀, 死地則殊死戰. 此四者, 勢之不得不變也, 賢將之所易知也. 若夫所共由之途, 而有時變之不由, 所可擊之軍, 而有時變之不擊, 所可攻之城與所必爭之地, 而有時咸變, 而不肯攻·不屑爭, 則奇之奇, 賢將之所未易知也. 然此猶其易焉者也.

至於君命有所不受, 則變之大矣, 此非置身於死生之外, 而直以國事爲重·三軍爲急者, 孰能當之哉? 故非但可以語賢將·語智將而已也, 如周亞夫之受詔救梁, 卒以不受詔而平七國之難, 亦卒以不救梁而死於讒饞毁之口者可以觀矣.

合而言之, 九變之利, 爲將者皆所宜盡心也. 若不通九變之利, 則雖知地形, 亦不能得地之利也. 雖知下文五利, 亦不能得人之用也. 何謂五利? 蓋利害常相雜, 唯智者能知之耳. 利中有害, 在害思利, 則爲五利; 害中有利, 在利而不思害, 則爲五危. 可不雜思之乎?

이탁오는 말한다.
구변의 와중에는 또 자연스럽게 기병과 정병이 생겨난다. 비지에서는 주둔하지 않으니, 침수로 훼손된 땅이 의탁할 바 못된다는 것은 두말할 나위가 없다. 구지에서는 이웃과 친교를 맺는 것만이 살길이고, 절지는 오래 머물지 않으며, 위지에서는 기발한 묘책이 필요하고, 사지인즉슨 죽기살기로 싸워야 한다. 이 네 종류 땅에서는 형세에 변화를 가하지 않을 수 없는데, 현명한 장수라면 쉽사리 알아차리는 바이다.

모두가 지나치는 길 같으면 때로 지나치지 않는 변통이 필요하고, 타격할 만한 군대라도 때로는 치지 않는 융통성이 있어야 하며, 공격할 수 있는 성과 반드시 다퉈야 할 땅도 때로는 수칙을 모두 바꿔 공격을 거절하고 다툼을 하찮게 여길 줄 알아야 한다. 그러면 기발하면서도 기이한 묘수가 나와 현명한 장수도 쉬이 간파하지 못하는 작전이 펼쳐지게 된다. 그러나 이런 정도는 그래도 쉬운 일에 속한다.

군주의 명을 받들지 않는 정도에 이른다면 변통 중에서도 큰것이 된다. 자신의 생사를 치지도외하면서 실로 나랏일을 무겁게 여기고 군대 업무를 시급히 여기는 자가 아니라면 누가 이런 상황을 감당할 수 있으랴? 그래서 다만 현명한 장수를 말하고 지혜로운 장수를 언급하는 데 그치지 않은 것이다. 예컨대 주아부[11]는 양나라를 구하라는 조서를 받았지만 끝까지 칙명을 받들지 않으면서 칠국의 난을 평정했는데, 결국은 또 양나라를 구하지 않은 그 일에 빌미잡혀 참언과 비방 속에 죽었음을 관측할 수 있다.

---

[11] 주아부(周亞夫, B.C. 199~B.C. 143): 서한의 명장. 강후(絳侯) 주발(周勃)의 차남으로 부친의 작위를 잇고 관직이 승상에 이르렀다. 경제(景帝) 3년(B.C. 154) 오·초(吳楚) 칠국의 난이 일어나자 태위(太尉)가 되어 정벌에 나섰는데, 오·초의 군대가 사납고 날래서 맞붙기 어렵다고 보고 "양나라에 그 처리를 떠넘기고 자신은 그들의 식량운송로를 차단해야 제압할 수 있다(以梁委之, 絕其食道, 乃可製也)"고 주장해 경제의 허락을 받았다. 오·초의 군대가 양나라(지금의 하남성 상구시商丘市 남단)를 공격하자 양왕(경제의 아우 유무劉武)은 주아부에게 여러 번 구원을 요청했다. 하지만 그는 병사들을 이끌고 동북쪽의 창읍(昌邑, 지금의 산동성 거야현居野縣 남쪽)으로 가더니 성곽을 수리한다는 핑계를 대며 꿈쩍하지 않았다. 양왕은 이 일을 고발했고 경제는 조서를 내려 양을 구하라 재촉했지만, 주아부는 끝내 명을 받들지 않고 기병대를 보내 오·초의 식량보급로를 끊어버렸다. 급박해진 오·초의 군대가 싸움을 걸어도 주아부는 끝내 나타나지 않았다. 굶주린 오·초 군대가 퇴각하자 주아부는 정예병으로 추격해 오왕 유비(刘濞)를 크게 무찔렀고 석달 만에 난리를 완전히 평정했다. 주아부는 이로부터 양왕과 태후의 질시를 받게 되어 수차에 걸쳐 중상모략을 당하게 되었다. 사임한 다음에도 모반했다는 무고를 받자, 그는 결국 곡기를 끊고 굶어 죽었다. 사적이 『사기』 「강후주발 세가」, 「효문제 본기」, 「오왕비 열전」 등에 두루 보인다.

종합해 말하면 아홉 가지 지형적 이로움은 장수된 자라면 누구나 마음을 다해 익혀야 할 바이다. 만약 구변의 장점에 통달하지 못한다면 제아무리 지형에 익숙해도 그 이점을 챙길 수가 없기 때문이다. 설사 아래 문장의 다섯 가지 이점을 숙지했어도 인재를 얻어 활용하는 일이 불가능해지는 것이다.

무엇을 일컬어 다섯 가지 이로움이라 하는가? 원래 이익과 손해는 언제나 뒤섞여 있으니, 오직 지혜로운 자만이 그것을 알아낼 수 있다. 유리한 조건 가운데 불운이 잠재되어 있으니, 고난 속에서 이득을 생각하면 다섯 가지 이로움이 생겨나게 된다. 불행 속에 행운이 깃들어 있으니, 유리한 지점에서 악운을 고려하지 않으면 다섯 가지 위기가 발생한다. 어떻게 그 둘을 뒤섞어 같이 생각하지 않을 수 있으랴?

참고에 대한 이탁오 해설 參考

「九變」曰:"圍地則謀."

「구변」편은 "포위당한 상황이라면 꾀를 쓰라"고 말한다.

속도전 『六韜』「虎韜·疾戰」

○ 武王曰:"敵人圍我, 斷我前後, 絶我糧道, 爲之奈何?" 太公曰:"此天下之困兵也. 暴用之則勝, 徐用之則敗. 如此者, 爲四武衝陳, 以武車驍騎, 驚亂其軍, 而疾擊之, 可以橫行."

武王曰:"若已出圍地, 欲因以爲勝, 爲之奈何?" 太公曰:"左軍疾左, 右軍疾右, 無與敵人爭道. 中軍迭前迭後, 敵人雖衆, 其將可走."

무왕이 말했다.

"적이 아군을 포위하고 앞뒤로 통하는 길을 차단한 데다 식량 운송로까지 끊어버렸습니다. 어찌해야 할까요?"

태공이 말했다.

"이야말로 극한의 곤경에 처한 군대입니다. 신속히 행동을 개시해 포위를 뚫으면 승리하고, 행동이 굼떠 시간을 지체하게 되면 패배할 상황이지요. 이런 때는 사무충진(四武衝陳)을 구성하고 무충대부서(武衝大扶胥)를 사방 측면에 배치해 중심부를 보위합니다. 그리고 각종 전차와 용맹한 기마병을 투입해 적진을 교란시키고 여세를 몰아 빠르게 공세를 펼치면 포위를 뚫을 수 있습니다."

무왕이 다시 물었다.

"적의 포위망은 이미 벗어났지만 내친김에 승리를 거머쥐고 싶다면 어찌해야 하겠습니까?"

태공이 대답했다.

"좌측의 부대는 왼쪽으로 빠르게 전진하고 우측 부대는 오른쪽으로 신속히 나아가면서 적과 길을 놓고 다투지 말아야 합니다. 중앙의 주력군은 뒤로 빠지기도 하고 별안간 좌우익 부대를 추월해 앞으로 나가기도 하면서 적이 아군에게 갇히는 진형을 형성합니다. 저들을 가운데 가두고 섬멸하면 적군 숫자가 아무리 많아도 그 적장을 달아나게 할 수 있지요."

―『육도』「호도·왕익(疾戰)」편.

필사의 탈출 『六韜』「虎韜·必出」

○ 武王曰: "引兵深入諸侯之地, 敵人四合而圍我, 斷我歸道, 絶我糧食. 敵人旣衆, 糧食甚多, 險阻又固, 我欲必出, 爲之奈何?" 太公曰: "必出之道, 器械爲寶, 勇鬪爲首. 審知敵人空虛之地, 無人之處, 可以必出. 將士人持玄旗, 操器械, 設銜枚, 夜出, 勇力·飛足冒將之士, 居前平壘, 爲軍開道; 材士强弩, 爲伏兵, 居後; 弱卒車騎, 居中. 陳畢徐行, 愼勿驚駭. 以武衝扶胥前後拒守, 武翼大櫓以備左右. 敵人若驚, 勇力·冒將之士疾擊而前, 弱卒·車騎以屬其後, 材士·强弩隱伏而處. 審候敵人追我, 伏兵疾擊其後, 多具火鼓, 若從地出, 若從天下. 三軍勇鬪, 莫我能御." 武王曰: "前有大水·廣塹·深坑, 我欲逾渡, 無舟楫之備, 敵人屯壘, 限我軍前, 塞我歸道, 坏埃常戒, 險塞盡守, 車騎要我前, 勇士擊我後, 爲之奈何?" 太公曰: "大水·廣塹·深坑, 敵人所不守, 或能守之, 其卒必寡. 若此者, 以飛江·轉關與天潢以濟吾軍. 勇力·材士從我所指, 衝敵絶陳, 皆致其死. 先燔吾輜重, 燒吾糧食, 明告吏士, 勇鬪則生, 不勇則死. 已出, 令我踵軍設雲火遠候, 必依草木·丘墓·險阻, 敵人車騎, 必不敢遠追長驅. 因以火爲記, 先出者令至火而止, 爲四武衝陳. 如此, 則吾三軍皆精銳勇鬪, 莫我能止."

무왕이 말했다.

"군대를 이끌고 적국 깊숙이 진입했는데, 적들이 사방에서 몰려들어 아군을 포위하더니 우리의 귀로를 차단하고 양식 공급까지 끊기게 만들었습니다. 적은 숫자도 많고 식량이 풍족하며 험준한 요충지에 튼 거점이 또 견고합니다. 이런 상황에서 기필코 포위를 벗어나려면 어찌해야 할까요?"

태공이 말했다.

"성공적인 돌파의 관건은 필요한 장비를 갖추는 데 있습니다. 용맹하게 싸우는 전투력은 으뜸의 필요조건이고요. 적의 수비가 허술한 곳을 자세히 정찰하고 파수병 없는 지점을 찾아낸다면 반드시 포위에서 벗어날 수가 있습니다. 장병들에게 검은 깃발을 쥐어주고 입에는 매[12]를 물려 야간에 출동시키는데, 용맹하고 기운 세며 발이 빨라 적진으로 돌격을 감행할 병사들

---

12) 매(枚): 젓가락 모양의 대나무 막대기. 비밀리 행군할 때 적에게 발각당하지 않도록 병사들 입에 물려 소리 내지 못하게 했다. 매를 물리는 행위는 함매(銜枚)라고 한다.

을 전방에 배치해 보루를 허물고 아군이 갈 길을 열게 합니다. 정예병에게 강한 쇠뇌를 들려 복병 역할을 맡긴 뒤 후방에 배치하고, 약졸(弱卒)과 전차와 기병대는 중앙에 배치시킵니다. 진형이 완성되면 천천히 행동을 개시하는데, 서로 놀래키지 않도록 신중하게 움직여야 하지요. 이때는 무충 전차(武衝扶胥)를 전후방에 배치하고 무익대로(武翼大櫓) 전차는 좌우 양 측면을 방어합니다. 적들이 놀란 듯싶으면 선봉에 배치한 대담무쌍한 병사들이 신속히 돌진하여 앞으로 나아가고, 약졸과 전차부대와 기병대가 바짝 그 뒤를 따르며, 강한 쇠뇌로 무장한 정예병들을 은신처에 매복시킵니다. 그런 뒤 적들이 우리를 추격해왔는지 조심스럽게 살피는데, 복병들은 재빨리 적군 추격병의 후미를 쳐야 하지요. 이때는 횃불과 북을 가급적 많이 동원해 우리편 세를 다수로 위장하고 흡사 땅으로부터 솟았거나 하늘에서 내려온 듯 정신 못 차리게 공격을 몰아칩니다. 이렇듯 전군이 사력을 다해 분투한다면 누구도 우리를 막아서지 못할 것입니다."

무왕이 다시 물었다.

"아군이 돌파해야 할 앞쪽에 큰 강과 넓은 해자, 깊은 함정이 있는데, 건너려 해도 배나 노 같은 장비가 없습니다. 적이 주둔하는 보루가 앞쪽을 가로막고 퇴로도 막힌 상황인데, 적의 척후는 언제나 경계를 늦추지 않고 험준한 요새에 대한 방어 역시 철저하군요. 전차와 기병대는 우리 앞을 막아서고 용맹한 전사들이 후방을 공격해오는데, 이럴 때는 어찌하면 좋겠습니까?"

태공이 대답했다.

"큰 강과 넓은 해자, 깊은 함정은 적들이 신경 써서 지키는 곳이 아닙니다. 설사 수비한들 지키는 숫자가 제한적일 수밖에 없고요. 이런 상황에서는 비강(飛江)과 전관(轉關), 천황(天潢)을 사용해 아군을 건네줍니다. 용맹한 정예부대가 우리 지시에 따라 적진으로 곧장 파고들어 죽을 힘을 다해 싸우게 해야 하지요. 포위망을 돌파할 때는 휴대가 어려운 군사물자와 양식을 미리 불사릅니다. 그리고 전체 군관과 병사들에게 용감히 싸우면 살 수 있지만 그렇지 않으면 죽음뿐이라는 사실을 분명히 선포해야 하고요. 포위망을 벗어난 뒤에는 선봉대 뒤편의 후속 부대에게 구름에까지 닿을 정도로 거대한 화톳불을 피우고 먼 데 있는 적의 동정을 정찰시키는데, 반드시 덤불이나 숲, 분묘처럼 음습한 지형물에 의지해서 그 위치가 노출되지 않도록 주의합니다. 이런 상황에서는 적의 전차와 기병대가 추격하더라도 감히 멀리까지 쫓아오진 못하게 되지요. 아군은 화톳불을 표식 삼아 먼저 출격한 병사들을 불 가까이로 모이게 하고 사무충진(四武衝陳)을 조성합니다. 이렇게 하면 우리는 전군이 최정예 전사로 돌변해 용맹무쌍하게 싸우니, 그 누구도 가로막지 못하게 됩니다."

―『육도』「호도·필출(必出)」편.

제9장 「행군(行軍)」편

孫子曰: 凡處軍相敵: 絶山依谷, 視生處高, 戰隆無登, 此處山之軍也. 絶水必遠水, 客絶水而來, 勿迎于水內, 令半渡而擊之, 利. 欲戰者, 無附于水而迎客, 視生處高, 無迎水流, 此處水上之軍也. 絶斥澤, 惟亟去勿留, 若交軍于斥澤之中, 必依水草而背眾樹, 此處斥澤之軍也. 平陸處易, 右背高, 前死後生, 此處平陸之軍也. 凡此四軍之利, 黃帝之所以勝四帝也. 凡軍好高而惡下, 貴陽而賤陰, 養生而處實, 軍無百疾, 是謂必勝. 邱陵·隄防, 必處其陽而右背之, 此兵之利, 地之助也. 上雨, 水沫至, 欲涉者, 待其定也.

凡地有絶澗·天井·天牢·天羅·天陷·天隙, 必亟去之, 勿近也. 吾遠之, 敵近之; 吾迎之, 敵背之. 軍旁有險阻·潢井·蒹葭·林木·翳薈者, 必謹覆索之, 此伏奸之所也.

近而靜者, 恃其險也; 遠而挑戰者, 欲人之進也. 其所居易者, 利也; 眾樹動者, 來也. 眾草多障者, 疑也; 鳥起者, 伏也(**旁批: 如錦如畵**); 獸駭者, 覆也; 塵高而銳者, 車來也; 卑而廣者, 徒來也; 散而條達者, 樵採也; 少而往來者, 營軍也; 辭卑而益備者, 進也; 辭强而進驅者, 退也; 輕車先出其側者, 陣也; 無約而請和者, 謀也; 奔走而陳兵者, 期也, 半進半退者, 誘也; 杖而立者, 飢也; 汲而先飲者, 渴也; 見利而不進者, 勞也; 鳥集者, 虛也; 夜呼者, 恐也; 軍擾者, 將不重也; 旌旗動者, 亂也; 吏怒者, 倦也; 殺馬肉食者, 軍無糧也; 懸瓿不返其舍者, 窮寇也; 諄諄翕翕, 徐與人言者, 失衆也; 數賞者, 窘也; 數罰者, 困也; 先暴而後畏其衆者, 不精之至也; 來委謝者, 欲休息也. 兵怒而相迎, 久而不合, 又不相去, 必謹察之. 兵非貴益多, 惟無武進, 足以幷力·料敵·取人而已. 夫惟無慮而易敵者, 必擒于人. 卒未親附而罰之, 則不服, 不服則難用. 卒已親附而罰不行, 則不可用. 故令之以文, 齊之以武, 是謂必取. 令素行以敎其民, 則民服; 令不素行以敎其民, 則民不服. 令素行者, 與衆相得也.

손자의 말이다.

군대를 배치하면서 적과 대치할 때는 다음 사항에 주의해야 한다.

산악 지역을 통과할 때는 계곡을 끼고 길을 가야 한다. 해가 잘 드는 높은 곳을 찾아 주둔하고 적이 고지대를 차지하고 있으면 올라가서 싸우지 않는데, 이는 산지에서 군대를 배치하는 원칙이다.

강을 건넌 뒤에는 물에서 먼 곳에 주둔해야 한다. 적이 강을 건너 공격해오면 강 한가운데서 적을 맞지 말고 저들이 반쯤 건넜을 때 공격을 개시해야 유리하다. 만약 적과 결전을 벌이겠다면 물가에서 적을 맞이하지 말고 고지대에서 남쪽을 바라보며 싸우되 물길이 앞쪽으로 흐르지 않도록 하는데, 이는 물가에서 군대를 배치하는 방법이다.

소금기 있는 짠물 지역은 서둘러 지나치고 잠시도 머물지 말아야 한다. 만약 염분 지대에서 적과 마주쳤다면 반드시 물풀이 우거졌거나 등뒤에 수풀이 있는 곳을 점거해야 하니, 이것이 짠물 지대에서 군대를 배치하는 방법이다.

평원에서는 평탄한 지역을 선택해 막사를 설치해야 한다. 오른쪽

뒤편으로 고지대를 끼고 전면은 평평하게 낮은 반면 후면은 높아야 하니, 이는 평야 지대에서 군대를 배치하는 방법이다. 지형의 이점을 살린 이런 네 종류 군대 배치야말로 황제(黃帝)가 사제(四帝)를 이긴 까닭이었다.[1]

군대는 모름지기 높은 곳에 주둔해야지 낮은 데 진을 치면 안 된다. 햇살이 밝은 양지를 선호하고 음지는 기피해야 한다. 수초가 자라는 곳 근처의 고지대에 주둔하면 병사들이 온갖 질병에서 놓여나니, 그러면 적에게 반드시 승리한다는 자신감이 생긴다. 구릉과 제방이 널린 지대를 행군할 때는 반드시 빛이 드는 양지를 점령하되 서북쪽은 구릉과 제방에 의지해야 한다. 이렇게 싸움에 유리한 조건을 확보하면 지형의 도움을 받을 수가 있다. 상류에 비가 오면 큰물이 밀려들게 된다. 만약 도보로 물을 건너야 한다면 물살이 안정되길 기다렸다가 건너라.

절간·천정·천뢰·천라·천함·천극[2] 같은 몇몇 지형은 반드시 신속히 통과하고 접근도 하지 말아야 한다. 아군은 이런 지형을 멀리하지만 적군은 가까이 가게 하고, 우리는 이런 지형을 앞에 두지만 적들은 뒤편에 두도록 유인해야 한다. 험하고 막힌 지역, 갈대 우거진 습지나 움푹한 곳, 초목이 무성한 산림지대를 지날 때는 반드

---

1) 황제(黃帝)는 전설에 나오는 고대의 부락연맹 수장. 본래의 성은 공손(公孫)씨라는데 헌원(軒轅)의 언덕에 거주한 까닭에 헌원씨로 부른다. 일찍이 판천(阪泉)에서 염제(炎帝)를 이기고 탁록(涿鹿)에서 치우(蚩尤)를 무찌르는 등 사방 부족 수령을 꺾었다고 한다.

2) 절간(絶澗)은 험준한 두 산 사이로 물이 흐르는 곳이고, 천정(天井)은 주변 사방이 높고 가운데가 움푹해 깊은 우물처럼 생긴 지형이며, 천뢰(天牢)는 삼면이 절벽이라 들어가기는 쉽지만 빠져나오기 어려운 곳이고, 천라(天羅)는 숲이 깊고 우거져 그물처럼 들고 날기가 모두 어려운 지역이며, 천함(天陷)은 지세가 낮고 소택지가 연이어 질척거리는 땅이고, 천극(天隙)은 매우 좁아서 틈새처럼 보이는 지형이다.

시 반복적으로 주변을 깐깐하게 수색해야 하는데, 이런 곳은 복병이나 첩자가 숨어 있을 가능성이 크기 때문이다.

적이 가까이 있는데 낌새가 조용하면 그들이 험한 지형에 의지한 때문이고, 멀리 있는데 도발해온다면 우리를 유인해 끌어내려는 술책이다. 적이 점거한 곳이 평탄하다면 그것이 저들에게 유리하기 때문이고, 나뭇가지들이 끊임없이 흔들린다면 저들이 숨어서 다가오고 있는 것이다. 덤불 속에 무수한 장애물이 설치되어 있다면 우리를 현혹하려는 가짜 진지가 매설된 것으로 판단해야 한다. 새들이 놀라서 날아오르면 그 아래에 매복이 있음이고 (방비: 비단을 펼친 듯! 그림처럼 아름답구나!), 짐승들이 놀라 달아난다면 적들이 기습을 위해 숨어 있기 때문이다. 흙먼지가 높은 데까지 뾰죽하게 피어오르면 적의 수레가 우리 쪽으로 돌진하고 있음이고, 먼지가 낮고 넓은 범위로 깔리는 것은 적들이 도보로 다가오고 있기 때문이다. 먼지가 어수선하고 가늘게 흩날린다면 적들이 나무를 베고 있는 까닭이고, 양은 적지만 먼지가 위쪽으로 피어올랐다 가라앉았다를 반복한다면 적들이 진영을 구축 중인 것이다.

사자의 말투가 비루하고 겸손하지만 적이 싸울 준비에 가일층 매진한다면 공격을 준비하기 때문이고, 사자의 말투가 강경하고 적군이 진격 태세를 취한다면 퇴각하려는 속셈이다. 가벼운 전차가 먼저 출동해 양쪽으로 배치된다면 전쟁을 위한 진용을 갖춘다고 봐야 하고, 사전약속 없이 갑자기 찾아와 강화를 청한다면 따로 속셈이 있는 것이다. 적들이 다급하게 달려와 진용을 펼치면 곧 싸움을 시작한다는 신호이고, 움찔움찔하면서 앞쪽으로 나왔다 물러났다를 반복하면 아군을 유인하려는 술책으로 보아야 한다. 적병이 병장기를 짚고 서 있으면 굶주렸기 때문이고, 물 긷는 자가 허겁지겁 저 먼저 마신다면 목이 마르다는 표시다. 기회를 포착하고서도 공격해오지 않는다면 지쳤기 때문이고, 적진 위에 새들이 무리 지어 내려앉으면 진지에 사람이 없다는 뜻이다. 야간에 적진에서 비명 소리가 들린다면 공포에 질렸다는 방증이고, 적군 진영이 소란스럽다면 적장이 위엄은 없고 촐랑대기 때문이다. 적의 깃발이 무질서하게 흔들린다면 대오가 혼란한 것이고, 장교들이 쉽사리 화를 낸다면 피곤하기 때문이다. 말을 잡아 그 고기를 먹는다면 군대에 식량이 없는 것이고, 솥단지를 걸어둔 채 놔두고 막사로 돌아가지 않는다면 궁지에 몰렸다는 뜻이다. 병사들이 웅얼웅얼 낮은 소리로 불평한다면 적장이 인심을 잃은 까닭이고, 포상이 잦다면 궁지에 몰린 것이며, 연달아 부하들을 처벌한다면 곤경에 처했기 때문이다. 처음에는 포악하다가 나중에 가서 부하들을 무서워한다면 장군의 우둔함이 극에 달했다는 뜻이고, 사자가 찾아와 예물을 바치며 사죄한다면 휴전하고 싶다는 표시다. 적병이 기세등등 쫓아 나오면서도 도무지 교전하지 않고 또 물러나지도 않는다면 반드시 그 의도를 신중하게 살펴야 한다.

전투에서 병사가 많다고 유리한 것은 아니다. 오직 함부로 돌진하지 않고 병력을 집중시키며 적의 상황을 확실히 헤아릴 수 있어야만 승리하게 된다. 신중히 생각하지 않고 적을 얕잡아보는 자는 반드시 적에게 사로잡힌다. 병사들이 아직 추종하지 않는 상태에서 징벌을 가하면 승복하지 않게 되고, 승복하지 않으면 부리기가 어려워진다. 병졸들과 친밀한 사이라고 벌을 주지 않으면 그들을 데리고 싸움을 할 수가 없다. 때문에 포상으로 단결시키고 군법으로 다스려 군기를 잡는(令之以文, 齊之以武)[3] 그런 군대라야만 반드

---

3) 영지이문, 제지이무(令之以文, 齊之以武): '문(文)'은 '포상', '무(武)'는 '형벌'을 가리킨다. 『관자(管子)』 「금장(禁藏)」편의 "포상과 견책이 문과 무가 된다(賞誅為文武)"는 구절에 대해 주(注)는 "포상은 문이고, 징벌은 무(賞則文, 誅

시 이긴다고 말하게 된다. 평소에 군령을 엄히 집행하면서 포상으로 병사들을 단결시키면 그들은 알아서 복종한다. 평소 군령을 엄격하게 시행하지 않고 상도 주지 않으면 그들은 복종하지 않는다. 평소에 군령을 철저히 집행하는 장수만이 병사들과 의기가 투합해 잘 지낼 수 있는 것이다.

조조 주석 曹操注

魏武帝曰: 行軍, 擇便利而行也.
위 무제의 해설이다.
행군할 때는 다니기 쉽고 편한 길을 선택해 움직여야 한다.

絶山依谷, 近水草便利也.
산악 지역을 통과할 때는 계곡을 끼고 움직인다. 물이 가깝고 풀이 자라는 길이 행군에 유리하다.

視生處高, 生, 陽也.
시야는 생지를 향하게 하고 사방이 트인 고지대에 주둔한다. 생지는 남향의 양지 바른 땅이다.

戰隆無登, 無迎高也.
높은 곳의 적과 싸우기 위해 올라가지 마라. 고지대를 앞에 두고 싸우지 말라는 뜻이다.

則武)"라고 설명한다. 이 책에서는 인용되지 않았지만 조조는 이 구절에 대해 "문은 인이고, 무는 법이다(文, 仁也; 武, 法也)"라고 해설한 바 있다.

絕水必遠水, 引敵使渡也.
강을 건너면 반드시 물과 떨어져서 주둔해야 한다. 적을 유인해 그들이 강을 건너게 해야 한다.

令半渡而擊之利, 半渡, 勢不並攻, 可敗也.
적들이 강을 반쯤 건넜을 때 공격해야 유리하다. 절반쯤 건넜을 때는 총공격의 태세가 아니므로 적을 무찌를 수 있다.[4]

無附於水, 附, 近也.
물가에 다가가지 않는다. 다가든다는 것은 가깝다는 뜻이다.

視生處高, 水上亦當處其高, 前向水, 後依高而處也.
남쪽을 바라보는 고지대에 둥지를 튼다. 물가라도 응당 높은 데 진을 쳐야 한다. 물을 앞쪽에 두고 뒤로는 높은 산에 의지해 주둔한다.

無迎水流, 恐灌我也.
물길을 앞쪽에 두지 않는다. 물살이 아군을 덮칠 우려가 있기 때문이다.

平陸處易, 車騎之利也.
육지에서는 평탄한 지형에 막사를 설치한다. 수레와 말이 다니기에 편리한 때문이다.

---

4) 『십일가주영송본(十一家注影宋本)』에는 "半渡, 勢不並攻, 可敗也" 구절이 보이지 않는다. 이지가 보충해 넣었거나 다른 이의 주석을 옮겨놓은 듯하다.

前死後生, 戰便也.
앞에는 사지, 뒤로는 생지가 놓이게 한다. 작전을 펼치기가 편리한 때문이다.

養生處實, 恃滿實, 向水草放牧也.
수초가 자라는 근처의 고지대에 주둔한다. 내적 충실을 꾀하여 물과 목초가 있는 쪽으로 짐승들을 풀어놓겠다는 뜻이다.

待其定, 恐半渡而水遽漲也.
물살이 안정되길 기다린다. 반쯤 건넜을 때 느닷없이 물이 차오를 것을 염려해서다.

凡山水深大者爲絶澗, 四方高·中央下者爲天井, 深山所過, 若蒙籠者爲天牢, 可以羅絶人者爲天羅, 地形陷者爲天陷, 澗道迫狹·深數丈者爲天隙.
산 깊고 물 깊은 곳은 절간(絶澗)이고, 주변 사방이 높고 가운데가 푹 꺼진 지형은 천정(天井)이며, 깊은 산속을 지날 때 맞닥뜨리는 초목 울창한 곳은 천뢰(天牢), 그물에 고기가 걸리듯 사람 통행을 막을 수 있는 곳은 천라(天羅), 지형이 함몰된 곳은 천함(天陷), 좁고 가파른 산길이 몇 길이나 깊숙하게 이어진 지형은 천극(天隙)이라 한다.[5]

---

5) 이지는 조조의 주를 다룰 때 보통 손자의 원문을 먼저 옮기고 그다음 조조의 주석을 옮겨 적는 식으로 편집했다. 하지만 이 부분은 중복되어 불필요하다고 여긴 까닭인지 손자의 원문("凡地有絶澗·天井·天牢·天羅·天陷·天隙"; "險阻·潢井·蒹葭·林木·翳薈者")을 생략한 채 조조의 주석만을 옮겨놓았다. 사실 조조의 주석에 대해서도 이지는 취사선택하여 일부만을 옮기거나 문장에 변형을 가한 경우가 적지 않은데, 이런 부분은 읽을 때 주의를 요한다.

險者, 一高一下之地也, 阻者, 多水也. 潢者, 池也, 井者, 下也. 蒹葭者, 衆草所聚也, 林木者, 衆木所居也. 翳薈者, 可以屛蔽之處也.
此以上論地形, 以下相敵情也.

험(險)이란 오르막 내리막이 반복되는 지형이고, 앞뒤가 막힌 조(阻)는 많은 물이 고인 곳이며, 황(潢)은 연못이고, 우물 형상의 정(井)은 아래로 내려가는 지형이며, 갈대밭인 겸가(蒹葭)는 온갖 풀이 우거진 장소이고, 수풀은 온갖 나무가 자라는 곳이며, 예회(翳薈)는 잡초들이 다발로 자라 차폐물로 쓸 수 있는 장소다.
이상 여기까지는 지형에 관한 의론이고, 이 아래부터는 적정을 관찰한 내용이다.

衆樹動, 斬伐樹木除道也.
나뭇가지들이 수없이 흔들리는 것은 나무를 베어 길을 내는 중이란 뜻이다.

衆草多障, 結草爲障, 欲使我疑也.
덤불 속에 장애물이 많다. 풀들을 묶어 만든 장애물은 나에게 의구심을 불러일으키는 요인이다.

伏, 下有伏兵也.
매복은 아래쪽에 복병이 있다는 뜻이다.

覆, 敵廣陳張翼, 來覆我也.
전복시킨다. 적이 진용을 넓히면서 양 날개를 활짝 펼치는 것은 우리를 뒤엎으러 온다는 뜻이다.

辭卑而益備者, 其使來辭卑, 使間視之, 敵人者備也.
말투가 비루한데 전투 태세를 강화한다. 적의 사자가 왔는데 말투가 비루하고 공손했다. 간첩을 시켜 동향을 탐지하게 했더니 적들이 전투 준비를 다 마친 상태였다.

辭强而進驅者, 設詐也.
사자의 말투가 강경하고 적군이 진격 태세를 취한다. 사기극을 펼치겠다는 수작이다.

陳, 陳兵欲戰也.
진을 친다. 병력을 배치해 전쟁 태세를 갖추려는 것이다.

勞, 士卒疲勞也. 軍士夜呼, 將不勇也. 諄諄, 語貌; 翕翕, 失志貌.
힘들어한다. 병사들이 피곤하고 지쳤다는 뜻이다. 군사들이 한밤중에 비명을 지르는 것은 장수가 용감하지 않기 때문이다.[6] 순순(諄諄)은 수근거리는 모양이고, 흡흡(翕翕)은 뜻대로 되질 않아 불안한 모습이다.

先暴而後畏其衆, 先輕敵, 後聞其衆, 心惡之也.
먼저는 포악했다가 나중에는 부하들을 무서워한다. 앞서는 적을 깔보다가 나중에 부하들 말을 듣고 속으로 무서워하는 것이다.[7]

---

6) 이 대목에 관한 장예(張預)의 주는 다음과 같다. "장군에게 담력과 용맹함이 없어 모두를 안심시키지 못하는 까닭에 병사들이 두려움과 공포에 떨며 한밤중에 울부짖는 것이다.(將無膽勇, 不能安衆, 故士卒恐懼而夜呼)."
7) 이 구절은 얼핏 뜻이 잘 통하지 않는데, 매요신(梅堯臣)은 다음과 같이 주석했다. "처음에는 엄하고 포악하게 다루다가 나중에 가선 그 부하들의 이반을 두려워하니, 훈계와 징벌이 극도로 혼란스러워진다(先行乎嚴暴, 後畏其衆離,

必謹察, 備其伏也.
반드시 신중하게 살핀다. 적의 복병에 대비하는 태세를 취하는 것이다.

兵非貴益多, 權力均也.
전쟁에서 병사가 더 많다고 좋은 것은 아니다. 병력은 균형을 잡아 합리적으로 사용해야 한다.

唯無武進, 未見便也.
다만 함부로 돌진하지 말아야 한다. 경솔하게 전진해서 유리할 것은 없다.

足以並力, 廝養足也.
충분히 병력을 집중시켜야 한다. 잡역부(廝養)[8]들을 동원하면 충분하다.

이탁오 총평 李贄總評

李卓吾曰: 行軍之道, 察地形·識敵情·服士卒而已.
或曰: 所居易者, 不依險阻而居平易之地, 欲以利誘我也.

訓罰不精之極也)."
8) 시양(廝養)은 장작을 패고 말에게 여물을 주는 등의 잡일을 맡은 머슴인데, 왕석(王晳)은 이 부분을 다음과 같이 설명했다. "흩어지고 합치는 변환에 뛰어난 장수는 병력을 모아 적의 틈새에 올라타는 것만으로도 충분히 승리를 거둔다. 그래서 잡역부 따위를 동원해도 된다는 것이니, 정예병인 경우야 나위가 있을까!(善分合之變者, 足以並力乘敵間, 取勝人而已. 故雖廝養之輩可也, 況精兵乎)."

이탁오의 말이다.

전쟁에 유능한 비결은 지형을 잘 살피고 적의 사정을 파악하며 병사들을 어떻게 복종시키느냐에 달렸을 뿐이다.

혹자는 평탄한 곳에 터를 잡는 이유를 이렇게 설명하기도 한다. 험하고 통행이 어려운 지형에 의존하지 않고 평탄한 장소에 진을 치는 것은 미끼를 던져 아군을 유인하려는 속셈이라고 말이다.[9]

패자의 군대 『尉繚子』「制談」

尉繚子曰: 誅一人無失刑, 父不敢舍子, 子不敢合父, 況國人乎! 一武仗劍擊於市, 萬人無不避之者, 臣謂非一人之獨勇, 萬人皆不肖也. 何則? 必死與必生, 固不侔也. 聽臣之術, 足使三軍之衆爲一死賊, 莫當其前, 莫隨其後, 而能獨出獨入焉. 獨出獨入者, 王霸之兵也.

울료자의 말이다.

단 한 명도 잘못 벌하는 경우가 없다면 아비는 아들을 감히 감싸지 못하고 자식도 아비를 감히 비호하지 못하게 된다. 하물며 그저 같은 나라 백성

---

9) 본문에서 "적이 점거한 곳이 평탄하다면 그것이 적에게 유리하기 때문이다(其所居易者, 利也)"에 대한 또 다른 해석이다. 조조는 원래 이 대목에 "장소가 유리해서(所居利也)"라는 주를 달았고, 두목(杜牧) 역시 "적이 험한 땅을 점거하지 않고 평탄한 땅에 진을 치는 것은 필시 저들의 작전에 편리하기 때문(言敵不居險阻而居平易, 必有以便利於事也)"이라며 조조와 마찬가지로 생각했다. 그러나 가림(賈林)은 "적의 점거지가 지리적으로 편리하기 때문에 아군을 도발시켜 자기네 앞쪽으로 나오게 하려는 것이다. 싸우면 손쉽게 그 이익을 챙기니, 신중하게 굴면서 저들의 의도에 말려들지 않아야 한다(敵之所居, 地多便利, 故挑我使前就己之便, 戰則易獲其利, 愼勿從之也)"고 말했고, 장예도 "적이 험지를 버리고 평탄한 곳에 진을 친 것은 필시 이점이 있기 때문이다. 혹자는 적이 누군가를 앞으로 끌어내리고 고의로 평탄한 지형을 택했다고 말한다. 이로움을 내보여 우리를 유인하려는 것이다(敵人舍險而居易者, 必有利也. 或曰: 敵欲人之, 故處於平易, 以示利而誘我也)"라고 해석했다. 이지는 가림과 장예의 해석을 인용함으로써 조조와 다른 견해도 존재함을 일깨우고 있다.

에 불과할 경우임에랴!

강도 한 놈이 시장에서 칼을 휘두르며 아무나 찔러댈 때 도망가지 않을 사람은 없다. 나는 그 강도 한 놈만 용감하고 다른 이는 죄다 겁 많은 못난이라서 그렇다고 생각하지 않는다. 어째서냐고? 피하지 않으면 반드시 죽고 피해야만 살게 되는 상황이란 정녕 같을 수가 없기 때문이다.

내 전술에 따르기만 한다면, 전군의 병사들을 목숨을 내던진 그 강도처럼 만들 수가 있다. 누구도 감히 그 앞을 가로막지 못하고 누구도 그 뒤를 바짝 따르지 못하니 무소불위의 독보적 군대가 가능해진다. 어디든 자유롭게 들고 날 수 있는 자는 천하를 통일하는 패자의 군대가 된다.

―『울료자』「제담(制談)」편.

전쟁 승리의 요건 『尉繚子』「兵令」下

○ 尉缭子曰: 軍之利害, 在國之名實. 今名在官而實在家, 官不得其實, 家不得其名. 聚卒爲軍, 有空名而無實, 外不足以禦敵, 內不足以守國, 此軍之所以不給, 將之所以奪威也.

臣以謂卒逃歸者, 同舍伍人及吏罰入糧爲饒, 名爲軍實, 是有一軍之名, 而有二實之出. 國內空虛, 自竭民歲, 曷以免奔北之禍乎!

今以法止逃歸·禁亡軍, 是兵之一勝也. 什伍相聯, 及戰鬥則卒吏相救, 是兵之二勝也. 將能立威, 卒能節制, 號令明信, 攻守皆得, 是兵之三勝也.

臣聞古之善用兵者, 能殺士卒之半, 其次殺其十三, 其下殺其十一. 能殺其半者, 威加海內; 殺十三者, 力加諸侯; 殺十一者, 令行士卒. 故曰: 百萬之眾不用命, 不如萬人之鬥也; 萬人之鬥, 不如百人之奮也.

賞如日月, 信如四時, 令如斧鉞, 制如干將, 士卒不用命者, 未之聞也.

울료자의 말이다.

군대의 역량은 국가 명부에 오른 숫자와 실제 인원이 얼마나 부합하느냐에 달렸다. 지금처럼 이름은 관청 장부에 올랐지만 사람은 정작 집에 머무는 경우가 많다면, 관청은 실제 병력을 얻지 못하고 병사의 집안도 군적을 얻지 못한다. 병사들을 모아야 군대가 되는데 덜렁 이름만 올렸을 뿐 실제 사람이 없다면 밖으로 적을 막아낼 수 없고 안으로는 나라를 지키지 못하게 된다. 이는 군대에 병력이 공급되지 않는 까닭이자 장수가 위신을 상실하는 원인이다.

신하는 병졸이 집으로 도망쳤을 때, 같은 오(伍)의 동료 및 장교가 벌금으로 납입하는 식량을 가외의 수입이라 여긴다. 명돈은 군실[10]이라지만 병사 한 명의 결손으로 두 배의 지출이 생겨나는 것이다. 나라 안의 병력이 휑하게 비고 백성들 수입은 바닥난 판이라면 군의 패배라는 환란을 어찌 모면할 수 있으랴!

지금이라면 병사가 집으로 도망치거나 무단이탈하는 경우를 법으로 금지해 두절시키는 것이 전쟁 승리의 첫 번째 요건이 될 것이다. 군에서는 십(什)과 오(伍)의 편제로 서로를 책임지는데 이 제도가 전투로까지 확장되면 병사와 장교들이 서로를 구조하게 되니, 이는 전쟁에서 승리하는 두 번째 요건이 된다. 장수가 위신을 지킬 수 있고, 병사들은 제도를 준수할 줄 알며, 명령과 지휘가 명확하여 신용이 있고, 공격과 수비에서 소기의 목적을 두루 달성하는 이런 조건들은 승리의 세 번째 요건이 된다.

나는 옛날의 전쟁 고수는 병사들 절반이 전쟁터에서 기꺼이 자기 목숨을 바치게 만들 수 있었다고 들었다. 그다음 고수는 병사들 삼 할이 목숨을 내던지게 하고, 그다음은 일 할의 병사가 죽음을 무릅쓰게 만든다고 했다. 절반의 병사를 전쟁터에서 목숨 바치게 할 수 있다면 군사적 위력을 만천하에 떨치게 되고, 삼 할의 병사가 목숨을 내던질 수 있다면 뭇 제후를 압도하게 되며, 일 할의 병사가 목숨을 걸면 명령이 전군에 시행될 수 있다. 그래서 백

---

10) 군실(軍實): 인원, 무기와 군사장비, 식량 등을 모두 포함한 군사적 실력. 여기서는 군량을 가리킨다.

만 명의 군대가 있어도 사력을 다하지 않는다면 만 명의 군사가 사투하느니만 못하고, 만 명의 병사가 전투에 임해도 목숨을 아낀다면 차라리 백 명의 병사가 분전하느니만 못하다고 말했다.

상을 줄 때는 해나 달처럼 분명히 드러나야 하고, 신의를 지킬 때는 사계절의 순환처럼 어긋남이 없어야 하며, 법령은 도낏날처럼 준엄하고, 무기는 고대의 명검 간장(干將)처럼 예리해야 한다. 그런 상황에서 병사들이 죽기살기로 싸우지 않는 경우가 있다는 말은 들어보지 못했다.

―『울료자』「병령(兵令)」하편.

최고의 병사를 만드는 법 『唐太宗李衛公問對』卷中

太宗曰: "嚴刑峻法, 使人畏我而不畏敵, 朕甚惑之. 昔光武以孤軍當王莽百萬之眾, 非有刑法臨之, 此何由乎?" 靖曰: "兵家勝敗, 情狀萬殊, 不可以一事推也. 如陳勝・吳廣敗秦師, 豈勝・廣刑法能加於秦乎? 光武之起, 蓋順人心之怨莽也, 況又王尋・王邑不曉兵法, 徒誇兵眾, 所以自敗. 臣按孫子曰: '卒未親附而罰之, 則不服; 已親附而罰不行, 則不可用.' 此言凡將先有愛結於士, 然後可以嚴刑也. 若愛未加而獨用峻法, 鮮克濟焉."

태종이 말했다.

"엄한 형벌과 준엄한 법 집행은 부하들로 하여금 나는 무섭고 적은 두렵지 않게 만든다던데, 짐은 이 말이 매우 의심스럽소. 예전에 후한의 광무제[11]가 고립무원 상태의 군대로 왕망[12]의 백만 군대를 맞아 싸웠지만, 광무제는 자

---

11) 광무제: 동한의 첫 번째 황제 유수(劉秀, B.C. 5~A.D. 57). 자는 문숙(文叔)이고 한 고조의 9대손이다. 왕망 말년에 농민 반란이 빈발하자 용릉(舂陵)에서 거병했다. 기원 25년 건무(建武) 원년을 칭하며 등극해 33년을 재위했다.
12) 왕망(王莽, B.C. 45~A.D. 23): 신(新) 왕조의 개창자로 자는 거군(巨君). 한 원제(元帝) 황후의 조카로 서한 말년 정권을 장악하고 성제(成帝) 때 신도후(新都侯)가 되었다. 기원 5년 평제(平帝)를 독살하고 가황제(假皇帝)로 자칭

기 군사들에게 형벌을 가한 적이 없소이다. 이는 무슨 까닭인 게요?"

이정이 말했다.

"병가의 승패는 수많은 조건과 상황의 산물이니 한 가지 사안만으로 추단할 수가 없습니다. 예컨대 진승(陳勝)과 오광(吳廣)이 진(秦)의 군대를 이긴 것이 어떻게 자기네 형법을 그들에게 집행할 수 있던 때문이겠습니까? 광무제의 군사 봉기는 원래 왕망을 미워하는 민심에 대한 순응이었습니다. 더군다나 왕심[13]과 왕읍[14]은 병법에 밝지 못하고 그저 군사 숫자가 많다는 것만 믿었으니 자멸할 수밖에 없었지요.

저는 『손자병법』에 나오는 '병사들이 아직 가깝게 의지하기 전에 형벌부터 시행하면 복종하지 않게 된다. 이미 친밀하게 의지하는데 징벌하지 않는다면 전쟁에서 쓸모가 없어진다'는 말에 대해 깊이 상고했습니다. 이 말은 장수라면 무릇 병사를 먼저 사랑하고 그들과 친구가 된 다음이라야 엄벌을 행할 수 있다는 뜻이지요. 만약 병사들을 아끼지도 않으면서 독단으로 엄하게 처벌하면 목표를 달성하기가 대단히 어려워집니다."

─『당태종이위공문대』중권.

하다 기원 8년 국호를 신으로 바꾸며 황제로 등극했다. 가혹한 통치와 무거운 세금으로 전국적인 농민 봉기를 유발시켰고, 기원 23년 녹림군이 장안으로 진입할 때 피살되었다. 『한서』「왕망전」참조.

13) 왕심(王尋, ?~A.D. 23): 한나라 평제 때 부교위(副校尉)를 지냈는데 왕망의 찬탈을 도와 대사도(大司徒)와 장신공(章新公)에 봉해졌다. 녹림군이 유현(劉玄)을 황제로 옹립해 갱시(更始) 왕조가 들어서자 그와 왕읍은 각지에서 정예병 42만을 모집해 대응하면서 이를 백만대군이라고 떠벌렸다. 하지만 곤양(昆陽)의 전투에서 패배하고 피살되었다.

14) 왕읍(王邑): 왕망의 종제로 구의(瞿義)와 유숭(劉崇) 등 서한의 반란 세력을 진압해 신 왕조 건립에 큰 공을 세웠다. 지황(地皇) 4년 대사공(大司空)으로서 왕심과 더불어 녹림군 타도에 나섰지만 적을 얕보다 곤경에 처했고, 이어진 유수의 반격으로 곤양에서 대패했다. 나중에 왕망을 보호하기 위해 장안에서 갱시군과 싸우다 전사했다.

위엄보다는 사랑이 먼저 『唐太宗李衛公問對』卷中

太宗曰: "『尙書』言: '威克厥愛, 允濟; 愛克厥威, 允罔功.' 何謂也?" 靖曰: "愛設於先, 威設於後, 不可反是也. 若威加於前, 愛救於後, 無益於事矣. 『尙書』所以愼戒其終, 非所以作謀於始也. 故『孫子』之法萬代不刊."

태종이 말했다.

"『상서』에 이르길, '위엄이 사랑을 억누르면 일이 성사되고, 자애로움이 위엄보다 앞서면 성공하기 어렵다'[15]고 했소. 무슨 말이오?"

이정이 말했다.

"사랑을 먼저 베풀고 위엄은 나중에 세워야 하니, 이와 반대로 나가면 안 된다는 뜻입니다. 위엄을 앞세우고 나중에 사랑으로 보완하려 드는 것은 일에 도움이 되지 않습니다. 『상서』는 사람들에게 끝까지 신중하고 경계하라 했지 시작할 때 계획을 잘 세우라고 이르지 않았습니다. 그래서 『손자』의 방법은 세월이 아무리 흘러도 대대손손 변할 수가 없지요."

―『당태종이위공문대』 중권.

위엄과 전투력의 관계 『司馬法』「天子之義」

『司馬法』曰: 師多務威則民詘, 少威則民不勝. 軍旅以舒爲主, 舒則民力足.

―右刑罰

『사마법』에 나오는 말이다.

군대에서 위엄을 지나치게 강조하면 병사들의 사기가 떨어지고, 반대로 위엄이 없으면 적에게 승리하기 어렵다.

군대 조직은 활동에 여유가 있어야 하니, 박자가 완만하면 병사들 힘이

---

15) 출전은 『고문상서』 「윤정(胤征)」편.

넘치게 된다.

　—『사마법』「천자지의(天子之義)」편.

　이상은 형벌에 관한 논의.

참고(2) 이탁오 해설 參考(二)

卓吾子曰: 卒未親附而罰之, 則不服, 不服則難用. 卒已親附而罰不行, 則不可用. 故令之以文, 齊之以武. 然則行罰者, 武也; 必先使吾士卒親附者, 文也. 此非「行軍篇」中要語乎? 若尉繚子所云, 是或一道耳. 後世唯楊素, 專用『尉繚子』取勝, 恐非萬世通行之道. 王者之師, 必須參之『司馬法』·『李衛公』並吳起告魏武侯之語, 乃是孫子正法也. 吳語集在「始計篇」後, 學者尤宜參考之無忽.

　탁오자는 말한다.

　병졸들과 아직 가깝지 않은데 징벌을 가한다면 승복하지 않게 되고, 승복하지 않으면 부리기가 어려워진다. 병졸들과 친밀한 사이라 해서 벌을 주지 않는다면 그들을 데리고 싸움을 할 수가 없다. 그래서 포상으로 단결시키고 군법으로 다스려 군기를 잡는 것이다.

　그렇다면 징벌의 시행은 무(武)가 되고, 그에 앞서 우리 병사들과 친해져 그들이 내게 꼭 의지하게 만드는 것은 문(文)이 된다. 이 대목이야말로 「행군」편의 핵심 내용 아니겠는가!

　울료자가 말한 바[16] 같으면 위의 내용은 그저 하나의 방도일 뿐이다. 후세에는 오직 양소[17]만이 『울료자』의 성공 비결을 독점적으

---

16) 바로 아래에 인용된 울료자의 말을 가리킨다.
17) 양소(楊素, 544~606): 수(隋)나라의 대신이자 군사 전략가. 자는 처도(處道),

로 활용했으니, 어쩌면 만세에 통용될 이치는 아닐 듯싶다.

제왕의 군대는 『사마법』과 『이위공문대』 및 오기(吳起)가 위 무후(魏武侯)에게 고한 내용들을 필수로 참고하라는 것이 손자(孫子)의 올바른 가르침이다. 오기의 말은 「시계(始計)」편 뒤편에 모아져 있으니, 공부하는 이들은 특히나 참고함에 있어 소홀하면 아니 될 것이다.

무력과 문략 『尉繚子』「兵令」上

尉繚子曰: 兵者以武爲植, 以文爲種; 武爲表, 文爲裏. 能審此二者, 知勝敗矣. 文所以視利害, 辨安危, 武所以犯强敵·力攻守也. 專一則勝, 離散則敗.
—右文武

울료자의 말이다.

전쟁은 무력으로 파종하고 문략(文略)으로 경작한다. 무력이 거죽이라면 문략은 내면에 해당하는데, 이 두 가지를 명확히 살필 수 있다면 승패의 도를 알게 된다.

문략으로는 이해득실을 파악하고 생사안위를 판별하며, 무력은 강적을

섬서성 화음(華陰) 출신이다. 당초 북주(北周)에서 출사해 거기장군(車騎將軍)을 지냈으나 북제(北齊)를 평정한 뒤 족형 양견(楊堅)을 도와 수나라를 건국하고 월국공(越國公)에 봉해졌다. 권모술수가 뛰어나고 군사에 관한 일을 엄정하게 처리해 영을 어긴 자는 그 자리에서 처형했다. 전투가 임박하면 그때마다 누군가의 잘못을 찾아내 참수했는데, 많을 때는 백여 명이나 되었다. 적과 대치할 때는 먼저 일이백 명의 군사에게 돌진하라고 명했는데, 만약 적진을 깨뜨리지 못하고 돌아오면 일괄 참수시켰다. 장병들은 두려워 떨며 필사의 각오를 다지니, 이기지 못한 전투가 없어 명장으로 일컬어졌다. 이런 행적은 앞에 인용된 『울료자』 「병령」 하편 "옛날의 전쟁 고수는 병사들 절반이 전쟁터에서 기꺼이 목숨을 내놓게 했다(古之善用兵者, 能殺士卒之半)"는 취지와 부합하기 때문에 이지는 양소가 『울료자』의 승리 비결을 독점해 활용했다고 말한 것이다.

덮치고 공격과 수비를 담당한다. 일치단결해 집중하면 승리하고, 분열하여 흩어지면 패배하게 된다.

—『울료자』「병령(兵令)」상편.

이상은 문략과 무력에 관한 내용.

제10장 「지형(地形)」편

孫子曰: 地形有通者, 有挂者, 有支者, 有隘者, 有險者, 有遠者. 我可以往, 彼可以來, 曰通. 通形者, 先居高陽, 利糧道, 以戰則利. 可以往, 難以返, 曰挂. 挂形者, 敵無備, 出而勝之; 敵若有備, 出而不勝, 難以返, 不利. 我出而不利, 彼出而不利, 曰支. 支形者, 敵雖利我, 我無出也, 引而去之, 令敵半出而擊之, 利. 隘形者, 我先居之, 必盈之以待敵, 若敵先居之, 盈而勿從, 不盈而從之. 險形者, 我先居之, 必居高陽以待敵, 若敵先居之, 引而去之, 勿從也. 遠形者, 勢均, 難以挑戰, 戰而不利. 凡此六者, 地之道也, 將之至任, 不可不察也.

故兵有走者, 有馳者, 有陷者, 有崩者, 有亂者, 有北者. 凡此六者, 非天地之災, 將之過也. 夫勢均, 以一擊十, 曰走; 卒強吏弱, 曰弛; 吏強卒弱, 曰陷; 大吏怒而不服, 遇敵懟而自戰, 將不知其能, 曰崩; 將弱不嚴, 敎道不明, 吏卒無常, 陳兵縱橫, 曰亂; 將不能料敵, 以少合眾, 以弱擊強, 兵無選鋒, 曰北. 凡此六者, 敗之道也. 將之至任, 不可不察也.

夫地形者, 兵之助也. 料敵制勝, 計險阨遠近, 上將之道也. 知此而用戰者必勝, 不知此而用戰者必敗. 故戰道必勝, 主曰無戰, 必戰可也; 戰道不勝, 主曰必戰, 無戰可也. 故進不求名, 退不避罪, 唯民是保, 而利于主, 國之寶也.
視卒如嬰兒, 故可與之赴深谿; 視卒如愛子, 故可與之俱死. 愛而不能令, 厚而不能使, 亂而不能治, 譬如驕子, 不可用也.
知吾卒之可以擊, 而不知敵之不可擊, 勝之半也; 知敵之可擊, 而不知吾卒之不可以擊, 勝之半也; 知敵之可擊, 知吾卒之可以擊, 而不知地形之不可以戰, 勝之半也. 故知兵者, 動而不迷, 擧而不窮. 故曰: 知彼知己, 勝乃不殆; 知天知地, 勝乃可全.

손자의 말이다.
지형의 종류에는 사방으로 연결된 통형(通形), 막힌 괘형(挂形), 대치하는 지형(支形), 출구가 좁은 애형(隘形), 험준한 험형(險形), 서로의 거리가 먼 원형(遠形) 등이 있다.
내가 갈 수 있지만 적이 올 수도 있는 곳은 '통형'이라 부른다. 이런 지역에서 적보다 먼저 높고 밝은 곳을 선점하면 식량 운반로 확보가 용이하고 전투에서도 유리해진다.
전진할 수는 있지만 되돌아오기 어려운 곳은 '괘형'이라고 부른다. 이런 지역은 적이 방비하지 않을 때 출격하면 우리가 승리한다. 만약 적이 단단히 준비하고 있다면 출격해봐야 이길 수 없고 돌아서기도 어려우니, 작전을 펼치기에는 불리한 지형이다.
아군이 나서도 불리하고 적군도 출격이 불리한 곳은 '지형(支形)'이라 한다. 지형에서는 적군이 미끼를 던져 아군을 유인하더라도 절대 출격하지 말아야 한다. 이때는 군대를 철수시켜 적을 유인해야 하는데, 저들이 절반쯤 출격했을 때 군사를 되돌려 반격하면 우리가 유리해진다.
'애형' 지역은 우리가 먼저 점령하고 중무장한 군대가 입구를 지키면서 적이 다가오기를 기다려야 한다. 만약 적군이 먼저 협곡 입구를 점령하고 막강한 군사력으로 지키고 있다면 진격해서는 안 된다. 하지만 적군이 제대로 지키고 있지 않다면 신속하게 공격해서 빼앗아야 한다.

'험형' 지역의 경우 우리가 먼저 점령했다면 반드시 고지대 밝은 곳에서 적을 기다린다. 하지만 적군이 먼저 점령했다면 서둘러 철수하고 그들과 맞붙지 말아야 한다.

'원형' 지역에서 적과 아군이 서로 호각세라면 도발하지 말아야 하니, 만약 맞붙어 싸운다면 우리 측이 불리해진다.

이상 여섯 경우는 지형을 효율적으로 이용하는 방법이다. 장수라면 반드시 알아야 할 막중한 책임이 있으니 잘 살피지 않을 수 없다.

원래 싸움에 패한 군대는 주자(走者), 치자(馳者), 함자(陷者), 붕자(崩者), 난자(亂者), 배자(北者)의 여섯 종류로 나뉜다. 무릇 이들 여섯 유형은 하늘이 내린 재앙 때문이 아니라 장군의 과오로 인해 발생한다.

쌍방의 세력이 비등한 상황에서 십분의 일 병력으로 적을 치면 실패하게 되는데, 이를 두고 '달아나는 군대(走)'라고 부른다. 병졸들은 씩씩한데 장교가 나약하면 '해이한 부대(弛)'[1]라 하고, 장교는 싸우고 싶지만 병사들이 허약하면 '밑동 빠진 군대(陷)'라고 한다. 부하 장수가 들끓는 분노로 명령을 어기고 적과의 대치 상황에서 제멋대로 출전하는데 장군이 그 능력을 몰라 통제가 안 되는 상황이라면, 이는 '무너진 군대(崩)'라고 부른다. 장군이 나약하고 위엄이 없으며 병사들을 다스릴 줄 모르고, 병사들은 준수하는 바가 없어 열병이나 포진이 오락가락 제멋대로인 그런 군대는 '어지러운 군대(亂)'라고 한다. 장군인 주제에 적의 형편을 헤아릴 줄 몰라 소

---

1) 치(馳)와 이(弛)는 중국어에서 음이 같은 해음(諧音)이기 때문에 '馳者'에 대해 망가졌거나 문란하다는 뜻을 지닌 '弛'를 차용해 해설한 것으로 보인다.

수로 대군을 격파하려 들고 약자가 강자에게 덤벼들며 정예병으로 구성된 선봉대조차 없으면 이미 '패배한 군대(北)'라고 표현한다. 이상 여섯 가지 상황은 실패를 부르는 주요한 요인이다. 여기에는 장군의 책임이 지대하니 부득불 세심하게 살펴야 한다.

대저 지형이란 전쟁의 보조적 여건이다. 적의 상황을 정확히 판단해 승리를 쟁취하려면 지형의 험하고 평탄한 정도와 멀고 가까운 거리 계산 정도는 장군 된 자의 임무라 하겠다. 이를 알고 작전에 임하면 반드시 승리하고, 모른 채로 전쟁을 지휘하면 어김없이 패하게 된다. 그러므로 전세를 장악하면 필연적으로 승리하니, 그때는 임금이 싸우지 말라 명령해도 한사코 전투를 고집하게 된다. 전세가 불리해 이길 수 없을 것 같으면 주군이 나서서 필승을 독려해도 전투를 기피할 수 있어야 한다. 그래서 장수는 나아갈 때 승리의 명성에 집착하지 않고, 물러설 때는 불복종의 죄명을 회피하지 않는다. 오직 백성의 안전을 추구하고 군주의 이익에 부합하는 여부만 따지는 그런 인물은 나라의 보배다.

휘하의 병사를 어린아이처럼 돌봐주면 그들과 더불어 심산유곡 아무리 위험한 지역도 함께 밟을 수 있게 된다. 병사들을 사랑하는 아들처럼 대해주면 그들과 더불어 삶과 죽음을 함께할 수 있게 된다. 하지만 병사들을 지나치게 사랑하면 명령을 내릴 수 없고, 후하게 대우하면 부릴 수가 없으며, 군기가 문란하면 징벌을 내리기가 어려워진다. 흡사 응석받이 어린애를 다루는 일과 같아서 전투에 쓸모가 없어지는 것이다.

우리 군사가 진격할 수 있음을 알고 적이 공격할 수 없음을 모른다면 절반만 승리한 것이다. 적이 공격할 수 있음을 알고 우리가 공격할 수 없음을 모른다면 역시 절반쯤 이겼다고 할 수 있다. 적군의 공격 준비가 완료된 줄 알고 우리 군사도 공격 태세를 갖췄지만 지형이 작전 전개에 불리한 줄 모른다면 역시 절반만 승리한 것이다. 그러므로 전쟁을 아는 자는 행동할 때 결코 무모하지 않고 전략과 전술 변화를 무궁무진 활용한다. 그러므로 이렇게 말할 수 있겠다. 적을 알고 나를 알면 내가 거두는 승리에 위험이 따르지 않는다. 천시(天時)를 이해하고 지리(地利)를 파악해야 승리가 비로소 완전해질 수 있는 것이다.[2]

조조 주석 曹操注

魏武帝曰: 地形者, 欲戰, 先審地形以立勝也.
위 무제의 말이다.
「지형」편은 싸우고자 한다면 먼저 지형을 살핌으로써 승리의 전초를 다져야 한다는 내용이다.

以戰則利, 寧致人, 無致於人也.
전투를 하면 유리하다. 적이 다가오게 만들지언정 적의 작전에 말려들어 내가 그쪽으로 움직이지 않는다.

隘形者, 兩山之間通谷也, 敵勢不得撓戰. 我先居之, 必前齊隘口, 陳而守之, 以出奇. 若敵先居此地, 齊口陳, 勿從也. 即半隘陳者, 從之, 而與敵共此利可矣.
애형이란 두 산 사이에 위치한 시원하게 뚫린 협곡인데, 적군의 기세가 아군으로 하여금 물러서지 못하게 만드는 지형이다. 내가 먼

---

[2] 마지막 구절은 판본에 따라 '승리가 비로소 완전해질 수 있다(勝乃可全)'와 '승리가 이에 끝없이 이어진다(勝乃不窮)' 두 가지가 존재한다. 이지는 바로 전 구절인 '知地知天'의 운에 맞추기 위해 '可全'을 사용한 것으로 보인다.

저 그곳을 점거했다면 반드시 앞쪽으로 나아가 좁은 협곡 입구를 정돈한 뒤 진을 치고 지키다 기병(奇兵)을 펼칠 것이다. 만약 적이 먼저 이 땅을 점거해 입구를 정비하고 진을 치고 있다면 섣불리 다가가지 말아야 한다. 만약 애형에서 절반만 차지한 채 진을 쳤다면 순간의 상황에 따라야 하니, 적과 더불어 지형적 유리함을 공유했기 때문이다.

險形者, 地險隘, 尤不可致於人也.
험형은 지형이 험하고 좁아서 특히 적에게 꺼둘리면 안 되는 곳이다.

挑戰, 迎敵也.
도전이란 적을 도발해 전투에 나서게 한다는 뜻이다.

走者, 不料力也.
도망가는 군대는 (십분의 일 병력으로 적을 칠 정도로) 자기 역량을 헤아리지 못했기 때문이다.

弛者, 吏不能統卒, 故弛壞也.
해이한 군대는 장교가 병졸들을 통솔하지 못해 기강이 문란하다는 뜻이다.

陷者, 吏強欲進, 卒弱輒陷, 敗也.
밑동 빠진 군대란 장교는 무리해서라도 전진하려 들지만 병사들이 나약해 번번이 나자빠지다가 패배한다는 말이다.

大吏, 小將也.
대리(大吏)는 부장(部將)급의 하위 장수를 말한다.

崩者, 大將惡小將, 小將心不厭服, 忿而赴敵, 不量輕重, 則必崩壞也.
붕괴하는 군대는 대장군이 부하 장수를 혐오하니, 부하 장수는 마음으로 상관을 믿고 복종하지 못하던 차 화가 치밀면 적진으로 넘어가게 된다. 사안의 경중을 따질 줄 모르니, 그런 군대는 반드시 철저히 무너지게 된다.

譬如驕子, 恩不可專施, 罰不可獨任也.
흡사 응석받이 어린애를 다루는 듯한다. 그저 은혜만 베풀어서도 안 되고, 벌만 주어서도 안 된다(사랑과 징벌은 겸용되어야 한다).

이탁오 총평 李贄總評

李卓吾曰: 前言為將不通九變之利, 則雖知地形, 必不能得地之利, 故遂言行軍必先察地形, 而稱引四軍之利, 乃黃帝之所以勝四帝者. 然特泛言處山·處水·處斥澤與處平陸之軍耳, 未詳及通·掛·支·隘·險·遠六地之形也. 故分別而詳著之, 以謂將之至任, 不可以不察焉. 唯是走·弛·陷·崩·亂·北六者, 乃將之過, 非天地之災, 不可以歸咎於地形之不察也, 故復言地形為兵之助, 唯料敵致勝之上將, 自能計遠近·險厄, 而用戰必勝, 而終之以知彼知己·知天知地焉. 知吾卒之可勝, 知敵之可以勝, 知彼知己也; 知卒之可勝, 知敵之可以勝, 又知吾地形之可以戰, 知天知地也. 將而知天知地也, 則其勝全矣, 故下篇遂言九地. 夫地形無不知, 然後運兵計謀為不可測, 無所往而不得地之利也, 宜矣.

이탁오는 말한다.

앞에서 장수된 자는 아홉 가지 지형의 활용에서 나오는 이점에 정통하지 않으면 제아무리 지형에 익숙해도 그 이득을 전혀 챙기지 못한다고 말했다. 그래서 군대가 움직일 때는 반드시 지형부터 먼저 관찰해야 한다고 말했으니, 전후좌우 사방의 군대가 챙긴 이득이 바로 황제가 사제(四帝)를 이긴 까닭임을 인증한 것이다.[3]

그런데 손자는 산악지대·물가·소택지·평원에 군대를 주둔시키는 정도만 개략적으로 언급했을 뿐, 통형·괘형·지형·애형·험형·원형의 여섯 지형에 대해서는 상세히 설명하지 않았다. 그래서 이번 장에서는 각각을 구별하고 상세히 서술함으로써 장수의 가장 중요한 책무에 대해 잘 살피지 않을 수 없다고 일깨운다. 다만 군대가 도망치고 해이해지며 함정에 빠지고 붕괴하고 문란해지고 패배하는 여섯 경우는 장군의 잘못 때문이지 하늘과 땅에 의한 재앙이 아니라고 하면서 지형을 살피지 않은 것에 귀책 사유를 두면 안 된다 했고, 그래서 지형은 전쟁에서 보조적 역할이라고 반복해서 말했다.

오직 적의 의중을 꿰뚫어 승리를 달성하는 사령관이라야 거리와 지형의 험세를 스스로 따질 수 있어 전쟁에 필승하는데, 종국적으로는 적을 알고 나를 알며 하늘을 알고 땅을 알기 때문이라 했다. 우리 병사가 이길 수 있음을 알고 적병이 이길 수도 있음을 아는 것은 '지피지기(知彼知己)'라 한다. 우리가 이길 수 있고 적이 이길 수도 있는 상황에서 우리 쪽 지형이 싸울 만하다는 것을 알면 그

---

3) 앞의 「행군」편에서 이미 언급되었다. 황제(黃帝) 헌원씨(軒轅氏)가 사제, 즉 적제(赤帝)·청제(青帝)·흑제(黑帝)·백제(白帝)와 싸워 이겼다는 전설이 『한간본』의 일편(佚篇)인 「황제벌적제(黃帝伐赤帝)」와 『대대례기(大戴禮記)』 「오제덕(五帝德)」 등에 실려 있다.

것은 '지천지지(知天知地)'가 된다. 장수가 되어 하늘을 알고 땅을 안다면 그 승리는 완전해지니, 그래서 다음 장에서는 아홉 지형(九地)을 설명했다.

무릇 지형에 관해 모르는 것이 없게 된 연후라야 우리 측의 병력 배치와 계략을 적이 예측하지 못하게 되니, 그러면 어디를 가더라도 지리적 이득을 얻지 못할 경우가 없음이 당연해진다.

참고 이탁오 해설 參考

「地形」曰: 地形有险者.

『지형』편에서 말하는 내용은 험준한 지형이라야 의존할 수 있다는 것이다.

골짜기 전투『吳子』「應變」

○ 武侯問曰:"左右高山, 地甚狹迫, 卒遇敵人, 擊之不敢, 走之不得, 爲之奈何?"起對曰:"此謂谷戰, 雖眾不用. 募吾材士, 與敵相當, 輕足利兵, 以爲前行, 分車列騎, 隱於四旁, 相去數里, 無見其兵, 敵必堅陳, 進退不敢. 於是出旌列旆, 行出山外營之, 敵人必懼. 車騎挑之, 勿令得休. 此谷戰之法也."

무후가 물었다.

"좌우로 높은 산이 늘어서 있고 지형은 비좁기 짝이 없는 곳에서 별안간 적군과 마주쳤소. 공격은커녕 도망칠 수도 없는 상황이라면 어찌해야 하오?"

오기가 대답했다.

"이런 경우를 두고 '골짜기 전투(谷戰)'라고 부르는데, 병력이 아무리 많아도 쓸모가 없습니다. 이때는 무예가 뛰어난 정예병을 모집해 적에게 맞서야 하지요. 발이 빠르고 날카로운 무기를 지닌 병사들을 선봉대로 삼고 전차와 기병은 사방으로 분산시켜 숨기는데, 선봉과는 몇 리나 떨어져 있어 그 병력이 드러나지 않게 됩니다. 적은 필시 진지를 굳게 지키며 전진도 후퇴도 감행하지 못하겠지요. 이렇게 해서 우리 부대가 깃발을 높이 내걸고 산 아래로 빠져나와 진영을 짜면 적은 필시 두려워 떨게 되겠지요. 그때 다시 전차와 기마병으로 공격하되 적에게는 쉴 틈을 주지 말아야 합니다. 이것이 골짜기에서 전투하는 방법이지요."

─『오자』「응변(應變)」편.

도적을 퇴치하는 법 『吳子』「應變」

○ 武侯問曰: "暴寇卒來, 掠吾田野, 取吾牛羊, 則如之何?" 起對曰: "暴寇之來, 必慮其強, 善守勿應. 彼將暮去, 其裝必重, 其心必恐, 還退務速, 必有不屬. 追而擊之, 其兵可覆."

무후가 물었다.

"사나운 도적들이 갑자기 쳐들어와 우리 들판의 곡식을 약탈하고 소와 양 같은 우리 가축들을 빼앗는다면 어찌해야 하겠소?"

오기가 대답해 아뢰었다.

"난폭한 도적이 접근할 때는 반드시 그 흉포함을 염두에 두고 수비에만 힘쓰며 대응하지 말아야 합니다. 저물녘에 놈들이 물러갈 쯤이면 짐보따리는 무겁고 심리적으로도 위축되기 때문에 철수를 서두르게 되지요. 그러면 서로들 연결되지 못하는 틈새가 반드시 생겨나니, 이때 뒤쫓으면서 공격을 가하면 그 부대를 섬멸할 수 있습니다."

─『오자』「응변(應變)」편.

제11장 「구지(九地)」편

孫子曰: 用兵之法, 有散地, 有輕地, 有爭地, 有交地, 有衢地, 有重地, 有圮地, 有圍地, 有死地. 諸侯自戰其地者, 爲散地. 入人之地而不深者, 爲輕地. 我得則利, 彼得亦利者, 爲爭地. 我可以往, 彼可以來者, 爲交地. 諸侯之地三屬, 先至而得天下之衆者, 爲衢地. 入人之地深, 背城邑多者, 爲重地. 山林·險阻·沮澤, 凡難行之道者, 爲圮地. 所由入者隘, 所從歸者迂, 彼寡可以擊吾之衆者, 爲圍地. 疾戰則存, 不疾戰則亡者, 爲死地. 是故散地則無戰, 輕地則無止, 爭地則無攻, 交地則無絶, 衢地則合交, 重地則掠, 圮地則行, 圍地則謀, 死地則戰. 古之所謂善用兵者, 能使敵人前後不相及, 衆寡不相恃, 貴賤不相救, 上下不相收, 卒離而不集, 兵合而不齊. 合于利而動, 不合于利而止. 敢問: "敵衆整而將來, 待之若何?" 曰: "先奪其所愛, 則聽矣; 兵之情主速, 乘人之不及, 由不虞之道, 攻其所不戒也." 凡爲客之道, 深入則專, 主人不克, 掠于饒野, 三軍足食, 謹養而無勞, 併氣積力, 運兵計謀, 爲不可測, 投之無所往, 死且不北, 死焉不得, 士人盡力. 兵士甚陷則不懼, 無所往則固, 深入則拘, 不得已 則鬪. 是故, 其兵不修而戒, 不求而得, 不約而親, 不令而信, 禁祥去疑, 至死無所之. 吾士無餘財, 非惡貨也; 無餘命, 非惡壽也. 令發之日, 士卒坐者涕沾襟, 偃臥者涕交頤,投之無所往,則諸劌之勇也.故善用兵者,譬如率然;率然者,常山之蛇也,擊其首,則尾至,擊其尾,則首至,擊其中,則首尾俱至.敢問:"兵可使如率然乎?"曰:"可."夫吳人與越人相惡也,當其同舟濟而遇風,其相救也如左右手.是故,方馬埋輪,未足恃也,齊勇若一,政之道也;剛柔皆得,地之理也.故善用兵者,攜手若使一人,不得已也.將軍之事,靜以幽,正以治,能愚士卒之耳目,使之無知.易其事,革其謀,使人無識,易其居,迂其途,使人不得慮.帥與之期,如登高而去其梯,帥與之深,入諸侯之地而發其機.若驅群羊,驅而往,驅而來,莫知所之.聚三軍之眾,投之于險,此將軍之事也.九地之變,屈伸之利,人情之理,不可不察也.凡為客之道,深則專,淺則散;去國越境而師者,絕地也;四達者,衢地也;入深者,重地也;入淺者,輕地也;背固前隘者,圍地也;無所往者,死地也.是故散地吾將一其志,輕地吾將使之屬,爭地吾將趨其後,交地吾將謹其守,衢地吾將固其結,重地吾將繼其食,圮地吾將進其途,圍地吾將塞其闕,死地吾將示之以不活.故兵之情,圍則禦,不得已則鬥,逼則從.是故不知諸侯之謀者,不能預交,不知山林險阻沮澤之形者,不能行軍,不用鄉導者,不能得地利,此三者不知一,非霸王之兵也.夫霸王之兵,伐大國則其眾不得聚,威加于敵,則其交不得合.是故不爭天下之交,不養天下之權,信己之私,威加于敵,故其城可拔,其國可墮.施無法之賞,懸無政之令,犯三軍之眾,若使一人.犯之以事,勿告以言;犯之以利,勿告以害;投之亡地然後存,陷之死地然後生.夫眾陷于害,然後能為勝敗,故為兵之事,在于順詳敵之意,併力一向,千里殺將,是謂巧能成事.是故政舉之日,夷關折符,無通其使,厲于廊廟之上,以誅其事,敵人開闔,必亟入之.先其所愛,微與之期,踐墨隨敵,以決戰爭.是故始如處女,敵人開戶,後如脫兔,敵不及拒.

손자의 말이다.

전쟁의 법칙에서 볼 때 전장의 종류에는 산지(散地), 경지(輕地), 쟁지(爭地), 교지(交地), 구지(衢地), 중지(重地), 비지(圮地), 위지(圍地), 사지(死地)의 아홉 가지가 있다.

제후가 자기 영토 내에서 싸운다면 그 전쟁터는 '산지'라 하고, 적의 땅에 살짝 들어갔으면 '경지'라고 부른다. 우리가 차지해도 좋고 적이 점령해도 유리한 그런 땅은 '쟁지'라 하고, 우리도 갈 수 있고 적도 들어갈 수 있는 땅은 '교지'라고 한다. 제후들의 땅과 서로 인접한 까닭에 누구든 먼저 도달한 자가 천하의 지지를 받게 되는 그런 곳은 '구지'라 하고, 적지로 깊숙이 들어간 상황인데 배후에 또다시 수많은 성읍들이 버티고 있다면 그런 곳은 '중지'라고 부른다. 산림, 험준하고 막힌 곳, 소택지 등 통행이 어려운 길은 '비지'라 하고, 들어가는 입구가 비좁고 귀환하는 출로가 구불구불해 적이 소수의 병력으로도 다수의 아군을 격퇴할 수 있는 곳은 '위지'라고 하며, 죽기를 무릅쓰고 싸우면 살지만 그렇지 못해 죽는 곳은 '사지'라고 부른다. 이런 까닭에 산지에서는 싸우지 않고, 경지는 머물지 말아야 한다. 쟁지를 적이 먼저 점령했다면 공격하지 말아야 하고, 교지는 사방으로 연락이 끊기지 않게 한다. 구지에서는 이웃 나라와 친교를 맺고, 중지에서는 약탈로 물자를 보충하며, 비지는 머물지 말고 신속히 통과해야 한다. 위지에 들어갔다면 계략을 써서 빠져나오고, 사지에 처했다면 죽기살기로 싸워야 한다.

옛날의 전쟁 고수는 적의 부대 앞쪽과 뒤쪽이 서로 연결되지 못하게 할 수 있었다. 주력부대와 분대가 서로 의지하며 협력하지 못하고, 장교와 사병이 서로를 구해줄 수 없으며, 상급자와 하급자 간에 위계를 세우지 못하게 하였다. 사병이 흩어지면 다시 모여들 수 없었고, 병력이 집합하더라도 대오가 흐트러지게 할 수 있었다. 아군에게 유리해야만 행동했고, 불리하면 멈춰서 움직이지 않게 하였다. "엄청난 숫자의 적군이 대오 정연하게 다가오고 있다면 어떻게 대응해야 합니까?"라는 과감한 질문에는 "먼저 그 요충지를 빼앗으면 그다음은 내 뜻대로 된다"고 답했다. 전쟁의 요체는 신속함에 있으니, 적이 미처 손쓰지 못하는 틈을 타 그들이 예상치 못한 길로 나아가고 경계하지 않는 곳을 공격해야 한다는 것이다.

적국으로 들어가 전쟁할 때는 지켜야 할 원칙이 있다. 적국 경내에 깊숙이 진입하면 군심(軍心)이 하나로 모아지니, 지키고 있던 적의 주력부대도 우리를 꺾지는 못한다. 풍요로운 들판에서 곡식을 빼앗으면 삼군이 배불리 먹을 양식이 확보된다. 병사들 급식에 신경 쓰고 과로하지 않도록 주의하면 사기가 올라가 힘이 축적되고, 병력을 움직이면서 계략을 쓰면 적군이 우리 의도를 알아채지 못하게 된다. 병사들을 갈 곳 없는 막힌 데로 던져넣으면 죽기살기로 싸우니 패하지는 않게 된다. 죽고 싶어도 그러지 못할 상황이 닥치면 병사들이 죽을 힘을 다하기 때문이다. 험지로 깊숙이 들어가게 되면 병사들은 두려워하지 않는다. 갈 곳이 없으면 군심이 동요하지 않아 굳건해지고, 적지에 깊숙이 들어가면 병사들이 흐트러지지 않으며, 어쩔 수 없는 상황에서는 결사적으로 싸우기 때문이다. 이렇게 해서 그 군대는 다그치지 않아도 저절로 경계가 강화되고, 요구하지 않아도 임무를 수행하며, 단속하지 않아도 알아서 협동단결하고, 명령하지 않아도 믿고 따르게 된다. 점술 같은 미신을 금지하고 의혹을 해소해주면 죽을 때까지 곁을 지키면서 도망가지 않게 된다. 우리 병사들에게 여분의 재물이 없는 것은 돈을 싫어해서가 아니고, 그들이 생사를 돌아보지 않는 것은 오래 살기 싫어서가 아니다. 작전 명령이 하달되는 날이면 병사들은 주저앉아 눈물로 옷깃을 적시고, 자리에 누워서는 뺨을 타고 흐르는 눈물을 가누지 못한다. 살 길 없는 막다른 골목에 던져진 때문에 전제(專諸)나 조귀(曹劌)[1]처럼 용맹한 전사가 되는 것이다.

원래 용병술의 대가는 비유컨대 솔연[2]처럼 군대를 지휘한다. 솔연은 상산에 사는 뱀이다. 머리통을 공격하면 꼬리가 달려들고, 그 꼬리를 가격하면 머리가 쫓아오며, 가운데 몸통을 때리면 머리와 꼬리가 한꺼번에 달려든다. 누군가 감히 "병사들 지휘를 솔연처럼 할 수 있다고요?"라고 묻는다면, "그렇다"라고 대답할 것이다. 오나라와 월나라 사람은 불구대천의 원수이지만 그들이 한 배를 타고 물을 건너다 태풍을 만난다면 서로를 구조하기에 마치 한 사람의 좌우 양손처럼 움직이게 된다. 이러한 연유로 말들을 나란히 붙들어매고 차바퀴를 땅속에 파묻는다 해도 달아나는 병사를 막는 데는 한계가 있다. 온 부대가 마치 한몸처럼 손발이 맞고 용맹하다면 부하들을 다루는 방도가 있어서이고, 공격의 강약이 효율적으로 어우러진다면 현지의 지형을 적절히 활용한 덕분이다. 원래 전쟁의 고수가 마치 한 사람을 부리듯 전군이 손잡고 협력하게 만든다면 거기에는 그럴 수밖에 없는 형세가 있는 것이다.

장군이 일을 벌일 때는 냉정함을 유지해 깊은 속을 알 수가 없고

---

1) 전제(專諸)는 춘추시대 말기 오나라의 자객. 공자 광(公子光, 합려闔廬)을 위해 요리사로 변장하고 오왕 요(僚)를 죽인 사적이 『사기』「자객열전」과 『좌전』 등에 실려 있다. 조귀(曹劌)는 춘추시대 노나라 사람인데, 노의 장공(莊公)이 제와 회담할 때 환공(桓公)을 위협해 빼앗긴 땅을 돌려받은 협객이다. 조말(曹沫) 혹은 조매(曹昧)라는 이름을 쓰기도 한다.
2) 솔연(率然): 전설 속의 뱀 이름. 『신이경(神異經)』「서황경(西荒經)」에 다음과 같이 묘사되어 있다. "서쪽의 산속에 어떤 뱀이 사는데 머리와 꼬리가 기이하게 크고 오색 무늬가 찬란하다. 사람이나 동물이 놈을 건드릴 때 머리통을 치면 꼬리가 달려들고, 꼬리를 건드리면 머리통이 쫓아오며, 가운데 몸통을 치면 머리와 꼬리가 다같이 덤벼드는데, 이름을 솔연이라 한다. 회계의 상산은 이 뱀이 가장 많은 곳이다(西方山中有蛇頭尾差大, 有色五彩. 人物觸之者, 中頭則尾至, 中尾則頭至, 中腰則頭尾並至, 名曰率然. 會稽常山最多此蛇)."

엄정하면서도 조리가 있어야 병사들의 눈과 귀를 가려 비밀이 유지될 수 있다. 임무를 교체하고 작전계획을 변경할 때는 그것이 왜 바뀌는지 병사들은 알아차리지 못해야 한다. 수시로 주둔지를 바꾸고 일부러 우회해 행군하는 경우에도 그 의도를 알게 해서는 안 된다. 장수가 병사들과 날짜를 약정하고 작전에 임할 때는 마치 높은 곳에 오르고 나면 그 사다리를 치우듯 적의 퇴로를 차단해야 한다. 병사들과 적지 깊숙이 들어갔다면 강한 활을 당기면서 싸워야 하는데, 그때는 흡사 양떼를 몰고갔다 다시 몰고오듯이 하여 병사들이 행선지를 알지 못하게 만든다. 삼군의 병사를 집합시켜 그들을 위험에 던져넣고 싸우게 하는 것이 바로 장군의 일이다. 각각의 지형에 따라 작전에 변화를 주고, 나아가고 물러설 때의 유불리를 따지며, 병사들의 심리상태를 살피는 그런 일들이야말로 장군이 살피지 않을 수 없는 임무인 것이다.

적국에 들어가 싸울 때는 원칙이 있다. 적지 깊숙이 진입하면 군심이 하나로 결집되지만, 얕게 들어가면 느슨하게 흐트러진다. 자기 나라를 떠나 국경 너머에서 군사작전을 펼친다면 그곳은 '고립된 땅(絶地)'이 된다. 사통팔달로 도로가 연결된 곳은 '뚫린 지역(衢地)'이고, 적의 경내 깊숙이 들어갔다면 부담이 '무거운 지역(重地)'이며, 살짝만 들어간 경우는 부담이 '가벼운 지역(輕地)'이 된다. 뒤쪽 지형은 험준하고 앞에 협곡이 펼쳐졌다면 '포위된 지역(圍地)'이고, 도망갈 방도가 없는 지역은 '죽음의 땅(死地)'이라 한다. 이런 까닭에 '흩어지는 땅(散地)'에서는 온 부대의 뜻을 하나로 통일시켜야 하고, 경지에서는 부대 앞뒤가 긴밀히 연결되어야 하며, 쟁지에서는 신속히 이동해 적의 후미에 바짝 따라붙어야 한다. 교지는 수비를 잘해야 하고, 구지에서는 제후들과의 동맹을 공고히 하며, 중지는 식량 보급이 끊기지 않도록 조심해야 한다. 비지에서는 나갈 수 있는 출로를 확보하고, 위지에서는 돌파구가 될 만한 틈새를 막으며, 사지에서는 살아남지 않겠다는 결연한 의지를 보여야 한다. 그러므로 병사들의 정황은 이렇게 정리된다. 포위되면 온 힘을 다해 저항하고, 어쩔 수 없는 상황에서는 죽기를 무릅쓰고 싸우며, 함정에 깊이 빠졌을 때는 명령에 복종할 일이다.

위와 같은 까닭에 제후들의 전략에 깜깜한 자는 외교에 무능하고, 산림과 험준한 지형, 소택지 같은 지형물에 어두운 자는 행군에 미숙하다. 길 안내하는 향도(嚮導)를 활용할 줄 모르는 자는 지리적 이점을 살릴 수 없다. 이상 세 가지 중 하나에라도 무지하면 군후(패자)나 왕의 군대가 되지 못한다. 패자나 왕의 군대가 대국을 정벌하려면 적국의 백성들이 징집되지 않아야 하고, 적에게 위협을 가해 다른 나라와 연합하지 못하게 만들어야 한다. 이러한 이유로 천하의 다른 제후들과는 우의를 다투지 않고, 천하의 패권을 움켜쥔 자를 받들어 모시지 않으며, 자신의 뜻을 자유롭게 펼치면서 적에게 압력을 가하게 되니, 덕분에 적의 성을 함락하고 적국을 궤멸시킬 수 있게 된다.

규정을 넘어선 포상을 하고 상규를 깬 파격적인 명령을 내리면 삼군의 군대를 일사불란 한몸처럼 부리게 된다. 병사들에게 임무를 맡기더라도 왜 그러는지 의도를 일러주지 않고, 이익으로만 유인할 뿐 해로운 측면은 절대 언급하지 말아야 한다. 병사들은 함정에 빠진 뒤라야 생존을 도모하고, 사지에 던져진 다음이라야 기사회생하기 때문이다. 대저 큰 부대는 궁지에 몰리고 나서야 승리를 쟁취할 수 있기 때문에 작전을 벌일 때는 적의 의도를 세밀하게 관찰한 뒤 병력을 집중시켜 한 방향으로 진격해야 한다. 그러면 천리를 행군했어도 적장을 잡아 죽일 수 있는데, 이를 두고 교묘한 방법으로 승리를 낚았다고 일컫는다.

위와 같은 연유로 전쟁을 개시할 때는 관문을 봉쇄하고 통행증을 폐기하며, 사절의 왕래를 금지하고, 묘당에서 적의 사정을 자세히 연구함으로써 승리의 대책을 결정짓게 된다. 일단 적이 틈새를 보이면 반드시 신속하게 파고들어야 한다. 먼저 적의 요충지를 빼앗고, 적과 교전하게 될 시간은 은폐하고, 작전계획이 세워지면(踐墨)[3] 적정의 변화에 따라 전투를 결단해야 한다. 이렇게 하면 전쟁 초입에는 처녀아이처럼 얌전했던 병사라도 막상 문이 열리고 기회가 도래하면 우리를 벗어난 토끼처럼 날쌘돌이로 변신하니, 그러면 적들이 미처 막아내지 못하게 된다.

조조 주석 曹操注

위 무제의 해설이다.

九地, **欲戰之地有九也**.

구지(九地). 싸우게 될 전쟁터 지형에는 아홉 가지가 있다.

散地, **士卒戀土, 道近易散也**.

산지(散地). 병사들은 고향을 그리워한다. 고향 가는 길이 가까이에 있으면 쉽게 흐트러진다.

輕地, **士卒皆輕返也**.

경지(輕地)는 병사들 모두 부담 없이 쉽게 되돌아서는 곳이다.

---

[3] 천묵(踐墨): 목수가 작업 전에 나무에 미리 긋는 먹선. 그려진 선을 따라 물건을 제작하듯 적정의 변화에 따라 작전을 융통성 있게 펼치는 상황을 비유한다.

爭地, 可以少勝眾, 弱擊強也.
쟁지(爭地)는 소수가 다수의 적을 이기고 약자가 강자를 격퇴할 수 있는 곳이다.

交地, 道里相交錯也.
교지(交地)는 길들이 서로 교차하는 곳이다.

三屬, 我與敵相當, 而旁有他國也.
삼속(三屬)은 우리와 적이 서로 대치한 상태인데 근처에 다른 나라가 있는 경우를 말한다.

衢地, 先至, 得其國助也.
구지(衢地). 먼저 도달한 자가 거기 있는 나라의 도움을 받게 된다.

重地, 難返之地也.
중지(重地)는 되돌아가기 어려운 지역이다.

圮地, 少固也.
비지(圮地)는 견고하진 않지만 기댈 만한 지형이다.

死地, 前有高山, 後有大水, 進則不得, 退則有礙也.
사지(死地). 앞에는 높은 산, 뒤에는 큰 강이 있다. 나아가면 상황이 어려워지고 물러서면 장애물이 가로막고 있는 지형이다.

爭地無攻, 不當攻, 當先至爲利也.
쟁지에서는 공격하지 않는다. 공격이 마땅치 않은 곳이다. 의당 먼저 도착해 유리한 전세를 구축해야 한다.

交地無絶, 相及屬也.
교지에서는 연결이 끊기면 안 된다. 서로의 연락이 계속 이어져 두절되지 않게 한다.

衢地合交, 結諸侯也.
구지에서는 친교를 맺는다. 제후들과 연결되어야 한다는 말이다.

重地則掠, 蓄積糧食也.
중지에서는 노략질한다. 앞으로 필요한 양식을 축적해야 하는 곳이다.

圮地則行, 無稽留也.
비지에서는 곧바로 떠난다. 머물지 말라는 뜻이다.

圍地則謀, 發奇謀也.
위지에서는 꾀를 낸다. 기발한 계책으로 위험에서 벗어나라는 말이다.

死地則戰, 殊死戰也.
사지에 들면 싸운다. 죽음을 무릅쓰고 있는 힘을 다해 싸워야 한다.

卒離而不集, 暴之使離, 亂之使不齊, 勒兵而戰也.
병졸들이 흩어져서 다시 집합하지 못한다. 갑작스런 공격으로 적군이 흩어지게 하고 그들을 휘저어 대오가 정돈되지 못하게 한 뒤 군대로 밀어붙여 싸운다는 말이다.

先奪其所愛者, 奪其所恃之利也, 若先據利地, 則我所欲必得也.
먼저 그들이 아끼는 요충지를 빼앗는다. 적들이 의지하는 지리적 이점을 탈취한다. 만약 적보다 먼저 점거해 지리적 이점을 살리게 되면 아군이 원하는 바를 반드시 얻게 된다.

謹養勿勞, 並氣積力者, **養士氣**, 並兵力, 爲不可測度之計也.
병사들 급식에 주의하면서 피로하지 않게 하면 사기가 올라가고 힘이 축적된다. 사기를 키워주고 병사들 힘을 축적시키면 적들이 예측 못 한 계략을 실행할 수 있다.

死焉不得, 士死焉不得也.
죽을 수가 없다. 병사들이 죽고 싶어도 죽지 못한다는 말이다.

士人盡力, 在難地, 心幷也.
병사들이 있는 힘을 다한다. 싸움이 어려운 지역에서는 마음이 하나로 모아진다.

不懼者, 士陷在死地, 則意專不懼也.
두려워하지 않는다. 병사들이 사지에 던져지면 뜻이 하나로 통일되어 무서워하지 않게 된다.

則拘, 縛也.
구속한다는 것은 옭아맨다는 뜻이다.

則鬪, 人窮則死鬪也.
전투에 임해 사람이 궁지에 몰리면 죽기를 무릅쓰고 싸우게 된다.

不求而得, 不求索其意, 而自得也.
구하지 않아도 얻는다. 그 뜻을 알기 위해 애쓰지 않아도 저절로 알게 된다는 말이다.

禁祥去疑, 禁妖祥之言, 去疑惑之計也.
미신을 금하고 의혹을 없앤다. 요망하거나 상서로운 유언비어를 금지하고, 의혹을 해소시키는 계책을 실행한다는 뜻이다.

非惡貨·惡壽者, 棄財致死, 非得已也.
재물을 싫어하거나 오래 살고 싶지 않은 것이 아니다. 재물을 내던지며 죽을 때까지 싸우는 것은 그러지 않을 수가 없어서이다.

沸沾襟·交頤者, 皆持必死之計也.
눈물이 옷깃을 적시고 뺨을 타고 흐른다. 모두들 반드시 죽을 때까지 싸우며 버티겠다는 결심을 하기 때문이다.

方馬, 縛馬也.
말들을 방형으로 한다. 말들을 비끄러매 방진 형태로 배치한다는 뜻이다.

埋輪, 示不動也. 此言專難不如權巧也.
수레바퀴를 파묻는다. 움직이지 않겠다는 의지를 내보이는 것이다. 이 말은 어려울 때 하나로 뭉치는 것은 임기응변으로 돌파하느니만 못하다는 뜻을 내포한다.

靜以幽, 正以治, **謂淸淨幽深平正也**.
냉정하여 깊은 속을 알 수가 없고 반듯하면서 안정적이다. 사람됨이 맑고 깨끗하며 속이 깊고 공평무사함을 일컫는다.

能愚士卒, **愚, 誤也. 民可與樂成, 難與慮始也**.
병사들을 바보로 만들 수 있다. 바보로 만든다는 것은 진상을 감추고 속인다는 뜻이다. 백성은 성공의 기쁨을 함께할 수는 있어도 고민과 시작을 같이하기는 어려운 존재다.[4]

莫知所之, **一其心也**.
어디로 가는지 알지 못한다. 모두의 마음을 하나로 단결시켰다는 뜻이다.

人情之理, **見利而進, 遭難而退也**.
인지상정. 이익을 보면 앞으로 나아가고, 어려움에 봉착하면 물러난다.

使之屬, **使相及屬也**.
서로를 연결시킨다. 앞뒤가 서로 이어지게 한다는 뜻이다.

---

4) 『상군서(商君書)』「갱법(更法)」편의 "백성은 더불어 상의하고 창업할 수는 없어도 성공을 함께 경축하는 일은 가능하다(民不可與慮始, 而可與樂成)"는 구절에서 차용했다.

趨其後, **地利在前, 當速進其後也.**
그 뒤를 쫓아간다. 지리적 이점이 앞쪽에 있으니 적의 후미에 바짝 따라붙어 신속히 진격한다는 뜻이다.

繼其食, **掠彼也.**
양식의 공급이 지속되는 것은 적을 노략질했기 때문이다.

進其途, **疾過也.**
출로로 들어서게 되면 빨리 그 길을 지나가야 한다.

塞其闕, **一士心也.**
탈출할 수 있는 틈새를 막으면 병사들의 마음은 하나로 통일된다.

示之以不活, **勵士也.**
살지 않겠다는 의지를 보이면 병사들은 고무된다.

圍則禦, **相持御也.**
포위되면 저항한다. 서로 버팅기며 대치하는 것이다.

不得已則鬥, **勢有不得已者也.**
어쩔 수 없으면 싸운다. 형세상 부득이한 경우가 있다.

過則從, **陷之甚過, 則從計也.**
깊이 들어가면 복종한다. 함정에 깊이 빠지면 상관의 지휘에 따르게 된다.

四五者, 謂九地之利害. 或曰: 上四五事也.
네댓 가지는 구지(九地)의 유불리를 말한다. 혹자는 위에서 거론한 네댓 가지 일이라고 말하기도 한다.

不爭天下之交者, 不結成天下諸侯之權也. 絶天下之交, 奪天下之權, 故威得伸而自私.
온 천하와 사귐을 다투지 않는다. 천하의 다른 권력 있는 제후들과 결탁하지 않는다. 온 천하와 사귐을 끊고 온 천하의 권력을 탈취한 까닭에 위엄을 펼치면서 자신의 의지를 관철시킬 수 있는 것이다.

施無法之賞, 懸無政之令, 言法令不可預施·懸之, 『司馬法』曰: "見敵作誓, 瞻功作賞"也.
법도에 없는 상을 베풀고, 규정에 없는 명령을 내린다. 법령은 미리 시행하거나 사전에 공포할 수 없음을 말했는데, 『사마법』에 이런 구절이 있다. "적과 마주치게 되면 결전의 맹세를 하고, 어떤 공을 세웠는지 보고 나서 상을 준다."

犯者, 用也, 言明賞罰, 雖用衆, 若使一人然也.
범한다는 것은 부린다는 뜻이다. 상벌이 엄정하면 아무리 많은 인원을 동원해도 마치 한 사람을 부리듯 일사불란한 상황을 말했다.

能爲勝敗, 必殊死戰也.
승리를 만들어낼 수 있다. 기필코 죽겠다는 각오로 싸우기 때문이다.

詳敵, 詳, 審也. 或曰: 彼欲進, 設伏而退; 彼欲去, 開而擊之.
적을 상세히 살핀다. 상세하다는 것은 심사숙고한다는 뜻이다. 혹자는 적군이 진격하려 들면 복병을 매설한 채 퇴각하고, 적들이 물러날 낌새를 보이면 포위를 풀어 빠져나가게 한 뒤 추격한다는 뜻으로 풀이하기도 한다.

並敵一向者, 先示之以間空虛弱之處, 敵則並向而利之, 雖千里可擒其將也. 是謂成事之巧矣.
병력을 집중해 적을 한 방향으로 내몬다. 먼저 틈새가 비어 허약한 곳을 보여주면 적들은 일제히 그 방향으로 몰리면서 상황을 유리하다 여기게 된다. 그때는 비록 천리를 행군했어도 적장을 사로잡을 수 있으니, 이런 경우를 두고 일을 교묘하게 해냈다고 일컫는다.

是故, 謀定, 則閉關梁, 絶其符信, 勿使通使.
이런 까닭에 계책이 결정되면 관문과 교량을 닫고 그 통행증을 폐기해 사자가 드나들지 못하게 한다.

誅, 治也.
책임을 추궁해 죽이는 것은 다스려 바로잡아야 하기 때문이다.

敵人開闔, 必亟入之, 有間隙當急入之也.
적이 문짝을 열면 반드시 신속하게 잠입해야 한다. 틈새가 있다면 응당 서둘러 그 안으로 들어가야 한다.

先其所愛, 據便利也.
적의 요충지에 먼저 닿으면 고지를 점거하기가 유리하다.

微與之期, 後人發, 先人至也.
적과 교전하게 될 시기를 은폐한다. 적보다 나중에 출발하고, 적보다 먼저 도착해야 한다.

踐墨隨敵以決戰事, 行踐繩墨, 總無常也.
작전계획이 세워지면 적의 상황 변화에 따라 전투를 결행한다. 먹줄로 밑그림을 그린다는 것은 정해진 계획이 전혀 없다는 말이다.

處女, 示弱也.
처녀처럼 군다. 유약함을 내보이게 된다.

脫兎, 往疾也.
우리를 벗어난 토끼. 잽싸게 달아난다는 뜻이다.

이탁오 총평 李贄總評

李卓吾曰: 地形雖多, 九地足以盡之矣, 故先言九地之害與處九地之常法. 然古之善用兵者, 能使敵人前後不相及, 眾寡不相恃, 貴賤不相救, 上下不相收, 卒離而不集, 兵合而不齊. 是故伐大國, 則其眾不得聚; 威加於敵, 則其交不得合. 其爲霸王無敵之兵如此, 又何有於九地之變乎?
況吾之兵又唯恐不投之於死地者. 蓋爲客之道, 深入則專, 甚陷則不懼, 不得已則鬥, 投之無所往則死且不北. 故其兵不修而戒, 不求而得, 不約而親, 不令而信, 如常山之蛇率然而首尾俱至, 如吳越人之同舟遇風, 雖彼此相惡, 率然而相救也如左右手, 則雖方馬埋輪, 專難如此, 且不足恃矣. 故曰: 投之亡地然後存, 陷之死地然後生.

夫唯衆陷於害然後能爲勝敗, 非虛言也, 但人情見利則進, 遭難則退, 故九地之變, 屈申之利, 人情之理, 不可不察耳. 若先使之知之, 又誰肯甘心而自投於死地乎? 夫民至愚也, 可與樂成, 難與慮始, 是故施無法之賞, 懸無政之令, 用之以事, 不告以言, 用之以利, 不告以害. 然則聚三軍之衆而投之於險者, 信將軍之事矣. 故復言散地吾將一其志, 輕地吾將使之屬, 圍地吾將塞其闕, 死地吾將示之以不活, 則可知也.

率然者, 率然而自至也, 如手足之捍頭目, 不謀而親, 不約而會, 率然而然, 莫知其所以然而然也. 此九地之利, 不可以不察也.

이탁오는 말한다.

지형이 아무리 다양해도 아홉 가지면 너끈히 망라되는 까닭에 아홉 지형(九地)이 초래하는 재앙과 구지에 대처하는 통상적인 방법을 먼저 말했다. 그런데 옛날의 전쟁 고수는 적의 앞뒤 부대가 서로 연결되지 못하게 할 뿐 아니라, 주력 부대와 예하 부대가 서로 협력하지 못하게 하고, 귀한 자와 비천한 자가 서로를 구해주지 못하며, 상관과 부하 사이에 위계를 세우지 못하게 할 수 있었다. 사병이 흩어지면 다시 모이지 못하고, 병력이 집합하더라도 대오를 바로잡지 못하게 할 수도 있었다. 이런 연유로 대국을 정벌하게 되면 그 나라 민중들이 징집되지 못하고, 적에게 위협을 가하면 그들이 다른 나라와 연합할 수 없었다. 군후와 왕의 천하무적 군대를 이런 정도로 다뤘으니, 그가 구지에서 벌이는 임기응변의 작전이야 또 말해 무엇하겠는가?

더군다나 우리 쪽 군대는 또 사지에 던져지지 않을까봐 걱정하는 자들로만 구성된 터다. 원래 원정길에 나선 군대는 적지 깊숙이 들어가면 집중하게 되고, 함정에 깊이 빠지면 두려움이 없어지며, 어쩔 수 없는 상황이면 싸우고, 도망갈 구멍조차 없는 곳에 던져지면 죽더라도 배반하지 않는다. 덕분에 그 군대는 굳이 다그치지 않아도 경계를 강화하고, 요구하지 않아도 임무를 수행하며, 단속하지 않아도 알아서 협동 단결하고, 명령하지 않아도 미더운 군대로 변모한다. 마치 상산의 뱀 솔연처럼 머리와 꼬리가 함께 들이닥치고, 오나라 월나라 사람이 같은 배에 탔다가 풍랑을 만난 경우처럼 피차간에 미움이 깊어도 왼손 오른손이 서로를 구하듯 민첩하게 움직이게 된다. 그러나 제아무리 말고삐를 붙들어매고 차바퀴를 땅속에 파묻더라도 전쟁에 집중시키기란 너무나 어렵고 달아나는 병사를 막는 데도 한계가 있다. 그래서 병사들은 함정에 빠진 다음에야 생존에 대한 열망이 생기고, 사지에 던져진 연후라야 기사회생한다고 말했다.

무릇 집단이 난관에 빠지고 난 다음이라야 승리할 수 있다는 말은 헛소리가 아니다. 다만 인정상 사람은 자기에게 유리하면 앞으로 나아가고 어려움에 봉착하면 물러나는 법이다. 그래서 아홉 가지 지형에 따른 작전 변화와 나아가고 물러설 때의 유불리, 병사들의 심리상태를 자세히 살피지 않을 수 없다 하였다. 만약 병사들이 작전계획을 먼저 알게 된다면 또 누가 기꺼이 자신을 사지에 던져넣으려 하겠나? 민중은 지극히 우매하다. 더불어 기쁨은 나눌 수 있지만 같이 의논하거나 역사의 창조를 함께하기는 어려우니, 이런 까닭에 규정에 없는 상을 주고 예정에 없던 파격적인 명령을 내리는 것이다. 병사들에게는 임무를 맡겨도 속내는 알려주지 않고, 이익으로 꼬드겨 일을 시켜도 유해한 측면에 대해서는 말해주지 않아야 한다. 그렇다면 삼군의 군사를 집합시켜 위험에 던져넣는 것은 실로 장군이 감당할 역할이다. 그래서 반복해 말하길 산지(散地)에서는 온 부대의 뜻을 하나로 통일하고, 경지에서는 부대가 앞뒤로 긴밀히 연결되어야 하며, 위지에서는 적이 빠져나갈 틈새를 막고, 사지에서는 살아남지 않겠다는 의지를 보여야 한다고 했음을 알 수가 있다.

솔연(率然)은 잽싸게 움직여 제발로 온다는 뜻이다. 마치 손발이 머리와 눈을 보위하듯 중간에 연결짓지 않아도 원래부터 가깝고 약속하지 않아도 알아서 모여드는데, 흡사 솔연이 움직이듯[5] 왜 그런지 이유도 모른 채 저절로 그렇게 되는 것이다. 이런 이유로 아홉 가지 지형의 유불리를 제대로 살피지 않으면 안 된다.

참고(1) 이탁오 해설 参考(一)

卓吾子曰: 我可以往, 彼可以来者, 为交地, 故述交地. 入人之地, 背城邑多者, 为重地, 故述深入.

이탁오는 말한다.
내가 갈 수 있고 적이 올 수도 있는 땅을 교지(交地)라 했으니, 그래서 아래에 교지를 서술한다.
적의 강역에 진입했는데 배후에 성곽과 고을이 많은 지역은 중지(重地)가 되니, 그래서 깊숙이 들어간 상황에 관해서도 서술했다.

대치상황에서 이기는 법 『六韜』「虎韜·臨境」

武王曰: "吾與敵人臨境相拒, 彼可以來, 我可以往, 陳皆堅固, 莫敢先擧. 我欲往而襲之, 彼亦可來. 爲之奈何?" 太公曰: "分兵三處. 令我前軍, 深溝

---

[5] 이 문장에서의 '솔연'은 미처 생각할 겨를도 없이 신속하게 움직인다는 뜻이다. 이지는 상산의 뱀이 솔연이란 이름을 갖게 된 연유가 바로 이런 본능을 지닌 때문이라고 여겼다.

增壘而無出, 列旌旗, 擊鼙鼓, 完爲守備; 令我後軍, 多積糧食; 無使敵人知我意. 發我銳士, 潛襲其中, 擊其不意. 攻其無備. 敵人不知我情, 則止不來矣."

武王曰: "敵人知我之情, 通我之謀, 動而得我事. 其銳士伏於深草, 要隘路, 擊我便處, 爲之奈何?" 太公曰: "令我前軍, 日出挑戰, 以勞其意; 令我老弱, 拽柴揚塵, 鼓呼而往來, 或出其左, 或出其右, 去敵無過百步, 其將必勞, 其卒必駭. 如此, 則敵人不敢來. 吾往者不止, 或襲其內, 或擊其外, 三軍疾戰, 敵人必敗."

무왕이 말했다.

"아군과 적군이 국경에서 대치하는데 적이 우리를 칠 수도 있고 아군이 저들을 공격할 수도 있습니다. 양 진영이 모두 견고해 어느 편도 감히 먼저 도발 못 하는 상황이지요. 아군은 적을 습격하고 싶지만 적군 역시 우리를 칠 수 있으니, 그럴 때는 어찌해야 좋겠습니까?"

태공이 말했다.

"이런 상황에서는 병력을 전군(前軍)·후군(後軍)·돌격대로 삼등분합니다. 앞쪽의 전군에는 참호를 깊게 파고 방호벽을 높이 쌓으며 싸움에는 나서지 말라 명령하는데, 진지에 수많은 깃발을 꽂고 작은북 큰북을 두드리며 물샐 틈 없이 삼엄한 경비를 펼치는 것이 저들의 임무지요. 뒤쪽의 후군에게는 양식을 많이 비축하라 명령하고요. 어떤 경우라도 적들이 아군의 의도를 눈치채게 해서는 안 됩니다. 그런 뒤 최정예병으로 구성된 돌격대를 차출해 적의 중심부를 기습하는데, 저들이 예상치 못한 시간에 타격하고 지키지 않는 지점을 공격해야 하지요. 적은 아군의 정세를 알지 못하니 주둔지에서 기회만 엿볼 뿐 감히 우리 쪽으로 다가오지 못할 것입니다."

무왕이 말했다.

"만약 적이 우리 내부 사정을 알고 아군의 전략에 정통해 이쪽 움직임을 다 꿰뚫고 있다면요. 저들은 우거진 풀숲에 정예병을 매복시키고 좁은 험로에서 아군을 가로막거나 자기들 편한 곳에서 우리를 공격하고 있습니다. 이런 때는 어찌해야 할까요?"

태공이 대답했다.

"우리 측 선봉대(前軍)에 영을 내려 날마다 나가서 싸움을 걸게 함으로써 저들의 전투의지를 고갈시켜야 합니다. 늙고 허약한 병사들에게는 땔나무 다발을 질질 끌어 흙먼지를 일으키는 동시에 북을 치고 함성을 지르며 쉴새 없이 움직이라 명령하고요. 때로는 적의 왼편에 출현하고 때론 오른편에 나타나면서 적과의 거리는 일백 보를 유지하되 더 이상 좁혀지면 안 되는데, 혼란에 빠진 적장은 필시 대응에 지칠 테고 병사들도 공포에 떨게 되지요. 이렇게 되면 적이 감히 가까이 다가오지 못하게 됩니다. 이때 우리는 멈추지 말고 돌격대를 보내 적진 내부를 급습하거나 그 외곽을 공격하는데, 전군이 온 힘을 다해 전투에 임한다면 적군은 반드시 패배할 것입니다."

―『육도』「호도·임경(臨境)」편.

군사장비의 활용 『六韜』「虎韜·軍略」

武王曰: "引兵深入諸侯之地, 遇深谿大谷險阻之水. 吾三軍未得畢濟, 而天暴雨, 流水大至, 後不得屬於前, 無有舟梁之備, 又無水草之資. 吾欲畢濟, 使三軍不稽留, 爲之奈何?"

太公曰: "凡帥師將眾, 慮不先設, 器械不備; 教不素信, 士卒不習, 若此, 不可以爲王者之兵也. 凡三軍有大事, 莫不習用器械. 攻城圍邑, 則有轒輼·臨衝; 視城中, 則有雲梯·飛樓; 三軍行止, 則有武沖·大櫓, 前後拒守; 絕道遮街, 則有材士·強弩, 衝其兩旁; 設營壘, 則有天羅·武落·行馬·蒺藜; 晝則登雲梯遠望, 立五色旗旌; 夜則設雲火萬炬, 擊雷鼓, 振鼖鐸, 吹鳴笳; 越溝塹, 則有飛橋·轉關·轆轤·鉏鋙; 濟大水, 則有天潢·飛江; 逆波上流, 則有浮海·絕江. 三軍用備, 主將何憂?"

무왕이 말했다.

"병사들을 이끌고 적국 땅 깊숙이 들어갔다가 심산유곡에서 기세가 험한 물살과 마주쳤습니다. 우리 측 군대가 아직 강을 다 건너지도 않았는데 갑자기 폭우가 쏟아지더니 큰물이 엄청난 기세로 밀려오는군요. 아직 못 건넌 후발 부대는 이미 건너간 선봉대와 연결이 끊겼는데, 준비된 배나 교량이 없고 또 밀려드는 홍수를 막는 데 필요한 짚단조차 없습니다.[6] 저는 모두가 무사히 도강하고 전군의 행진이 지체되지 않게 하고 싶은데, 이럴 때는 어찌해야 할까요?"

태공이 대답했다.

"무릇 군대를 지휘하고 병사들을 통솔하는 장수가 닥쳐올 어려움에 대해 미리 염려하지 않고 군사장비들을 제대로 갖춰놓지 않으면 평소 교련이 엉망이 되어 병사들이 필요한 훈련을 받지 못하게 됩니다. 이런 군대는 대업을 이루는 천자의 군대가 될 수 없지요. 전쟁이란 대사를 치르려면 전군이 각종 기계장비들을 익숙하게 다룰 줄 알아야 합니다.

성읍을 포위해 공격하는 무기로는 분온과 임거·충거[7]가 있습니다. 성 안을 들여다볼 때는 운제와 비루[8]를 쓰고, 군대가 행군하고 멈출 때는 무

---

6) 물길을 막을 때 진흙만 쌓으면 일이 까다롭고 힘들지만 거기에 짚을 섞으면 일이 훨씬 수월해지기 때문에 이렇게 말한 것이다.
7) 분온(轒轀)은 공성용 전차의 일종. 차체 바닥에 통나무를 배열하고 윗부분에는 쇠가죽을 씌워 날아오는 화살과 돌을 막았다. 네 바퀴를 달아 밀어 움직일 수 있는데, 흙을 운반해 참호를 메꾸는 용도로 쓰였다. 임거(臨車)는 차체가 높아 위에서 아래를 내려다볼 수 있는 공성용 전차이고, 충거(衝車)는 전차 앞부분에 구리나 쇠를 씌워 성문이나 성벽으로 돌진해 부딪는 용도였다.
8) 운제(雲梯)는 바닥을 재목으로 깔고 그 아래쪽에 여섯 개의 바퀴를 장착했으며 윗부분에는 각기 두 길이 넘는 사다리 두 개를 설치한 공성용 도구. 아래 사다리는 고정시키고 위쪽 것은 움직일 수 있도록 회전축으로 연결시킨 뒤 성 아래로 옮기고 윗사다리를 펼쳐 적을 염탐하고 공격하는 용도였다. 비루(飛樓)는 누거(樓車)라고도 하는데, 수레 위에 장대처럼 생긴 버팀목을 높이 세우고 윗부분에 사람이 들어갈 만한 공간을 설치한 뒤 목판으로 사방을

충9)과 대로10)가 앞뒤에서 가로막고 지킵니다. 큰 길을 막고 적의 연결을 끊을 때는 날랜 용사와 강한 활로 양 측면에서 호위하고, 숙영지에 보루를 설치할 때는 천라·무락11)·행마(行馬)·질려(蒺藜) 등의 방어시설을 설치하지요. 낮에는 구름사다리(雲梯)에 올라 먼곳을 조망하고 오색 깃발을 사방에 세웁니다. 밤에는 등불과 수많은 횃불을 피우고, 수시로 큰북(雷鼓)을 치고 소고(鼛)와 쇠방울(鐸)12)을 울리며 피리(鳴笳)를 불어 경계를 강화해야 하고요. 깊게 판 참호를 지나칠 때는 비교(飛橋)와 전관녹르와 서어13)를 활용합니다. 큰 강을 건너려면 천황14)과 비강15)을 사용하고, 물을 거슬러 올라갈 때는

두르고 쇠가죽으로 감쌌다. 사람이 그 안에 들어가 성안 동정을 엿보는 데 활용했다.
9) 무충은 무충대부서(武沖大扶胥)의 준말. 대형 전차의 일종으로 충거(沖車)라고도 한다. 부서(扶胥)는 수레의 별칭인데, 일설에는 전차의 좌우측에 설치된 방패를 가리킨다고도 한다.
10) 대로는 무익대로모극부서(武翼大櫓矛戟扶胥)의 준말로 무충대부서와 비슷한 대형 전차. 대로(大櫓)는 가죽을 씌운 큰 방패로 전차바퀴를 보호하는 용도였다.
11) 천라(天羅)는 일종의 방어설비로, 그물 윗부분에 마름쇠(蒺藜)를 얽어 만들었다. 무락(武落)은 성읍이나 병영을 보호하거나 분계선으로 두르던 대나무 울타리를 말한다. 호락(虎落)이란 명칭도 있는데, 당나라 고조 이연(李淵)의 조부 이호(李虎)의 휘(諱)를 피하기 위해 '무락'으로 고쳐 불렀다고 한다. 행마(行馬)는 사람과 말의 통행을 막기 위해 설치하던 목제 펜스로, 호(柆)라고도 일컫는다.
12) 뇌고(雷鼓)는 천신에게 제사 지낼 때 사용하던 큰 북으로 여덟 면에 가죽을 씌웠다. 비(鼙)는 말 위에서 사용할 수 있는 작은북, 탁(鐸)은 법령을 선포하거나 전시에 사용하던 큰 쇠방울, 명가(鳴笳)는 군대에서 진군을 알리거나 사병들을 지휘하는 용도로 사용하던 관악기의 일종이다.
13) 전관녹로(轉關轆轤)는 일종의 기중기로 비교(飛橋)를 들어올리거나 방향을 바꾸는 데 사용했다. 전관은 쇠사슬이나 밧줄을 감았다 풀었다 하면서 무거운 물건을 상하로 이동시키는 권양기, 녹로는 도르래를 뜻한다. 서어(鉏鋙)는 서어(齟齬) 혹은 저어(岨峿)라고도 쓴다. 톱니바퀴와 비슷해서 뭔가를 맞물리게 하는 용도로 사용한 듯하다.
14) 천황(天潢)은 전쟁 시에 물을 건너는 용도로 사용하던 선박인데, 『육도』「군용(軍用)」편은 이렇게 설명했다. "천부철당랑(천부는 물에 띄우는 전쟁 도구,

부해와 절강16)을 쓰지요. 전군이 군사장비를 다 갖추고 사용한다면 사령관에게 무슨 걱정이 있겠습니까?"

—『육도』「호도·군략(軍略)」편.

경계 태세의 중요성 『六韜』「虎韜·金鼓」

• 武王曰:"引兵深入諸侯之地, 與敵相當. 而天大寒甚暑, 日夜霖雨, 旬日不止. 溝壘悉壞, 隘塞不守, 斥候懈怠, 士卒不戒. 敵人夜來, 三軍無備, 上下惑亂, 爲之奈何?" 太公曰: "凡三軍以戒爲固, 以怠爲敗. 令我壘上, 誰何不絶; 人執旌旗, 外內相望. 以號相命, 勿令乏音, 而皆外向. 三千人爲一屯, 誡而約之, 各愼其處. 敵人若來, 視我軍之警戒, 至而必還, 力盡氣怠. 發我銳士, 隨而擊之."

武王曰:"敵人知我隨之, 而伏其銳士, 佯北不止. 過伏而還, 或擊我前, 或擊我後, 或薄我壘. 吾三軍大恐, 擾亂失次, 離其處所. 爲之奈何?" 太公曰: "分爲三隊, 隨而追之, 勿越其伏. 三隊俱至, 或擊其前後, 或陷其兩旁. 明號審令, 疾擊而前, 敵人必敗."

철당랑은 쇠로 만든 버마재비란 뜻. 천황의 별명인 듯하다) 안쪽은 각이 졌고, 바깥쪽은 둥글며, 직경은 네 자가 넘는다. 보호장구인 쇠사슬로 선체를 휘감았는데, 도합 32척이 필요하다. 물에 띄워 비강을 펼치고 큰물을 건널 때 사용한다. 천황이라 부르며, 일명 천선이라고도 한다(天浮鐵螳螂, 矩內圓外, 徑四尺以上, 環絡自副, 三十二具. 以天浮張飛江, 濟大海, 謂之天潢, 一名天舡)."
15) 비강(飛江)은 접을 수 있고 펼쳐서 사용하는 이동식 부교(浮橋)인 듯하다. 『육도』「군용」편은 다음과 같이 설명했다. "너비는 한 길 다섯 자, 길이는 두 길이 넘고, 전관녹로를 장착했다. 여덟 대를 구비해놓고 체인으로 연결해 펼쳐서 사용한다(廣一丈五尺, 長二丈以上, 着轉關轆轤, 八具, 以環利通索張之)."
16) 부해(浮海)와 절강(絶江)은 물을 건너는 도구로 자세한 용도는 미상. 배나 뗏목 종류로 추정된다.

무왕이 말했다.

"병사들을 이끌고 타국의 영토 깊숙이 들어갔는데, 적의 실력이 우리와 비등합니다. 그런데 날씨가 혹한이거나 불볕더위가 기승을 부리는군요. 날마다 장대비가 쏟아지고 열흘 넘게 그치질 않아서 참호와 방호벽이 무너지는 사태가 속출하고 험로에 위치한 요새를 지키지 못하다 보니, 척후병은 본분을 잊은 채 게으름을 피우고 병사들은 경계심을 잃어버렸습니다. 적이 야밤을 틈타 기습작전을 펴는데도 전군은 대비 태세가 엉망이라 지위 고하를 가릴 것 없이 전전긍긍 혼란상태군요. 어찌해야 좋겠습니까?"

태공이 말했다.

"무릇 모든 군대는 경계가 삼엄해야 견고해지니, 임무에 소홀하면 패배하게 됩니다. 이런 상황에서는 보루 위의 초병으로 하여금 끊임없이 '누구냐?' 소리 지르게 하고, 낯선 이의 접근을 막을 수 있도록 사람들 손에 수기를 쥐어주고 안팎으로 서로를 지켜보게 합니다. 암호와 수기로 상대방을 확인하고 누군지 묻는 소리가 끊이지 않도록 하는데, 일괄 바깥쪽을 향해 내질러야지요. 삼천 명을 일 둔[17]으로 삼아서 경고나 훈계를 무겁게 행사하고 법령을 공표해 엄하게 단속도 시켜야 합니다. 각 둔은 맡은 구역을 신중하게 지켜야 하고요. 적들이 쳐들어와 우리 군의 삼엄한 경계 태세를 보면 설사 진지 코앞까지 들이닥쳤다가도 반드시 퇴각하게 되니, 저들은 이미 사기가 바닥이고 기력은 소진된 상태인 때문이지요. 이때 아군의 정예부대를 출동시켜 퇴각하는 적을 바짝 뒤쫓는다면 적을 격퇴할 수 있습니다."

무왕이 다시 물었다.

"적은 우리가 뒤쫓고 있음을 알고 정예병을 길목에 미리 잠복시킨 뒤 짐짓 패한 척하며 도주를 멈추지 않습니다. 그러다 매복 지점을 지날 때 돌연

---

17) 둔(屯): 결집한다는 뜻으로 보통 작은 촌락을 가리키는데, 여기서는 임시로 정한 군영 내의 수비 단위를 가리킨다. 둔마다 각자 지켜야 할 구역이 획정되어 있다.

방향을 바꿔 반격하니, 어떤 놈은 우리 앞에서 공격하고, 어떤 놈은 뒤편에서 가격하며, 또 어떤 놈들은 우리 진영 쪽으로 바짝 다가들기도 하는군요. 아군이 순간 혼비백산하여 허둥대다가 자기 대오를 잃고 수비를 이탈하는 자가 속출하니, 대관절 어찌해야 할까요?"

태공이 대답했다.

"그럴 때는 추격하는 군대를 삼등분합니다. 거리를 두고 연달아 출동시켜 후퇴하는 적을 추격하는데, 이때는 적이 매복한 지점에 들어가지 않도록 주의해야 합니다. 세 부대가 모두 도착하면 일제히 공격을 개시하는데, 어떤 부대는 적의 앞뒤에서 치고 어떤 부대는 적의 양 측면을 때리면서 좌우의 복병들을 상대합니다. 호령을 분명히 공표하고 전력으로 분투하며 전진한다면 적군은 반드시 대패하게 될 것입니다."

—『육도』「호도·금고(金鼓)」편.

지형 활용의 중요성 『六韜』「虎韜·絶道」

武王曰: "引兵深入諸侯之地, 與敵相守. 敵人絶我糧道, 又越我前後. 吾欲戰則不可勝, 欲守則不可久. 爲之柰何?" 太公曰: "凡深入敵人之地, 必察地之形勢, 務求便利. 依山林·險阻·水泉·林木而爲之固; 謹守關梁, 又知城邑·丘墓地形之利. 如是, 則我軍堅固, 敵人不能絶我糧道, 又不能越我前後." 武王曰: "吾三軍過大林廣澤平易之地, 吾候望誤失, 卒與敵人相薄. 以戰則不勝, 以守則不固. 敵人翼我兩旁, 越我前後, 三軍大恐, 爲之柰何?" 太公曰: "凡帥師之法, 當先發遠候, 去敵二百里, 審知敵人所在. 地勢不利, 則以武沖爲壘而前, 又置兩踵軍於後, 遠者百里, 近者五十里. 即有警急, 前後相救. 吾三軍常完堅, 必無毀傷."

무왕이 말했다.

"병사들을 이끌고 적의 땅 깊숙이 들어가 적과 대치하고 있는 상황입니다. 적이 우리의 식량 운송로를 끊고 또 우리 앞뒤로 출몰하면서 위협을 가하는군요. 나가 싸우자니 승산이 없고, 지키고 있자니 오래 버틸 재간이 없습니다. 이럴 때는 어찌하면 좋을까요?"

태공이 말했다.

"병사들을 이끌고 적지 깊숙이 들어갈 때는 반드시 도중의 지세를 자세히 살펴 아군에게 편하고 유리한 지형을 찾아내야 합니다. 산림·험준하고 막힌 곳·하천과 샘·숲와 나무에 의지해 군영과 진지를 단단하게 구축하고, 교통 요지에 위치한 관문과 교량을 빈틈없이 지키는 한편, 또 주변 성읍과 묘지들을 살펴 어떤 지형이 내게 유리한지 알아내야 합니다. 이렇게만 하면 아군 수비는 견고해집니다. 적은 우리의 양식 수송로를 끊을 수 없고, 또 아군 앞뒤로 출몰하며 깝죽대지 못하게 되지요."

무왕이 말했다.

"우리 군대가 삼림지대나 광활한 호수처럼 평평하고 너른 곳을 지나고 있는데, 기대하던 동맹군은 차질이 생겨 도착하지 못했습니다. 그런데 졸지에 적과 지근거리에서 맞부딪게 되었네요. 맞붙어 싸우자니 승산이 없고, 지키고만 있자니 진영이 견고하지를 않습니다. 적은 양 측면에서 아군을 포위하고 앞뒤로도 우리를 넘보는군요. 전군이 공포에 질려 어찌할 바를 모르는데, 어찌해야 할까요?"

태공이 대답했다.

"무릇 군대를 통솔하는 데는 법도가 있지요. 대부대가 출동하기 전에는 응당 척후를 멀리 내보내 적의 동정을 탐지하는데, 이백 리 떨어진 곳의 적이라도 그 소재와 정황을 상세히 알고 있어야 합니다. 지형이 아군에게 불리하면 무충(武沖) 전차를 앞쪽에 내보내고 울타리 삼아 전진합니다. 또 두 그룹의 후속부대가 주력부대 뒤에서 따라오도록 배치하는데, 한 그룹은 멀리 백리 밖에서 따라오게 하고, 다른 그룹은 가까이 오십 리 바깥에 두지요. 그러면 설사 긴급경보가 발령되더라도 앞의 주력부대와 두 그룹의 후속부대가 서로를 구조할 수 있습니다. 우리 군도 언제나 완정하고 견고한 상태를 유지할 수 있어 어떤 손상도 입지 않게 되지요."

— 『육도』 「호도·절도(絶道)」편.

강적을 만났을 때 『六韜』 「彪韜·敵强」

武王曰: "引兵深入諸侯之地, 與敵人沖軍相當. 敵衆我寡, 敵强我弱. 敵人夜來, 或攻吾左, 或攻吾右, 三軍震動. 吾欲以戰則勝, 以守則固, 爲之奈何?"
太公曰: "如此者, 謂之震寇. 利以出戰, 不可以守. 選吾材士·强弩, 車騎爲之左右, 疾擊其前, 急攻其後; 或擊其表, 或擊其裏. 其卒必亂, 其將必駭."

武王曰: "敵人遠遮我前, 急攻我後, 斷我銳兵, 絶我材士. 吾內外不得相聞, 三軍擾亂, 皆散而走. 士卒無鬪志, 將吏無守心, 爲之奈何?" 太公曰: "明哉王之問也! 當明號審令, 出我勇·銳·冒將之士, 人操炬火, 二人同鼓. 必知敵人所在, 或擊其表裏. 微號相知, 令之滅火, 鼓音皆止. 中外相應, 期約皆當. 三軍疾戰, 敵必敗亡."

무왕이 말했다.

"병사들을 이끌고 적의 땅 깊숙이 들어가 저들의 돌격대(沖軍)[18]와 대치 중인 상황입니다. 적은 숫자가 많고 아군은 소수라, 저들은 강하고 우리는 약세지요. 적이 한밤중을 틈타 기습작전을 펼치는데 어떤 놈들은 왼편에서 공격하고 어떤 경우는 오른편을 공격하니, 우리 군대는 기겁하게 놀라 그저 우왕좌왕할 뿐입니다. 저는 이런 상황에서도 전투를 하면 승리하고 수비도 견고하게 막아내고 싶습니다. 어찌해야 할까요?"

태공이 말했다.

"이렇게 기습공격으로 아군을 뒤흔드는 놈들을 '요란한 도적(震寇)'이라

---

18) 충군(沖軍): 돌진하여 공격하는 임무를 맡은 야전부대.

고 부릅니다. 우리도 유리할 때는 나가 싸우면서 소극적으로 방어하지 말아야 하지요. 유능한 전사를 선발하고 강한 쇠뇌로 무장시킨 뒤 전차와 기마병을 시켜 좌우 양쪽에서 호위하게 한 다음 신속히 돌진해 적의 전방을 급습하고 그 후방을 서둘러 공격해야 합니다. 어떤 부대는 적의 외곽을 때리고, 어떤 경우는 적진 한가운데로 돌진하기도 하고요. 그러면 적의 군사들은 반드시 혼란에 빠지고 적장은 두려워 떨게 될 것입니다."

무왕이 말했다.

"적이 멀찍이서 아군 전방의 통로를 차단하고 또 우리 후미를 급습하는 바람에 각 지대의 정예병이 떨어져나가고 우수한 병사들 간에 연락이 단절되었습니다. 안팎으로 아군의 소식이 두절되니 전군이 혼란에 빠지면서 다들 사방으로 흩어져 달아나고 있습니다. 병사들의 사기는 땅에 떨어지고 장수와 군관들도 막아내겠다는 굳은 결의가 없는데, 이럴 때는 어찌해야 할까요?"

태공이 말했다.

"왕께서 던지신 질문이 참으로 영명하십니다! 그때는 호령을 확실하게 발하여 용감하고 무예가 뛰어나며 감히 죽음을 무릅쓸 수 있는 전사들을 차출합니다. 각자의 손에 횃불을 쥐어주고 두 사람당 하나씩 전고[19)]를 맡겨 기세를 한껏 끌어올리게 해야 하지요. 적군의 소재를 반드시 미리 파악한 뒤 안팎 가리지 않고 기습을 감행하는데, 암호로 서로를 식별시키고 밀령을 하달해 일제히 횃불을 끄고 북소리를 멈추게 합니다. 아군은 안팎으로 호응하도록 출동시간과 암호가 사전에 약정된 상태여야 하고요. 그런 뒤 전군이 일제히 몰아닥쳐 공격을 펼치면 적은 반드시 패하여 도망가게 됩니다."

―『육도』「표도·적강(敵强)」편.

---

19) 전고(戰鼓): 작전 시 병사의 사기를 돋우거나 전투를 지휘하기 위해 올리는 북.

강적을 상대할 때 『六韜』「彪韜·敵武」

武王曰: "引兵深入諸侯之地, 卒遇敵人, 甚眾且武. 武車驍騎, 繞我左右. 吾三軍皆震, 走不可止. 爲之奈何?" 太公曰: "如此者, 謂之敗兵. 善者以勝, 不善者以亡."

武王曰: "用之奈何?" 太公曰: "伏我材士強弩, 武車驍騎, 爲之左右, 常去前後三里. 敵人逐我, 發我車騎, 沖其左右. 如此, 則敵人擾亂, 吾走者自止."

武王曰: "敵人與我, 車騎相當, 敵眾我少, 敵強我弱. 其來整治精銳, 吾陳不敢當. 爲之奈何?" 太公曰: "選我材士強弩, 伏於左右, 車騎堅陳而處. 敵人過我伏兵, 積弩射其左右; 車騎銳兵疾擊其軍, 或擊其前, 或擊其後. 敵人雖眾, 其將必走."

무왕이 말했다.

"병사들을 이끌고 타국 땅 깊숙이 들어갔다가 별안간 적과 마주쳤는데, 저들은 숫자도 많고 무예 실력도 뛰어납니다. 각종 대형 전차와 용맹한 기마병들이 좌우에서 우리를 포위하니, 전군이 놀라서 어쩔 줄을 모르네요. 도망가는 자들을 제지할 수 없으니, 대체 어찌해야 할까요?"

태공이 말했다.

"그런 지경이라면 '패배한 군대(敗兵)'라고 불러야겠지요. 대처를 잘하면 이기겠지만, 잘못하면 패망입니다."

"무슨 수를 써야 할까요?"

무왕의 물음에 태공이 대답했다.

"아군 정예병과 강한 쇠뇌를 매복시키고, 중무장한 전차와 용맹한 기마병을 그 좌우에 배치합니다. 매복하는 권역은 보통 주력군에서 3리 정도 뒤쪽이지요.[20] 패퇴하는 우리를 추격하던 적이 매복 지역에 들어서면, 숨어 있

---

[20] 원문은 "앞뒤로 삼 리(前後三里)"지만 실제로는 후방만을 가리킨다. 중국어에서 두 개의 관련 있거나 상반된 글자가 연접되었을 때 한 가지 의미만 취

던 전차와 기마병들이 일제히 적의 좌우로 돌진합니다. 이렇게 되면 적은 혼란에 빠지고 달아나던 우리 병사들은 알아서 멈추게 되지요."

"적과 아군의 전차와 기마병이 서로 대치 중인데, 적은 다수고 우리는 소수며 저들은 강하고 우린 약세입니다. 달려드는 적들은 진용이 반듯하고 용맹한 정예병이라 아군 진형으로는 막아내기 어렵군요. 어찌해야 좋겠습니까?"

"아군 중에서 날래고 용맹한 병사와 강한 쇠뇌를 선발해 좌우 양쪽에 매복시키고, 전차와 기마병으로 견고한 진용을 구축한 뒤 섣불리 움직이지 않습니다. 적이 진격하다가 우리 측 복병을 지나치게 되면 그때 적군의 좌우 측을 향해 적노[21]를 발사하고 전차와 기마병을 신속히 출격시키십시오. 어떤 부대는 적의 전방을 공격하는데 또 다른 부대가 그 후미를 공격한다면, 적의 숫자가 아무리 많아도 그 장수는 반드시 도주하게 됩니다."

─『육도』「표도·적무(敵武)」편.

산에서 펼치는 조운진 『六韜』「彪韜·鳥雲山兵」

武王曰: "引兵深入諸侯之地, 遇高山磐石, 其上亭亭, 無有草木, 四面受敵, 吾三軍恐懼, 士卒迷惑. 吾欲以守則固, 以戰則勝. 爲之奈何?" 太公曰: "凡三軍處山之高, 則爲敵所棲; 處山之下, 則爲敵所囚. 旣以被山而處, 必爲鳥雲之陳. 鳥雲之陳, 陰陽皆備. 或屯其陰, 或屯其陽. 處山之陽, 備山之陰; 處山之陰, 備山之陽; 處山之左, 備山之右; 處山之右, 備山之左. 敵所能陵, 兵備其表. 衢道通谷, 絶以武車. 高置旌旗, 謹勅三軍, 無使敵人知吾之情, 是謂山城. 行列已定, 士卒已陳, 法令已行, 奇正已設, 各置衝陳於山之表, 便兵

하고 다른 글자는 안받침 장식으로 쓰는 경우를 '편의복사(偏義複詞)'라고 하는데, 여기서의 '전후' 역시 이에 해당한다.
21) 적노(積弩): 연노(連弩)라고도 한다. 발사장치인 기괄(機栝)을 이용해 한꺼번에 여러 발의 화살을 발사하거나 연발할 수 있는 활을 말한다.

所處, 乃分車騎爲鳥雲之陳, 三軍疾戰, 敵人雖衆, 其將可擒."

무왕이 말했다.

"병사들을 이끌고 적의 땅 깊숙이 들어갔다가 너럭바위로 뒤덮인 고산을 지나게 되었습니다. 산꼭대기는 높이 치솟았지만 초목이 자라지 않아 몸 숨길 데가 없는데, 사방에서 적의 공격을 받게 되었네요. 아군 전체가 공포에 떨고, 병사들은 의혹과 걱정 때문에 전전긍긍일 뿐입니다. 그런 상황에서도 저는 수비는 수비대로 견고하고 전투에 투입된다면 그 또한 승리하고 싶습니다. 어찌해야 할까요?"

태공이 말했다.

"무릇 온 군대가 산 정상에 몰려 있으면 아래쪽의 적에게 포위되기 쉬우니, 마치 아래쪽으로 내려앉지 못하는 둥지의 새처럼 곤경에서 벗어나기 어렵습니다. 군대가 산 아래 골짜기에 처하면 적들이 높은 데서 내려다보며 에워쌀 수 있으니, 흡사 감옥에 갇힌 죄수처럼 꼼짝 못하게 되지요. 기왕에 산마루를 점거하고 거기 주둔했다면 반드시 조운진[22]을 펼쳐야 합니다. 조운진은 산의 북쪽과 남쪽을 모두 지킬 수 있는 방법이지요. 아군은 북쪽을 지키면서 또 남쪽도 대비해야 합니다. 산의 남쪽에 자리를 잡았다면 산의 북쪽을 방비해야 하고, 북쪽에 주둔했다면 산의 남쪽도 지켜야 하지요. 산의 왼쪽에 위치했다면 오른편을 지켜야 하고, 산의 오른쪽에 주둔했다면 왼편을 방비할 필요가 있습니다. 적군이 기어오를 가능성이 있는 곳은 우리 병사들이 그 외곽에서 지키고, 산 아래 교통의 요로나 사방으로 툭 트인 골짜기에서는 대형 전차로 통행을 봉쇄해야 합니다. 깃발을 높이 꽂고 전군에 신중하라는 칙령을 내려 적군이 우리 내부 사정을 탐지하지 못하면 산 전체가 이른바 산성(山城)이 되지요. 그러면 우리 대오는 안정되고, 병사들 진용

---

[22] 조운진(鳥雲陳): 나르는 새나 흘러가는 구름처럼 이합집산이 일정치 않은 진형을 말한다. 진(陳)은 진(陣)의 통가자(通假字)로 같은 뜻이다.

도 잘 짜이게 되며, 법령도 적절히 시행되고, 기정(奇正)의 전술도 설정이 완료된 상태가 될 것입니다. 각 부대가 산비탈에 충진23)을 구성하고 임무 수행에 적절한 장소로 배치된 다음 전차와 기병대를 나눠 조운진을 펼치고 빠르게 진격한다면, 적의 숫자가 제아무리 많아도 그 장수를 사로잡을 수가 있습니다."

―『육도』「표도·조운산병(鳥雲山兵)」편.

물가에서 펼치는 조운진 『六韜』「彪韜·鳥雲澤兵」

武王曰: "引兵深入諸侯之地, 與敵人臨水相拒. 敵富而衆, 我貧而寡. 踰水擊之則不能前, 欲久其日則糧食少. 吾居斥鹵之地. 四旁無邑, 又無草木. 三軍無所掠取, 牛馬無所芻牧. 爲之奈何?" 太公曰: "三軍無備, 牛馬無食, 士卒無糧. 如此者, 索便詐敵而亟去之, 設伏兵於後."

武王曰: "敵不可得而詐, 吾士卒迷惑. 敵人越我前後, 吾三軍敗亂而走, 爲之奈何?" 太公曰: "求途之道, 金玉爲主, 必因敵使, 精微爲寶."

武王曰: "敵人知我伏兵, 大軍不肯濟, 別將分隊以踰于水. 吾三軍大恐, 爲之奈何?" 太公曰: "如此者, 分爲沖陳, 便兵所處. 須其畢出, 發我伏兵, 疾擊其後. 强弩兩旁, 射其左右. 車騎分爲鳥雲之陳, 備其前後. 三軍疾戰. 敵人見我戰合, 其大軍必濟水而來. 發我伏兵, 疾擊其後, 强弩兩旁, 射其左右. 車騎沖其左右. 敵人雖衆, 其將可走. 凡用兵之大要, 當敵臨戰, 必宜沖陳, 便兵所處. 然後以軍騎分爲鳥雲之陳, 此用兵之奇也. 所謂鳥雲者, 鳥散而雲合, 變化無窮者也."

무왕이 말했다.

"병사들을 이끌고 다른 나라 깊숙이 들어갔다가 강물을 사이에 두고 적과

---

23) 충진(沖陳): 전차를 앞세워 적에게 전면적 공세를 취하는 진형.

대치하게 되었습니다. 적은 물자가 풍부하고 인원도 많은 데 반해 우리는 물자가 부족하고 수적으로도 열세네요. 강을 건너 진격하려니 장비가 없어 불가능하고, 시일을 끌면서 버티려니 양식이 모자랍니다. 아군이 진을 친 곳은 소금기 많은 짠물 지역이라 사방 주변에 성읍이 없고 초목도 자라지 않는군요. 군대는 물자를 약탈할 데가 없고 소나 말을 방목해 먹일 수 있는 풀밭도 없습니다. 이런 때는 어찌해야 할까요?"

태공이 말했다.

"군대에 필요한 장비가 없고, 소와 말은 사료가 없으며, 병사들도 식량이 없다는 말이군요. 이런 지경이라면 적당히 기회를 봐서 적을 속이고 신속히 다른 곳으로 이동해야 합니다. 추격하는 적에 대비해서 우리 뒤쪽에는 복병을 배치해야 하고요."

"적군은 속임수에 넘어가지 않고 대신 우리 병사들이 공황상태에 빠졌습니다. 적이 우리 앞뒤에서 얼씬거리며 공격태세를 갖추자 전군의 대오가 무너지면서 도망자가 속출하니, 이런 때는 어찌해야 좋겠습니까?"

"빠져나갈 출로를 찾을 때는 주로 금은보화를 사용합니다. 적의 군사(軍使)에게 반드시 뇌물을 써야 하는데, 이때는 세심하고 은밀하게 처리해 비밀이 새지 않는 것이 중요하지요."

무왕이 다시 말했다.

"적은 우리가 복병을 배치한 줄 알고 대군(大軍)으로 강을 건너려 하지 않는군요. 별장[24)]이 소대를 이끌고 강을 건너 진격하니, 전군이 놀라 공포에 떨고 있습니다. 어쩌면 좋을까요?"

태공이 대답했다.

"이런 상황에서는 군사들을 분산시켜 사무충진(四武沖陣)을 구성한 뒤 작전상 편리한 장소에 배치합니다. 그리고 적의 소대가 강을 다 건너길 기다

---

24) 별장(別將): 파견나가는 분대를 통솔하는 장수.

렸다가 복병을 출동시켜 그 후미를 빠르게 치면서 강한 쇠뇌를 양 측면에서 적의 좌우측을 향해 발사하십시오. 전차와 기마병으로는 따로 조운진(鳥雲陳)을 조직해 앞뒤에서 전군이 신속한 협동작전을 펼쳐야 하고요. 맞은편의 적들은 이쪽에서 격전이 벌어진 것을 보고 그 대군이 반드시 강을 건너올 것입니다. 이때 다시 복병을 출동시켜 적의 후미를 재빨리 공격하고, 전차와 기병은 적의 좌우 양쪽을 향해 돌진합니다. 그러면 적이 제아무리 많은 인원이라도 그 장수는 도망치게 되지요.

무릇 용병의 골자는 다음과 같습니다. 적과 대치한 상태로 전쟁이 임박한 시점이라면 마땅히 사무충진을 구성해 작전하기 적당한 곳에 배치해야 합니다. 그런 다음 전차와 기마병들을 분산시켜 조운진을 펼치는데, 이것이 전쟁에서의 기병(奇兵)이지요. 이른바 조운진은 새들이 흩어지고 구름이 합쳐지듯 집합과 분산의 변화가 끝없이 펼쳐진다는 뜻입니다."

―『육도』「표도·조운택병(鳥雲澤兵)」편.

험지가 분점된 상황일 때 『六韜』「彪韜·分險」

武王曰: "引兵深入諸侯之地, 與敵人相遇於險阨之中. 吾左山而右水, 敵右山而左水, 與我分險相拒. 吾欲以守則固, 以戰則勝, 爲之奈何?" 太公曰: "處山之左, 急備山之右; 處山之右, 急備山之左. 險有大水無舟楫者, 以天潢濟吾三軍. 已濟者亟廣吾道, 以便戰所. 以武沖爲前後, 列其強弩, 令行陳皆固. 衢道谷口, 以武沖絶之. 高置旌旗, 是謂車城. 凡險戰之法, 以武沖爲前, 大櫓爲衛; 材士強弩, 翼吾左右. 三千人爲屯, 必置沖陳, 便兵所處. 左軍以左, 右軍以右, 中軍以中, 並攻而前. 已戰者還歸屯所, 更戰更息, 必勝乃已."

―右深入

무왕이 말했다.

"병사들을 이끌고 다른 나라 깊숙이 들어갔다가 지세가 험준하고 비좁은 곳에서 적과 정면으로 마주쳤습니다. 아군 왼편은 산이고 오른편은 물이며, 적의 오른편은 산 왼편은 물을 끼고 있는데, 각자 요충지 일부를 점거하고 서로 대치 중인 상태입니다. 이런 경우에도 저는 수비는 수비대로 굳건하고 전투는 전투대로 승리하고 싶습니다. 어찌해야 할까요?"

태공이 대답했다.

"아군이 산 왼쪽을 차지했다면 서둘러 산 오른쪽을 방비하고, 산 오른쪽을 점령했다면 급히 산 왼쪽의 경비를 강화해야 합니다. 이런 험지에 큰 하천이 흐르는데 배와 노가 없다면 천황(天潢)을 이용해 전군을 도강시킵니다. 선두로 건넌 부대는 신속하게 길을 넓혀 우리가 전투하기 편하게 만들어야 하고요. 무충대부서(武沖大扶胥)를 아군의 앞뒤에 배치하고, 강한 쇠뇌를 배열해 진영을 견고하게 구축하며, 중요한 길목과 골짜기 어귀도 무충전차로 가로막아야 합니다. 여기에 깃발들을 높이 꽂으면 바로 '군대로 이뤄진 성(軍城)'25)이 되지요.

무릇 험지에서는 싸우는 방법이 있습니다. 무충은 전방을 맡아 돌진하고, 무익대로모극부서(武翼大櫓矛戟扶胥)는 후방을 보위합니다. 용맹한 전사들과 강한 쇠뇌는 아군의 좌우 양측을 지켜야 하고요. 삼천 명 병력을 1둔(屯)으로 삼고 반드시 사무충진(四武沖陣)을 펼쳐 전투에 편리한 장소에 배치합니다. 좌측의 군대는 왼쪽으로 돌진하고, 우측 군대는 오른쪽으로 진격하며, 중군(中軍)은 중앙을 파고드는 식으로 한꺼번에 전방을 향해 공격을 퍼붓습니다. 한 차례 전투가 벌어진 다음에는 주둔지로 돌아와 쉬게 하고 다른 군대가 교대로 나가 싸우는 식으로 전투와 휴식을 번갈아 진행하는데, 반드시 승리하고 나서야 전투를 멈춘다는 각오로 싸워야 합니다."

―『육도』「표도·분험(分險)」편.

이상은 적지에 깊이 들어간 경우에 관한 설명.

---

25) 군성(軍城):『영송본(影宋本)』에는 '전차로 만든 성(車城)'으로 표현되어 있다.

참고(2) 이탁오 해설 參考(二)

卓吾子曰: "政擧之日, 夷關拆符, 無通其使, 既無通其使矣, 設有 陰符·陰書, 稱緊急君命而來者, 當如之何? 故述陰符·陰書."

탁오자는 말한다.

"출정의 날 관문을 봉쇄하고 부절을 맞추게 되면 사신이라도 자유롭게 통과하지 못하게 된다. 사신의 통행이 이미 불가능한데 만약 비밀 표식(陰符)과 비밀 편지(陰書)를 지니고 긴급하게 군주의 명을 칭탁하며 찾아오는 자가 있다면 어떻게 처리해야 할까? 그래서 음부와 음서와 관해 다음과 같이 서술한다."

비밀 부절 『六韜』 「龍韜·陰符」

武王曰: "引兵深入諸侯之地, 三軍卒有緩急, 或利或害. 吾將以近通遠, 從中應外, 以給三軍之用. 爲之奈何?" 太公曰: "主與將, 有陰符, 凡八等: 有大勝克敵之符, 長一尺; 破軍擒將之符, 長九寸; 降城得邑之符, 長八寸; 卻敵報遠之符, 長七寸; 警衆堅守之符, 長六寸; 請糧益兵之符, 長五寸; 敗軍亡將之符, 長四寸; 失利亡士之符, 長三寸. 諸奉使稽留者, 若符事聞, 泄者皆誅之. 八符者, 主將祕聞, 所以陰通言語, 不泄, 中外相知之術."

무왕이 말했다.

"병사들을 이끌고 적국 경내 깊숙이 들어갔습니다. 군대에 갑자기 긴급사안이 발생했는데, 잘하면 아군에 유리하지만 어쩌면 불리해질 수도 있어요. 저는 원근 각지의 군대가 서로 문제없이 소통하고 안팎으로 비밀스럽게 연결됨으로써 전쟁터에 있는 전군의 수요에 맞춰주고 싶습니다. 어찌해야 할까요?"

태공이 대답했다.

"군주와 사령관 사이에는 서로에게만 통하는 비밀 부절(陰符)[26]이 있어야 합니다. 모두 여덟 종류로 나뉘지요.

대승을 거두고 적군을 분쇄했을 때는 길이가 한 자(尺)[27]짜리 음부를 사용합니다. 적군을 격파하고 그 사령관을 잡았을 때는 음부 길이가 아홉 치(寸)이고, 적의 성읍이 투항해 아군이 점령하게 되면 여덟 치짜리를 써야 하지요. 적군을 패퇴시켜 멀리서 승전보를 알릴 때는 음부 길이가 일곱 치고, 전황이 불리해 전군이 죽음에 맹세코 진지를 지킬 때는 여섯 치이며, 군량과 지원병을 요청할 때 쓰는 음부는 다섯 치 길이입니다. 군대가 전투에 패하고 사령관이 전사하면 네 치짜리를 보내고, 전세가 불리해 사상자의 피해가 막심하다면 세 치짜리 음부를 사용합니다. 명을 받들어 음부를 전달하는 사자가 노상에서 지체하는 바람에 음부에 씌인 기밀이 누설된다면 듣거나 말한 이를 가리지 않고 몽땅 죽여야 하지요.

이 여덟 종류의 비밀 신호는 군주와 사령관만의 은밀한 연락 방법이니, 비밀스런 통신 언어가 누설되지 않게 하는 것이 조정 안과 바깥 전장의 소통을 원활하게 작동시키는 방법입니다."

—『육도』「용도·음부(陰符)」편.

비밀 서한 『六韜』「龍韜·陰書」

武王曰: "引兵深入諸侯之地, 主將欲合兵, 行無窮之變, 圖不測之利. 其事煩多, 符不能明; 相去遼遠, 言語不通. 爲之奈何?" 太公曰: "諸有陰事大慮, 當用書, 不用符. 主以書遣將, 將以書問主. 書皆一合而再離, 三發而一知. 再

---

26) 음부(陰符): 군대의 총사령관과 임금 사이에만 통용되는 비밀 신호가 담긴 부절. 옛날에는 조정에서 명령을 하달하거나 군대를 파견할 때 그 증빙으로 대나무·목판·쇠·옥 등으로 부절을 만들었다. 표면에 글씨를 쓰고 둘로 나눈 뒤 임금과 장수가 각기 절반씩 소지했다가 사용할 때 하나로 합쳐서 증명을 삼았다.
27) 전국 시대의 1척은 지금 단위로는 23cm에 해당한다.

離者, 分書爲三部. 三發而一知者, 言三人, 人操一分, 相參而不相知情也. 此謂陰書."

―右陰符陰書

무왕이 말했다.

"병사들을 이끌고 적국 영토 깊숙이 들어갔는데, 군주와 사령관이 각자 군대를 통솔해 연합작전을 펼칠 예정입니다. 무궁무진한 변환 작전으로 적이 상상도 못 할 승리를 꾀하고 있지요. 그런데 연락할 일은 많은데 음부로는 설명이 어렵고, 두 군대간의 거리가 멀어 전달 내용이 가서 닿지도 못합니다. 어찌해야 할까요?"

태공이 대답했다.

"군사기밀 같은 중대한 사안의 연락에는 응당 편지를 써야지 음부는 사용치 않습니다. 군주는 별군[28]의 장수에게 편지로 기밀을 알리고, 장수는 편지로 군주에게 작전지시를 받아야 하지요. 편지 한 통이 완성되면 두 번을 찢고 세 번에 걸쳐 출발시키며 하나로 합쳐진 다음에야 내용이 파악됩니다. 두 번 편지를 찢는다는 것은 편지를 세 조각으로 나눈다는 뜻입니다. 세 번에 걸쳐 발송하고 하나로 합쳐야 내용을 알 수 있다는 말은 세 사람이 각각 한 조각씩 갖고 간다는 뜻인데, 편지 내용이 서로 뒤죽박죽인지라 하나만 봐서는 그 내용을 알 길이 없지요. 이를 '비밀 서한(陰書)'이라고 부릅니다."

―『육도』「용도·음서(陰書)」편.

이상은 음부와 음서에 관한 내용.

---

28) 별군(別軍): 편사(偏師)라고도 한다. 주력군(主力軍)의 양 측면에서 협공으로 작전에 참여하는 부대를 말한다.

이탁오 총평 李贄總評

或問卓吾子曰:"踐墨隨敵, 以決戰事, 何謂也?"曰: 踐墨者, 節制之師, 敎習於平日, 所謂校計索情·豫修吾必可勝之道, 善保吾不可勝之法, 而爲將之所受於君者是也. 隨敵者, 因利制權, 初無定勢, 隨敵盈縮, 臨時變化, 所謂預設不得, 先傳不得, 而爲將之所自出, 雖將亦不得而知者是也. 旣不得而知, 故不得而言, 則凡所言者可知矣. 是以但有墨流傳於世, 而人可得而踐之也.

어떤 이가 탁오자에게 물었다.
"규범을 지키면서 적진의 상황 변화에 따라 전쟁을 결정짓는다는 말이 무슨 뜻입니까?"
내 대답은 다음과 같았다.
"규범을 잘 지킨다는 것은 군대의 절도가 엄정해 평소 훈련이 제대로 이뤄졌다는 뜻입니다. 이른바 승패의 정세를 계산하고 적정을 탐색해서 우리 편이 필승할 방도를 사전에 미리 익히고, 적이 우리를 이길 수 없는 법을 확실히 보유하는 것으로, 장수된 자가 군주로부터 부여받는 바가 그러한 권한이지요.
적의 변화에 따른다는 것은 유리한 국면을 활용해 기민하게 작전을 펼친다는 말인데, 애초에 정해진 형세가 없으니 적의 진퇴에 따라 임기응변으로 변환한다는 뜻입니다. 이른바 미리 설정할 수 없고, 사전에 누설되지도 않으며, 장수로부터 나오지만 왜 그렇게 되는지 만든 그 자신도 알지 못할 바가 이 부분이지요.
미리 알 수 없는 까닭에 언어로 표현되지 못하는데, 그 말인즉슨 언어로 묘사되는 바라면 알 수가 있다는 뜻입니다. 이런 연유로 규범이 세상에 전해지기만 한다면 사람들이 얻어 듣고 그것을 실천할 수 있는 것이지요."

제12장 「화공(火攻)」편

孫子曰: 凡火攻有五: 一曰火人, 二曰火積, 三曰火輜, 四曰火庫, 五曰火隊.
行火必有因, 煙火必素具. 發火有時, 起火有日. 時者, 天之燥也; 日者, 月在箕·壁·翼·軫也. 凡此四宿者, 風起之日也.
凡火攻, 必因五火之變而應之. 火發于內, 卽早應之于外. 火發而其兵靜者, 待而勿攻. 極其火力, 可從而從之, 不可從而止. 火可發于外, 無待于內, 以時發之. 火發上風, 無攻下風. 晝風久, 夜風止. 凡軍必知五火之變, 以數守之.
故以火佐攻者明, 以水佐攻者強, 水可以絕, 不可以奪.
夫戰勝攻取而不修其攻者凶, 命曰費留. 故曰: 明主慮之, 良將修之. 非利不動, 非得不用, 非危不戰.
主不可以怒而興師, 將不可以慍而致戰. 合于利而動, 不合于利而止. 怒可以復喜, 慍可以復悅, 亡國不可以復存, 死者不可以復生. 故明君愼之, 良將警之, 此安國全軍之道也.

손자의 말이다.
화공법에는 다섯 가지 방식이 있다. 첫 번째는 적의 인마를 불태우는 화인(火人), 두 번째는 쌓아놓은 양식을 불사르는 화적(火積),

세 번째는 군수품을 불사르는 화치(火輜), 네 번째는 무기고를 태우는 화고(火庫), 다섯 번째는 공격용 땅굴에 불을 지르는 화대[1]다. 화공을 할 때는 반드시 일정한 조건이 맞아야 하고, 화공을 위한 도구는 반드시 평소에 갖춰놓아야 한다. 불을 놓을 때는 천시(天時)가 맞아야 하고, 불을 지필 때는 날짜를 선택해야 한다. 천시란 일기가 얼마나 건조한지를 보는 것이고, 날짜는 달이 기(箕)·벽(壁)·익(翼)·진(軫)[2]의 네 별자리와 같은 위치에 걸린 때를 말한다. 달이 이 네 개의 별을 지나는 날에는 바람이 일어난다.

화공은 반드시 적의 상황에 따라 다섯 가지 화공법을 변칙적으로 응용해야 한다. 불이 적진 내부에서 피어오르면 바깥쪽도 즉각 호응해야 한다. 화공을 받아 불이 났는데도 적진이 조용하다면 일단 기다리고 섣불리 공격하지 말아야 한다. 불길이 한껏 피어올랐을 때는 상황을 봐서 진격할 만하면 진격하고 그렇지 않다면 공격을 멈춘다. 불을 바깥쪽에서 피울 수 있다면 내부 호응을 기다릴 필요 없이 적절한 시점에 불씨를 당긴다. 바람이 적의 방향으로 불 때 공격하고, 우리 쪽으로 불면 공격하지 않는다. 낮에 바람이 오래 불었다면 밤에는 바람이 잦아든다. 군대는 반드시 다섯 가지 화공전의 변칙적 상황을 숙지한 다음 조건을 따져보고 화공을 시행해야 한다.

원래 불로 공격을 도우면 기세가 커지고, 물로 공격을 보조하면 그

---

[1] 화대(火隊): 적군의 땅굴에 미리 불을 지름으로써 이를 통해 밀려들 적의 공격에 대처한다는 뜻. '대(隊)'는 지하도나 갱도의 의미를 갖는 수(隧)와 통용된다.

[2] 기(箕)는 이십팔수(二十八宿) 중 창룡칠수(蒼龍七宿)의 마지막 별자리. 벽(壁)은 현무칠수(玄武七宿)의 끄트머리 별이고, 익(翼)·진(軫)은 주작칠수(朱雀七宿)에서 여섯 번째와 마지막 별을 말한다. 이십팔수는 태양과 달이 지나가는 황도(黃道)에 걸린 28성좌를 가리킨다.

위력이 증강된다. 물은 적군을 고립시킬 수 있지만 그들을 물러가게 하지는 못한다.

싸움에서 이기고 성을 빼앗았어도 그 승리가 확실치 않으면 여전히 위태하니, 이를 두고 이름하여 '헛수고(費留)'[3]라 부른다. 그러므로 현명한 군주는 문제를 신중하게 살피고, 좋은 장수는 사안을 진지하게 연구한다. 형세가 불리하면 출동하지 않고, 이득이 없으면 싸우지 않으며, 위급하지 않으면 전쟁을 일으키지 않는다.

군주는 한때의 분노로 전쟁을 일으키면 안 되고, 장수는 일시적 부아로 출병해서 교전하면 안 된다. 나라의 이익에 합치되면 출동하고, 국익에 부합하지 않으면 행동을 멈춘다. 분노가 즐거움으로 바뀔 수도 있고, 울화는 다시 기쁨이 되기도 한다. 하지만 망한 나라는 다시 존립할 수 없고, 죽은 사람은 도로 살려내지 못한다. 그러므로 현명한 군주는 전쟁에 신중하고, 훌륭한 장수는 전쟁을 경계한다. 이는 국가를 안정시키고 군대를 보전하는 기본 철칙이다.

조조 주석 曹操注

魏武帝曰: 火攻者, 以火攻, 當擇時日也.

위 무제의 말이다.
화공이란 불로 공격하기 때문에 마땅히 시간과 날짜를 선택해야 한다.

行火必有因, 因奸人也.

불을 지를 때는 반드시 조건이 맞아야 한다. 첩자의 내응이 따라야

---

[3] 비류(費留): '백비(白費)'의 동의어. 헛되이 물자와 인력을 낭비하고 헛짓거리 한다는 뜻이다.

하기 때문이다.

煙火必素具, **燒具也**.
불 놓을 준비는 반드시 평소에 갖춰놓아야 한다. 불 붙이는 도구 말이다.

火發於內, 則早應之於外, **以兵應之於外也**.
성안에서 불길이 피어나면 바깥에서 서둘러 호응한다. 바깥에서 병사들이 화재 상황에 대응하라는 것이다.

火發上風, 無攻下風, **不便也**.
바람이 적의 방향으로 불 때 불을 지르고, 우리 쪽으로 불면 공격하지 않는다. 움직일 때 불편하기 때문이다.

晝風久, 夜風止, **數當然也**.
낮에는 바람이 오래 불고, 밤에는 잦아든다. 별자리 운행상 당연한 일이다.

故以火助攻者明, **取勝明也**.
원래 불로 공격을 보조하면 기세가 확대된다. 승리가 보다 분명해진다.

水可以絶, 不可以奪, **水但能絶其糧道, 分敵軍, 不可奪其蓄積**.
물은 적을 고립시킬 수 있지만 물러나게 할 수는 없다. 물은 다만 그 식량 운반로를 끊고 적군을 분산시킬 수 있을 뿐이다. 적들이 적재해놓은 물자의 탈취를 도와주지는 못한다.

費留者, 若水之留, 不復還也. 或曰:賞不以時, 但費留也. 賞善不逾日, 故戰勝攻取而不修其功者凶.

비류는 마치 물의 흐름처럼 다시 돌아오지 않는다는 뜻이다. 혹자는 포상을 제때 행하지 않는다면 도로아미타불이 된다고 말하기도 한다. 잘한 일에 상을 줄 때는 시일을 놓치지 말아야 한다.[4] 원래 전쟁에 승리하고 거점을 점령했는데 그 공을 세운 자에게 포상하지 않는다면 재앙이 따르게 된다.

이탁오 총평 李贄總評

李卓吾曰: 火發而其兵靜者, 則待而勿攻, 極其火力而從之, 不可從則止而勿從. 愼矣哉, 火攻之法也! 火友於內, 則以兵應之於外; 若火可發於外, 則又無待於內矣. 但貴以時耳. 故五火之變, 有數存焉, 皆不可不知也.

이탁오는 말한다.

불이 났는데도 적군이 조용하면 일단 기다리면서 섣불리 공격하지 말아야 한다. 불길이 한껏 피어올랐을 때는 상황을 봐서 진격할 만하면 진격하고 그렇지 않으면 공격을 멈춘다. 신중할지언저, 화공의 전법이로다!

불이 안에서 나면 병사들을 시켜서 밖에서 호응한다. 만약 바깥에서 불을 낼 수 있다면 안에서 어떻게 반응하든 또 기다릴 필요가 없으니, 다만 때를 맞추는 것이 중요할 뿐이다. 원래 다섯 가지 화

---

4) 『손빈병법(孫臏兵法)』 하편 「장덕(將德)」의 "포상은 시일을 넘기지 않게 시행하고, 징벌은 사람 따라 기준을 바꾸지 않는다(賞不逾日, 罰不還面)"는 구절을 인용했다.

공법의 변칙적 운용은 나름의 계산이 그 안에 담겨 있으니, 누구나 숙지하지 않으면 안 된다.

화공전『六韜』「虎韜·火戰」

武王曰:"引兵深入諸侯之地, 遇深草蓊穢, 周吾軍前後左右. 三軍行數百里, 人馬疲倦休止. 敵人因天燥疾風之利, 燔吾上風, 車騎銳士, 堅伏吾後, 吾三軍恐怖, 散亂而走. 爲之奈何?"太公曰:"若此者, 則以雲梯·飛樓遠望左右, 謹察前後. 見火起, 卽燔吾前而廣延之, 又燔吾後. 敵人苟至, 則引軍而卻, 按黑地而堅處. 敵人之來, 猶在吾後, 見火起, 必遠走. 吾按黑地而處, 强弩材士衛吾左右, 又燔吾前後. 若此, 則敵不能害我."武王曰:"敵人燔吾左右, 又燔吾前後, 煙覆吾軍. 其大兵按黑地而起. 爲之奈何?"太公曰:"若此者, 爲四武衝陳, 强弩翼吾左右, 其法無勝亦無負."

무왕이 말했다.

"군대를 이끌고 적국 깊숙이 들어갔다가 잡초가 무성히 자란 지형과 마주치니, 우거진 풀숲이 전후좌우 사방에서 우리를 에워싼 상태가 되었습니다. 전군은 수백 리를 행군한 터라 사람과 짐승 모두 녹초가 되어 숙영하며 휴식을 취해야 할 상황이고요. 적군이 뜨겁고 건조한 날씨와 강한 바람이 분다는 이점을 활용해 아군 쪽으로 불을 지르고 전차병·기마병·정예병을 우리 후방에 빈틈없이 매복시키니, 아군은 하나같이 공포에 떨며 사방으로 흩어져 달아나는군요. 어찌하면 좋겠습니까?"

태공이 대답했다.

"이런 때는 운제(雲梯)와 비루(飛樓)를 사용해 높은 데서 내려다보며 전후좌우를 조심스럽게 살펴야 합니다. 만약 불길이 피어난 광경을 발견하면 우리 군영 앞쪽을 치워 방화선을 만들고[5] 동시에 후방에도 불을 놓습니다. 전방에서 적군이 공격해오면 아군은 후퇴해서 화재로 검게 변한 땅 위에 탄탄하게 진을 칩니다. 적군이 우리 후방에서 공격을 가할 수도 있지만, 불길이 피어나 자기네 쪽으로 번지는 것을 보면 멀리 달아날 수밖에 없지요. 아군은 불태워진 검은 땅에 견고한 진을 치고 강한 쇠뇌와 용맹한 군사로 좌우를 지키는데, 미리 전방과 후방의 풀숲을 태워놨기 때문에 적이 화공을 가하더라도 피해가 생기지 않습니다."

무왕이 물었다.

"적군이 우리 좌우를 태우고 또 전방과 후방까지 불을 질러 연기가 아군 전체를 뒤덮었습니다. 적의 주력부대가 불 탄 땅을 점거해 진을 치고 우리 쪽으로 진격을 시작하는데, 이런 때는 어찌해야 할까요?"

태공이 대답했다.

"이런 상황에서는 사무충진(四武沖陳)을 치는 동시에 강한 쇠뇌로 좌우 양측을 보위해야 합니다. 이 방법으로는 이길 수 없지만 또한 지는 일도 없을 것입니다."

―『육도』「호도·화전(火戰)」편.

---

5) 바람이 우리 쪽으로 불 때 군영 앞쪽에 불을 지르면 불은 필연적으로 아군 막사로 옮겨붙게 된다. 때문에 군영에서 상당히 멀리 떨어진 앞쪽의 초목을 깨끗이 정리해 방화선을 치고 거기서 또 많이 떨어진 전면에 불을 질러야 한다. 적이 지른 불이 바람을 타고 번져서 아군이 태운 곳에 이르면 불은 더 이상 연소하지 못하고 자연스럽게 꺼지게 된다.

제13장 「용간(用間)」편

孫子曰: 凡興師十萬, 出征千里, 百姓之費, 公家之奉, 日費千金, 內外騷動, 怠于道路, 不得操事者, 七十萬家. 相守數年, 以爭一日之勝, 而愛爵祿百金, 不知敵之情者, 不仁之至也, 非人之將也, 非主之佐也, 非勝之主也. 故明君賢將所以動而勝人, 成功出于眾者, 先知也. 先知者, 不可取于鬼神, 不可象于事, 不可驗于度, 必取于人知敵之情者也.

故用間有五: 有因間, 有內間, 有反間, 有死間, 有生間. 五間俱起, 莫知其道, 是謂神紀, 人君之寶也. 因間者, 因其鄉人而用之; 內間者, 因其官人而用之; 反間者, 因其敵間而用之; 死間者, 爲誑事于外, 令吾間知之而傳于敵間也; 生間者, 反報也.

故三軍之事, 莫親于間, 賞莫厚于間, 事莫密于間, 非聖智不能用間, 非仁義不能使間, 非微妙不能得間之實. 微哉微哉, 無所不用間也! 間事未發而先聞者, 間與所告者皆死.

凡軍之所欲擊, 城之所欲攻, 人之所欲殺, 必先知其守將·左右·謁者·門者·舍人之姓名, 令吾間必索知之. 必索敵間之來間我者, 因而利之, 導而舍之, 故反間可得而用也; 因是而知之, 故因間·內間可得而使也, 因是而知之, 故死間爲誑事, 可使告敵; 因是而知之, 故生間可使如期. 五間之事, 主必知之, 知之必在于反間, 故反間不可不厚也.

昔殷之興也, 伊摯在夏; 周之興也, 呂牙在殷. 故明君賢將, 能以上智爲間者, 必成大功. 此兵之要, 三軍之所恃而動也.

손자의 말이다.

십만의 군사를 징발해 천릿길 원정에 나서게 되면 백성들이 써야 할 비용과 국가의 지출로 하루에 천금이 든다. 안팎으로 소요가 일어 불안하고, 길가에는 피곤에 지친 사람들이 분주히 오가며, 생업에 종사하지 못하는 이가 칠십만 가구에 달하게 된다. 양측이 서로 몇 년씩 대치하는 까닭은 단 하루의 승리를 다투기 때문인데, 이럴 때 작위와 백 금의 돈이 아까워 적의 사정을 탐지하지 않는다면 그것은 어질지 못함(不仁)의 극치라 하겠다. 이런 자는 군대를 통솔할 장군감이 아니고, 임금의 보좌역이 되어서도 안 되며, 승리의 주인공도 될 수가 없다.

원래 현명한 군주와 장수가 출동했다 하면 적에게 승리하고 발군의 업적을 쌓는 것은 적의 동태를 미리 파악한 때문이다. 사전에 정보를 장악했다지만 그것은 귀신에게 물어봤기 때문이 아니고, 점을 쳐서 알아낸 것도 아니며, 별들의 운행을 검증한 때문도 아니다. 적의 사정을 잘 알고 있는 사람에게서 반드시 알아야 할 정보를 얻어낸 덕분인 것이다.

그리하여 간첩에는 인간,[1] 내간(內間), 반간(反間), 사간(死間), 생간(生間)의 다섯 가지 쓰임이 있게 되었다. 다섯 종류 간첩이 동시에 쓰이면 적이 우리의 행동양식을 알아낼 길이 없어지니, 이를 두고 간첩 활용의 신묘한 도리(神紀)라고 일컫는다. 이는 군주가 적

---

1) 인간(因間): 향간(鄕間)이라고도 하며, 적국의 민간인을 간첩으로 활용하는 경우를 말한다.

을 제압하는 최고의 비법이기도 하다. 인간은 적국의 백성을 간첩으로 활용하는 경우를 말한다. 내간은 적국의 관리를 간첩으로 쓰는 것이고, 반간은 적국의 스파이를 우리 간첩으로 활용하는 경우다. 사간은 일부러 거짓 정보를 밖에 흘려 적진의 우리 간첩이 이를 적의 간첩에게 전달하게 만든다. 생간은 적진을 탐지한 다음 생환해서 보고하는 간첩이다.

그러므로 전군을 통틀어 간첩보다 더 친밀한 이가 없고, 간첩에 대한 보상보다 후한 포상이 없으며, 간첩질보다 더 비밀스런 일은 없다. 성인처럼 지혜롭지 않으면 간첩을 부릴 수 없고, 어질고 의롭지 않으면 간첩을 활용할 수 없으며, 세심하고 심오하지 않으면 간첩으로부터 진실을 캐내지 못한다. 미묘하고 미묘할지니, 간첩을 활용하지 않는 경우가 없구나! 간첩을 쓰기 전에 정보가 미리 새어나갔다면 간첩과 비밀을 누설한 자까지 한꺼번에 죽여야 한다.

군대가 출격해 성을 공격하고 누군가를 죽이고자 한다면 반드시 우리 측 간첩으로 하여금 성을 지키는 장수, 가까이에서 모시는 신하, 소식을 전달하는 심부름꾼, 성문을 지키는 수문장, 침실을 지키는 수하의 이름까지 사전에 탐지해 알리도록 한다. 우리를 정탐하는 적의 간첩은 반드시 색출해낸 뒤 매수하고 이용해야 한다. 그를 유도하고 놓아주어야 이중간첩, 즉 반간이 생기고 그를 활용할 수 있는 까닭이다. 반간을 통해 적의 사정을 탐지해야 인간과 내간을 얻어 이용할 수 있고, 반간을 통해 적정을 알아낸 덕분에 사간이 거짓 정보를 흘려 적에게 보고할 수 있게 된다. 반간을 통해 적의 사정을 이해한 덕분에 생간이 기한 맞춰 돌아와 정보를 보고할 수도 있다. 다섯 종류 간첩의 일은 군주가 반드시 숙지해야 한다. 그 관건은 반간을 적절히 활용하는 데 있음을 알아야 하니, 그래서 반간은 후하게 대우하지 않으면 안 된다.

옛날 은나라의 흥성 뒤에는 하나라에서 일했던 이지[2]가 있었고, 주나라의 흥성에는 은나라 정보에 밝은 여아[3]가 있었다. 원래 현명한 군주와 어진 장수가 특출하게 지혜로운 이를 간첩으로 쓰면 반드시 위대한 업적을 달성하게 된다. 이는 전쟁의 요체이니, 군대는 간첩이 던진 정보에 의지해 움직이기 때문이다.

조조 주석 曹操注

魏武帝曰: 用間者, **戰必先用間, 以知敵情也**.
위 무제의 해설이다.
「용간」편은 전쟁 상황에서는 반드시 간첩을 먼저 기용해 적의 상황을 탐지하라는 내용이다.

不得操事者七十萬家, **古者八家爲鄰**, 一家從軍, 七家奉之, 故十萬之師擧, **不事耕稼者七十萬家也**.
생업에 종사하지 못하는 자가 칠십 만 가구에 이른다. 옛날에는 여덟 가구가 주민 조직의 기본 단위였다. 한 가구에서 종군하면 나머지 일곱 가구가 그 집을 먹여 살렸기 때문에 십만의 군사가 출정하면 농사를 짓지 못하는 경우가 칠십만 가구에 달한다고 한 것이다.

不可取於鬼神者, **不可以祭祀而求也**.
귀신에게서 알아내지 못한다. 제사를 지내며 알려달라고 빌 수 있

---

2) 이지(伊摯): 이윤(伊尹)을 가리킨다. 본래는 하(夏)의 신하였지만 탕왕(湯王)을 도와 포악한 걸(桀)을 축출하고 상(商)나라의 기초를 닦았다.
3) 여아(呂牙): 강자아(姜子牙), 일명 강태공. 은나라 주왕(紂王)의 신하였지만 주나라 무왕(武王)의 국사가 되어 은을 멸망시켰다.

는 일이 아니다.

不可象於事者, 不可以事類而求也.
점을 쳐도 드러나지 않는다. 넘겨짚기로 알아내기가 불가능한 일이다.

不可驗於度者, 不可以事數而求也.
일월성신(日月星辰)의 운행 각도로 검증할 수 없다. 숫자를 배열한다 해서 알아낼 수 있는 일이 아니다.

必取於人知敵之情者, 因間人也. 同時任用五間, 人君之寶, 是謂神紀矣, 孰知其道哉!
반드시 적의 사정을 잘 아는 자로부터 정보를 얻어낸다. 인간(因間)이 바로 그런 사람이다. 동시에 활용할 수 있는 다섯 종류의 간첩은 임금의 귀중한 자원이니, 이를 두고 신묘한 도리라고 일컫는다. 누가 간첩 활용의 도리를 제대로 안단 말인가!

故非聖智不能用間, 非仁義不能使間, 非微妙不能得間之實也.
그러므로 성인처럼 지혜롭지 않으면 간첩을 기용할 수 없고, 어질고 의롭지 않으면 간첩을 부릴 수 없으며, 세심하고 심오하지 않으면 간첩으로부터 진실을 캐낼 수가 없다.[4]

導而捨之, 舍, 居止也.
간첩을 유인했다가 놓아준다. 놔준다 함은 거주하던 곳에 그대로

---

4) 『영송본(影宋本)』 같은 판본에는 이 세 구절이 보이지 않는데, 원래가 『손자』의 원문인 까닭이다.

머물게 하는 것이다.

伊摯, 伊尹也.
이지(伊摯)는 이윤(伊尹)이다.

呂牙, 呂望也.
여아(呂牙)는 여망(呂望)이다.

이탁오 총평 李贄總評

李卓吾曰: 因間者, 雖敵之人而於我有鄕里故舊之親, 如魏武之於韓遂, 亦其一例也. 內間者, 敵之內人也, 如信陵得如姬, 便能竊符以救趙也. 魏王雖非信陵之敵, 然趙決不可不救, 而魏王雖萬端說之而不聽, 則比之敵人又爲甚矣. 或曰:即爲官於敵者, 是亦敵內之人也. 反間者, 卽敵間之來間我者, 反而用我之間以間敵也. 生間, 則生而反, 可以報我. 若死間, 則且以誑吾間, 而使之傳於敵間矣. 可生反乎, 如酈食其已說齊徹去守備, 韓信复襲齊, 使齊烹酈食其, 又其一例也. 然信實可以不用襲齊, 酈食其實可以不用死間, 信之此擧, 其與無知名·無勇功, 又不知相去幾千萬里矣. 卒以誅夷, 不亦宜歟? 或曰: 漢高帝白登之圍, 用陳平秘計, 貽單於閼氏絶妙圖形, 卽得圍解, 是亦內間之事也.
夫間事未發而先聞, 聞與所告者皆死, 夫一先聞卽時皆死矣, 間事又可得聞乎? 間之密何如耶? 故曰事莫密於間.

이탁오는 말한다.
인간(因間)은 비록 적의 사람이지만 내게는 향리에 거주하는 오랜 친구인데, 예컨대 위 무제와 한수[5]의 경우 역시 그런 한 가지 사례다. 내간(內間)은 적의 내부인으로, 신릉군 같은 경우는 여희(如姬)의 도움으로 병부[6]를 훔쳐내 조나라를 구해줄 수 있었다.[7] 위왕(魏王)이 비록 적은 아니지만 신릉군으로서는 조나라를 결단코 구해주지 않을 수 없는데 오만 가지 수단으로 설득해도 들어먹히질 않으니, 적군보다도 위왕이 더욱 모질게 굴었던 것이다. 혹자는 적에게 붙어 벼슬을 했으니 신릉군 역시 적의 내간이었다고 평가하기도 한다.

---

5) 한수(韓遂, ?~215): 자는 문약(文約), 양주(凉州)의 금성(金城, 지금의 감숙성 란주蘭州 서남방) 출신으로 동한 말기 군웅의 한 명이다. 강족(羌族)이 반란을 일으켰을 때 우두머리로 추대되었고, 수도에 들어와 환관들을 주살한다는 명분으로 황보숭(皇甫嵩)·장온(張溫)·동탁(董卓)·손견(孫堅) 등을 차례로 물리친 명장이다. 나중에 조정의 사면을 받아 양주에서 30여 년을 할거했는데, 종요(種繇)의 설득으로 의형제를 맺은 마등(馬騰)과 함께 조조에게 귀순했다. 마등이 입경한 뒤 그 아들 마초(馬超)는 한수를 추대하며 조조에게 반기를 들었다. 건안 16년(211) 조조가 정벌에 나서자 마초는 화의를 청하며 한수에게 일단 조조를 만나게 했다. 조조와 한수의 부친은 같은 해에 효렴(孝廉)이 된 사이에다 동년배였기 때문에 말머리를 나란히 한 채로 군사는 언급하지 않고 지난 일에 관해서만 박수를 치고 웃으면서 이야기했다. 게다가 조조가 또 편지를 보내면서 마치 한수가 고친 듯이 자구를 수정하자 마초는 결국 한수를 의심하게 되었고, 교전이 벌어지자 이로 말미암아 조조에게 패배하고 말았다. 출전은『삼국지』권1「위서·무제기(魏書武帝紀)」.
6) 병부(兵符): 군대를 동원할 때 사용하던 신표. 평소에는 왕과 지휘관이 절반씩 나눠서 보관하다가 동원령의 진위를 확인하기 위해 맞춰보게 되는데, 호랑이 모양으로 만든 경우가 많아 호부(虎符)라고도 불렸다.
7) 전국시대 진(秦)나라 군대가 조(趙)나라 수도 한단(邯鄲)를 포위하자 조의 승상 평원군(平原君)은 처남인 신릉군이 있는 위(魏)나라에 구원을 청했다. 위왕은 장군 진비(晉鄙)를 파견해 조를 돕게 하면서도 진나라의 보복이 두려워 도중에 진군을 멈추게 했고 신릉군이나 다른 유세객들이 아무리 설득해도 듣지 않았다. 신릉군은 책사 후영(侯嬴)의 계책에 따라 위왕의 애첩 여희로 하여금 왕의 침실에서 병부(兵符)를 훔치게 한 뒤 진비를 죽이고 조나라를 구했다. 신릉군은 일찍이 합종(合縱)으로 다섯 나라 군대를 이끌고 진(秦)을 정벌한 위나라 공자인데 이름은 무기(無忌),『사기』권77「위공자열전(『魏公子列傳』)」에 사적이 실려 있다.

반간(反間)은 바로 우리를 염탐하러 온 적의 간첩이지만 거꾸로 우리 측 간첩으로 활용되며 적정을 염탐해준다. 생간(生間)은 살아서 돌아와 우리에게 보고할 수 있는 간첩이다. 사간(死間) 같은 경우인즉슨 우리 편 간첩에게 거짓 정보를 흘려준 뒤 그로 하여금 다시 적의 간첩에게 전달하게 만든다. 살아서 돌아갈 수 있을지 여부가 관건이니, 예컨대 역이기가 제나라를 설득해 그 수비를 완전히 해제시켰는데 한신이 다시 제를 급습하는 바람에 제나라가 역이기를 삶아 죽인 사건이 또 한 사례가 된다.[8] 그런데 한신은 확실히 제나라를 습격할 필요가 없었고, 역이기는 실로 사간 노릇까지 할 필요가 없었다. 한신의 이 제나라 공격은 지혜롭지 않았고 용감하게 싸워 공을 쌓은 경우도 아닌 데다[9] 또 서로간의 거리가 몇천 리 몇만 리나 멀리 떨어진 줄 몰라서 나온 것이었다. 결국 죽임을 당하게 되는데 그 또한 당연지사 아니겠는가! 혹자는 한 고조가 백등에서 포위당하자 진평이 비밀스런 계략을 썼다고 말한다. 선우의 부인 연지에게 절세가인의 초상화를 보낸 덕에 바로 포위에서 풀려날 수 있었다는데,[10] 이 또한 내간의 작업이었다.

---

[8] 역이기(酈食其)는 한 고조 유방의 모사. 초와 한이 대치할 때 제나라 왕 전광(田廣)을 설득해 70여개 성을 한나라에 바치고 투항토록 했다. 하지만 한신(韓信)이 그 사실을 알면서도 괴통(蒯通)의 충고에 따라 제나라를 공격하자 격분한 전광은 역이기를 삶아 죽였다. 출전은 『사기』 권97 「역생육가열전(酈生陸賈列傳)」. 본문에서 이지는 역이기를 사간으로 지목하지만 역사적으로 확인된 사실은 아니다.

[9] 제4장 「군형」편의 다음 구절을 인용했다. "원래 전쟁 고수의 승리에는 지혜롭다는 명성이 없고 용감하다는 칭찬도 들리지 않는다(故善戰者之勝也, 無智名, 無勇功)."

[10] 한나라 고조 7년(B.C. 200), 유방은 대군을 인솔하여 흉노 정벌에 나섰다가 평성(平城) 동쪽에 위치한 백등산(白登山)에서 흉노의 선우 묵돌(冒頓)에게 포위당해 이레 동안 음식도 못 먹는 곤경에 빠졌다. 진평(陳平)은 묵돌의 부인 연지(閼氏)에게 후한 예물을 보냈고, 이에 연지의 설득으로 묵돌이 포위

간첩 사업이 아직 시행되기 전에 소문이 먼저 났다면 들은 자와 말한 자가 모두 죽게 된다. 일단 조금이라도 소문이 나면 그 즉시 관련자가 몰살당하게 되는 것이다. 간첩질이 또 어떻게 소문이 나도 되는 일일까? 간첩질의 비밀스러움이란 어떠해야 하고? 그래서 간첩보다 더 비밀스런 사업이 없다고 말했던 것이다.

참고(1) 이탁오 해설 參考(一)

卓吾子曰: 先知者, 不可取於鬼神, 不可像於事, 不可驗於度, 必取於人知敵之情者也. 即此觀之, 則三軍之事, 莫急於用間矣, 故以用間終焉. 取於鬼神者, 祭祀祈禱也. 象於事者, 事類推求也. 驗於度者, 卜筮佔驗也. 故曰: 用兵之道, 盡在於人事, 彼鬼神等, 不過詭道奇謀, 因以便於使貪使愚云耳. 其實必以先知彼己爲急也, 苟知己而不知彼, 又何以勝敵而制其命乎? 故用間要矣, 今述如左.

탁오자는 말한다.
사전의 정보 수집은 귀신에게 물어볼 수 없고 점을 쳐서 알아낼 수 없으며 일월성신으로도 검증할 수 없으니, 반드시 적의 내부사

의 한 귀퉁이를 열어 고조가 탈출할 수 있었다. 출전은 『사기』 권110 「흉노열전(匈奴列傳)」, 『한서』 권1 「고제기(高帝紀)」의 응소(應邵) 주(注)는 당시 상황을 이렇게 기록했다. "진평은 화공을 시켜 미인도를 그리게 한 뒤 첩자를 선우의 부인에게 보내 한에 이런 미녀가 있는데 지금 황제가 곤경에 빠진 터라 선우께 바치려 한다고 말하도록 시켰다. 선우의 부인은 자신이 받는 총애를 빼앗길까봐 두려워 선우에게 '한의 천자 역시 신령스런 기상이 있습니다. 그의 땅을 빼앗는다고 우리가 거기서 살 수 있는 것은 아니잖습니까!' 하고 말했다. 이리하여 흉노는 포위의 한 구석을 열었고 고조는 거기로 탈출할 수 있었다(陳平使畫工圖美女, 間遣人遺閼氏, 云漢有美女如此, 今皇帝困厄, 欲獻之. 閼氏畏其奪己寵, 因謂單于曰: '漢天子亦有神靈, 得其土地, 非能有也.' 於是匈奴開其一角, 得突出)."

정을 아는 자로부터 정보를 취해야 한다. 이런 관점에서 보면 군대의 일 중에 간첩의 기용보다 더 화급한 사안은 없으니, 그래서 「용간」편으로 끝을 맺었다.

귀신에게서 알아낸다는 것은 제사 드리고 기도를 한다는 뜻이다. 현상을 보고 안다는 말은 비슷한 사례로부터 유추해 답을 구한다는 뜻이다. 별들의 운행 각도에서 검증한다는 것은 점을 치거나 징조를 보고 판단한다는 말이다. 그래서 전쟁의 요체는 다만 인간관계를 어떻게 처리하느냐에 달렸을 뿐이라고 말했다. 귀신 등에 관한 저런 말들은 속임수나 기묘한 술수에 불과하니, 이런 방법들은 탐욕스럽고 어리석은 인간들을 부리는 방편이라 운위했을 뿐이다. 실제로는 적과 자신에 대해 먼저 파악하는 것이 필요하면서도 시급한 과제인 것이다.

만약 나에 대해서는 알지만 상대방을 모른다면 또 어떻게 적을 이겨서 그들의 운명을 쥐락펴락하겠나? 그래서 간첩 활용이 요망되는 것인데, 이제 아래에 서술한다.

태공의 군대 관리 『唐太宗李衛公問對』 卷下

太宗曰: "田單詭神怪而破燕, 太公焚蓍龜而滅紂, 二事相反, 何也?" 靖曰: "其機一也, 或逆而取之, 或順而行之, 是也. 昔太公佐武王, 至牧野, 遇雷雨, 旗鼓毁折, 散宜生欲卜吉而後行. 此則因軍中疑懼, 必假卜以問神焉. 太公以謂腐草枯骨無足問, 且以臣伐君, 豈可再乎? 然觀散宜生髮機於前, 太公成機於後, 逆順雖異, 其理致則同. 臣前所謂術數不可廢者, 蓋存其機於未萌也. 及其成功, 在人事而已矣."

태종이 말했다.

"전단(田單)은 귀신을 빙자하여 연나라를 격파했고, 태공(太公)은 시초와 거북이 등껍질을 태워 주왕(紂王)을 토멸시켰소. 두 가지 상반된 방법이 결과적으로는 다 성공했는데, 어떻게 그리된 게요?"

이정이 대답했다.

"그들이 승리를 낚은 기회는 동일했습니다. 혹자는 귀신에 가탁해 승기를 잡았고, 혹자는 시세의 부름에 순응해 행동을 결정했는데, 결과는 다 옳았지요. 예전에 태공이 무왕을 보좌하여 주왕을 정벌할 때입니다. 목야[11]의 들판에 이르자 폭풍우를 만나 깃발이 꺾이고 북이 다 망가져버리니, 산의생(散宜生)이 길하다는 점괘를 낸 다음에야 출발하게 되었습니다. 이유인즉슨 군사들에게 의심과 공포가 만연한지라 반드시 점괘를 빌어 신탁할 필요가 있던 때문이지요. 태공은 시든 풀과 말라빠진 뼈다귀에는 물어볼 가치가 없다고 여겼지만, 신하가 주군을 정벌하러 나서는 것이 어떻게 거듭 가능한 일이겠습니까? 그런데 산의생이 전면에 나서 점괘로 흔들리는 군심을 굳게 다지니, 태공은 막후에서 그 중대사를 완성하게 됩니다. 거스름과 순응하는 모양새가 비록 다르기는 하지만 그 이치인즉슨 동일한 것이었습니다. 제가 예전에 술수(術數)를 폐기하면 안 된다고 말한 것도 일이 아직 발발하기 전 승기를 한층 확고히 다져야 할 필요 때문이었습니다. 그 일의 성공 여부야 인사에 달렸을 따름이고요."

―『당태종이위공문대』하권.

참고(2) 이탁오 해설 參考(二)

卓吾子曰:「用間篇」說出用間事十分鄭重, 言不如此, 則是視民命如糞壤, 以安危爲兒戲矣, 安得不先知敵人而爲之間乎? 然李衛

---

11) 목야(牧野): 지금의 하남성 위휘(衛輝)시 일대. 주나라 무왕이 은나라를 정벌할 때 결전을 벌인 곳이다. 목야대전(牧野大戰)의 패배로 인해 주왕은 자살하고 은나라는 멸망했다.

公反以用間爲不得己, 何哉? 今亦具述於左.

탁오자는 말한다.

「용간」편에서 말하는 간첩 사업은 대단히 진지하면서도 신중하다. 이 정도 수준의 말씀이 아니라면 백성의 목숨을 개똥이나 진흙처럼 보면서 국가의 안위를 아이들 장난질로나 여기는 것이니, 어떻게 사전에 적을 탐지하는 간첩질을 하지 않을 수 있으랴? 그런데 이위공은 오히려 용간이 부득이한 고육지책이라 여기니, 무슨 까닭일까? 이제 그 내용 역시 아래에 갖춰 기술한다.

이정의 돌궐 정벌 『唐太宗李衛公問對』卷中

太宗曰: "昔唐儉使突厥, 卿因擊而敗之, 人言卿以儉爲死間, 朕至今疑焉." 靖再拜曰: "臣與儉比肩事主, 料儉說必不能柔服, 故臣因縱兵擊之, 所以盡大忠, 不顧小義也. 人謂以儉爲死間, 非臣之心. 按『孫子』用間最爲下策, (**旁批: 巧說, 巧說**.) 臣嘗著論其末云: '水能載舟, 亦能覆舟. 或用間以成功, 或憑間以傾敗.' 若束髮事君, 當朝正色, (**旁批: 妙人, 妙人**.) 忠以盡節, 信以竭誠, 雖有善間, 安可用乎? 唐儉小義, 陛下何疑?" 太宗曰: "誠哉, 非仁義不能使間, 此豈纖人所能爲乎? 周公大義滅親, (**旁批: 眞聖主, 亦妙·妙**.) 況一使人乎? 灼無疑矣."

태종이 말했다.

"예전에 당검12)이 돌궐로 사신을 나갔을 때, 경이 기회를 틈타 돌궐을 기

---

12) 당검(唐儉, 579~656): 자는 무약(茂約), 병주진양(幷州晉陽, 지금의 산서성 태원太原) 사람이다. 일찍이 태종에게 수나라의 혼란을 틈타 대사를 도모하라 건의했고 결국 그를 도와 천하를 평정했다. 정관(貞觀) 초기 조정은 당검을 돌궐(突厥)에 사신으로 보내 투항을 권유하면서 한편으로 이정(李靖)을

습 격파하였소. 사람들은 경이 당검을 사간으로 썼다고 말하던데, 짐은 지금까지도 그 일에 의문이 가시지 않는구려."

이정이 두 번 절하고 나서 말했다.

"신은 당검과 어깨를 나란히 하고 군주를 섬겼습니다. 그 당시 당검의 설득으로는 필시 돌궐을 회유해 항복시키지 못한다고 판단되었기 때문에 신은 군사들을 풀어 저들을 공격했습니다. 큰 우환을 제거하는 충성을 다하려다 보니 작은 의리는 돌아볼 수가 없었지요. 사람들은 제가 당간을 사간으로 썼다고 말하지만 저의 본심은 아니었습니다. 『손자병법』에 따르면 간첩을 쓰는 것은 가장 모자란 하책입니다. (방비: 고명한 말씀일세, 고명한 말씀이고 말고!) 저는 일찍이 이 문제를 논하는 글의 끝머리에서 이렇게 말했습니다. '물은 배를 띄울 수 있지만 반대로 뒤집기도 한다. 어떤 때는 간첩을 써서 성공하지만 어떤 때는 간첩에 의지하다 망하기도 한다'고 말입니다. 만약 성년인 누군가가 군주를 섬기는데 조정에 임해서 단정하고 엄숙한 낯빛으로 (방비: 기지가 넘치는 사람, 재미있는 사람이야!) 지조를 다 바쳐 임금께 충성하고 일에 온 정성을 다해 신임을 얻고 있다면, 제아무리 좋은 간첩이 있다 한들 어떻게 기용할 수 있겠습니까? 당검의 경우는 작은 의리에 해당합니다. 폐하께서는 무슨 의구심이 있으신지요?"

태종이 말했다.

"정녕 그러하도다. 어질고 의로운 이가 아니면 간첩을 부릴 수 없으니, 이 어찌 소인배가 감당해낼 노릇이랴? 주공께서는 대의멸친(大義滅親)하시어 사사로운 감정에 휘둘리지 않으셨는데 (방비: 진실로 영명한 천자로다, 역시 멋지구나, 멋져!) 일개 사신이야 나위가 있을까! 이제 모든 것이 확실해져 아무 의혹이 없네."

―『당태종이위공문대』중권.

진군시켰다. 이정은 돌궐을 급습해 힐리가한(頡利可汗)을 생포했는데, 당검은 당시 난군들 틈에 끼여서 도망쳐 생환했다.

제13장「용간(用間)」편 513

참고(3) 이탁오 해설 參考(三)

卓吾子曰:"殷之興也, 伊摯在夏; 週之興也, 呂牙在殷." 夫伊·呂以大聖而爲殷·周用, 殷·週天下, 一六百載, 一八百載, 誰之力歟? 伊相湯又相太甲, 中間歷事外丙·仲壬, 以及居桐復辟, 則不但閫外之事, 伊得專之, 伊實專殷權興廢大事, 咸其自主矣. 至太甲思庸, 伊乃朋農曰:"臣罔以寵利居成功." 則亦氣匱力竭·死將至而後肯乞休也. 若呂尚者, 八十而始遇文王, 文王薨, 又不知幾年歲矣, 乃佐武王, 至於一十三載之久, 然後藉兵盧戎諸國, 代商而有天下, 則呂至是, 又是百有年歲人也. 然呂卒受齊封, 猶然不遺餘力, 富國強兵, 不辭老, 不憚勞與煩, 則此二老者, 又何其功成而不止耶! 雖曰成湯與尹咸有一德, 武亦以呂爲三朝元老·太公所望以興周之人, 始終敬禮, 未嘗少衰, 然爲伊·呂者, 亦不宜如此貪位而固權勢也. 故黃石公作『三略』以授子房, 獨諄切於功成之戒云. 由此觀之, 伊·呂是一樣人, 黃石是一樣人, 故子房尊敬黃石, 獨不受封而辟谷, 有以也. 此非可以優劣論也, 所見各不同也. 然「中略」之言, 非專爲臣下居功者設, 益專爲君上者謀, 欲其先收臣下之權, 以保全有功之臣耳. 則黃石公實自老子而來, 伊尹·呂尚又實自軒轅而來, 彼此主意各自不同也. 後人不知, 乃以黃·老並稱, 失其旨矣. 故因論用間, 而並述「中略」之語, 以告成功之君, 又因以告夫人臣者, 功成名遂身退, 是則天道, 不可不以爲鑑而自免耳. 否則韓·彭菹醢, 蕭何繫獄, 雖欲自免, 又可得乎? 故謹錄黃石公, 以備參考.

탁오자는 말한다.[13]

"은나라의 흥성에는 하나라에 복무한 이윤이 있었고, 주나라의 흥성 뒤에는 은나라 정보에 밝았던 여상이 있었다."

원래 이윤과 여상은 위대한 성인으로 은(殷)과 주(周)에 의해 기용되었다. 은과 주의 천하가 되면서 한 나라는 육백 년, 다른 한 나라는 팔백 년이나 지속되었는데,[14] 그것이 누구 덕분이었을까? 이윤은 탕왕의 재상이면서 또 태갑(太甲)의 재상이었고 중간에는 외병과 중임을 차례로 섬겼다. 태갑이 동궁[15]에 기거하다 복벽한 일[16]인즉슨 수도 바깥에서 벌어진 역외의 사안인데도 이윤이 전

---

13) 이지는 이 글에서 이윤과 여상이 오랫동안 재위한 사실을 인용한 뒤 신하된 자는 응당 "공을 이뤄 이름을 떨치고 나면 자리에서 물러나야 한다(功成名遂身退)"면서, 그렇지 않으면 죽임을 당하거나 옥에 갇히는 신세를 면치 못한다고 말한다. 군사적 사안은 아니지만 이지 정치사상의 한 단면을 압축적으로 요약한 문장이다.

14) 상과 주의 존속 연대에 관한 사서의 기록들은 다음과 같다. 『좌전』 「선공(宣公)」 3년조: "걸에게 덕이 없어 천명이 상으로 옮겨가더니 600년이나 지속되었다(桀有昏德, 鼎遷於商, 載祀六百)."; 『죽서기년(竹書紀年)』: "탕이 하나라를 멸하고 주에 이르기까지 29왕, 496년의 세월이 흘렀다(湯滅夏以至於受紂, 二十九王, 用歲四百九十六年)."; 『한서』 권21 「율력지(律曆志)」 하편: "은나라의 계보는 31왕에 629년 동안 이어졌다(凡殷世繼嗣三十一王, 六百二十九歲)", "주나라는 모두 36왕 867년에 걸쳐 존속했다(周凡三十六王, 八百六十七歲)"; 황보밀(皇甫謐)의 『제왕세기(帝王世紀)』에도 『한서』와 같은 내용이 실려 있다.

15) 동궁(桐宮): 상나라 때 동(桐, 지금의 하남성 상구시商丘市 우성현虞城縣)에 있던 궁궐로, 탕왕의 무덤 자리라고도 전해진다. 이윤이 태갑을 이곳에 유폐시킨 까닭에 쫓겨난 왕 혹은 제왕이 감금된 곳이라는 의미를 지니게 되었다.

16) 『맹자』 「만장(萬章)」 상편에 따르면, 탕이 사망했을 때 태자인 태정(太丁)이 먼저 죽고 없었으므로 그 아우인 외병(外丙)을 왕으로 삼았다. 외병이 죽은 뒤 다시 그 아우 중임(中壬)이 왕이 되었는데, 중임이 죽자 이윤은 태정의 아들 태갑을 세웠다. 하지만 태갑이 탕의 법도를 존중하지 않았으므로 이윤은 그를 3년 동안 동궁(桐宮)에 유폐시키고 섭정이 되어 나라를 다스렸고, 태갑이 반성하자 다시 정권을 맡겼다. 그런데 『죽서기년』 기록에 의하면, 중임이 죽은 뒤 이윤은 태갑을 동으로 추방하고 스스로 왕이 되었으며, 7년 뒤

담해 처리했다. 그는 실로 은나라의 권력과 흥망성쇠에 관련된 큰 일들을 독점해 매사 자기 주관대로 처리했던 것이다. 태갑이 정상적인 궤도로 돌아오려 하자, 이윤은 농사를 권면하면서 이렇게 말한다. "신하된 자라면 은총과 이록을 믿고 성공에 안주하지 말아야 합니다."[17] 다시 말해 이윤 역시 기력이 다해 거의 죽을 때가 되어서야 관직에서 물러나려 했던 것이다.

여상 같은 경우는 여든 살이 되어서야 문왕을 처음 만났는데, 문왕이 죽었을 때 그가 몇 살이었는지는 또 알려진 바 없다. 그렇게 무왕을 보좌하여 그 햇수가 13년이나 지난 뒤 노융[18]과 여러 나라의 군대를 빌려 상나라를 대체하고 천하의 주인이 되었는데, 이때에 이르러 여상은 또 백 살이나 먹은 노인이었다.[19] 하지만 여상은 결

태갑이 몰래 동에서 빠져나와 그를 죽이고 복위했다고 한다. 한편 갑골문 자료에는 이윤이 줄곧 상나라 사람들이 추앙하는 제사 대상이었다고 기록되어 있다.

17) 이윤이 태갑에게 했다는 이 말의 출처는 『위고문상서(僞古文尙書)』 「태갑(太甲)」 하편. 공영달(孔穎達)은 소(疏)에서 "이윤이 임금에게 고하며 신하의 본분을 언급한 것은 비록 일반적 설명의 반복이긴 하지만, 최고위 사법관도 물러날 결심을 이미 하고 있었음을 드러낸다(伊尹告君而言及臣事者, 雖復泛說, 大理亦見已有退心也)"고 해설했다.

18) 노융(盧戎): 무왕이 주(紂)를 정벌할 때 수행했던 부족 중 하나. 근거지가 지금의 호북성 양양(襄陽) 일대였다.

19) 여상이 여든 살에 문왕을 만났다는 내용은 『사기』 권32 「제태공 세가(齊太公世家)」에 근거한 것이다. 하지만 『순자』 「군도(君道)」편은 문왕이 태공을 등용했을 때 "당시 나이가 일흔두 살이었다(行年七十有二)"고 썼고, 『사기』 「정의(正義)」는 『설원(說苑)』을 인용해 여상이 나이 일흔 살에 위수 물가에서 낚시질을 했다고 기록하고 있으니, 제가의 설에 약간씩 차이가 난다. 무왕을 13년 동안 보좌했다는 이야기 역시 근거가 희박하다. 『사기』 「주 본기(周本紀)」에 따르면, 무왕이 주를 정벌한 때가 무왕 11년 12월이고 은과 주가 결전을 벌인 시기는 이듬해 정월이었다. 그런데 문왕이 죽은 뒤 무왕은 연호를 바꾸지 않았기 때문에 11년은 문왕이 천명을 받은 때로부터의 7년이란 햇수까지 포함한 숫자이니, 당시 무왕은 겨우 재위 4년차였다. 주나라 건국 뒤 무왕은 여상을 제 땅에 봉했기 때문에 여상이 무왕을 보좌한 기간은 13년이 될

국 제나라에 봉해졌고 유유자적한 모습으로 부국강병에 온 힘을 다했다. 늙었다 해서 물러가지 않고 수고와 번거로움을 꺼리지 않았으니, 이 두 노인네는 공을 이뤘다고 또 거기서 멈추지는 않았던 것이다. 성탕[20]과 이윤이 제아무리 순일(純一)한 덕이 있다 일컬어지고, 무왕 역시 여상을 삼대에 걸친 원로이자 태공[21]께서 주나라의 흥성을 기대한 인물로 여기면서 시종일관 공경과 예의로 대하며 소홀한 적이 없었더라도, 이윤과 여상은 또 그렇게 자리를 탐내며 권세에 집착하면 안 되는 터였다. 그래서 황석공(黃石公)은 『삼략』을 지어 장자방(張子房)에게 전수하며 유독 공을 세운 뒤의 처신에 대해 절절히 훈계했던 것이다.[22]

수가 없고, 따라서 여상의 나이가 백 살이었다는 말은 신빙성이 없다.
20) 성탕(成湯): 상나라의 개국 시조. 성상(成商)이라고도 한다. 『서경』 「중훼지고(仲虺之誥)」의 "성탕이 걸을 남소로 추방하며 오직 덕이 미치지 못함을 부끄러워했다(成湯放桀於南巢, 惟有慙德)"는 대목에 대해 공안국(孔安國)의 전(傳)은 "탕이 걸을 정벌해 무공을 이뤘고, 그래서 이름으로 삼았다(湯伐桀, 武功成, 故以爲號)"고 풀이했다. 육덕명(陸德明)도 『석문(釋文)』에서 이름의 유래를 다음과 같이 해설했다. "탕이 걸을 정벌하고 무공을 완성시킨 까닭에 성탕이라 호칭했다. 일설에는 성이 시호라고 한다(湯伐桀, 武功成, 故號成湯; 一云: 成, 諡也)."
21) 『사기』 「제태공 세가」에 따르면, 문왕은 위수(渭水) 강변에서 여상을 만난 뒤 기뻐하며 "우리 태공께서 그대를 오래 기다리셨네(吾太公望子久矣)"라고 하며 그를 '태공망'으로 불렀다. 문왕이 말한 태공은 그의 조부 고공단보(古公亶父)를 가리키는데, 주나라 건국 후 태왕(太王)으로 추증되었다.
22) 『사기』 권55 「유후세가(留侯世家)」에 자신을 곡성산(谷城山) 아래의 '누런 바위(黃石)'로 소개하는 이가 장량에게 『태공병법(太公兵法)』을 건네며 이 책을 읽으면 제왕의 스승이 될 수 있다고 말하는 대목이 나온다. 황석은 도가에 속한 신비의 인물로 추정된다. 『삼략』은 『수서(隋書)』 「경적지(經籍志)」에 의해 처음 소개된 책인데, 후한 광무제의 조서에 인용된 『황석공기(黃石公記)』는 『삼략』 「하략」의 내용과 기본적으로 일치한다. 또 책 안에서 "『삼략』은 쇠퇴해가는 세상을 위해 지은 책(『三略』爲衰世作)"이라며 『군참(軍讖)』을 다량 인용한 것으로 보아 서한 말엽에 지어진 것으로 추정된다. 따라서 황석공의 손에서 나온 책은 아니다.

위의 관점에서 보자면 이윤과 여상이 같은 부류에 속하고, 황석공은 또 다른 부류의 사람이다. 그래서 장자방은 황석공을 존경한 나머지 홀로 봉작을 받지 않고 벽곡으로 수련[23]했는데, 거기에는 그럴 만한 이유가 있었다. 이는 누가 낫고 못하고의 우열로 논할 문제가 아니니, 각자의 견해가 다른 때문이었다.

그런데 아래 「중략」의 담론[24]은 공을 세운 신하를 위해 발한 것이 아니라 임금된 자를 위한 가일층의 대책을 강구한 내용이니, 임금이 먼저 신하의 권력을 회수함으로써 공이 있는 신하를 온전하게 보존하라 했을 뿐이다. 다시 말해 황석공은 원래 노자에서 나왔고[25] 이윤과 여상은 또 사실상 헌원씨로부터 비롯했으니,[26] 피차의 생각이 저마다 달랐던 것이다. 후인들이 잘 모르고 황제와 노자를 묶어 황로(黃老)라고 병칭한 것은 그들의 취지를 이해하지 못한 착오라 하겠다.[27]

---

23) 유방이 천하를 평정하고 공신들을 봉할 때, 장량은 "장막 안에서 계책을 세우고 천리 바깥의 승패를 결정한(運籌策帷帳里, 決勝千里外)" 공이 있는 까닭에 삼만 호의 식읍이 주어졌다. 하지만 장량이 봉토를 거절해 다시 유후(留侯)로 봉했는데, 이후에도 도인(導引), 호흡 등으로 수련하는 도가의 양생법과 벽곡(辟穀, 오곡을 먹지 않는 수련법)에 매진하면서 "인간사를 떠나 적송자를 따라 노닐고 싶다(棄人間事, 欲從赤松子遊)"며 물러나겠다는 뜻을 굽히지 않았다.
24) 이 글 아래에서 두 번째 『삼략』「중략」의 글을 가리킨다.
25) 노자는 "공을 이루고 나서 거기 머물지 마라(功成而弗居)",『老子』제2장), "공을 세우면 자리에서 물러난다(功成身退, 같은 책 제9장)"고 주장한 까닭에 황석공이 노자로부터 나왔다고 말한 것이다.
26) 헌원씨(軒轅氏)는 황제(黃帝)의 이름. 노자는 무위지치(無爲之治)를 주장한 은자(隱者)이고 황제는 화하족(華夏族)의 시조로서 적극적으로 유위(有爲)한 인물인 까닭에 이윤과 여상이 헌원으로부터 나왔다고 말한 것이다.
27) 전국시대 말기 도가의 한 유파로서 황로(黃老) 학파가 생겨났다. 황제의 명의를 빌리고 노자를 종주로 받들며 여러 학파의 학설을 받아들여 서한 초기 통치의 이론적 근간이 되니, 이로부터 황로가 병칭되기 시작했다. 유가에서 요·순을 받들기 때문에 도가에서는 그보다 앞선 황제의 명의를 끌어와 견강

그래서 용간(用間)을 논하는 참에 「중략」의 말씀을 아울러 서술함으로써 공을 이룬 임금께 고하고 또 그 참에 신하된 자에게도 말한다. 공을 세워 이름을 날렸으면 자리에서 물러나는 그것이 바로 천도(天道)이니, 그들을 거울 삼아 면직을 자청하지 않으면 안 된다. 그렇지 않으면 한신과 팽월처럼 살점이 도려져 육젓이 되거나[28] 소하처럼 감옥에 갇히게 되니,[29] 그때 가서는 스스로 물러나려 한들 그것이 또 어떻게 가능하랴? 이리하여 삼가 황석공의 말씀을 아래에 수록하고 참고로 제공한다.

군주의 권력 관리 『黃石公三略』「下略」

黃石公曰: 夫人之在道, 若魚之在水, 得水而生, 失水而死, 故君子者, 常畏懼而不敢失道. 豪傑秉職, 國威乃弱; 殺生在豪傑, 國勢乃竭. 豪傑低首, 國乃可久. 殺生在君, 國乃可安.

황석공의 말이다.
사람이 천도(天道) 안에서 살아가는 것은 흡사 물고기가 물속에서 생존하

부회한 것으로 보인다.
28) 한신(韓信, ?~B.C. 196)은 회음(淮陰, 지금의 강소성 회음시) 출신으로 유방을 도와 천하를 평정하고 한때 제왕(齊王)과 초왕(楚王)에 봉해졌다. 하지만 모반을 꾀한다는 고변으로 이내 회음후(淮陰侯)로 강등되고 이후 여후(呂后)에게 주살당했다. 팽월(彭越, ?~B.C. 196)의 자는 중(仲), 창읍(昌邑, 지금의 산동성 거야현居野縣 동남쪽) 출신이다. 진나라 말기 거병하여 훗날 유방에게 귀순하고 양왕(梁王)에 봉해졌다. 부하가 모반을 무고하자 유방이 촉(蜀)으로 추방했는데 여후가 후환을 남기지 않으려고 일족을 모두 도살했다. 사적이 각기 『사기』 「회음후 열전」과 「팽월 열전」에 실려 있다. 저해(菹醢)는 사람의 살을 포로 떠서 젓갈을 담그는 혹형.
29) 소하(蕭何, ?~B.C. 193)는 패현(沛縣) 출신으로 유방을 도와 천하를 평정한 공이 으뜸으로 꼽히며 찬후(鄼侯)로 봉해졌다. 사람됨이 공손하고 조심성이 있지만 유방의 의심을 받아 감옥에 갇히기도 했다. 『사기』 권53 「소상국 세가(蕭相國世家)」 참조.

는 상황과도 같다. 물이 있으면 살지만 물을 떠나면 죽는다. 그러므로 군자는 항상 도에 어긋나지 않으려 두려워하고 경계한다.

전횡을 일삼는 권신이 국정을 장악하면 나라의 위엄이 짜부라들고, 생사여탈의 권력이 권신 손아귀로 넘어가면 국력이 고갈된다. 권신이 고개를 숙이면 나라는 이에 힘입어 오랜 세월 흥할 수 있다. 생사여탈의 권력이 군주에게 있어야 국가는 비로소 안정될 수 있다.

―『황석공삼략』「하략」편.

사직과 토사구팽『黃石公三略』「中略」

黃石公曰:『三略』爲衰世作. 人臣深曉「中略」, 則能全功保身.

夫高鳥死, 良弓藏; 敵國滅, 謀臣亡. 亡者, 非喪其身也, 謂奪其威, 廢其權也. 封之于朝, 極人臣之位, 以顯其功; 中州善國, 以富其家; 美色珍玩, 以悅其心. 夫人衆一合而不可卒離, 威權一與而不可卒移, 還師罷軍, 存亡之階. 故弱之以位, 奪之以國, 是謂霸者之略. 故霸者之作, 其論駁也. 存社稷, 羅英雄者,「中略」之勢也, 故世主秘焉.

황석공의 말이다.

『삼략』은 쇠망해가는 세상을 위한 저작이다. 신하된 자가「중략(中略)」에 정통하면 자신의 공적과 목숨을 보전할 수 있다.

창공을 높이 나는 새가 죽으면 강한 활은 창고로 들어가고, 적국이 멸망하면 지략이 뛰어난 신하가 사라지게 된다. 사라진다 함은 목숨을 잃어서가 아니라 그 위엄을 빼앗기고 그 권한이 폐기됨을 일컫는다. 조정에서 작위를 내리고 신하로서 가장 높은 지위에 오르게 하는 것은 그 공을 표창하기 위해서이다. 중원의 비옥한 토지에 봉해 그 집안을 부유하게 살찌우고, 미녀와 보석을 하사해 그 마음을 기쁘게 만들어주기도 한다.

무릇 사람이 모여 군대가 조직되면 갑작스런 해산이 불가능해지고, 병권이 일단 주어지면 별안간 회수하기가 어려운 법이다. 전쟁이 끝나 군사들이 돌아오고 해산할 때는 바로 군주에게 생사존망이 걸린 시각이 된다. 그래서 관작을 수여해 장수의 힘을 약화시키고 토지를 분봉하여 그 권력을 빼앗는데, 이는 패자(霸者)가 장수를 제어하는 계략인 것이다. 그러므로 어느 한 패자가 발흥할 때의 이치는 복잡하기 짝이 없다. 사직의 보존을 위한 영웅들의 나포를 「중략」에서는 정세라 하니, 그래서 역대의 군주는 이런 내용을 비밀에 부쳤다.

―『황석공삼략』「중략」.

차저지모와 조만지공 『唐太宗李衛公問對』卷下

太宗曰: "漢高祖能將將, 其後韓·彭見誅, 蕭何下獄, 何故如此?" 靖曰: "臣觀劉·項, 皆非將將之君. 當秦之亡也, 張良本爲韓報仇, 陳平·韓信皆怨楚不用, 故假漢之勢, 自爲奮爾. 至於蕭·曹·樊·灌, 悉由亡命, 高祖因之以得天下. 設使六國之後復立, 人人各懷其舊, 則雖有能將將之才, 豈爲漢用哉? 臣謂漢得天下, 則張良借箸之謀, 蕭何漕挽之功也. 以此言之, 韓·彭見誅, 范增不用, 其事同也. 臣故謂劉·項皆非將將之君."

태종이 말했다.

"한 고조는 너끈히 장수들을 거느릴 만한 군주였소. 그러나 나중에 가서 한신과 팽월은 주살당하고 소하는 옥에 갇혔는데, 무슨 까닭에 그리된 것이오?"

이정이 말했다.

"신이 보기에 유방과 항우는 모두 장수를 통솔할 만한 군주가 아니었습니다. 진(秦)나라가 멸망할 때 장량은 본디 한(韓)나라를 위해 복수한 것이고, 진평과 한신은 초나라에 등용되지 못한 원한 때문에 한왕(漢王)의 위세를 빌려 스스로 봉기했을 뿐입니다. 소하와 조참(曹參), 번쾌(樊噲), 관영(灌

婁) 등은 모두 외지에서 도망온 인사인데, 고조는 그들을 활용해 천하를 얻을 수 있었지요. 만약 육국(六國)의 후손들로 하여금 다시 왕위에 오르게 했더라면 저마다 자기네 옛날을 그리워했을 테니, 제아무리 장수들을 통솔할 능력이 있다 한들 그들이 어떻게 한나라를 위한 쓰임이 되었겠습니까? 저는 한왕이 천하를 얻은 것은 바로 장량의 지모(借箸之謀)[30]와 소하의 경영능력(漕挽之功)[31] 덕분이라고 생각합니다. 이런 관점에서 말하건대 한신과 팽월이 주살되고 범증(范增)이 기용되지 못한 것은 다 같은 범주에 속하는 일이지요. 신은 그래서 유방과 항우는 둘 다 장수를 통솔할 군주의 재목이 아니라고 생각합니다."

―『이위공문대』 하권.

육서 참고(六書參考)

숲속의 전투 『六韜』 「豹韜·林戰」

武王問太公曰: "引兵深入諸侯之地, 遇大林, 與敵分林相拒, 吾欲以守則固, 以戰則勝. 爲之奈何?" 太公曰: "使吾三軍分爲沖陣, 便兵所處, 弓弩爲表, 戟楯爲裏; 斬除草木, 極廣吾道, 以便戰所; 高置旌旗, 謹勅三軍, 無使敵人知吾之情, 是謂林戰.

---

30) 차저지모(借箸之謀): 진나라 말기 초와 한이 서로 다툴 때, 역이기(酈食其)가 육국의 후예들을 왕으로 책봉하고 함께 초를 공격하자는 계책을 냈다. 유방이 그 말에 따르려 하자, 장량은 식사 중이던 그에게 불가한 이유를 조목조목 설명하며 그때마다 젓가락을 하나씩 부러뜨렸다. 이로부터 누군가를 위해 기획하고 일을 꾸민다는 뜻이 되었다.
31) 조만지공(漕挽之功): 초·한 전쟁 당시 유방이 군대를 잃고 실패할 때마다 소하는 매번 관중(關中)에서부터 식량과 물자를 공급함으로써 전세를 역전시켰고, 이런 업적 덕분에 소하의 전공을 논할 때 으뜸으로 뽑히며 찬후(酇侯)에 봉해졌다. 조(漕)는 수로를 이용한 수송, 만(挽)은 육로를 이용한 운송을 뜻한다.

林戰之法: 率吾矛戟, 相與爲伍; 林間木踈, 以騎爲輔, 戰車居前, 見便則戰, 不見便則止; 林多險阻, 必置沖陣, 以備前後, 三軍疾戰, 敵人雖衆, 其將可走; 更戰更息, 各按其部, 是謂林戰之紀."

무왕이 태공에게 물었다.

"병사들을 이끌고 적국 땅 깊숙이 들어갔다가 우거진 숲 지대와 마주치니, 아군과 적군이 각기 숲의 일부분을 점거한 채 대치하게 되었소. 싸우지 않을 때는 수비가 견고하고 공세를 취할 때는 승리하고 싶은데, 어찌해야 좋겠소?"

태공이 대답했다.

"그런 상황에서는 전군을 분할하여 사방으로 돌진할 수 있는 사무충진(四武沖陣)으로 편성한 뒤 작전행동이 벌어질 장소에 배치해야 합니다. 외곽에는 활 쏘는 궁수를 두고 안쪽은 창과 방패로 무장한 병사를 배치해야 하지요. 주변의 초목은 베어내 가급적 길을 넓게 닦음으로써 작전행동에 유리하게 만듭니다. 깃발을 높게 세우고 전군에게 신중하라 타일러 아군의 실상이 적에게 알려지지 않도록 주의하는 그 정도가 숲에서 전쟁하는 방법이지요.

숲에서 전쟁을 할 때는 원칙이 있습니다. 먼저 장창을 쓰는 보병을 엮어 서로 연결되는 작은 단위로 만들고 주력군으로 삼습니다. 숲이 성글어 나무가 많지 않으면 기마병을 보조역으로 삼고 전차가 앞에서 선도하는데, 상황이 아군에게 유리하게 돌아가면 전면에 나서서 교전하지만 불리한 듯하면 중지시켜야 합니다. 숲에 험한 지형이 많으면 반드시 사방으로 돌진할 돌격대를 결성해 앞뒤로 적의 기습에 대비해야 합니다. 전군이 온 힘을 다해 맞서면 적군의 숫자가 아무리 많아도 그 장수를 패주시킬 수 있지요. 아군은 윤번제로 돌아가면서 작전에 투입되거나 휴식을 취하는데, 이것이 숲속에서 작전을 펼치는 기본 원칙입니다."

—『육도』「표도·임전(林戰)」.

군사작전의 다섯 가지 핵심 『司馬法』「定爵」

『司馬法』曰: 順天·阜財·懌眾·利地·右兵, 是謂五慮. 順天, 奉時; 阜財, 因敵; 懌眾, 勉若; 利地, 守隘險阻; 右兵, 弓矢禦, 殳矛守, 戈戟助. 凡五兵五當, 長以衛短, 短以救長, 迭戰則久, 皆戰則強. 見物與侔, 是謂兩之主. 固勉若, 視敵而舉. 將心, 心也. 眾心, 心也. 馬牛·車兵·佚飽, 力也. 教惟豫, 戰惟節. 將軍, 身也. 卒, 支也. 伍, 指拇也.

『사마법』에 실린 글이다.

전쟁할 때는 천도에 순응하고, 물자를 넉넉히 마련하며, 장병들을 기껍게 하고, 지형을 잘 활용하며, 병장기 사용을 중시해야 하는데, 이를 군사작전의 '다섯 가지 고려사항(五慮)'이라 일컫는다.

천도를 따르니 날씨와 계절 같은 기후 조건을 중시하고, 재물을 늘려야 하므로 적의 물자를 탈취한다. 병사들이 좋아하는 방식으로 사기를 고무시키고, 지형을 작전에 이용할 수 있도록 험준한 요충지를 수비한다.

병장기 방면에서 활과 화살(弓矢)은 적의 공세를 막는 원거리 방어용, 여덟 모난 창(殳)과 장창(矛)은 근거리 수비용, 갈고리창(戈)과 끝이 갈라진 미늘창(戟)은 수비를 보조하는 역할이다. 이 다섯 무기는 각각의 사용 방법이 있으니, 자루 길이가 긴 무기는 짧은 무기 가진 이를 보호하고, 짧은 무기는 길이가 긴 무기 쥔 자를 위험에서 구조한다. 이런 무기들을 번갈아 활용하면 오래 버틸 수 있고, 한꺼번에 쓰게 되면 살상력이 증강된다. 적군이 사용하는 무기에 상응하는 병기를 골라 배치하는 상황을 두고 양측이 짝을 맞춘다고 일컫는다. 군주는 부단히 장병들을 격려해야 하고, 적의 상태를 봐가면서 행동을 취해야 한다.

장수의 생각과 병사들 마음은 반드시 하나로 통일되어야 한다. 말과 소는 배부르게 먹이고 수레와 병사는 충분히 휴식해야 하니, 이것이 전투력인 까닭이다. 훈련은 평소 미리 시켜야 하고, 전투에서는 절제가 중요하다. 인체에 비유컨대 장군이 몸통이라면, 병졸들은 손발이고, 분대(伍) 같은 조직은 손가락에 해당한다.

— 『사마법』「정작(定爵)」편.

나라를 안전하게 지키는 방도 『오자』「料敵」

武侯謂吳起曰: "今秦脇吾西, 楚帶吾南, 趙沖吾北, 齊臨吾東, 燕絶吾後, 韓據吾前. 六國之兵四守, 勢甚不便, 憂此奈何?" 起對曰: "夫安國家之道, 先戒爲寶. 今君已戒, 禍其遠矣."

무후가 오기에게 말했다.

"지금 진나라는 우리의 서쪽을 위협하고, 초나라는 남쪽을 에워싸고 있으며, 조나라는 북에서 곧바로 충돌하고, 제나라는 동쪽으로 맞닿아 있소이다. 연나라는 우리의 배후를 끊고, 한나라는 전방을 점거하고 있구려. 여섯 나라의 군대가 사방에서 우리를 에워싸고 있으니 형세가 너무나 불리하오. 이런 우려스런 상황을 대체 어찌해야 좋겠소?"

오기가 대답했다.

"대저 국가를 안전하게 하는 방도라면 먼저 경계를 강화하는 것이 가장 중요합니다. 지금 임금께서 벌써 경계하고 계시니, 환란은 저만치 멀어질 것입니다."

— 『오자』「요적(料敵)」편.

편제의 중요성 『尉繚子』「制談」

尉繚子曰: 凡兵, 制必先定. 制先定, 則士不亂. 士不亂, 則刑乃明. 金鼓所指, 則百人盡鬥. 陷行亂陳, 則千人盡鬥. 覆軍殺將, 則萬人齊刃. 天下莫能當其戰矣.

古者士有什伍, 車有偏列, 鼓鳴旗麾, 先登者, 未嘗非多力國士也, 先死者亦未嘗非多力國士也. 損敵一人, 而損我百人, 此資敵而損我甚焉.

울료자의 말이다.

무릇 군대는 무엇보다 먼저 편제가 확정되어 있어야 한다. 편제가 미리 정해져 있으면 병사들이 혼란을 겪지 않고, 병사들이 혼란스럽지 않으면 군법이 맑아진다. 징소리 북소리가 지시하는 바대로 백 명의 병사가 죽기살기로 돌진하면 적진을 무너뜨리고, 천 명의 병사가 있는 힘을 다해 싸우면 적을 궤멸시키고 적장을 죽이며, 만 명의 병사가 일제히 칼날을 겨누면 온 천하가 그들의 진격을 막을 수 없다.

옛날 병사에게는 십오[32]의 편제가 있고, 전차는 편열[33]의 편제가 있었다. 북을 울리고 깃발을 휘날리며 진격할 때 맨 먼저 성 위로 올라간 자는 그 나라의 가장 강한 용사가 아닐 수 없고, 앞장서 전사한 이 역시 한 나라의 가장 용감한 병사가 아닌 적이 없었다. 적 하나를 죽이자고 우리 측 병사 백 명을 잃는다면, 이는 적을 돕고 자신의 손해를 극대화시키는 짓이다.

―『울료자』「제담(制談)」편.

국가의 진짜 위기 『尉繚子』「將理」

又「將理」曰: 凡將, 理官也, 萬物之主也, 不私於一人. 夫能無私於一人, 故萬物至而制之, 萬物至而命之. 君子不救囚於五步之外, 雖鉤矢射之, 弗追也. 故善審囚之情, 不待箠楚, 而囚之情可畢矣. 笞人之背, 灼人之脇, 束人之指, 而訊囚之情, 雖國士有不勝其酷而自誣矣.

---

32) 십오(什伍): 고대의 군대에서 보병의 가장 기본적인 편제 단위. 다섯 명을 '오(伍)', 열 명을 '십(什)'으로 편성했다.
33) 편열(偏列): 고대의 전차 편제 단위. 일반적으로 5대는 '열(列)', 25대는 '편(偏)'이라고 불렀다. 그런데 『좌전』「성공(成公)」 7년조의 두예(杜預) 주(注)는 『사마법』을 인용해 전차 15대는 대편(大偏), 9대는 소편(小偏)이라고 설명한다. 당시 열국의 전차 편제가 동일하지 않은 탓에 생겨난 이설로 추정된다.

今世諺云: "千金不死, 百金不刑." 試聽臣之言, 行臣之術, 雖有堯舜之智, 不能關一言; 雖有萬金, 不能用一銖. 今夫決獄, 小圄不下十數, 中圄不下百數, 大圄不下千數. 十人聯百人之事, 百人聯千人之事, 千人聯萬人之事. 所聯之者, 親戚兄弟也, 其次婚姻也, 其次知識故人也. 是農無不離田業, 賈無不離肆宅, 士大夫無不離官府. 如此關聯良民, 皆囚之情也.

兵法曰: 十萬之師出, 日費千金. 今良民十萬而聯於囹圄, 上不能省, 臣以爲危也.

울료자는 또 「장리(將理)」편에서 이렇게 말했다.

모든 장수는 또 형벌을 집행하는 사법관이기도 하다. 온갖 일을 다 주재하고, 어느 한 명에게 사사롭게 굴지 않는다. 대저 어느 누구에게도 개인적 감정을 갖지 않기 때문에 무슨 사건이 터져도 방책을 만들고 어떤 일도 적절히 처리할 수 있는 것이다.

군자는 바로 면전에서 심리한 경우가 아니면 죄수를 함부로 사면하지 않으니, 설사 화살이 허리띠 장식을 맞힌[34] 그런 깊은 원한이라도 추궁하지 않는다.

원래 죄수를 심리할 때 사건 경위를 잘 살피면 매질을 가하지 않아도 죄수의 정상은 빠짐없이 드러날 수 있다. 등짝에 곤장을 때리고 옆구리를 불로 지지고 손가락에 형구를 채워 비틀면서 사건을 심문한다면 제아무리 용맹한 영웅호걸이라도 그 혹독함을 이겨내지 못하고 제풀에 거짓 자백을 하게 된다.

---

34) 춘추시대 제나라 양공(襄公)이 죽은 뒤 공자 소백(小白)과 공자 규(糾)가 왕위 쟁탈에 나섰다. 공자 규를 보좌하던 관중(管仲)은 소백에게 화살을 쏘았는데 마침 '허리띠의 쇠갈고리 장식에 명중(鉤矢射之)'하는 바람에 사람이 다치지는 않았다. 소백은 나중에 왕위에 올라 제 환공(齊桓公)이 되었다. 하지만 이전의 일을 추궁하지 않고 관중을 중용했고, 그 덕분에 춘추오패의 일원이 되어 위세를 떨칠 수 있었다.

지금 세상에는 "천 금을 쓰면 죽음을 면하고, 백 금이면 형벌에서 놓여난다(千金不死, 百金不刑)"35)는 속담이 나돌고 있다. 삼가 내 얘기를 잘 듣고 내가 하라는 방법대로 시행해보시라. 설사 요순처럼 머리가 좋아도 청탁의 말 한마디 꺼내지 못하고, 제아무리 집 안에 만 금을 쌓아놨어도 뇌물 한 푼 쓸 수가 없을 것이다.

작금은 감옥에 갇힌 죄수들이 소규모는 수십 명을 밑돌지 않고, 중간 크기 감옥은 수백 명 아래가 없으며, 큰 감옥은 수천 명에 그치지 않는다. 열 사람이 꿰어져 백 명의 사건이 되고, 백 명은 천 명의 사건으로 연결되며, 천 명은 또 만 명의 사안으로 이어진다. 관련된 자로는 우선 형제와 친척이 있고, 그다음은 혼인으로 맺어진 인척이 해당되며, 그다음은 또 지인과 친구들로 연결된다. 이들 가운데 농민은 자기 땅을 유기하지 않는 자가 없고, 상인은 점포를 팽개치지 않는 이가 없으며, 사대부라면 관청을 떠나지 않는 경우가 없다. 이런 식으로 연루된 양민들이 모든 구금된 죄수들의 실상인 것이다.

『손자병법』에서는 "십만 명의 군사가 출정하면 하루 비용이 천 금에 달한다"고 말했다. 이제 십만 명에 달하는 양민들이 감옥에 갇힌 죄수로 줄줄이 엮인 판인데 윗전은 살피지를 못하고 있으니, 나는 이런 정황이야말로 위기라고 생각한다.

―『울료자』「장리(將理)」편.

나라의 근본을 세우는 정치 『尉繚子』「治本」

又「治本」曰: 凡治人者何? 曰: 非五穀無以充腹, 非絲麻無以蓋形. 故充腹

---

35) 금(金)은 고대의 화폐 계산 단위. 실제로는 금이 아니라 놋쇠(黃銅)를 가리킨다. 『사기』「평준서(平准書)」의 "백성들에게 돈을 주조하라고 다시 명령을 내렸는데, 1금은 1근이다(更令民鑄錢, 一黃金一斤)"에 대해 사마정(司馬貞)은 『색은(索隱)』에서 다음과 같이 설명했다. "진나라는 20냥을 1금으로 정했고, 한나라는 1근을 1금으로 삼았다(秦以一鎰爲一金, 漢以一斤爲一金)."

有粒, 蓋形有縷. 夫在芸耨, 妻在機杼, 民無二事, 則有儲蓄. 夫無雕文刻鏤之事, 女無繡飾纂組之作, 木器液, 金器腥. 聖人飲於土, 食於土, 故埏埴以爲器, 天下無費. 今也, 金木之性不寒而衣繡飾, 馬牛之性食草飲水而給菽粟. 是治失其本, 而宜設之制也. 春夏夫出於南畝, 秋冬女練於布帛, 則民不困. 今短褐不蔽形, 糟糠不充腹, 失其治也. 古者土無肥磽, 人無勤惰, 古人何得而今人何失耶? 耕有不終畝, 織者日斷機, 而奈何飢寒?

蓋古治之行, 今治之止也. 夫謂治者, 使民無私也. 民無私, 則天下爲一家, 而無私耕私織, 共寒其寒, 共飢其飢, 故如有子十人, 不加一飯; 有子一人, 不損一飯. 焉有喧呼酕酒以敗善類乎? 野物不爲犧牲, 雜學不爲通儒. 今說者曰: "百里之海, 不能飲一夫; 三尺之泉, 足止三軍渴." 臣謂欲生於無度, 邪生於無禁. 太上神化, 其次因物, 其下在於無奪民時, 無損民財. 夫禁必以武而成, 賞必以文而成.

울료자는 「치본(治本)」편에서 또 이렇게 말했다.

백성을 다스린다는 것은 무슨 일인가? 오곡이 아니면 배를 채울 수 없고, 비단이나 삼베 같은 직물이 아니면 몸을 가리지 못한다. 그러므로 주린 배를 채울 곡식이 필요하고, 몸뚱이를 감싸줄 천조각이 있어야 한다.

남편은 밭에서 김을 매고 아내는 베틀 앞에서 길쌈을 하니, 백성에게 딴 일이 없다면 잉여의 저축이 생길 것이다. 사내는 그림 그리거나 조각하는 잡무가 없어야 하고, 여자는 수를 놓거나 오색술을 달지 말아야 한다. 그릇에 쓸데없이 장식을 하면 목기는 액체가 새고 금속 그릇은 비린내가 나기 때문이다. 성인은 흙으로 만든 토기로 물을 마시고 토기에 담긴 음식을 드셨다. 그래서 점토를 이겨 틀로 그릇을 빚으니, 온 천하에 낭비가 없었다.

지금은 어떤가? 금속이나 나무의 성질은 차갑지 않은데 겉면을 수놓은 비단으로 감싸고, 말이나 소는 풀을 먹고 물을 마셔야 하는데도 콩과 좁쌀을 먹인다. 이런 정치는 나라의 근본을 해치니 마땅히 제도를 정비해 바로 잡아야 한다. 봄여름에 남정네가 남향에 위치한 전답에서 일하고, 가을겨울에 여인네가 베와 비단을 짠다면 백성들 생활이 곤궁할 리 없다. 그런데 지금은 해진 잠뱅이조차 몸뚱이에 걸치지 못하고 술지게미로도 배를 채우지 못하니, 나라의 근본이 실종된 것이다. 옛날이라 해서 지금보다 토지가 더 비옥하거나 척박하지 않았고, 사람들의 부지런과 게으름에 차이가 나는 것도 아니었다. 그런데 왜 옛날 사람들은 의식이 풍족했고 지금 사람들은 그렇지 못한가? 사내는 밭에서 김매기를 끝낼 수 없고 여자의 길쌈은 하루에도 몇 번씩 중단되니, 이래서야 추위와 굶주림에 어떻게 대처하겠나? 이는 다 옛날은 치국의 도가 시행되었고 지금은 그것이 사라졌기 때문에 나타나는 현상이다.

무릇 치국의 도를 말한다면 백성들의 이기심을 없애는 것이 요점이다. 백성들에게서 이기심이 사라지면 천하는 한 가족이 되어 개인을 위한 경작과 길쌈이 없어진다. 다른 이가 추위하면 모두들 그것을 자신의 추위로 알고, 다른 이의 굶주림도 자신의 배고픔으로 여기게 된다. 그러면 어느 집에 자식이 열이라도 그 부모에게 밥 한 술 부담이 더 늘지 않고, 어느 집 자식은 외동이라 하여 밥 한 술 부담이 더 줄어들지도 않는다. 여기에 무슨 야료나 술주정 행패가 끼어들어 양갓집 자제를 망치는 패륜이 있을 것이랴?

야생동물은 희생[36]으로 쓰지 않고, 잡학쟁이는 큰 학자(通儒)[37]로 대우하지 않는다. 요즘 유세객 중에는 "백 리 넓이의 바닷물도 한 사람이 마시기에 부족하고, 세 자 깊이의 샘물이라도 전군의 목을 축이기에 충분하다"

---

36) 희생(犧牲)은 제수로 쓰이는 짐승인데 털 색깔이 균일하면 희(犧), 몸통에 생채기가 없으면 생(牲)이라고 불렀다. 고대인들은 희생에 대한 기준이 매우 엄격해 털색깔이나 생김새만 따지는 것이 아니었다. 사전에 미리 점을 쳐서 희생을 고른 뒤 반드시 일정 기간 동안 따로 분리시키고 사육하는 과정을 거쳤다.
37) 통유(通儒): 고금의 일에 밝고 학술에 두루 정통한 학자. '유(儒)'는 원래 무당이나 사관, 점쟁이 등에서 분화되어 전문적으로 귀족 집안 의례를 돌봐주던 술사(術士)였는데, 훗날 학자를 지칭하는 말이 되었다.

고 말하는 자가 있다. 내가 보기에 욕심은 절도가 없는 데서 생겨나고, 사악함은 금도가 없기 때문에 발생한다. 그 해결책으로는 정신적인 감화가 최선이고, 그다음 방법은 사안 따라 적절한 제도를 만드는 것이며, 그다음의 하책은 백성들이 농사철에 실기하지 않아 재산상 손해가 나지 않게 하는 것이다. 무릇 금령은 반드시 무력에 의한 강제성이 따라야 효과가 있고, 포상은 덕정(德政)으로 뒷받침되어야 완전해진다.[38)]

─『울료자』「치본(治本)」편.

울료자의 전쟁술 『尉繚子』「戰權」

又「战权」曰: 兵法曰: "千人而成權, 萬人而成武." 權先加人者, 敵不力交; 武先加人者, 敵無威接. 故兵貴先. 勝於此, 則勝彼矣; 弗勝於此, 則弗勝彼矣. 凡我往則彼來, 彼來則我往, 相爲勝敗, 此戰之理然也. 夫精誠在乎神明, 故戰權在乎道之所極. 故知道者, 必先圖不知止之敗, 惡在乎必往有功? 輕進而求戰, 敵復圖止我往, 而敵制勝矣. 故兵法曰: "求而從之, 見而加之, 主人不敢當而陵之, 必喪其權." 高之以廊廟之論, 重之以受命之論, 銳之以逾垠之論, 則敵國可不戰而服.

울료자는「전권(戰權)」편에서 또 이렇게 말했다.

병법에 이르기를, "천 명의 군대는 권모술수로 승기를 잡고, 만 명의 군대는 무력에 의지해 승세를 취한다"고 했다. 권모술수로 선공을 날리면 적은 실력으로 겨루지 못하고, 무력으로 선공하면 적이 위력으로 응전하지 못하게 된다. 그러므로 전쟁은 적을 제압하는 주도권 선취가 가장 중요하다.

주도권 싸움에서 이기면 적에게 승리할 수 있고, 여기서 지면 적을 무찌르지 못한다. 무릇 전쟁이란 내가 나가면 적이 응전하고, 적이 공격하면 나

---

38) 이 글은 『울료자』「치본」편의 몇 대목을 절록해 합성했다. 중간에 생략된 부분 때문에 논리가 일관되지 않고 내용의 연결도 부자연스러운 구석이 있다.

도 맞받아쳐 싸워야 한다. 쌍방이 각자 승패의 한 당사자가 되는 것인데, 이는 전쟁의 규율이다.

무릇 냉정하면서도 집중적인 용병은 지휘하는 장군의 뛰어난 능력에서 나오고, 작전에서의 권모와 책략은 용병의 도를 꿰뚫었기에 가능해진다. 원래 용병의 도리에 통달한 이는 멈출 줄 몰라서 초래하는 실패를 최우선으로 염려하니, 어찌 출격하면 반드시 이겨 공을 세우겠다고 작정할 것이랴? 성급하게 나아가 일전을 불사하면 적이 다시 계략으로 나의 진격을 저지하면서 승리의 기세를 낚아채게 된다.

그래서 병법은 이렇게 말한다.

"결전을 꾀하며 끝까지 적을 쫓아가고, 흔적을 발견하면 성급히 달려들고, 수비 측이 못 당한 척 엄살떤다고 대번 기세가 올라 상대방을 업신여기면, 반드시 전투의 주도권을 빼앗기게 된다." 조정에서의 대책 논의가 고명하면서도 정확하고, 장수의 임명이 엄정하고도 장중하며, 국경을 넘는 군대가 날카롭게 정련되어 있다면 전투를 하지 않고도 적국을 항복시킬 수 있다.[39]

―『울료자』「전권(戰權)」편.

부록(附錄)

『손자참동』서문 孫子參同敘

衡湘梅國楨撰

兵猶禪也. 極其用, 海墨書而不盡; 究其精, 卽一言不可得. 古今兵法, 亡慮數十百家, 世所尊爲經者七, 而首『孫子』. 『孫子』之言曰: "奇正之變, 不可勝窮也." 又曰: "微乎微乎! 至於無形; 神乎神乎! 至於無聲." 合而言之, 思過半矣.

---

39) 이 글 역시 『울료자』「전권」편의 몇 대목을 합성했다. 불필요한 부분은 제거하고 요점만을 추려 「전권」편의 핵심이 보다 잘 드러날 수 있도록 재배치한 것이다.

余友禿翁先生, 深於禪者也, 於兵法獨取『孫子』, 於注『孫子』者獨取魏武帝, 而以餘六經附於各篇之後, 注所未盡, 悉以其意明之, 可謂集兵家之大成, 得『孫子』之神解. 余在雲中始得讀之. 雲中於兵猶齊魯之於文學, 其天性也. 故爲廣其傳, 使人知古今兵法盡於七經, 而七經盡於『孫子』. 若善讀之, 則十三篇皆糟粕也, 況其他乎!

余家居, 與禿翁未數見, 見亦未與深談, 且不知有禪, 亡論兵. 及余在行間, 無與語者, 思可共事無如禿翁, 時禿翁寓楚, 楚諸大夫正憂賊, 禿翁曰: "毋憂, 梅生往矣, 是必能辦賊者." 夫余兩人者未相與譚而心相信, 此其故, 即使余兩人者言之, 亦不可得也.

禿翁者李贄, 號卓吾子.

형상 매국정 지음

병가(兵家)는 불교의 선(禪)과도 같다. 그 무한정한 쓰임은 바닷물 분량의 먹물로도 묘사할 수 없고, 그 정밀함을 파고들면 언어로는 한 마디도 설명할 도리가 없다. 고금의 병법가가 대략 수천에 이르지만 세상에서 경전으로 받드는 책은 일곱 종이고 그중에서도 『손자』를 으뜸으로 친다. 『손자』는 "기병과 정병이 만들어내는 변화가 헤아릴 수 없이 다양하다"고 하면서 또 이렇게도 말했다. "오묘하고 미묘하여라, 혼란하여 모습조차 사라질 지경에 이르렀구나. 신기하고 신통할지니, 시끄러워 아무 소리도 들리지 않는 정도에 도달했네." 두 대목을 합쳐서 읊조리다 보면 과거의 잘못을 반성할 때가 태반은 되었다.

내 친구 독옹(禿翁) 선생은 선(禪)에 조예가 깊은 분이다. 병법서로는 유독 『손자』를 선택하고 『손자』의 주석으로는 애오라지 위 무제 것을 집어들더니 나머지 여섯 책의 관련 대목을 『손자』의 각 편 말미에 첨부해 미진한 바를 해설했다. 자료가 한자리에 모여 그 의미를 환히 밝히니, 가위 병가의 집대성이고 『손자』 해석에서 신의 경지에 들었다고 말할 만하다.

나는 운중[40]에 있을 때 처음으로 이 책을 얻어 읽었다. 운중은 군사에서 흡사 학문의 제·노[41]와도 같은 땅이니, 천명이란 그 같은 경우이리라. 그러므로 이 책은 널리 전파되어 사람들로 하여금 고금의 병법은 『무경칠서』로 집약되고 『칠서』는 또 『손자』로 귀납됨을 알게 해야 한다. 만약 제대로만 읽는다면 유가의 십삼경이 죄다 찌꺼기로 보이게 될 텐데, 기타 다른 책이야 나위가 있으랴!

나는 고향에 머물 때 독옹과 몇 번 만나지 않았고 얼굴을 보더라도 속 깊은 이야기는 나눈 적이 없어 그가 선에 정통한 줄 몰랐고 병법을 논한 적도 없었다. 나중에 군대의 일을 맡게 되었는데 더불어 이야기할 사람이 없었다. 가만 생각해보니 같이 일을 도모하기로는 독옹만 한 인물이 없는데, 당시 독옹은 호북 땅에 머무는 중이었다. 호북의 여러 선비들이 때마침 도적이 창궐하는 상황을 근심하던 차에 독옹은 이같이 말했다 한다. "걱정들 마십시오. 매국정이 갔어요. 그 사람이라면 반드시 도적들을 잘 처리할 수 있을 겁니다."

대저 우리 두 사람이 병법을 아직 논하기도 전에 마음으로 서로 신뢰했던 것은 바로 그러한 까닭이었다. 그때는 우리 두 사람이 그 일을 토론했더라도 역시 결론은 얻지 못했을 것이다.

독옹은 이름은 이지(李贄), 호는 탁오자(卓吾子)라고 부른다.

---

40) 운중(雲中): 옛 군명(郡名). 지금의 산서성 대동시(大同市) 일대를 가리킨다. 당시 매국정은 대동 순무(巡撫)를 지내고 있었다.
41) 제·노(齊魯): 지금의 산동성 지역. 강태공 여상으로 대표되는 도가사상과 현지의 토착 동이(東夷) 문화가 결합한 제나라 문화, 공자로 대표되는 유가의 노나라 문화를 합쳐 부르는 명칭이다. 흔히 중국 사상의 발상지 혹은 온상의 개념으로 인식된다.

『손자참동』은 『손자병법』을 읽는 유효한 통로다
• 역자 후기

『손자참동』은 노년의 이지(李贄)가 평생의 경험과 정치에 대한 이상론을 결합해 완성시킨 『손자병법』 길라잡이다. 이 책은 『손자병법』에 접근하는 대단히 유효한 통로인 동시에 중국 대표 병가서인 『무경칠서』를 두루 개관하게 해준다. 책에 대한 평가는 읽는 이마다 다를 수 있겠지만 역자로서 말하고 싶은 바는 크게 두 가지다. 하나는 '무'의 중요성, 다른 하나는 번역의 문제다.

먼저 무(武)!

1981년도에 대학에 들어간 전형적 86세대인 나는 문과 무의 이원화 내지 차별화에 대해 별 생각이 없었다. 인문학이라는 관념의 세계 속에서 이지 말마따나 "난쟁이가 남들 고함만 듣고 따라 지르는 소리(矮子觀場)"에 매몰되어 그저 평범한 소시민으로 살았을 뿐이었다. 책에서 배운 이상과는 거리가 먼 폭력적 현실 앞에서 저항도 투항도 아닌 어정쩡한 세월을 보내던 나를 그나마 붙들어준 이는 전통사회의 음습한 욕망과 위선을 통렬하게 질타한 이지였고, 그래서 그의 글을 읽고 옮기는 데서 약간이나마 삶의 위안을 찾곤 하였다.

『손자참동』은 『분서』 I · II와 『속분서』, 『명등도고록』에 이어 한길사 그레이트북스에 본인이 역자로 이름을 올린 이지의 네 번째 저서로, 도(道)와 진실은 이념이 아니라 현실에 있고 그것도 현실 정치에서 그 해법을 찾아야 한다고 일깨우고 있다. 비단 춘추시대까지 거슬러 올라가지 않더라도, 전쟁은 인간의 욕망이 극대화된 현실이고 그 해결은 결국 정치적 타협에 있음을 우리는 날마다 도처에서 목도한다. 거기서 칼은 언제나 마지막 해결사다.

인간이 죽음을 경험하게 되면 그다음부터는 모든 것이 달라진다. 절대로 그 이전으로는 돌아갈 수 없게 되는데, 개인의 삶과 죽음을 가르는 역사 중에 전쟁만큼 큰 것이 없다는 사실, 그 무대의 주역인 영웅에 대한 관심은 자연스럽게 이지를 『손자병법』의 세계로 밀어넣었다.

이지는 전쟁과 정치의 상호 연관성을 더없이 강조했다. 그래서 진정 백성을 사랑하는 고수는 싸우지 않고 이긴다는 손자에게 경복(敬服)했는데, 『손자참동』 안팎에는 그의 이런 마음이 줄줄 흘러넘친다. 그는 또 진정한 영웅은 칼의 예술을 이해하는 칼잡이라고 생각했다.

개인적으로 작년에는 영혼이 죽는 경험(사별)을 했고, 최근에는 육신이 유사 죽음을 체험하는 고통(암 4기 진단)을 겪었다. 연거푸 들이닥친 극한의 불행 속에서 매달릴 수 있는 데라곤 정말로 병변 앞에 무자비하고 정교한 의사의 칼놀림밖에는 없었다. 그렇게 사람이 죽고 사는 일이 장인의 능숙한 칼놀림 여부에 달려 있음을 연이어 직접 체험하고 나니 이 사회의 여러 병리 현상에도 함부로 휘두르는 조자룡의 헌 칼이 아니라 악성 종양을 겨냥하는 수술도처럼 예리하고도 엄정무사한 칼날이 필요하다는 생각이 든다. 거짓과 위선, 욕망, 폭력, 반지성이 난무하며 극단의 투기판으로 전락해버린 이 땅의 정치판에도 그런 칼놀림으로 정교하게 환부를 도려낼 의사가 필요할 것

같은데, 이 첩첩한 누란의 위기를 슬기롭게 이끌어줄 우리의 영웅은 대체 어디에 있을까? 그러나 한편 돌이켜보면 백마를 탄 초인은 그 모습을 드러낸 적이 없었다. 그렇다면 혹시 몰라본 것일 수도 있으니 기다림이 능사가 아니고 내 스스로 백락(伯樂)이 되어야 할 노릇 아닐까? 이런 때 필요한 것이 바로 어린 눈을 틔워줄 고전의 오래된 지혜다.

『손자참동』은 고금을 막론해 제대로인 칼잡이가 어떤 인물인지를 일러준다. 동시에 그를 맞이하려면 우리가 어떤 마음으로 준비해야 하는지 일깨워주고, 혹여 그런 리더를 맞았을 때 현실에서 어떤 일들이 벌어질지 상상하게 만드는 묘미까지도 안겨준다. 무법천지 활극 무대로 전락해버린 우리의 정치 현실에서 『손자참동』의 가르침이 나름의 의미를 갖게 되길 바란다.

두 번째는 번역의 문제다.

세상에는 수많은 『손자병법』 번역서가 있지만 내게 오감이 만족스런 책은 없었다. 원문 자체가 5,000자 정도로 워낙 짧기 때문에 한 권 분량을 맞추기 위한 이런저런 사설이 잔뜩 들러붙은, 가독성은 떨어지고 내용 이해에도 별 도움이 안 되는 그런 것들만 눈에 띨 뿐이었다. 시중 서적 대부분은 역자가 이해한 바를 우리말로 옮긴 것에 불과한데, 그 수준은 비유컨대 요즘의 성능 좋은 번역 앱이나 인공지능이 작업한 결과물과도 유사하다. 그런데 『손자병법』 역자나 독자들이 흔히 간과하는 바가 있다면 그것은 이 책의 문학적 가치, 즉 문장의 아름다움이다. 나는 원문을 읽을 때 느껴지는 문학적 쾌감이 번역서의 독자에게도 여실히 전달될 수 있어야 좋은 번역이라고 생각한다.

고전은 원래 아름다운 문장으로 진리의 말씀을 담아냈기 때문에 고전인 것이다. 내용의 위대함 여부는 책의 가치를 결정짓는 주 요인이 되지 못한다. 우리가 구구절절 옳은 누군가의 말씀을 적어놓고 그것을 고전이나 경전이라 부르지 않는 이유는 그 말씀을 담는 그릇, 즉 문장의 격이나 표현이 고전의 수준에 맞지 않기 때문이다.

『손자병법』은 수사학에서 볼 때 춘추시대 최고의 문학작품이었다. 그래서 번역할 때도 이에 대한 주의가 필요한데, 우리말의 결과 리듬이 살아 있지 않은 번역은 원문의 아름다움을 망칠 수밖에 없기 때문이다. 문체는 문학의 생명이고 발달한 기계문명이 감히 대체하기 어려운 인간 고유의 영역이다. 누가 번역하든지 간에 저자의 표현 덕분에 원문에서 느낀 쾌감이 우리말에서도 구현되어야 좋은 번역이라 할 수 있을 것이다.

인공지능의 출현으로 번역은 이전과는 비교도 안 되게 쉬워졌지만 그 수준과 평가에 대한 기준은 아직 천태만상 제각각인 세상이 되었다. 그런데 이는 오히려 "번역은 반역(traduttore, traditore)"이라는 이탈리아 명언이 입증될 절호의 기회이기도 하다. 무엇이든 과잉으로 끓어넘치는 시대일지라도 절제된 문장에는 상상과 성찰의 마법이 스며들어 운신한다. 인공지능 덕분에 번역 접근성은 올라갔지만, 역으로 또한 역자의 개성과 역량이 고스란히 드러나는 예술 번역이야말로 학술의 정화로 인정되어야 할 세상이 도래한 것이다. 기계 번역이 생각해내지 못한 정확하면서도 창의적이고 간결한 문장은 바로 그 관건이고, 이는 다른 병가서나 고전에도 구현되어야 한다. 인공지능은 새로운 세상을 위한 유용한 도구임을 이제는 번역자가 입증해야 한다.

『손자참동』은 이지의 저작에 지속적인 신뢰를 보여준 한길사 김언호 사장의 혜안이 아니면 나오기 어려웠을 책이다. 이에 감사드리며, 아울러 쉽지 않은 작업인데도 성실하게 임해주신 편집부 여러분께도 고마운 마음을 전한다.

2025년 7월
세종충남대병원 병실에서
金惠經

편저자 이지(李贄)

원래 이름은 재지(載贄), 호는 탁오(卓吾)이다.
조상 중에는 페르시아만을 오가며 무역을 하다가 색목녀를
아내로 맞거나 이슬람교를 믿은 이도 있었지만,
이지 본인은 중국의 전통문화 안에서 성장했다.
그러나 훗날 노장과 선종, 기독교까지 두루 섭렵한 이력으로
그의 사상은 중국 근대 남방문화의 결정체로 설명되기도 한다.
그는 26세 때 거인(擧人)에 합격해 하남과 남경·북경 등지에서
줄곧 하급 관료생활을 하다가 54세 되던 해
운남의 요안지부를 끝으로 퇴직했다.
이지는 40세 전후 북경의 예부사무로 근무하던 중 왕양명과 왕용계의
저작을 처음 접한 뒤 심학에 몰두했다. 나이가 들어 불교어
심취하고는 62세에 정식으로 출가해서 절에서 기거했다.
그는 유불선의 종지가 동일하다고 인식했고,
유가에 대한 법가의 우위를 주장했으며,
소설과 희곡 같은 통속문학의 가치를 긍정하는 평론 활동을 폈다.
유가의 정통관념에 도전하는 『장서』를 집필했고,
공자가 아닌 자신의 기준으로 경전을 해설한 『사서평』을 출간했으며,
선진 이래 줄곧 관심 밖에 있던 『묵자』의 가치를
새롭게 조명하기도 했다.
이렇듯 스스로 이단을 자처하며 유가의 말기적 폐단을 공격하고
송명이학의 위선을 폭로한 그에게 세인은 양쪽으로 갈려
극단적인 평가를 부여했다.
결국 혹세무민의 죄를 뒤집어쓰고 감옥에 갇혀 있던 중
76세에 자살로 생을 마감했다. 그의 저작들은 명·청대의
가장 유명한 금서였지만 대부분은 지금까지 전해지고 있으며,
그의 이름을 빌린 수많은 위작 또한 횡행하고 있다.

옮긴이 김혜경(金惠經)

대전에서 태어나 이화여자대학교 중문과를 졸업하고
대만 국립대만사범대학교 국문연구소에서
석사 학위와 박사 학위를 받았다.
미국 하버드대학교 옌칭연구소와
영국 런던대학교(SOAS)에서
연구한 바 있으며
중국 무한대학교 초빙교수를 지내기도 했다.
지금은 국립한밭대학교 중국어과에서 학생들을 가르치고 있다.
명말청초 및 근대의 문학과 사상을 주로 공부하면서
이 시기의 고전을 우리말로
옮기는 작업에 관심을 기울여왔다.
펴낸 책으로는 한길사에서 나온『분서』(I, II),
『속분서』『명등도고록』이 있고,
그밖에『요재지이』(전 6권)가 있다.
주요 논문으로는
「이지와 마테오 리치의 만남과 의미」
「호적 연구」(胡適研究) 등이 있다.

HANGIL GREAT BOOKS 197

손자참동
孫子参同

편저자 이지
옮긴이 김혜경
펴낸이 김언호

펴낸곳 (주)도서출판 한길사
등록 1976년 12월 24일
주소 10881 경기도 파주시 광인사길 37
홈페이지 www.hangilsa.co.kr
전자우편 hangilsa@hangilsa.co.kr
전화 031-955-2000~3 **팩스** 031-955-2005

부사장 박관순 **총괄이사** 김서영 **관리이사** 곽명호
경영이사 김관영 **편집주간** 백은숙
편집 배소현 노유연 박홍민 임진영
관리 이희문 이진아 고지수 **마케팅** 이영은
디자인 창포 031-955-2097
CTP출력·인쇄 예림 **제책** 경일제책사

제1판 제1쇄 2025년 8월 18일

값 45,000원

ISBN 978-89-356-7904-1 03150

• 잘못 만들어진 책은 구입하신 서점에서 바꿔드립니다.
• 표지 그림은 공공누리 제1유형으로, 한국민속대백과사전을 통해 제공받았습니다.

한길그레이트북스 — 인류의 위대한 지적 유산을 집대성한다

1 관념의 모험
앨프레드 노스 화이트헤드 | 오영환

2 종교형태론
미르치아 엘리아데 | 이은봉

3·4·5·6 인도철학사
라다크리슈난 | 이거룡
2005 『타임스』 선정 세상을 움직인 100권의 책
『출판저널』 선정 21세기에도 남을 20세기의 빛나는 책들

7 야생의 사고
클로드 레비-스트로스 | 안정남
2005 『타임스』 선정 세상을 움직인 100권의 책
2008 『중앙일보』 선정 신고전 50선

8 성서의 구조인류학
에드먼드 리치 | 신인철

9 문명화과정 1
노르베르트 엘리아스 | 박미애
2005 연세대학교 권장도서 200선
2012 인터넷 교보문고 명사 추천도서
2012 알라딘 명사 추천도서

10 역사를 위한 변명
마르크 블로크 | 고봉만
2008 『한국일보』 오늘의 책
2009 『동아일보』 대학신입생 추천도서
2013 yes24 역사서 고전

11 인간의 조건
한나 아렌트 | 이진우
2012 인터넷 교보문고 MD의 선택
2012 네이버 지식인의 서재

12 혁명의 시대
에릭 홉스봄 | 정도영·차명수
2005 서울대학교 권장도서 100선
2005 『타임스』 선정 세상을 움직인 100권의 책
2005 연세대학교 권장도서 200선
1999 『출판저널』 선정 21세기에도 남을 20세기의 빛나는 책들
2012 알라딘 블로거 베스트셀러
2013 『조선일보』 불멸의 저자들

13 자본의 시대
에릭 홉스봄 | 정도영
2005 서울대학교 권장도서 100선
1999 『출판저널』 선정 21세기에도 남을 20세기의 빛나는 책들
2012 알라딘 블로거 베스트셀러
2013 『조선일보』 불멸의 저자들

14 제국의 시대
에릭 홉스봄 | 김동택
2005 서울대학교 권장도서 100선
1999 『출판저널』 선정 21세기에도 남을 20세기의 빛나는 책들
2012 알라딘 블로거 베스트셀러
2013 『조선일보』 불멸의 저자들

15·16·17 경세유표
정약용 | 이익성
2012 인터넷 교보문고 필독고전 100선

18 바가바드 기타
함석헌 주석 | 이거룡 해제
2007 서울대학교 추천도서

19 시간의식
에드문트 후설 | 이종훈

20·21 우파니샤드
이재숙
2005 서울대학교 권장도서 100선

22 현대정치의 사상과 행동
마루야마 마사오 | 김석근
2005 『타임스』 선정 세상을 움직인 100권의 책
2007 도쿄대학교 권장도서

23 인간현상
테야르 드 샤르댕 | 양명수
2007 서울대학교 추천도서

24·25 미국의 민주주의
알렉시스 드 토크빌 | 임효선·박지동
2005 서울대학교 권장도서 100선
2012 인터넷 교보문고 MD의 선택
2012 인터넷 교보문고 MD의 선택
2013 문명비평가 기 소르망 추천도서

26 유럽학문의 위기와 선험적 현상학
에드문트 후설 | 이종훈
2005 서울대학교 논술출제

27·28 삼국사기
김부식 | 이강래
2005 연세대학교 권장도서 200선
2012 인터넷 교보문고 필독고전 100선
2013 yes24 다시 읽는 고전

29 원본 삼국사기
김부식 | 이강래 교감

30 성과 속
미르치아 엘리아데 | 이은봉
2005 『타임스』 선정 세상을 움직인 100권의 책
2012 인터넷 교보문고 명사 추천도서
『출판저널』 선정 21세기에도 남을 20세기의 빛나는 책들

31 슬픈 열대
클로드 레비-스트로스 | 박옥줄
2005 서울대학교 권장도서 100선
2005 연세대학교 권장도서 200선
2008 홍익대학교 논술출제
2012 인터넷 교보문고 명사 추천도서
2013 yes24 역사서 고전
『출판저널』 선정 21세기에도 남을 20세기의 빛나는 책들

32 증여론
마르셀 모스 | 이상률
2003 문화관광부 우수학술도서
2012 네이버 지식인의 서재

33 부정변증법
테오도르 아도르노 | 홍승용

34 문명화과정 2
노르베르트 엘리아스 | 박미애
2005 연세대학교 권장도서 200선
2012 인터넷 교보문고 명사 추천도서
2012 알라딘 명사 추천도서

35 불안의 개념
쇠렌 키르케고르 | 임규정
2012 인터넷 교보문고 필독고전 100선

36 마누법전
이재숙·이광수

37 사회주의의 전제와 사민당의 과제
에두아르트 베른슈타인 | 강신준

38 의미의 논리
질 들뢰즈 | 이정우
2000 교보문고 선정 대학생 권장도서

39 성호사설
이익 | 최석기
2005 연세대학교 권장도서 200선
2008 서울대학교 논술출제
2012 인터넷 교보문고 필독고전 100선

40 종교적 경험의 다양성
윌리엄 제임스 | 김재영
2000 대한민국학술원 우수학술도서

41 명이대방록
황종희 | 김덕균
2000 한국출판문화상

42 소피스테스
플라톤 | 김태경

43 정치가
플라톤 | 김태경

44 지식과 사회의 상
데이비드 블루어 | 김경만
2002 대한민국학술원 우수학술도서

45 비평의 해부
노스럽 프라이 | 임철규
2001 『교수신문』 우리 시대의 고전

46 인간적 자유의 본질·철학과 종교
프리드리히 W.J. 셸링 | 최신한

47 무한자와 우주와 세계·원인과 원리와 일자
조르다노 브루노 | 강영계
2001 한국출판인회의 이달의 책

48 후기 마르크스주의
프레드릭 제임슨 | 김유동
2001 한국출판인회의 이달의 책

49·50 봉건사회
마르크 블로크 | 한정숙
2002 대한민국학술원 우수학술도서
2012 『한국일보』 다시 읽고 싶은 책

51 칸트와 형이상학의 문제
마르틴 하이데거 | 이선일
2003 대한민국학술원 우수학술도서

52 남명집
조식 | 경상대 남명학연구소
2012 인터넷 교보문고 필독고전 100선

53 낭만적 거짓과 소설적 진실
르네 지라르 | 김치수·송의경
2002 대한민국학술원 우수학술도서
2013 『한국경제』 한 문장의 교양

54·55 한비자
한비 | 이운구
한국간행물윤리위원회 추천도서
2007 서울대학교 추천도서
2012 인터넷 교보문고 필독고전 100선

56 궁정사회
노르베르트 엘리아스 | 박여성

57 에밀
장 자크 루소 | 김중현
2005 서울대학교 권장도서 100선
2000·2006 서울대학교 논술출제

58 이탈리아 르네상스의 문화
야코프 부르크하르트 | 이기숙
2004 한국간행물윤리위원회 추천도서
2005 연세대학교 권장도서 200선
2009 『동아일보』 대학신입생 추천도서

59·60 분서
이지 | 김혜경
2004 문화관광부 우수학술도서
2012 인터넷 교보문고 필독고전 100선

61 혁명론
한나 아렌트 | 홍원표
2005 대한민국학술원 우수학술도서

62 표해록
최부 | 서인범·주성지
2005 대한민국학술원 우수학술도서

63·64 정신현상학
G.W.F. 헤겔 | 임석진
2006 대한민국학술원 우수학술도서
2005 연세대학교 권장도서 200선
2005 프랑크푸르트도서전 한국의 아름다운 책100
2008 서우철학상
2012 인터넷 교보문고 필독고전 100선

65·66 이정표
마르틴 하이데거 | 신상희·이선일

67 왕필의 노자주
왕필 | 임채우
2006 문화관광부 우수학술도서

68 신화학 1
클로드 레비-스트로스 | 임봉길
2007 대한민국학술원 우수학술도서
2008 『동아일보』 인문과 자연의 경계를 넘어 30선

69 유랑시인
타라스 셰브첸코 | 한정숙

70 중국고대사상사론
리쩌허우 | 정병석
2005 『한겨레』 올해의 책
2006 문화관광부 우수학술도서

71 중국근대사상사론
리쩌허우 | 임춘성
2005 『한겨레』 올해의 책
2006 문화관광부 우수학술도서

72 중국현대사상사론
리쩌허우 | 김형종
2005 『한겨레』 올해의 책
2006 문화관광부 우수학술도서

73 자유주의적 평등
로널드 드워킨 | 염수균
2006 문화관광부 우수학술도서
2010 동아일보 '정의에 관하여' 20선

74·75·76 춘추좌전
좌구명 | 신동준

77 종교의 본질에 대하여
루트비히 포이어바흐 | 강대석

78 삼국유사
일연 | 이가원·허경진
2007 서울대학교 추천도서

79·80 순자
순자 | 이운구
2007 서울대학교 추천도서

81 예루살렘의 아이히만
한나 아렌트 | 김선욱
2006 『한겨레』 올해의 책
2006 한국간행물윤리위원회 추천도서
2007 『한국일보』 오늘의 책
2007 대한민국학술원 우수학술도서
2012 yes24 리뷰 영웅대전

82 기독교 신앙
프리드리히 슐라이어마허 | 최신한
2008 대한민국학술원 우수학술도서

83·84 전체주의의 기원
한나 아렌트 | 이진우·박미애
2005 『타임스』 선정 세상을 움직인 책
『출판저널』 선정 21세기에도 남을 20세기의 빛나는 책들

85 소피스트적 논박
아리스토텔레스 | 김재홍

86·87 사회체계이론
니클라스 루만 | 박여성
2008 문화체육관광부 우수학술도서

88 헤겔의 체계 1
비토리오 회슬레 | 권대중

89 속분서
이지 | 김혜경
2008 대한민국학술원 우수학술도서

90 죽음에 이르는 병
쇠렌 키르케고르 | 임규정
『한겨레』 고전 다시 읽기 선정
2006 서강대학교 논술출제

91 고독한 산책자의 몽상
장 자크 루소 | 김중현

92 학문과 예술에 대하여·산에서 쓴 편지
장 자크 루소 | 김중현

93 사모아의 청소년
마거릿 미드 | 박자영
20세기 미국대학생 필독 교양도서

94 자본주의와 현대사회이론
앤서니 기든스 | 박노영·임영일
1999 서울대학교 논술출제
2009 대한민국학술원 우수학술도서

95 인간과 자연
조지 마시 | 홍금수

96 법철학
G.W.F. 헤겔 | 임석진

97 문명과 질병
헨리 지거리스트 | 황상익
2009 대한민국학술원 우수학술도서

98 기독교의 본질
루트비히 포이어바흐 | 강대석

99 신화학 2
클로드 레비-스트로스 | 임봉길
2008 『동아일보』 인문과 자연의 경계를 넘어 30선
2009 대한민국학술원 우수학술도서

100 일상적인 것의 변용
아서 단토 | 김혜련
2009 대한민국학술원 우수학술도서

101 독일 비애극의 원천
발터 벤야민 | 최성만·김유동

102·103·104 순수현상학과 현상학적 철학의 이념들
에드문트 후설 | 이종훈
2010 대한민국학술원 우수학술도서

105 수사고신록
최술 | 이재하 외
2010 대한민국학술원 우수학술도서

106 수사고신여록
최술 | 이재하
2010 대한민국학술원 우수학술도서

107 국가권력의 이념사
프리드리히 마이네케 | 이광주

108 법과 권리
로널드 드워킨 | 염수균

109·110·111·112 고야
홋타 요시에 | 김석희
2010 12월 한국간행물윤리위원회 추천도서

113 왕양명실기
박은식 | 이종란

114 신화와 현실
미르치아 엘리아데 | 이은봉

115 사회변동과 사회학
레이몽 부동 | 민문홍

116 자본주의·사회주의·민주주의
조지프 슘페터 | 변상진
2012 대한민국학술원 우수학술도서
2012 인터파크 이 시대 교양 명저

117 공화국의 위기
한나 아렌트 | 김선욱

118 차라투스트라는 이렇게 말했다
프리드리히 니체 | 강대석

119 지중해의 기억
페르낭 브로델 | 강주헌

120 해석의 갈등
폴 리쾨르 | 양명수

121 로마제국의 위기
램지 맥멀렌 | 김창성
2012 인터파크 추천도서

122·123 윌리엄 모리스
에드워드 파머 톰슨 | 윤효녕 외
2012 인터파크 추천도서

124 공제격치
알폰소 바뇨니 | 이종란

125 현상학적 심리학
에드문트 후설 | 이종훈
2013 인터넷 교보문고 눈에 띄는 새 책
2014 대한민국학술원 우수학술도서

126 시각예술의 의미
에르빈 파노프스키 | 임산

127·128 시민사회와 정치이론
진 L. 코헨·앤드루 아라토 | 박형신·이혜경

129 운화측험
최한기 | 이종란
2015 대한민국학술원 우수학술도서

130 예술체계이론
니클라스 루만 | 박여성·이철

131 대학
주희 | 최석기

132 중용
주희 | 최석기

133 종의 기원
찰스 다윈 | 김관선

134 기적을 행하는 왕
마르크 블로크 | 박용진

135 키루스의 교육
크세노폰 | 이동수

136 정당론
로베르트 미헬스 | 김학이
2003 기담학술상 번역상
2004 대한민국학술원 우수학술도서

137 법사회학
니클라스 루만 | 강희원
2016 세종도서 우수학술도서

138 중국사유
마르셀 그라네 | 유병태
2011 대한민국학술원 우수학술도서

139 자연법
G.W.F 헤겔 | 김준수
2004 기담학술상 번역상

140 기독교와 자본주의의 발흥
R.H. 토니 | 고세훈

141 고딕건축과 스콜라철학
에르빈 파노프스키 | 김율
2016 세종도서 우수학술도서

142 도덕감정론
애덤스미스 | 김광수

143 신기관
프랜시스 베이컨 | 진석용
2001 9월 한국출판인회의 이달의 책
2005 서울대학교 권장도서 100선

144 관용론
볼테르 | 송기형·임미경

145 교양과 무질서
매슈 아널드 | 윤지관

146 명등도고록
이지 | 김혜경

147 데카르트적 성찰
에드문트 후설·오이겐 핑크 | 이종훈
2003 대한민국학술원 우수학술도서

148·149·150 함석헌선집 1·2·3
함석헌 | 함석헌편집위원회
2017 대한민국학술원 우수학술도서

151 프랑스혁명에 관한 성찰
에드먼드 버크 | 이태숙

152 사회사상사
루이스 코저 | 신용하·박명규

153 수동적 종합
에드문트 후설 | 이종훈
2019 대한민국학술원 우수학술도서

154 로마사 논고
니콜로 마키아벨리 | 강정인·김경희
2005 대한민국학술원 우수학술도서

155 르네상스 미술가평전 1
조르조 바사리 | 이근배

156 르네상스 미술가평전 2
조르조 바사리 | 이근배

157 르네상스 미술가평전 3
조르조 바사리 | 이근배

158 르네상스 미술가평전 4
조르조 바사리 | 이근배

159 르네상스 미술가평전 5
조르조 바사리 | 이근배

160 르네상스 미술가평전 6
조르조 바사리 | 이근배

161 어두운 시대의 사람들
한나 아렌트 | 홍원표

162 형식논리학과 선험논리학
에드문트 후설 | 이종훈
2011 대한민국학술원 우수학술도서

163 러일전쟁 1
와다 하루키 | 이웅현

164 러일전쟁 2
와다 하루키 | 이웅현

165 종교생활의 원초적 형태
에밀 뒤르켐 | 민혜숙·노치준

166 서양의 장원제
마르크 블로크 | 이기영

167 제일철학 1
에드문트 후설 | 이종훈
2021 대한민국학술원 우수학술도서

168 제일철학 2
에드문트 후설 | 이종훈
2021 대한민국학술원 우수학술도서

169 사회적 체계들
니클라스 루만 | 이철·박여성 | 노진철 감수

170 모랄리아
플루타르코스 | 윤진

171 국가론
마르쿠스 툴리우스 키케로 | 김창성

172 법률론
마르쿠스 툴리우스 키케로 | 성염

173 자본주의의 문화적 모순
다니엘 벨 | 박형신
2022 대한민국학술원 우수학술도서

174 신화학 3
클로드 레비스트로스 | 임봉길
2022 대한민국학술원 우수학술도서

175 상호주관성
에드문트 후설 | 이종훈

176 대변혁 1
위르겐 오스터함멜 | 박종일

177 대변혁 2
위르겐 오스터함멜 | 박종일

178 대변혁 3
위르겐 오스터함멜 | 박종일

179 유대인 문제와 정치적 사유
한나 아렌트 | 홍원표

180 장담의 열자주
장담 | 임채우

181 질문의 책
에드몽 자베스 | 이주환

182 과거와 미래 사이
한나 아렌트 | 서유경

183 영웅숭배론
토마스 칼라일 | 박상익

184 역사를 바꾼 권력자들
이언 커쇼 | 박종일

185 칸트의 정치철학
한나 아렌트 | 김선욱

186 클라우제비츠 전쟁론 완성하기
르네 지라르·브누아 샹트르 | 김진식

187 미쉬나 1: 제라임
권성달

188 미쉬나 2: 모에드
김성언

189 미쉬나 3: 나쉼
이영길

190 미쉬나 4: 네지킨
최영철·김성언

191 미쉬나 5: 코다쉼
전재영

192 미쉬나 6: 토호롯
윤성덕

193 인간의 유래 1
찰스 다윈 | 김관선
2007 대한민국학술원 우수학술도서

194 인간의 유래 2
찰스 다윈 | 김관선

195 모랄리아 2
플루타르코스 | 윤진

196 비잔티움 문명
앙드레 기유 | 김래모

197 손자참동
이지 | 김혜경

198 타키투스의 역사(근간)
푸블리우스 코르넬리우스 타키투스 | 김경현·차전환

199 고백록(근간)
아우구스티누스 | 성염

● 한길그레이트북스는 계속 간행됩니다.